FORSCHUNGEN ZUR DDR-GESELLSCHAFT
Marc-Dietrich Ohse
Jugend nach dem Mauerbau

Marc-Dietrich Ohse

Jugend nach dem Mauerbau

Anpassung, Protest und Eigensinn
(DDR 1961–1974)

Ch. Links Verlag, Berlin

Der Druck der vorliegenden Studie, die unter dem Titel »Jugend nach dem Mauerbau: Politische Normierung und Jugendprotest in der DDR, 1961–1974« von der Philosophischen Fakultät der Georg-August-Universität Göttingen als Dissertation angenommen wurde, erfolgt mit freundlicher Unterstützung durch Mittel der Stiftung zur Aufarbeitung der SED-Diktatur.

Editorische Notiz:
Die Studie folgt den Regeln der neuen Rechtschreibung, in den Zitaten jedoch grundsätzlich der Schreibweise der Quelle.

Die **Deutsche Bibliothek** verzeichnet diese Publikation in der Deutschen Nationalbibliographie; detaillierte bibliographische Daten sind im Internet über http://dnb.ddb.de abrufbar.

1. Auflage, März 2003
© Christoph Links Verlag – LinksDruck GmbH
Schönhauser Allee 36, 10435 Berlin, Tel.: (030) 44 02 32-0
www.linksverlag.de; mail@linksverlag.de
Umschlaggestaltung: KahaneDesign, Berlin, unter Verwendung eines Fotos von den Weltfestspielen 1973 in Berlin (dpa)
Lektorat: Ingrid Kirschey-Feix, Berlin
Satz: Eleonora & Michael Haas, Berlin
Druck- und Bindearbeiten: WB-Druck, Rieden am Forggensee

ISBN 3-86153-295-6

Inhalt

Einleitung 7

1. Im Schatten der Mauer 25
»Säbelgerassel«: Mauerbau, Antennensturm und Wehrpflicht 25
»Man war drin«: Freie Deutsche Jugend und Jugendweihe 42
»Eine eigene, labile Welt«: Jugend in der Freizeit 54
»Weder Gängeln noch Selbstlauf«:
  Das Jugendkommuniqué von 1963 64

2. Kahlschlag 83
»Das war sehr deprimierend«: Das Ende der neuen Offenheit 83
»Wir dulden keine Gammler«:
  Auf dem Weg zum 11. ZK-Plenum 97
»Neue Wesenszüge der Menschenbildung«:
  Die Bildungsreform 109
»Da werden wir was losmachen«:
  Reglementierung, Observation und Provokation 121

3. Kalter Frühling 139
»Keinen Krach machen«: Die Verinselung der Jugendkultur 139
»Kein hervorstechender Westdrall mehr«:
  Der Wandel jugendlichen Konsumverhaltens 150
»Züge von Lebensfremdheit und Abstraktheit«:
  Der Beginn der 3. Hochschulreform 160
»Verfassungsrummel«: Die Novellierung
  der DDR-Verfassung 1968 171
»Strampelversuche in Demokratie«: Der Prager Frühling 185
»Keinen Dubček, keinen Ulbricht«:
  Reaktionen auf die Niederschlagung des Prager Frühlings 194
»Ein kulturelles Verbrechen«:
  Die Sprengung der Leipziger Universitätskirche 211
Hat »1968« in der DDR nicht stattgefunden? 218

4. Im Spannungsfeld der Weltanschauungen – zwischen Staat und Kirche ... 221
»Eine Ghetto-Existenz«: Kirchliche Jugend in der Minderheit ... 221
»Des Druckes müde«: Der Kampf um die Jugendweihe ... 232
»Politisch unzuverlässige Elemente«:
Christliche Kinder auf dem Bildungsweg ... 235
»Ein eigenes Friedenszeugnis«:
Gegen die Militarisierung der Gesellschaft ... 244
»Kritisches Bewusstsein wachhalten«:
Die Studentengemeinden ... 253
»Unsere Mitarbeit ist nicht erwünscht«:
Modernisierung der kirchlichen Jugendarbeit ... 264
»Im Ganzen keine Übereinstimmung«:
Harmonien und Disharmonien von Staat und Kirche ... 274

5. Von Ulbricht zu Honecker ... 281
»Walter schützt vor Torheit nicht«:
Der Machtwechsel und seine Folgen ... 281
»Halbwahrheiten und allgemeine Bemerkungen«:
Das Bildungswesen unter Honecker ... 287
»Dialektik des gegenwärtigen Klassenkampfes«:
Außenpolitische Öffnung ... 295
»Keine Tabus«: Gesellschaftlicher Wandel ... 303
»Stolze junge Bürger«:
Jugend im Spiegel der Sozialforschung ... 322
»Eine Schaufensterveranstaltung«:
Die DDR im Glanze der Weltfestspiele ... 339
»Das ist die Zukunft der Jugend«:
Das Jugendgesetz von 1974 ... 356

Zusammenfassung ... 365

Anhang ... 381
Danksagung ... 381
Abkürzungsverzeichnis ... 383
Quellenverzeichnis ... 385
Literaturverzeichnis ... 391
Personenregister ... 404
Angaben zum Autor ... 407

Einleitung

»Wir besitzen die besten Voraussetzungen, um auch den letzten Jugendlichen zu einem aufrechten und strebsamen jungen Bürger der sozialistischen Menschengemeinschaft zu erziehen.«[1]

Mit diesen Worten, die sowohl als Angebot als auch als Drohung verstanden werden konnten, begründete der Vorsitzende des DDR-Ministerrats, Willi Stoph, den Entwurf des neuen Jugendgesetzes von 1963. Stoph fasste hier zugleich die ostdeutsche Gesellschaftspolitik der sechziger Jahre zusammen. Ihre Voraussetzung war die Abriegelung der Deutschen Demokratischen Republik. In der geschlossenen Gesellschaft im Schatten der Mauer sollte entsprechend der Ulbrichtschen Doktrin der »sozialistischen Menschengemeinschaft« ein neuer Mensch geformt werden. Damit wurde die politisch-ideologische Erziehung zu einem grundlegenden Element der ostdeutschen Politik. Berührt wurde vom erzieherischen Anspruch einer »sozialistischen Persönlichkeit« vor allem die Jugend.

Die geschlossene Gesellschaft, die gewissermaßen als »Versuchsanordnung« eine wesentliche Voraussetzung für die ungestörte Umsetzung des Konzepts der sozialistischen Menschengemeinschaft und ihres sozialistischen Persönlichkeitsideals war, blieb auf die letzten Jahre der Ära Ulbricht beschränkt. Im Umfeld des Machtwechsels von Ulbricht zu Honecker 1971 änderte sich die internationale Mächtekonstellation. Die außenpolitische Entspannung beeinflusste die innenpolitische Lage der DDR in erheblichem Maße, und insofern markierte der Machtwechsel den Anfang vom Ende der geschlossenen ostdeutschen Gesellschaft.

Die (Ab-)Geschlossenheit der DDR wird im internationalen Vergleich deutlich. Während die Gesellschaften sowohl in Ost- als auch in Westeuropa zur gleichen Zeit erheblich in Bewegung gerieten, schien sich die DDR innerlich zu stabilisieren und zu beruhigen. Erblühte im Osten kurzfristig der »Prager Frühling«, so wurde der Westen u. a. von Studentenunruhen erschüttert. Diese Ereignisse prägten – zumindest im Westen – eine ganze Generation, die fortan als »68er« bezeichnet wurde. In der DDR hingegen wurde die entsprechende Altersgruppe nicht als Generation geprägt. Dies lässt vermuten, dass die Ge-

---

1 Willi Stoph, Rede, 1963, zit. o. Verf., Dossier, o. D. [1963], BAEF, ROO, A VIII 4/3, S. 2.

sellschaftspolitik der SED vergleichbare Prozesse abgebremst, aufgefangen oder umgeleitet hat. Damit stellt sich die Frage, ob die ostdeutsche Gesellschaftspolitik der sechziger Jahre letztlich doch erfolgreich war, ob die SED als herrschende Partei der DDR mit ihren Gestaltungsansprüchen also die Jugend in höherem Maße erreicht und ihre Zukunft stärker geformt hat, als bislang angenommen worden ist.

Die Entwicklung der DDR in den sechziger Jahren lässt sich einerseits durch einige Daten markieren, die für Systemkrisen und deren Bewältigung stehen. Neben Mauerbau und Machtwechsel sind dies der kulturpolitische Kahlschlag, den das 11. Plenum des SED-Zentralkomitees im Dezember 1965 beschloss,[2] und die Niederwerfung des Prager Frühlings, die auch die DDR beunruhigte. Andererseits sind während dieses Jahrzehnts verschiedene Reformprojekte zu erkennen, die zum Teil einen gesellschaftlichen Wandel forcierten, zum Teil durch diesen bedingt wurden. Diese Projekte ergaben in der Summe Ulbrichts Gesellschaftsentwurf einer »sozialistischen Menschengemeinschaft«. Sie berührten die Wirtschaft in Gestalt des Neuen Ökonomischen Systems der Planung und Leitung (NÖS oder NÖSPL), das 1963 eingeführt wurde.[3] Mit dem »Gesetz über das einheitliche sozialistische Bildungssystem« von 1965 und der 3. Hochschulreform, die 1967 eingeleitet wurde, wurde auch die Bildung davon erfasst.[4] Und schließlich demonstrierten das neue Strafgesetzbuch von 1967 und die Verfassungsnovelle von 1968 den Reformwillen in Recht und Justiz.[5] Begleitet wurden diese Reformprojekte durch gesellschaftliche Wandlungsprozesse im Gefolge der wirtschaftlichen und gesellschaftlichen Modernisierung, die alle Industriegesellschaften dieser Zeit erfasste.[6] Beschleunigt durch die technischen Innovationen sowie die damit einhergehende fachliche Spezialisierung und Differenzierung dieser Zeit, schlug sich dieser Wandel nieder in zunehmender Individualisierung, in verändertem Konsumverhalten und in wachsender Bedeutung der Freizeit.[7]

Soziale und politische Umbrüche waren ineinander verschränkt und bedingten sich wechselseitig. Im Westen provozierten diese Entwicklungen tief-

---

2 Der Begriff »Kahlschlag«, eingeführt von Agde, Günter (Hg.): Kahlschlag. Das 11. Plenum des ZK der SED 1965. Berlin 1991, hat sich seither als Kürzel für das 11. Plenum etabliert (vgl. 2. Aufl., Berlin 2000, S.9).
3 Vgl. Meuschel, Sigrid: Legitimation und Parteiherrschaft. Zum Paradox von Stabilität und Revolution in der DDR. Frankfurt a. M. 1992, S.184–209.
4 Vgl. Geißler, Gert: Die Volksbildung in der DDR in Dokumenten, in: Ders. u. a. (Hg.): Schule: Streng vertraulich! Die Volksbildung der DDR in Dokumenten. Berlin 1996, S.35–37.
5 Vgl. Werkentin, Falco: Politische Strafjustiz in der Ära Ulbricht. Berlin 1995, S.285f.
6 Vgl. Engler, Wolfgang: Die ungewollte Moderne. Ost-West-Passagen. Frankfurt a.M. 1995, S.41–44; Kleßmann, Christoph: Zwei Staaten, eine Nation. Deutsche Geschichte 1955–1970. Göttingen 1988, S.330–371.
7 Vgl. Kaminsky, Annette: »Mehr produzieren, gerechter verteilen, besser leben«. Konsumpolitik in der DDR, in: APuZ, B 28/99, S.14f.; Merkel, Ina: Arbeiter und Konsum im real existierenden Sozialismus, in: Hübner, Peter; Tenfelde, Klaus (Hg.): Arbeiter in der SBZ-DDR. Essen 1999, S.544f.

greifende Krisen, die in den Studentenunruhen des Jahres 1968 kulminierten und schließlich eine ganze Generation charakterisieren sollten.[8] In der DDR schien der entsprechende Wandel eher unterschwellig abzulaufen. Obwohl mit den genannten Daten eine ganze Reihe von Ereignissen vorgegeben war, verdichteten sich die Erfahrungen der gleichen generationellen Lagerung wie die westdeutschen »68er« nicht zu einer »Generationseinheit« (Karl Mannheim).[9] Anders als in der BRD wurden in der DDR vor dem Hintergrund einer vergleichbaren Erlebnisschichtung keine entsprechenden Traditionen, Handlungsmuster und Wertesysteme ausgeprägt, die eine »konkrete Gruppenbildung« jenseits ökonomischer oder sozialer Kriterien erkennen ließen.

Ein konkreter generationeller Zusammenhang im Sinne einer Generationseinheit ist in der Geschichte der DDR erst zu einem späteren Zeitpunkt erkennbar. So wurde der Umbruch in der DDR 1989/90 von Bürgerrechtsgruppen programmatisch begleitet und vorangetrieben, deren Mitglieder jener Generationslage entstammen, die um 1968 sozialisiert worden war. Die »89er« erschienen also gewissermaßen als »verspätete 68er«.[10]

Das Paradox einer fehlenden Generationseinheit, die den westdeutschen »68ern« entspräche, und der späten Wirksamkeit generationeller Prägungen in der DDR-Geschichte spitzt noch einmal die Fragen nach der politischen Sozialisation der sechziger und frühen siebziger Jahre zu. So verweist die asynchrone, zeitversetzte Relevanz generationeller Prägungen auf eine besondere politische Kultur – eine »politische Doppelkultur« (Christiane Lemke)[11]:

---

8 Vgl. Bude, Heinz: Das Altern einer Generation. Die Jahrgänge 1938 bis 1968. 2. Aufl., Frankfurt a. M. 1995, S. 20f.; Engler, Wolfgang: Konträr und parallel. 1968 im Osten, in: François, Etienne u.a. (Hg.): 1968 – ein europäisches Jahr? Leipzig 1997, S. 105–109; Simon, Annette: »Kluge Kinder sterben früh«, in: Die Zeit, Nr. 24/1997, S. 42; Schildt, Axel u.a. (Hg.): Dynamische Zeiten. Die 60er Jahre in beiden deutschen Gesellschaften. Hamburg 2000; Wierling, Dorothee: Opposition und Generation in Nachkriegsdeutschland. Achtundsechziger in der DDR und in der Bundesrepublik, in: Kleßmann, Christoph u.a. (Hg.): Deutsche Vergangenheiten – eine gemeinsame Herausforderung. Der schwierige Umgang mit der doppelten Nachkriegsgeschichte. Berlin 1999, S. 238–252.
9 Mannheim, Karl: Das Problem der Generationen, in: Ders.: Wissenssoziologie. Auswahl aus dem Werk. Berlin, Neuwied 1964, S. 535–538. Mannheim unterscheidet Generationslage (gleiche Geburtsjahrgänge), generationelle Schichtung (bestimmter Erfahrungszusammenhang) und Generationseinheit (konkrete Gruppenbildung). – Zum Folgenden vgl. ebd., S. 549, sowie den »Versuch einer Kollektivbiographie« (aus dem Untertitel) von Wierling, Dorothee: Geboren im Jahr Eins. Der Jahrgang 1949 in der DDR. Berlin 2002.
10 Vgl. Kühnel, Wolfgang: Scheinbar konfliktfrei aneinander vorbei. Eine Retrospektive auf die Generationsbeziehungen in der DDR, in: PROKLA 20 (1990), S. 30–33; Niethammer, Lutz: Erfahrungen und Strukturen. Prolegomena zu einer Gesellschaftsgeschichte der DDR, in: Kaelble, Hartmut u.a. (Hg.): Sozialgeschichte der DDR. Stuttgart 1994, S. 106–108; Poppe, Ulrike: »Der Weg ist das Ziel«. Zum Selbstverständnis und der politischen Rolle oppositioneller Gruppen der achtziger Jahre, in: Dies. u.a. (Hg.): Zwischen Selbstbehauptung und Anpassung. Formen des Widerstandes und der Opposition in der DDR. Berlin 1995, S. 244–272. Diese These wurde zuletzt zugespitzt von Wolle, Stefan: Die versäumte Revolution. Die DDR und das Jahr 1968, in: APuZ, B 22–23/2001, S. 46.
11 Lemke, Christiane: Die Ursachen des Umbruchs 1989. Politische Sozialisation in der ehemaligen DDR. Opladen 1991, S. 13; vgl. Hanke, Irma: Alltag und Politik. Zur politischen Kultur einer unpolitischen Gesellschaft. Eine Untersuchung zur erzählenden Gegenwarts-

Ideologischen, politischen Ansprüchen der Staats- und Parteiführung wurde in der institutionalisierten Öffentlichkeit der DDR, im Bildungswesen, in der Arbeitswelt und bei den verordneten politischen Ritualen genügt, während im privaten Bereich Werte gepflegt werden konnten, die nicht mit denen von Staat und Partei übereinstimmten. Zugleich konnten Elemente der sozialistischen Utopie, der Traditionen der DDR-Elite, des Erbes der kommunistischen Bewegung sowie Konventionen aus der Tradition der bürgerlichen Gesellschaft[12] in einer spezifischen Weise angeeignet und im öffentlichen Raum ausgelebt oder aber verworfen werden. Diese spezifische Art des Umgangs, der Aneignung oder Verwerfung ideologischer Formierungsansprüche konnte, aber musste nicht politisch intendiert sein und lässt sich am griffigsten als »Eigen-Sinn« (Alf Lüdtke)[13] beschreiben.

In der Gesellschaftsgeschichte der DDR kommt der Jugend sowohl aus der historischen Perspektive als auch in Bezug auf die Gesellschaftskonzeption der SED eine zentrale Rolle zu. Als bevorzugter Adressat der Gestaltungsansprüche der Staats- und Parteiführung war sie ein Gradmesser für die erfolgreiche Umsetzung von deren »diktatorischer Gesellschaftskonstruktion«[14] und musste deswegen die Herrschaftspraxis in der DDR wesentlich beeinflussen.

Dabei ist die politische Praxis nicht nur unter dem Aspekt des Legitimationsgewinns des SED-Regimes zu betrachten,[15] sondern es sind auch die Instrumentalisierung gesellschaftlicher Wandlungsprozesse und die Nutzung kreativer Potenziale der Jugend zu berücksichtigen. Aktivierung und Deaktivierung bis hin zur Unterdrückung dieser Ressourcen – gerade unter den Bedingungen einer geschlossenen Gesellschaft – geben wesentliche Hinweise auf eine Flexibilisierung der Politik in der DDR.

Zudem hing davon in erheblichem Maße die Akzeptanz des politischen Systems unter der Jugend ab. Dies schloss die Möglichkeit einer Identitätsstiftung ein, in deren Folge sich Jugendliche in besonderer Weise mit der DDR identifiziert haben könnten.[16]

---

literatur der DDR in den 70er Jahren. Opladen 1987, S. 285–314; Mühlberg, Dietrich: Überlegungen zu einer Kulturgeschichte der DDR, in: Kaelble u. a. (Hg.): Sozialgeschichte, S. 68 u. 79.
12 Vgl. Ernst, Anna Sabine: Vom »Du« zum »Sie«. Die Rezeption der bürgerlichen Anstandsregeln in der DDR der 1950er Jahre; in: MKF, Nr. 33/1993, S. 192–200; Mühlberg, Dietrich: »Leben in der DDR« – warum untersuchen und wie darstellen?, in: Badstübner, Evemarie (Hg.): Befremdlich anders. Leben in der DDR. Berlin 2000, S. 648f.
13 Vgl. Lüdtke, Alf: Geschichte und Eigensinn, in: Alltagskultur, Subjektivität und Geschichte. Zur Theorie und Praxis von Alltagsgeschichte. Hg. Berliner Geschichtswerkstatt. Münster 1994, S. 139–153, sowie zur »Dialektik von Anpassung und Verweigerung«: Neubert, Ehrhart: Geschichte der Opposition in der DDR 1949–1989. Berlin 1997, S. 24.
14 Jessen, Ralph: Gesellschaft im Staatssozialismus. Probleme einer Sozialgeschichte der DDR, in: GG 21 (1995), S. 100.
15 Lüdtke, Alf: Die DDR als Geschichte, in: APuZ, B 36/98, S. 13f.
16 Vgl. Lindner, Bernd: Sozialisation und politische Kultur junger Ostdeutscher vor und nach der Wende – ein generationsspezifisches Analysemodell, in: Schlegel, Uta; Förster, Peter

Je nach Ausprägung einer solchen DDR-Identität ließen sich Aufschlüsse darüber gewinnen, ob und in welchem Maße die Übertragung des Gesellschaftskonzepts auf das Modell einer »sozialistischen Persönlichkeit« gelungen ist. Dieser Transfer verlangte eine starke Normierung der gesellschaftlichen Spielräume sowie des individuellen Verhaltens. Insofern erlaubt die Betrachtung der Sozialisation Jugendlicher in der DDR Rückschlüsse auf die soziale und kulturelle Formierung durch die Politik. Sowohl die kommunistische Gesellschaftsutopie als auch das sozialistische Persönlichkeitsideal setzten eine hochgradige politische Homogenisierung der DDR-Bevölkerung und damit eine »Politisierung des Privaten« voraus.[17] Zugleich sollten sie die funktionale Entdifferenzierung der DDR-Gesellschaft befördern, da politisch-ideologische Prämissen ökonomische Leistungsmerkmale als soziale Auswahlkriterien zunehmend verdrängten.[18] Diese Homogenisierungs- und Entdifferenzierungstendenzen müssten unter den Bedingungen der geschlossenen Gesellschaft bereits unter der ostdeutschen Jugend nachzuweisen sein.

Das Gleiche gilt für die kulturelle Prägung. In der Kulturpolitik setzte die Ost-Berliner Führung zunehmend auf eine gewisse Autarkie, die zunächst vor allem im Ideal einer »sozialistischen Unterhaltungskunst« zu entdecken war[19] und die schließlich im Umfeld des Machtwechsels im Konzept einer eigenen sozialistischen Nation gipfelte.[20] Deren erfolgreiche Vermittlung hätte wiederum die Identitätsbildung in der DDR wesentlich beeinflussen müssen.

Gemein ist all diesen Formierungsvorhaben nicht nur die Zielutopie, sondern auch der pädagogische Impetus. Beide legen – auch mit Blick auf die pädagogische Praxis – die Bezeichnung der DDR als »Erziehungsdiktatur« (Dorothee Wierling)[21] nahe. Mit diesem Begriff lassen sich sowohl der umfassende Gestaltungsanspruch des SED-Regimes als auch das politische Instrumentarium dafür fassen. Dem Bildungswesen und dem sozialistischen Jugendverband, der Freien Deutschen Jugend, kamen dabei als Vermittlungsinstanzen die wichtigsten Rollen zu.[22] Begleitete das Bildungswesen die Ostdeutschen

---

(Hg.): Ostdeutsche Jugendliche. Vom DDR-Bürger zum Bundesbürger. Opladen 1997, S. 25–34.
17 Lüdtke: Die DDR, S. 13.
18 Vgl. Meuschel: Legitimation, S. 184–209.
19 Rauhut, Michael: Beat in der Grauzone. DDR-Rock 1964 bis 1972. Berlin 1993, S. 9. Vgl. Ders.: Rock in der DDR. 1964 bis 1989. Bonn 2002, S. 5–8; Wicke, Peter: Zwischen Förderung und Reglementierung – Rockmusik im System der DDR-Kulturbürokratie, in: Ders.; Müller, Lothar (Hg.): Rockmusik und Politik. Analysen, Interviews, Dokumente. Berlin 1996, S. 13f.
20 Meuschel: Legitimation, S. 274–283.
21 Wierling, Dorothee: Die Jugend als innerer Feind. Konflikte in der Erziehungsdiktatur der sechziger Jahre, in: Kaelble u. a. (Hg.): Sozialgeschichte, S. 404. – Michalzik, Martin: »An der Seite der Genossen …«. Offizielles Jugendbild und politische Sozialisation im SED-Staat. Melle 1994, S. 35f., spricht von der »Erziehungsgesellschaft« DDR.
22 Zu den Ansätzen dieser Politik vgl. Skyba, Peter: Vom Hoffnungsträger zum Sicherheitsrisiko. Jugend in der DDR und Jugendpolitik der SED 1949–1961. Köln u. a. 2000, S. 348–351, 410–418.

von Kindesbeinen an und prägte mit einem sukzessiv politisierten und militarisierten Alltag die »sozialistischen Persönlichkeiten«,[23] so wuchs der FDJ gerade in den sechziger Jahren zunehmend die Rolle zu, die Jugendlichen auch außerhalb der Bildungseinrichtungen zu einer sozialistischen Lebens- und Arbeitsweise anzuhalten. Somit geben ihre Aktivitäten wie auch die Gestaltung des Bildungswesens wichtige Hinweise auf die gesellschaftspolitische Praxis in der DDR, während die Akzeptanz der FDJ Schlüsse über den Erfolg dieser Politik zulässt. Allerdings ist dabei zu berücksichtigen, inwiefern der Primat der politisch-ideologischen Erziehung im Bildungswesen pädagogische und soziale Reformen durchkreuzte.[24] Die Akzeptanz des Jugendverbandes wiederum ist auf eine mögliche Formalisierung zu untersuchen, die belegen könnte, dass die FDJ zunehmend zur Karriereleiter »degenerierte«.[25]

Damit rücken die Mobilisierung und hierbei die Nutzung kreativer Potenziale der Jugend für und durch die DDR-Politik in den Blick. Dazu musste u. a. an das Erbe der Arbeiterbewegung angeknüpft werden.[26] Nur so ließen sich an die Jugend wesentliche Traditionselemente vererben, die für das Selbstverständnis des sozialistischen Regimes und für die Vermittlung seiner Gesellschaftsidee grundlegend waren. Dazu gehörte in erster Linie der Antifaschismus bzw. das Vermächtnis der antifaschistischen Märtyrer, deren Opfer als verpflichtendes Vorbild für die Jugend betrachtet wurde.[27] Außerdem umfasste dieses Erbe bestimmte, meist asketische Moralvorstellungen, die sich zum Teil mit den Konventionen weiter Gesellschaftsschichten deckten.[28]

Bei der Vermittlung ihrer Traditionen und Ideale war die Staats- und Parteiführung seit dem Mauerbau weniger auf repressive Methoden angewiesen,

---

23 Kudella, Sonja u.a.: Die Politisierung des Schulalltags, in: Geißler, Gert; Blask, Falk (Hg.): In Linie angetreten. Die Volksbildung der DDR in ausgewählten Kapiteln. Berlin 1996, S. 21–209; vgl. Sachse, Christian: (Vor)militärische Ausbildung in der DDR, ebd., S. 213–314; Geißler, Gert; Wiegmann, Ulrich: Pädagogik und Herrschaft in der DDR. Die parteilichen, geheimdienstlichen und vormilitärischen Erziehungsverhältnisse. Frankfurt a. M. u. a. 1996, S. 173–231.
24 Geißler: Volksbildung, S. 37.
25 Mählert, Ulrich; Stephan, Gerd-Rüdiger: Blaue Hemden – rote Fahnen. Die Geschichte der Freien Deutschen Jugend. Opladen 1996, S. 8; vgl. Hübner, Peter: Die FDJ als politische Organisation und als sozialer Raum, in: Gotschlich, Helga (Hg.): »Links und links und Schritt gehalten ...«. Die FDJ. Berlin 1994, S. 58 f.
26 Vgl. Mleczkowski, Wolfgang: »Der Staat sind wir nicht«. Probleme der politischen Gegenkultur Jugendlicher in der DDR, in: Baske, Siegfried; Rögner-Francke, Horst (Hg.): Jugendkultur im geteilten Deutschland. Berlin 1986, S. 60–62; Wangenheim, Inge von: Genosse Jemand und die Klassik. Gedanken eines Schriftstellers. 2. Aufl., Halle, Leipzig 1981, S. 28–35. (Für diesen Hinweis danke ich Hartmut Zwahr, Leipzig.)
27 Vgl. Wierling, Dorothee: Nationalsozialismus und Krieg in den Lebensgeschichten der ersten Nachkriegsgeneration in der DDR, in: Domansky, Elisabeth; Welzer, Harald (Hg.): Eine offene Geschichte: Zur kommunikativen Tradierung der nationalsozialistischen Vergangenheit. Tübingen 1999, S. 35–56; Danyel, Jürgen: Die Opfer- und Verfolgtenperspektive als Gründungskonsens? Zum Umgang mit der Widerstandstradition und der Schuldfrage in der DDR, in: Ders. (Hg.): Die geteilte Vergangenheit. Zum Umgang mit dem Nationalsozialismus in beiden deutschen Staaten. Berlin 1995, S. 31 f.
28 Engler, Wolfgang: Die Ostdeutschen. Kunde von einem verlorenen Land. 2. Aufl., Berlin 1999, S. 69.

sondern konnte angesichts der versperrten Fluchtalternative in den Westen zunehmend auf Manipulation und Indoktrination setzen.[29] Seit dem 13. August 1961, gewissermaßen dem »heimlichen Gründungstag der DDR«,[30] blieb die ostdeutsche Gesellschaft in hohem Maße auf sich selbst fixiert. Erst mit dem Prager Frühling wurde dieser Autismus kurzfristig, mit der Ende der sechziger Jahre einsetzenden Entspannungspolitik auch langfristig aufgebrochen.[31] Die Geschlossenheit der DDR-Gesellschaft ist somit immer unter dem Vorbehalt der internationalen Entwicklung zu betrachten.

Bei der Untersuchung gesellschaftlicher Prozesse sind auch individuelle Verhaltensweisen zu berücksichtigen, geben doch die äußerst differenzierten Formen von Anpassung und Nonkonformität wichtige Aufschlüsse sowohl über die Herrschaftspraxis als auch über deren Akzeptanz – voran über die Aneignung oder Abwehr totalitärer Gestaltungsansprüche.[32] Eine Summierung nonkonformer Verhaltensmuster unter den Begriff des »Widerstandes« bzw. unter »Opposition«, wie sie Ilko-Sascha Kowalczuk vorgenommen hat, weil der totalitäre Anspruch sozialistischer Systeme eine politische Dimension in jedem abweichenden Verhalten impliziere,[33] hilft dabei kaum weiter. Vielmehr ist nach differenzierten Handlungsoptionen und -motiven zu fragen und zwischen Anpassung, nonkonformem Verhalten, Opposition und Widerstand zu unterscheiden: »Als Gegnerschaft kann nur der gesuchte und gestaltete Konflikt mit den Herrschenden gelten.«[34]

Gleichwohl ist zu bedenken, dass mit dem Mauerbau die Handlungsoptionen deutlich eingeschränkt wurden. Der Auszug (»exit«) aus der geschlossenen Gesellschaft als bequemere Widerspruchsvariante war nur noch unter erheblichen Gefahren möglich, der ausdrückliche Protest (»voice«) aber gefährdete das wechselseitige Arrangement zwischen Herrschenden und Be-

---

29 Hübner, Peter: Das Jahr 1961 und die Kontinuität der Arbeitergeschichte in der DDR, in: Ders.; Tenfelde (Hg.): Arbeiter, S. 23. Vgl. Weber, Hermann: Geschichte der DDR. München 1999, S. 223.
30 Staritz, Dietrich: Geschichte der DDR. Erw. Neuausgabe. Frankfurt a. M. 1996, S. 196.
31 Vgl. Kaiser, Monika: Machtwechsel von Ulbricht zu Honecker. Funktionsmechanismen der SED-Diktatur in Konfliktsituationen 1962 bis 1972. Berlin 1997, S. 19f., 232–369; Wolle, Stefan: Die heile Welt der Diktatur. Alltag und Herrschaft in der DDR 1971–1989. Berlin 1998, S. 57–95.
32 Vgl. Eckert, Rainer: Widerstand und Opposition in der DDR. Siebzehn Thesen, in: ZfG 44 (1996), S. 51–62; Pollack, Detlef: Politischer Protest. Politisch alternative Gruppen in der DDR. Opladen 2000, S. 58–65.
33 Kowalczuk, Ilko-Sascha: »Wer sich nicht in Gefahr begibt ...«. Protestaktionen gegen die Intervention in Prag und die Folgen von 1968 für DDR-Opposition, in: GWU 50 (1999), S. 435; vgl. Ders: Von der Freiheit, Ich zu sagen. Widerständiges Verhalten in der DDR, in: Poppe u. a. (Hg.): Zwischen Selbstbehauptung, S. 99–114; Fricke, Karl Wilhelm: Opposition und Widerstand in der DDR. Ein politischer Report. Köln 1984, S. 14–19.
34 Neubert: Geschichte, S. 27. Vgl. die Abstufung bei Peukert, Detlef: Volksgenossen und Gemeinschaftsfremde. Anpassung, Ausmerze und Aufbegehren unter dem Nationalsozialismus. Köln 1982, S. 97.

herrschten.[35] Insofern stellen Verhaltensbeschreibungen wie »loyale Widerwilligkeit« oder »mißmutige Loyalität« hilfreiche Nuancierungen dar.[36] Diese Formeln vermögen zudem in ihrer Ambivalenz das dualistische Schema von Anpassung und Widerstand aufzulösen und die Widersprüchlichkeit politischer Handlungsoptionen zu verdeutlichen.

Eine solche Ambivalenz könnte gerade durch den umfassenden Gestaltungsanspruch des SED-Regimes provoziert worden sein, da er über den öffentlichen Raum hinaus in Residualbereiche wie die Familie hineinreichte. Die umfassende Kontrolle der Öffentlichkeit durch Staat und Partei führte zudem zu einer starken Fixierung der Ostdeutschen auf westliche Medien, deren Trendangebote vor allem die Jugend rezipierte. So erlebten sich weite Teile der Bevölkerung in einer Art medialer Rückkopplung in den Berichten westdeutscher Rundfunk- und Fernsehsender, die sich erheblich von dem Informationsangebot der gleichgeschalteten DDR-Presse unterschieden.[37]

Außerdem kollidierten die Normierungsbestrebungen in der DDR stellenweise mit jugendlichen Rebellionspotenzialen, die ebenso wie das Freizeitverhalten und die Rezeption modischer und musikalischer Trends vor allem der sozialen Distinktion dienen.[38] Diese Widerspruchsneigung stellt eine Facette jugendlichen Aktionismus' dar, eine andere ist die angesprochene Kreativität. Damit werden vor allem individuelle und gesellschaftliche Grenzen ausgelotet, innerhalb derer (nicht nur politische) Spielräume besetzt und ausgefüllt werden können. Zu diesen Räumen gehören auch private Residualbereiche, weshalb deren politische Überformung abzuwehren ist, soweit politische Angebote nicht privat genutzt werden können. Die Absicherung privater Autonomiespielräume gegen eine politische Durchdringung kann allerdings eine Verinselung der Gesellschaft provozieren, sofern sie nicht durch intakte informelle, politische Netzwerke getragen werden kann.

Milieuspezifische Unterschiede in der politisch-kulturellen Tradition lassen vermuten, dass auch unter Jugendlichen die Akzeptanz, Abwehr und Aneignung politischer Normen in der Öffentlichkeit wie auch im Privaten je nach

---

35 Zu »exit« und »voice« als Alternativen politischen Widerspruchs vgl. Hirschman, Albert O.: Abwanderung, Widerspruch und das Schicksal der Deutschen Demokratischen Republik, in: Leviathan 20 (1992), S. 330–358; vgl. Niethammer, Lutz: Die SED und »ihre Menschen«. Versuch über das Verhältnis zwischen Partei und Bevölkerung als bestimmendem Moment innerer Staatssicherheit, in: Suckut, Siegfried; Süß, Walter (Hg.): Staatspartei und Staatssicherheit. Zum Verhältnis von MfS und SED. Berlin 1997, S. 328–332.
36 Mallmann, Klaus Michael; Paul, Gerd: Resistenz oder loyale Widerwilligkeit. Anmerkungen zu einem umstrittenen Begriff, in: ZfG 41 (1993), S. 99–116; Lüdtke, Alf: »Helden der Arbeit« – Mühen beim Arbeiten. Zur mißmutigen Loyalität von Industriearbeitern in der DDR, in: Kaelble u. a. (Hg.): Sozialgeschichte, S. 188.
37 Vgl. Schildt, Axel: Zwei Staaten – eine Hörfunk- und Fernsehnation. Überlegungen zur Bedeutung der elektronischen Massenmedien in der Geschichte der Bundesrepublik und der DDR, in: Bauerkämper, Arnd u. a. (Hg.): Doppelte Zeitgeschichte. Deutsch-deutsche Beziehungen 1945–1990. Bonn 1998, S. 60–62; Merkel: Arbeiter, S. 544 f.
38 Vgl. Mitterauer, Michael: Sozialgeschichte der Jugend. Frankfurt a. M. 1986, S. 236–239; Zinnecker, Jürgen: Jugendkultur 1940–1985. Opladen 1987, S. 259–266.

Herkunft differieren.[39] Die Einebnung solcher Differenzen lässt deshalb Rückschlüsse auf die Entdifferenzierung innerhalb der ostdeutschen Gesellschaft zu, die vor allem durch soziale Auswahlmechanismen – voran die Praxis der Kaderrekrutierung – zurückzuführen sind.

Zu berücksichtigen sind auch hier Ausprägungen altersspezifischer Lebensentwürfe und Kulturformen, die mit Konventionen und politischen Normen kollidierten. Dabei könnte die politische Überformung weiter Bereiche der Gesellschaft zu einer Politisierung von Verhaltensweisen geführt haben, die gar nicht politisch intendiert waren.[40] Dies hätte einerseits generationelle Konflikte mit politischen Gehalten aufladen können. Andererseits verlangte die starke Orientierung Jugendlicher an westlicher Kultur und westlichem Konsum nach einer Entpolitisierung dieser Praktiken, da beides durch die ostdeutsche Politik der Abgrenzung gegenüber der Bundesrepublik stets eine politische Dimension erhielt. Damit erlauben solche Auseinandersetzungen auch Folgerungen hinsichtlich der Fähigkeit des Regimes und der Gesellschaft, Konventionen und Traditionen an die nachrückenden Generationen zu vererben und dadurch die Entwicklung von Wertesystemen unter der Jugend zu beeinflussen.

Die Akzeptanz tradierter Wertekanones wiederum ist ein wichtiges Indiz für den Erfolg der politischen Praxis. Von einer erfolgreichen Flexibilisierung ihrer Herrschaft ist auszugehen, sollte es der Staats- und Parteiführung gelungen sein, politische und generationelle Konfrontationslinien zu verwischen oder zu löschen. Insofern liefert die Jugendpolitik wichtige Hinweise auf die SED-Herrschaft allgemein. Der Grad der Durchdringung privater Räume mit ihren Ansprüchen verweist also auf die »Durchherrschung« der Gesellschaft insgesamt.[41]

Wie »durchherrscht« die DDR-Gesellschaft war, hängt wesentlich davon ab, ob es den Ostdeutschen gelang, innerhalb ihrer totalitären Konstruktion »soziale Restformationen« bzw. »nichtorganisierte Räume ideologischer Neutralität« zu bewahren.[42]

39 Hofmann, Michael; Rink, Dieter: Mütter und Töchter – Väter und Söhne. Mentalitätswandel in zwei DDR-Generationen, in: BIOS 6 (1993), S. 216. Vgl. Geulen, Dieter: Politische Sozialisation in der DDR. Autobiographische Gruppengespräche mit Angehörigen der Intelligenz. Opladen 1998, S. 49–53; Huinink, Johannes u. a.: Kollektiv und Eigensinn. Lebensverläufe in der DDR und danach. Berlin 1995.
40 Vgl. Lindenberger, Thomas: Die Diktatur der Grenzen, in: Ders. (Hg.): Herrschaft und Eigen-Sinn in der Diktatur. Studien zur Gesellschaftsgeschichte der DDR. Köln u. a. 1999, S. 23–25; Poiger, Uta G.: Jazz, Rock, and Rebels. Cold War Politics and American Culture in a Divided Germany. Berkeley a. o. 1999, S. 168–205; Dies.: Amerikanischer Jazz und (ost)deutsche Respektabilität, in: Lüdtke, Alf; Becker, Peter (Hg.): Akten. Eingaben. Schaufenster. Die DDR und ihre Texte. Berlin 1997, S. 119–136; Rauhut: Beat, S. 8 u. 114f.
41 Lüdtke: »Helden«, S. 188. Durch Kocka, Jürgen: Eine durchherrschte Gesellschaft, in: Kaelble u. a. (Hg.): Sozialgeschichte, S. 547–553, ist der Begriff populär geworden, während sich Alf Lüdtke bald von ihm distanziert hat: vgl. Lüdtke: DDR, S. 3 f.
42 Jarausch, Konrad: Die gescheiterte Gegengesellschaft. Überlegungen zu einer Sozialgeschichte der DDR, in: AfS 39 (1999), S. 10; Pollack, Detlef: Kirche in der Organisationsge-

Da zum Zeitpunkt des Mauerbaus fast alle intermediären Organisationen wie Verbände und Gewerkschaften bereits zu Transmittenten der SED-Politik geformt worden waren, kam den Kirchen eine besondere Rolle zu. Diese Rolle war von Anfang an politisch aufgeladen und wurde durch die Auseinandersetzungen der fünfziger Jahre weiter politisiert.[43] Die kirchliche Jugendarbeit ist deswegen als mögliche Alternative zur staatlichen Jugendpolitik gesondert zu berücksichtigen. Eine Fortsetzung der Konflikte um die Jungen Gemeinden und die Studentengemeinden nach dem Mauerbau widerspräche der Annahme, die SED hätte den evangelischen Kirchen weitreichende Zugeständnisse abringen und sie damit zu einer »Staatskirche neuen Typus« formen können (Gerhard Besier), während der Katholizismus mit seinem »Kurs der öffentlichen politischen Abstinenz« dem Begehren der SED-Führung widerstanden hätte.[44] Messen lassen sich an der kirchlichen Jugendarbeit außerdem gesellschaftliche Gestaltungsansprüche, die die Kirchen erhoben.

Problematisch hingegen erscheint die Überlegung, das erfolgreiche Beharren auf solche Ansprüche habe die Akzeptanz der Kirchen unter Jugendlichen vergrößert. Angesichts fehlender Alternativen und des dominanten Normierungsanspruchs der Staats- und Parteiführung ist eine solche Annahme irrig, da das Bekenntnis zur Kirche als Zugehörigkeit zu einer alternativen Wertegemeinschaft und damit als offener Widerspruch gegen das System interpretiert werden konnte.

Diese Feststellung verweist auf Schwierigkeiten, die ostdeutsche Realität mit eindeutigen Formeln wiederzugeben. So erfreuen sich zwar totalitarismustheoretische Deutungen wie die von Klaus Schroeder, der die DDR als »(spät-)totalitäre[n] Versorgungs- und Überwachungsstaat« charakterisiert,[45] auf der einen Seite ebenso großer Beliebtheit wie der von Alf Lüdtke geprägte Begriff des »Eigen-Sinns« auf der anderen, scheint dieser Terminus doch die Spannungen zwischen der politischen Durchdringung einer ganzen Gesellschaft und dem Beharren (zivil-)gesellschaftlicher Residualbereiche zu überbrücken; es mangelt aber solchen Formeln zur Beschreibung der DDR-Gesellschaft gerade daran, die Ambivalenzen der ostdeutschen Gesellschaftswirklichkeit zu erfassen, die Detlef Pollack als »konstitutive Widersprüchlichkeit« bezeichnet hat.[46]

---

sellschaft. Zum Wandel der gesellschaftlichen Lage der evangelischen Kirchen in der DDR. Stuttgart u.a. 1994, S. 64.
43 Vgl. ebd., S. 113–125; Skyba, Vom Hoffnungsträger, S. 208–233.
44 Schäfer, Bernd: Staat und katholische Kirche in der DDR. Köln u.a. 1998, S. 29, 233, kritisiert diesen Kurs, weil damit jeglicher gesellschaftlicher Gestaltungsanspruch aufgegeben worden sei. Die Polemik gegen die ev. Kirchen in: Besier, Gerhard: Der SED-Staat und die Kirche. Der Weg in die Anpassung. [Bd. 1] München 1993, S. 18; vgl. Ders: Der SED-Staat und die Kirche. Die Vision vom Dritten Weg. [Bd. 2] Berlin, Frankfurt a. M. 1995.
45 Schroeder, Klaus: Der SED-Staat. Geschichte und Strukturen der DDR. München 1998, S. 643. – Zum Folgenden siehe oben, Anm. 14 u. 41.
46 Pollack, Detlef: Die konstitutive Widersprüchlichkeit der DDR. Oder: War die DDR-Gesellschaft homogen?, in: GG 24 (1997), S. 144. Vgl. Niethammer: Die SED, S. 317.

Diese Widersprüchlichkeit ist hier in einer doppelten Perspektive darzustellen. So beschränkt sich die vorliegende Arbeit nicht darauf, die institutionalisierte Jugendpolitik darzustellen, sondern analysiert zugleich die Entwicklung jugendlicher Alltagskultur in der DDR.[47] – Der Anteil Jugendlicher an der Gesamtbevölkerung lag in der DDR durchschnittlich bei 18 Prozent, wobei innerhalb des Untersuchungszeitraumes der Tiefpunkt 1966 mit 15,1 Prozent und der Höhepunkt der Entwicklung 1973 (17,8 Prozent) erreicht wurde.[48]

Unter »Jugend« wird dabei die Personengruppe verstanden, die sich in der Entwicklungsphase zwischen der Pubertät sowie der sozialen und wirtschaftlichen Unabhängigkeit befindet. Dieser Abschnitt differiert in der Länge, da der Einstieg in diese Phase simultan im Alter von ca. 13–14 Jahren vollzogen wird, das Ende aber erheblich variiert – je nach Bildungsabschluss zwischen 17 und 24 Jahren. Unabhängig von der Art der Ausbildung ist nach deren Ende von einer geregelten Berufstätigkeit und damit von der ökonomischen Unabhängigkeit gegenüber dem Elternhaus auszugehen. Mit dem Beginn des regulären Einkommenserwerbs erfolgt oft mit der Gründung einer eigenen Familie die endgültige soziale Abkoppelung vom Elternhaus.

Innerhalb der so definierten Gruppe bilden Studierende eine Ausnahme, da ihre lange Ausbildungszeit den Rahmen des Jugendalters deutlich ausdehnt.[49] Als Jugendliche sind Studierende dennoch zu berücksichtigen, weil sie ökonomisch oft noch stark an das Elternhaus gebunden sind und weil sie außerdem – bedingt durch die Form ihrer Ausbildung – Lebensformen praktizieren, die eher denen von Lehrlingen als denen ihrer bereits berufstätigen Altersgenossen entsprechen: Sie sind oft in Wohnheimen untergebracht, haben zumindest keinen etablierten Wohnsitz und häufig noch keine eigene Familie.

Da das Jugendalter relativ kurz ist und seine Dauer nicht einer ganzen Generation entspricht, durchlaufen verschiedene Kohorten Jugendlicher den Untersuchungszeitraum. Sie bilden unter Umständen schon deshalb keine »Generationseinheit«, weil der Erfahrungshintergrund der verschiedenen Jahrgänge zu stark differiert. Aus diesem Grunde ist in »der« DDR-Jugend der sechziger und frühen siebziger Jahre eine generationelle Binnendifferenzierung zu berücksichtigen. Dieser scheinbare Nachteil ist jedoch ein Vorteil, weil damit nicht nur politische Wandlungen, sondern möglicherweise auch Veränderungen im Anpassungsverhalten Jugendlicher der selben Generation beobachtet werden können.

Als zeitlicher Rahmen der Untersuchung dienen der Mauerbau und der Machtwechsel von Ulbricht zu Honecker. Zwischen beiden Ereignissen stellte

---

47 Vgl. Mühlberg, D.: Überlegungen, S. 62–86.
48 Schulze, Edeltraud; Noack, Gert (Hg.): DDR-Jugend. Ein statistisches Handbuch. Berlin 1995, S. 15; vgl. Tab. 1f, S. 26f., Abb. 1, S. 28, Tab. 26, S. 52.
49 Vgl. Starke, Kurt: Jugend im Studium. Zur Persönlichkeitsentwicklung von Hochschulstudenten. 2. Aufl., Berlin (DDR) 1980, S. 28–32.

die DDR eine relativ geschlossene Gesellschaft dar, die sich zunehmend stabilisierte. Setzte die Stabilisierung der DDR den Mauerbau voraus, so erfolgte nach dem Machtwechsel vor dem Hintergrund der internationalen Entspannung ihre außenpolitische Öffnung. Um überprüfen zu können, wie sich dieser Umschwung innenpolitisch auswirkte, wird der Untersuchungszeitraum über den Machtwechsel hinaus verlängert bis zu den Weltfestspielen von 1973 und dem Jugendgesetz von 1974. Sie demonstrierten jeweils den politischen Wandel nach außen und nach innen.

Zudem ermöglicht die Verlängerung des Untersuchungszeitraums, gesellschaftliche Wandlungsprozesse über den personellen Wechsel hinaus zu betrachten. Dabei fokussiert der Blick »von oben« die Frage, wie stark jugendpolitische Maßnahmen unter dem Primat des Ideologems der »allseitig gebildeten sozialistischen Persönlichkeit« standen und auf welche Weise dieses Ideal Jugendlichen vermittelt wurde. Die Perspektive richtet sich dabei vor allem auf das Bildungswesen und auf die Arbeit der FDJ. Zudem wird untersucht, wie weit die Freizeitgestaltung Jugendlicher von den veränderten politisch-ideologischen Ansprüchen berührt wurde.

Der Bereich der Freizeit, voran die Beziehungen zu Gleichaltrigen, und das Privatleben im Familienverband bilden die Schnittpunkte, in denen sich die Perspektive »von oben« mit dem Blick »von unten« trifft. An diesen Punkten sind am ehesten Konflikte zu beobachten, da hier die staatlichen Erziehungsziele mit den Konventionen des Elternhauses und mit altersspezifischen Kulturformen konkurrierten. In diesem Zusammenhang wie auch für die Entwicklung der »politischen Doppelkultur« in der DDR sind die Rezeption, Konservierung bzw. Ablösung politischer, gesellschaftlicher und privater Traditionen durch die ostdeutsche Jugend von besonderem Interesse.

Dabei sind gerade »eigen-sinnige« Verhaltensmuster im Spannungsfeld von Widerstand und Anpassung zu berücksichtigen. Sie verweisen einerseits auf die Flexibilisierung der staatlichen Herrschaftspraxis, sofern die Jugendpolitik derartige Praktiken graduell toleriert, akzeptiert oder sogar integriert hat; andererseits zeigen sie die Entpolitisierung der ostdeutschen Jugend, wenn typische Formen der Jugendkultur nicht (mehr) zur Demonstration der eigenen »herrschaftskritischen Distanz«[50] genutzt worden sind.

Die Entwicklung des jugendpolitischen und des gesellschaftlichen Wandels wird chronologisch verfolgt, um Aufschlüsse über spezifische »Erlebniseinstellungen« zu gewinnen, die einen Generationszusammenhang konstituiert haben könnten.[51]

---

50 Lemke: Die Ursachen, S. 82.
51 Mannheim: Das Problem, S. 532. – Zum Folgenden vgl. u. a. Wierling, Dorothee: Erzieher und Erzogene. Zu Generationenprofilen der DDR der 60er Jahre, in: Schildt u. a. (Hg.): Dynamische Zeiten, S. 624–641.

In die chronologische Darstellung eingelagert sind zwei Exkurse. Der eine (Kap. 4) widmet sich dem Verhältnis ostdeutscher Jugendlicher zu den Kirchen. Im anderen Exkurs (»Stolze junge Bürger« in Kap. 5) wird die Entwicklung jugendlicher Bewusstseinsformen im Spiegel der DDR-Jugendforschung betrachtet.[52] Fragt das 4. Kapitel nach dem Einfluss gesellschaftlicher und politischer Wandlungsprozesse auf die kirchliche Jugendarbeit, so analysiert der Abschnitt über die Jugendforschung das Problem einer spezifischen DDR-Identität. Dabei ist u. a. die Frage zu beantworten, ob die Ausprägung einer ostdeutschen Identität als Legitimitätsgewinn für die SED-Herrschaft zu betrachten ist. Zugleich lässt die Ausbildung einer spezifischen Identität unter ostdeutschen Jugendlichen Rückschlüsse auf ein generationelles Selbstverständnis im Sinne einer Generationseinheit zu.

Durchgeführt wurde die Untersuchung am Beispiel Leipzigs, weil es als Industrie-, Universitäts- und Großstadt ein breites soziales Spektrum umfasst.[53] So kann die Darstellung bürgerliche, proletarische und andere unterbürgerliche Milieus berücksichtigen. Zudem erlaubt die Funktion Leipzigs als Messestadt, vor Ort mediale Rückkopplungseffekte aufzuspüren, die sonst nur durch westliche Rundfunk- und Fernsehsender erzeugt wurden. Die repräsentative Sonderfunktion Leipzigs als Schaufenster der DDR kann somit hingenommen werden, zumal wegen ihrer geringen Zahl keines der urbanen Zentren Ostdeutschlands als repräsentativ gelten kann. Bei Bedarf werden gleichwohl andere Städte und Regionen zum Vergleich herangezogen. Entwicklungen im ländlichen Bereich können insofern vernachlässigt werden, als das Bildungs- und Ausbildungssystem der DDR zu einer Konzentration im (klein- bis groß-)städtischen Bereich tendierte und damit ein erheblicher Teil der Landjugend in das urbane Leben integriert wurde.[54]

Die Untersuchung hat wie die DDR-Forschung generell mit der Dominanz von *Quellen* aus dem Herrschaftsapparat umzugehen, die durch andere Über-

---

52 Vgl. Brislinger, Evelyn u. a. (Hg.): Jugend im Osten. Sozialwissenschaftliche Daten und Kontextwissenschaften aus der DDR sowie den neuen Bundesländern. Berlin 1997; Friedrich, Walter u. a. (Hg.): Das Zentralinstitut für Jugendforschung 1966–1990. Geschichte, Methoden, Erkenntnisse. Berlin 1999.
53 Vgl. z. B. Vester, Michael u. a. (Hg.): Soziale Milieus in Ostdeutschland. Gesellschaftliche Strukturen zwischen Zerfall und Neubildung. Köln 1995, S. 23–26; Hollitzer, Tobias: Leipzig, in: Veen, Hans-Joachim u. a. (Hg.): Lexikon Opposition und Widerstand in der SED-Diktatur. Berlin, München 2000, S. 237–241. – Der Bevölkerungsanteil Jugendlicher lag im Bezirk Leipzig mit durchschnittlich 16,1 Prozent, einem Minimum von 13,7 und einem Maximum von 16,2 Prozent (1966 bzw. 1973) geringfügig unter dem DDR-Durchschnitt: Schulze; Noack (Hg.): DDR-Jugend, Tab. 1 f, S. 26 f., u. Tab. 26, S. 52.
54 Vgl. Reuter, Lutz R.: Administrative Grundlagen und Rahmenbedingungen, in: Führ, Christoph; Furck, Ludwig (Hg.): Handbuch der deutschen Bildungsgeschichte. Bd. IV/2, München 1998, S. 36–53.

lieferungen relativiert werden müssen.[55] So werden neben den Akten der Staats- und Parteiorgane, bei denen zum Teil extreme Kompetenzüberschneidungen zu beobachten sind, kirchliche Materialien und private Überlieferungen genutzt. Obwohl diese quantitativ mit den erstgenannten Quellen keinesfalls konkurrieren können, sind sie qualitativ unverzichtbar.[56]

Die Nutzung von Akten des Herrschaftsapparates steht unter mehreren Vorbehalten. Zunächst ist zu berücksichtigen, dass Meinungsbildungsprozesse darin selten eindeutig zu rekonstruieren sind, weil der überwiegende Teil aus (oft ausufernden) Berichten ohne entsprechende Schlussfolgerungen oder aus reinen Beschlussprotokollen besteht. Durch diese Überlieferungspraxis verhinderten die Staats- und Parteiorgane, dass Entscheidungsprozesse transparent wurden. An einzelnen Stellen lässt sich dieses Manko dadurch ausgleichen, dass sich Überlieferungen von Dienststellen ergänzen, die in der Doppelstruktur von Partei- und Staatsapparat miteinander kooperierten oder konkurrierten. In jugendpolitischen Belangen ist das Material extrem gestreut, da sie verschiedene Politikbereiche berühren: Volksbildung, Hochschulpolitik, Ordnungspolitik, für die Akten der zuständigen Ministerien bzw. Ministerialabteilungen herangezogen wurden, sowie Jugendpolitik im engeren Sinne, für die diverse Institutionen verantwortlich waren – von der Abteilung Jugend des SED-Zentralkomitees über die Freie Deutsche Jugend und die Jugendabteilungen des Freien Deutschen Gewerkschaftsbundes (FDGB) bis hin zum Amt für Jugendfragen beim Ministerrat.[57]

Ein Sonderproblem stellt in diesem Überlieferungszusammenhang das Berichtswesen dar. So sind in den Informationsberichten der Parteiorgane und staatlichen Leitungen nicht nur eine Kanonisierung der Struktur und eine Formalisierung der Terminologie, sondern auch eine zunehmende Diffusion zu beobachten. Das Ausufern der Berichte weckt Zweifel daran, dass der Parteiapparat die steigende Informationsflut tatsächlich bewältigen konnte.[58] Allerdings scheint das Berichtswesen innerhalb der Partei bis zum Ende der sechziger Jahre noch nicht zu einem selbstreflexiven System degeneriert zu sein. Dies legen verschiedene Vorgänge nahe, die selektiv auf verschiedenen Administrationsebenen aktenkundig wurden und deren Relevanz auf jeder Ebene

---

55 Vgl. Fulbrook, Mary: Methodologische Überlegungen zu einer Gesellschaftsgeschichte der DDR, in: Bessel, Richard; Jessen, Ralph (Hg.): Die Grenzen der Diktatur. Staat und Gesellschaft in der DDR. Göttingen 1996, S. 275–280.
56 Vgl. z. B. Weber, Hermann: Die Aufarbeitung der DDR-Geschichte und die Rolle der Archive, in: Faulenbach, Bernd u. a. (Hg.): Die Partei hatte immer recht. Aufarbeitung von Geschichte und Folgen der SED-Diktatur. Essen 1994, S. 42–56; Judt, Matthias: »Nur für den Dienstgebrauch«. Arbeiten mit Texten einer deutschen Diktatur, in: Lüdtke/Becker: Akten, S. 29–38.
57 Vgl. Roesler, Jörg: Jugendbrigaden im Fabrikalltag der DDR 1948–1989, in: APuZ, B 28/99, S. 23f.
58 Vgl. Fulbrook: Methodologische Überlegungen, S. 276–279; Judt: »Nur für den Dienstgebrauch«, S. 29–38; Jessen, Ralph: Diktatorische Herrschaft als kommunikative Praxis. Überlegungen zum Zusammenhang von Bürokratie und Sprachnormierung in der DDR-Geschichte, in: Lüdtke/Becker: Akten, S. 60–73.

zu erkennen ist. Grundsätzlich fallen die starken qualitativen Unterschiede der Informationsberichte der SED gegenüber denen des Ministeriums für Staatssicherheit (MfS) ins Auge.[59] Obwohl auch hier eine ungeheure Expansion des Berichtswesens festzustellen ist, scheint das Material erheblich stärker gewichtet und nach seiner politischen und strategischen Bewertung durch das MfS präzisiert worden zu sein.

Trotz des zentralistischen Systems waren regionale und lokale Entscheidungen auch im Bereich der Jugendpolitik von erheblicher Relevanz. Hier ist erneut die erwähnte Doppelstruktur festzustellen, die eine Beschränkung der Recherchen auf die Archive der SED erlaubt.

Die Rekonstruktion regionaler und lokaler Entwicklungen war im kirchlichen Bereich nur begrenzt möglich, weil die sächsische Landeskirche den Zugang zu ihren Archivalien geradezu verhindert. Gleichwohl sind die Bestände der kirchlichen Archive als Material der einzigen unabhängigen intermediären Institutionen in der DDR auch für allgemeine gesellschaftliche Fragen sehr aufschlussreich. Dies gilt für die Jugendarbeit im Besonderen, da sie ein Kernanliegen der Kirchen war. Aber auch hier handelt es sich um administrative Überlieferungen, die eine verzerrte und eingeschränkte Perspektive widerspiegeln.

Einen eigenen Quellentyp stellt die Jugendpresse dar, die in der DDR ausschließlich dem Zentralrat der FDJ unterstand. Gleichwohl handelten die Redaktionen in eigener Verantwortung, so dass die Periodika (die Tageszeitung *Junge Welt*, die Zeitschrift *Forum* und das Jugendmagazin *neues leben*) nicht nur als Propagandainstrumente, sondern als ernstzunehmende Medien einer – zensierten – Presselandschaft zu betrachten sind.[60] Unabhängig von ihrer ideologischen Überformung illustrieren die Jahrgänge von *neues leben* wie auch die ausgewählten Stichproben von *Forum* und *Junge Welt* den gesellschaftlichen Wandel in der DDR und damit die Entwicklung jugendlicher Lebensentwürfe und -gestaltung.

Eine Sonderstellung nehmen unter den Quellen aus staatlichen oder staatsnahen Beständen die Untersuchungen des Leipziger Zentralinstituts für Jugendforschung (ZIJ) ein, die eine relativ differenzierte Sicht auf die Sozialisation

---

59 Vgl. Engelmann, Roger: Zum Quellenwert der Unterlagen des Ministeriums für Staatssicherheit, in: Henke, Klaus-Dietmar; Ders. (Hg.): Aktenlage. Die Bedeutung der Unterlagen des Staatssicherheitsdienstes für die Zeitgeschichtsforschung. Berlin 1995, S. 23–39; Gieseke, Jens: Mielke-Konzern. Die Geschichte der Stasi 1945–1990. Stuttgart, München 2001.
60 Vgl. Mühlberg, Dietrich: Alltag in der Medienöffentlichkeit. Illustrierte Zeitschriften und Magazine als Quellen kulturhistorischer Forschung, in: Barck, Simone u. a. (Hg.): Zwischen »Mosaik« und »Einheit«. Zeitschriften in der DDR. Berlin 1999, S. 32–47; Erinnerungen an 38 Jahre Jugendmagazin neues leben, ebd., S. 173–179; Schuster, Ulrike: Wissen ist Macht. FDJ, Studenten und die Zeitschrift Forum in der SBZ/DDR. Berlin 1997.

von Jugendlichen und auf die Jugendpolitik werfen. 1965 gegründet, hat das ZIJ um Walter Friedrich seit 1968 eine Reihe an Umfragen unter Jugendlichen durchgeführt. Die Umfragen führten trotz des eigenartigen Spagats zwischen Realitätsanalyse und Utopieprognostik, der durch den Zwitter-Status des Instituts als Forschungseinrichtung und politisches Instrument bedingt war, zu relativ brauchbaren Ergebnissen. Diese standen oft in einem scharfen Kontrast zur Meinung der Staats- und Parteibürokratie und unterlagen nicht nur deswegen strikter Geheimhaltung. Allerdings lassen die Parameter die ideologischen Prämissen großer Teile des Untersuchungskomplexes erkennen, so dass bei der Interpretation der erhobenen Daten Zurückhaltung geboten ist.[61]

Da die Umfragen zwar oft unter Schülern und Studierenden in Leipzig durchgeführt worden sind, die Stichproben aber als repräsentativ für die gesamte DDR gelten können, sind sowohl Querschnitts- als auch Längsschnittstudien des ZIJ für diese Arbeit ausgewertet worden.[62]

Während die ZIJ-Studien das einzige repräsentative Material der vorliegenden Untersuchung darstellen, können Gespräche mit Zeitzeugen diesem Anspruch keinesfalls gerecht werden, sollen dies aber auch gar nicht. Die narrativen Leitfaden-Interviews mit Zeitzeugen[63] eröffnen allerdings als einzige Quellen die Perspektive »von unten«. Erst anhand dieser Gespräche werden Motivationen für Haltungen und Handlungen Jugendlicher greifbar, wird Alltag anschaulich und gesellschaftliche Realität subjektiv vermittelt.[64] Diese subjektive Sicht steht unter dem Vorbehalt des Erinnerungsbruches von 1989/90, da sich mit dem Ende der DDR die gesellschaftlichen Rahmenbedingungen für die Ostdeutschen grundlegend veränderten – auch für diejenigen, die die DDR längst verlassen hatten.[65]

Die im Laufe dieser Untersuchung geführten Gespräche werden ergänzt durch Material anderer Untersuchungen.[66] Trotz der langen Gespräche ver-

---

61 Vgl. Förster, Peter: Die Entwicklung des politischen Bewußtseins der DDR-Jugend zwischen 1966 und 1989, in: Friedrich u. a. (Hg.): Das Zentralinstitut, S. 72 f.
62 Freizeit 69, Schüler-Intervallstudie I (IS I), Studenten-Intervallstudie (SIS), ZA Köln. – Vgl. Friedrich, Walter: Zur inhaltlichen und methodischen Forschung am Zentralinstitut für Jugendforschung Leipzig, in: Brislinger u. a. (Hg.): Jugend, S. 85–102.
63 Namen von Zeitzeugen wurden auf Wunsch ebenso pseudonymisiert und mit * gekennzeichnet, wie die Namen unbeteiligter Dritter aus archivalischem Materialien. Anders als die Originaltranskripte folgen die Interviewauszüge in der vorliegenden Fassung der hochdeutschen Schriftsprache. – Zu den Interviews vgl. Breckner, Roswitha: Von den Zeitzeugen zu den Biographen. Methoden der Erhebung und Auswertung lebensgeschichtlicher Interviews, in: Alltagskultur, S. 210 f.
64 Vgl. ebd., S. 199–222; Grele, Ronald J.: Ziellose Bewegung. Methodologische und theoretische Probleme der Oral History, in: Niethammer, Lutz (Hg.): Lebenserfahrung und soziales Gedächtnis. Die Praxis der »Oral History«. Frankfurt a. M. 1980, S. 143–161.
65 Eine Ausnahme bilden die Interviews, die vor 1989 geführt wurden von Niethammer, Lutz u. a.: Die volkseigene Erfahrung. Eine Archäologie des Lebens in der Industrieprovinz der DDR. Reinbek, Berlin 1991. – Vgl. Mühlberg, D.: »Leben«, S. 649–651.
66 Vgl. u. a. Zoll, Rainer (Hg.): Ostdeutsche Biographien. Lebenswelten im Umbruch. Frankfurt a. M. 1999; Schlegelmilch, Cordia: Deutsche Lebensalter. Erkundungen in einer säch-

zichtet die vorliegende Studie auf prosopografische Darstellungen, verfolgt also keine Einzelbiografien über den Untersuchungszeitraum hinweg.[67] Auf autobiografische Aufzeichnungen konnte nur zurückgegriffen werden, soweit sie bereits veröffentlicht worden sind.[68] Auch hier gilt der Vorbehalt eines »Erinnerungsbruches«. Zeitgenössisches Material dieser Art ist kaum überliefert, wofür es verschiedene Gründe gibt. So ist u. a. zu bedenken, dass derartiges Material gegebenenfalls kompromittierend sein konnte und deshalb nur in sehr wenigen Fällen aufbewahrt wurde.

So setzt sich der Anspruch der SED, die DDR umfassend zu gestalten, bis in die Quellen hinein fort. Die vorliegende Studie ist deswegen mit ihrem Ziel, die Sozialisation ostdeutscher Jugendlicher im Spannungsfeld von Protest und politischer Normierung in den sechziger und frühen siebziger Jahren als komplexen gesellschaftlichen Prozess, als Interaktion von Herrschenden und Beherrschten zu beschreiben, auch als Versuch zu verstehen, die dominante Überlieferung des Herrschaftsapparates zu relativieren.

---

sischen Kleinstadt, in: PROKLA 23 (1993), S. 269–295; Geulen: Politische Sozialisation; Hofmann/Rink, Mütter; Wierling, Dorothee: Der Staat, die Jugend und der Westen. Texte zu Konflikten der 1960er Jahre, in: Lüdtke/Becker: Akten, S. 223–240.
67 Vgl. Huinink, Johannes: Individuum und Gesellschaft. Theoretische Ausgangspunkte einer Rekonstruktion der DDR-Gesellschaft in Lebensverläufen ihrer Bürger, in: Ders. u. a.: Kollektiv, S. 25–44.
68 Fritzsch, Günter: Gesicht zur Wand. Willkür und Erpressung hinter Mielkes Mauern. 2. Aufl., Leipzig 1994; Fritzsch, Harald: Flucht aus Leipzig. München, Zürich 1990; Geißler, Gert: Landfriedensbrecher. Eine zeitweilige Festnahme am 31. Oktober 1965 in Leipzig, in: Deutsche Lehrerzeitung 44 (1997), Nr. 15/16, S. 10; Dieckmann, Christoph: Äpfel schütteln, in: Kleßmann, Christoph (Hg.): Kinder der Opposition. Berichte aus Pfarrhäusern in der DDR. Gütersloh 1993, S. 48–64; Meckel, Markus: Geborgenheit und Wagnis, ebd., S. 95–108; Zwahr, Hartmut: Rok šedesátý osmý. Das Jahr 1968, in: François u. a. (Hg.): 1968, S. 111–123; Ders: Nur noch Pausenzeichen von Radio Prag. Der August 1968 im Tagebuch eines Leipziger Historikers, in: Neue Rundschau 104 (1993), S. 89–98. Zwahrs Artikel stellen eine Besonderheit dar, da sie auf zeitgenössischen Tagebuchnotizen beruhen. – Heftig umstritten sind die Erinnerungen von Koch, Dietrich: Das Verhör. Zerstörung und Widerstand. Dresden 2000; vgl. dagegen Fritzsch, H.: Flucht, S. 69–96; Welzk, Stefan: Die Sprengung – der Protest, http://www.paulinerkirche.de/inhalt11.htm; Ders: Universitätskirchensprengung und Protest, in: Universität Leipzig-Journal, Nr. 6/1998, S. 29, sowie die Interviews mit Günter Fritzsch, Frankfurt a. M. 26.10.2000, u. Harald Fritzsch, Berlin 9.2.2000.

1. Im Schatten der Mauer

»Säbelgerassel«: Mauerbau, Antennensturm und Wehrpflicht

»An der Ostsee waren wir zelten in Bansin, und wir hatten Berliner Freunde dort […] und wir sind immer spät aufgestanden, […] und ich denk, was ist denn hier los, die bauen alle ab, eine Hektik. Da waren ja vorwiegend Berliner, die haben's ja nicht so weit da hoch, auch am Wochenende […], und da haben wir die gefragt, und da haben sie uns gesagt: Habt ihr keine Nachrichten gehört? […] Da haben ja viele drüben gearbeitet. Da war natürlich der Zeltplatz dann fast leer. Tja, das war schon ein Hammer […].«[1]

So erinnert sich Manfred Ulmer, damals 20 Jahre alt, an den 13. August 1961. Auf Usedom erreichte ihn die Nachricht von der Schließung der Grenzen um West-Berlin. So ruhig wie Ulmer blieben allerdings nicht alle Ostdeutschen. Auch einige Jugendliche ließen ihrem Unmut freien Lauf. Nach den Ferien machte vor allem ein Zwischenfall an der Erweiterten Oberschule (EOS) Anklam in der DDR die Runde, wo Schüler in Trauerkleidung zum Unterricht erschienen, so den Verlust ihrer »Zukunft« beklagten und dafür von der Schule entfernt wurden. Auch andernorts kam es unmittelbar nach dem Mauerbau zu ähnlichen Erscheinungen. In einem Ferienlager auf Rügen wurden zehn Schüler der »Oberschule Karl Marx Leipzig C 1 [und] von der Göthe[!]-Oberschule Jüterbog« verhaftet, weil sie mit einem symbolischen Begräbnis Abschied von der Politik der SED und deren Repräsentanten genommen hatten.[2] In Strausberg bei Berlin protestierten fünf Schüler mit Graffiti gegen den Mauerbau und erhielten hohe Haftstrafen, weil sie durch Brandschatzung von Scheunen einer LPG Sabotage verübt hatten.[3]

1 Manfred Ulmer, Interview, Leipzig 22.8.2000.
2 FDJ-ZR, Vorfälle, Berlin 29.9.1961, SAPMO-BArch, DY/24/8.024, S. 2. Die Anklamer Schüler hatten allerdings nicht gegen den Mauerbau, sondern gegen die Drohung ihres Direktors protestiert, nur Schüler zum Abitur zuzulassen, die sich für zwei Jahre zum Wehrdienst verpflichten würden: Gebhardt, Birgit: Der »Fall Anklam«. Schülerprotest an der EOS Anklam im September 1961, in: Herrmann, Ulrich (Hg.): Protestierende Jugend. Jugendopposition und politischer Protest in der deutschen Nachkriegsgeschichte. Weinheim, München 2002, S. 45–51; Penzel, Rainer: Der »Fall Anklam«. Erinnerungen eines »Rädelsführers«, ebd., S. 57f.
3 Ammer, Thomas: Widerstand an DDR-Oberschulen 1945 bis 1968, in: Henke, Klaus-Dietmar u. a. (Hg.): Widerstand und Opposition in der DDR. Köln u. a. 1999, S. 131. Unter den Schülern befand sich Michael Gartenschläger, dem es zwanzig Jahre später gelang, eine Selbstschussanlage von der innerdeutschen Grenze zu demontieren und sie der westdeutschen Öffentlichkeit zu präsentieren.

Nach Berichten der FDJ konzentrierten sich die Auseinandersetzungen auf die höheren Bildungseinrichtungen, »[w]ährend es in kleineren und mittleren volkseigenen Betrieben in verschiedenen Fällen zu vereinzelten Provokationen kam«.[4] Da die FDJ hier weniger gut organisiert war, könnte dieser Eindruck allerdings täuschen. Zwischenfälle wie die geschilderten waren zwar nicht die Regel, aber insgesamt brach sich nach dem Bau der Mauer vielerorts der Unmut Bahn, der bislang anderweitig abgeflossen war.[5] Nun, da das Fluchtventil West-Berlin verschlossen war, wurden derartige Provokationen mit aller Härte verfolgt. Wer seinen Unmut öffentlich bekundete, musste fortan damit rechnen, dass ihm bestellte Schlägertrupps die Politik Ost-Berlins »mit der Faust begreiflich« machten.[6] Unmittelbar nach dem Mauerbau hatte der Zentralrat der Freien Deutschen Jugend die Bezirksleitungen des Jugendverbandes entsprechend instruiert:

»Mit Provokateuren wird nicht diskutiert. Sie werden erst verdroschen und dann den staatlichen Organen übergeben.«[7]

Somit zur »Abrechnung nach Arbeiterart« legitimiert,[8] wie sich die FDJ-Tageszeitung *Junge Welt* ausdrückte, wurden verschiedene FDJ-Gruppen aktiv und lieferten ihren »schlagenden Beitrag zur sozialistischen Rechtspflege«, wie die *Leipziger Volkszeitung* bildhaft kommentierte.[9] Diese brutale Überzeugungsarbeit war notwendig, da die Gründe für die Abriegelung der Grenzen offensichtlich waren:

»[…] erstens mal sind viele abgehauen, das hätte kein Staat der Welt verkraftet, auch drüben die Bundesrepublik nicht, […] hochausgebildete Leute, die [ein] Schweinegeld gekostet haben […, u]nd wenn da tausend jeden Tag abhauen, das geht nicht; […] die haben ja gesagt ›Schutzwall gegen den Westen‹, wir wussten alle, warum die die Mauer gebaut haben, die wären in die Pleite gegangen […].«[10]

---

4 FDJ-SL Leipzig, Abschlussbericht, Leipzig 17.9.1961, SächsStAL, FDJ-BL, 109, S.3; zum Folgenden vgl. ebd., S.6 u. 3.
5 Major, Patrick: Vor und nach dem 13. August. Reaktionen der DDR-Bevölkerung auf den Bau der Berliner Mauer, in: AfS 39 (1999), S.339–351; vgl. Hirschman: Abwanderung, S.343f.
6 LVZ, 23.8.1961, zit. Weber: Geschichte, S.225. Vgl. Hübner: Das Jahr 1961, S.28f.
7 FDJ-ZR, Schreiben an FDJ-BLen, Berlin 13.8.1961, SAPMO-BArch, DY/24/3.934, zit. Major: Vor und nach dem 12. August, S.346.
8 Dingfest gemacht: Abrechnung nach Arbeiterart in Leipziger Betrieben, JW, 22.8.1961, S.2.
9 LVZ, 31.8.1961, S.10, zit. Werkentin: Politische Strafjustiz, S.254.
10 Manfred Ulmer, Interview, Leipzig 22.8.2000. Zum Folgenden vgl. ebd., sowie Günter Fritzsch, Interview, Frankfurt a. M. 26.10.2000. – Die Flüchtlingszahlen 1949–1989 u. a. bei Zwahr, Hartmut: Umbruch durch Ausbruch und Aufbruch. Die DDR auf dem Höhepunkt der Staatskrise 1989, in: Kaelble u.a. (Hg.): Sozialgeschichte, Tab. 1, S.440.

Trotz internationaler Spannungen, die sich in den fünfziger Jahren gerade in Berlin zu entladen drohten, war der angeschwollene Flüchtlingsstrom unschwer als wahrer Anlass des Mauerbaus auszumachen. Deswegen war die propagandistische Deklaration der Mauer zum »antifaschistischen Schutzwall« fatal. Sie entsprach zwar dem Schema, wonach politische Gegner im In- und Ausland als »Faschisten« diffamiert wurden,[11] diskreditierte aber die antifaschistische Selbststilisierung der SED. Dies räumte auch ein parteiinterner Stimmungsbericht ein.[12]

Schon vorher hatte sich die »Notwendigkeit« einer Grenzschließung abgezeichnet. Waren im Vorjahr knapp 200000 Flüchtlinge gezählt worden, so ließen reichlich hunderttausend allein während des ersten Halbjahres 1961 befürchten, dass die Zahl am Jahresende noch höher liegen würde. Problematisch war auch die Alters- und Berufsstruktur der Flüchtlinge, unter denen junge qualifizierte Facharbeiter überwogen.[13]

Hatten 1950 noch 3 Millionen Personen im Alter von 14 bis 21 Jahren in der DDR gelebt, so waren es zum Zeitpunkt des Mauerbaus nur noch 2,8 Millionen, nachdem Mitte der fünfziger Jahre die Zahl sogar um knapp 10 Prozent gestiegen war. Der Anteil Jugendlicher an der ostdeutschen Gesamtbevölkerung lag 1961 mit 16,6, Prozent exakt auf dem Niveau von 1950, war aber um 12 Prozent niedriger als 1955.[14]

Unter den Republikflüchtlingen waren Jugendliche deutlich überrepräsentiert. Nur 1953/54 – nach dem Volksaufstand vom 17. Juni – fiel der Anteil jugendlicher Flüchtlinge auf unter 30 Prozent; sonst lag er konstant über diesem Wert. Berücksichtigt man alle Flüchtlinge, die jünger als 25 Jahre waren, so ergeben die Zahlen (in denen allerdings auch Kinder unter 14 Jahren enthalten sind) für die letzten Monate vor dem Mauerbau folgendes Bild. Dabei lag der Anteil 14- bis 18-Jähriger im Verlauf des Jahres 1961 bei 5,3 Prozent, während 26,6 Prozent der Flüchtlinge 18 bis 21 Jahre alt waren (siehe Tabelle auf S. 28):[15]

Dass so viele Jugendliche in den Westen gingen, warf ein bezeichnendes Licht auf die Perspektiven der Deutschen Demokratischen Republik. 1961 hatte die Unzufriedenheit der Ostdeutschen mit der Politik der Ulbricht-Riege einenneuen Höhepunkt erreicht. Die Gründe dieser Unzufriedenheit waren vielschichtig. Einerseits waren sie in den Pressionsmaßnahmen der SED-Regierung zu suchen, die seit 1960 deutlich zugenommen hatten. Andererseits motivierte viele der Blick auf die westdeutsche Konsumwelt zur Abwanderung

---

11 Vgl. z.B. FDJ-ZR, Kampfauftrag an alle FDJ-Mitglieder, JW, 18.8.1961, S.2.
12 Major: Vor und nach dem 13. August, S.350.
13 Vgl. Bundesministerium f. innerdeutsche Beziehungen, Daten zur DDR-Flucht, in: Kleßmann: Zwei Staaten, Dok. 53, S.558f. Vgl. Skyba: Vom Hoffnungsträger, S.304–322 u. 331–357; Zilch, Dorle: »Republikflucht« von Jugendlichen als Widerstand? Ursachen und Motive, in: Herrmann (Hg.): Protestierende Jugend, S.244–259.
14 Schulze/Noack (Hg.): DDR-Jugend, Tab.1f., S.26f.
15 Ebd., Tab. 3, S.29. – Vgl. Skyba: Vom Hoffnungsträger, S.304–322, 331–357.

Tab. 1: Republikflüchtlinge Januar–August 1961 unter Berücksichtigung des Anteils Jugendlicher.[16]

1961 Monat	Flüchtlinge	
	insgesamt	unter 25 Jahren in Prozent
Januar	16697	47,8
Februar	13576	49,5
März	16094	50,6
April	19803	49,4
Mai	17791	50,0
Juni	19198	50,2
Juli	30415	51,4
August	47433	48,2
Summe	181007	

aus der DDR. Dieser Reiz wurde durch die angespannte Versorgungslage in der DDR verstärkt.[17]

Die Versorgungskrise war wiederum eine Folge von Fehlplanungen in der Industrie und vor allem der forcierten Zwangskollektivierung in der Landwirtschaft. Seit 1952 war erheblicher Druck auf die ostdeutschen Bauern ausgeübt worden, damit sie Landwirtschaftlichen Produktionsgenossenschaften (LPGn) beitraten. Da sehr viele Bauern mit einem Beitritt zu den LPGn zögerten, war seit Beginn des Jahres 1960 der Kollektivierungsdruck deutlich erhöht worden. Allein in den ersten drei Monaten dieses Jahres wurden fast 40 Prozent der landwirtschaftlichen Nutzfläche in die Genossenschaften eingebracht.[18] – Eine parallele Entwicklung war im Handwerk zu beobachten, wo der Anteil der Genossenschaften am Umsatz innerhalb von zwei Jahren bis 1960 von 7 Prozent auf ein knappes Drittel stieg.[19]

Der Eindruck wachsender Repression wurde durch den flankierenden Justizterror unterstrichen, der im Zuge der neuen Kollektivierungsschübe erneut ausuferte. So stieg nach einer Amnestie Ende 1960 im Verlauf der folgenden zwölf Monate die Zahl der politischen Häftlinge in der DDR von 22000 auf 38000, wobei allein im 2. Halbjahr 1961 ein Zuwachs um 14000 Häftlinge zu verzeichnen war.[20]

---

16 Werkentin: Politische Strafjustiz, Tab. 4, S. 249.
17 Major: Vor und nach dem 13. August, S. 330–337; Steiner, André: Von »Hauptaufgabe« zu »Hauptaufgabe«. Zur Wirtschaftsentwicklung in der DDR, in: Schildt u.a. (Hg.): Dynamische Zeiten, S. 220–223; vgl. Hübner, Peter: Von unten gesehen: Krisenwahrnehmung durch Arbeiter, in: Černý, Jochen (Hg.), Brüche, Krisen, Wendepunkte: Neubefragung von DDR-Geschichte, Leipzig u.a. 1990, S. 254f., Zilch: »Republikflucht«, S. 253f.
18 Weber: Geschichte, S. 215; vgl. Schroeder: Der SED-Staat, S. 145.
19 Ebd., S. 146.
20 Werkentin: Politische Strafjustiz, Tab. VIII, S. 409; vgl. ebd., S. 384f. Zilch: »Republikflucht«, S. 250f.

Das repressive Klima in der DDR hatte auch zahlreiche Studierende zur Flucht in die Bundesrepublik veranlasst. Mochten viele aus materiellen Gründen die DDR verlassen haben, lagen doch hier die Gehälter in akademischen Berufen deutlich unter denen in der Bundesrepublik, so entzogen sich etliche zugleich dem politischen Druck an den ostdeutschen Hochschulen.[21]

Wachsenden Druck empfanden auch Jugendliche, deren soziale Herkunft einer Karriere im Wege stand. Als Kinder von selbstständigen Handwerkern, Gewerbetreibenden, Kleinindustriellen und Akademikern entstammten sie einer Klasse, der Bourgeoisie, die in den Augen der Kommunisten das überkommene Zeitalter des Kapitalismus beherrscht hatte. Als »Bürgerliche« waren sie und ihre Eltern der SED nicht nur wegen ihrer sozialen Position suspekt, sondern auch aufgrund ihrer vermuteten Einstellung gegenüber der DDR und deren Gesellschaftssystem. Zugleich versuchte die ostdeutsche Staats- und Parteiführung von Anfang an, die Kinder der bislang unterprivilegierten Arbeiter und Landarbeiter gerade im Bildungswesen prononciert zu fördern. Dies ging wiederum zu Lasten der Kinder aus dem Bürgertum, die sich in der Schule wiederholten Diskriminierungen ausgesetzt sahen.[22] So erinnert sich Ingrid Göcke:

»Also, wenn ich an [mein] Elternhaus denke, denke ich auch an die Rubrizierung während der Schulzeit: Angestelltenkind. Mein Vater hatte einen fürchterlichen Beruf, bei dem ich immer ganz rot wurde, wenn ich ihn ansagen musste, mein Vater war kaufmännischer Angestellter. [...] und wenn ich das sagte, dann lachten alle in der Klasse und der Lehrer hat uns dann immer ganz hinten hingesetzt. Und ich hatte immer ein ganz ungutes Gefühl, hab mich geschämt für den Beruf meines Vaters. [...] ja das ging eigentlich bis zur achten Klasse, kann ich sagen. Und dann merkte ich, dass das ein echtes Karrierehindernis ist [...], dieser Beruf meines Vaters.«[23]

Auch der spätere Atomphysiker Harald Fritzsch hatte als Sohn eines Zwickauer Bauunternehmers kaum Chancen gesehen, unbeschadet politischer Zugeständnisse eine Karriere in der DDR machen zu können. Im Frühsommer 1961 hatte er gerade sein Abitur abgelegt und schon seit längerem daran ge-

---

21 Vgl. Krönig, Waldemar; Müller, Klaus-Dieter: Anpassung, Widerstand, Verfolgung: Hochschule und Studenten in der SBZ und DDR 1945–1961. Köln 1994, S. 401–428; Schuster, Ulrike: Mut zum eigenen Denken? DDR-Studenten und Freie Deutsche Jugend 1961–1965. Berlin 1999, S. 63 f.; Zilch: »Republikflucht«, S. 250 f.
22 Vgl. Kleßmann, Christoph: Relikte des Bildungsbürgertums in der DDR, in: Kaelble u. a. (Hg.): Sozialgeschichte, S. 255 f; Häder, Sonja: »Brechung des bürgerlichen Bildungsprivilegs«? Zur Auswahl und sozialen Struktur von Oberschülern am Beispiel Ost-Berlins, in: Gotschlich (Hg.): »Links ...«, S. 177–186.
23 Ingrid Göcke, Interview, Freising 23.10.2000. Vgl. die Erzählung von Hr. Jahn, in: Ahbe, Thomas; Hofmann, Michael: Es kann nur besser werden. Erinnerungen an die 50er Jahre in Sachsen. Leipzig 2001, S. 23.

dacht, für ein Studium im Westen die DDR zu verlassen. Der Mauerbau durchkreuzte seine Fluchtpläne.[24]

Potenzielle Flüchtlinge wie Fritzsch galten als politische Gegner. Tatsächlich stellte die Flucht die intensivste Form dar, sich dem DDR-System zu verweigern. Bereits vor dem Mauerbau war in der DDR-Presse angekündigt worden, man werde mit aller Härte gegen politische Gegner vorgehen. So hatte die *Leipziger Volkszeitung* bereits Mitte Juni getönt: »Mit Provokateuren wird abgerechnet.«[25]

Als nach dem Mauerbau tatsächlich »[m]it diesen Figuren kein Federlesen« mehr gemacht wurde,[26] verstieg sich die Staats- und Parteiführung dazu, sie in Arbeitslager einzuweisen. Da das Strafmaß in der entsprechenden Verordnung vom 25. August 1961 nicht geregelt worden war, stellte sie ein außerordentlich wirksames Disziplinierungsmittel dar, das in den folgenden Jahren (bis zu ihrer Aussetzung 1976) ausgiebig genutzt wurde. Schon während des ersten Jahres wurden 767 Personen in Arbeitslager eingewiesen, 1964 waren es bereits über tausend. Einen sprunghaften Anstieg verzeichnete die Zahl der Arbeitslagerinsassen jeweils 1965 – u. a. im Gefolge der so genannten »Beat-Demo« in Leipzig –, 1971 im Umfeld des Brandt-Besuches in Erfurt und in geradezu erschreckendem Maße (um mehr als 7 000) 1973 vor den Weltfestspielen der Jugend und Studenten in Ost-Berlin.[27]

Häufig wurde diese Maßnahme gegen unangepasste Jugendliche eingesetzt. Aber nicht nur diese sich abzeichnende Entwicklung bewegte etliche Jugendliche dazu, die DDR zu verlassen. Vielfach lockte sie die Konsumwelt des Westens, die bis zum Mauerbau in den Schaufenstern West-Berlins ungehindert zu besichtigen war. Dabei ging es vorrangig um den Lebensstil – um Musik und Mode sowie das damit verbundene Gefühl, an den blockübergreifenden Entwicklungen einer internationalen Jugendkultur teilzuhaben. Jazz, später Rock'n'Roll, war mehr als nur Musik, es war eine spezifische Art, die Welt zu sehen und zu leben. Obwohl die »Nachfrage« nach Jazz und Rock'n'Roll keineswegs nur westlichen Einflüssen geschuldet war, wurde beides von Staat und Partei als gezielte Infiltration betrachtet, als »Texas-Kultur« diffamiert und konsequent abgelehnt.[28]

Der Ablehnung stand während der fünfziger Jahre keinerlei alternatives Angebot gegenüber. Vielmehr spielte die Freizeitgestaltung in der Jugendpolitik vor dem Mauerbau so gut wie keine Rolle. Erst im Februar 1961 legte die Ju-

---

24 Harald Fritzsch, Interview, Berlin 9.2.2000. Fritzsch floh 1968 mit einem Freund von Bulgarien über das Schwarze Meer in die Türkei. Vgl. Fritzsch, H.: Flucht.
25 LVZ, 16.6.1961, S. 16, zit. Werkentin: Politische Strafjustiz, S. 253.
26 LVZ, 31.8.1961, S. 10, zit. ebd., S. 254.
27 VO über Aufenthaltsbeschränkung, 25.8.1961, GBl 1961/II. Vgl. Werkentin: Politische Strafjustiz, S. 343. u. Tab. VII, S. 408; Schroeder: Der SED-Staat, S. 171.
28 Vgl. Hübner: Die FDJ, S. 64 f., sowie sehr detailliert Poiger: Jazz, S. 62–66; Rauhut: Rock, S. 5–20.

gendkommission des Politbüros der SED unter der Leitung von Paul Verner ein Kommuniqué vor, das zum ersten Mal Aufgeschlossenheit für Fragen jugendlicher Freizeitkultur erkennen ließ.[29] Dieses zaghafte Signal der Entspannung ging jedoch unter in den Entladungen der nächsten Monate. Nachdem der Fluchtweg in den Westen verriegelt war, versuchte die Partei- und Staatsführung, auch den Informationsfluss aus dem Westen einzudämmen: Sie blies zum Sturm auf die Antennen.

Die Jugend bzw. die Freie Deutsche Jugend war dazu ausersehen, den Leuten im wahrsten Sinne des Wortes aufs Dach zu steigen und sie von den angeblich schädlichen Einflüssen des Westrundfunks und -fernsehens zu überzeugen. Dort, wo ihre Argumente nichts fruchteten, sollten sie die wegen ihrer typischen Form so genannten »Ochsenkopf-Antennen« selbst demontieren. Der »Ochsenkopf« wurde dabei zum Synonym für diejenigen, die sich dem Antennensturm verweigerten oder die ihre Antennen unter das Dach holten und denen deswegen »geistiges Grenzgängertum« vorgeworfen wurde. So verband die *Junge Welt* den Aufruf: »FDJler sorgen für ein richtiges Bild«, mit der Frage: »Wer will noch ein Ochsenkopf sein?«[30] Dies entsprach einem »Kampfauftrag«, den der FDJ-Zentralrat, das höchste Gremium des Jugendverbandes, unmittelbar nach dem Mauerbau verabschiedet hatte und der an Deutlichkeit nichts zu wünschen ließ:

»Tragt den Haß gegen die Todfeinde, gegen die Militaristen und Faschisten in jedes Herz! Sorgt dafür, daß sich kein Jugendlicher mehr von den Hetzern und Lügnern des isolierten Westens informieren und beeinflussen läßt!«[31]

Tatsächlich erfreuten sich westliche Radiosendungen auch unter der Jugend eines regen Interesses. Allerdings waren Sender wie *Radio Luxemburg* oder der amerikanische Soldatenfunk *AFN* nur für wenige wegen ihrer Nachrichten interessant. Wer auf politische Informationen Wert legte wie Harald Fritzsch[32], lauschte eher dem *Deutschlandfunk* oder *RIAS* Berlin. *AFN* und *RTL* hingegen hörten Jugendliche vor allem wegen der Musik, wie sich Familie Ulmer erinnert:

»[W]ir haben ja alle AFN gehört. Das war zwar Mittelwelle, man konnte nicht aufnehmen […] Wir haben Radio Luxemburg gehört. – Das waren die deutschen Schlager, aber die richtigen, knallharten [Sachen …] wie Chuck Berry

---

29 Vgl. Skyba: Hoffnungsträger, S. 397–409, 414–418; Schuster: Mut, S. 66–70.
30 Friedrich Genrich, Wie wir einen Ochsenkopf demontierten, JW, 29.8.1961, S. 2; vgl. Aufruf: Blitz kontra NATO-Sender, JW, 5.9.1961, S. 1. – Vgl. Major: Vor und nach dem 13. August, S. 348f.
31 FDJ-ZR, Kampfauftrag an alle FDJ-Mitglieder, JW, 18.8.1961, S. 2.
32 Harald Fritzsch, Interview, Berlin 9.2.2000.

und so, die kamen dann über AFN und ›Hörer aktuell‹, [...] und die kamen gut an, die Sender [...].«[33]

Auch die Programme von *AFN* und *RTL* brachten natürlich Nachrichten und versorgten die DDR-Jugend mit Informationen, die ihr die einheimische Presse vorenthielt. Gerade im Kontext des Mauerbaus dürfte das Informationsbedürfnis der Jugendlichen besonders groß gewesen sein, wartete man doch auf ein Eingreifen der westlichen Alliierten in Berlin.[34] Insofern war es aus Sicht der Staats- und Parteiführung nur konsequent, die DDR auch gegenüber westlichen Medien abzuschließen.

Die FDJ-Aktion »Blitz kontra NATO-Sender« – so der offizielle Titel des Antennensturms – stand in der Tradition von »Blitz-Aktionen«, die bis dahin vor allem der Kompensation volkswirtschaftlicher Defizite gedient hatten.[35] »Blitz kontra NATO-Sender« stellte allerdings eine neue Qualität dar, da nun die direkte Konfrontation mit der Bevölkerung gesucht wurde. Etliche DDR-Bürger leisteten Widerstand gegen die Attacken der FDJ,[36] während sich andere den Vorgaben scheinbar anpassten, indem sie die »Ochsenkopfantennen« von den Dächern nahmen. Tatsächlich aber wurden sie auf Dachböden, in Kammern und an anderen verborgenen Orten wieder montiert, wodurch sie dem Zugriff endgültig entzogen wurden. Der letztlich ausbleibende Erfolg der Aktion dürfte der Grund dafür sein, weshalb die amtlichen Chroniken der FDJ diese verschweigen.[37]

Während in der gesamten Republik ungefähr 25000 FDJlerinnen und FDJler im Einsatz waren, hatte der Leipziger Stadtverband für die Aktion »Blitz kontra NATO-Sender«, die hier eine Woche dauerte, immerhin »2633 Freunde eingesetzt«.[38] Die meisten von ihnen dürften Angehörige von Ordnungsgruppen der Freien Deutschen Jugend gewesen sein. Diese Gruppen waren bereits 1959 gegründet worden und wurden später, ab dem Ende der sechziger Jahre, vorwiegend für Ordnungsaufgaben im Zusammenhang mit Veranstaltungen des Jugendverbandes (einschließlich Konzerte und sportliche Wettkämpfe) eingesetzt. Zunächst hatten sie keineswegs als »Rollkommandos« auftreten sollen, vielmehr galt Gewaltanwendung als »sektiererisch« und damit als politisch nicht tragbares, verbandsschädigendes Verhalten. Dies änderte sich mit

---

33 Sabine u. Manfred Ulmer, Interview, Leipzig 22.8.2000; ähnlich die Aussagen in den Interviews mit Gernot Grünspecht*, Berlin 16.11.1999, u. Thomas Tauer, Leipzig 24.8.2000. Vgl. Schildt: Zwei Staaten, S. 60–62.
34 Vgl. Hübner: Das Jahr 1961, S. 21.
35 Vgl. Mählert/Stephan: Blaue Hemden, S. 126f.
36 FDJ-SL Leipzig, Abschlussbericht, 10.9.1961, SächsStAL, FDJ-BL, 109, S. 2.
37 Vgl. Jahnke, K. H. u. a.: Die Freie Deutsche Jugend. Chronik. 2. Aufl., Berlin 1978, S. 181f. – Vgl. Schroeder: Der SED-Staat, S. 202.
38 FDJ-SL Leipzig, Abschlussbericht, 10.9.1961, SächsStAL, FDJ-BL, 109, S. 2. Vgl. Wierling: Die Jugend, S. 406. – Das Ausmaß der Aktion sei auf Grund der militanten Propaganda und entsprechender Erfolgsmeldungen der FDJ-Presse in der Literatur völlig überzogen dargestellt worden, meint Schuster: Mut, S. 113f.

einem Beschluss des FDJ-Zentralrats von 22. August 1961. Aber schon vorher waren die Ordnungsgruppen zur so genannten »Störfreimachung«[39] eingesetzt worden. Schließlich hatten die Mitglieder der Ordnungsgruppen gelobt, »die Feinde unserer sozialistischen Republik und ihre Handlanger zu schlagen, die Ehre der Partei der Arbeiterklasse und der Freien Deutschen Jugend zu verteidigen, in treuer Pflichterfüllung für mein Vaterland und den Frieden jeden Auftrag zu erfüllen«.[40] Nach dem Beschluss des FDJ-Zentralrats vom August 1961 kamen den Ordnungsgruppen als »Helfer[n] der Staats- und Sicherheitsorgane zur Aufrechterhaltung der öffentlichen Ordnung und Sicherheit« die Aufgaben einer Eingreiftruppe des SED-Apparates zu:

»– Sie erhöhen die politische Wachsamkeit und Einsatzbereitschaft durch die Aneignung vormilitärischer Kenntnisse und Fertigkeiten, vervollkommnen ihre politische Bildung und beteiligen sich am Kampfsport.
– Sie schlagen Provokateure und führen den Kampf gegen Rowdys, kriminelle Elemente, Spekulanten, Hamsterer und Einflüsse des Klassenfeindes (Hören von Westsendern, Lesen von Schund- und Schmutzliteratur u. ä.).
– Sie schützen die Veranstaltungen der Freien Deutschen Jugend und Objekte von besonderer politischer und wirtschaftlicher Bedeutung.
– Sie wachen über die Einhaltung der zum Schutz und zur Förderung der Jugend erlassenen sozialistischen Gesetze und sorgen dafür, daß Handlanger des Klassengegners zur Verantwortung gezogen werden.
– Sie sorgen dafür, daß arbeitsscheue Elemente, Nichtstuer und Schmarotzer eine geregelte ehrliche Arbeit aufnehmen und umdenken lernen.
– Die Mädchen in den Ordnungsgruppen […] sprechen mit den Verlobten und Müttern über die Gewinnung der Jugendlichen für die bewaffneten Kräfte. […]«[41]

Der Zustrom zu den Ordnungsgruppen hielt sich allerdings in Grenzen, so dass die Führung der FDJ unmittelbar nach dem Mauerbau Leute zum Dienst in der Truppe drängte. Studierende wurden unter Androhung der Exmatrikulation gezwungen, den Ordnungsgruppen der FDJ beizutreten.[42] Laut einer Mitteilung an den katholischen Episkopat sollten alle Studentinnen und wehr-

---

39 Als »Störfreimachung« bezeichnete man offiziell – neben Maßnahmen, die eine größere Unabhängigkeit der DDR-Wirtschaft von Einfuhren aus der BRD gewährleisten sollten, – den Kampf gegen angebliche Provokateure. – Vgl. Steiner: Von »Hauptaufgabe«, S. 224 f.
40 Wir schlagen die Feinde der Republik, JW, 25.8.1961. Vgl. Fricke, Karl Wilhelm: FDJ-Streifendienst. Die Ordnungsgruppen der Freien Deutschen Jugend, in: SBZ-Archiv 13 (1962), S. 40 f.
41 FDJ-ZR, Beschluss, 22.8.1961, zit. Mählert/Stephan: Blaue Hemden, S. 141.
42 Brigitte Reimann, Tagebucheintrag, Hoyerswerda 22.8.1961: »Studenten, die das FDJ-Aufgebot nicht unterschreiben, werden geext …«, zit. Dies.: Ich bedaure nichts. Tagebücher 1953–1961. Berlin 1997, S. 205. Vgl. SED-ZK, Abt. Agit.-Prop, Information, Berlin 19.9.1961, SAPMO-BArch, DY/30/IV 2/9.04/495, Bl. 89, zit. Kowalczuk, Ilko-Sascha: Legitimation eines neuen Staates. Parteiarbeiter an der historischen Front. Berlin 1997, S. 328.

dienstuntauglichen Studenten auch noch im folgenden Jahr eine Erklärung unterzeichnen, in der es hieß:

>»Aufgrund der Erkenntnis, daß es notwendig ist, mit allen Kräften unseren Arbeiter-und-Bauern-Staat zu schützen, erkläre ich mich zum Ehrendienst in den Ordnungsgruppen der FDJ bereit.‹ [...]«[43]

Wehrdiensttaugliche Schüler, Lehrlinge und Studenten sollten sich zum Dienst bei den Sicherheitskräften der DDR verpflichten. In einem Appell wandten sich deswegen Studenten der Berliner Humboldt-Universität an ihre westdeutschen Kommilitonen und erbaten deren Unterstützung gegen die folgende Verpflichtungserklärung:

>»In der Erkenntnis, daß es notwendig ist, unsere Deutsche Demokratische Republik zu verteidigen, verpflichte ich mich, in die bewaffneten Kräfte der DDR einzutreten.«

Nicht nur die Freie Deutsche Jugend, sondern auch die Kampfgruppen der Arbeiterklasse und die Nationale Volksarmee versuchten, mit einer groß angelegten Kampagne »Freiwillige« zu verpflichten. Unterstützt wurden sie von der Jugendpresse der DDR. So warb neben der Tageszeitung *Junge Welt* das *Forum*, eine FDJ-Zeitschrift mit hohem intellektuellem Anspruch, unter der Schlagzeile: »Das Vaterland ruft! Schützt die sozialistische Republik!«, für den Dienst in der NVA.[44] Die Bereitschaft dazu versuchte das Jugendmagazin *neues leben* durch Berichte über den angeblich spannenden Dienst an der Berliner Mauer oder in einer Raketeneinheit der Volksarmee zu wecken. Als Monatszeitschrift war das *neue leben* jedoch kaum geeignet, kurzfristige Kampagnen des Jugendverbandes zu unterstützen. Aus diesem Grunde darf auch das Schweigen des Jugendmagazins zur so genannten »Verpflichtungsbewegung«, zu der sich ein einziger Leserbrief mit Erfolgsmeldungen findet, nicht überinterpretiert werden.[45]

Die »Verpflichtungsbewegung«, die seit dem Mauerbau mit der Notwendigkeit erhöhter Wachsamkeit gegenüber dem »Klassenfeind« nach innen und nach außen begründet wurde,[46] blieb deutlich hinter den Erwartungen zurück. Ihr Zwangscharakter wurde noch unterstrichen, als Ende September das Verteidigungsgesetz erlassen und damit der Weg zur Wehrpflicht, die vier Monate später folgte, geebnet wurde. Gegen dieses Gesetz und gegen den repressiven Charakter der »Verpflichtungsbewegung« hatten die Schüler an der Anklamer EOS protestiert. Ihre Aktion löste eine Kampagne aus, in deren Verlauf sämtliche Schulen in der DDR überprüft wurden. Waren nach der Aktion

---

43 Studierende der HUB, Appell, o. D. [1961], zit. Albrecht, Erhard: Die Trommel ruft. Erfolg und Mißerfolg des FDJ-Kampfauftrages vom 28. August 1961, in: SBZ-Archiv 13 (1962), S. 39. Das Folgende ebd.
44 Forum, 34/1961, S. 8.
45 nl, 11/1961, S. 29. Vgl. ebd., S. 30f.; nl, 10/1961, S. 20–23.
46 Vgl. JW, 14.8.1961, S. 3; Forum, 34/1961, S. 8. – Vgl. Albrecht: Die Trommel ruft, S. 37–40.

der Anklamer Oberschüler drei Schüler verhaftet und 27 relegiert sowie der Direktor, drei Lehrer und zwei Erzieher versetzt worden, so wurden im Zuge der Schulkontrolle 159 Schüler relegiert, 900 aus der FDJ ausgeschlossen sowie 45 Lehrer entlassen und 53 strafversetzt, während 1400 FDJ-Leitungen ausgetauscht wurden.[47] Auch an den Universitäten wurde beklagt, dass die politischen Schulungen nicht den erhofften Erfolg gehabt hätten – so an der Leipziger Karl-Marx-Universität (KMU):

»Besonders stark zeichneten sich die Schwächen unserer Erziehungsarbeit durch das Fernbleiben einer Anzahl von Studenten von der Reservistenausbildung ab. Von 1140 in Frage kommenden Studenten verpflichteten sich nur 832, davon sollten 546 am Lehrgang teilnehmen, aber nur 357 traten an.«[48]

Das Rektorat der Leipziger Universität kündigte deshalb in dieser Sache ebenso harte Disziplinarmaßnahmen an wie gegen Studierende, die während ihres Einsatzes zur »Friedensernte 1961« oder an ihren Fakultäten »in der Diskussion über die Maßnahmen des 13. August und die Verpflichtungsbewegung provokatorisch« aufgetreten waren. Zu den ersten und prominentesten Opfern dieser Maßnahmen gehörte das bekannte Leipziger Studentenkabarett *Rat der Spötter* um Peter Sodann und Ernst Röhl. Das aktuelle Programm der *Spötter* wurde abgesetzt, Sodann (später berühmt als *Tatort*-Kommissar Ehrlicher) und Röhl (seit 1968 Redakteur beim DDR-Satiremagazin *Eulenspiegel*) kamen ins Gefängnis und mussten sich nach ihrer Freilassung 1962 vorerst »in der Produktion bewähren«, wurden also vorläufig von der Hochschule in einen Industriebetrieb relegiert.[49] – Insgesamt wurden bis zum 22. September 54 Studierende von der Karl-Marx-Universität entfernt und einige von ihnen aus politischen Gründen vom Ministerium für Staatssicherheit verhaftet.[50] In Berlin, wo 15 Studierende inhaftiert wurden, entzogen sich zwischen August 1961 und dem Jahreswechsel mehr Universitätsangehörige als während des gesamten Vorjahres dem wachsenden politischen Druck durch eine Flucht in den Westteil der Stadt bzw. kehrten von hier nicht mehr in den Osten zurück. An anderen Hochschulen verhielt es sich ähnlich.[51]

Es gab aber auch Studierende, die den Mauerbau begrüßten und dies etwa durch einen Antrag auf Aufnahme in die SED demonstrierten. Die Lage an

---

47 Gebhardt: Der »Fall Anklam«, S.43f. Vgl. Wierling: Geboren, S.179–188; Gesetz zur Verteidigung der Deutschen Demokratischen Republik (Verteidigungsgesetz), 20.9.1961, GBl.1961/I, S.175ff.
48 KMU, Bericht, 1961, UAL, R 177, Bd.2, S.5, folgendes S.7.
49 Schuster: Mut, S.91–103. – In gleicher Weise wurde gegen das Theater der Hochschule für Ökonomie in Berlin vorgegangen, dessen Heiner-Müller-Inszenierungen bekannt waren: ebd., S.103–111.
50 SED-UPL KMU, Einschätzung, Leipzig 23.9.1961, SAPMO-BArch, DY/30/IV 2/9.04/495, Bl.73, zit. Kowalczuk: Legitimation, S.327.
51 SED-UPL HUB, Einschätzung, Berlin 13.11.1961, SAPMO-BArch, DY/30/IV 2/9.04/45, Bl.146; SED-ZK, Abt. Wiss., Zusammenstellung, 9.12.1960, ebd., Bl.244, zit. ebd., S.326. – Zum Folgenden vgl. ebd.

den Hochschulen war also äußerst widersprüchlich, und die Berichte der Freien Deutschen Jugend widerspiegeln diese Ambivalenz. Einerseits wurde der hohe Mobilisierungsgrad unter der Jugend im Vorfeld der Kommunalwahlen vom 17. September 1961 gelobt, andererseits eingeräumt, dass nur ein Fünftel der Mitglieder zu den Versammlungen des Jugendverbandes gekommen sei. Der Verband selbst sah die Gründe dafür vorwiegend in »Unklarheiten«, die in Bezug auf die politischen Maßnahmen unter der Jugend herrschten. Daran seien vor allem die Eltern schuld, die feindliche Argumente der westlichen Propaganda an ihre Kinder weitergäben.[52]

Der mangelnde Besuch von FDJ-Veranstaltungen und der ausbleibende Erfolg der »Verpflichtungsbewegung« sind deutliche Indizien dafür, dass die Maßnahmen des 13. August 1961 und der anschließenden »Störfreimachung« kaum Vertrauen unter der Jugend hatten wecken können. Die Pressekampagne hatte das ihre dazu beigetragen, Jugendliche in ihrer abwartenden bis ablehnenden Haltung zu bestärken. So hatte die *Junge Welt* den Mauerbau nicht nur mit der Überschrift begrüßt: »Der Schlag hat gesessen!«, sondern mehrfach gefordert: »Mit Störenfrieden abrechnen!«[53] Die handgreiflichen Auseinandersetzungen, der Sturm auf die Antennen wie auch die permanente Bedrohung angeblicher politischer Gegner wirkten eher kontraproduktiv, provozierten sie doch geradezu politische Zurückhaltung – auch unter der Jugend, die für diese Aktionen mobilisiert werden sollte. Die junge Schriftstellerin Brigitte Reimann, die sich in den folgenden Jahren als Mitglied der Jugendkommission des SED-Politbüros engagiert darum bemühte, dessen Jugendpolitik zu modernisieren und dadurch die Akzeptanz Jugendlicher für einen sozialistischen Gesellschaftsentwurf zu erhöhen, sah 1961 dieses Vorhaben in weite Ferne rücken. In ihrem posthum veröffentlichten Tagebuch notierte sie:

»Es ist, um den Kopf zu verlieren, und wir sind verbittert und unglücklich. Das ist nicht der Sozialismus, für den wir schreiben wollen.«[54]

Das gesellschaftliche Klima werde durch die anhaltenden Repressionen in unerträglicher Weise verschärft. Angesichts der zynischen Pressekampagne dränge sich der Eindruck auf, »als führten wir einen unterirdischen Bürgerkrieg«.[55]

Das »größenwahnsinnige Säbelgerassel«, wie Reimann den politischen Aktionismus nach dem Mauerbau nannte,[56] erreichte mit der Einführung der Wehrpflicht Anfang 1962 seinen Höhepunkt und klang danach schnell ab. Zwar hatten die genannten Kampagnen zur politischen Stellungnahme auffordern sollen, tatsächlich aber politische Zurückhaltung provoziert. Durch diese

---

52 FDJ-SL Leipzig, Abschlussbericht, 17.9.1961, SächsStAL, FDJ-BL, 109, S.7b.
53 JW, 14.8.1961 u. 15.8.1961, jeweils S.1.
54 Reimann, Tagebucheintrag, Hoyerswerda 4.10.1961, zit. Dies.: Ich bedaure nichts, S.213.
55 Reimann, Tagebucheintrag, Hoyerswerda 9.9.1961, zit. ebd., S.210.
56 Reimann, Tagebucheintrag, Hoyerswerda 22.8.1961, zit. ebd., S.205.

wiederum beruhigte sich das gesellschaftliche Klima insgesamt. Insofern waren die eingeleiteten Maßnahmen durchaus als erfolgreich zu betrachten, stabilisierten sie doch letzten Endes das Herrschaftsgefüge der DDR.

Nachdem die Bundesrepublik 1954 faktisch der NATO beigetreten war, hatte die Volkskammer der DDR im Januar 1956 den Aufbau einer eigenen Streitmacht, der Nationalen Volksarmee, beschlossen. Im selben Jahr führte die Bonner Regierung die allgemeine Wehrpflicht ein. Erst mit dem Bau der Mauer hatte Ost-Berlin die letzte Voraussetzung dafür geschaffen, auch an diesem Punkte mit der Bundesrepublik gleichzuziehen. Diesen Zusammenhang sah auch Manfred Ulmer:

> »[…] gleich danach kam die Wehrpflicht, auch die konnten sie vorher nicht machen, da wären wieder die Jugendlichen alle abgehauen, die nicht zur Armee wollten […].«[57]

Allerdings waren auch vorher etliche Jugendliche zur NVA einberufen worden, wobei vor allem die Zulassung zum Studium als Druckmittel eingesetzt wurde. Ulbrichts Ankündigung, Wehrunwillige künftig nicht mehr zum Studium zuzulassen, war 1955 von der FDJ ausdrücklich unterstützt worden.[58] Günter Fritzsch, der 1961 ein Physikstudium in Leipzig begann und zuvor zum Wehrdienst eingezogen wurde, erinnert sich, dass in seinem Abiturjahrgang alle Jungen rekrutiert worden seien, die sich um einen Studienplatz beworben hätten:

> »[…] wer von der Oberschule kam in meinem Jahrgang, '59 war das, und studieren wollte – bis auf Medizin, Lehrer, Landwirtschaft […], wo also wirklich Leute fehlten, die mussten alle gehen, also auf gewissen Gebieten war schon eine quasi Wehrpflicht vorher da.«[59]

Wie sein Cousin Günter wurde auch Harald Fritzsch für die NVA rekrutiert. Als Kind eines Unternehmers hatte er kaum damit rechnen können, einen Studienplatz zu bekommen, da diese bevorzugt an Arbeiterkinder vergeben wurden. Nachdem er im Sommer 1961 sein Abitur bestanden hatte, wurde er noch im selben Jahr zur Volksarmee eingezogen. Freiwillig sei er allerdings nicht zur NVA gegangen, erzählt Fritzsch, obwohl es noch keine gesetzliche Grundlage für seine Einberufung gegeben habe:

> »[…] das war noch keine Wehrpflicht. Nein, man hat mich gezwungen, zu unterschreiben, dass man […] sozusagen freiwillig hin geht, weil sonst hätte man nicht studieren dürfen.«[60]

---

57 Manfred Ulmer, Interview, Leipzig 22.8.2000.
58 Skyba: Hoffnungsträger, S. 324; vgl. ebd., S. 180–207; verharmlosend hingegen die Darstellung von Schuster: Mut, S. 81 f.
59 Günter Fritzsch, Interview, Frankfurt a. M. 26.10.2000.
60 Harald Fritzsch, Interview, Berlin 9.2.2000.

Erst im Januar 1962 beschloss die Volkskammer, den obligatorischen Dienst aller jungen Männer in der NVA zur »Erfüllung der ehrenvollen nationalen Pflicht, das Vaterland und die Errungenschaften der Werktätigen zu schützen [...]«, einzuführen.[61] Durch die allgemeine Wehrpflicht mit einem Grundwehrdienst von 18 Monaten galten nun für alle jungen Männer gewissermaßen die gleichen Maßstäbe. Der Praxis, Jugendliche zu einer »freiwilligen« Verpflichtung zu drängen, war damit ein Riegel vorgeschoben. Allerdings wurden Studienanwärter fortan unter Druck gesetzt, möglichst nicht nur den obligatorischen Wehrdienst von anderthalb Jahren abzuleisten, sondern sich als Zeitsoldat für drei Jahre zu verpflichten. Die Grundlage dafür bildeten Verpflichtungserklärungen, die seit der Mitte der fünfziger Jahre an den Hochschulen eingeführt worden waren. Darin hieß es:

»Mein Studium ist eine Auszeichnung durch unseren Arbeiter- und Bauern-Staat. Damit übernehme ich die Verpflichtung, jederzeit die Politik der Regierung der DDR aktiv zu unterstützen und mir auf der Grundlage des dialektischen und historischen Materialismus Kenntnisse anzueigen, die ich nach Beendigung meines Studiums unserem Arbeiter- und Bauern-Staat für den weiteren sozialistischen Aufbau zur Verfügung stellen werde.
Während meines Studiums werde ich am sozialistischen Aufbau in Industrie und Landwirtschaft tatkräftig mitwirken und bin bereit, zur Verteidigungsbereitschaft der DDR beizutragen.«[62]

Diese Erklärungen wurden während der sechziger Jahre sukzessive konkretisiert, mit der 3. Hochschulreform 1968 Bestandteil der Immatrikulation und 1971 schließlich gesetzlich fixiert.

Der Dienst in den Einheiten der Volksarmee – »unser aller Ehrensache«, wie die *Junge Welt* meinte,[63] – wurde von den meisten jungen Männern hingenommen. Oft wurde er stillschweigend erduldet, wie die Jugendkommission der SED-Bezirksleitung Leipzig berichtete. Danach hätten etliche junge Männer geäußert, den Wehrdienst zwar ableisten zu wollen – aber nur so lange wie nötig:

»Andere Jugendliche betrachten den Wehrdienst als notwendiges Übel, und sie bringen zum Ausdruck: 18 Monate und keinen Tag länger.«[64]

Gleichwohl wurde die Armeezeit keineswegs nur als Zumutung empfunden. Für viele Jungen war dies die erste Zeit, die sie fern vom Elternhaus verbrin-

---

61 Gesetz über die allgemeine Wehrpflicht, 24.1.1962, GBl.1962/I, S.2. Vgl. Wenzke, Rüdiger: Die Nationale Volksarmee (1956–1990), in: Diedrich, Torsten u.a. (Hg.): Im Dienste der Partei. Handbuch der bewaffneten Organe der DDR. Berlin 1998, S.442f.
62 Verpflichtungserklärung, o.O. 1959, BAEF, ROO, A I 29. Vgl. die Bereitschaftserklärung eines Facharbeiters zum zweijährigen Wehrdienst, in: Mählert/Stephan: Blaue Hemden, S.118.
63 Schlagzeile, JW, 25.1.1962.
64 SED-BL Leipzig, Komm. Jugend u. Sport, Analyse, 4.3.1965, SächsStAL, SED, IV A-2/16/461, Bl.83.

gen konnten, eine Zeit, die nach der Schul- und Berufsausbildung andere Schwerpunkte zu setzen verlangte. Bei einigen jedoch – wie Harald Fritzsch – vertiefte der Wehrdienst die ohnehin schon vorhandene Abneigung gegenüber der DDR.[65] Andere Jugendliche verpflichteten sich durchaus aus einer sozialistischen Grundüberzeugung zum Wehrdienst. Die meisten Jugendlichen aber wählten diesen Weg offenbar nur, weil sie keine Alternative dazu sahen oder weil sie sich davon Vorteile versprachen.

Auf etliche übte dabei das Angebot der Gesellschaft für Sport und Technik (GST), eines paramilitärischen Verbandes für Jugendliche, einen gewissen Reiz aus. Gegründet worden war die GST 1952 als Organisation des Innenministeriums. Obwohl sie keinen »eigenständigen Kampfwert« besaß und keine entsprechenden Verteidigungsausgaben zu erfüllen hatte, kam ihr für die vormilitärische Mobilisierung der Jugend eine erhebliche Bedeutung zu.[66] Die GST war verantwortlich für die wehrsportliche Ausbildung der Jugend. Grundlage für die Tätigkeit der GST an den Schulen war eine Vereinbarung zwischen ihrem Vorstand und dem Ministerium für Volksbildung vom März 1963, worin festgestellt wurde:

»Die sozialistische Wehrerziehung unserer Jugend ist ein untrennbarer Bestandteil der sozialistischen Erziehung. [...] Das Ziel der sozialistischen Wehrerziehung in unseren allgemeinbildenden und berufsbildenden Schulen besteht darin, bei allen Schülern und Berufsschülern die Überzeugung zu vertiefen, daß die Verteidigung des sozialistischen Vaterlandes Ehrenpflicht jedes Jugendlichen ist. Sie hat die Aufgabe, jedem Schüler vormilitärische und technische Kenntnisse zu vermitteln und ihn durch die Entwicklung der entsprechenden Fähigkeiten und Fertigkeiten auf den Dienst in der Nationalen Volksarmee vorzubereiten.«[67]

Die Schulen wurden mit dieser Vereinbarung die wichtigsten Vermittlungsinstanzen zwischen Jugendlichen und der GST. Letzterer wurde die Richtlinienkompetenz in Fragen der vormilitärischen Ausbildung an den Bildungseinrichtungen zugestanden. Diese wiederum wurden angewiesen, das Material der GST und deren Vorschläge »im Unterricht im Rahmen der gültigen Lehrpläne und in außerunterrichtlichen Veranstaltungen zu nutzen«.[68] Unmittelbare Bestandteile des Unterrichts wurden die Schießübungen im Rahmen des Schulsports sowie die Orientierungsläufe im Gelände, die offiziell als »Militärischer Mehrkampf« bezeichnet wurden.

---

65 Harald Fritzsch, Interview, Berlin 9.2.2000.
66 Heider, Paul: Die Gesellschaft für Sport und Technik (1952–1990), in: Diedrich u. a. (Hg.): Im Dienste, S. 169. Vgl. Sachse: (Vor)militärische Ausbildung, S. 221–242; Geißler/Wiegmann: Pädagogik, S. 276–288.
67 MfV/GST-Zentralvorstand, Mitteilung, 18.3.1963, zit. Anweiler, Oskar u. a. (Hg.): Bildungspolitik Deutschland 1945–1990. Ein historisch-vergleichender Quellenband. Opladen 1992, Nr. 5.4.1, S. 424f.
68 Ebd., S. 425. Das Folgende, ebd., S. 426.

Bei ihrer Arbeit an den Schulen wurde die GST auf eine enge Zusammenarbeit mit der FDJ verwiesen, die allerdings nicht immer klappte. Vor allem Kompetenzstreitigkeiten erschwerten die Kooperation zwischen den beiden Verbänden. Nach der Abriegelung der DDR aber bewährten sich beide Organisationen als Rekrutierungsinstrumente für die NVA, wobei die Gesellschaft für Sport und Technik sich nun durch eine straffe militärische Disziplinierung ihrer Mitglieder hervortat. Offenbar verschreckte diese radikale Militarisierung jedoch etliche Jugendliche, so dass sie bald wieder aufgegeben wurde.[69] Beibehalten wurden die Wehrsportlager, die Lehrlinge und Studierende am Anfang ihrer Ausbildung zu passieren hatten und die oft Anlass zu Klagen waren. Grund dafür war das Fehlverhalten sowohl von Ausbildern als auch von Auszubildenden, wobei den einen oft pädagogische Defizite, den anderen aber Ausschweifungen, oft unter starkem Alkoholeinfluss, vorgeworfen wurden. Viele Jugendliche betrachteten diese Lager eher als abenteuerliche Unternehmung, deren politischer Gehalt nicht zählte. Für die Jungen aus der Klasse Monika Hahns waren die GST-Lager im Leipziger Umland eher ein Spaß (»ein Gagsch«), und ihr persönlich habe »das Schießen […] unwahrscheinlich Spaß gemacht«.[70] Gernot Grünspecht hingegen betrachtete die vormilitärische Ausbildung mit einer prinzipiellen Skepsis, »weil ich mir gesagt habe, wenn es knallt, dann knallt es atomar, so einen Mist wird keiner machen, also kommt das nie zum Einsatz. Also ich habe dieses vormilitärische Zeug nicht ernst genommen.« Allerdings hätten nicht alle Teilnehmer an der vormilitärischen Ausbildung seine Meinung geteilt – im Gegenteil:

»[…] ich habe immer bei diesen militärischen Veranstaltungen auch den einen oder anderen, so einen Gruppenführer, die waren ja auch nicht viel älter als ich, erlebt, […] die waren richtig geil – so eine Waffe –, die haben das richtig ernst genommen. Und vor denen hatte ich einfach Angst. Ich konnte das überhaupt nicht verstehen, das war mir ganz fremd und irgendwie dachte ich, na hoffentlich […] drehen die nicht mal durch, oder so. Aber solche Typen gab es, die Kraft bekamen, wenn sie ein volles Magazin hatten oder irgendwie auf militärischem Gebiet Kommandogewalt. Das war ganz schlimm.«[71]

Abgesehen davon, dass der militärische Drill und das Gefühl, Gewalt ausüben zu können, die GST für einige Jugendliche attraktiv machen konnte, spielten technische und sportliche Schulungen der GST – etwa im Motorsport und im Segelfliegen – eine bedeutende Rolle, da sie auch zurückhaltendere Jugendliche faszinieren konnten. Auch Wolfgang Schröder machte damals seinen Motorradführerschein während der GST-Ausbildung, die seine Lehre beglei-

---

69 Vgl. Hr. Irmscher, in: Ahbe/Hofmann (Hg.): Es kann nur besser werden, S. 161 f.; Heider: Gesellschaft für Sport und Technik, S. 177 f.
70 Monika Hahn, Interview, Leipzig 23.8.2000.
71 Gernot Grünspecht*, Interview, Berlin 16.11.1999.

tete, obwohl ihm ansonsten »dieses Uniformierte zuwider war«.[72] Gleichwohl konnten über die genannten Sportarten bei Jugendlichen Hemmschwellen gegenüber einer schleichenden Militarisierung gesenkt und ein grundlegendes Interesse für militärische Fragen geweckt werden.

Nur wenige Jugendliche äußerten prinzipielle Vorbehalte gegenüber der Militarisierung des Schulbetriebs. Ebenso lehnten nur wenige den Wehrdienst an sich ab. Meist waren dies junge Christen – unter ostdeutschen Jugendlichen eine Minderheit, die nach der Einführung der Wehrpflicht mit ihrem Begehren nach einem Ersatzdienst an die Kirchenleitungen herantrat.[73] Dabei spielte oft nicht einmal eine vordergründige Ablehnung des sozialistischen Staates eine Rolle, sondern gab vielfach ein prinzipieller Pazifismus den Ausschlag für ihr Begehren. Das war keineswegs ungewöhnlich in einer Zeit, da die Generationen der Eltern und Großeltern noch vom Krieg geprägt waren und große Flächen ostdeutscher Städte noch in Trümmern lagen.

Immerhin trug das protestantische Engagement in der Frage der Wehrpflicht Früchte, als am 7. September 1964 ein waffenloser Dienst innerhalb der NVA eingeführt wurde. Singulär im Ostblock, eröffnete die DDR jungen Männern fortan die Möglichkeit, als so genannte »Bausoldaten« zu dienen. Dieser Dienst war nicht in zivilen Einrichtungen abzuleisten. Stattdessen wurden die Bausoldaten vor allem für Versorgungs- und Bauaufgaben in der Volksarmee, später auch in der Wirtschaft eingesetzt. Gegenüber der regulären Truppe hatten die »Spaten«, wie sie der Volksmund wegen ihres Schulterabzeichens nannte, keinen Eid, sondern nur ein Gelöbnis zu sprechen, um die Gewissensbindung schwächer erscheinen zu lassen.[74]

Dennoch verweigerten – wenngleich nur sehr wenige – junge Männer den Wehrdienst grundsätzlich. So registrierten die Kirchen, die durch ihre Verhandlungen über einen Ersatzdienst faktisch zum Anwalt der Totalverweigerer wurden, vereinzelt Verhaftungen von Jugendlichen, die Widerstand gegen die Einberufung geleistet hätten. Obwohl zwei der vier seit der Einführung der Wehrpflicht Verhafteten zu Zuchthausstrafen von mehr als anderthalb Jahren verurteilt worden waren, zeigte sich die Konferenz der evangelischen Kirchenleitungen Ende des Jahres 1964 optimistisch:

> »Die Verhaftungen werden vom Staat als ›Pannen‹ angesehen. Die Gewissensbedenken der Wehrersatzdienstverweigerer sind von der Kirche sehr ernst zu nehmen (keine Sektierer!).«[75]

---

72 Wolfgang Schröder, Interview, Leipzig 23.8.2000. Vgl. Hr. Irmscher, in: Ahbe/Hofmann (Hg.): Es kann nur besser werden, S. 153.
73 Vgl. KKL, Niederschrift, Berlin 19.3.1962, EZA, 102/10.
74 Eisenfeld, Bernd: Kriegsdienstverweigerung in der DDR – ein Friedensdienst? Genesis, Befragung, Analyse, Dokumente. Frankfurt a. M. 1978, S. 61–70; Wenzke: Nationale Volksarmee, S. 442–445.
75 KKL, Aktennotiz, o. D. [2.12.1964], BAEF, ROO, A VIII 2/5, S. 1.

Grund zur Sorge bestand für Totalverweigerer auf jeden Fall, zumal der Staat nach der Einführung der Wehrpflicht rigoros durchgegriffen hatte.[76] An der Entschlossenheit des Staates dürfte sich bis Mitte der sechziger Jahre kaum etwas geändert haben, obwohl sich durch die Einführung des Ersatzdienstes als Bausoldaten die Zahl der Verweigerer insgesamt reduziert hatte.

»Man war drin«: Freie Deutsche Jugend und Jugendweihe

Im Verlauf der fünfziger Jahre war die Freie Deutsche Jugend, 1945 als überparteilicher, antifaschistischer Jugendverband gegründet, zur »Kaderreserve« der ostdeutschen politischen Elite befördert und zur »Kampforganisation« ausgebaut worden.[77] Die Nutzung der FDJ als Kampf- und Rekrutierungsinstrument durch die SED-Spitze, wie sie auch in der »Störfreimachung« nach dem Mauerbau zu erkennen war, erinnerte an die politische Kultur der Weimarer Republik. In dieser Zeit sozialisiert, versuchten die alten Kader der Staats- und Parteiführung, innergesellschaftliche Auseinandersetzungen nach der nationalsozialistischen Diktatur auf die gleiche Weise zu lösen wie in den Jahren davor. Es bot sich an, das Rebellionspotenzial Jugendlicher für diese Zwecke zu nutzen und es politisch zu kanalisieren und zu instrumentalisieren. So hatte man auch den Gedanken einer antifaschistischen Einheitsfront in der unmittelbaren Nachkriegszeit dafür nutzen können, alternative Jugendverbände zu verhindern oder auszuschalten.[78]

Auf diese Weise war die FDJ der einzige Jugendverband in der DDR geblieben, und die Mitgliedschaft darin war nahezu obligatorisch geworden. Dies galt auch für die Kinderorganisation der Pioniere, wie Jörn Schütrumpf erzählt: der »Pionierverband gehörte aus unserer Sicht – einfach so, wie wir es erfahren haben – [...] zur Schule«.[79]

Mit der gleichen Selbstverständlichkeit erfolgte in der 8. Klasse der Übergang der meisten Kinder in die FDJ. Sie wurden von nun an in so genannten »Jugendstunden« geschult und damit zugleich auf die Jugendweihe vorbereitet. Obwohl die Mitgliedschaft in der Freien Deutschen Jugend die Jugendweihe gar nicht bedingte, wurde sie zunehmend damit verknüpft.

Die einzige Alternative dazu schienen den meisten Ostdeutschen das Christentum bzw. die Kirchen zu sein, denen eine genuine Opposition gegenüber dem sozialistischen Staat unterstellt wurde. Dieser Eindruck wurde zum Teil von den Kirchen selbst, zum Teil durch das SED-Regime und seine zeitweise radikal antikirchliche Politik verstärkt. Obwohl die meisten Jugendlichen be-

---

76 KKL, Niederschrift, Berlin 19.3.1962, EZA, 102/10; KKL, Niederschrift, Berlin 11.5.1962, ebd., S. 3 f.
77 Skyba: Hoffnungsträger, S. 384.
78 Vgl. Mählert/Stephan: Blaue Hemden, S. 35–85.
79 Jörn Schütrumpf, zit. Elternhaus und Schule. Dokumentarfilm. Potsdam 1995, 0:10.

reits am Anfang der sechziger Jahre kaum noch etwas mit Christentum und Kirche verbanden, gingen viele davon aus, dass junge Christen die vermeintlich notwendige Anpassungsleistung, Mitglied der FDJ zu werden, nicht zu erbringen hätten. Manchmal stand die Erfahrung offensichtlicher Benachteiligung christlicher Jugendlicher im Bildungswesen hinter dieser Meinung, wie die Äußerung Sabine Ulmers zu ihrer FDJ-Mitgliedschaft zeigt:

»Ja, man war drin, das war gar nicht anders möglich. Entweder Sie waren Christ, das waren wir nicht, dann waren Sie sowieso gefemt, [...] oder Sie waren in der FDJ, das war eigentlich 'ne logische [Konsequenz].«[80]

Tatsächlich aber traten auch die meisten Kinder aus christlichen Elternhäusern dem Jugendverband bei. Zunehmend wurde die Mitgliedschaft in der Freien Deutschen Jugend keine Frage des politischen oder weltanschaulichen Bekenntnisses, sondern eine Frage der Gewohnheit, denn Mitglied der FDJ – so Harald Fritzsch –, »das war fast jeder praktisch«.[81] Oder wie sich Gernot Grünspecht erinnert:

»[...] an der Schule [...] waren eigentlich [...] alle in der FDJ. [...] Die FDJ hat man nicht ernst genommen. Da geht man rein und bezahlt seinen Beitrag, sonst hat sie [...] keine, jedenfalls war das unsere Wahrnehmung, Rolle gespielt. Wir waren auch alle in der Gesellschaft [für Deutsch-Sowjetische Freundschaft] – der Russischlehrer machte dafür dann im zehnten Schuljahr Werbung und legte uns das nahe, einen Groschen Beitritt [...] im Monat hat es wohl gekostet [...]. Wir [...] haben das bezahlt und haben es dann vergessen, dass wir da drin waren.«[82]

Interessant ist jedoch, dass nicht die Mitgliedschaft in der FDJ selbst, wohl aber die Diskussion politischer Fragen in den Veranstaltungen des Jugendverbandes zum Widerspruch gegenüber der älteren Generation reizte. Die tiefe Abneigung vieler Eltern gegenüber dem sozialistischen System und ihre »Riesenhochachtung vor Adenauer« als der Symbolfigur des westdeutschen Gesellschaftssystems, motivierte offenbar zum Widerspruch.[83] So bestätigten mehrere Interviewpartner, dass sie während der sechziger Jahre mit der sozialistischen Idee geliebäugelt hätten, räumten aber zugleich ein, dass der größte Reiz darin bestanden hätte, zu Hause wider den Stachel zu löcken – darunter Harald Fritzsch:

»Es gab auch 'ne Phase, als man entscheiden musste, ob man in die FDJ reingeht – das war so zwischen zwölf [und] dreizehn Jahren, [...] da habe ich –

---

80 Sabine Ulmer, Interview, Leipzig 22.8.2000.
81 Harald Fritzsch, Interview, Berlin 9.2.2000. Vgl. Thomas Buchfink*, Interview, o. O. o. D., ADG, Satznr. 898, S.1: »FDJ ist klar, musste jeder mit.«
82 Gernot Grünspecht*, Interview, Berlin 16.11.1999.
83 Harald Fritzsch, Interview, Berlin 9.2.2000. Ähnlich Gernot Grünspecht*, Interview, Berlin 16.11.1999.

wie das so oft so ist – auch eine gewisse Opposition zum Elternhaus entwickelt und hatte da also eine gewisse Phase, wo ich [...] der kommunistischen Idee gewisse Sympathien abgewonnen hatte.«[84]

Ingrid Göcke hingegen hegte zwar kaum Sympathien für den Sozialismus, nahm aber in ihrer Jugend am zweigleisigen Verhalten ihrer Eltern Anstoß:

»Also das war so, sonntags lief bei uns der RIAS und draußen hing die schwarz-rot-goldene Fahne mit [Hammer] und Zirkel drin. Und ich war in die Kirche gegangen und kam nach Hause, sah die Fahne flattern, mein Vater mit dem Ohr am RIAS. Da können Sie sich vorstellen, was da losging.«[85]

Sie habe deswegen in ihrer Jugend ihre Eltern »gering geachtet«, weil sie »in dem Alter mit diesem Anpassungsmodell also absolut nichts am Hut hatte«.

An beiden Varianten des Aufbegehrens gegen die »Alten« änderte sich im Verlauf der sechziger Jahre kaum etwas. Eher schienen einerseits die anhaltende Stabilisierung, die sich in der Verkürzung der Wochenarbeitszeit, Lohnzuwächsen und einer besseren materiellen Ausstattung der Haushalte in der zweiten Hälfte des Jahrzehnts widerspiegelte,[86] und andererseits Abstieg und Abgang Adenauers dem jugendlichen Aufbegehren gegen die Meinung ihrer Eltern Recht zu geben. Der Handwerkersohn Gernot Grünspecht, fünf Jahre jünger als Fritzsch, berichtet, dass ihn der als stur empfundene Antikommunismus seines Vaters besonders zur Opposition herausgefordert hätte, zumal dieser unter Hitler keinerlei Widerstand geleistet habe:

»[...] die Kombination bei ihm war immer, also Ulbricht ist ein Verbrecher und Stalin ist noch ein größerer Verbrecher, aber Hitler ist kein Verbrecher. Und Adenauer, da ist Freiheit und das haut alles hin. Und das war für mich dann irgendwie nicht glaubhaft. Also jemand, der [...] keine Kritik – er hat nicht gesagt: Hitler ist Klasse oder so – aber der kaum eine Kritik an dem NS-System laut werden lässt und Teile dieser Ideologie mitschleppt, der kann dann nicht irgendwie für Demokratie sein. Also konsequent wäre es gewesen, er lehnt den Hitler ab, und dann hat er auch das Recht, den Ulbricht und den Stalin abzulehnen.«[87]

Grünspecht erinnert sich aber auch, dass es während seiner Schulzeit zunächst noch nicht selbstverständlich gewesen sei, den Pionieren beizutreten, obwohl später nahezu alle Schülerinnen und Schüler der FDJ angehörten. Das Foto

---

84 Harald Fritzsch, Interview, Berlin 9.2.2000.
85 Ingrid Göcke, Interview, Freising 23.10.2000.
86 Vgl. den Bestand industrieller Konsumgüter 1960–1969, in Kleßmann: Zwei Staaten, Tab. 19, S. 335. Vgl. Hübner, Peter: Konsens, Konflikt und Kompromiß. Soziale Arbeiterinteressen und Sozialpolitik in der SBZ/DDR 1945–1970. Berlin 1995, S. 169f.
87 Gernot Grünspecht*, Interview, Berlin 16.11.1999.

einer Leipziger Grundschulklasse bestätigt Grünspechts Erinnerung: Nur fünf der neunzehn Kinder tragen ein Pionierhalstuch.[88]

Dieser Befund wird durch offizielle Zahlen gestützt. So waren im Juli 1960 fast 1,5 Millionen ostdeutsche Jugendliche Mitglied der FDJ, bis zur Mitte des Jahres 1962 aber ging die Zahl um mehr als 200 000 zurück.[89] Diese Tendenz entspricht den oben zitierten Berichten der FDJ, die über ein verbreitetes Unverständnis Jugendlicher gegenüber dem Mauerbau und den anschließenden Repressionen klagen. Insofern ist davon auszugehen, dass die offizielle Statistik, die für das Jahr 1961 einen Zuwachs um 50 000 FDJ-Mitglieder verzeichnet, geschönt ist. Interessanter als die absoluten Zahlen ist jedoch der Organisationsgrad der 14- bis 15-Jährigen in der FDJ, der 1960 bei 47,5 und 1962 nur noch bei 41,6 Prozent lag.[90]

Die Lage im Bezirk Leipzig entsprach dem Gesamtbild der DDR. Hier wurden nach offiziellen Angaben im Jahr vor dem Mauerbau 131 886 FDJ-Mitglieder registriert, denen 1961 angeblich 138 193 und ein Jahr später nur noch 100 976 gegenüberstanden. Dies entsprach einem Organisationsgrad von 48,1 Prozent 1960, 49,9 im Jahr danach und nur 41,4 Prozent im Jahre 1962.[91] – Erst Mitte der sechziger Jahre erfasste die FDJ mehr als die Hälfte aller Jugendlichen sowohl in der DDR als auch im Bezirk Leipzig.

Dabei fielen soziale Unterschiede auf. Die Leipziger Stadtleitung der FDJ etwa beklagte, dass sie Kinder aus Handwerkerfamilien kaum erreiche:

»Unter diesem Teil der Jugend zeigt sich, daß es hier die größten Rückstände in der sozialistischen Bewußtseinsbildung gibt. Aufgrund der ungenügenden sozialistischen Erziehung werden von diesen die Zusammenhänge der Politik unserer Partei und Regierung nicht immer verstanden. Das Verhältnis bei diesen zur Republik ist nicht klar. [...] Diese Jugendlichen sind stark mit kleinbürgerlicher Ideologie behaftet. Sie beziehen eine schwankende und abwartende Haltung.«[92]

Übertroffen würden die Handwerkerkinder in ihrer angeblich »reaktionären« Gesinnung noch durch den Nachwuchs aus dem Bildungsbürgertum: »Völlig unzureichend ist unser Einfluß bei der jungen medizinischen und künstlerischen Intelligenz.« Das gelte nicht nur für die Zeit der Berufsausbildung, son-

---

88 Abschlussfoto der Nikolaischule, 1959, in: Geißler u.a.: Schule, S.226; vgl. Schulfoto aus den fünfziger Jahren, in: Ahbe/Hofmann (Hg.): Es kann nur besser werden, S.17.
89 Zilch, Dorle: Millionen unter der blauen Fahne. Die FDJ. Bd.1, Rostock 1994, Tab. 1 a, S.14; Schulze/Noack (Hg.): DDR-Jugend, Tab. 110 u. 152, S.184 u. 226. – Vgl. Schuster: Ulrike: Die SED-Jugendkommuniqués von 1961 und 1963. Anmerkungen zur ostdeutschen Jugendpolitik vor und nach dem Mauerbau, in: Jb.f. zeitgeschichtliche Jugendforschung 1994/95, S.61.
90 Unter Organisationsgrad wurde gemeinhin die Zahl der tatsächlich aktiven Mitglieder verstanden, die regelmäßig ihre Beiträge zahlten und an Gruppenversammlungen und dem FDJ-Studienjahr teilnahmen; vgl. Zilch: Millionen, S.77f.
91 Ebd., Tab. 12, S.31. Das Folgende ebd. sowie Tab. 1 a, S.14.
92 FDJ-SL Leipzig, Programm [...], 27.8.1961, SächsStAL, FDJ-BL, 109, S.4f., folgende ebd.

dern schon im schulischen Alltag: »An den Oberschulen, besonders bei den polytechnischen Oberschulen, spielt der Einfluß der FDJ eine geringe Rolle.« Zu diesem Schluss kam 1963 auch das Deutsche Pädagogische Zentralinstitut (DPZI) in einer Untersuchung »zum Stand des politisch-moralischen Bewußtseins von Schülern und Lehrlingen«. Darin stellten die Soziologen fest, dass nach einer relativ unreflektierten Rezeption der politisch-ideologischen Erziehung ab der 8. Klasse »das kritische Werten« politischer Ereignisse und Einstellungen beginne. Diese Entwicklung setze sich stetig fort, wobei gerade an den Berufsschulen die Jugendlichen »nicht selten negativen Einflüssen« unterlägen. In der Studie des DPZI wurden ähnliche Milieuspezifika in der politisch-ideologischen Einstellung wie in dem zitierten Bericht der Leipziger FDJ-Stadtleitung festgestellt und als »Milieugefährdung« bezeichnet. Davon seien nicht nur Handwerker- und Akademikerkinder betroffen:

>»Die Arbeiter- und Bauernkinder heben sich nicht wesentlich im positiven Sinne von den anderen Kindern und Jugendlichen ab, manchmal zeigen sie sogar eine negativere Einstellung als diese.«[93]

Spätere Untersuchungen sollten die Ergebnisse des DPZI tendenziell bestätigen. Sie unterstrichen, dass die politisch-ideologische Erziehung nur bedingt erfolgreich war.[94]

Die ersten Veranstaltungen, die die meisten Jugendlichen nach ihrer Aufnahme in die FDJ besuchten, waren die Jugendstunden. Sie dienten der Vorbereitung auf die Jugendweihe.[95] Für ihre Durchführung war jedoch nicht die Freie Deutsche Jugend zuständig. Sie wurden verantwortet von den Jugendweihe-Ausschüssen, die auf allen Ebenen aus Mitgliedern der Parteien und Massenorganisationen gebildet wurden. In erster Linie um den kirchlichen Einfluss auf die Jugend zu verringern und generell die volkskirchlichen Strukturen in Ostdeutschland zu zerstören, war die Jugendweihe als rigide Säkularisierungsmaßnahme eingeführt und in kurzer Zeit durchgesetzt worden. Im entsprechenden Beschluss des Politbüros der SED vom 14. März 1954 hatte es geheißen:

>»Gegenwärtig werden von vielen Eltern, die keine innere Bindung zur Kirche haben, Kinder in die Kurse zur Vorbereitung der Konfirmation und der Kommunion geschickt, da keine andere Einrichtung zur feierlichen Einführung der Kinder in den neuen Abschnitt ihres Lebens nach dem Verlassen der Grund-

---

93 DPZI, Sektion I, Bericht, Berlin 7.9.1963, SächsStAL, SED, IV A-2/16/461, Bl. 28f. Befragt wurden 3 414 Schüler der 6.–12. Klasse und 475 Lehrlinge aus allen Bezirken. Das Folgende ebd.
94 Siehe Kap. 5: »Stolze junge Bürger«.
95 Zur Jugendweihe vgl. Kudella u. a.: Die Politisierung, S. 121–184; Diederich, Georg u. a.: Jugendweihe in der DDR. Geschichte und politische Bedeutung aus christlicher Sicht. Schwerin 1998.

schule vorhanden ist. Um diesen Zustand zu beenden, wird im Interesse der staatsbürgerlichen Erziehung schon in diesem Jahr mit der Vorbereitung und Durchführung der Jugendweihen ab 1955 begonnen.«[96]

Im ersten Jahr nahmen immerhin schon 17,7 Prozent des Altersjahrgangs der 14- bis 15-Jährigen bzw. ihre Eltern das Angebot der Jugendweihe an.[97] Dieser Anteil wuchs unter systematischem Druck und zunehmender Integration der Jugendweihe-Vorbereitung in den Schulbetrieb bis 1960 auf 87,7 Prozent und pendelte sich ab 1963 bei 90 Prozent ein.[98] Jedoch erklärt nicht allein der Druck auf die Jugendlichen und ihre Eltern diesen ungeheuren Zuwachs, er lässt sich auch auf die Brüchigkeit der volkskirchlichen Strukturen in der DDR zurückführen. So schätzte das Politbüro der SED in dem zitierten Beschluss zu Recht ein, dass die Jugendweihe als Passageritus für viele Ostdeutsche eine akzeptable Alternative zur Konfirmation und zur Firmung darstellen könnte. Schließlich gelang es der SED, der ostdeutschen Gesellschaft mit der Jugendweihe einen Ritus zu implantieren, der sogar über das Staatssystem der DDR hinaus Bestand haben sollte.[99]

Dabei spielte für die meisten Jugendlichen und ihre Eltern das Bekenntnis, das mit dem Jugendweihe-Gelöbnis abgelegt wurde, keine oder nur eine untergeordnete Rolle: »das gehörte eben dazu«.[100] – Hatten die Teilnehmer der ersten drei Jugendweihe-Jahrgänge lediglich ihre Bereitschaft erklärt, ihre »Kräfte für ein einheitliches, friedliebendes, demokratisches und unabhängiges Deutschland einzusetzen« und »gemeinsam mit allen friedliebenden Menschen den Frieden bis aufs Äußerste zu verteidigen und zu sichern«, so verlangte das Gelöbnis seit 1958 von den Jugendlichen, ihre »ganze Kraft für die große und edle Sache des Sozialismus« einzusetzen, und nahm sie »in die Gemeinschaft aller Werktätigen in unserer Deutschen Demokratischen Republik auf«.[101] 1968 wurde dieses Gelöbnis erneuert und ergänzt um das Bekenntnis zur »Freundschaft mit der Sowjetunion« sowie zum »Bruderbund mit den sozialistischen Ländern […] im Geiste des proletarischen Internationalismus«. Dafür wurden die Jugendlichen fortan aufgenommen »in die große Gemeinschaft des werktätigen Volkes, das unter der Führung der Arbeiterklasse und

---

96 SED-PB, Protokoll, 14.3.1954, SAPMO-BArch, DY/30/J IV 2/2/353, zit. Hartweg, Frédéric (Hg.): SED und Kirche. Eine Dokumentation ihrer Beziehungen. Bd. 1, Neukirchen-Vluyn 1995, Dok. 26, S. 153.
97 Das entsprach möglicherweise ungefähr dem Anteil in der Bevölkerung, der schon vor 1933 den Brauch der Jugendweihe gepflegt hatte. Er war Mitte des 19. Jahrhunderts durch die Freidenkerbewegung eingeführt worden und als »proletarische Jugendweihe« gerade in Sachsen relativ weit verbreitet. – Zur Vorgeschichte vgl. Diederich u. a.: Jugendweihe, S. 11–14; Fischer, Christian: Wir haben Euer Gelöbnis vernommen. Konfirmation und Jugendweihe im Spannungsfeld gesellschaftlicher Verhältnisse. Leipzig 1998, S. 24–27.
98 Seit dem Machtwechsel von Ulbricht zu Honecker stieg er bis 1975 auf 97 Prozent und lag bis zum Ende der DDR bei dieser Marke: Kudella u. a.: Die Politisierung, S. 148 f.
99 Vgl. Diederich u. a.: Jugendweihe, S. 83–85.
100 Thomas Tauer, Interview, Leipzig 24.8.2000.
101 Jugendweihe-Gelöbnisse, 1955 u. 1958, in: Kleßmann, Zwei Staaten, Dok. 64, S. 573.

ihrer revolutionären Partei, einig im Willen und Handeln, die entwickelte sozialistische Gesellschaft in der Deutschen Demokratischen Republik errichtet«.[102]

Im Anschluss an das Gelöbnis erhielten die Jugendlichen das Buch »Weltall Erde Mensch«, das Ulbricht im Vorwort pathetisch als »das Buch der Wahrheit« bezeichnete.[103] Das »Sammelwerk über die Entwicklung von Natur und Gesellschaft« (so der Untertitel) ergoss sich in gesellschaftlichen und technischen Visionen, die von einem – damals durchaus typischen – unerschütterlichen Fortschrittsoptimismus geprägt waren. Das Buch erfuhr permanent erhebliche Veränderungen, die der jeweiligen politischen Konjunktur entsprachen. So wurde der gesellschaftspolitische Grundsatzbeitrag des Chemikers und Philosophen Robert Havemann ab 1962 nicht mehr abgedruckt. Nachdem er ein Jahr später endgültig in Ungnade gefallen war, verschwand 1966 auch sein Beitrag über »Das Atom«.[104] Schließlich wurde »Weltall Erde Mensch« 1975, vier Jahre nach dem Machwechsel von Ulbricht zu Honecker, ersetzt durch das Buch »Der Sozialismus – Deine Welt«.

Aber weder dieses Buch noch der Akt des Gelöbnisses stand für die meisten bei der Jugendweihe im Vordergrund. Vielmehr wurde sie – wie vordem Konfirmation und Erstkommunion – »privatisiert«: Sie wurde vorrangig als größere Feier im familiären Rahmen betrachtet und in den privaten Festkanon integriert. Für die Jugendlichen waren vor allem die Geschenke relevant.

Gerade für den Anfang der sechziger Jahre ist die Bedeutung einer solchen Familienfeier nicht zu unterschätzen. In einer Zeit, da das Leben vieler Familien wegen anhaltender wirtschaftlicher Schwierigkeiten zeitweilig noch vom materiellen Mangel geprägt war,[105] spielten Festessen und Geschenke eine ebenso wichtige Rolle wie der Erwerb oder die Anfertigung festlicher Kleidung. All dies atmete einen Hauch von Wohlstand. Die Kinder konnten durch die familiäre Feier der Jugendweihe den Eindruck gewinnen, nun zur Welt der Erwachsenen zu gehören – auch wenn manchmal bei den Äußerlichkeiten noch ein wenig nachgeholfen werden musste. So erinnert sich Sabine Ulmer daran, welch ein großes Familienfest die Jugendweihe gewesen sei:

»Ja, ja das war's wirklich, alles, was zur Familie gehörte, war da. [...] Es war eigentlich aber mehr oder weniger ein Fressfest, ja. Also ein Fest in dem Sinn für die Jugendliche war's keines. Man ist schick angekleidet gewesen, der Vater [der im Westen lebte] hatte zwei Meter Schaumgummi geschickt, davon

---

102 Jugendweihe-Gelöbnis, 1968, ebd., S. 573 f; Diederich u. a.: Jugendweihe, S. 92–93.
103 Walter Ulbricht, Zum Geleit, in: Weltall Erde Mensch. Ein Sammelwerk zur Entwicklung von Natur und Gesellschaft. 14. Aufl., Berlin 1966, 1966, S. 5.
104 Havemann, Robert: Die Einheitlichkeit von Natur und Gesellschaft, ebd. 8. Aufl, 1959, S. 11–22. Diese Fassung weist bereits deutliche Veränderungen gegenüber der Erstauflage von 1954, S. 7–18, auf. Ders.: Das Atom: Die physikalische Struktur der Materie, ebd. 10. Aufl., 1962, S. 21–51; vgl. Weltall Erde Mensch, 14. Aufl., 1966, wo dieser Beitrag fehlt. Vgl. Fischer: Wir haben Euer Gelöbnis, S. 68.
105 Vgl. Hübner: Konsens, S. 163–166; Steiner: Von »Hauptaufgabe«, S. 225 f.

nähte mir die Mutti einen Petticoat, [...] und der Vater hatte mir auch ein Paar Schuhe geschickt, Spinatstecher [...], und die Mutti nähte mir dazu ein Kleid aus dunkelblauem Cordsamt mit rosa Rüschen – die Mode! –, aber der Petticoat war Spitze, und aus dem Rest wurde ein Büstenhalter genäht und weil da noch nichts drin war, wurden ein paar Socken reingesteckt [...] – das gab's selten mal, so'n Familienfest [...].«[106]

Ähnliche Eindrücke gaben auch andere Interviewpartner zu Protokoll. Wolfgang Schröder erinnert sich, dass er allerdings »dieses In-den-Anzug-Gestopfe« als »fürchterlich« empfunden habe. Da er sonst nur Jeans getragen habe, sei ihm dies ebenso unangenehm gewesen wie der vergebliche Druck seitens der Schule, zur Jugendweihe seine langen Haare abschneiden zu lassen. Das ganze Ritual, vor allem »dieses Überreichen von dem Buch des Sozialismus«, habe ihn sonderbar berührt. Nach Schröders Erinnerung war es »eigentlich eine dumme Situation, dass man auf einmal von einem Rotzlöffel ein Erwachsener sein sollte.«[107]

Einigen blieben auch die Jugendstunden, die der Jugendweihe vorangingen, in Erinnerung. Sie waren keineswegs nur der weltanschaulichen Schulung gewidmet, auch wenn diese im Vordergrund stand. Vielmehr versuchten die Jugendweihe-Ausschüsse die Stunden so zu gestalten, dass die Jugendlichen einen Eindruck vom gesellschaftlichen Leben in der DDR gewannen. So waren Besuche von Gerichtsverhandlungen, die die sozialistische Rechtspraxis demonstrieren sollten, in die Jugendstunden ebenso integriert wie – damals noch – Lektionen zur sexuellen Aufklärung. In dieser Hinsicht vermochten die Jugendstunden sogar etwas zu leisten, das zu Hause wohl in den wenigsten Fällen zu erwarten war. Thomas Tauer erinnert sich mit einem gewissen Amüsement daran:

»[...] wir waren da mal im Gericht, 'ne Gerichtsverhandlung [...]. Das war ganz interessant. Da ging's um 'nen Autounfall. [...] Im Großen und Ganzen hatte ich da keine [Probleme ...]. Das Einzige war, da war mal so 'ne Aufklärungsstunde, über sexuelle Aufklärung [...]. Da war hier [ein] Rumgelappe, Rumgekaspere dabei.«[108]

Den Höhepunkt der Jugendweihe-Vorbereitung bildete eine Fahrt, die in eine Gedenkstätte an die Opfer des Nationalsozialismus führte. Für die Leipziger war dies das ehemalige Konzentrationslager Buchenwald mit dem gewaltigen Mahnmal auf dem Ettersberg bei Weimar. Dies entsprach dem antifaschisti-

---

106 Sabine Ulmer, Interview, Leipzig 22.8.2000. Vgl. Monika Hahn, Interview Leipzig 23.8.2000.
107 Wolfgang Schröder, Interview, Leipzig 23.8.2000.
108 Thomas Tauer, Interview, Leipzig 24.8.2000; vgl. Wolfgang Schröder, Interview, Leipzig 23.8.2000.

schen Legitimationsmuster der SED, war dessen ungeachtet nicht nur wegen seiner überzeugenden Inszenierung[109] für etliche Jugendliche sehr beeindruckend und berührend. Betroffenheit lässt noch Jahrzehnte später Thomas Tauer im Gespräch erkennen, als er sich zurückhaltend und etwas wortkarg an diese Fahrt erinnert:

> »Buchenwald. Ja, ja. Das war nicht schön. Das hat mich da ein bissel nachdenklich gemacht hier. Ich fand's da nicht sehr lächerlich [...].«[110]

Viele Jugendliche, wahrscheinlich die meisten von ihnen, sahen sich bei ihrem Besuch in Buchenwald oder einer vergleichbaren Gedenkstätte zum ersten Mal außerhalb des Schulunterrichts mit der nationalsozialistischen Vergangenheit konfrontiert. Angesichts der nationalsozialistischen Tatorte konnte der propagandistische Charakter der antifaschistischen Indoktrination verblassen, die den Schulunterricht wie auch die Agitation von Pionier- und Jugendverband durchzog. Dadurch – etwa »durch die Filme, die auch in der Schule gezeigt wurden, von den Leichenbergen« – ist die DDR-Jugend »geprägt worden«, wie sich Günter Fritzsch erinnert.[111] Allerdings stand die Propaganda dieses »verordneten Antifaschismus«[112] in einem krassen Gegensatz zum Umgang mit dem Nationalsozialismus in den Familien. Wie in der Bundesrepublik wurde auch in den ostdeutschen Familien die nationalsozialistische Vergangenheit ›kollektiv beschwiegen‹ – egal, ob die Eltern und Großeltern den Nationalsozialismus bekämpft, befürwortet oder erduldet hatten.[113] So berichtet Günter Fritzsch, dass ihn die Filme in der Schule zwar schockiert hätten, dass es aber kaum eine Möglichkeit gegeben habe, darüber zu reden. Vielmehr sei »oft weggeschaut« und die nationalsozialistische Vergangenheit »tabuisiert« worden.[114] Wolfgang Schröder bestätigt dies:

> »Das Nationalsozialistische ist natürlich eine schwierige Sache. Es wurde eigentlich von den Eltern her schweigend übertan. Also, es wurde nur kurz erwähnt, wie der Vater in Gefangenschaft war, der war in der Wismut [im Uranbergbau] gewesen in Russland zu [diesen] Zeiten, wie es dann damals dort zuging.«[115]

109 Vgl. Wierling: Nationalsozialismus, S. 40; Dies.: Geboren, S. 249–260; Mählert/Stephan: Blaue Hemden, S. 163; Niethammer, Lutz (Hg.): Der ›gesäuberte‹ Antifaschismus. Die SED und die roten Kapos von Buchenwald. Berlin 1994, S. 71–94 passim; Overesch, Manfred: Buchenwald und die DDR. Oder: Die Suche nach Selbstlegitimation. Göttingen 1995, S. 238–328.
110 Thomas Tauer, Interview, Leipzig 24.8.2000. Distanzierter Wolfgang Schröder, Interview, Leipzig 12.10.2000.
111 Günter Fritzsch, Interview, Frankfurt a. M. 26.10.2000.
112 Der Begriff stammt von Giordano, Ralph: Die zweite Schuld oder Von der Last Deutscher zu sein. München 1987, S. 215–228.
113 Vgl. Wierling: Nationalsozialismus, S. 51–55. Zum Beschweigen der Vergangenheit vgl. Lübbe, Hermann: Der Nationalsozialismus im deutschen Nachkriegsbewusstsein, in: HZ 236 (1983), S. 587–592.
114 Günter Fritzsch, Interview, Frankfurt a. M. 26.10.2000.
115 Wolfgang Schröder, Interview, Leipzig 12.10.2000.

Allerdings war der Krieg nicht nur durch die deutsche Teilung – anders als in Westdeutschland – noch relativ präsent, da einerseits die Städte noch deutlich von den Kämpfen gezeichnet waren und andererseits bestimmte Versorgungsengpässe, die der Mauerbau durch die Bindung von personellen und materiellen Ressourcen erneut verschärft hatte, Bezugsscheine für Brennstoffe und vor allem das sowjetische Militär daran erinnerten. Die Sowjettruppen wurden vorwiegend als Besatzungsmacht empfunden – nicht nur wegen der Vergewaltigungen deutscher Frauen bei Kriegsende. Vielmehr war dieser Eindruck durch die Rolle der Sowjetarmee bei der Niederschlagung des Volksaufstandes am 17. Juni 1953 bestätigt worden. So beschrieb Gernot Grünspecht das Verhältnis zu den »Russen« wie folgt:

>»Die waren immer präsent. [...] Mit den Vorurteilen aus der Nazi-Zeit wurden die nun versehen. [...] Russen, das waren die, die den 17. Juni niedergeschlagen hatten und die das alles besetzt hatten.«[116]

Auch der zeitweilige materielle Mangel widerspiegelt sich in den Erzählungen verschiedener Zeitzeugen, die sich dessen ungeachtet ihrer Kindheit als einer glücklichen Zeit erinnern. So erzählte Sabine Ulmer:

>»[...] ich muss wirklich sagen, wir hatten 'ne schöne Kindheit, 'ne arme, aber wir waren ja alle arm, da ist das überhaupt nicht aufgefallen. [...] also 'ne unbeschwerte heitere Kindheit, und wir haben in Plagwitz gewohnt, also in 'nem richtigen Arbeiterviertel, [...] dritte Etage, die vierte war abgebombt, im Winter ein Eispalast, im Sommer die Hölle, weil direkt das Flachdach drüber war, [...] mit einer Toilette auf der Treppe für drei Parteien, mit 'nem Ausguss [...]. Und in der Küche ein Küchenherd, und ansonsten gab's nur noch im Wohnzimmer 'nen Berliner Ofen, die anderthalb Zimmer, die beiden hatten keine Heizmöglichkeit. [...] Aber, es war trotzdem schön [...].«[117]

Die Erinnerungen von Sabine Ulmer ähneln denen von Bettina Meise, die Ende der sechziger Jahre als junge Frau mit dem Ehemann und zwei Kindern in eine Zweieinhalb-Zimmer-Wohnung im Leipziger Westen zog. Die Toilette lag außerhalb ihrer Wohnung im Treppenhaus, und das Dach wies erhebliche Schäden aus dem Krieg auf, die nur notdürftig repariert worden waren und das Leben in der kleinen Wohnung zeitweise unerträglich machten.[118] –

---

116 Gernot Grünspecht*, Gesprächsnotiz, Berlin 1.12.2000, S.1. Vgl. Ders., Interview, Berlin 16.11.1999, wo Grünspecht »Russen und [...] Vergewaltigung« als Bestandteile seiner Erinnerungen benennt. Vgl. Kowalczuk, Ilko-Sascha; Wolle, Stefan: Roter Stern über Deutschland. Sowjetische Truppen in der DDR. Berlin 2001, S.27–40; Naimark, Norman M.: Die Russen in Deutschland. Die Sowjetische Besatzungszone 1945 bis 1949. Berlin 1999, S.86–122 passim.
117 Sabine Ulmer, Interview, Leipzig 22.8.2000. – Vgl. Wierling: Geboren, S.47–59.
118 Bettina Meise*, Interview, Leipzig Aug. 1992, ADG, Satznr. 960; vgl. Fr. Rösner, Fr. Sänger und Fr. Gollan, in: Ahbe/Hofmann (Hg.): Es kann nur besser werden, S.27–32 u. 59–63. – Vgl. Hübner: Konsens, S.171–176; Wierling: Nationalsozialismus, S.42–47; Dies.: Geboren, S.60–76.

Angesichts vielerorts noch erkennbarer Kriegsfolgen ist es verständlich, wenn die Eindrücke von den Fahrten in die Gedenkstätten in der Erinnerung haften geblieben sind. Schließlich wurden hier die Jugendlichen mit ganz anderen Aspekten der nationalsozialistischen Schreckensherrschaft konfrontiert. Dass dies auch für andere Erlebnisse wie den Besuch im Gericht oder Versuche sexueller Aufklärung gilt, während sich die Erinnerungen an andere Jugendstunden – wie später auch an die Gruppenversammlungen der FDJ – verflüchtigt haben oder verdrängt worden sind, ist ein Indiz dafür, dass der politisch-ideologische Charakter dieser Veranstaltungen von den Jugendlichen wohl wahr-, aber nicht ernstgenommen worden ist.

Überhaupt war damals die Freie Deutsche Jugend insgesamt wohl wenig attraktiv. Selbst Jugendliche, die noch als Pioniere ein gewisses Engagement gezeigt hatten, standen ihr eher abwartend gegenüber. So bekannte Sabine Ulmer im Gespräch: »[…] ich war leidenschaftlicher Pionier, FDJler schon nicht mehr, da kam dann schon 'n bisschen der Verstand durch […].«[119] Auch Thomas Tauer »war gerne Pionier«. Er sei darauf »auch stolz gewesen«, was ihn aber nicht davon abhielt, sich zunächst gegen den Eintritt in die FDJ zu sperren. Die Zeit bei den Pionieren empfand Tauer als interessant, weil sie ihm die Möglichkeit bot, in Arbeitsgemeinschaften naturkundliche Exkursionen zu unternehmen und in den Ferien mit Gleichaltrigen in Pionierlager zu fahren.[120] Während der Schulzeit hatten die Kinder »Pionieraufträge« zu erfüllen, die oft in simpler Nachbarschaftshilfe oder im Sammeln von Altpapier, Altglas und Lumpen bestanden. Sie konnten nicht nur bestimmten Solidaritätskonten, sondern gegebenenfalls dem eigenen Taschengeld zugute kommen.

Die Freie Deutsche Jugend hingegen konzentrierte sich weniger auf unterhaltende Aspekte der Verbandsarbeit als auf die politisch-ideologische Schulung ihrer Mitglieder. Dabei befand sie sich lange Zeit im Einklang mit der tradierten Linie der SED. Allerdings wurden die FDJ-Funktionäre damit den Ansprüchen an eine moderne Jugendarbeit in keiner Weise gerecht. Zu diesem Schluss kam auch das Deutsche Pädagogische Zentralinstitut in der bereits zitierten Untersuchung aus dem Jahre 1963. Das DPZI hatte ermittelt, dass die meisten Jugendlichen das Verbandsleben der FDJ als langweilig empfänden. Es mahnte deshalb:

»Das Wachstum und die Wirksamkeit der sozialistischen Kinder- und Jugendorganisation hängen in erster Linie davon ab, ob es ihr gelingt, tiefe und nachhaltige Erlebnisse in den Kindern und Jugendlichen zu schaffen.«[121]

---

119 Sabine Ulmer, Interview, Leipzig 22.8.2000. – Vgl. Wierling: Geboren, S. 163–167, 142–152.
120 Thomas Tauer, Interview, Leipzig 24.8.2000. Vgl. Fr. Gockisch, in: Ahbe/Hofmann (Hg.): Es kann nur besser werden, S. 72f.; Wolfgang Schröder, Interview, Leipzig 23.8.2000. – Zum Folgenden vgl. ebd.; Thomas Tauer, Interview, Leipzig 24.8.2000; Sabine Ulmer, Interview, Leipzig 22.8.2000.
121 DPZI, Sektion I, Bericht, Berlin 7.9.1963, SächsStAL, SED, IV A-2/16/461, Bl. 29.

Der Eindruck des DPZI wird dadurch unterstrichen, dass alle Zeitzeugen, die für die vorliegende Studie interviewt wurden, sich nicht an Details der FDJ-Arbeit dieser Jahre erinnern können. »Tiefe und nachhaltige« Erlebnisse gab es keine, der Einfallsreichtum der FDJ war offenbar sehr begrenzt. Die FDJ-Leitungen verließen sich ganz auf die jugendpolitischen Vorgaben der Partei und begnügten sich damit. Dies schlug sich auch in der Rekrutierung für Ämter in der Freien Deutschen Jugend nieder, wie Jörn Schütrumpf erklärt: »Die waren froh, wenn sie welche gefunden hatten.«[122]

FDJ-Mitglieder, die auf solche Weise in Funktionen des Jugendverbandes gewählt worden waren, dürften meist kaum motiviert gewesen sein. Eine geringe Motivation musste aber ebenso wie das mangelnde Engagement großer Teile der FDJ-Basis eine flexible Verbandsarbeit erschweren oder sogar verhindern.

Die Unbeweglichkeit des Jugendverbandes beklagten selbst SED-Funktionäre, wie ein Bericht der Leipziger Bezirksleitung erkennen lässt:

»Die ideologische Arbeit mit der Jugend trägt noch immer kampagnehaften Charakter. Solche Kampagnen waren die Diskussionen über die Massnahmen vom 13. August 1961 oder über das Wehrgesetz.«[123]

Nach diesem Bericht sei die wesentliche Ursache für die inattraktive Arbeit des Jugendverbandes die »einseitige, sektiererische Auffassung unter einigen Funktionären der FDJ, indem sie sagen: ›Wir ködern nicht mit einem fröhlichen Jugendleben, unsere Hauptaufgabe ist das Lernen.‹«[124] – Diese Meinung widerspiegelte die Auffassung weiter Kreise des Jugendverbandes, die sich eher als Organisationsinstrument der SED verstanden und deswegen meinten, jugendliche Interessen ignorieren zu können. Dies monierte auch die Schriftstellerin Brigitte Reimann an der FDJ, »[…] die mit ihrer verdammten Organisiererei jede Initiative tötet und die Abenteuerlust der jungen Leute in Fesseln schlägt«.[125] Am deutlichsten wurde dies in der Frage der Freizeitgestaltung und damit der Tanzmusik.

Die FDJ propagierte auch hier die Linie der Partei, die sich auf die »asketischen Traditionen der kommunistischen Bewegung« berief und sich dabei auf die Übereinstimmung mit den kleinbürgerlichen Moralvorstellungen der Mehrheit der Bevölkerung stützen konnte.[126] Nach dem Feldzug gegen den Jazz, der in der zweiten Hälfte der fünfziger Jahre als musikalischer Ausdruck afroame-

---

122 Jörn Schütrumpf, zit. Elternhaus und Schule, 0:12. Vgl. Wierling: Geboren, S. 238.
123 SED-BL Leipzig, Abt. Org./Kader, Bericht, 7.8.1962, SächsStAL, SED, IV/2/16/684, Bl. 281.
124 SED-SL Leipzig, Ideol. Komm., Information, 13.5.1963, SächsStAL, SED, IV A-5/01/231, S. 4a.
125 Reimann, Tagebucheintrag, Petzow 10.2.1963, zit. Dies.: Ich bedaure nichts, S. 289.
126 Krenzlin, Leonore: Vom Jugendkommuniqué zur Dichterschelte, in: Agde (Hg.): Kahlschlag, S. 156; vgl. Schildt: Zwei Staaten, S. 61.

rikanischer Sklaven gesellschaftsfähig geworden war,[127] konzentrierten sich die Attacken der Kulturpolitiker auf den Rock'n'Roll und die daraus entstehenden Musikstile. Während sich die Begeisterung für Jazz vorwiegend auf intellektuelle, meist bürgerliche Kreise beschränkt hatte und leicht zu kontrollieren gewesen war, entwickelte sich der Rock'n'Roll schnell zu einem Massenphänomen, das seinesgleichen suchte. Übertroffen wurde die Rock'n'Roll-Welle seit dem Anfang der sechziger Jahre noch von der »Beatlemania«, einer Begeisterung für die *Beatles*, die zum Teil hysterische Züge annahm. Wegen der Ekstatik, der Mode, überhaupt des ganzen Lebensgefühls, das diese Musik begleitete, geriet sie schnell unter Beschuss.

»Eine eigene, labile Welt«: Jugend in der Freizeit

Im unmittelbaren Vorfeld des Mauerbaus hatte sich das Politbüro der SED auf eine grundsätzlich repressive Linie in Fragen der Unterhaltungsmusik verständigt. Zuvor hatte es im Januar 1961 erstmals in einer öffentlichen Verlautbarung Probleme der Freizeitgestaltung Jugendlicher aufgegriffen und den geringen Einfluss der FDJ in diesem Bereich kritisiert. Das Kommuniqué des Politbüros unter dem Titel »Die Jugend der Deutschen Demokratischen Republik, ihre Zukunft und die sozialistische Gesellschaft« räumte zugleich Schwierigkeiten in der Vermittlung sozialistischer Wertvorstellungen ein, die zu Opportunismus in den Ausbildungseinrichtungen geführt hätten. So arbeiteten die Jugendlichen am Aufbau des Sozialismus »in manchen Fällen noch ohne Lust und Begeisterung«.

Angelastet wurde die fehlende Motivation in erster Linie dem Jugendverband. Der FDJ wurde vorgeworfen, sie vernachlässige die genuinen Interessen Jugendlicher und erreiche sie deswegen in der Freizeit nicht:

»Der Einfluß der Freien Deutschen Jugend auf die Jugend in der Freizeit ist außerordentlich gering und ist nur auf einen verhältnismäßig niedrigen Prozentsatz der eigenen Mitglieder beschränkt.«

Demgegenüber fiel die Kritik an westlichen Leitbildern in der Jugendkultur recht verhalten aus. Die SED-Spitze beschränkte sich darauf, Schwierigkeiten im Umgang mit der Jugend den Einflüssen westlicher Medien zuzuschreiben, denen sie offenbar nichts Adäquates entgegenzusetzen hatte:

»Jugendliche, die über Feindsender usw. der gegnerischen Hetze ausgesetzt sind, werden nur mit dem Lichterglanz und Flimmer, mit der äußeren Fassade (Film, Musik usw.) des untergehenden Kapitalismus bearbeitet. Sie sollen die Wahrheit, die wir ihnen über Kapitalismus und Sozialismus und über die sozialistischen Perspektiven sagen, in Zweifel ziehen und das untergehende Alte

---

127 Poiger: Amerikanischer Jazz, S. 119f., 130f.

als neu und anziehend betrachten. Dabei nutzt der Gegner Schwierigkeiten, die bei unserem Aufbau auftreten, aus.«[128]

Obwohl insgesamt recht moderat gehalten, da das Papier zur Veröffentlichung bestimmt war, ließen gerade diese Passagen »keine Dialogbereitschaft« des Politbüros erkennen.[129] Die Wortwahl entsprach dem kämpferischen Ton, der 1961 die offiziellen Verlautbarungen während des gesamten Jahres durchzog. Er beherrschte auch einen weiteren Politbüro-Beschluss vom Februar des selben Jahres. Darin lehnte die Parteiführung jedes Zugeständnis an Elemente der »westlichen Lebensweise ab, die die Jugendlichen moralisch verseucht und das Ziel verfolgt, die menschlichen Gefühle in ihnen abzutöten und willfährige Werkzeuge der Kriegspolitik aus ihnen zu machen«. Dazu zählten »neben Schund- und Schmutzliteratur und entsprechenden Filmen« vor allem »Schallplatten mit schädlicher Schlagermusik«. Dies alles wurde unter »Chauvinismus und Kriegspropaganda«, die der »Verbreitung revanchistischer und antihumanistischer Ideologie« diene, summiert und mit Blick auf den Rock'n'Roll festgelegt, »daß das Spielen derartiger westlicher Tanzmusik gleichbedeutend ist mit der Verbreitung von Schund und Schmutz in der Kunst«.[130]
Das Politbüro bestätigte damit die rigide Praxis gegenüber Jugendlichen, die sich im Zeichen dieser Musik versammelten, oft auffällig – mit Jeans, dunklen Hemden und nicht selten befremdlichen Frisuren – ausstaffiert waren:

> »Schwarzes Nylonhemd, dottergelber Schlips, darauf war meistens noch ein Gemälde – Hula-Mädchen –, Bluejeans, Leuchtsocken dazu [...] – Ringelsocken und dottergelbe Handschuhe, solche Wildlederhandschuhe, und dazu natürlich die Ente, [...] die geölte Ente.«[131]

Die Jeans konnten bis 1961 nur über das offene Berlin eingeführt worden sein, da die DDR solche Hosen nicht herstellte und vertrieb. Später waren Jugendliche hierfür meist auf die Unterstützung von westdeutschen Verwandten oder Bekannten angewiesen, sofern sie nicht an die erforderlichen Mittel kamen, um Jeans auf dem schwarzen Markt zu kaufen. Offiziell hießen die inkriminierten Textilien wegen ihrer Beschläge an den Hosentaschen so lange »Niet-« oder »Nietenhosen«, bis die ostdeutsche Konfektionsindustrie Mitte der siebziger Jahre Jeans in ihr Sortiment aufnahm.[132] Dieser Antianglizismus fällt

---

128 SED-PB, Beschluss, Berlin 24.1.1961, zit. Dokumente der Sozialistischen Einheitspartei Deutschlands. Bd. VIII, Berlin 1962, S. 343, 352 u. 349.
129 Skyba: Hoffnungsträger, S. 418; vgl. Schuster: SED-Jugendkommuniqués, S. 62 f.; – moderater hingegen dies.: Mut, S. 66–70; Michalzik: »An der Seite ...«, S. 55–70.
130 SED-PB, Beschluss, 7.2.1961, zit. SED-ZK, Informationsdienst: NATO-Politik und Tanzmusik, 1961, in: Rauhut: Beat, S. 23 u. 25 f.
131 Sabine u. Manfred Ulmer, Interview, Leipzig 22.8.2000. Vgl. Ahbe/Hofmann (Hg.): Es kann nur besser werden, S. 155 passim; Rauhut: Beat, S. 105.
132 Wolfgang Schröder, Interview, Leipzig 23.8.2000; Manfred Ulmer, Interview, 22.8.2000; Harald Fritsch, Interview, Berlin 9.2.2000. – Vgl. Günther, Cordula: Jugendmode in der

insofern auf, als nonkonforme Jugendliche im amtlichen Jargon gerade mit dem englischen Wort »Rowdies« bezeichnet wurden, um ihre angebliche Beeinflussung durch den Westen zu unterstreichen. Die beschriebene »Anzugsordnung« stieß einerseits wegen ihrer vorwiegend westlichen Provenienz auf das Missfallen von Staat und Partei; andererseits wurden deswegen hinter der Kleidung Bedeutungen vermutet, die über die das zugestandene Maß an Selbstbestimmung hinausgingen. Eine solche Überfrachtung mit Deutungsgehalten war beispielsweise zu beobachten, wenn Träger von schwarzen Hemden und Lederhandschuhen, »mehr oder weniger mit der SS verglichen« wurden, wie es Manfred Ulmer widerfahren war.[133]

In späteren Jahren – etwa ab Mitte der sechziger Jahre – wurde die Kleidung weniger ausgesucht, und die Haare wurden zunehmend länger. Mode und Musik wurden von allen Seiten – von Staat und Partei sowie von den älteren Bürgern generell, am wenigsten von den Jugendlichen selbst – als Ausdruck eines Lebensgefühls verstanden, das implizit mit den Idealen der Ost-Berliner Führung kollidierte. Deren Drang nach Disziplinierung und Kontrolle kollidierte empfindlich mit dem jugendlichen Streben nach kleinen Freiheiten und nach einer Abgrenzung von den Moralvorstellungen der älteren Generation, die dem jugendlichen Treiben weitgehend skeptisch bis feindlich gegenüberstand. Abgelehnt wurde die nonkonformistische Ästhetik dieser Jugendkultur auch von Personen, die den sozialistischen Staat insgesamt ablehnten. So kollidierte auch in Teilen des Bildungsbürgertums die Kultur der Jüngeren erheblich mit den Bildungs-, Kultur- und Moralvorstellungen der Älteren.[134] Die Koalition des Anstands konnte allerdings dann zerbrechen, wenn Kinder und Jugendliche durch Lehrkräfte und Ausbilder gezwungen werden sollten, ihre Kleidung zu wechseln oder sich die Haare schneiden zu lassen. Dann wehrten sich einige Eltern gegen den Eingriff des Staates in die Privatsphäre, zu der Kleidungsfragen ebenso zählten wie die Frisur. Wolfgang Schröder verstand dies auszunutzen, indem er zunächst den Anweisungen seiner Lehrer Folge leistete, tatsächlich aber die Zeit damit verbrachte, die Schule zu schwänzen:

> »[…] ich hatte also in der Schule ziemlich lange Haare. Also fast beatlelange Haare, und obwohl meine Mutter Friseuse von Beruf ist, hat man mich dann aus der Schule nach Hause geschickt zum Frisör, und man wusste aber in der Schule nicht, wo der Frisör ist, [… so] dass ich natürlich dazu den ganzen Tag

---

DDR zwischen Staatsplan und Freiraum für Selbstverwirklichung, in: ZSE, Beih. 1/1990, S. 85; Kaminsky, Annette: »Nieder mit den Alu-Chips«. Die private Einfuhr von Westwaren in die DDR, in: DA 33 (2000), S. 757.
133 Manfred Ulmer, Interview, Leipzig 22.8.2000. Vgl. Hr. Jahn, in: Ahbe/Hofmann (Hg.): Es kann nur besser werden, S. 24.
134 Vgl. Dieckmann: Äpfel schütteln, S. 58f.

unterwegs war und dann immer noch mit selbigen langen Haaren nächsten Tag in die Schule kam [...].«[135]

Auch Manfred Ulmer verstand es, seinen persönlichen Vorteil aus solchen diskriminierenden Praktiken zu ziehen. Zwar hätten bei den Fahnenappellen während seiner Lehre diejenigen, die Jeans trugen, zur besseren Kontrolle durch die Schulleitung in der ersten Reihe stehen müssen, was ihn aber nicht angefochten habe:

»Montag früh war [...] Fahnenappell, solche Mätzchen. [...] wir hatten paar Jeans, weil ich den Vater im Westen hatte, bei den dreihundert Lehrlingen, die da standen, da waren eben sechse, die Jeans hatten, die mussten da vorne stehen, die anderen haben neidisch geguckt auf uns, das war kein Problem [...]«[136]

Als Ulmers Ausbildungsbetrieb ihn wegen seiner Jeans disziplinieren wollte, griff sein Stiefvater ein, obwohl der selbst Mitglied der SED war:

»Na mein Vater, [...] mein zweiter Vater muss ich dazu sagen, war Parteisekretär, aber nicht hauptamtlich, der war im Ratskeller hier im Rathaus und war dort Gaststättenleiter und Lehrausbilder, aber das war eben 'n echter [Kommunist], wie man sie selten hat, der hatte auch Lehrlinge und die hatten die selben Probleme wie ich. [...] Der ist rein in [den Betrieb,] wo ich gelernt hab, [...] also [die] haben mich heimgeschickt, [ich] sollte erst wieder kommen, wenn ich andere anständige Hosen anhab, [...] na da ist er hin [...] und dann hat er denen die Leviten gelesen, da gab's ja keine rechtliche Grundlage für solche Sachen. Das hat er denen klargelegt, dass die Anzieherei nichts mit dem Menschen zu tun hat.«

Solche Erfahrungen konnten dazu führen, dass Jugendliche ihren Eltern gegenüber eher zu Zugeständnissen bereit waren, konnten die Verbundenheit mit den Eltern und die Erinnerung verstärken, eine »schöne Kindheit« gehabt zu haben. – Gleichwohl kontrastierte die Zurückweisung staatlicher Ansprüche durch verschiedene Eltern mit dem Ordnungsbedürfnis vieler Bürger, die Eingriffen durch die Staatsmacht nicht selten aufgeschlossen gegenüber standen. Oft genug reihten sich Eltern betroffener Jugendlicher in die Front derer ein, die ihre Kinder von deren neumodischen »Marotten« abzubringen versuchten. Ihre Mühe steigerte jedoch nicht selten gerade das Verlangen der Jugendlichen, sich auch äußerlich von den Alten abzugrenzen. Die hätten zuweilen geradezu eine Phobie vor der neuen Mode und Musik gehabt, wie sich Jörn Schütrumpf erinnert: »Je größer die Angst der Eltern, desto mehr fühlte ich mich davon angezogen.«[137]

---

135 Wolfgang Schröder, Interview, Leipzig 23.8.2000. Vgl. Hr. Kaiser u. Hr. Hofmann, in: Ahbe/Hofmann (Hg.): Es kann nur besser werden, S. 14 u. 34.
136 Manfred Ulmer, Interview, Leipzig 22.8.2000. Das Folgende ebd.
137 Jörn Schütrumpf, zit. Elternhaus und Schule, 0:22; vgl. Geißler: Landfriedensbrecher, S. 9.

Von einem großen Teil der Bevölkerung wurde die Avantgarde der späteren Pop- und Rockmusik ebenso geschmäht wie von Staat und Partei – bis zum Anfang der sechziger Jahre sogar über die Systemgrenzen hinweg. Vom Establishment in Ost und West wurde die Szene ebenso wie von der Presse lange Zeit als »dekadent«, »pervers« und »abnorm« diskriminiert – zum Teil in einer Weise, die Erinnerungen an die Diffamierung »entarteter« Musik durch die Nationalsozialisten weckte.[138] So befürchteten weite Kreise in Politik und Gesellschaft, die afroamerikanische Rhythmik würde zur ›rassischen Degeneration‹ der Jugend führen. Schon das »Auseinandertanzen« war – zumindest in der DDR – bis in die sechziger Jahre hinein in etlichen Lokalen verboten, weil es gegen konventionelle Umgangsformen verstieß. Die schlaksigen Bewegungen der Rock'n'Roll-Stars hingegen weckten Befürchtungen, die jungen Männer könnten verweiblicht werden. All diese Ängste kulminierten in der Phobie vor einer unkontrollierten Aggressivität, Ekstatik und Sexualität.[139]

Jugendliche gefielen sich ob dieser Ängste oft in ihrer schockierenden Wirkung. Die Ablehnung ihrer Kultur durch die älteren Generationen provozierten ein Gefühl des Zusammenhalts und der Stärke, das dem männlichen Habitus in den Jugendcliquen entsprach. Als »Eckensteher« verschrien,[140] sammelten sich diese Cliquen in Parks, vor Kaufhallen und an anderen markanten Plätzen der Städte und hörten mit ihren Radios laut Musik. In Leipzig gab es einige solcher Gruppen, ihre bekannteste war die »Capitolmeute«. Je nach Lust und Laune standen ihre Mitglieder, Dutzende junger Männer, vor dem größten Kino im Zentrum der Messestadt, dem »Capitol«, und genossen die Aufmerksamkeit älterer Bürger, die sich von ihrem Habitus provoziert fühlten. An die Anfänge der »Capitolmeute« erinnert sich Manfred Ulmer:

»[…] mit der Musik, was haben wir damals mit der Rock'n'Roll-Musik [angestellt], […] am Anfang war es ja drüben auch nicht so, da war ja auch die Bürgerschaft dagegen, hier – Elvis, wie der nun rumsprang und so. Und da haben wir ja alle, ob hüben oder hier, wir haben ja alle AFN gehört. […] Kofferradio und 'ne Antenne irgendwo am Capitol.«[141]

Oft wurde die Lust zur Provokation durch reichlichen Alkoholgenuss gesteigert, der die Hemmschwelle zu Auseinandersetzungen mit »Bürgern« und Ordnungskräften senkte. Alkohol wie auch Zigaretten dienten in ihrem exzessiven Genuss aber auch schlicht der Demonstration des Erwachsenseins, an dem man durch den Konsum bislang verbotener Rauschmittel teilhatte.[142] – Der hohe Alkoholkonsum stellte in der Auseinandersetzung mit der Jugend einen

---

138 Vgl. Poiger: Jazz, S. 22–29; vgl. Dies.: Amerikanischer Jazz, S. 122–125; Rauhut: Beat, S. 19–27.
139 Vgl. Poiger: Jazz, S. 150–205.
140 Vgl. Litfaßsäule, nl, 1/1961, S. 32–35, u. 7/1961, S. 35–38.
141 Manfred Ulmer, Interview, Leipzig 22.8.2000. Vgl. Rauhut: Beat, S. 105; Lemke: Ursachen, S. 159–165.
142 Zinnecker: Jugendkultur, S. 240 f.

Dauerbrenner dar, wie die Lektüre des Jugendmagazins *neues leben* zeigt, das 1961 diese Thematik mehrfach aufgriff.[143] Zum Teil diente der typisch männliche Habitus nur dazu, Mädchen und jungen Frauen zu imponieren. Das männliche Gebaren stand dabei in einem scharfen Kontrast zum tradierten Frauenbild, das damals noch relativ unangefochten war. So standen Mädchen meist noch stärker unter der Kontrolle ihrer Eltern, die vielfach auf gute Sitten und auf eine angemessene Ausbildung Wert legten. Freizeitvergnügen wie Tanz, aber auch ein stärkeres modisches Interesse waren dem untergeordnet, wie sich zwei Zeitzeuginnen erinnern. So erklärte Sabine Ulmer, ihre »Kindheit, Jugend und die Erlebnisse« aus diesen Jahren kaum der Erinnerung würdig zu halten, »weil es erlebnislos war, die ganze Zeit«. Sie selbst habe zudem hinter ihrer älteren Schwester zurückstehen müssen, da ihre Mutter als Alleinerziehende für größere Vergnügungen nicht genügend Geld auftreiben konnte:

»Ja, Tanzen gehen – Tanzen lernen konnt ich leider nicht, es fehlte auch 's Geld, aber die große Schwester, weil die ja nun Abitur machte, das gehörte mit dazu. Die hat mir nachher auf'm gestrichenen Fußboden, [...] die Linien vorgegeben, wie man's macht, na, das hat hervorragend geklappt, [...] – wie gesagt, Tanzen gehen war nicht so üblich, [...] es war einfach zu früh, ab achtzehn durft ich nachher gehen.«[144]

Ähnlich streng wurde Monika Hahn erzogen, deren Mutter nicht zulassen wollte, dass sich die Tochter ihre Zukunft mit jugendlichem Leichtsinn gefährdete. Dies galt aber eher für Freundschaften, da Monika Hahn sich nicht sonderlich für die modernen Tänze interessierte.[145] Die modernen Tänze aber – Twist und Rock'n'Roll – verstießen gegen sämtliche Konventionen, und das »Auseinandertanzen« demonstrierte die Lockerung der Geschlechterverhältnisse. Nicht zuletzt vor diesem Hintergrund sahen sich die Freunde der modernen Rhythmen wiederholt mit dem Vorwurf »sexueller Perversion« konfrontiert. An einen solchen Fall erinnert sich Manfred Ulmer:

»[...] da gab's dann so'n Riesen-Artikel in der *Volkszeitung*, man nannte einen ›Banane‹, das war einer aus der [Capitol-]Meute und der hatte – was weiß ich – mit [einem] Mädchen [...] Sex gehabt und ist dabei eben [erwischt worden] – im Park, im Zetkin-Park, das haben sie gleich aufgebauscht [...], die wollten ihm wahrscheinlich eine reindrehen oder so, das hatte der gar nicht nötig, die da zu zwingen, [... aber die haben] gleich 'ne unheimliche Blase gemacht.«[146]

Als »Bürgerschreck« waren die Protagonisten des Rock'n'Roll im Osten wie im Westen gefürchtet. Im Westen entdeckte jedoch bald eine starke Konsum-

---

143 Litfaßsäule, nl, 2/1961, S. 28–31; 4/1961, S. 32–35; vgl. nl, 5/1961, S. 36; 7/1961, S. 35–38.
144 Sabine Ulmer, Interview, Leipzig 22.8.2000.
145 Monika Hahn, Interview, Leipzig 23.8.2000.
146 Manfred Ulmer, Interview, Leipzig 22.8.2000. Das Folgende ebd. – Vgl. Poiger: Jazz, S. 168.

industrie die neuen Trends als Profitquelle und verhalf den neuen Vorlieben der Jugend zum Durchbruch, wenngleich noch nicht zur allgemeinen Akzeptanz. Allerdings wurde die »Szene« durch die industrielle Vermarktung in erheblichem Maße domestiziert. Im Osten hingegen wurde die gesamte Bewegung im offiziellen Duktus als gezielte »politisch-ideologische Diversion« abgelehnt. Hier suchte man vorerst weiter die Konfrontation und lud dadurch generationell bedingte Konflikte politisch auf. Politisches Interesse – erinnert sich Manfred Ulmer – sei in seinem Freundeskreis weder durch die ideologische Indoktrination noch durch Versorgungsprobleme, auch nicht durch die Spannungen zwischen beiden deutschen Staaten, sondern vor allem durch die Repressalien seitens des Staates geweckt worden:

> »[...] wir sind dazu gekommen durch die Musik. Uns hat das nicht gestört, ob wir nun Schokolade haben oder nicht, das war nicht das Thema in dem Alter, obwohl man eben 'n paar Jeans schon –, aber das war mehr auf Amerika ausgerichtet als auf die Bundesrepublik [...], auch mit der Musik.«

Deutsche Musik, die sich stilistisch an den englischsprachigen Vorbildern orientierte, stieß unter Jugendlichen eher auf Vorbehalte – schon wegen ihrer Texte, deren manchmal dürftigen Gehalt man ja verstehen konnte. Als wenige Jahre später deutschen Schlagertexten schnelle Beats unterlegt wurden, sahen sich die Protagonisten dieser Musik oft mit mitleidiger Verachtung konfrontiert. So beklagte sich im März 1964 der Unterhaltungsmusiker Gerd Natschinski, Vater des späteren Bandleaders Thomas Natschinski, beim DDR-Kulturminister Hans Bentzien:

> »Ein großer Teil der Bevölkerung – besonders, aber nicht nur die Jugend – steht unserer Tanzmusik ablehnend gegenüber. [...] Die Skala der Ablehnung reicht von der mitleidigen Verachtung bis zur groben Beschimpfung (... verbiet'n die im Ministerium det, oder könnt Ihr sowieso janischt besseret machen?), vom sachkundigen Kritiker bis zum NurRiasAFNoderRadioLuxemburgHörer.«[147]

In kulturellen und damit auch in musikalischen Fragen hatte sich das Jugendkommuniqué von 1961 trotz mäßigender Töne letzten Endes als kontraproduktiv erwiesen. Zunächst hatte es sogar etlichen Jugendlichen ein weiteres Motiv zur Republikflucht geliefert.[148] Das Kommuniqué entsprach mit seiner grundsätzlichen Ablehnung von Zugeständnissen an westliche Elemente der Jugendkultur einer längst gängigen Praxis. Diese wurde mit Hilfe der Freien Deutschen Jugend umgesetzt. Vor der fiktiven Alternative, die Interessen der Jugend gegenüber der Partei zu vertreten oder die Interessen der Partei unter der Jugend durchzusetzen, hatte sich der Jugendverband längst für

---

147 Gerd Natschinski, Schreiben an Bentzien, Berlin 23.3.1964, SAPMO-BArch, DY/30/IV A 2/9.06/159, S. 1.
148 Vgl. Schuster: SED-Jugendkommuniqués, S. 62; Skyba: Hoffnungsträger, S. 418; dagegen Michalzik: »An der Seite ...«, S. 55–70.

das Zweite entschieden und damit viele Jugendliche enttäuscht. So erinnert sich Manfred Ulmer, wie er sich während der Lehre in dem FDJ-Leiter seines Betriebes getäuscht hatte:

»[…] uns haben sie das Leben dermaßen schwer gemacht, uns haben sie die Jeans weggenommen, da hatten wir noch so Bilder hinten drauf, […] so'n Cowboy oder irgendwas, die Haare abgeschnitten, solche Mätzchen haben die gemacht, ne. Mir haben sie in der Lehre die Rock'n'Roll-Bänder gelöscht. Erst sagt der FDJ-Sekretär, na bring sie mal mit, […] wir haben einfach gedacht, der ist jung, der muss doch, wenn der Elvis hört, […] oder Bill Haley oder […] irgendwas, das muss den doch ordentlich krabbeln. Und was war das Ende vom […] Lied? Dass sie uns die Platten weggenommen haben, die wir mühselig von unserem [zusammengelegten] Lehrlingsgehalt […] in West-Berlin gekauft haben […].«[149]

Dennoch gelang es nicht, die Wellen der florierenden Jugendkultur zu brechen. Jugendliche ließen sich kaum von ihren Treffpunkten verdrängen und von ihren gemeinsamen Beschäftigungen abbringen. Diesen Jugendlichen wurde von vornherein eine Abneigung gegen die klassische »Hochkultur«, ein Hang zur Kriminalität, die sich bereits in der Störung des allgemeinen Anstands und damit der öffentlichen Ordnung an ihren Treffpunkten manifestierte, und – daraus folgend – eine Affinität zum Klassenfeind, zum Westen unterstellt. Unter der Rubrik »Litfaßsäule« berichtete 1961 das Jugendmagazin *neues leben* über diesen Problemkreis. Dabei ließ meist nur die Wortwahl erkennen, wie die als fiktive Begebenheiten wiedergegebenen Beobachtungen bewertet wurden – etwa wenn Keller, in denen sich Jugendliche eingerichtet hatten, »an die Höhle der Neandertaler erinnern« sollten.[150]

Immerhin war das Jugendmagazin zu dieser Zeit so offen, Leserbriefe zu veröffentlichen, die sich der Kampagne gegen die betroffenen Jugendlichen nicht anschlossen. So gab ein Leser zu bedenken, dass möglicherweise die Defizite des Jugendverbandes die Ursache dafür seien, dass diese Jugendlichen gesellschaftlich ausgegrenzt würden:

»Man bezeichnet die Eckensteher als allgemeines Übel unserer Zeit. Sie sehen in jedem Niethosenträger einen Ganoven. Meiner Meinung nach zeigen sich menschliche Qualitäten nicht in Äußerlichkeiten. Durch falsche Ideale sind sie einer Romantik verfallen, mit der sie sich eine eigene, sehr labile Welt geschaffen haben. Diese Jugendlichen stehen tagsüber an der Werkbank und helfen tatkräftig am Aufbau unserer sozialistischen Wirtschaft. Wer nimmt sich ihrer Interessen an?«[151]

---

149 Manfred Ulmer, Interview, 22.8.2000.
150 nl, 2/1961, S.29. Vgl. u.a. nl, 1/1961, S.3–6; 4/1961, S.32–35, u. 7/1961, S.35–38.
151 Hansjoachim Oswald, Kamenz, Leserbrief, nl, 5/1961, S.32.

Schließlich räumte das *neue leben* ein, dass ein großer Teil der Konflikte um Jugendliche generationellen Spannungen entsprang. Im August 1962 wandte es sich erstmals der Frage zu, inwiefern sich Jugendliche in wichtigen Lebensfragen der Meinung ihrer Eltern unterwerfen sollten. Das *neue leben* bezog sich dabei auf Liebesbeziehungen von Teenagern, ließ aber erkennen, dass Auseinandersetzungen nicht nur bei diesem Thema zu erwarten wären. Viele Leserinnen und Leser nutzten den Anlass und beklagten sich über die Konventionen der Alten:

»Manche Eltern sehen in dieser Beziehung zu schwarz und sollten ihren Kindern ruhig mehr Vertrauen schenken.«[152]

Hintergrund von Ermahnungen wie dieser waren Anzeichen für eine Abkehr der Partei von ihrer rigiden Jugendpolitik, die sich seit einigen Monaten mehrten. Im *neuen leben* waren diese Anzeichen nicht leicht zu erkennen, hatte sich das Blatt doch mit Attacken auf die Jugendkultur sehr zurückgehalten. Wer hier den Wandel verfolgen wollte, musste recht genau auf Nuancen in den Reportagen und in der Bildauswahl achten. Derartige Töne gingen jedoch leicht unter zwischen den martialischen Abenteuer-Stories, in deren Mittelpunkt meist heldenmütige Sowjetsoldaten standen, den zahlreichen Sportberichten und den offensichtlich beliebten Porträts von Kinostars wie Manfred Krug, Marcello Mastroianni und Hansjörg Felmy.

Deutete zunächst nur die erhöhte Frequenz von Modeberichten eine Schwerpunktverlagerung an, so berichtete das *neue leben* im Juli 1962 erstmals über eine Tanzmusikkapelle, eine Band aus Rostock. Außerdem nahm es sich nun recht intensiv der Generationenproblematik an und bezog sich zunehmend auf typische Probleme der Jugend – voran auf Fragen zu »Liebe, Treue, Zweifel«.[153] Mit dieser neuen Akzentuierung kam das Jugendmagazin nicht nur jugendlichen Interessen entgegen, sondern entsprach einem allgemeinen Wandel, der nun auch die ostdeutsche Gesellschaft erfasste. Dafür gibt es verschiedene Indizien. Im *neuen leben* sind sie etwa an den auffallend leichter bekleideten Mädchen und Frauen zu erkennen: Seit 1962 erschienen auf ausdrückliche Wünsche der Leser und vor allem der Leserinnen, denen die Aufmachung des Jugendmagazins zu konservativ war, häufiger Aktfotos, im Juli 1963 erstmals ein nacktes Mädchen in der Totalen.[154] 1961 hatte noch der weite Ausschnitt eines Mädchens auf dem Titelbild genügt, um bei den Lesern für Aufregung zu sorgen.

---

152 Peter B., Rostock, Leserbrief, nl, 11/1962, S. 20. Vgl. nl, 8/1962, S. 28.
153 Titel der Leserbriefdiskussion, nl, 7/1962, S. 38; das Porträt der Rostocker Band ebd., S. 31-33.
154 nl, 7/1963, S. 28. Vgl. Ilka Schwabe, Erfurt, Leserbrief, nl, 3/1962, S. 30 f., und die Diskussion darüber in: nl, 6/1962, S. 34 f. – Zum Folgenden siehe nl, 11/1961, Titelbild (vgl. nl, 2/1962, S. 28). Vgl. auch Merkel, Ina: Die Nackten und die Roten. Zum Verhältnis von Nacktheit und Öffentlichkeit in der DDR, in: MKF, Nr. 36/1996, S. 86-93 u. 97-102.

Deutlicher fiel dieser allgemeine Wandel beim intellektuellen Pendant zum *neuen leben*, dem *Forum*, auf.[155] Hatte das *Forum* – anders als das *neue leben* – in ähnlich scharfer Form wie die FDJ-Tageszeitung *Junge Welt* gegen angebliche »Wühlmäuse« gewettert und gefordert: »Macht Berlin sauber!«, so ließ es ein Jahr später in seinen umfangreichen Leserbrief- und Diskussions-Kolumnen Kritiker zu Wort kommen. Vor allem aber stand das *Forum* seit Anfang des Jahres 1963 jungen Dichtern zur Verfügung, die von einer Lyrikwelle aus der Sowjetunion erfasst worden waren. Zudem wurden hier im Vorabdruck verschiedene Romane – beispielsweise Christa Wolfs Debüt »Der geteilte Himmel« und Erik Neutschs »Spur der Steine« – vorgestellt, von denen einige später kulturpolitischen Pressionen zum Opfer fielen. So war die Meinung eines Dresdener Lesers sicher repräsentativ, wenn er schrieb:

> »Halten Sie das Niveau inhaltlich, stilistisch und in der Aufmachung! Bleiben Sie weiter so polemisch und streitbar!«[156]

Das bedeutete keineswegs, dass sich das *Forum* bis 1963 zu einem stillen Hort der Widerspenstigkeit entwickelt hätte. Obwohl es in den Diskussionen – etwa um »Der geteilte Himmel« – oft heiß herging und Kulturfunktionäre auf lokaler Ebene dabei nicht geschont wurden, blieb das *Forum* eine Zeitung der Freien Deutschen Jugend. So fiel es im Frühjahr 1963 über den soeben geächteten Robert Havemann her und bezichtigte ihn noch ein Jahr später »geistiger Schwatzsucht«.[157] In ähnlicher Weise verhöhnte das *Forum* andere Kritiker der DDR wie den renommierten und bei Studierenden beliebten Leipziger Literaturwissenschaftler Hans Mayer, der 1963 nach einer Vortragsreise im Westen geblieben war.[158] Seit dem Anfang dieses Jahres häuften sich im *Forum* allerdings kritische Stimmen zu ausgewählten Problemen der ostdeutschen Gesellschaft.[159]

Dieser unterschwellige Wandel, wie er in der Jugendpresse der DDR zu beobachten war, schlug sich schließlich sogar in einem Beschluss der Parteispitze zur Jugendpolitik nieder. Am 17. September 1963 beschloss das Politbüro der SED das Kommuniqué »Der Jugend Vertrauen und Verantwortung«, das erstaunlich deutliche Töne anschlug und das auch in der Kulturpolitik eine neue, relativ offene Phase einleitete.

---

155 Vgl. Schuster: Wissen, S. 198–211; Dies.: Zeitgeist, S. 302.
156 Joachim Kühnel, Dresden, Leserbrief, Forum, 23/1963, S. 10. Vgl. Forum, 19/1963, S. 23 f.; 22/1963, S. 7–9, zu Christa Wolf »Der geteilte Himmel«. Unter den Gedichten im Forum finden sich 1963 etliche von Volker Braun, Rainer Kirsch und Heiner Müller. – Vgl. Schuster: Wissen, S. 198–211; Krenzlin, Vom Jugendkommuniqué, S. 157 f.
157 Forum, 6/1964, S. 3; vgl. Hans Schulze, Robert Havemanns Legende vom wahren Marxismus, Forum, 7/1964, S. 8–18, sowie die Kritik daran v. Udo Rauhut, Leserbrief, Forum, 8/1964, S. 14.
158 Forum, 16/1964, S. 1. Vgl. SED-UPL KMU, Informationsbericht, Leipzig 18.6.1963, SAPMO-BArch, DY/30/IV A 2/9.04/408, S. 5. – Vgl. Schuster: Wissen, S. 204–206.
159 Herbert Wolfgram: Die Sprache ist die Wirklichkeit des Gedankens, Forum, 24/1963, S. 16 f.

»Weder Gängeln noch Selbstlauf«: Das Jugendkommuniqué von 1963

Das Jugendkommuniqué war ein Ausdruck des neuen politischen Konzepts der SED, das auf eine schnelle Modernisierung der Wirtschaft durch Leistungsanreize und Effizienzsteigerungen zielte. Dieses »Neue Ökonomische System der Planung und Leitung« war im Juli des selben Jahres beschlossen worden und nur einzuführen, wenn der zentralistische Bürokratismus in der Wirtschaft zugunsten minimaler Selbstständigkeit und Eigenverantwortung zurückgeschraubt würde.[160] In den Mittelpunkt der Politik rückten deswegen Bemühungen, gesellschaftliche Spannungen abzubauen und die Grundlagen für die so genannte »wissenschaftlich-technische Revolution« zu legen. Während der zweite Aspekt sich etwa in der Vorbereitung neuer Bildungs- und Familiengesetze niederschlug, war das Jugendkommuniqué vorrangig unter dem ersten Schwerpunkt zu betrachten. (Möglicherweise war in diesem Sinne auch der Kompromiss zum Wehrersatzdienst zu verstehen.)

Das Politbüro appellierte nun, der Jugend in allen Bereichen der Gesellschaft Vertrauen entgegenzubringen und Verantwortung zu übertragen. Die FDJ wurde zur alleinigen Interessenvertreterin der Jugend aufgewertet und zugleich vor »die Aufgabe gestellt, die ganze Jugend für den Aufbau des Sozialismus zu gewinnen.«[161] Blockparteien, Gewerkschaften und andere Massenorganisationen hatten diesbezüglich zurückzutreten und den Wünschen des Jugendverbandes entgegenzukommen. In den Gewerkschaften wurde die Position der Jugendvertrauensleute gestärkt, in den Betrieben zusätzliche Jugendbrigaden eingerichtet, um den Elan und die Ideen jugendlicher Aktivistinnen und Aktivisten nutzen und auf jugendliche Bedürfnisse mehr Rücksicht nehmen zu können.[162] Dabei verlangte das Politbüro der SED auch vom Jugendverband ein selbstkritisches Engagement sowie die Fähigkeit, Jugendliche zu motivieren, wie Ulbricht in einem Kommentar zum Kommuniqué erklärte:

> »Wir wollen […] ehrliche Gespräche und kein leeres Geschwätz. Die echten Interessen der Jugend aufzuspüren und sie in ihrem Streben nach echten Leistungen zu unterstützen – das ist die Aufgabe der FDJ.«[163]

Mit dem Jugendkommuniqué wollte das Politbüro einerseits der schwerfälligen und konservativen Praxis der staatlichen Stellen begegnen; andererseits war es als Aufforderung an die gesamte ältere Generation zu verstehen, voran an die Lehrer und Erzieher:

---

160 Vgl. die gute Zusammenfassung von Schroeder: Der SED-Staat, S. 178–180; Meuschel: Legitimation, S. 183–211; Staritz: Geschichte, S. 211–217.
161 SED-PB, Kommuniqué, 17.9.1963, SAPMO-BArch, DY/30/J IV 2/2/896, Bd. 1, Bl. 9–22, zit. Dokumente der SED, Bd. IX, S. 705. Das Folgende ebd.
162 Vgl. Roesler: Jugendbrigaden, S. 27f.
163 Walter Ulbricht, Rede, Berlin 23.9.1963, zit. JW, 26.9.1963, S. 4.

»Es geht nicht länger an, ›unbequeme‹ Fragen von Jugendlichen als lästig oder gar als Provokation abzutun, da durch solche Praktiken Jugendliche auf den Weg der Heuchelei abgedrängt werden. Wir brauchen vielmehr den selbständigen und selbstbewußten Staatsbürger mit einem gefestigten Charakter, mit einem durch eigenes Denken und in der Auseinandersetzung mit rückständigen Auffassungen und reaktionären Ideologien errungenen sozialistischen Weltbild, das auf fortgeschrittenen wissenschaftlichen Erkenntnissen beruht. Die Erziehung einer solchen Persönlichkeit ist aber nur möglich, wenn man den Schüler als zukünftigen Staatsbürger achtet und seine Probleme ernst nimmt.«[164]

Diese offenen Worte beruhen auf der Einsicht, dass die in Schule und Ausbildung vielfach provozierte und praktizierte Doppelzüngigkeit gerade unter Jugendlichen einem ehrlichen, kreativen Engagement hinderlich war:

»Solche jungen Menschen, die aus Angst vor einer ›übergeordneten‹ Meinung unehrlich und heuchlerisch geworden sind, die ihr eigenes Denken zurückhalten und stets auf Anweisungen von oben warten, sich äußerlich anpassen, werden […] in der Praxis kaum Großes leisten können, weil dort schöpferische und kämpferische Sozialisten, aber keine kleinmütigen Seelen, Streber und Karrieristen gebraucht werden.«[165]

Der eindeutige Klassenstandpunkt blieb allerdings das Ziel der persönlichen Entwicklung, wie das Zitat belegt. Deswegen schienen Konflikte mit dem jugendlichen Streben programmiert, sich selbst auszuprobieren und die eigenen wie auch die gesellschaftlichen Grenzen auszuloten, wenn die Partei nun »weder Gängeln noch Selbstlauf« zulassen wollte. Diese Ambivalenz wie auch der ungewöhnliche Gestus des Kommuniqués vermittelten den Eindruck, mit diesem Politbüro-Beschluss läge so etwas wie ein Memorandum vor. Zwar hatte die Parteispitze am Anfang der sechziger Jahre mehrfach solche Kommuniqués vorgelegt, aber gesellschaftliche Kontroversen hatten diese kaum auslösen können. Gerade die offene Sprache des Jugendkommuniqués von 1963 aber ließ es als eine Einladung zu einer aufrichtigen Diskussion erscheinen.[166] Da aber der ideologische Rahmen mit dem Kommuniqué nicht verändert oder auch nur verrückt wurde, waren die Grenzen der zu erwartenden Kontroversen von Anfang an vorgegeben.

So durfte man sich keine Illusionen ob der ungewohnten Töne machen, auch wenn nun – wie Walter Ulbricht bei der Proklamation des Jugendkommuniqués formulierte – »eine neue Melodie« erklang. Die war tatsächlich

---

164 SED-PB, Kommuniqué, 17.9.1963, zit. Dokumente der SED, Bd. IX, S. 691 f.
165 Ebd., S. 700.
166 Schuster: SED-Jugendkommuniqués, S. 58; vgl. Michalzik: »An der Seite …«, S. 97–105. – Zum Folgenden vgl. Wierling: Opposition, S. 250, Anm. 34.

nicht zu überhören, etwa wenn der Staats- und Parteichef seine alten Genossen an ihre Jugendsünden erinnerte:

»Auch wenn einer noch manchmal Dummheiten im Kopf hat, gilt ihm unser Vertrauen. Wir wollen nicht behaupten, daß wir in unserer Jugend reine Engel gewesen wären.«[167]

Die Jugendpresse der DDR stürzte sich unmittelbar nach der Veröffentlichung des Jugendkommuniqués auf Missstände in der Wirtschaft, im Bereich der Kulturpolitik, in Schulen, Berufs- und Hochschulen. Wie das *Forum* hatte auch die Zeitschrift der FDJ-Funktionäre, *Junge Generation*, bereits in den Monaten zuvor auf Probleme vor allem im Bildungswesen hingewiesen und mit Kritik nicht gegeizt. Beispielsweise hatte sie in einem Bericht über ein Internat im mecklenburgischen Hagenow die allgegenwärtige Bevormundung von Schülern und Lehrlingen gegeißelt:

»Wer Jugendliche wie politische Säuglinge behandelt, schadet der Gesellschaft mehr als ihm selber lieb ist. Die Worte ›selbständiges Denken und Handeln‹ im Mund und das Gängelband in der Hand passen nicht zusammen. [...] Keine ideologische Verantwortung der FDJ-Gruppe, kein vertrauensvolles Gespräch der Erzieher – nur Verbote und Gängelei in Hochpotenz.«[168]

Erreichten die Zeitschriften *Forum* und *Junge Generation* nur einen Bruchteil der DDR-Jugend, so überraschte es, wenn die Tageszeitung *Junge Welt* plötzlich vor ihrer großen Leserschaft angesichts verschiedenster Defizite im Oktober 1963 zu dem Schluss kam: »Duster ist's«.[169]

Hinter diesem harschen Urteil standen Beobachtungen, dass beispielsweise die permanente politisch-ideologische Mobilisierung der Jugend eine Demotivation im schulischen Bereich provoziert habe und dass Parodien auf westliche Trends der Jugendkultur nicht einmal als Satire verstanden würden. Dies alles ersticke die Eigeninitative Jugendlicher.[170] Den selben Effekt habe die Unterstellung verschiedener Funktionäre, jugendliches Streben nach materieller Selbstständigkeit entspränge kapitalistischer Profitgier. Selbst die FDJ sei nicht vor solchen Vorurteilen gefeit, Interessen würden im Jugendverband deshalb eher verordnet als vertreten.[171]

Im Jugendmagazin *neues leben* schlug der verordnete Wandel nicht so offensichtlich durch, da sich das Blatt gesellschaftlichen Trends eher angepasst

---

167 Walter Ulbricht, Rede, Berlin 23.9.1963, zit. JW, 26.9.1963, S. 3 f.
168 Denken, kämpfen, ändern, Junge Generation, 5/1963, zit. Spittmann, Ilse: Ist die Zonenjugend kommunistisch? Die FDJ diskutiert Ergebnisse der politischen Erziehung, in: SBZ-Archiv 14 (1963), S. 164. Vgl. Schuster: Mut, S. 180 f.
169 JW, 31.10.1963, S. 1, Schlagzeile (zur Berufsvermittlung).
170 Bekenntnisse zweier Schulschwänzer, JW, 3.10.1963, S. 5; Junge Schauspieler, eine Twist-Parodie und die Frage des Vertrauens, ebd., S. 1.
171 Alle unter einem Hut, JW, 10.10.1963, S. 5; Ist Geldverdienen unmoralisch?, JW, 6.11.1963, S. 1.

hatte. Während der wirtschaftspolitische Kurswechsel hier mit umfangreichen Berichten über Kybernetik, Chemie und deren Bedeutung für die Wirtschaft illustriert wurde,[172] war eine neue jugendpolitische Offenheit nur darin zu erkennen, dass das Blatt im November 1963 nach über einem halben Jahr erstmals wieder Leserbriefe veröffentlichte.

Von einer umfassenden Offenheit kann gleichwohl nicht gesprochen werden. Basis auch der kritischen Reportagen und Kommentare, die im Volumen der Blätter ohnehin nur einen Bruchteil ausmachten, blieb die Versicherung des richtigen Klassenstandpunktes. Damit entsprachen die Redaktionen auch dem Jugendkommuniqué, das als Maßstab jeglicher Jugendpolitik die sozialistische Perspektive ausdrücklich betont hatte.

Mit der Erarbeitung des Kommuniqués war eine Arbeitsgruppe um den *Forum*-Chefredakteur Kurt Turba befasst, der u. a. so enthusiastische Personen wie die junge Schriftstellerin Brigitte Reimann angehörten. Diese Arbeitsgruppe löste die Jugendkommission ab, die vom Politbüro der SED 1958 eingerichtet und von Paul Verner geleitet worden war.[173] In ihrem Enthusiasmus entsprachen die Mitglieder der Arbeitsgruppe der Hoffnung etlicher Intellektueller – wie zum Beispiel Heiner Müller oder Armin Mueller-Stahl –, die glaubten, dass nach dem Mauerbau mit dem Abwanderungsdruck auf die DDR auch der Gestaltungszwang der SED geringer geworden sei. Sie erhofften sich eine deutliche Liberalisierung, den Aufbruch aus der dogmatischen Enge in der Kultur wie auch in der Gesellschaft insgesamt. Mueller-Stahl hatte sich 1989 an diese Euphorie erinnert:

»Plötzlich das Gefühl zu haben, man ist auf der richtigen Seite. Ich jedenfalls hatte es. Mir schien plötzlich, wir können wirklich etwas ändern, wir leben im besseren Teil Deutschlands, es passierte was. Ich entdeckte Dinge, die ich vorher an mir nicht kannte: den Wunsch mitzumachen, dieses und jenes zu verändern.«[174]

Auch in Berichten der SED finden sich Belege für eine solche Aufbruchstimmung. In einer Analyse der Meinungen ostdeutscher Künstler im Kontext der kulturpolitischen Disziplinierung von 1965/66 wurden solche Empfindungen heftig kritisiert:

»Es wirken Auffassungen nach, daß mit der Sicherung der Staatsgrenze der DDR ein größerer Spielraum für künstlerisches Experimentieren gegeben sei [...].«[175]

---

172 nl, 2/1963, S. 14–16, 5/1963 u. 5/1963. Zum Folgenden nl, 11/1963, S. 20 f.
173 SED-PB, Beschluss, 8.10.1963, SAPMO-BArch, DY/30/J IV 2/2/899, Bl. 76 f. Vgl. Kaiser: Machtwechsel, S. 144–152; Schuster: Mut, S. 181–183. Zur Person Turbas vgl. Dies.: »Seine Intelligenz führte zu einer für ihn ungesunden Entwicklung.« Bemerkungen anhand einer DDR-Biographie, in: Gotschlich (Hg.): »Links«, S. 242–250.
174 Armin Mueller-Stahl, Interview, 1989, zit. Wilharm, Irmgard: Tabubrüche in Ost und West – Filme der 60er Jahre in der Bundesrepublik und der DDR, in: Schildt u. a. (Hg.): Dynamische Zeiten, S. 738; vgl. Rauhut: Beat, S. 50–60; Schuster: Mut, S. 184–187.
175 SED-ZK, Abt. Wiss., Bericht, Berlin 1.6.1966, SAPMO-BArch, DY/30/IV A 2/9.04/10, S. 7.

Wie sich die Künstler durch Attacken im Umfeld des VI. Parteitags der SED auf den Boden der Tatsachen zurückholen lassen mussten,[176] so kehrte auch unter den Mitgliedern der Jugendkommission bald Ernüchterung ein. Schon nach wenigen Wochen sahen sie sich mit »bösen Widerständen« aus dem Politbüro konfrontiert, so dass Reimann bald das Gefühl beschlich, »es sei doch witzlos. Es wird bloß Nackenschläge geben.«[177]

Den größten Feind der Kommission ortete Reimann im Zentralrat der FDJ, was angesichts der offenen Kritik des Jugendkommuniqués an dessen Arbeit kaum verwunderte. Reimann sah die Ursache hierfür vorrangig in den Personen an der Spitze des Jugendverbandes, die sie in ihren Tagebüchern wegen ihres »Gequatsches« wiederholt scharf kritisierte – voran den FDJ-Chef Horst Schumann »mit seinem schlichten Verstand«.[178]

Dieser Einschätzung entgegen steht der Umstand, dass Schumann vor dem Mauerbau zu denjenigen Jugendfunktionären gehört hatte, die die »Gängelei« der Jugend kritisiert und vor einer Verschärfung der politisch-ideologischen Erziehung gewarnt hatten, da sie nur »Doppelzüngler« produziere.[179] Allerdings hatte der Jugendverband unter seiner Führung keine alternativen Konzepte entwickeln können, so dass die Kritik nun auf ihn selbst zurückfiel. Schumanns destruktive Haltung wurde nicht nur von Mitgliedern der Jugendkommission, sondern auch von Funktionären des SED-Zentralkomitees beanstandet, die über ein Referat des FDJ-Chefs vom April 1963 berichteten. Danach hatte Schumann sämtliche Versuche einer Modernisierung der FDJ-Arbeit zurückgewiesen. In einem Rundumschlag habe er die Lehrkräfte an den Schulen angegriffen und empirische Methoden der Soziologie zur Analyse der Jugendarbeit abgelehnt:

»Das seien bürgerliche Befragungsmethoden, die bei uns gar nichts zu suchen haben; gegenüber der Volksbildung gab es eine massive Kritik gegenüber den Mängeln in der Erziehungsarbeit; [...] es gab eine gewisse Tendenz, die nicht ausgesprochen wurde, die Haltung vieler Jugendliche[r] zur Arbeit als Mittel zum Zweck anzusehen, als schlechthin ›kleinbürgerlich‹ zu verurteilen [...].«[180]

Schumanns Angriffe werden verständlicher, wenn man berücksichtigt, dass im Vormonat die zitierte DPZI-Studie mit ihrer Kritik an der FDJ-Arbeit die Parteigremien erreicht hatte. Außerdem war der Parteiführung – möglicherweise auf der Grundlage der Untersuchung des DPZI – ein Konzept vorgelegt

---

176 Vgl. Jäger, Manfred: Kultur und Politik in der DDR 1945–1990. Köln 1994, S. 108–112.
177 Reimann, Tagebucheinträge, Hoyerswerda 20.10. u. 28.10.1963, zit. Dies.: Ich bedaure nichts, S. 356f.
178 Reimann, Tagebucheintrag, Hoyerswerda 11.1.1964, zit. Dies.: Alles schmeckt nach Abschied, S. 5. Vgl. Eintrag, Petzow 10.2.1963, in: Dies.: Ich bedaure nichts, S. 289. Vgl. Schuster: Mut, S. 125.
179 SED-PB, Jugendkommission, Protokoll, 29.6.1960, SAPMO-BArch, DY/30/IV 2/2.111/6, Bl. 3, zit. Skyba: Hoffnungsträger, S. 414.
180 SED-ZK, Abt. Jugend, Einschätzung, Berlin 4.4.1963, SAPMO-BArch, DY/30/IV A 2/16/23, S. 2.

worden, wonach die kommunale Jugendarbeit künftig nicht durch den Jugendverband, sondern durch Kommissionen für Jugend und Sport koordiniert werden sollte.[181] Bislang gab es diese Jugendkommissionen nur auf der Bezirksebene und FDJ-Funktionäre spielten darin keine besondere Rolle.

Trotz verschiedener Widerstände geriet auf Initiative der Jugendkommission beim Politbüro einiges in Bewegung. Auch fühlten sich etliche Jugendliche offenbar in ihrem Engagement bestärkt – zum Ärger einiger Altfunktionäre. Einige Jugendvertrauensleute der Gewerkschaften beschränkten sich nun nicht mehr darauf, mit Lehrlingen und jungen Arbeitern in den Betrieben »im Auftrag der Gewerkschaftsleitungen das persönliche Gespräch über aktuelle politische, ökonomische, kulturelle Fragen« zu führen. Dies hätte ihrem primären Auftrag entsprochen, wie ihn der Bundesvorstand des Freien Deutschen Gewerkschaftsbundes (FDGB) gemeinsam mit dem FDJ-Zentralrat im Juli 1963 vereinbart hatte. Anstatt im Auftrag der Leitungen die Basis zu bearbeiten, versuchten verschiedene Jugendvertrauensleute offenbar, im Interesse der Basis an die Leitungen heranzutreten. Damit kamen sie zugleich einem nachgeordneten Auftrag der genannten Vereinbarung nach, wonach die Jugendvertrauensleute »die persönlichen Probleme der Jugendlichen an die Leitungen der FDJ herantragen« sollten.[182] So berichteten Jugendvertrauensleute an den Leipziger FDGB-Bezirksvorstand, dass sie von den FDJ- wie auch von den Betriebsgewerkschaftsleitungen gerade in dieser Funktion, als gewerkschaftliche Anwälte der Jugendlichen, nicht ernst genommen würden. Die Zusammenarbeit von FDJ und Betriebsgewerkschaftsleitungen funktioniere zudem nur bedingt.[183] Grund dafür waren vor allem Kompetenzstreitigkeiten sowie ein ausgeprägtes Konkurrenzdenken der Gewerkschafter gegenüber dem Jugendverband, aber auch eine grundlegende Skepsis von Lehrlingen und jungen Arbeitern gegenüber der FDJ sowie gegenüber dem plötzlichen Engagement des FDGB in Jugendfragen.[184] Den »großen Trennungsstrich zwischen Produktion und FDJ-Arbeit«, den die meisten Jugendlichen in den Betrieben bislang gezogen hatten,[185] konnte der Jugendverband mit seinem plötzlichen Interesse für die materiellen und kulturellen Belange der Lehrlinge und der jungen Arbeiterinnen und Arbeiter nicht gänzlich tilgen. Ihr Vertrauen genossen oft nur ihre Brigadeleitungen, sofern diese Konflikten mit den Betriebsleitungen nicht auswichen.[186]

181 O. Verf., Gedanken zur [...] Jugendpolitik, Berlin 23.8.1963, ebd., S. 5.
182 FDGB-BV/FDJ-ZR, Vereinbarung, 10.7.1963, zit. FDJ-Zwang für die Jugend, SBZ-Archiv 14 (1963), S. 243.
183 FDJ-BL Leipzig, Sekretariatsvorlage, 1.3.1963, SAPMO-BArch, DY/24/5.763, S. 1 f.; o. Verf., Aktennotiz, 29.5.1964, SächsStAL, FDGB-BV, 2470, Bl. 11.
184 FDGB-BV Leipzig, Bericht, 3.12.1964, SächsStAL, FDGB-BV, 2470, Bl. 3–9.
185 O. Verf., Analyse, o. O. o. D. [1961], SächsStAL, SED, IV/2/16/684, Bl. 207.
186 Vgl. Roesler: Jugendbrigaden, S. 23–27; Hübner: Die FDJ, S. 65–67.

Die FDJ hingegen blieb bei der »Gewinnung von Mitgliedern in den GO [Grundorganisationen] der Industrie und der Landwirtschaft in hohem Maße von Zufälligkeiten abhängig«.[187] Gemeint waren damit wahrscheinlich in erster Linie persönliche Kontakte und Sympathien, die einzelne FDJ-Funktionäre in den Betrieben für ihren Verband zu nutzen verstanden. Ausschlaggebend für ihren Erfolg dürfte ihr Engagement für die Interessen ihrer jungen Kollegen gegenüber den Betriebsleitungen, aber auch gegenüber dem eigenen Verband gewesen sein. Allerdings stießen die Funktionäre wiederholt auf Skepsis – vor allem dann, wenn sie versuchten, Jugendliche in deren Freizeit für die Verbandsarbeit zu mobilisieren. An die »Verwirklichung des Rechts zu Freude und Frohsinn«, derer sich die FDJ nach den Vorstellungen des Amtes für Jugendfragen annehmen sollte, gingen Jugendliche lieber ohne die FDJ. Gerade unter der arbeitenden Jugend, die sich oft über ihre geringe Freizeit beklagte und aus diesem Grunde vereinzelt bezweifelte, dass »die Ausbeutung des Menschen durch den Menschen in der DDR restlos beseitigt« wäre, hatte der Jugendverband einen schweren Stand. Vielfach begegnete den FDJ-Funktionären in den Betrieben die Meinung: »Wenn es keine FDJ gäbe, ginge es auch. Die FDJ ist nur eine formale Institution.«[188]

Auch an den Hochschulen war eine grundsätzliche Skepsis nicht zu überhören. Schon in den fünfziger Jahren war die FDJ-Arbeit als »Zwang zu politischem Konformismus« betrachtet worden, die die Freude am Studium erheblich beeinträchtige.[189] Nach der Veröffentlichung des Jugendkommuniqués hatte der FDJ-Zentralrat im Januar 1964 erklärt, studentisches Engagement künftig unterstützen zu wollen. Die FDJ-Grundorganisationen an den Hochschulen sollten sich nun sowohl um die Organisation kultureller Veranstaltungen kümmern als auch die Mittel dafür beschaffen. Endlich sollten die Studentenklubs auch offiziell für Tanzveranstaltungen geöffnet werden.[190]

Allerdings zweifelten auch Studierende angesichts der langjährigen Untätigkeit der FDJ an der Ehrlichkeit ihrer Bekenntnisse. Weitere Zweifel wurden hinsichtlich der Kritikfähigkeit des Jugendverbandes wie auch der Partei geäußert.[191] Immerhin wurde das Jugendkommuniqué von den Studierenden offenbar recht lebhaft diskutiert, wie zumindest Informationsberichte der Leipziger Universitätsleitung vermuten lassen. Allerdings warfen Studierende in den Diskussionen auch prinzipielle Fragen auf – etwa, wenn argumentiert

---

187 O. Verf., [Informationsbericht] o. D. [Aug./Sept. 1964], SAPMO-BArch, DY/24/8.112, S. 3.
188 FDJ-ZR, Abt. Org.-Kader, Argumente, Berlin 9.1.1963, SAPMO-BArch, DY/24/9.005, S. 5.
189 Krönig/Müller: Anpassung, S. 65.
190 FDJ-ZR, Abt. Studenten, Schlussfolgerungen, Berlin 25.1.1964, SAPMO-BArch, DY/30/IV A 2/9.04/ 418, S. 6–8; vgl. o. Verf. [FDJ-ZR], Schlussfolgerungen, o. D. [Jan. 1964?], ebd., S. 8, 12f.
191 SED-PL KMU, Informationsbericht, 14.10.1963, SAPMO-BArch, DY/30/IV A 2/9.04/408, Bl. 7; vgl. SED-PL KMU, Informationsbericht, 3.12.1963, ebd., Bl. 6.

wurde, dass »die ›Meinungsverschiedenheiten‹ zu Kulturfragen als Generationsproblem« zu betrachten seien.[192] Diese Ansicht entsprach zwar im entferntesten Sinne der Linie des Jugendkommuniqués, zielte aber auf die Dominanz älterer Genossen im Staats- und Parteiapparat und war deshalb prinzipiell verwerflich. So kann folgende Meinung, die einer der Informationsberichte wiedergibt, sicher als repräsentativ gelten, da sie die Ambivalenzen im Umgang mit dem Jugendkommuniqué deutlich erkennen lässt:

»Das Kommuniqué schildert eine Jugend, wie sie evtl. sein sollte, aber niemals ist. Eine solche Schönfärberei hilft uns nicht weiter. [...] Wir sind mit dem Jugendkommuniqué und der darin von uns gewünschten Offenheit und der uns zugestandenen größeren Eigenverantwortlichkeit sehr einverstanden, fürchten aber, daß diese guten Ideen nicht bis zu jedem kleinen und mittleren Funktionär durchdringen und von diesem eingehalten werden.«[193]

Während also im beruflichen und studentischen Alltag Zweifel am Umgang mit der Jugend nach dem Kommuniqué nicht ausgeräumt werden konnten, zeichnete sich im Freizeitbereich ein zunehmend deutlicher Wandel ab. Noch am Anfang des Jahres 1963 hatte der Jugendverband einräumen müssen, dass er auf diesem Gebiet überhaupt nicht wahrgenommen würde. Selbst innerhalb der FDJ war über das repressive Klima im Kulturbetrieb geklagt worden, wie der Bericht über eine Diskussion im Leipziger Jugendklub Südost demonstriert, wo gesagt worden sei:

»›In unserer Republik darf man nicht sagen, was man denkt – sonst wird man eingesperrt.‹ Desweiteren brachten Jugendliche zum Ausdruck, daß in der DDR die Kunst dazu benutzt wird, ob in Buch oder Film, die politische Linie mit dem Holzhammer einzutrichten.«[194]

Da politische Indoktrination die meisten Veranstaltungen des Jugendverbandes dominierte, galt die FDJ als langweilig und konservativ. Die Verbandsfunktionäre wussten um dieses Defizit, wurden sie doch permanent damit konfrontiert, wie ein zusammenfassender Bericht aus Leipziger Betrieben belegt:

»Die meisten Auffassungen bestehen darin, bei uns ist nichts los, keiner macht mit. Nach Problemen gefragt, was sie verstehen unter ›was los‹ sagten sie uns[:] fröhliches Jugendleben.«[195]

Dies sollte sich nun ändern, wobei die jugendpolitische Praxis der Ausgangspunkt für eine leichte Öffnung der Kulturpolitik insgesamt wurde. Beschleunigt wurde dieser Wandel durch das »Deutschlandtreffen« der FDJ zu Pfingsten

---

192 SED-PL KMU, Informationsbericht, 2.5.1963, SAPMO-BArch, DY/30/IV A 2/9.04/408, Bl. 4.
193 SED-PL KMU, Informationsbericht, 21.10.1963, ebd., Bl. 9.
194 FDJ-SL Leipzig, Information, 21.1.1963, SächsStAL, SED, IV A-5/01/273, Bl. 3.
195 FDJ-SL Leipzig, Informationsbericht, 31.8.1963, ebd., Bl. 2.

1964. Im Vorfeld dieses Festivals, des vorerst letzten in dieser Dimension bis 1973, wurden bis dahin verpönte Freizeitbeschäftigungen plötzlich sogar gefördert. Auch in Leipzig wurde Beat-Musik nun in der Öffentlichkeit und nicht mehr nur zähneknirschend in den Tanzsälen geduldet. In der Kongresshalle fanden monatlich größere Tanzveranstaltungen statt. Und im Rahmen der Vorbereitung auf das Deutschlandtreffen wurde eine ganze Reihe derartiger Vergnügungen veranstaltet, wobei den Höhepunkt ein Beatkonzert auf dem Karl-Marx-Platz bilden sollte.[196]

Grundlage der Förderung im Bereich der Unterhaltungskunst war wiederum das Jugendkommuniqué von 1963. Darin hatte es geheißen:

»In der letzten Zeit gab es viele Diskussionen über bestimmte Tanzformen, hervorgerufen einerseits durch Einflüsse westlicher Unkultur und andererseits durch engstirnige Praktiken gegenüber Jugendlichen. Die Haltung der Partei zu diesen Fragen ist nach wie vor klar und deutlich: Wir betrachten den Tanz als einen legitimen Ausdruck von Lebensfreude und Lebenslust. [...]
Niemandem fällt ein, der Jugend vorzuschreiben, sie solle ihre Gefühle und Stimmungen beim Tanz nur im Walzer- oder Tangorhythmus ausdrücken. Welchen Takt die Jugend wählt, ist ihr überlassen: Hauptsache, sie bleibt taktvoll! [...] Wir sind für zündende Rhythmen, aber wir wenden uns scharf dagegen, daß in ihnen Schlagertexte und andere Mittel ideologischer Diversion der imperialistischen Propaganda bei uns eingeführt werden.«[197]

In dieser Passage wird die Ambivalenz des Jugendkommuniqués greifbar. So widerspricht das Zugeständnis musikalischer bzw. tänzerischer Stilfreiheit der Beschränkung gesellschaftlicher Spielräume durch die ideologische Prädisposition. Zudem wurden diese Freiräume nicht eindeutig eingegrenzt, so dass das Kommuniqué gerade im Bezug auf die Tanzmusik vielfältige Interpretationen zuließ. Diese diffuse Beschränkung begünstigte die Entpolitisierung der Musikszene: Sofern diese überhaupt politisch war oder sich auch nur als politisch verstand, musste sie gewärtig sein, dass der eröffnete Freiraum jederzeit wieder beschnitten werden konnte. Die Grenzen dieses Freiraums auszuloten, wurde deswegen zu einem riskanten Unterfangen, bei dem die eigene Existenz auf dem Spiel stehen konnte.

Gleichwohl hatte das Politbüro mit dem Jugendkommuniqué einen Boom ausgelöst, der im Vorfeld des Deutschlandtreffens 1964 unübersehbar wurde: Zwar griff die Beatlemania nicht erst seit dem Herbst 1963 auf die DDR über, sie zeigte nun aber auch öffentlich Spuren. Selbst Rundfunk und Schallplattenindustrie sprangen auf den Zug auf. So war die Einrichtung einer Sendeschiene für Jugendliche zum Deutschlandtreffen ein unüberhörbares Zeichen für den neuen Trend. Mit den Initialen des Festivals »DT 64« versehen, sorgte

---

196 FDJ-SL Leipzig, Schlussfolgerungen, 21.11.1963, ebd.; FDJ-SL Leipzig, Schreiben an SED-SL, 30.4.1964, ebd., Bl. 8.
197 SED-PB, Kommuniqué, 17.9.1963, zit. Dokumente der SED, Bd. IX, S. 702f.

das Jugendradio des Berliner Rundfunks während der dreitägigen Veranstaltung für Furore.[198]

Wie *DT 64* sollten auch die offiziellen Diskussionen ein Klima der Offenheit bezeugen. Allerdings wurde nicht nur an Veranstaltungsorten relativ offen diskutiert, sondern auch auf der Straße.[199] Selbst kritische DDR-Forscher aus der Bundesrepublik gestanden ein, dass »vom militanten Haß« der SED-Ideologie während des Deutschlandtreffens »wenig zu spüren gewesen« sei: »Die Funktionäre gaben sich zivil.«[200] Das offene Klima wurde auch in der DDR von offizieller Seite gelobt. Zuvor hatte die Abteilung Wissenschaften beim SED-Zentralkomitee erleichtert registriert, dass die Mehrzahl der ostdeutschen Delegierten »durch selbständiges und sicheres parteiliches Argumentieren, besonders in den Grundfragen der nationalen Politik unserer Partei und der sozialistischen Entwicklung unserer DDR hervortrat«. Allerdings wäre nicht zu übersehen gewesen, dass die Jugendlichen aus der DDR in Diskussionen mit westdeutschen Delegierten »noch zu oft aus der Defensive« heraus diskutiert hätten.[201]

Des größten Zulaufs erfreuten sich während des Deutschlandtreffens die Tanzmusikveranstaltungen, bei denen erstmals öffentlich zu heißen Rhythmen westlichen Stils die Beine und Hüften geschwungen werden durften. Erstaunlicherweise ließ die Toleranz der Sicherheitskräfte sogar spontane »events« zu, wie einen »amerikanischen Dauertwist« auf der Karl-Marx-Allee zur Musik verschiedener Bands. Einige Gruppen, die bis dahin nur auf regionaler Ebene einen gewissen Bekanntheitsgrad genossen hatten, konnten das Deutschlandtreffen als publicity-trächtige Kulisse nutzen – etwa die Leipziger *Butlers*.[202] Sie profitierten davon, dass sich die Staats- und Parteiführung sowie in deren Fahrwasser die FDJ sich nun in Fragen der Jugendkultur bewegten. Das beeinflusste auch das Diskussionsklima insgesamt, da Repressionen gegenüber Anhängern westlicher Trends keine Rolle mehr spielten.

So ergab sich aus der kulturellen Öffnung eine gewisse diskursive Offenheit, wie ein Leserbrief an das SED-Blatt *Neues Deutschland* lobend hervorhob.

»[…] es hat dem Deutschlandtreffen in keiner Weise geschadet, im Gegenteil: wir konnten uns in der Diskussion auf wesentlichere Dinge konzentrieren als auf die Frage, ob Beatle-Verehrung staatsfeindlich ist oder nicht.«[203]

---

198 Die Idee eines Jugendradios wurde der Jugendkommission beim SED-Politbüro bereits 1960 vorgetragen: Skyba: Hoffnungsträger, S. 415. Vgl. zur Vorgeschichte des Jugendrundfunks in der DDR Münkel, Daniela: Produktionssphäre, in: Saldern, Adelheid von; Marßolek, Inge (Hg.): Zuhören und Gehörtwerden. Bd. 2, Tübingen 1998, S. 159–170.
199 Vgl. Reimann, Tagebuchnotiz, Hoyerswerda 23.5.1964, in: Dies.: Alles schmeckt, S. 33 f.
200 Nach dem Deutschlandtreffen, SBZ-Archiv 15 (1964), S. 163.
201 SED-ZK, Abt. Wiss., Schlussfolgerungen, 18.6.1964, SAPMO-BArch, DY/30/IV A 2/9.04/418.
202 Magistrat Groß-Berlin, Abt. Kultur, Einschätzung, 1964, zit. Rauhut: Beat, S. 79.
203 Leserbrief, ND, 15.7.1964, S. 5, zit. ebd. – Zum Folgenden vgl. ebd., S. 80 f.

Die ostdeutsche Jugendpresse blieb von diesem kulturellen Wandel vorerst ausgenommen. Während die *Junge Welt* in ihrem Bericht über das Deutschlandtreffen immerhin wild tanzende Jugendliche abbildete und ihnen zwei kurze Notizen widmete, hielten sich *Forum* und *neues leben* auffällig zurück. Hatte die *Forum*-Redaktion diesbezüglich offenbar keine Meinung, so ließ das *neue leben* nicht in seinem kurzen Bericht über das Deutschlandtreffen, sondern erst ein Vierteljahr später in einer Reportage über Blues-Musiker aus der Sowjetunion erkennen, dass westliche Unterhaltungsmusik endlich auch in der DDR hoffähig geworden war.[204]

Der Wandel schlug in der Jugendpresse der DDR erst im Winter 1964/65 durch. Nun erweckten die Blätter beflissen den Eindruck, dass sie tatsächlich die Fragen und Probleme der Jugendlichen ernst nähmen. So bildete das *neue leben* jetzt mehrfach Jugendliche ab, deren lange Haare, Lederklamotten oder unbändiger Tanz nicht den offiziellen Prämissen entsprachen, ohne die Bilder wie bislang üblich in irgendeiner Weise zu kommentieren. Vielmehr bot sich das Jugendmagazin als Anwalt jugendlicher Interessen an, als es am Beispiel der brandenburgischen Kleinstadt Rathenow über fehlende Freizeitangebote für Jugendliche und den Widerstand kommunaler Behörden gegen jugendliche Eigeninitiativen berichtete. Allen, die ähnliche Erfahrungen wie die Rathenower Jugendlichen gemacht hatten, versprach die Redaktion: »Das Jugendmagazin streitet an Eurer Seite.«[205]

Wie stark das Interesse der Jugend an solchen Fragen wie auch am offenen Umgang mit privaten Problemen war, verdeutlichen Leserbriefanalysen der Chefredaktion der *Jungen Welt* aus dem Frühjahr 1965. Die meisten sachgebundenen Leserbriefe im April und Mai dieses Jahres betrafen die Rubrik »Unter vier Augen«, in der Beziehungsprobleme angesprochen wurden.[206] Diese Problemdiskussionen waren immerhin so offen, dass in den Leserforen des Jugendmagazins *neues leben* nicht nur private Probleme diskutiert, sondern auch kritische Meinungen publiziert wurden. Das war ein großer Fortschritt, hatte das Magazin doch von Januar bis Oktober 1963 gar keine Leserbriefe mehr veröffentlicht. Das erste Forum dieser Art befasste sich mit der Frage: »Wer oder was bin ich mit 18?« und ließ auch Platz für kritische Stimmen. So attackierte eine Leserin die Selbststilisierung etlicher Diskussionsteilnehmer zu standhaften jungen Sozialisten und kritisierte Berichte über ein sozialistisches »Verantwortungsgefühl« unter Jugendlichen. Solche Elogen würden der Wirklichkeit nicht gerecht:

»Ich [...] habe die Erfahrung gemacht, daß in der Schule jeder mehr oder weniger egoistisch ist. Natürlich helfen wir einander und haben Lerngemeinschaf-

---

204 nl, 7/1964, S. 5–10 bzw. 1–3. – Zum Folgenden vgl. nl, 10/1964 u. 1/1965, S. 34f.
205 nl, 8/1965, S. 15; vgl. nl, 9/1965, S. 10–15.
206 Zeno Zimmerling, Leserbriefanalyse, Berlin 29.6.1965, SAPMO-BArch, DY/30/IV A 2/16/79, S. 7. Vgl. Partei und Sex, SBZ-Archiv 14 (1963), S. 339.

ten, aber von einem wirklichen Verantwortungsgefühl kann man da nicht sprechen.«[207]

Je offener die Diskussionsforen der Jugendpresse und der Jugendklubs gestaltet waren, desto deutlicher wurde die Diskrepanz zwischen den offenherzigen Verheißungen des Jugendkommuniqués und der weiterhin oft engstirnigen Alltagspraxis. Die Jugendkommission der Leipziger SED-Bezirksleitung etwa beklagte die »oberflächliche und herzlose Behandlung« der Probleme Jugendlicher, die sie vielerorts beobachtet hätte.[208] Dadurch werde die Leistungsbereitschaft der Jugend unterminiert, zumal ein gefestigter sozialistischer Standpunkt bei den Jugendlichen nicht auszumachen sei. Die guten Vorhaben vieler Jugendfunktionäre stünden im scharfen Kontrast zur Realität der Verbandsarbeit, die sich seit dem Jugendkommuniqué kaum gewandelt und deswegen nicht an Attraktivität gewonnen hätte:

»Ein ernster Mangel in der Jugendarbeit ist die kampagnemäßige Durchführung der Arbeit, die dann einseitig auf Höhepunkte, wie z.B. Deutschlandtreffen, Wahlversammlungen u.a. gerichtet ist. Durch die fehlende Kontinuität bleibt auch die z.T. gute Arbeit während bestimmter Kampagnen ohne Wirkung.«[209]

Erhebliche Defizite in der Jugendarbeit gestand auch der Vorsitzende der Jugendkommission beim Politbüro, Kurt Turba, ein, als er im März 1965 eine Umfrage der *Jungen Welt* zu Problemen der Jugendpolitik kommentierte:

»Die jungen Leser empfinden mit Recht, daß dumme Streitereien, leere Versprechungen und nutzloses Herumgenöle – von welcher Seite auch immer – nicht mehr in die Landschaft unserer sozialistischen Gesellschaftsordnung passen. [...] Gleichzeitig ergab die Umfrage, wieviel dringende praktische Arbeit wir bei der Umsetzung des Jugendkommuniqués ins Leben noch zu leisten haben.«[210]

Eine wichtige Rolle im Meinungsstreit kam *DT 64* zu. Mit dem Jugendradio hatten die ostdeutschen Jugendlichen ein neues Medium erhalten, das ihren Interessen entgegenkam. Vor allem aber gab *DT 64* der Entwicklung einer ostdeutschen Musikszene wichtige Impulse. Der kam außerdem zugute, dass nun auch die Wirtschaft auf den Zug aufsprang, als im April 1965 das *AMIGA*-Label des VEB Deutsche Schallplatten erstmals eine *Beatles*-Scheibe auflegte. Lizenzproduktionen im Plattengeschäft und spezifische Jugendsendungen eröffneten eher als repressive Maßnahmen die Möglichkeit, Jugendliche von ih-

---

207 Regine Dittmar, Mühlhausen, Leserbrief, nl, 3/1965, S.25.
208 SED-BL Leipzig, Komm. Jugend u. Sport, Analyse, 4.3.1965, SächsStAL, SED, IV A-2/16/461, Bl.71.
209 Ebd., Bl.102.
210 Kurt Turba, Kein unlösbares Problem dabei, JW, 25.3.1965, S.4.

rer medialen Westorientierung zu lösen. Denn »im Prinzip war [es] egal, was ich für Sender höre«, wie sich Thomas Tauer erinnert.[211]

Auch auf die Arbeit des Jugendverbandes wirkte sich das Deutschlandtreffen und die kulturpolitische Liberalisierung belebend aus. Erstmals seit dem Mauerbau verzeichnete die FDJ einen deutlichen Mitgliederzuwachs, der vor allem mit dem Festival zusammenhing. Allerdings war der Jugendverband mit der Entwicklung seiner Mitgliederzahlen weiterhin unzufrieden. Während in der gesamten Republik ein leichter, stetiger Mitgliederzuwachs registriert wurde (von 1,22 Millionen 1962 auf 1,36 Millionen im Jahre 1965),[212] beklagte die FDJ-Bezirksleitung Leipzig, dass offenbar nur spektakuläre Veranstaltungen wie das Deutschlandtreffen Jugendliche in die Freie Deutsche Jugend führten. Vor allem ließ der Bericht gravierende Unterschiede erkennen. Insgesamt verzeichnete der Verband seit 1963 einen Schwund von fast 2000 Mitgliedern im Bezirk. Wuchs der Verband in der Stadt Leipzig um nahezu 6000 Mitglieder, so verlor er im Landkreis Leipzig 600 und allein an der Leipziger Universität mehr als tausend Mitglieder. Unter den Neuaufnahmen waren nach Ansicht der FDJ-Bezirksleitung zu wenig Arbeiter und Lehrlinge (35,7 Prozent), während fast die Hälfte der Mitglieder Schüler und Studierende waren und der Anteil von Angestellten, Handwerkern und Angehörigen der Intelligenz überproportional bei insgesamt 19 Prozent lag. Der Organisationsgrad hing stark von den Branchen ab und lag in der Industrie bei 56, in der Landwirtschaft sogar über 60 Prozent. Während im Bildungs- und Gesundheitswesen immerhin knapp die Hälfte der Jugendlichen erreicht wurde, waren im Handwerk nur knapp 15 Prozent in der FDJ organisiert.[213]

Das spricht dafür, dass die Änderungen im Kultur- und Freizeitangebot zwar registriert, aber nicht oder nur in seltenen Fällen honoriert wurden. Ein weiteres Indiz dafür ist die Tatsache, dass keiner der befragten Zeitzeugen sich an das Jugendkommuniqué und entsprechende Diskussionen erinnerte. Allerdings könnten die Erinnerungen an solche Gespräche in der Fülle von Kampagnen untergegangen sein, mit denen die DDR-Jugend fortwährend überzogen wurde. Deren Grundlage waren Beschlüsse der Staats- und Parteiführung und andere »neueste Dokumente […], die wir schon vorher hundertmal gehört haben im Radio oder auch nicht gehört hatten, aber gehört haben soll[t]en« – so Günter Fritzsch in der Erinnerung an die FDJ-Versammlungen während seines Studiums.[214]

Immerhin lassen einige Erzählungen über die Freizeit erkennen, dass der Kurswechsel durchaus praktische Auswirkungen hatte. Die Volkspolizei hielt sich fortan mit Repressalien gegenüber Jugendcliquen zurück und beschränkte

---

211 Thomas Tauer, Interview, Leipzig 24.8.2000. Vgl. Rauhut: Beat, S. 89–91; Ders. Rock, S. 26.
212 Zilch: Millionen, Bd. 1, Tab. 1 a, S. 14.
213 FDJ-BL Leipzig, Einschätzung, 23.8.1965, UAL, FDJ 349, Bl. 1f., 6–9.
214 Günter Fritzsch, Interview, Frankfurt a. M. 26.10.2000.

sich auf ihre Beobachtung. Im Leipziger Süden etwa lieferten sich Dölitzer Jungen seit Jahren Schlägereien mit denen aus dem Nachbarort Markkleeberg, ohne dafür irgendwelche tieferen Gründe zu haben.[215] Auch um die Cliquen im Stadtzentrum, voran die »Capitolmeute« und die Bande vom Johannisfriedhof, wurde es vorübergehend still – zumindest in den Akten der Sicherheitsorgane. Erst nach dem politischen Kurswechsel von 1965/66 lassen diese Unterlagen erkennen, dass ihre unübersehbare Präsenz, voran die der »Capitolmeute« vor dem größten Kino der Stadt, weiterhin als Sicherheitsrisiko galt und deshalb zu beseitigen war, obwohl die Jugendlichen dort einfach nur Musik hörten.[216] In der Phase nach dem Jugendkommuniqué hingegen findet sich in den einschlägigen Akten kein Hinweis auf die »Capitolmeute« oder andere Jugendcliquen.

Als »führende Rock'n'Roll-Meute« von Leipzig lag die »Capitolmeute« mit anderen Cliquen in einem dauerhaften, aber weitgehend gewaltfreien Konkurrenzkampf, der sich eher um die Umsetzung von Trends in der Musik und im Outfit sowie um die Motorisierung drehte – vor allem um die Ausstattung mit schnellen Maschinen. Quell dieser Jugendcliquen, die meist als »Banden« bezeichnet wurden, sich selbst aber »Meuten« nannten, war die Halbstarken-Bewegung Ende der fünfziger Jahre gewesen. Man hatte sich an unangepassten Filmhelden wie James Dean oder Horst Buchholz orientiert, ihre Mode und ihren Habitus kopiert und schließlich in Chuck Berry, Bill Haley und anderen Stars musikalische Idole gefunden. Manfred Ulmer, in dessen Freundeskreis viele der »Capitolmeute« angehörten, erinnert sich:

»[...] die hatten dann Motorräder alle, so 'ne Javas, Dreifünfer, das war die Maschine mit dem kurzen Anzug, und natürlich Lederjacke, also James-Dean-mäßig alles. Und na irgendwie hatte man ja, weil die Mauer noch offen war, wo die Meuten zustande gekommen sind, da hatte man eben ›Denn sie wissen nicht was tun‹ gesehen [...] oder ›Die Halbstarken‹ mit Buchholz. [...] das war einfach [ein] Muss. Oder ›Jailhouse Rock‹ [...]. Naja, und so wurde das eben nachgemacht.«[217]

Mit dem Film »Berlin Ecke Schönhauser« hatte auch Wolfgang Kohlhaase für die DEFA einen klassischen Halbstarken-Film gedreht. In seinem Anti-Helden erkannten sich etliche Jugendliche wieder, wenn die sich über ihre Einengung in der DDR-Gesellschaft aufregten:

»Warum kann ich nicht leben, wie ich will? Warum habt ihr lauter fertige Vorschriften? Wenn ich an der Ecke stehe, bin ich halbstark. Wenn ich Boogie tanze,

---

215 Wolfgang Schröder, Interview, Leipzig 23.8.2000.
216 Vgl. insb. SED-SL Leipzig, Komm. Jugend u. Sport, Vorlage, 18.2.1966, SächsStAL, SED, IV A-5/01/208; MfS, HA IX, Bericht, 3.11.1966, BStU, HA IX/1038, Bl. 13–22.
217 Manfred Ulmer, Interview, Leipzig 22.8.2000.

bin ich amerikanisch. Und wenn ich das Hemd über der Hose trage, ist es politisch falsch.«[218]

Zwar hatte es in der DDR keine flächendeckenden Halbstarken-Krawalle gegeben, aber vereinzelt war es zu Ausschreitungen gekommen. In Leipzig waren im September 1959 jugendliche Elvis Presley-Fans in das Stadtzentrum gezogen, hatten gegen die Diffamierung ihres Idols durch die ostdeutsche Politik protestiert und den Parteichef Walter Ulbricht geschmäht. Verhöhnt hatten sie auch den eigens für eine sozialistische Unterhaltungsmusik kreierten Tanz »Lipsi«, der als harmlose Alternative zum Rock'n'Roll gedacht war. Fünfzehn Demonstranten waren damals zu Freiheitsstrafen zwischen sechs Monaten und viereinhalb Jahren verurteilt worden. Ähnliche Zwischenfälle hatten sich wenige Wochen später in Dresden, Gera und Erfurt ereignet.[219]

Obwohl Habitus und Musikgeschmack seither einem stetigen Wandel unterworfen waren, blieben das provokative Potenzial und die Orientierung an westlichen Trends erhalten. Damit fielen die Meuten auf – und das wollten sie meist auch, vor allem wenn es um Mädchen ging. Zu dieser Zeit (und nicht nur damals) gehörte diese Art der Freizeitgestaltung zu den typischen Ausdrucksformen des Erwachsenwerdens. So erinnern sich die Jungen oft mit einer gewissen Nostalgie an ein »kleines Kofferradio[,] an der Ecke stehen (...). Beatles, die Zeit der Rolling Stones [...]«.[220] Ähnlich beschreibt auch Wolfgang Schröder seine Clique in Leipzig-Dölitz:

»[...] es war immer so ein zwanzig Mann, zwanzig dreißig Mann umfassender Personenkreis und an Wochenenden [...] in der Giebnerstraße, auf dem Giebnerplatz, waren wir also, gut [...] dreißig, vierzig Leute [...], aber es wurde kein Remmidemmi gemacht, [...] an Saufen könnte ich mich nicht erinnern, [...] Rauchen war damals auch kein Thema. Wir hatten ja alle keine Kohle. [...] Kofferheule dabei, ja, immer volle Pulle. [...] der ABV hat sich mal mehr oder weniger drum gekümmert, also war immer präsent [...].«[221]

Ihr männlicher Habitus, ihre Präsenz im Straßenbild und die Provokation der Erwachsenen machten derartige Ansammlungen und die Cliquen für Jugendliche attraktiv. Gernot Grünspecht beispielsweise erinnert sich, dass er zwar den Stil der »Meuten« nicht geteilt habe, dass dennoch eine Faszination von

---

218 Berlin Ecke Schönhauser (1957), zit. Schenk, Ralf: Jugendfilm in der DDR, in: König, Ingelore u. a. (Hg.): Zwischen Bluejeans und Blauhemden. Jugendfilm in Ost und West. Berlin 1995, S. 24. Vgl. Poiger: Jazz, S. 125.
219 Ebd., S. 196–200; vgl. Fulbrook, Mary: Anatomy of a Dictatorship. Inside the GDR. Oxford 1995, S. 164.
220 Vgl. Thomas Buchfink*, o. D., ADG, Satznr. 898, S. 2. – Vgl. Zinnecker: Jugendkultur, S. 239, 244 f.; Wierling: Geboren, S. 158–163; 234–238.
221 Wolfgang Schröder, Interview, Leipzig 23.8.2000. Ähnlich Thomas Tauer, Interview, Leipzig 24.8.2000.

ihnen ausging: »Man hat die irgendwie bewundert, [...] die waren irgendwie frei, aber selbst wollte man nicht so sein.«[222] – Für viele Bürger hingegen stellten sie ein Ärgernis dar, das nicht selten mit Reminiszenzen an die nationalsozialistische Vergangenheit kommentiert wurde: »Daß die noch so frei rumloofen derfen, friejer hätt's sowas nisch gegehm.«[223]

Kritisch beäugte auch die politische Führung die informellen Jugendgruppen. Aus der Sicht Ost-Berlins bewegten sich die Meuten mit ihrer angeblich »sinnlosen« Freizeitgestaltung am Rande der Gesellschaft, waren für das sozialistische Aufbauwerk nur schwer zu begeistern und deswegen verdächtig. Misstrauisch beobachtet wurde deshalb auch das Engagement einiger FDJ-Funktionäre im Freizeitbereich. Ihr wachsendes Selbstbewusstsein wurde von den Altkadern der Partei oft als Anmaßung empfunden. So beschwerte sich die Leipziger SED-Bezirksleitung 1964 beim Leiter der Jugendkommission über ein Mitglied des FDJ-Zentralrats wegen seines »arroganten und überheblichen (frechen) Auftretens«. Der FDJler hatte es gewagt, gegenüber dem Chef der Leipziger Bezirksparteileitung, Paul Fröhlich, dessen Jugendpolitik als unzureichend zu qualifizieren. Seine Verbesserungsvorschläge waren bei Fröhlich auf taube Ohren gestoßen und hatten die Beschwerde ausgelöst.[224]

Obwohl das Jugendkommuniqué des Politbüros vom September 1963 in einer ungewohnt lockeren Sprache der Jugend relative Freiräume versprochen hatte, war klar, dass die innergesellschaftlichen Grenzen nur geringfügig ausgeweitet worden waren. Ein Dreivierteljahr später, am 4. Mai 1964, passierte ein neues Jugendgesetz die Volkskammer, dessen grundsätzlich konservative Ausrichtung nicht zu übersehen war. War der Entwurf dieses neuen Gesetzes vom Politbüro gleichzeitig mit dem Jugendkommuniqué gebilligt worden, so setzte es doch ganz andere Schwerpunkte.[225] Kultur und Freizeit spielten hier nur am Rande eine Rolle, während die ideologische Basis und die Organisation der Jugendpolitik, Erziehung, Bildung und Ausbildung der Jugendlichen im Mittelpunkt standen. So hieß es in Artikel I des Jugendgesetzes:

> »Die Aufgabe der Mädchen und Jungen, der jungen Frauen und Männer ist es, Schmiede der Zukunft, Bauherren des Sozialismus und Pioniere der Nation zu sein. Das bestimmt den Inhalt ihres Lebens.«[226]

Auf dieser Grundlage konnte sich auf die Dauer kaum eine liberale Jugendpolitik durchsetzen. Vielmehr wurden hier deren Grenzen aufgezeigt. Obwohl die jugendpolitische Praxis Anlass zum Optimismus bot, wäre es schon angesichts des Jugendgesetzes überzogen zu behaupten, es sei »von der Jugend-

---

222 Gernot Grünspecht*, Interview, Berlin 16.11.1999.
223 Zit. Geißler: Landfriedensbrecher, S. 9.
224 SED-BL Leipzig, Schreiben an Turba, 22.8.1964, SAPMO-BArch, DY/30/IV A 2/16/68.
225 SED-PB, Protokoll, 17.9.1963, SAPMO-BArch, DY/30/J IV 2/2A/985, Bl. 210–274.
226 Jugendgesetz, 4.5.1964, GBl. 1964/I, Nr. 75, Art. I.

politik zwischen 1963 und 1965 eine Tendenz zur Demokratisierung der Gesellschaft« ausgegangen.[227] Hatte die »drastische und mobilisierende Sprache des Kommuniqués« den Eindruck einer grundsätzlichen jugendpolitischen Neuorientierung vermitteln können,[228] so blieb das Jugendgesetz sprachlich und inhaltlich in den tradierten Mustern der ostdeutschen Jugendpolitik befangen. Tatsächlich bauten Jugendkommuniqué *und*-gesetz auf dem herkömmlichen ideologischen Fundament auf. Insofern könnten beide mit ihrer Indifferenz als Bestätigung dafür gelesen werden, dass die Staats- und Parteiführung den anhaltenden und vorübergehend kulminierenden generationellen Konflikten insgesamt rat- und hilflos gegenüberstand. So wurde selbst unter FDJ-Funktionären gefragt, ob der Kurswechsel von 1963 möglicherweise als Eingeständnis zu werten sei, mit der harten Linie gescheitert zu sein: »Ist das Kommunique herausgekommen, weil wir so viel Sorgen mit der Jugend haben?«[229]

Da generationelle Konflikte in der Gesellschaft virulent blieben, war es eine Frage der Zeit, wann die Staats- und Parteiführung sie als Bedrohung empfinden und entsprechend reagieren würde. Vorerst bot die Jugendpolitik ein äußerst ambivalentes Bild. Dass die politische Führung der DDR diese Ambivalenz aushalten konnte, belegt eindringlich die fortschreitende Stabilisierung ihres Herrschaftsgefüges seit dem Mauerbau im Jahre 1961. Nach den rigiden Attacken unmittelbar danach hatte sich Ost-Berlin ab 1963 einer gewissen Zurückhaltung befleißigt, so dass »es im Inneren etwas freier« wurde, wie sich der Schriftsteller Jürgen Fuchs erinnerte.[230] Gleichwohl signalisierte die Abschottung der DDR, welche Zwänge diesem Freiraum zugrunde lagen. Die Zeit nach dem Mauerbau erscheint so als eine Phase der »Ambivalenz von Distanz und Identifikation«, die sich auch in nostalgischer bis distanzierter Erinnerung niedergeschlagen hat.[231]

Mauerbau, Antennensturm und Wehrpflicht provozierten eine stärkere Abgrenzung gegenüber dem sozialistischen System. Die Forderung seitens der Politik, angesichts dieser politischen Entscheidungen einen eindeutigen Standpunkt zu beziehen, wirkte wiederum eher kontraproduktiv: Sie erzeugte gerade bei Jugendlichen eine Zurückhaltung in politisch-ideologischen Fragen, während die anhaltende Formalisierung der sozialistischen Bekenntnisrituale diese ihres konfessionellen Wertes beraubte. Aus diesem Grunde waren sowohl die FDJ-Arbeit als auch die Jugendweihe in sich ambivalent. Sie bewegten sich auf der Grenzlinie zwischen Politik und Privatem und wurden – ih-

---

227 So Krenzlin: Vom Jugendkommuniqué, S.157; vgl. Kaiser: Machtwechsel, S.158. – Vgl. dagegen Michalzik: »An der Seite ...«, S.112–116.
228 Rauhut: Beat, S.63. Vgl. Kaiser: Machtwechsel, S.152; Schuster: SED-Jugendkommuniqués, S.72.
229 O. Verf. [FDJ-SL], Referat, o. D. [Nov./Dez. 1963], SächsStAL, SED, IV A-5/01/273, Bl.4.
230 Fuchs, Jürgen: Magdalena. MfS – Memfisblues – Stasi. Reinbek 1999, S.390.
231 Mühlberg, D.: Alltag, S.45.

res Bekenntnischarakters entkleidet – in das Privatleben problemlos integriert. Diese privatisierende Aneignung verdeckte zugleich die repressive Praxis, mit der FDJ-Mitgliedschaft und Jugendweihe in der DDR durchgesetzt wurden, und vereinfachte die Implantation des Jugendweiheritus in die ostdeutsche Gesellschaft – den wohl größten Erfolg der SED-Politik.

Anders als die wegen ihrer politischen Praxis wenig attraktive FDJ lud das Jugendkommuniqué aus dem Jahre 1963 mit seinem Aufruf zur kreativen Gestaltung ebenso wie *DT 64* als kulturelles Flaggschiff einer gewendeten Jugendpolitik zur Identifikation mit dem sozialistischen Staat ein. Beide berührten zudem einen labilen Bereich an der Grenze zwischen politischer und privater Sphäre – die Jugendkultur. Die Erinnerung der Zeitzeugen hieran ist in überwiegendem Maße nostalgisch verklärt, was eher auf entwicklungspsychologische Faktoren zurückzuführen ist, zumal in der Rückbesinnung nachteilige Erfahrungen keineswegs ausgeblendet, sondern eher dramaturgisch aufgewertet werden. Dadurch wird die Erinnerung keineswegs »entpolitisiert«. Es wird vielmehr dem Umstand Rechnung getragen, dass die Fronten dieses Konfliktes auch die familiäre Sphäre durchzogen, so dass die – zumindest kulturelle – »Bipolarität des Kalten Krieges am Familientisch« ausgetragen wurde.[232] Der genuin unpolitische Habitus der Jugendlichen und der sich daran entzündende generationelle Konflikt wurden durch den politisch-ideologischen Anspruch des sozialistischen Staates und das entsprechende Verdikt gegenüber der Jugendkultur politisch aufgeladen. Der gesellschaftliche Zündstoff, den diese Auseinandersetzungen bargen, wurde möglicherweise durch das Deutungs- und Meinungsmonopol der Staatspartei SED und die daraus resultierende Einengung der veröffentlichten Meinung weitgehend neutralisiert. So gelangte dieser Konflikt nicht in die mediale Öffentlichkeit der DDR, während sich im internationalen Umfeld intensive generationelle Auseinandersetzungen anzudeuten begannen, die ebenfalls – wenngleich auf eine ganz andere Weise – politisch aufgeladen waren.

---

232 Alexander von Plato, zit. Elternhaus und Schule, 0:21.

2. Kahlschlag

»Das war sehr deprimierend«: Das Ende der neuen Offenheit

»Rings um das Areal standen – einfach so – Menschengruppen. Soweit die Stangen Platz boten, saß man auch auf den platzumgreifenden Kreuzungsgeländern, ließ die Beine baumeln, freute sich über zahlreiches Erscheinen und gemeinsames führungs- und tatenloses Hiersein. […] Ein Protestzug der anfangs kaum mehr als fünfhundert, schließlich mehr als zweitausend Herumstehenden formierte sich nicht.
Anders die motorisierte Einheit der kasernierten, zur Bekämpfung innerer Unruhen sorgfältig ausgerüsteten Bereitschaftspolizei. […] ›Bürger, Ihr Verhalten ist gesetzwidrig. Verlassen Sie den Platz!‹, schallte es dem Zug in Waffen und Filzuniformen voran. Die verharrende Menge quittierte mit Pfiffen und Unwillkommensrufen verschiedenen Inhalts. Keiner der verkehrswidrig Herumgammelnden zeigte Beunruhigung […].
Während der junge Mann nun so stand und staunte, brach hinter ihm, bislang gänzlich unbemerkt, vom traurigen Schiller-Denkmal her, eine Uniformiertenkette aus dem laubschütteren, aber dichten Gesträuch […]. Der junge Mann spritzte davon, die Freunde nach anderen Richtungen ebenso. Einige andere, die trotzig nicht gewichen waren, gingen hinter der Kette zu Boden. Ein Ruf nach Hilfe war zu hören. Ein Mensch, ergriffen von vier Staatshütern, wand sich auf dem Pflaster, wurde weggeschleppt. Der junge Mann zitterte. Der Staat, in den er doch auch mit einigen Zukunftshoffnungen hineinwuchs, schlug (auch) zu.«[1]

Zugeschlagen hatte der Staat am Sonntag, den 31. Oktober 1965, auf dem Wilhelm-Leuschner-Platz im Zentrum Leipzigs. Die Auseinandersetzungen mit den Jugendlichen, die größten zwischen dem 17. Juni 1953 und dem Herbst 1989 und inzwischen vielfältig beschrieben,[2] hatte die Staatsmacht selbst provoziert.

Nach dem Deutschlandtreffen hatte auch in der DDR eine Jugendkultur nach internationalen, vorrangig westlichen Vorbildern Fuß fassen können und einen ungeheuren Boom erlebt. Noch wenige Wochen vor der Leipziger Straßenschlacht hatte es in unmittelbarer Nähe, auf dem Karl-Marx-Platz, anläss-

---

1 Geißler: Landfriedensbrecher, S. 9.
2 Vgl. die literarische Darstellung von Loest, Erich: Es geht seinen Gang oder Mühen in unserer Ebene. 8. Aufl., München 1994, S. 17–21, sowie die Erinnerungen von Jürgen Wede, in: Rauhut: Beat, S. 151–155, und Hr. Weißmann*, in: Wierling: Der Staat, S. 231–234.

lich des 800. Jubiläums der Stadtgründung ein Musikfestival mit verschiedenen Heroen der örtlichen Beat-Szene gegeben.[3] Kurz darauf aber waren die Beat-Musik und ihre Begleiterscheinungen erneut geächtet worden, als der Rat des Bezirkes Leipzig erklärt hatte, der Einfluss des Westens auf die Jugend habe sich deutlich erhöht:

»Dabei spielen sowohl die westlichen Fernseh- und Rundfunkstationen wie auch die illegal eingeschmuggelte Schundliteratur und andere Formen der westlichen Propaganda, westlicher Unkultur und dekadenter amerikanischer Lebensauffassungen eine entscheidende Rolle. In der jüngsten Entwicklung zeigt sich das auch in dem extremen Mißbrauch der Gitarrenmusik nach westlichem Vorbild.«[4]

Von einzelnen Exzessen wie Schlägereien, Saufgelagen und ausschweifenden Feten abgesehen, die die SED-Bezirksleitung registriert hatte, blieb offen, worin der Missbrauch der Rockmusik bestünde. Sicherlich animierten westliche Vorbilder, denen man am Radio lauschen konnte, zur Nachahmung. Während sich auch das westdeutsche Fernsehen mit positiven Darstellungen der ästhetisch so fremden Jugendkultur vorerst noch zurückhielt,[5] hatte das ostdeutsche Jugendradio *DT 64* mit seinen Sendungen das Selbstbewusstsein der Jugendszene in der DDR gestärkt. Anders als die Leipziger Genossen meinten, war es also nicht allein die offene mediale Grenze zum Westen, die internationale Trends in die DDR einfließen ließ. Das änderte allerdings nichts an ihrem Beschluss, auf dessen Grundlage Mitte Oktober die meisten Leipziger Bands verboten wurden. Nur fünf der 49 angemeldeten Musikgruppen konnten ihre Lizenz behalten. Viele der anderen Bands fielen außerdem einer Pressekampagne zum Opfer, so auch die bekannteste Leipziger Band: *The Butlers* wurden in der *Leipziger Volkszeitung* (*LVZ*) nicht allein aus ästhetischen Gründen angegriffen, sondern zudem fälschlich massiver Steuerhinterziehung bezichtigt.[6]

In dem selben Artikel, einer ganzseitigen Kampfschrift aus der Feder der Jugendkommission des Leipziger Bezirkstages, wurden Rockmusiker unter dem Titel »Dem Mißbrauch der Jugend keinen Raum!« allgemein als minder intelligente, arbeitsscheue Krawallmacher dargestellt:

»Sie tragen lange, unordentliche, teilweise sogar vor Schmutz nur so starrende Haare, hüllen sich [...] in imitierte Tierfelle, gebärden sich bei ihren ›Darbie-

---

3 Geißler: Landfriedensbrecher, S. 9. Zum Folgenden vgl. Rauhut: Beat, S. 138–142.
4 RdB Leipzig, Beschluss, 18.10.1965, SächsStAL, SED, IV A-2/16/454, Bl. 304.
5 Vgl. Siegfried, Detlef: Vom Teenager zur Pop-Revolution. Politisierungstendenzen in der westdeutschen Jugendkultur 1959 bis 1968, in: Schildt u. a. (Hg.): Dynamische Zeiten, S. 612f.
6 Bezirkstag Leipzig, Komm. f. Jugendfragen, Dem Mißbrauch der Jugend keinen Raum, LVZ, 20.10.1965, S. 6: The Butlers sollten innerhalb von sieben Monaten 10 000 Mark unterschlagen haben! – Das Spielverbot wurde ausgesprochen vom Rat der Stadt Leipzig, Abt. Kultur, Schreiben an Klaus Jentzsch, Leipzig 21.10.1965, in: Rauhut: Rock, S. 34.

tungen‹ wie Affen, stoßen unartikulierte Laute aus, hocken auf dem Boden oder wälzen sich auf ihm herum, verrenken die Gliedmaßen auf unsittliche Art.«[7]

In ihrer Ekstase, die oft auf das Publikum übergreife, ließen sie sich instrumentalisieren für die Ziele »imperialistischer Regierungen«, denen es nur darum gehe, »eine Armee höriger Ranger heranzuzüchten«. Aus dem Artikel sprach eine unterschwellige Angst vor der Freizügigkeit, der Jugendliche bei Rockkonzerten frönten.[8] Der Duktus aber zeigte deutliche Anklänge an Propagandakampagnen, die seit der Veröffentlichung des Jugendkommuniqués zwei Jahre zuvor vergessen zu sein schienen. In desto schärferem Kontrast erschienen deswegen Bilder unter dem Artikel, die die Leipziger *Guitarmen* und ihr Publikum in ekstatischen Posen zeigte und deren Legende an die antifaschistische Mahnung »Wehret den Anfängen« anknüpfte: »Hemmungslos, aufgepeitscht, ungewaschen ... – Anfänge, denen wir wehren wollen«.

Wehren wollten sich wiederum gegen diese Kampagnen die Beat-Fans, denen in dem LVZ-Artikel unterstellt worden war, »daß sie sich kaum jemals ernsthaft Gedanken über jene Untugenden gemacht haben, die sie vergöttern und denen sie blindlings folgen«.[9] Etliche wollten diese Schläge nicht unwidersprochen hinnehmen und riefen aus Solidarität mit den betroffenen Musikern zur Gegenwehr und zum Kampf »um das Beat-Recht« auf.[10] Unabhängig voneinander und in keiner Weise organisiert, verbreiteten Leipziger Jugendliche vorwiegend per »Flüsterpopaganda« die Idee, sich am 31. Oktober 1965 auf dem Wilhelm-Leuschner-Platz zu treffen und dort gegen die Ächtung der Beat-Gruppen zu protestieren. Wie dies geschehen sollte, blieb offen. In einzelnen Fällen produzierten Jugendliche auch Flugblätter. So fertigten zwei junge Männer eine Woche vor dem Termin »mit einem dafür gekauften Kinderdruckkasten 174 Flugblätter mit folgendem Text an:

›Beat-Freunde!
Wir finden uns am Sonntag, den 31.10.1965 10.00 Uhr, Leuschner-Platz zum Protestmarsch ein.‹«[11]

Unfreiwillig unterstützt wurden die Initiatoren des Protestes durch staatliche Behörden, Schulen und Betriebe, die die Jugendlichen anhielten, den Aufrufen nicht zu folgen. Dadurch wurde die Neugier der Jugendlichen erst richtig geweckt. Das Ergebnis war die »Beat-Demo«, wie die gewalttätigen Auseinandersetzungen in der Leipziger Innenstadt fortan genannt wurden.

---

7 Bezirkstag Leipzig, Komm. f. Jugendfragen, Dem Mißbrauch der Jugend keinen Raum, LVZ, 20.10.1965, S.6.
8 Vgl. Poiger: Jazz, S.3.
9 Bezirkstag Leipzig, Komm. f. Jugendfragen, Dem Mißbrauch der Jugend keinen Raum, LVZ, 20.10.1965, S.6. – Vgl. Rauhut: Rock, S.36.
10 SächsStAL, SED, IV A-2/16/464, zit. Rauhut: Beat, S.144.
11 MfS, Einzel-Information, Berlin 9.11.1965, BStU, ZAIG 1129, Bl.13.

Neu war diese Form der Auseinandersetzung nicht, auch der Anlass stellte kein Novum dar. Sechs Jahre zuvor war die Situation in der DDR in ähnlicher Weise eskaliert. Im Schatten der Saalschlacht bei einem Konzert Bill Haleys 1958 in West-Berlin hatte die SED in vergleichbar rigider Form reagiert, die westliche Musik und ihre Anhänger diffamiert und versucht, die Szene mit Repressalien auszutrocknen. Die oben erwähnten Demonstrationen von Rock'n'Roll- und Presley-Fans in Leipzig, Dresden, Erfurt und Gera hatten gezeigt, dass sie der permanenten Diffamierung ebenso überdrüssig waren wie sechs Jahre später die Jugendlichen, die am 31. Oktober 1965 auf den Leipziger Leuschner-Platz strömten.[12]

Weder 1959 noch 1965 kam es zu einer zweiseitigen Konfrontation. Insofern ist die Bezeichnung der Auseinandersetzungen als »Straßenschlacht« irreführend, zumal die Betroffenen übereinstimmend von einer Jagd der Sicherheitskräfte auf die Jugendlichen sprechen und selbst die offiziellen Berichte keinerlei Gewalttätigkeiten seitens der Beat-Fans vermerkten. Sie berichteten lediglich von »ca. 2500 Personen auf dem Leuschnerplatz und in den angrenzenden Straßen. Unter diesen befanden sich zahlreiche Genossen und FDJ-Funktionäre, Sicherheitskräfte in Zivil usw. Jugendliche Anhänger der Beat-Gruppen waren ca. 500 bis 800 anwesend.«[13] Der unerwartet starke Zulauf resultierte auch daraus, dass am selben Tag im Leipziger Zentralstadion ein Fußball-Länderspiel zwischen der DDR und Österreich stattfand. Die ersten, früh angereisten Fußballfans wurden auf ihren Wegen durch das Stadtzentrum in die Auseinandersetzungen hineingezogen, 47 von ihnen verhaftet.[14] Als Ergebnis der Konfrontation verzeichnete der Bericht der Leipziger SED-Bezirksleitung lapidar:

> »Im Zuge der polizeilichen Maßnahmen wurden 267 Personen wegen aktivem und passivem Widerstand, Störung und Fotografieren der polizeilichen Handlungen und in einzelnen Fällen wegen Staatsverleumdungen dem VPKA [Volkspolizei-Kreisamt] zugeführt.«[15]

Unter den Verhafteten, deren Zahl sich nach Angaben des Ministeriums für Staatssicherheit auf 357 belief, befanden sich 20 Schüler, acht Studierende, 66 Lehrlinge und 166 Arbeiter. 31 stammten aus Familien, in denen mindestens ein Elternteil Mitglied der SED war.[16]

Nicht einmal die Hälfte der Inhaftierten kam in den nächsten Tagen wieder auf freien Fuß. Die überwiegende Mehrheit, 162 Jugendliche nach Angaben der SED-Bezirksleitung, nur 21 nach denen der Staatssicherheit, wurde

---

12 Vgl. Poiger: Jazz, S. 196–200.
13 SED-BL Leipzig, Abt. Parteiorgane, Information, 1.11.1965, SächsStAL, SED, IV A-2/16/464, Bl. 118.
14 MfS, Einzel-Information, Berlin 1.11.1965, BStU, ZAIG 1129, Bl. 8.
15 SED-BL Leipzig, Abt. Parteiorgane, Information, 1.11.1965, SächsStAL, SED, IV A-2/16/464, Bl. 118.
16 MfS, Einzel-Information, Berlin 2.11.1965, BStU, ZAIG 1129, Bl. 10.

für zwei bis vier Wochen in Arbeitslager gebracht, die in einem Tagebau südlich von Leipzig eingerichtet worden waren.[17] Die Einweisung in Arbeitslager, unmittelbar nach dem Mauerbau als disziplinarische Maßnahme eingeführt, erreichte nun im Umfeld der »Beat-Demo« einen neuen Höhepunkt: Mit 1 669 lag die Zahl der Einweisungen im Jahre 1965 mehr als doppelt so hoch wie die jeweiligen Werte von 1962 und 1963 und ein Drittel über dem des Vorjahres.[18] – In den Arbeitslagern im Braunkohletagebau hatten die Sträflinge, denen zuerst die langen Haare abgeschnitten wurden, schwere körperliche Arbeit unter unzumutbaren Bedingungen zu verrichten. Die hygienischen Zustände in den Zwangsquartieren waren katastrophal. Selbst wenn die äußeren Bedingungen in den Arbeitslagern allmählich verbessert wurden, blieb für die Betroffenen nur die bittere Erkenntnis:

> »Sorglose Neugier endete in einer Situation, in der man sich wie ein Schwerverbrecher vorkam. Das war [...] sehr deprimierend.«[19]

Verbittern musste im Rückblick vor allem, dass hier »brutal« gegen Jugendliche vorgegangen worden war.[20] Deren Anwesenheit auf dem Leuschner-Platz hatte politischer Intentionen weitgehend entbehrt, sofern man nicht bereits die Gegenwehr gegen die Gängelung durch behördliche Maßnahmen als Politikum betrachtete. Zwar verteidigte das MfS den harten Einsatz der Sicherheitskräfte, der zwischen den Bezirksleitungen der SED und der Polizei (BDVP) abgestimmt gewesen sei. Es gestand aber ein, »daß ein großer Teil der an der Zusammenrottung beteiligten Jugendlichen keinerlei direkte provokatorische Absicht verfolgte«.[21] Dennoch hatten die Sicherheitsorgane noch am selben Tag an weiteren Stellen Leipzigs durchgegriffen und die Treffpunkte Jugendlicher geräumt, u. a. den der »Capitolmeute« in der Innenstadt.

In einer konzertierten Aktion der SED-Stadtleitung, der Stadtbezirksleitungen der Partei, der Parteisekretäre größerer Betriebe, der Schulen und Berufsschulen sowie der leitenden Funktionäre des Staatsapparates und der Massenorganisationen wurde in den genannten Einrichtungen »ausgehend von den Veröffentlichungen in der LVZ [...] eine breite Aussprache mit der gesamten Belegschaft und insbesondere den Jugendlichen« geführt:

> »Die Parteileitungen der Schulen werden darauf orientiert, in allen oberen Klassen eine gründliche politisch-ideologische Auseinandersetzung vorzunehmen, die Hintergründe, die zur Provokation führten, aufzudecken und offensiv die

---

17 MfS, Einzel-Information, Berlin 1.11.1965, BStU, ZAIG 1129, Bl. 7; SED-BL Leipzig, Abt. Parteiorgane, Information, 1.11.1965, SächsStAL, SED, IV A-2/16/464, Bl. 118.
18 Werkentin: Politische Strafjustiz, Tab. VII, S. 408.
19 Jürgen Wede, zit. Rauhut: Beat, S. 155. Vgl. ebd., S. 153–155; Hr. Weißmann*, in: Wierling: Der Staat, S. 233.
20 Thomas Tauer, Interview, Leipzig 24.8.2000. Vgl. Gernot Grünspecht*, Interview, Berlin 16.11.1999.
21 MfS, Einzel-Information, Berlin 1.11.1965, BStU, ZAIG 1129, Bl. 4.

Auseinandersetzung mit Schülern zu führen, die falsche oder feindliche Auffassungen vertreten.«[22]

Gleiches galt für die Betriebe und die Berufsschulen, wo die Leitungen nun härter durchgreifen wollten. Sie erklärten, widerspenstige Jugendliche rigoros disziplinieren zu wollen, damit vor allem »arbeitsscheue Elemente stärker zur Arbeit angehalten und erzogen werden«. Mit diesem Vorgehen stießen die Parteisekretäre erneut auf Widerspruch, als einzelne Jugendliche sich zwar von den Auseinandersetzungen distanzierten, aber betonten, dass »ihnen lediglich an der Musik liege«. Der Polizeieinsatz wurde durchweg abgelehnt, und verschiedene Jugendliche erklärten:

»Die VP brauchte doch nicht einzugreifen. Es war auch nicht richtig, die Beat-Musik zu verbieten. […] Warum mußte man gleich mit dem aufgepflan[z]ten Bajonett vorgehen.«

Ein junger Arbeiter verstieg sich sogar zu der provokativen Prognose, dies wäre »nicht das letzte Mal [gewesen], daß gegen das Verbot der Beat-Musik demonstriert wurde.« – Tatsächlich registrierten die Sicherheitskräfte in den Tagen nach der »Beat-Demo« Proteste gegen ihr Vorgehen. Zwar kam es nicht zu erneuten Ansammlungen, doch tauchten an verschiedenen Stellen der Stadt Graffiti auf, in denen die Polizei attackiert wurde. Einige stammten von zwei Mädchen im Alter von 16 und 17 Jahren, die versucht hatten, zu einem neuen Treffen im Stadtzentrum zu mobilisieren. Zudem hatten sie Dutzende Flugblätter angefertigt, auf denen sie gegen den Einsatz am 31. Oktober protestierten und die sie u. a. in den Gebäuden der Bezirksparteileitung und des Rates des Bezirkes in Leipzig abgelegt hatten.[23]

Angesichts der anhaltenden Unruhe gestand sogar das Ministerium für Staatssicherheit zehn Tage nach der »Beat-Demo« ein, dass das undifferenzierte Vorgehen gegen die Beatgruppen und ihre Fans die Eskalation der Ereignisse provoziert hätte. Die Pressekampagne hätte die Jugendlichen nicht überzeugen können, sondern nur »zu ihrer Verwirrung« beigetragen. Bereits am Tage nach den Auseinandersetzungen hatte das MfS ein differenzierteres Vorgehen angemahnt. Dabei seien die Unterschiede »zwischen kultiviert vorgetragener ›Beat-Musik‹ und westlich dekadenter Steigerung, den rowdyhaften Auswüchsen usw. deutlich zu machen, die von der überwiegenden Mehrheit der Jugend selbst abgelehnt werden.«[24] Letzten Endes käme man nicht umhin, interessante Freizeitangebote zu schaffen, die auch die Tanzmusik integriere.[25]

---

22 SED-SL Leipzig, Abt. Org. Kader, Information, 1.11.1965, SächsStAL, SED, IV A-2/5/01/231, S. 1–3. Das Folgende ebd.
23 MfS, Einzel-Information, Berlin 9.11.1965, BStU, ZAIG 1129, Bl. 19f. Das Folgende ebd. – Vgl. Das Flugblatt »An alle Deutschen«, o. D. [Ende Okt. 1965], Archiv Klaus Jentzsch, in: Rauhut: Rock, S. 36.
24 MfS, Einzel-Information, Berlin 1.11.1965, BStU, ZAIG 1129, Bl. 5.
25 MfS, Einzel-Information, Berlin 9.11.1965, ebd., Bl. 20.

Daran war aber vorerst nicht zu denken. Gerade die Leipziger SED-Bezirksleitung um Paul Fröhlich hatte sich offenbar in diesen Wochen als unerbittlicher Exekutor der ostdeutschen Jugendpolitik profilieren wollen und war deswegen bei deren Kehrtwende munter vorangeschritten. Wie die jugendpolitischen Repressionen am Ende der fünfziger Jahre war auch der Kurswechsel sechs Jahre später durch ein Konzert im Westen ausgelöst worden. Unmittelbarer Anlass für den neuen Kreuzzug gegen die Jugendkultur, der mit dem 11. Plenum des Zentralkomitees der SED im Dezember 1965 seinen Höhepunkt erreichen sollte, war ein Konzert der *Rolling Stones* im September dieses Jahres auf der West-Berliner Waldbühne gewesen, bei dem es 73 Verletzte und erhebliche Sachschäden zu beklagen gab. Das ekstatische Benehmen vieler *Stones*-Fans hatte bei älteren Bürgern in West- wie in Ostdeutschland erhebliche Unruhe ausgelöst.[26]

Die Ursachen der jugendpolitischen Wende lagen aber tiefer, und die Vorbereitung der Schläge gegen die Jugendkultur begann auch nicht erst im Herbst. Bereits Mitte Februar auf der 8. Tagung des SED-Zentralkomitees waren Unsicherheiten in jugendpolitischen Belangen zu erkennen gewesen. Zwar hatte diese Tagung ganz im Zeichen des neuen Bildungsgesetzes gestanden, das zwei Wochen später verabschiedet werden sollte, sich aber in diesem Zusammenhang mit Jugendfragen im Allgemeinen befasste. Dabei wurden von verschiedenen Seiten Bedenken gegenüber dem jugendpolitischen Kurs geäußert, den das Politbüro und in seinem Fahrwasser der Zentralrat der FDJ seit der Veröffentlichung des Jugendkommuniqués anderthalb Jahre zuvor eingeschlagen hatten. So hatte der Kandidat des Zentralkomitees und spätere DEFA-Chef, Hans-Dieter Mäde, angemerkt:

»Es ist ja bekannt, daß wir gegenwärtig keineswegs alle Prozesse dieser Art unter Kontrolle haben. [...] Ich weiß, daß mit Verboten wenig auszurichten ist, aber wir müssen auch Tendenzen, die Dinge laufen zu lassen, energisch ausschalten. [...] Es ist natürlich von großer Bedeutung, daß wir Enge, Kleinlichkeit und Reglementierung in der Einstellung zu bestimmten Vergnügen, Tänzen und modischen Bedürfnissen der jungen Menschen überwunden haben. Trotzdem bleiben wir doch wohl Anhänger einer monistischen [?], einheitlichen Auffassung von der Welt und vom menschlichen Leben.«[27]

Offensichtlich hatten verschiedene Funktionäre bereits zu diesem Zeitpunkt den Eindruck gewonnen, dass die Entwicklung der Jugend- und der Kulturpolitik aus dem Ruder laufe. Noch scheute man sich aber, entsprechende einschneidende Schritte zu veranlassen, sondern lavierte vorerst zwischen Freizügigkeit und Restriktion. Während sich der FDJ-Zentralrat im Frühjahr

---

26 Vgl. Rauhut: Beat, S. 117f.
27 Hans-Dieter Mäde, Diskussionsbeitrag, Berlin 12.2.1965, SAPMO-BArch, DY 30/IV 2/1/323, Bl. 139f. Vgl. Alexander Abusch, Diskussionsbeitrag, Berlin 12.2.1965, ebd., Bl. 11 u. 199–208.

entschloss, den Beat-Boom unter seine Kontrolle zu bringen und ihn für die Verbandsarbeit zu nutzen,[28] wurde zur gleichen Zeit die kritische Beobachtung der jugend- und kulturpolitischen Entwicklung in der DDR verschärft. So finden sich in den Unterlagen der Jugendabteilung beim ZK der SED u. a. ein Dossier über Probleme der Tageszeitung *Junge Welt* und eine vernichtende Stellungnahme zu dem kritischen Jugendfilm »Denk bloß nicht ich heule«.[29] Der Film von Frank Vogel, der zu den »radikalsten Gegenwartsfilmen der DDR« zählt,[30] präsentierte – anders als die kritischen DEFA-Filme der späten fünfziger Jahre – nicht mehr die Handlungsoption, im Osten zu bleiben und sich der Mühsal des Alltags zu stellen oder sich ihr zu entziehen – etwa durch die Flucht in den Westen. »Denk bloß nicht ich heule« zeigte vielmehr eindringlich die Probleme, die sich seit dem Mauerbau aus der Alternative von kritischem Aufbegehren und kritikloser Anpassung ergaben. So erwog selbst die recht freimütige Jugendkommission des SED-Politbüros, Vogels Film einzuziehen und verweigerte ihm die Freigabe für den Verleih.[31] Demgegenüber legten die Leserbriefanalysen der *Jungen Welt* den Schluss nahe, dass Jugendliche die Optionen, die Vogel in seinem Film aufzeigte, kaum als Politikum verstünden.[32] Aus den Analysen ließ sich vielmehr ablesen, dass die Jugend sich immer weniger für politische Vorgänge interessierte, während das Interesse für Fragen des Privatlebens, der Partnerschaft, des Freizeitangebots und vor allem der Musik anhielt oder wuchs. Dies bemerkte auch der Verfasser des Dossiers über die *Junge Welt*:

> »Auffällig und bedenklich ist, daß in allen Zuschriften der hauptsächlich 14- bis 18-jährigen der Jugendverband bei der Freizeitgestaltung so gut wie keine Rolle spielt, ja, es gibt nicht einmal Kritik in dieser Hinsicht.«[33]

Trotz der jugendpolitischen Liberalisierung, die das Jugendkommuniqué 1963 eröffnet hatte, hatte sich die Freie Deutsche Jugend offenbar kaum um die tatsächlichen Probleme Jugendlicher gekümmert. Zwar wurden die Redaktionen der *Jungen Welt* und des *neuen lebens* verstärkt als Ratgeber für individuelle Sorgen betrachtet, aber der Jugendverband selbst hatte sich in dieser Funktion nicht profilieren können oder gar nicht wollen. So hätten nach Angaben der Leipziger SED-Bezirksleitung nach dem Deutschlandtreffen zwar etliche Jugendliche ihren Leistungswillen bekundet, seien aber durch die formalisierte Jugendarbeit abgeschreckt worden. Statt diese Bereitschaft zu nutzen, habe sich die FDJ auf ihre hergebrachte Arbeitsweise zurückgezogen:

---

28 FDJ-ZR, Beschluss, Berlin 20.4.1965, in Rauhut: Beat, S. 65, Anm. 62.
29 Gerhard Naumann, Gedanken, Berlin 22.4.1965, SAPMO-BArch, DY/30/IV A 2/16/79; Herbert Grasse, Stellungnahme, Berlin 10.3.1965, ebd. – Vgl. Gieseke: Mielke-Konzern, S. 81.
30 Schenk: Jugendfilm, S. 26. Vgl. Wilharm: Tabübrüche, S. 740–742.
31 Reimann, Tagebuchnotiz, Hoyerswerda 2.4.1965, in: Dies.: Alles schmeckt, S. 120f.
32 Zeno Zimmerling, Leserbriefanalyse, Berlin 29.6.1965, SAPMO-BArch, DY/30/IV A 2/16/79, S. 7.
33 Gerhard Naumann, Gedanken, Berlin 22.4.1965, SAPMO-BArch, DY/30/IV A 2/16/79, S. 4.

»Die vom Deutschlandtreffen ausgestrahlte Initiative ist nicht weiterentwickelt worden. […]
Ein ernster Mangel in der Jugendarbeit ist die kampagnemäßige Durchführung der Arbeit, die dann einseitig auf Höhepunkte, wie z. B. Deutschlandtreffen, Wahlversammlungen u. a. gerichtet ist. Durch die fehlende Kontinuität bleibt auch die z. T. gute Arbeit während bestimmter Kampagnen ohne Wirkung. […]«[34]

Dies hätte auch viele Jugendliche frustriert, die der FDJ-Arbeit grundsätzlich aufgeschlossen gegenübergestanden hätten. Ein Engagement lehnten sie aufgrund dieser Erfahrungen ab und trügen dabei folgende Argumente vor:

»Bei der FDJ ist sowieso nichts los, warum soll ich da Mitglied werden und Beitrag zahlen?
[…] Ich habe keine Bindung zur FDJ, ich habe andere Interessen.
[…] Wir arbeiten nur dann mit, wenn es von uns verlangt wird.«[35]

Vor diesem Hintergrund hatte der Jugendverband kaum Chancen, Jugendliche über die formale Mitgliedschaft hinaus für sich zu gewinnen. Dies wiederum enttäuschte engagierte FDJ-Funktionäre. Selbst unter ihnen war das Unbehagen gegenüber der Szene gewachsen, die außer Rand und Band zu geraten drohte. Auch in ihren Kreisen grassierte die Ratlosigkeit, wie mit dieser exzessiven Jugendkultur umzugehen wäre.

Inzwischen war zudem deutlich geworden, dass die gut gemeinten Aktivitäten vieler Funktionäre von den meisten Jugendlichen als Selbstverständlichkeiten aufgefasst wurden. Das war angesichts der Forderungen des Jugendkommuniqués von 1963 nur konsequent. Gegen Ende des Jahres berichtete etwa die Zeitschrift *Forum* über eine engagierte FDJlerin, die versucht hatte, das kulturelle Interesse »ihrer« Jugendlichen auf die Politik auszudehnen. In ihrem Klubtagebuch beschrieb Renate Feyl aus Berlin die Schizophrenie, die Jugendliche in den entsprechenden Auseinandersetzungen erkennen ließen:

»Als ich vorschlug, Probleme zu diskutieren, z. B. über die Jugend in Westdeutschland oder über die politischen Ziele der DDR, gingen einige sofort in Abwehrstellung. Sie beriefen sich auf die Betriebe, die ›schon genug Politik in sie pumpen‹. In Wirklichkeit haben aber die meisten politische Interessen.«[36]

Allerdings deckten sich diese offensichtlich kaum mit denen der engagierten Klubleiterin. Feyl musste bald erkennen, dass Jugendklubs vorrangig als kulturelle Angebote und weniger als politische Transmissionsriemen gefragt wären. Dabei käme dem kulturellen Angebot auch eine soziale Funktion zu. Da-

---

34 SED-BL Leipzig, Komm. f. Jugend u. Sport, Analyse, 4.3.1965, SächsStAL, SED, IV A-2/16/461, Bl. 71 passim.
35 Ebd., Bl. 99.
36 Renate Feyl, Treff mit Renate: Aus dem Tagebuch eines Berliner Jugendklubs, Forum, 22/1965, S. 10f. – Das Folgende ebd., S. 12f.

durch könne es der Verbandsarbeit der FDJ ein Minimum an Akzeptanz verschaffen, die nur bei wenigen vorhanden sei:

>»Die anderen kommen ins Kulturhaus nicht, weil sie hier selbst etwas organisieren wollen, sondern weil sie sich gern ein Programm servieren lassen, weil man hier tanzen kann und Leute trifft. Wäre das nicht, würden sie wieder mit Kofferradios und ›schräger Braut‹ an den […] Ecken stehen. So sind sie wenigstens an einem Abend im Kulturhaus, für viele ist es ein zweites, ein besseres Zuhause geworden.«

Bald sei die Klubarbeit allerdings durch Bürokratie und Ignoranz übergeordneter Dienststellen erschwert worden, bei denen das Outfit und der Habitus vieler Jugendlicher Ablehnung provoziert hätten. Daran sowie am Desinteresse der zuständigen SED-Kreisleitung gegenüber einer attraktiven Jugendarbeit sei der Klub schließlich gescheitert, da die meisten Mitglieder der Klubleitung schließlich die Gängelung satt gehabt hätten.

Die Veröffentlichung des Tagebuchs an so prominenter Stelle und zu der Zeit, als die ersten Repressionen bereits spürbar waren, lässt darauf schließen, dass die beschriebenen Probleme keinen Einzelfall darstellten. Die Freie Deutsche Jugend war offenbar mit der Vermittlung zwischen den Interessen der Jugendlichen und den Ansprüchen der Partei überfordert bzw. konnte diese Spannung nicht dauerhaft aushalten. Gewöhnt an die Vorgaben der SED-Jugendpolitiker, stand der Verband hilflos vor der neuen Freiheit, deren Grenzen nun offensichtlich wurden: War einerseits der politische Freiraum der FDJ-Arbeit nicht unbegrenzt, so beschränkte sich andererseits das Interesse ihrer Klientel weitgehend auf kulturelle Veranstaltungen mit »event«-Charakter, auf Tanzabende und Konzerte.

Während die Arbeiterjugend in den neu entdeckten Freiräumen vor allem der Musik und der damit einher kommenden Moden frönte, nutzten Studierende das relativ offene Klima zum Meinungsstreit. Aufsehen erregten dabei zwei Vorfälle, von denen der eine für die Lust an der Provokation steht, während der andere wegen seiner sachlichen Anfragen an die ostdeutsche Politik von den Herrschenden als Bedrohung empfunden werden musste. – Dies desto mehr, als Studierende ohnehin sowohl in ihrer Rolle als auch wegen der Herkunft vieler aus dem Bürgertum und der Intelligenz mit besonderer Sorge beobachtet wurden.[37]

Für den ersten Zwischenfall waren Studierende der Berliner Humboldt-Universität verantwortlich, die sich zum Ernteeinsatz, dem so genannten »Studentensommer«, im Bezirk Neubrandenburg aufhielten. Die begründete Weigerung von 15 Theologiestudierenden an der bevorstehenden Volkskammerwahl teilzunehmen, fand in dem entsprechenden Bericht an das SED-Zen-

---

[37] Vgl. Michalzik: »An der Seite …«, S. 64f., sowie für die fünfziger Jahre Krönig/Müller: Anpassung, S. 26–56.

tralkomitee ebenso ihren Niederschlag wie »ein verstärktes rowdyhaftes Verhalten von einzelnen Studenten und Kollektiven«. Das habe sich niedergeschlagen in »der zunehmenden Tendenz des Alkoholgenusses, [...] in der schmutzigen Einstellung gegenüber dem weiblichen Geschlecht sowie in offenen faschistischen Provokationen«. Zu letzterem wurde u. a. das Singen revanchistischer Lieder wie des Deutschlandliedes gezählt, das einigen Studierenden – enthemmt durch reichlich Alkohol – flott von der Zunge kam. Dazu wurden auch Diskussionsbeiträge gezählt, in denen diskriminierende Praktiken in der DDR mit der Apartheid in Südafrika verglichen wurden.[38]

Erheblich qualifizierter fiel demgegenüber der Offene Brief aus, den Studierende der Leipziger Theaterhochschule, die sich zur paramilitärischen Ausbildung in einem GST-Lager aufhielten, im Juli 1965 an das *Forum* adressiert hatten. Der Brief wurde allerdings nicht veröffentlicht. Vor dem Hintergrund einer Zivilschutzbelehrung für einen atomaren Krieg wehrten sich die Studierenden vor einer Bagatellisierung des nuklearen Wettrüstens und nahmen für sich »in Anspruch, über die tägliche Arbeit hinaus, die in unserer Gesellschaft bereits Friedensarbeit bedeutet, noch impulsiver und leidenschaftlicher gegen den Krieg aufzutreten«. Die Schauspielschüler forderten eine offene Diskussion über die Militarisierung der Gesellschaft, wobei auch die Frage zu erörtern sei:

> »Verhindert die Administration von Kundgebungen und Kampagnen gegen den Krieg durch Staat und Jugendorganisation den persönlichen Einsatz der einzelnen Jugendlichen?«[39]

Obwohl die Studierenden ausdrücklich verhindern wollten, »daß die Sache einen pazifistischen Charakter erhält«,[40] und sich zu einem ehrlichen Engagement in der FDJ verpflichteten, stellte ihr Brief einen Angriff auf die Militarisierungsbestrebungen der SED dar. Eine Veröffentlichung war deswegen in keinem Falle hinzunehmen, zumal die zitierte Passage eine niederschmetternde Kritik an der Verbandsarbeit der FDJ darstellte. Die Diskrepanz zwischen deren Friedenskampagnen und der permanenten Verpflichtungspropaganda, mit der Jugendliche für den Dienst in der NVA geworben werden sollten, war zwar offensichtlich; sie durfte aber in der Öffentlichkeit nicht angesprochen werden, entsprang sie doch der sicherheitspolitischen Doktrin der SED.

Der Offene Brief der Leipziger Theaterhochschüler stellte eine Ausnahme unter den politischen Stellungnahmen ostdeutscher Studierender dar. Vielmehr hatten schon in den vorangegangenen Jahren verschiedene Stellen über eine

---

38 SED-ZK, Information, Berlin 26.10.1965, SAPMO-BArch, DA/30/IV 2/1/335, zit. Agde (Hg.): Kahlschlag, S. 234f. – Vgl. MfS, HA IX/2, Bericht, 11.10.1965, BStU, HA IX 1038, Bl. 5–10.
39 Studierende d. Theaterhochschule Leipzig, Aufruf, Tambach-Dietharz 7.9.1965, SAPMO-BArch, DY/30/ IV 2/1/335, zit. Agde (Hg.): Kahlschlag, S. 233; auch in Schuster: Wissen, Dok. 74, S. 241.
40 Ebd., S. 232 bzw. 240. Vgl. Neubert: Geschichte, S. 197; Schuster: Mut, S. 223f.

zunehmende Kritiklosigkeit und einen kaum verhohlenen Opportunismus gerade unter den Studierenden geklagt. Am deutlichsten hatte schon 1963 der junge Philosoph Rudolf Bahro in der Zeitschrift *Forum* vor der »Unantastbarkeit des Konservatismus« an den Hochschulen gewarnt, der sich auf ideologische Phrasen zurückziehe und die kreativen Potenziale des wissenschaftlichen Nachwuchses und damit die Entwicklung der Wissenschaften in der DDR insgesamt hemme. So werde immer wieder »durch simplifizierende Gemeinplätze und durch ideologische Schocktherapie an Stelle echter Argumente Opposition erzeugt [...], wo Begeisterung entstehen sollte«. Die herkömmliche Art politischer Auseinandersetzungen an den Hochschulen provoziere Mittelmaß und eine unproduktive Atmosphäre:

> »Das Pensum gelernt zu haben, wird zuweilen besser honoriert, als echtes Ringen um die Aneignung des Marxismus-Leninismus, das doch der einzige Weg ist, auf dem aus einem System von Sätzen unverlierbare Weltanschauung, der Wesenskern eines Menschen wird.«[41]

In die gleiche Kerbe schlugen verschiedene Hochschulleitungen, darunter die der Universitäten in Jena und Leipzig. Sie kritisierten, dass sich unter Studierenden die Auffassung breit mache, »daß man am besten über die Runden kommt, wenn man keine Meinung hat«.[42] Diese Meinung war zwar nicht neu, wie eine Klage der Leipziger Universitätsparteileitung über studentisches »Zurückweichen in Diskussionen« aus dem Jahre 1963 belegt,[43] hatte sich aber unter dem Eindruck der Havemann-Debatte unter Studierenden rasant verbreitet. Zumindest erwecken Berichte aus der Leipziger Karl-Marx-Universität diesen Eindruck, die einerseits die »unkritische Atmosphäre in den FDJ-Gruppen« beklagten; andererseits beanstandeten sie die vereinzelten offenen »Diskussionen über Havemann«, in deren Verlauf sogar gefordert worden sei, das *Forum* wegen seiner Angriffe auf den Berliner Dissidenten abzubestellen.[44] In seiner Philosophie-Vorlesung über das Verhältnis von Naturwissenschaften und Marxismus hatte Robert Havemann im Wintersemester 1963/64 die politische Praxis in der DDR aus marxistischer Sicht kritisiert, was zu seiner Entlassung aus der Humboldt-Universität und seinem Ausschluss aus der SED im Jahre 1964 sowie zwei Jahre später aus der Akademie der Wissenschaften führte. Havemanns Vorlesung war nicht die einzige spektakuläre Veranstaltung des Wintersemesters 1963/64 an der Humboldt-Universität. Verschiedene Dozenten, unter ihnen der Pädagoge Klaus Korn, der Jurist Uwe-Jens Heuer und der Philosoph Wolfgang Heise (der als einziger Kollege zu Havemann

---

41 Rudolf Bahro, Geistige Reserven, Forum, 18/1963, S.26. Vgl. Schuster: Wissen, S.205f. Bahros Artikel in Auszügen ebd., Dok. 70, S.228–233.
42 FDJ-ZR, Abt. Universitäten u. Päd. Hochschulen, Bericht, Berlin 19.1.1965, SAPMO-BArch, DY/24/ 8064, zit. Schuster: Wissen, Dok. 72, S.236.
43 SED-PO KMU, Einschätzung, 13.6.1963, SächsStAL, SED, IV A-4/14/071, S.1.
44 SED-PO KMU, Analyse, o. D. [Mitte Sept. 1964], SächsStAL, SED, IV A-4/14/071, S.18 passim.

stehen sollte), initiierten Diskussionsabende, während einige Studierende um den späteren Dissidenten Guntolf Herzberg eine Reihe von öffentlichen Streitgesprächen zu »Freiheit im Sozialismus« und »Moral im Sozialismus« veranstaltete. Die selben Studierenden gründeten einen »Philosophenclub«, an dem ein reges Interesse bestand und in dem Wolf Biermann zum vorläufig letzten Mal öffentlich in der DDR auftrat. Der Klub sollte zur offenen Diskussion über politische Themen ermuntern und nicht nur Studierende, sondern auch Dozenten und Funktionäre aus Staat und Partei integrieren. Ein solches Engagement stieß jedoch gerade bei diesen auf wenig Gegenliebe, so dass bald das Ministerium für Staatssicherheit mit dieser Angelegenheit befasst wurde.[45] – Havemanns Vorlesung war unterdessen von ostdeutschen Studierenden abgetippt und hektografiert in Umlauf gebracht worden. Die wenigen Exemplare, die für die Studierenden einen Schatz darstellten, wurden an den Hochschulen herumgereicht und erfreuten sich eines regen Interesses, bot sich ihnen darin doch eine marxistische Perspektive abseits der dogmatischen Sicht der SED dar.[46] Deren Umgang mit ihrem prominentesten Kritiker, eben mit Havemann, demonstrierte, wie begrenzt der Freiraum tatsächlich war, der im Gefolge des Jugendkommuniqués in der DDR entstanden war.

Die Lage an den Universitäten und Hochschulen widerspiegelte in gewisser Weise die widersprüchliche Situation dieser Zeit. Einerseits wurden Diskussionen über Havemann ebenso wie der Appell der Leipziger Theaterhochschüler wegen ihrer prinzipiellen Anfragen als Bedrohung des Meinungsmonopols der SED empfunden, andererseits beklagten die staatlichen Leitungen den zunehmenden Opportunismus unter den Studierenden. Die rigorose Abwehr abweichender Meinungen in politischen Auseinandersetzungen an den Hochschulen bedingte allerdings das konformistische Verhalten der meisten Studierenden. Tatsächlich ließ sich an dieser Anpassung der steigende Konformitätsdruck ablesen, der an den höheren Bildungsanstalten deutlich größer war als an den Schulen und Berufsschulen. Um die eigene Laufbahn nicht zu gefährden, exponierten sich die künftigen Kader weder in die eine noch in die andere Richtung. Dies konnte zu absurden Situationen führen, wie bei einem Gespräch in der Mensa, an das sich Harald Fritzsch (damals Physikstudent in Leipzig) erinnert:

»[…] als Chruschtschow ging, da habe ich ein paar starke Kommentare losgelassen und da waren die anderen dann verunsichert. Denn die wussten auch noch nicht, wenn sie jetzt dagegen halten, vielleicht machen sie dann auch einen Feh-

---

45 MfS, Einzelinformation, Berlin 28.10.1965, BStU, ZAIG 1123, Bl. 1–6; Herzberg, Guntolf: Akten, Akteure und Akkuratesse, in: ZfG 42 (1994), S. 62; Schuster: Mut, S. 189–193. Noch im April 1966 trafen sich mehrfach Assistenten der HU zur Diskussion mit Kollegen von der West-Berliner FU: Wolle: Die versäumte Revolution, S. 40.
46 Harald Fritzsch, Interview, Berlin 9.2.2000; Ingrid Göcke, Interview, Freising 23.10.2000. – Vgl. Hptm. Jeschke, Studienmaterial zur Lage der Studenten […], Okt. 1963, BStU, MfS-JHS-MF-ZTgb. 720/63. – Havemanns Vorlesungen sind in der BRD erschienen unter dem Titel »Dialektik ohne Dogma: Naturwissenschaft und Weltanschauung«. Reinbek 1964.

ler. Vielleicht bin ich sogar auf der richtigen Linie, denn man wusste ja nicht, wie das weitergeht nach Chruschtschows Sturz.«[47]

Dieser Unsicherheit entsprechend beschränkte sich das Engagement vieler Studierender in der FDJ auf das Notwendige: die Seminargruppenversammlungen und die Anwesenheit bei Kundgebungen und Aufmärschen, wie den Demonstrationen zum 1. Mai. Zum Teil ließ sich das Minimum an Aktivität sogar zu kleineren Provokationen nutzen, wie sich Harald Fritzsch – dem jungen Arbeiter Manfred Ulmer ähnlich – erinnert, befragt nach seinem Engagement im Jugendverband:

»[...] zum 1. Mai als Student war man also angehalten, mit [...] FDJ-Hemd in Leipzig die Demonstration zu absolvieren [...]. Und ich bin schon hingegangen, mit den fünfzehn [Kommilitonen der Seminargruppe], einmal mit Jeans und so, und das wurde immer komisch beäugt [...].«[48]

Das Ende der Mitgliedschaft im Jugendverband fiel denn auch weniger mit dem Erreichen eines bestimmten Alters (normalerweise mit 25 Jahren) zusammen als mit der Überwindung einer weiteren Stufe auf der Karriereleiter, bei Studierenden mit dem Examen. Bei ihnen schien die FDJ auch nach dem Jugendkommuniqué und sogar nach dem Deutschlandtreffen kaum an Attraktivität gewonnen zu haben. Der *Eulenspiegel*, das Satiremagazin der DDR, karikierte dies im Oktober 1964 im fiktiven Dialog zweier Studentinnen:

»Nächste Woche kann mir die FDJ endgültig den Buckel runterrutschen. – Wieso, wirst du dann 25? – Nein, aber dann habe ich mein Staatsexamen in der Tasche.«[49]

Obwohl Studierende unter einem größeren Anpassungsdruck standen, sah die Lage unter den Schülern kaum anders aus. Der Rückzug ins Private, wie ihn die oben zitierte Analyse der *Jungen Welt* beklagte, entsprach der Abwehrreaktion, die Studierende mit ihrer politischen Zurückhaltung zeigten. Auch an den Schulen war das Ziel, möglichst »keine Meinung« zu haben bzw. diese nicht zu äußern.

Wie gefährlich es sein konnte, sich – nicht nur politisch – zu exponieren, erfuhren die Jugendlichen seit Mitte Oktober 1965. Eine Pressekampagne wurde angeschoben, die an die Tage nach dem Mauerbau erinnerte und die sich gegen alle Jugendlichen richtete, die den Normen der Partei nicht entsprachen und nun unter dem Begriff »Gammler« firmierten.

---

47 Harald Fritzsch, Interview, Berlin 9.2.2000; vgl. Manfred Ulmer, Interview, Leipzig 22.8.2000.
48 Ebd.; vgl. Manfred Ulmer, Interview, Leipzig 22.8.2000.
49 Eulenspiegel, 33/1964, in: Mählert/Stephan: Blaue Hemden, S.160. Vgl. Schuster: Mut, S.220.

»Wir dulden keine Gammler«: Auf dem Weg zum 11. ZK-Plenum

Die »Gammler«, zu denen alle auffälligen Jugendlichen gezählt wurden, voran die so genannten »Eckensteher«, wurden das Ziel von Attacken, die sich bis in das Jahr 1966 hineinzogen, deren Folgen aber noch danach zu spüren waren. Den Startschuss zu der Kampagne gab das *Neue Deutschland* am 17. Oktober 1965, einen Monat nach dem *Stones*-Konzert auf der Berliner Waldbühne:

> »Die Jugend unserer Republik ärgert sich auch über ›Mitesser‹, die das Antlitz der Jugend verunstalten und den weit über die Grenzen der DDR bekannten guten Ruf unserer Jugend beflecken: die Amateurgammler. Das sind junge Menschen, die [...] auf Straßen und Plätzen herumlungern, herumpöbeln und herumrempeln. Ihr Anblick bringt das Blut vieler Bürger in Wallung: verwahrlost, lange zottlige, dreckige Mähnen, zerlumpte Twist-Hosen. Sie stinken zehn Meter gegen den Wind. [...] Sie benehmen sich wie die Axt im Walde, als seien sie von der Waldbühne herübergeweht worden.«[50]

Die »Amateurgammler« waren ungeachtet des liberalen Kurses in der Jugendpolitik intensiv observiert worden, wie Schulungsmaterial des MfS belegt. Die Aufmerksamkeit der Staatssicherheit galt dabei sowohl »Partygruppen mit gemeinsamen politisch-ideologischen Interessen und Zielen, die auf eine kleinbürgerlich individuelle Lebensauffassung hinauslaufen«, als auch »Rowdygruppen«.[51] Nach Erkenntnissen des Leipziger Polizei-Kreisamtes (VPKA) hatten sich in der Messestadt bereits seit Anfang der sechziger Jahre Gruppen beider Schattierungen eines regen Zulaufs erfreut. Im Laufe des Jahres 1964 hatte das VPKA vierzehn entsprechende Jugendcliquen aufgelöst. Ihnen hätten 103 Kinder und Jugendliche angehört, in der Mehrzahl Schüler, daneben 17 Lehrlinge, 14 Fach- und 41 Hilfsarbeiter. Zwar hätte es einzelne relativ stark strukturierte Gruppierungen gegeben, jedoch seien »in der Regel die losen Zusammenkünfte vorherrschend und es gibt keine Anführer«.[52] Im folgenden Jahr hätte sich der Zulauf zu den Jugendgruppen noch verstärkt, wie das VPKA in seinem Jahresbericht für 1965 ausführte. Am deutlichsten sei dieser Trend bei den Cliquen zu erkennen gewesen, die in dem zitierten Stasi-Material als »Partygruppen« firmierten und denen sich zunehmend Kinder aus besser situierten Elternhäusern, Akademiker- und Handwerkerfamilien, anschlössen.[53] Bislang war also die Sammlung Jugendlicher in Cliquen vorwiegend ein Unterschichtenphänomen gewesen.

---

50 ND, 17.10.1965, zit. Rauhut: Beat, S. 119. Vgl. ebd., S. 118; Ders.: Rock, S. 29–33.
51 Oltn. Eberhard Hübner, Die Wirksamkeit bisheriger politisch-operativer Maßnahmen der Sicherheitsorgane gegen negative Gruppierungen Jugendlicher: Schlußfolgerungen für die [...] Arbeit gegen die Untergrundtätigkeit negativer Gruppen Jugendlicher, 6.8.1965, BStU, MfS-JHS-MF 234, S. 1.
52 VPKA Leipzig, Jahresbericht 1964, 8.1.1965, SächsStAL, BDVP, 24/1/817, Bl. 82f.
53 VPKA Leipzig, Jahresbericht 1965, 26.1.1966, ebd., Bl. 100–107.

Wurden die so genannten »Partygruppen« wegen ihrer Anfälligkeit für ideologische Einflüsse aus dem Westen, die vor allem sozialistischen Moralauffassungen, aber auch bürgerlichen Konventionen zuwiderliefen, von den Sicherheitsorganen der DDR beobachtet, so galten die »Rowdygruppen« als akutes Sicherheitsrisiko. Sie konterkarierten mit ihrer als »asozial«, »dekadent« oder »pervers« erachteten Lebensweise das Bild sozialistischer Persönlichkeiten. Der wichtigste Grund für die Aufmerksamkeit des ostdeutschen Sicherheitsapparates gegenüber den »Rowdies« lag im überproportionalen Anteil Jugendlicher an Straftaten. Knapp die Hälfte aller Delikte wurde nach Erkenntnissen des MfS durch Jugendliche begangen – bei einem Bevölkerungsanteil von 18 Prozent. Die Straftaten, vorwiegend Eigentumsdelikte, unbefugte Fahrzeugbenutzung, Sachbeschädigungen und Beleidigungen, würden von den Jugendlichen oft aus Übermut und Langeweile begangen:

»Sie verbringen sinnlos ihre Freizeit, weil sie nichts mit sich anzufangen wissen und verfallen leicht alkoholischen und sexuellen Exzessen.«[54]

Wegen ihrer Spontaneität seien die Jugendgruppen beider Schattierungen, vor allem aber die so genannten »Rowdies«, unberechenbar und neigten zu Widerstand gegen die Staatsgewalt, intensiver »Hetze« und Sabotage.

Vor diesem Hintergrund wurden die »Gammler« in der Öffentlichkeit als Sozialschmarotzer übelster Prägung dargestellt. Wie mit ihnen umzugehen wäre, hatte die FDJ-Zeitung *Junge Welt* bereits zwei Tage vor dem zitierten Artikel des *Neuen Deutschlands* demonstriert. Auf der Titelseite brachte sie die Reportage eines Berliner FDJ-Sekretärs, der sich brüstete, seine Klasse habe einem langhaarigen Mitschüler gegen dessen Willen die Mähne gestutzt.[55] Dass dies als Appell an die FDJ-Grundorganisationen zu verstehen sei, verdeutlichte ein Artikel, der eine Woche später erneut auf der Titelseite der *Jungen Welt* über einen ähnlichen Vorfall berichtete. Danach hätte allerdings der Vater des betroffenen Lehrlings es gewagt, den Betrieb mit einer Anzeige wegen Körperverletzung zu überziehen. Wegen dieser Renitenz müsse man nach Meinung der *Jungen Welt* Vater und Sohn »noch deutlich machen, daß wir keine Rolling-Stones-Macht, sondern eine Arbeiter-und-Bauern-Macht sind.«[56]

Mit diesen Attacken griff der Jugendverband auf ein erprobtes Mittel zurück, das schon in den fünfziger Jahren gegen »langhaarige« Jugendliche angewandt worden war. Hatten sich Manfred Ulmer und Wolfgang Schröder im Interview daran erinnert, dass Langhaarigen die Haare abgeschnitten worden waren oder gestutzt werden sollten, so weckten die Notizen von Brigitte Reimann noch andere Assoziationen, als sie in ironischem Ton schrieb:

---

54 Oltn. Eberhard Hübner, Die Wirksamkeit bisheriger politisch-operativer Maßnahmen [...] gegen negative Gruppierungen Jugendlicher, 6.8.1965, BStU, MfS-JHS-MF, 234, S. 1 u 4.
55 Der Rowdy mußte Haare lassen, JW, 15.10.1965, S. 1. Vgl. Rauhut: Beat, S. 119f.
56 Dieter Langguth, Eine Lektion für den Leitgammler, JW, 23./24.10.1965, S. 1.

»Jetzt macht die Jugend Scherereien, Illusionen verfliegen, und den Gammlern geht's an die langen Haare. Bis vor zwei Monaten sprach niemand über die Gammler, die am Bahnhof Lichtenberg herumstehen – jetzt sind sie eine Seuche, eine Gefahr, westlicher Dekadenz, die Staatsanwälte drohen, man greift unerbittlich durch, den Jungs werden die Haare gewaltsam geschoren (das hatten wir doch schon mal?), die Jugendkommission steht Kopf.«[57]

Der Berliner Bahnhof Lichtenberg stellte mit seinen weitläufigen Zugängen zur U-Bahn einen wichtigen Treffpunkt der Berliner Szene dar, weil sie von hier aus am schnellsten ihre Lieblingslokale erreichte. Seit Mitte Oktober waren die »Haarlekine von Lichtenberg«, wie der *Eulenspiegel* sie bezeichnete, in das Licht der Öffentlichkeit gerückt.[58] Während der *Eulenspiegel* sie als Aufmacher nutzte, wurde beim Amt für Jugendfragen eine Fotomappe der Jugendlichen angelegt, die mit ihrem Outfit und ihrem Auftreten die Volkspolizei provozierten und Passanten des Berliner Bahnhofs verschreckten. In dem Dossier über die nonkonformen Jugendlichen wurde ein Zusammenhang zwischen westlicher Musik und angeblich faschistischen Provokationen konstruiert, der durch beschlagnahmtes Material – einen Anhänger mit der Aufschrift »Rolling Stones«, »faschistische Orden« (ein Eisernes Kreuz aus dem Ersten Weltkrieg) und einen Schlagring – belegt werden sollte.[59]

Der harsche Ton der ostdeutschen Presse entsprach einer Linie, für die die *Junge Welt* den FDJ-Chef verantwortlich machte. Nach Angaben der FDJ-Tageszeitung hatte Horst Schumann auf einer Konferenz zur Jugendforschung in Leipzig im Duktus des Jugendkommuniqués von 1963 gefordert, »an die Hausherren von morgen schon heute hohe Anforderungen zu stellen und keine ›Gammler‹ zu dulden.«[60] – In Schumanns Rede, die die *Junge Welt* eine Woche später dokumentierte, findet sich allerdings keine entsprechende Passage. Offenbar hatte das FDJ-Zentralorgan mit seinem Bericht knapp den neuen, repressiven Kurs in der ostdeutschen Jugendpolitik skizzieren und für sich in Anspruch nehmen wollen: möglicherweise ein Fall vorauseilenden Gehorsams, würden doch die Jugendmedien der DDR bei einer Abrechnung mit den Verantwortlichen für Fehler in der Jugendpolitik in der ersten Reihe stehen.

Schließlich war den genannten Maßnahmen ein Beschluss des SED-Politbüros »Zu einigen Fragen der Jugendarbeit und dem Auftreten der Rowdygruppen« vorausgegangen, der bereits am 11. Oktober den liberalen Kurs in der

---

57 Reimann, Tagebuchnotiz, Hoyerswerda 6.11.1965, zit. Dies.: Alles schmeckt, S.163. – Vgl. Manfred Ulmer, Interview, Leipzig 22.8.2000; Wolfgang Schröder, Interview, Leipzig 23.8.2000.
58 Die Haarlekine von Lichtenberg: Kamm drüber?, Eulenspiegel, 42/1965, Titel, in: Rauhut: Rock, S.33; vgl. Ders.: Beat, S.110–112, 123.
59 O. Verf., Anlagekarte, o. D., BArch, DC/4/978. Das Folgende ebd.
60 »Wir dulden keine Gammler«, JW, 20.10.1965, S.1. – Zum Folgenden vgl. JW, 23./24.10.1965, S.4.

Jugendpolitik beendet hatte. Die protokollierte Fassung, die Erich Honecker wegen Abwesenheit des Vorsitzenden Ulbricht redigiert hatte, sah u. a. vor:

»[…] daß solchen Laienmusikgruppen, deren Darbietungen aus dekadenter westlicher Musik bestehen, die Lizenz entzogen wird. Durch die Finanzorgane sind die Steuerhinterziehungen bei diesen Gruppen zu fahnden [!]. […] Der Minister des Innern, Genosse Dickel, wird beauftragt, die erforderlichen Maßnahmen einzuleiten, daß […] die Mitglieder solcher Gruppen (Gammler u. ä.), die gegen die Gesetze der DDR verstoßen, eine ernste Gefährdung hervorrufen[,] durch Gerichtsbeschluß entsprechend der Verordnung vom 24. August 1961 in Arbeitslager eingewiesen werden.«[61]

Auf diesen Beschluss ging der starke Zuwachs an Personen zurück, die im Laufe des Jahres in Arbeitslagern interniert wurden. Unter ihnen dürften sich zahlreiche Jugendliche befunden haben, die als »Gammler« und »Arbeitsscheue« diskriminiert wurden. Damit waren alle Register gezogen, auf denen die SED-Bezirksleitung Leipzig in den nächsten Wochen spielen sollte. Die *Leipziger Volkszeitung* trug wie die *Junge Welt* und das *neue leben* mit schrillen Tönen zu der Kakophonie bei, die fortan der ostdeutschen Jugend in den Ohren klingen sollte. Während das Jugendmagazin für das Novemberheft 1965 eine Glosse über angebliche »Schmalspurmusiker« verfasste,[62] mokierte sich die FDJ-Tageszeitung Mitte Oktober über die geringen Englischkenntnisse etlicher junger Musiker. Tatsächlich verwies auch dieses Problem auf die Beschränktheit des Jugendlebens in der DDR: Da die Jugendlichen kaum Möglichkeit hatten, an die Texte zu gelangen, ihre Englischkenntnisse zudem nicht durch Konversation vertiefen konnten, blieb ihnen meist nur die phonetische Imitation der Originale. Auch hinsichtlich der technischen Ausstattung waren die Möglichkeiten der jungen Musiker begrenzt. Da kaum Verstärker und professionelle Tonanlagen im Handel erhältlich waren oder deren Preis die finanziellen Reserven der Jugendlichen überstrapaziert hätte, bastelten sie sich ihre Technik oft selbst. Oft bestand ihre Ausstattung nur aus einer »Elektrogitarre mit Kofferheule«.[63] Wegen ihrer technisch und sprachlich beschränkten Möglichkeiten sowie wegen ihrer angeblich begrenzten künstlerischen Fähigkeiten beschimpfte die *Junge Welt* die jungen Beat-Musiker als »Flaschen« und nannte sie wegen ihrer langen Haare »Neandertaler«. Die Beat-Musik verglich das Blatt mit dem »Gejaule von Heulbojen«.[64] Der anarchische Habitus zahlreicher Bands führte die *Junge Welt* schließlich zu der Frage: »Wo wird denn eigentlich die Musik gemacht?«, die sie mit Blick auf die »Krawallmusikanten« wie folgt beantwortete:

---

61 SED-PB, Beschluss, 11.10.1965, SAPMO-BArch, DY/30/J IV 2/3A/1232, zit. Rauhut: Beat, S. 127. Vgl. ebd., S. 126; Mählert/Stephan: Blaue Hemden, S. 170.
62 Schmalspurmusiker, nl, 11/1965, S. 24 f.
63 Thomas Tauer, Interview, Leipzig 24.8.2000.
64 Helmut Bräuer, Die falschen Engländer oder: Die Flaschen und die Namenlosen, JW, 21.10.1965, S. 1 u. 5.

»Sie müssen verstehen, daß sie keine ›Beat-Menschen‹ sind, sondern junge Bürger unseres sozialistischen Staates, die sich in allen Lebenslagen entsprechend den Normen unserer Gesellschaft verhalten müssen. […] Die Gitarrengruppen werden im Rahmen unserer Tanzmusik ihren angemessenen Platz haben, wenn sie ihre Musik von allen Verzerrungen reinigen und sie zum Ausdruck unseres Lebensgefühls werden lassen.«[65]

Als Kronzeugen dafür, dass die Trendwende in der politischen Auseinandersetzung mit der Unterhaltungsmusik richtig sei, mussten paradoxerweise die englischen und amerikanischen Hitparaden herhalten. Hier hatten vom Folk kommende Musiker wie Bob Dylan, Joan Baez und Donovan vorübergehend die *Beatles* und die *Rolling Stones* von der Spitze verdrängt und sollten deswegen der DDR-Musikszene als Vorbild dienen:

»Die pazifistische Thematik dieser Lieder ist zwar nicht auf uns übertragbar. Aber zündende Schlager, Lieder mit aktuellem Profil, die *unserer* Weltanschauung Ausdruck geben, wären auch bei uns nötig […]. Die Schöpfer der amerikanischen Anti-Kriegs-Lieder knüpfen an die Folklore ihrer Heimat an. Die Schöpfer neuer, zündender Melodien zum Singen und Tanzen für unsere Jugend könnten sich von *unserer* Liedtradition anregen lassen.«[66]

Angeregt hatte die SED mit dem Beschluss des Politbüros vom 11. Oktober zunächst nur erhebliche Unruhe unter zahlreichen Jugendlichen. Mit dem vorgeschriebenen Lizenzentzug provozierte die SED genau jene schwerwiegende Störung der Ordnung, die sie mit der Einweisung in Arbeitslager zu bestrafen gedachte – die »Beat-Demo« in Leipzig. Nach dieser – auch für die Staats- und Parteiorgane – niederschmetternden Erfahrung wurden die Maßnahmen nochmals verschärft, um die vermeintlichen Schuldigen an dem Desaster in der Leipziger Innenstadt, die Freizeitgruppen Jugendlicher zu zerschlagen. So sah die SED-Bezirksleitung in einem Plan vom 2. November vor:

»Durch die Zusammenarbeit der staatlichen Organe und gesellschaftlichen Organisationen sind alle bestehenden Gruppierungen umgehend zu beseitigen. […] Die Beseitigung der Gruppen ist dann als abgeschlossen zu betrachten, wenn alle Jugendlichen in Kollektive überführt und in der FDJ, im Sport, in der GST usw. ihren Freizeitinteressen nachgehen.«[67]

Tatsächlich gingen die Sicherheitskräfte in den folgenden Tagen rigoros gegen die Leipziger Jugendcliquen vor. 31 Jugendliche wurden inhaftiert. Unter ihnen befanden sich nach Angaben des Ministeriums für Staatssicherheit sieben Schüler, 15 Lehrlinge und acht Arbeiter bzw. nach dem Alter aufgeschlüsselt:

---

65 Helmut Bräuer, DDR-Bürger und keine »Beat-Menschen«, JW, 28.10.1965, S. 5.
66 Gefragt: Lieder mit aktuellem Profil, JW, 22.10.1965, S. 5.
67 O. Verf. [SED-BL Leipzig], Maßnahmeplan, 2.11.1965, SAPMO-BArch, DY/30/IV A 2/16/171, S. 4.

» 1 Person im Alter von 15 Jahren
15 Personen im Alter von 16 –18 Jahren
13 Personen im Alter von 18 –21 Jahren
1 Person im Alter von 22 Jahren
1 Person im Alter über 25 Jahre[…]
Von den Beschuldigten sind 8 Elternteile Mitglied der SED.«[68]

In dieser Aufschlüsselung zeigt sich erneut, was oben bereits ausgeführt worden ist: Den Jugendgruppen gehörten vorwiegend Jugendliche an, die bereits arbeiteten bzw. in einer Berufsausbildung standen. Die vorliegende Statistik demonstriert außerdem, dass die Jugendgruppen mit zunehmendem Alter an Attraktivität verloren. Dafür dürfte in erster Linie die Schwerpunktverlagerung im Leben der jungen Menschen verantwortlich gewesen sein, die sich nun in ihrem Privatleben einzurichten und allmählich Familien zu gründen begannen. So lag Mitte der sechziger Jahre zum Zeitpunkt der Erstheirat das durchschnittliche Alter junger Männer bei 24 Jahren, das junger Frauen bei 23.[69] Gleichwohl sagt die Zugehörigkeit zu einem Gruppenverband kaum etwas aus – weder über die privaten, familiären Hintergründe noch über die politische Sozialisation. Dies verdeutlicht auch der Umstand, dass mehrere Cliquenmitglieder Kinder von Eltern mit SED-Parteibuch waren: für eine bestimmte politisch-ideologische Entwicklung waren sie dadurch keineswegs prädestiniert.

Waren schon die Hintergründe der Gruppenbildung äußerst differenziert zu bewerten, so lag es nahe, dass die eingeleiteten Maßnahmen gegen die Leipziger Cliquen letzten Endes erfolglos blieben. Sie ließen sich auf diese Weise nicht zerschlagen, höchstens vorübergehend einschüchtern. Eher war die Aufmerksamkeit seitens der Sicherheitsorgane dazu angetan, den Zusammenhalt innerhalb der Gruppen zu stärken, während ihre Attraktivität nach außen dadurch sogar erhöht werden konnte.

Insofern war der Beschluss der Leipziger Bezirksleitung wie auch der vorangegangene des Politbüros in erster Linie ein Ausdruck der Hilflosigkeit. Hatte das Politbüro anderthalb Jahre zuvor nach dem gelungenen Deutschlandtreffen noch optimistisch in die Zukunft geblickt und gefordert, der liberale Kurs der Jugend- und Kulturpolitik müsse fortgesetzt werden,[70] so sah es sich nun offenbar in der Rolle des Zauberlehrlings, der die Geister nicht mehr los wurde, die er gerufen hatte. Auch die Jugendkommission um Kurt Turba wusste offenbar bereits im Frühjahr 1965 keinen Rat mehr. Die Sorgen, die Hans-Dieter Mäde auf dem 8. ZK-Plenum im Februar geäußert hatte, trieben

---

68 MfS, Einzel-Information, 9.11.1965, BStU, ZAIG 1129, Bl. 12.
69 Mühlberg, Dietrich: Sexualität und ostdeutscher Alltag, in: MKF, 34/1995, S. 17f.; Huinink, Johannes; Wagner, Michael: Partnerschaft, Ehe und Familie in der DDR, in: Huinink u. a. (Hg.): Kollektiv, S. 155–158.
70 SED-PB, Beschluss, 26.5.1964, SAPMO-BArch, DY/30/J IV 2/2/932, Bl. 11f.

auch die Kommissionsmitglieder um. Die Kommission geriet zunehmend in einen Zwiespalt zwischen den eigenen optimistischen Vorstellungen und den Rahmenbedingungen der SED-Diktatur, die einer Ausweitung jugendlicher Autonomiespielräume entgegenstanden.[71]

Der Jugendverband verriet seine Ideenlosigkeit dadurch, dass er schon am 12. Oktober 1965, also nur einen Tag nach dem Politbüro-Beschluss den gerade erst initiierten »Wettbewerb der Gitarrengruppen« abrupt beendete. Diese Kehrtwende in der Jugendkulturpolitik sowie die heftigen Attacken auf junge Musiker und langhaarige Jugendliche mussten das Vertrauen in die FDJ zerstören, das im Gefolge der Liberalisierung der Jugendpolitik gewachsen sein könnte. Zwar beherrschte die Jugendkultur nonkonformistischer Tönung bei weitem nicht die gesamte DDR-Jugend, der Kampf dagegen konnte aber auch diejenigen berühren, die davon nicht unmittelbar betroffen waren. – Schließlich zeigte auch das oben zitierte Tagebuch der Berliner Klubleiterin Renate Feyl, wie konzeptionslos die ostdeutsche Jugendpolitik des Jahres 1965 war. Darauf nahm der Leipziger Kultursoziologe Lothar Bisky Bezug, als er im *Forum* zu bedenken gab: »Staunend stehen einige FDJ-Funktionäre vor immer neuen und nicht immer angenehmen Formen des Freizeitverhaltens Jugendlicher.« Bisky fragte, ob die Konzeptionslosigkeit des Jugendverbandes nicht gerade auch die geächteten Formen der Jugendkultur und die angeblich sinnentleerte Freizeitgestaltung begünstigt habe, und fragte in resignativem Ton:

»›Vertane Zeit ist vertanes Leben!‹ Soll das etwa für viele Jugendliche bereits Lebensprinzip geworden sein?«[72]

Mit dieser Frage befasste sich auch das SED-Zentralkomitees auf seiner 11. Tagung im Dezember 1965. Im Mittelpunkt der Tagung hatten eigentlich wirtschaftliche Probleme stehen sollen, die durch den Machtwechsel in der Sowjetunion verstärkt worden waren, da der neue Chef in Moskau, Leonid Breschnew, die Satellitenstaaten ökonomisch wieder stärker an die osteuropäische Hegemonialmacht binden wollte.[73] Damit wurden nicht nur das Neue Ökonomische System, sondern auch die flankierenden Konzepte eines gesellschaftlichen Umbaus in Frage gestellt. Der gemäßigte innenpolitische Kurs, der die gesellschaftliche Umgestaltung unterstützen sollte, geriet damit ebenfalls in das Visier der Kritiker im SED-Zentralkomitee. Dies führte dazu, dass sich das ZK auf seinem Plenum unter dem Eindruck der Unruhe, die die Beat-Demo unter führenden Politikern der DDR ausgelöst hatte, über weite Strecken Fragen der Kultur- und Jugendpolitik zuwandte. Die Kulturpolitik wurde dabei zum Exerzierfeld eines beispiellosen Kahlschlags, da sämtliche gesellschaftlichen Fehlentwicklungen Liberalisierungstendenzen unter den ostdeut-

---

71 Vgl. Reimann, Tagebuchnotiz, Hoyerswerda 2.4.1965, in: Dies.: Alles schmeckt, S. 120f.
72 Lothar Bisky, Leserbrief, Forum, 1/1966, S. 11.
73 Vgl. Kaiser: Machtwechsel, S. 124–130; Steiner: Von »Hauptaufgabe«, S. 227–231.

schen Künstlern – voran den Schriftstellern – angelastet wurden. Waren Fragen der Jugend ein bevorzugtes Feld der Kunst nach dem Mauerbau gewesen, so wurde nun die Kunst wegen ihrer offenen Antworten auf diese Fragen an den Pranger gestellt.[74]

So rangierten kritische Jugendfilme wie der Streifen »Denk bloß nicht ich heule« unter der Rubrik »Kaninchen-Filme«, die Horst Sindermann in Anlehnung an Kurt Maetzigs Werk »Das Kaninchen bin ich« kreiert hatte.[75] Beide Filme – nach Meinung von Inge Lange, Leiterin der Frauenabteilung des Zentralkomitees, »der letzte Dreck«[76] – waren den Mitgliedern des ZK vorgeführt worden, um sie auf den angeblichen Ernst der Lage hinzuweisen und die restriktive Grundstimmung auf dem Plenum anzuheizen. Zum gleichen Zweck war für die Teilnehmer der Tagung eine Lesemappe zusammengestellt worden,[77] die nicht nur über die offenherzige, kritische Stimmung unter Künstlern verschiedenster Sparten sowie deren vorgebliche ideologische Irrungen berichtete, sondern auch eine Stellungnahme Ulbrichts zur Leipziger »Beat-Demo« enthielt. In diesem Schreiben vom 2. November war der Parteichef zu dem Schluss gekommen:

»Angesichts dieser Vorkommnisse ist es erforderlich, die ideologische Arbeit der Partei und der FDJ sowie anderer Massenorganisationen unter der Jugend zu verstärken. Es war falsch, daß von seiten des Zentralrates der FDJ ein Wettbewerb von Beat-Gruppen organisiert und die Auffassung verbreitet wurde, daß im Unterschied zu Westdeutschland Westschlager und Beat-Musik bei uns keine schädliche Wirkung hervorrufen können.«[78]

Der Jugendverband musste neben den Künstlern die heftigsten Schläge des 11. Plenums einstecken. Auf einer Parteiversammlung des FDJ-Zentralrats hatte die Leitung des Jugendverbandes eine erste Selbstkritik versucht, die aber nach dem Geschmack des SED-Politbüros zu indifferent ausgefallen war. Zwar hatte der Zentralrat Fehler eingestanden, zugleich aber darauf beharrt, seine Arbeit widerspiegele das Lebensgefühl der Jugend. Deswegen höre man selbst Westradio, sähe westliche Fernsehsendungen und rezipiere die Trends der gängigen Jugendkultur.[79] Dies musste von der Parteiführung geradezu als Affront aufgefasst werden, so dass die Abrechnung mit den Protagonisten des jugendpolitischen Kurses auf der ZK-Tagung äußerst harsch ausfiel.

---

74 Vorbereitet worden war der Kurswechsel unter Führung von Kurt Hager: vgl. SED-PB, Beschluss, 30.11.1965, SAPMO-BArch, DY/30/J IV 2/2A/1014, Bl. 6f.
75 Vgl. Jäger: Kultur, S. 124f.; Wilharm: Tabubrüche, S. 739–744. – Vgl. Kurt Maetzig, Stellungnahme, ND, 14.12.1965, in: Agde (Hg.): Kahlschlag, S. 303–309.
76 Inge Lange, Diskussionsbeitrag, 16.12.1965, SAPMO-BArch, DY/30/IV 2/1/336, Bl. 319.
77 SAPMO-BArch, DY/30/IV 2/1/335. – Auszüge in Agde (Hg.): Kahlschlag, S. 198–237.
78 Walter Ulbricht, Rundschreiben an Sekretäre d. SED-BLen, Berlin 2.11.1965, SAPMO-BArch, DY/30/IV 2/1/335, Bl. 98f.; Agde (Hg.): Kahlschlag, S. 230; Rauhut: Beat, S. 146.
79 O. Verf., Bericht, 3.12.1965, SAPMO-BArch, DY/30/IV 2/1/335, Bl. 88f.

Das Politbüro streckte in seinem Bericht an das Plenum, den Erich Honecker vortrug, mit einem Rundumschlag alle nieder, die an der wirtschaftlichen, kulturellen und gesellschaftlichen Misere schuld wären. Mit Blick auf die »Kaninchen-Filme« entdeckte das Politbüro »Tendenzen der Verabsolutierung der Widersprüche, der Mißachtung der Dialektik, konstruierte Konfliktsituationen, die in einen ausgedachten Rahmen gepreßt sind«. Sie würden damit der gesellschaftlichen Entwicklung nicht gerecht, sondern diese in bösartiger Weise verzerren und sie darstellen »als schweres Durchgangsstadium zu einer illusionären schönen Zukunft«. Die in den Filmen Vogels und Maetzigs aufgeworfenen Konflikte erfasste das Politbüro recht genau. Es ließ zudem erkennen, worin für die SED-Führung das eigentliche Problem dieser Kunstwerke lag: in der diagnostizierten Entfremdung von Individuum und Staat bzw. Gesellschaft:

»Dem einzelnen stehen Kollektive und Leiter von Staat und Partei oftmals als kalte und fremde Macht gegenüber.«[80]

In Fragen der Jugendkultur hingegen hätte sich gezeigt, dass eine wenig distanzierte Konzeption zu Fehleinschätzungen geführt habe. In Anbiederung an jugendliche Trends habe vor allem der FDJ-Zentralrat Fehler begangen, wie der Umgang des Jugendverbandes mit der Beat-Musik demonstriere:

»Sie wurde als musikalischer Ausdruck des Zeitalters der technischen Revolution ›entdeckt‹. Dabei wurde übersehen, daß der Gegner diese Art Musik ausnutzt, um durch die Übersteigerung der Beat-Rhythmen Jugendliche zu Exzessen aufzuputschen. Der schädliche Einfluß solcher Musik auf das Denken und Handeln von Jugendlichen wurde grob unterschätzt. Niemand in unserem Staate hat etwas gegen *gepflegte* Beat-Musik.«

Was darunter zu verstehen sei, ließ das Politbüro allerdings offen. Statt einer konstruktiven Kritik, die an diese paradoxe, absurd anmutende Wendung hätte anschließen können, polemisierte es anhaltend gegen den Zentralrat der FDJ. Der habe durch seine Fehleinschätzung »die moralische Zersetzung der Jugend begünstigt« sowie »Einseitigkeiten und Entstellungen bei der Ve[r]wirklichung des Jugendkommuniqués« billigend in Kauf genommen. So hätten sich Jugendliche ermuntert gefühlt, die Freiräume der sozialistischen Gesellschaft auf eine Art zu füllen, die nicht akzeptiert werden könne:

»Jedermann soll wissen – und darin sind wir uns gerade mit der Mehrheit der Jugend einig –, daß sich die Hausherren von morgen nicht dadurch auszuzeichnen, daß sie sich nicht waschen, die Haare nicht schneiden lassen und Rohei-

---

80 SED-PB, Bericht, 15.12.1965, SAPMO-BArch, DY/30/IV 2/1/336, Bl. 78 passim. Das Folgende ebd., 81, 90 (Hervorh. d. Verf.). Auszüge in: Agde (Hg.): Kahlschlag, S. 238–251. Vgl. Wilharm: Tabubrüche, S. 743 f.

ten gegenüber älteren Bürgern oder jungen Menschen begehen. Außerdem behindern lange Haare den Blick dafür, wie sich die Welt entwickelt.«

Die von Honecker vorgetragene Polemik wurde noch übertroffen durch Ulbricht, der in freier Rede ausgiebig über Fragen der Jugendkultur herzog. Sein Statement, das im offiziellen Tagungsprotokoll fehlt, wurde in der DDR später Stoff von Witzen, da er die »Texas-Kultur« zum Teil recht ungeschickt angriff:

»Ich bin der Meinung, Genossen, mit der Monotonie des Jay, jeh, yeh [!], und wie das alles heißt, sollte man doch Schluß machen. Man sollte diejenigen, die sich vielleicht sogar Künstler nennen, einfach auslachen. Vielleicht wirkt das besser, als wenn wir lange mit ihnen über diese Fragen diskutieren; denn das sind keine Gegenstände der Diskussion.«[81]

Trotz dieses verbalen Schlussstrichs wurde auf dem Plenum lang diskutiert. Die meisten Redner schlugen in die gleiche Kerbe wie Ulbricht und Honecker, andere ergaben sich in die gewünschte Selbstgeißelung. So der FDJ-Chef Horst Schumann, der allerdings vorsichtig Kritik anmeldete. Zwar klagte auch er über »Rowdytum und Unmoral, Formen des Banditenwesens bis zu faschistischen Verhaltensweisen unter Teilen der Jugend«, er monierte aber zugleich die Ignoranz der SED und ihrer Presse gegenüber den Problemen des Jugendverbandes. Die FDJ werde in ihrer Arbeit kaum gewürdigt, sondern nur für ihre Fehler getadelt. Solche Fehler, so resümierte Schumann, ließen sich künftig nur durch eine »langfristige gemeinsame Konzeption« in der Jugend- und in der Kulturpolitik vermeiden.[82]

Grundsätzlichen Widerspruch meldete nur eine Kandidatin des Zentralkomitees an: Christa Wolf. Sie wurde oft und unfair unterbrochen – vor allem von Margot Honecker, der Ministerin für Volksbildung –, als sie eine minimale künstlerische Freiheit einforderte, weil einerseits die Ostdeutschen »reif dafür« seien und weil andererseits eine kritiklose Kunst »unwahrhaftig und leer« würde.[83] – Andere Beiträge widerspiegelten eher den generationellen Konflikt, der unausgesprochen hinter den Auseinandersetzungen um die Jugendkultur stand, wie die Rede von Hans-Dieter Mäde, der sich über die »Phonstärke« auf Volksfesten beschwerte.[84] Von solchen Kleinigkeiten war Ulbricht in seinem Statement weit entfernt, wenn er resümierend feststellte:

»Mich interessiert die Hauptfrage: Wem nützt das? Nützt es dem Gegner oder nützt es der Deutschen Demokratischen Republik und dem Sozialismus?«[85]

---

81 Walter Ulbricht, Diskussionsbeitrag, 16.12.1965, SAPMO-BArch, DY/30/IV 2/1/337, Bl. 57f.
82 Horst Schumann, Diskussionsbeitrag, 15.12.1965, SAPMO-BArch, DY/30/IV 2/1/336, Bl. 141 passim.
83 Christa Wolf, Diskussionsbeitrag, 15.12.1965, ebd., zit. Agde (Hg.): Kahlschlag, S. 259f. u. 257.
84 Hans-Dieter Mäde, Diskussionsbeitrag, 16.12.1965, SAPMO-BArch, DY/30/IV 2/1/337, Bl. 378.
85 Walter Ulbricht, Diskussionsbeitrag, 16.12.1965, ebd., Bl. 75. Das Folgende ebd., Bl. 65.

Diese Frage müsste man nur stellen, weil »mit unserer Erziehungsarbeit einiges nicht in Ordnung« sei. Dies sah auch Waldemar Verner, der stellvertretende Verteidigungsminister, so. Verner forderte in gut militärischer Manier »die klassenmäßige und staatsbürgerliche Erziehung und Bildung der Jugend künftig prinzipieller auf die Klärung der für die Herausbildung einer stabilen Wehrmoral so bedeutsamen Freund-Feind-Problematik zu konzentrieren«.[86] Die Reaktivierung der hergebrachten Dualismen von »Bündnispartner« und »Klassenfeind«, von »sozialistisch« und »faschistisch« sollte also aus der Krise herausführen und die »politisch-ideologische Zersetzung« beseitigen, die das SED-Zentralkomitee unter der Jugend und in Künstlerkreisen voranschreiten sah. Verner und Ulbricht deuteten in ihren Beiträgen die veränderten Prämissen an, unter denen die Jugendarbeit künftig gestaltet werden sollte. Der Schwerpunkt sollte wieder einmal auf der politisch-ideologischen Schulung liegen und durch solche disziplinarischen Maßnahmen unterstützt werden, wie sie das Politbüro bereits beschlossen hatte.

Obwohl die Liberalisierungstendenzen der letzten beiden Jahre gestoppt wurden, blieben die Aussagen des ZK-Plenums zur Jugendpolitik auf den ersten Blick relativ indifferent. Die scharfen Angriffe auf nonkonformistische Formen der Kunst und der Jugendkultur ließen vergessen, dass das Zentralkomitee eine grundsätzliche Absage an die Politik, die sie mit dem Jugendkommuniqué von 1963 eingeleitet hatte, unterließ. Auch stand der Absage an westliche Einflüsse in der Unterhaltungskunst das Zugeständnis »gepflegter« Beat-Musik gegenüber. Gerade diese Phrase verdeutlicht, dass der scheinbare Widerspruch in den Aussagen des ZK-Plenums realiter gar nicht existierte. Sie kaschierte einerseits die jugendpolitische Konzeptionslosigkeit der Parteispitze, der zu moderner Tanzmusik nichts mehr einfiel. Andererseits vermied sie mit einer eindeutigen Absage an den Kurs der letzten zwei Jahre das Eingeständnis, Fehler gemacht zu haben. Die Selbstkritik anderer, des FDJ-Zentralrats, der Kulturbürokratie und der Künstler, war gefragt, die des Zentralkomitees und seines Politbüros aber musste vermieden werden. Die schonungslose Abrechnung sollte deren (vermeintliche) Fehler übertünchen, der neue, harte Kurs sollte sie in kürzester Zeit korrigieren.

Dabei seien bereits Erfolge zu verzeichnen, wie der Generalstaatsanwalt der DDR, Josef Streit, dem Zentralkomitee berichtete:

> »Einigen Krawallmachern aus Beat-Gruppen wurden die Mähnen geschnitten und sie sehen jetzt – seit sie aus der Braunkohle zurück sind – wieder ganz manierlich aus. Unseren Erziehungsmaßnahmen haben die ehrlichen und arbeitsamen Bürger zugestimmt.«[87]

---

86 Waldemar Verner, Diskussionsbeitrag, 15.12.1965, SAPMO-BArch, DY/30/IV 2/1/336, Bl. 171.
87 Josef Streit, Schriftl. Diskussionsbeitrag, SAPMO-BArch, DY/30/IV 2/1/338, Bl. 204f.

Mit Letzterem hatte Streit wahrscheinlich sogar Recht. So erklärte Ulrike Gentz, dass ihre Eltern zwar »sehr westorientiert« gewesen seien, aber dennoch alles abgelehnt hätten, was gegen ihre Konventionen verstieß. Damit hätten sich ihre Vorstellungen in mancher Hinsicht mit denen der SED-Spitze gedeckt: »Dieser Ausspruch von Ulbricht auf dem 11. Plenum, dieses ›Yeah, yeah, yeah‹, das war die Argumentation meines Vaters – wörtlich!«[88]

Die stillschweigende Allianz großer Teile der DDR-Bevölkerung in dieser Frage mit der Staats- und Parteiführung wirkte auch auf letztere zurück: Sie konnte sich auf ihrem neuen Kurs bestätigt fühlen. Die Geschlossenheit der Parteiführung war auf dem Plenum wieder hergestellt worden, und es bedurfte nur noch personeller Konsequenzen, um den Kurswechsel zu sichern. Neben der Ablösung des stellvertretenden Kulturministers Günter Witt, dem ein halbes Jahr später sein Chef Hans Bentzien folgte, musste der Chef der Jugendkommission, Kurt Turba, seinen Platz räumen.

Turbas Unnachgiebigkeit gegenüber Erich Honecker auf der entsprechenden Sekretariatssitzung des SED-Zentralkomitees hat ebenso wie der Umstand, dass Honecker statt Ulbricht den Bericht des Politbüros auf dem 11. Plenum vorgetragen hatte, Vermutungen angeregt, die harte Linie des Zentralkomitees wäre vornehmlich auf Ersteren zurückzuführen. Gerade die Jugendpolitik und – als deren Vordenker wie Exekutive gleichermaßen – die Jugendkommission unter Turba seien von Ulbricht seit 1963 protegiert worden und die Abrechnung damit deshalb als Erfolg der »antireformerischen Mehrheit in der SED-Führung« um Honecker zu werten. Obwohl Ulbricht als Initiator einiger Liberalisierungstendenzen seit 1963 gelten kann, war das Kahlschlag-Plenum für ihn keineswegs »in machtpolitischer Hinsicht eine erste schwerwiegende Niederlage« gewesen.[89] Der repressive Kurs entsprach vielmehr dem taktischen Politikverständnis Ulbrichts, der in geradezu mechanistischer Weise Erfolge seiner politischen Maßnahmen erwartete, bei deren Ausbleiben aber abrupt die Richtung wechseln konnte. Schon die Repressalien im Umfeld des Mauerbaus standen in scharfem Kontrast zu dem Jugendkommuniqué, das zwei Jahre später veröffentlicht wurde. Dieses sprach die Sprache des Neuen Ökonomischen Systems und ließ sich dementsprechend als taktisches Manöver zur Befriedung der jüngeren Generation angesichts anhaltender Versorgungskrisen und fortbestehender Legitimationsdefizite der SED gerade unter der Jugend interpretieren. Dieses Manöver hatte auch die repressiven Maßnahmen nach dem Mauerbau nicht erzwingen können. Der Kurswechsel im Herbst 1965 kam nicht überraschend, mehrten sich doch wirtschaftliche Schwierigkeiten und drohten damit neue Engpässe in der Versorgung der Be-

---

88 Ulrike Gentz, zit. Elternhaus und Schule, 0:17 u. 0:15.
89 So Kaiser: Machtwechsel, S. 222 u. 218. – Auf dem Plenum hatte sich vor allem Inge Lange, Diskussionsbeitrag, 16.12.1965, SAPMO-BArch, DY/30/IV 2/1/336, Bl. 322 f., mit heftigen Angriffen, unterstützt von Margot Honecker, gegenüber Turba profiliert.

völkerung. Die steigende Unzufriedenheit erforderte ein Eingreifen, und wie schon nach dem Mauerbau schien das Anziehen der Zügel das adäquate Mittel dafür zu sein. – So ließe sich die anfängliche Zurückhaltung Ulbrichts auf dem Plenum im Dezember eher im Sinne Stefan Heyms interpretieren, wonach sich der SED-Chef »für Angelegenheiten zweiten Ranges zu gut« war.[90] Heyms Vermutung wird gestützt durch die Darstellungen Christa Wolfs und Brigitte Reimanns sowie durch die scharfe Rede Ulbrichts auf dem Plenum. Deren Töne erinnerten an die Dissonanzen, die ein Treffen des Staats- und Parteichefs mit Künstlern im November 1962 bestimmt hatten. Ulbricht hatte sie damals der selben ideologischen Verfehlungen beschuldigt wie auf dem Kahlschlag-Plenum.[91]

Nicht einem Machtkampf zwischen Ulbricht und seinem Kronprinzen Honecker fielen also Kurt Turba und seine Mitstreiter in der Jugendkommission zum Opfer, sondern eher der Vorbeugung gegen Beunruhigungen der DDR-Bevölkerung und dem Widerstand der gesamten SED-Spitze gegen die *gesellschaftlichen* Modernisierungstendenzen, die die wirtschaftlichen Modernisierungsmaßnahmen mit sich brachten.[92] Turbas Tragik lag in dieser Dialektik begründet. Gleichwohl hätte er selbst mit seinem pädagogischen Optimismus diesen Spagat auf die Dauer kaum aushalten können.

»Neue Wesenszüge der Menschenbildung«: Die Bildungsreform

Die Dialektik, die der Modernisierung im Gefolge des »Neuen Ökonomischen Systems« innewohnte, war bereits im Frühjahr des Jahres 1965 deutlich zu erkennen, als die Bildungsreform in der DDR begonnen wurde. Eingeleitet durch das »Gesetz über das einheitliche sozialistische Bildungssystem« von 1965 und ausklingend mit der 3. Hochschulreform, die bis in die siebziger Jahre andauerte, steht die Bildungsreform zugleich für Beschleunigung und Abbremsung gesellschaftlicher Modernisierung im Zeichen des NÖSPL. So hieß es in der Präambel des Bildungsgesetzes vom 25. Februar 1965:

> »Die Erfordernisse der Wissenschaft und der technischen Revolution, die bewußte Anwendung der ökonomischen Gesetze des Sozialismus und die Gestaltung der sozialistischen Gemeinschaft, Demokratie und Kultur bestimmen die Entwicklung der neuen Wesenszüge der Menschenbildung in unserer Zeit. Das sozialistische Bewußtsein wird in wachsenden Maße zur Grundlage der schöpferischen Aktivität der Bürger. [...]

---

90 Heym, Stefan: Nachruf. München 1998 (Erstausg. 1988), S. 784.
91 Christa Wolf, Erinnerungsbericht, in: Agde (Hg.): Kahlschlag, S. 347; vgl. Reimann, Tagebuchnotiz, Petzow 2.12.1962, in: Dies.: Ich bedaure nichts, S. 267–299.
92 Vgl. Engler: Die ungewollte Moderne, S. 34; Wierling: Opposition, S. 250, Anm. 34.

Das einheitliche sozialistische Bildungssystem soll nunmehr den Erfordernissen des umfassenden Aufbaus des Sozialismus in Übereinstimmung mit der Perspektive unserer Gesellschaft entsprechen.«[93]

Dabei unterstellte die SED, dass die Grundinteressen von Jugendlichen und Erwachsenen ebenso wenig divergierten wie die Erziehungsziele der Eltern und der Gesellschaft. Die gemeinsame Perspektive aller Ostdeutschen sei die Bildung und Erziehung »allseitig und harmonisch entwickelter sozialistischer Persönlichkeiten«.[94] Zwar konnte diese Formel als Konzentrat einer neuen, sozialen Ethik verstanden werden, tatsächlich aber orientierte sich dieses Menschenbild an den Erfordernissen der gesellschaftlichen Entwicklung. Dabei wurde das Ziel mit dem Konstrukt der »entwickelten sozialistischen Gesellschaft« vorgegeben und somit das Deutungsmonopol der SED festgeschrieben. Zugleich wurde damit die Einheit von wissenschaftlicher Bildung und politisch-ideologischer Erziehung als Grundlage der Bildungspolitik fixiert. Der Widerspruch von zunehmend differenziertem Fachwissen, das eine differenzierte Weltsicht provozieren musste, und monolithischer Doktrin war also im Bildungsgesetz von 1965 schon angelegt. In der Folge, vor allem im Zusammenhang mit der Hochschulreform, die 1967 eingeleitet wurde, musste sich dieser Widerspruch verschärfen, sofern die bildungspolitische Praxis nicht Präferenzen setzte.

Diese Präferenzen waren jedoch nicht zu übersehen. So wurden zwar praktische Anteile im Unterricht als Basis der so genannten »polytechnischen Ausbildung« ebenso erhöht wie die Stundenzahl der naturwissenschaftlichen Fächer, zugleich aber wurde festgelegt, dass alle Unterrichtsinhalte »für die staatsbürgerliche Erziehung und für die Entwicklung einer sozialistischen Einstellung zur Arbeit genutzt werden« sollten.[95] Dies entsprach der Aufwertung der ideologischen Indoktrination im Schulbetrieb insgesamt. Allerdings konnte der polytechnische Unterricht nur bedingt zur politisch-ideologischen Indoktrination beitragen. Der wöchentliche »Unterrichtstag in der Produktion« (UTP), wie das Schulfach für die 7. bis 10. Klassen hieß, wurde von Fachlehrern und Ausbildern eher dazu genutzt, die Schüler zur Arbeit in den Betrieben anzuleiten, als sie mit politisch-ökonomischen Fragen vertraut zu machen. Zumindest wurden solche Inhalte von den Jugendlichen nicht rezipiert, wie eine Umfrage ergeben hatte, die 1963 unter 1 226 Schülern im Bezirk Dresden

---

93 Gesetz über das einheitliche sozialistische Bildungssystem [Bildungsgesetz], 25.2.1965, GBl. 1965/I, S. 83–106, Präambel. Zum Folgenden ebd., § 7 (4); vgl. Baske, Siegfried (Hg.): Bildungspolitik in der DDR 1963–1976. Dokumente. Wiesbaden 1979, Nr. 8, S. 97–130. – Vgl. Eichler, Wolfgang: Menschenbild und Erziehungspraxis in der DDR, in: Badstübner, E. (Hg.): Befremdlich anders, S. 558–565; Geißler: Volksbildung, S. 35–37; Middell, Matthias: 1968 in der DDR. Das Beispiel Hochschulreform, in: François (Hg.): 1968, S. 132–144.
94 Bildungsgesetz, 25.2.1965, § 1 (1). – Vgl. Lemke: Ursachen, S. 84–194; Michalzik: »An der Seite …«, S. 128–136 u. 149–166.
95 Bildungsgesetz, 25.2.1965, § 15 (1).

durchgeführt worden war. In einem fiktiven Brief, in dem sie über den UTP berichten sollten, bezogen sich nur 19,5 Prozent der Mädchen und 26,5 der Jungen auf politisch-ökonomische Fragen. Hingegen standen Fragen der Berufswahl und der Vorbereitung auf die Berufsausbildung sowohl bei den Mädchen (79,5 Prozent der Äußerungen) als auch bei den Jungen (72,0 Prozent) eindeutig im Mittelpunkt des Interesses.[96] – Die zitierten Vorschriften des Bildungsgesetzes sollten diese Schwerpunkte nun deutlich zugunsten der politisch-ideologischen und damit auch der ökonomischen Unterrichtsinhalte verschieben.

Die sukzessive Ideologisierung der schulischen Inhalte schloss eine fortschreitende Militarisierung des Bildungswesens ein. Bereits im Vorfeld der Bildungsreform waren 1963 mit der oben zitierten Vereinbarung zwischen dem Ministerium für Volksbildung und dem Zentralvorstand der Gesellschaft für Sport und Technik (GST) die Weichen für eine Integration der Wehrertüchtigung an Schulen und Berufsschulen gestellt worden. Die Forderung des Bildungsgesetzes von 1965, Unterrichtsinhalte nach politisch-ideologischen Prämissen zu gestalten, ermöglichte de jure, was de facto vielerorts längst praktiziert wurde: die Berücksichtigung militärpolitischer Aspekte in nahezu allen Unterrichtsfächern. – Wer sich dem »Säbelrasseln als schulische[m] Pflichtprogramm«[97] widersetzte, musste mit Sanktionen rechnen. Geahndet wurde nicht nur die Weigerung, an paramilitärischen Übungen, wie dem obligatorischen Schießtraining im Sportunterricht, teilzunehmen: Bereits Äußerungen, die der vom stellvertretenden Verteidigungsminister Waldemar Verner auf dem 11. ZK-Plenum beschworenen »Wehrmoral« abträglich waren, konnten sanktioniert werden. So erinnerte sich Annette Taube aus Leipzig an einige Mitschüler, die an ihrer Schule, einer EOS, gegen die GST polemisiert hätten:

»[...] die haben sich mal ein bisserl zusammengetan und das war eigentlich noch nicht einmal etwas staatsfeindliches, aber allein, daß sie sich da zusammen unterhalten und so ein bißchen eine Kontra-Stellung eingenommen haben, also der eine mußte praktisch von der [E]rweiterten Oberschule runter [...].«[98]

Die Militarisierung des Bildungswesens warf ein bezeichnendes Licht auf das Menschenbild der SED-Bildungspolitiker. Das Potenzial junger Männer war offensichtlich in erster Linie als politischer Kämpfer und als Soldat gefragt, dafür baute man auf ihre Aggressivität. Ihre Kreativität hingegen, die sich aggressiv äußern konnte, wie rebellische Formen der Jugendkultur zeigten, war zu kanalisieren, um sie kontrollieren zu können.[99]

Dabei setzten die ostdeutschen Bildungspolitiker auf die Mithilfe der Eltern. Zu diesem Zweck wurde ein Jahr nach der Verabschiedung des Bildungs-

---

96 Fast jeder will ein Auto, in: SBZ-Archiv 15 (1964), S. 131. – Vgl. Wierling: Geboren, S. 129 f.
97 Klier, Freya: Lüg Vaterland. Erziehung in der DDR. 2. Aufl., München 1990, S. 130.
98 Annette Taube* (Jg. 1951), Interview, Leipzig 2.6.1992, ADG, Satznr. 732, S. 3 f.
99 Vgl. Niethammer: Die SED, S. 322–325.

gesetzes eine Verordnung über die Elternvertretungen erlassen, die die Arbeit der Klassenelternaktive (der Elternvertretungen der einzelnen Schulklassen) sowie der (Schul-)Elternbeiräte regelte. Auch in dieser Verordnung ging man davon aus, dass die »Gemeinsamkeit von Familie und Schule [...] die Voraussetzung für die harmonische, kontinuierliche Entwicklung der Kinder zu sozialistischen Persönlichkeiten« sei. Die Elternvertretungen hätten unter dieser Prämisse Verantwortung für die Durchsetzung der Bildungs- und Erziehungsziele zu übernehmen, die im Bildungsgesetz von 1965 fixiert worden waren. Somit hatten die Elternvertretungen nicht die Arbeit an den Schulen kritisch zu begleiten, sondern im Interesse der Bildungseinrichtungen auf Eltern und Kinder einzuwirken. Sie sollten die Eltern aktivieren und ihr Interesse sowie ihre Mitarbeit auf folgende Aspekte lenken:

»– auf die aktive Unterstützung der Bildungs- und Erziehungsarbeit an der Schule,
– auf die sozialistische Erziehung der Kinder in der Familie,
– auf die Unterstützung einer inhaltsreichen und interessanten Tätigkeit der FDJ und der Pionierorganisation ›Ernst Thälmann‹,
– auf die Zusammenarbeit mit den an der Erziehung beteiligten gesellschaftlichen Kräften.«[100]

Damit diese Aufgaben erfüllt würden, sollten in die Elternvertretungen nur Eltern gewählt werden, die »die sozialistische Bildungs- und Erziehungsarbeit der Schule aktiv unterstützen«. Auf etliche Eltern traf diese Vorschrift nur bedingt zu, weshalb sich die SED-Bezirksleitung Leipzig 1967 beklagte, dass an verschiedenen Schulen ungeachtet der einschlägigen Vorschriften aktive Christen bis hin zu Pfarrern für die Wahlen nominiert worden waren – letztere an einer Schule im Leipziger Westen sogar mit Erfolg.[101] Noch Anfang der siebziger Jahre unterstützte deswegen das Ministerium für Volksbildung »Anstrengungen, um die Wahl von Pfarrern und Kirchenangestellten sowie stark religiös gebundenen Eltern in die Elternaktive zu verhindern«.[102] Deren Einfluss hätte möglicherweise die unterstellte Übereinstimmung der pädagogischen Interessen und Ziele von Schule und Eltern unterlaufen.

Die politische Uniformierung im Bildungswesen war verbunden mit der intensiven Förderung von Arbeiterkindern. Einerseits entsprach dies der längst praktizierten Zurückdrängung bürgerlicher Bildungsprivilegien, andererseits wurden damit zweifellos auch soziale Benachteiligungen aufgehoben. Dies hatte den stellvertretenden Vorsitzenden des DDR-Ministerrats, Alexander Abusch, der auch für die Volksbildung zuständig war, in seiner Rede zur Begründung des Bildungsgesetzes vor der Volkskammer zu euphorischen Bemer-

---

100 VO über die Elternvertretungen, 1966, Präambel u. § 2, zit. Schneider, Ilona Katharina: Weltanschauliche Erziehung in der DDR. Normen – Praxis – Opposition. Opladen 1995, Dok. 1.11.5, S. 74. – Das Folgende ebd., § 1 (4).
101 SED-BL Leipzig, Abt. Schulen, Fach- u. Hochschulen, Information, 27.1.1967, SächsStAL, SED, IV A-2/9.02/353, Bl. 200.
102 MfV, Hauptschulinspektion, Information, Berlin 26.10.1973, BArch, DR/2/A8866, S. 7.

kungen veranlasst: Sowohl die neuen Bildungsinhalte als auch die soziale Regulierung der Bildungschancen bewiesen – so Abusch –, »daß der Geist unserer Republik das Gewissen der deutschen Nation verkörpert und in dem vorliegenden Gesetz lebendig ist«.[103] Tatsächlich forcierte die DDR damit eine Praxis, die in Westdeutschland zur gleichen Zeit noch kontrovers diskutiert wurde. Allerdings stieß die ostdeutsche Bildungspolitik mit der einseitigen Förderung von Kindern aus unterbürgerlichen Schichten an ihre Grenzen. Die angebliche Übereinstimmung der Bildungsziele von Individuen und Gesellschaft wurde vor allem von den materiellen Interessen der Eltern und Kinder aus den umworbenen Bevölkerungsgruppen konterkariert. So ließ sich die POS, die »Zehnklassige allgemeinbildende Polytechnische Oberschule«, nur langfristig als Regelschule durchsetzen, obwohl dies im Bildungsgesetz von 1965 unmittelbar vorgesehen war. Die SED-Stadtleitung Leipzig beispielsweise beklagte sich im September 1965 über den massiven Widerstand von Eltern gegen das Vorhaben, die schulische Ausbildung ihrer Kinder bis zum 16. Lebensjahr auszudehnen. Dabei standen ökonomische Interessen im Vordergrund – sowohl die Verbesserung der materiellen Basis der Familie insgesamt als auch die wirtschaftliche Selbständigkeit des Nachwuchses.[104] Angesichts periodischer Versorgungskrisen, die den Alltag in der DDR noch bis in die sechziger Jahre hinein erschwerten, war es kaum verwunderlich, dass die Option einer schnellen Verbesserung der ökonomischen Grundlagen in vielen Fällen einem höheren Bildungsweg vorgezogen wurde. Laufbahnen im administrativen und akademischen Bereich büßten zudem an Attraktivität gegenüber industriellen oder handwerklichen Professionen ein, da ihre Gehälter zunehmend nivelliert und der Konformitätsdruck permanent erhöht wurde – bis hin zur obligat erscheinenden Mitgliedschaft in einer Partei. Aus diesen Gründen lag der Anteil der Arbeiterkinder an den Erweiterten Oberschulen, wo die Hochschulreife erworben wurde, bis Anfang der siebziger Jahre unter den Vorgaben der staatlichen Planung.[105]

Ungeachtet der Schwierigkeiten bei der praktischen Umsetzung sozialer Regulierungsmechanismen im Bildungswesen gab es schon vor der Verabschiedung des Bildungsgesetzes aus bürgerlichen Kreisen massive Kritik an der Schulpraxis. Diese zielte nicht nur auf dogmatische Bildungsinhalte, sondern auch auf die sozialen Auswahlkriterien. Während sich unterbürgerliche Schichten in der Diskussion über die anstehende Bildungsreform kaum zu Wort meldeten, sparten die »Vertreter der Intelligenz und der kleinbürgerlichen Kreise«, wie es in einem Bericht der ZK-Abteilung Volksbildung hieß, nicht mit kritischen Kommentaren:

---

103 Alexander Abusch, Rede, Berlin 25.2.1965, zit. JW, 26.2.1965, S. 4.
104 Vgl. SED-SL Leipzig, Abt. Org./Kader, Informations-Bericht, 1.9.1965, SächsStAL, SED, IV A-5/01/231, S. 12; SED-SL Leipzig, Ideol. Komm., Informationsbericht, 8.10.1963, SächsStAL, SED, IV C-5/01/241, S. 3; Sabine Ulmer, Interview, Leipzig 22.8.2000. Vgl. Geißler: Volksbildung, S. 33.
105 SED-SL Leipzig, Abt. Schulen/Kultur, Zu [...] Ergebnissen seit dem VIII. Parteitag, o. D. [Jan./Feb. 1972], SächsStAL, SED, IV C-5/01/241, S. 1.

»In einer Reihe von Vorschlägen kommen die bürgerlichen Vorstellungen über die Begabung zum Ausdruck mit ihrer klassenmäßigen Einteilung nach sogenannten ›Begabten‹ [...] und ›Nichtbegabten‹, zwischen denen eine Trennung in der Schule schon frühzeitig gefordert wird [...].«[106]

Dies sei nach Meinung der kritischen Bürger vor allem in der musischen Ausbildung notwendig, die ohnehin in der DDR stark vernachlässigt werde. – Eine solche Akzentuierung auf klassische Bildungs- und Leistungsstandards hätte aber ebenso wie der Verzicht auf eine soziale Regulierung der Bildungschancen den bildungspolitischen Prämissen der SED eindeutig widersprochen.

Obwohl auch in den Berufsschulen und den Ausbildungsbetrieben im Gefolge der Bildungsreform die ideologische Disziplinierung zunahm, wurden Betriebe – vor allem, wenn sie sich in privater Hand oder halbstaatlich in Kommission befanden – offenbar als größere Freiräume wahrgenommen. So spielten hier die politischen Schulungen in den Erinnerungen von Zeitzeugen kaum eine Rolle. Bewahrt hatten sie eher spektakuläre Ereignisse: etwa die Maßregelung von Jugendlichen wegen ihrer Kleidung und wegen zu forschen Auftretens oder plötzliche politische Kurswechsel, die Lehrer und Ausbilder in argumentative Schwierigkeiten brachten. Gernot Grünspecht erzählt, dass seine Klasse neue Lehrer stets auf ihre politische Toleranz geprüft habe:

»[Das demonstrierte], dass natürlich ein Lehrer im Dialog mit der Klasse, dass der sich da ein bisschen bremsen muss, wenn er denn selbst kritisch ist, und dass, wenn er kritisch ist, ja, beide Seiten, der Lehrer wie die Klasse, abtasten, wie weit kann der denn gehen, was können wir mit dem diskutieren, der wird gecheckt, wie reagiert der [...]. Und das hat sich eigentlich immer gefunden. Also ich konnte nicht aufstehen und sagen in der Klasse, Ulbricht ist blöd, das ging nicht, aber man konnte mit einem bestimmten Vokabular [...], mit einer ganz klar verständlichen Fahrrichtung Fragen stellen. Und der konnte [...] Antworten finden und man wusste, dass er in seinem Antwort-Geben beschränkt war. Aber man konnte von daher ihn ungefähr politisch einordnen. Und ohne, dass die Antwort, die er dann gegeben hat, nun irgendwie wichtig war, man wollte ihn ja bloß abtasten [...].«[107]

Oft hielten die Lehrkräfte einer solchen Prüfung nicht stand und büßten dadurch an Ansehen ein. Um dies zu verhindern, sollten die Defizite in diesem Bereich durch die Betonung politisch-ideologischer Inhalte im Unterricht aller Fächer behoben werden. Insgesamt sollten die Lehrkräfte stärker Einfluss nehmen auf das Weltbild ihrer Schüler. Bislang gehörten die schulischen Lehr-

---

106 SED-ZK, Abt. Volksbildung, Material, Berlin 8.3.1963, SAPMO-BArch, DY/30/IV A 2/ 2.024/6, S. 7.
107 Gernot Grünspecht*, Interview, Berlin 16.11.1999. Ähnlich Manfred Ulmer zu Freiräumen in privaten und halbstaatlichen Betrieben Sabine Ulmer, Interview, Leipzig 22.8.2000.

kräfte nicht zu den Personen, die »ihre Lebensanschauung nachhaltig beeinflußt haben«, wie der überwiegende Teil von 294 Schülerinnen und Schülern der 10. Klassen Leipziger Schulen im Jahre 1963 angegeben hatte. Nur ein Prozent hatten in der Umfrage Lehrern nachhaltigen Einfluss auf ihre persönliche Meinung zugestanden.[108]

Zu berücksichtigen ist in diesem Zusammenhang, dass durch die Schwankungen in der ostdeutschen Politik die Autorität von Lehrkräften erheblich unterminiert wurde. Hatten einige von ihnen Schwierigkeiten mit neuen, exzessiven Formen der Jugendkultur, so stieß ihre konservative Praxis zunehmend auf Ablehnung.[109] Dabei stand einerseits die altbackene Vermittlung im Unterricht in der Kritik, andererseits häuften sich Beschwerden über den rigiden Umgang mit Schülerinnen und Schülern. Im Vorfeld der Bildungsreform wiederholten sich Klagen der Schulräte und Volksbildungsabteilungen der Parteisekretariate, so dass die SED-Stadtleitung Leipzig im Mai 1963 konstatierte:

»Es gibt noch eine Anzahl Lehrer, die oft pädagogisch hilflos sind. Die zunehmende Anwendung der Prügelstrafe und häufig negative Eintragungen in Klassenbüchern weisen darauf hin.«[110]

Nach der Verabschiedung des Bildungsgesetzes häuften sich hingegen Beschwerden staatlicher Leitungen über den relativ großzügigen Umgang verschiedener Lehrer mit der Jugendkultur, die mit dem Jugendkommuniqué in ein anderes, positives Licht getaucht worden war. Lehrkräfte wurden nun bezichtigt, ideologischer »Aufweichung« unter der Jugend nicht energisch genug entgegengetreten zu sein. Nach Meinung des Amtes für Jugendfragen lag die Ursache dafür, dass ein »kleiner Teil der Jugend [...] mit der Freizeit noch nichts Vernünftiges und Sinnvolles anzufangen« wisse, vor allem darin, dass in einigen Schulen »noch ein gewisser Liberalismus in vielen Fragen der Erziehung« herrsche.[111] Die Mängel in der politisch-ideologischen Erziehung an den Schulen wurden meist auf den wachsenden Anteil jüngerer Lehrkräfte zurückgeführt.[112] Diese würden einerseits den Diskussionen über Äußerlichkeiten zu viel Aufmerksamkeit widmen und stünden andererseits nicht auf gefestigten ideologischen Fundamenten. Diese Einschätzung muss allerdings mit einer gewissen Vorsicht betrachtet werden, äußern doch fast alle Zeitzeugen in ihren Erinnerungen, dass einzelne Lehrer unterschiedlichsten Alters auf tradierte, so genannte »klassisch humanistische«, Bildungsinhalte ebenso Wert gelegt hätten wie auf eine individuelle politische Meinungsbildung und auf

---

108 Partei und Sex, SBZ-Archiv 14 (1963), S. 339. Vgl. Wierling: Geboren, S. 133.
109 SED-SL Leipzig, Ideol. Komm., Informationsbericht, 13.5.1963, SächsStAL, SED, IV A-5/01/231, S. 2.
110 SED-SL Leipzig, Einschätzung, 31.5.1963, ebd., S. 7.
111 Amt f. Jugendfragen, Die Lage der Jugend, Juni 1966, BArch, DC/4/863, Bl. 4 u. 30.
112 SED-SL Leipzig, Bericht, 29.11.1965, SächsStAL, SED, IV A-5/01/231, S. 4.

eine motivierende pädagogische Arbeit im Unterricht.[113] Die ideologische Basis an den Schulen war Mitte der sechziger Jahre also noch nicht vollständig ausgebaut. Deswegen wurde beispielsweise angesichts der Auseinandersetzungen um die Beat-Demo, unmittelbar nach dem Beginn der Bildungsreform, von den Ideologen der Leipziger Stadtparteileitung kritisiert: »Ein Teil der Lehrer neigt auch dazu solche Erscheinungen zu verniedlichen.«[114]

Ein solches Verhalten kollidierte mit den politisch-ideologischen Vorgaben des Bildungsgesetzes, voran dem Ziel »allseitig und harmonisch entwickelter sozialistischer Persönlichkeiten«,[115] die die Lehrer umzusetzen hatten. Ihnen kam mit dem Bildungsgesetz nicht nur eine größere ideologische Kontrollfunktion zu, sie selbst standen nun unter genauerer Beobachtung.

Zur Intensivierung der politisch-ideologischen Erziehung wurde in allen Bildungseinrichtungen, auch in den Betrieben, die Stellung der Freien Deutschen Jugend ausgebaut. Die Zahl der Jugendbrigaden und Jugendobjekte, also der Kollektive, die ausschließlich aus Jugendlichen bestanden, bzw. entsprechender Betriebsteile und Produktionsvorhaben, brach 1966 zunächst zwar ein, stieg aber in den nächsten Jahren ebenso kontinuierlich an wie die Zahl der FDJ-Mitglieder unter den 17- bis 18-Jährigen. Der Einbruch des Bestandes an Jugendbrigaden und -objekten dürfte vor allem auf das geringe Interesse der Betriebsleitungen daran zurückzuführen sein, das bis Mitte der sechziger Jahre anhielt und durch die Umstrukturierungsmaßnahmen im Gefolge des NÖS verstärkt worden sein dürfte. Erst die administrativen Maßnahmen im Kontext der Bildungsreform und des 11. ZK-Plenums dürften den negativen Trend gestoppt und schließlich umgekehrt haben.[116]

Der plötzliche Zuwachs gegen Ende der sechziger Jahre dürfte darauf beruhen, dass verschiedene Wirtschaftszweige in den Jugendbrigaden starke Produktivitätspotenziale vermuteten und die Motivation ihrer Mitglieder recht hoch einschätzten. Da zudem die Förderung von Jugendbrigaden und -objekten politischen Vorgaben entsprach, versuchten etliche Betriebe ihr Ansehen bei den staatlichen Leitungen durch entsprechende Maßnahmen zu verbessern. Außerdem sahen viele Jugendliche in »ihren« Brigaden einen gewissen Freiraum, der nicht nur durch eine altersspezifische Interessenkongruenz charakterisiert war, sondern sich auch durch ein gewisses Maß an Selbstbestim-

---

113 Interviews mit Günter Fritzsch, Frankfurt a. M. 26.10.2000; Harald Fritzsch, Berlin 9.2.2000; Gernot Grünspecht*, Berlin 16.11.1999; Monika Mayerhofer, Leipzig 12.9.2000, u. Wolfgang Schröder, Leipzig 23.8.2000, sowie Koch: Das Verhör, S. 133–136. Vgl. Wierling: Geboren, S. 133–137.
114 SED-SL Leipzig, Bericht, 29.11.1965, SächsStAL, SED, IV A-5/01/231, S. 7.
115 Bildungsgesetz, 25.2.1965, § 1 (1). Vgl. Amt f. Jugendfragen, Die Lage der Jugend, Juni 1966, BArch, DC/4/863, Bl. 32.
116 Jahnke u. a.: Freie Deutsche Jugend, S. 226 passim: Gab es 1965 8 142 Jugendbrigaden in der Industrie und 1 512 in der Landwirtschaft, so waren es ein Jahr später nur noch 6 173 bzw. 871, 1967 aber schon wieder 7 085 bzw. 1 055 Jugendbrigaden. 1970 lag ihre Zahl bereits bei 11 875 bzw. 5 476.

mung auszeichnete. Jugendbrigaden boten nicht nur Platz für die Entfaltung kreativer Potenziale junger Arbeiter, sie schützten auch in einem hohen Maße gegen die Gängelung durch ältere Kollegen. Die relative Autonomie vieler Jugendbrigaden stärkte auch ihr betriebspolitisches Potenzial. So zeugen zahlreiche Auseinandersetzungen mit staatlichen und betrieblichen Leitungen bis in die siebziger Jahre hinein von einer hohen Konfliktbereitschaft der Jugendbrigaden. Jugendbrigaden waren noch Ende der sechziger Jahre bereit, ihre Interessen gegen die Leitungen gegebenenfalls auch mit Arbeitsniederlegungen durchzusetzen.[117] – Eine Attraktion unter den Jugendobjekten waren die im sozialistischen Ausland, bei denen Jugendliche seit 1966 an ausgewählten Großbaustellen wie an Erdöltrassen oder der Baikal-Amur-Magistrale in Sibirien eingesetzt wurden. Allerdings war die Zahl der Delegierten zu diesen Jugendobjekten so gering, dass auch hierbei politische Konformität das entscheidende Auswahlkriterium wurde.[118]

Während sich die Zahl der Jugendbrigaden bis 1970 verdoppelte, stieg die Mitgliederzahl der FDJ immerhin um fast die Hälfte. Die Zahl der 17- bis 18-jährigen FDJ-Mitglieder betrug im Juni 1965 270696, im Dezember 1966 340498 und 1970 395652. Diese Altersgruppe hatte wegen ihres geringen Organisationsgrades in der FDJ ehedem oft Anlass zu Klagen gegeben, da der Konformitätsdruck zum Ende der Ausbildung hin abnahm und damit die Mitgliedschaft im Jugendverband an Bedeutung verlor. Nun wuchs in dieser Gruppe die Zahl der FDJ-Mitglieder innerhalb von fünf Jahren um über 120000. Unter den 14- bis 16-Jährigen verdoppelte sich sogar die Zahl der FDJler innerhalb von zwei Jahren und wuchs von 166558 im Juni 1965 auf 378342 zum Ende des Jahres 1967.[119] Der rapide Anstieg der Mitgliedszahlen lässt sich vor allem mit dem gestiegenen Anpassungsdruck seit der Bildungsreform von 1965 erklären. Die starke Position des Jugendverbandes an den Schulen und Berufsschulen war in diesem Kontext so ausgebaut, dass ihm in den oberen Klassen als Disziplinierungsorgan eine wichtige Rolle zukam. Dies wurde durch die zunehmende Integration der Jugendweihe in den Schulbetrieb unterstrichen. Nicht zuletzt die Lehrkräfte sorgten mit ihrer Kontrolle dafür, dass an den Schulen der Anteil der FDJ-Mitglieder und der Jugendgeweihten erheblich anstieg. Wurde die FDJ als Auswahlkriterium für höhere Bildungseinrichtungen aufgewertet, so entwertete diese Formalisierung zugleich die FDJ-Mitgliedschaft. Schließlich ließ die Mitgliedsstatistik der FDJ kaum noch Schlüsse auf die politische Gesinnung der DDR-Jugend zu. So hatte sich beispielsweise Thomas Tauer zunächst geweigert, der FDJ beizutreten, da sie auf ihn keinerlei Reiz auszuüben vermochte. Mit Blick auf seinen künftigen Bildungsweg revidierte er diese Entscheidung aber bald:

---

117 Roesler: Jugendbrigaden, S. 25 f. Vgl. Hübner: Konsens, S. 192–232.
118 Bollow, Frank u. a.: Lernziel Völkerfreundschaft, in: Blask, Falk; Geißler, Gert (Hg.): Freundschaft! Die Volksbildung der DDR in ausgewählten Kapiteln. Berlin 1996, S. 295.
119 Schulze/Noack (Hg.): DDR-Jugend, Tab. 113, S. 187.

»Das Einzige, wo ich ein bisschen Schwierigkeiten hatte hier, ich hatte mich damals geweigert in die FDJ einzutreten. Bloß da hatten sie mich so gut wie gezwungen, weil's da um bestimmte Sachen ging. Naja. [...] Da haben wir eben so'n bisschen mitgemacht.«[120]

Die politische Überformung des gesamten Bildungswesens, die noch vor der Gründung der DDR eingesetzt hatte (also bereits zwei Jahrzehnte andauerte), erreichte mit dem »Gesetz über das einheitliche sozialistische Bildungssystem« von 1965 einen Höhepunkt. Im Gefolge dieses Gesetzes wurde der politische Konformitätsdruck in der schulischen und der beruflichen Ausbildung erheblich erhöht – ab 1967 mit der 3. Hochschulreform auch im Studium. Er provozierte eine zunehmende Zurückhaltung von Jugendlichen in politischen Fragen. Der erhöhte Anpassungsdruck blockierte zwar nicht grundsätzlich die individuelle Meinungsbildung innerhalb und außerhalb des Bildungswesens, wohl aber deren Äußerung. Wie das zitierte Beispiel der Leipzigerin Annette Taube demonstriert, konnten politische Meinungsäußerungen hart sanktioniert werden. Wer offen den politisch-ideologischen Dogmen der SED widersprach, musste mit heftigen Reaktionen der Bildungsinstitutionen rechnen sowie damit, Bildungschancen einzubüßen und sich auf diese Weise Bildungswege zu verbauen. Der Umstand, dass Zeitzeugen sich solcher Erlebnisse noch eindringlich erinnern, verweist aber auch darauf, dass solche Vorkommnisse eher untypisch waren. Die singuläre Relegation von der EOS etwa prägte sich deswegen tiefer ein als der schulische Alltag insgesamt.

Schon 1963 hatte die Zeitschrift *Forum* darauf hingewiesen, dass die politisch-ideologische Homogenisierung im Bildungswesen Heuchelei in politischen Fragen begünstige. Die Erarbeitung politischer Unterrichtsinhalte lasse sich meist knapp zusammenfassen: »vorgefertigte Formeln werden durchgenommen, abgefragt, damit ist das Pensum erledigt«. Vor dem Hintergrund dessen, dass politisch-ideologische – so genannte »gesellschaftliche« – Auswahlkriterien sukzessive aufgewertet würden, erzöge die Schule geradezu zur Doppelzüngigkeit. Das *Forum* demonstrierte dies an der Zurechtweisung eines Jungen, der wegen politisch nicht genehmer Meinungsäußerungen in der Schule gemaßregelt worden war, durch seinen Vater:

»Man darf nicht immer sagen, was man denkt. Wenn man einmal Ingenieur werden will, muß man immer etwas Fortschrittliches sagen.«[121]

Das »Schubladendenken«, das hier anschaulich beschrieben wurde, prägte sich bei den meisten Eltern und Schülern weiter aus, seit das Bildungsgesetz von 1965 den Trend zur politischen Uniformierung verstärkt hatte. Institutionalisierte Räume und Privatsphäre wurden in der ostdeutschen Gesellschaft

---

120 Thomas Tauer, Interview, Leipzig 24.8.2000.
121 Wer garantiert für die Erziehungsarbeit?, Forum, 8/1963, zit. Spittmann: Ist die Zonenjugend kommunistisch?, S. 163.

nun noch stärker voneinander getrennt. War im privaten Rahmen der Meinungsaustausch auch in politischen Fragen weitgehend zwanglos möglich, so wurde den Jugendlichen für ihre Bewegung in gesellschaftlichen Institutionen eine Schere im Kopf, die Fähigkeit zur Selbstzensur, eingebaut. Schülerinnen und Schüler internalisierten diesen »double talk« und wussten mit zunehmendem Alter genauer, was in welchem Zusammenhang von ihnen erwartet wurde: »Man wusste, man kann nicht alles erzählen.« So Gunter Begenau, der seit 1965 eine EOS in der Nähe Berlins besuchte. Er berichtete, dass die politische Allgegenwart im Schulunterricht und das Fehlen bestimmter Unterrichtsinhalte sein Leseverhalten erheblich beeinflusst habe. Literatur diente ihm zur Kompensation von Wissen und Weltsichten, die ihm in der Schule vorenthalten wurden.[122]

Eine andere Möglichkeit, diese Defizite zu beheben, war die Information durch westliche Radio- und Fernsehsendungen. Annette Taube aus Leipzig zum Beispiel versuchte auf diese Weise, Lücken zu füllen, die die Schule in ihrem Weltbild hinterlassen hatte:

»Das war natürlich alles sehr politisch ausgerichtet. […] Das war – ob nun Geschichte, Staatsbürgerkunde, das war ja immer irgendwo der politische Standpunkt. […] Also, eine eigene Meinung war nicht gefragt.«[123]

Die Entwicklung einer Doppelkultur von privater und institutionalisierter öffentlicher Sphäre wurde von den Bildungspolitikern der SED durchaus zur Kenntnis genommen. In einem entsprechenden Bericht der Leipziger SED-Bezirksleitung ist allerdings nicht zu erkennen, dass diese Erkenntnis noch etwas anderes als eine wachsende Besorgnis ausgelöst hätte. Das erstaunt insofern, als die im Folgenden zitierte Äußerung eines Lehrlings demonstrierte, dass die Einrichtungen des Bildungswesens in ihrer Funktion als politische Meinungsbildner und damit in der Erziehung bewusster »sozialistischer Persönlichkeiten« offenbar versagten:

»Was uns an der Schule gesagt wird, das glauben wir erst mal; zu Hause oder im Betrieb sieht dann vieles anders aus. Daraus versuchen wir uns eigene Meinung zu bilden.«[124]

Deutlicher ließ sich die Dichotomisierung des Denkens der DDR-Jugend kaum veranschaulichen. Sie wurde durch die Bildungsreform ungewollt gefördert. Dies löste unter überzeugten Kommunisten Befürchtungen aus, die Bildungsgesetzgebung könne sich als kontraproduktiv erweisen. So schrieb eine Pio-

---

122 Gunter Begenau (Jg. 1950), zit. Kalter Frühling in Kleinmachnow, 0:03. Ähnlich Gernot Grünspecht*, Interview, Berlin 16.11.1999. – Vgl. Hanke, I.: Alltag, S. 51 f.; Wierling: Geboren, S: 127–129.
123 Annette Taube*, Interview, Leipzig 2.6.1992, ADG, Satznr. 732, S. 3.
124 SED-BL Leipzig, Komm. f. Jugend u. Sport, Einschätzung, 18.2.1966, SächsStAL, SED, IV A-5/01/270, S. 8.

nierleiterin:»Offensichtlich beißen sich in den festgelegten Maßnahmen Theorie und Praxis auf recht unfruchtbare Weise.«[125]

Die Ideologisierung, einschließlich der Militarisierung, fast aller Unterrichtsinhalte führte zu einer Formalisierung der politischen Auseinandersetzungen (nicht nur) in den Institutionen des Bildungswesens. Sie diente zugleich der Kontrolle politischer Konformität, die aber in dieser formalisierten Gestalt gar nicht zu kontrollieren war. Weder die Wiederholung vorgeprägter Inhalte noch die Teilnahme an paramilitärischen Übungen konnte Auskünfte über individuelle politische Meinungen geben. Gleiches galt für die Mitgliedschaft in der FDJ oder den Vollzug politisch-konfessioneller Rituale wie der Jugendweihe. Diese Praxis eröffnete zwar prinzipiell Bildungschancen, determinierte aber die jugendlichen Teilnehmer keineswegs als verlässliches, politisch aktives Potenzial. Ideologisierung und Militarisierung, Uniformierung und Ritualisierung im Bildungswesen gewährleisteten somit zwar eine vorerst wirksame, aber rein formale Kontrolle der Sozialisation von Jugendlichen.

Mit den Maßnahmen im Umfeld des 11. Plenums des SED-Zentralkomitees wurde der Disziplinierungsdruck erheblich erhöht. Wie schon im Jugendgesetz von 1964 wurde ein Jahr später im Bildungs- und im Familiengesetz festgelegt, dass sich die Erziehungsziele von Individuen und Gesellschaft deckten.[126] Sollten die Eltern die Erziehung ihrer Kinder vernachlässigen, deren Bestandteil die Entwicklung sozialistischer Persönlichkeiten war, konnte ihnen nach dem Familiengesetz im schlimmsten Fall das Sorgerecht entzogen werden. Die betroffenen Jugendlichen sollten dann in Jugendheimen oder in Jugendwerkhöfen untergebracht werden.[127] Zwar blieb die Jugendfürsorge damit auf die »Krisenintervention« beschränkt, das neue Familiengesetzbuch aber erhöhte erneut den Konformitätsdruck in der Gesellschaft und griff mit seiner Erziehungsdoktrin unmittelbar in das Privatleben der Familien ein. Die zitierte Verordnung über die Elternvertretungen aus dem Jahre 1966 baute darauf auf und befugte die Elternbeiräte,»Einfluß auf die Entwicklung der sozialistischen Erziehung der Kinder in der Familie« zu nehmen.[128]

Vor diesem Hintergrund hatten die Kirchen bereits die Erarbeitung des Bildungsgesetzes mit – relativ zurückhaltender – Kritik begleitet. Aus dem gleichen Grunde attackierten sie nun das Familiengesetz mit erbitterter Schärfe.

---

125 O. Verf., Schreiben an Hager, Berlin 16.2.1967, BArch, DR/2/A1390, zit. Anweiler u.a. (Hg.): Bildungspolitik, Dok. 5.2.9, S.410.
126 Familiengesetzbuch, 20.12.1965, GBl.1966/I, Nr. 1, §42; vgl. ebd., Dok. 5.2.8, S.409f. Vgl. Jugendgesetz, 4.5.1964, GBl.1964/I, Nr. 4.
127 Familiengesetzbuch, §§50f. In der Praxis betraf dies u.a. Kinder von Republikflüchtlingen. Vgl. (auch zum Folgenden) Jörns, Gerhard: Jugendhilfe in der DDR, in: Blask, Falk; Geißler, Gert (Hg.): Einweisung nach Torgau. Texte und Dokumente zur autoritären Jugendfürsorge in der DDR. Berlin 1996, S.52–56 u. 33.
128 VO über die Elternvertretungen, 1966, §3 (3), zit. Schneider: Weltanschauliche Erziehung, Dok. 1.11.5, S.74.

Die Vorwürfe der Kirchen richteten sich grundsätzlich gegen die ihres Erachtens »unrechtmäßige Beschlagnahme des Menschen und des intimen Raumes der Familie durch den Staat«, die sie schon am Jugendgesetz von 1964 kritisiert hatten.[129]

»Da werden wir was losmachen«: Reglementierung, Observation und Provokation

Der Zugriff des Staates auf die Privatsphären der Jugend gelang trotz der verschärften Vorschriften aus den Jahren 1964 bis 1966 nur ansatzweise. So stieß die Neugestaltung des Rundfunkprogramms nach dem 11. ZK-Plenum auf Widerstände. Aktionen wie eine Unterschriftensammlung, mit der Leipziger Schüler im Januar 1965 das Musikprogramm des Kölner Deutschlandfunks zu beeinflussen suchten, wurden zwar nicht mehr registriert, gegen die Dominanz der Westsender kam das Jugendradio *DT 64* aber weiterhin schwerlich an. Die Maßregelung der Jugendfunker auf der 11. Tagung des SED-Zentralkomitees hatte ihre Situation unnötig verschlechtert. So äußerten Jugendliche mehrfach gegenüber Jugendfunktionären, dass sich ihr Interesse an DDR-Sendern in engen Grenzen halte:

»Nach wie vor ist das Westfernsehen und das Hören von Westsendern verbreitet. Das kommt in folgenden Argumenten zum Ausdruck: ›Unsere Musik ist zu eintönig, wir wollen flotte Tanzmusik und das könnt ihr uns nicht bieten‹.«[130]

Anstatt das Problem in konstruktiver Weise zu lösen, verharrte der Apparat in der eher destruktiven Auffassung, dass westliche Einflüsse aus dem Äther für kulturelle und moralische Normenverstöße in der DDR verantwortlich seien. So hatte die ZK-Abteilung Wissenschaft im Januar 1966 erneut unterstrichen, dass die Jugend über »die Erzeugung von Emotionen durch ›Musik‹ [und] Filme« besonders anfällig für antisozialistische Einflüsse sei.[131] Verstärkt würde die »Zersetzung« ostdeutscher Jugendlicher nach Erkenntnis des Staatssicherheitsdienstes durch eingeschmuggelte Ausgaben des Jugendmagazins *Bravo* sowie durch »Starpostkarten«, die unter einigen Jugendlichen kursier-

---

129 Bengsch, Schreiben an Stoph, Berlin o. D. [12.7.1965], zit. Lange, Gerhard u. a. (Hg.): Katholische Kirche – sozialistischer Staat DDR: Dokumente und öffentliche Äußerungen 1945–1990. Bd. 1, 3. Aufl., Leipzig 1993, Nr. 61, S. 207. Vgl. BOK, Brief an Stoph, Rom 1.12.1963, ebd., Nr. 60, S. 204 f.; Vgl. KKL, Niederschrift, Berlin 24.6.1964, EZA, 102/11; KKL, Stellungnahme, 20.10.1964, SAPMO-BArch, DY/30/IV 2/14/6, in: Geißler u. a. (Hg.): Schule, Dok. 264, S. 466 f.
130 SED-SL Leipzig, Komm. f. Jugend u. Sport, Einschätzung, 18.2.1966, SächsStAL, SED, IV A-5/01/270, S. 8. Vgl. Dies., Analyse, 4.3.1965, SächsStAL, SED, IV A-2/16/461, Bl. 107 f.
131 SED-ZK, Abt. Wiss., Material, Berlin 18.1.1966, SAPMO-BArch, DY/30/IV A 2/9.04/10, S. 13.

ten.[132] Noch ein Jahr nach dem Kahlschlag-Plenum musste deswegen die Leipziger Polizei feststellen, »daß der BEAT-Fanatismus auch bereits unter den Kindern weit verbreitet ist. Die Bilder der ›The Beatles‹ und ›Rolling Stones‹ werden als ›Idole‹ herumgetragen. Dabei handelt es sich in den seltensten Fällen um Originale, sondern in den meisten Fällen um äußerst schlechte Reproduktionen, die unter den Schülern gegen Bezahlung gehandelt werden.« Der Tausch mit solchen Aufnahmen aber wurde dem Handel mit Pornobildern gleichgesetzt und hart sanktioniert.[133]

Als harter Eingriff in die persönlichen Rechte musste auch die Weigerung von Meldestellen der Volkspolizei empfunden werden, Jugendlichen neue Personalausweise auszustellen, wenn dies wegen ihrer »Beatle-Frisuren« notwendig geworden war. In mehreren Fällen waren die Ämter nicht bereit, längere Haare (nach den *Beatles* so genannte »Pilzköpfe«) bei jungen Männern zu tolerieren, behielten die eingereichten Passfotos ein und verweigerten den Jugendlichen ihre neuen Identitätspapiere.[134]

Obwohl die Sicherheitsorgane der DDR bei der Leipziger »Beat-Demo« hatten erkennen lassen, dass rigide Strafen auch durchgesetzt würden, konnten sie die Trends der Jugendkultur nach wie vor nicht steuern. So ließ sich auch der Hang Jugendlicher, sich in Freizeitgruppen zu sammeln, nicht bremsen. Unvermindert klagten verschiedene Dienststellen über das provokante Auftreten von Cliquen:

> »Es handelt sich hier um einen Personenkreis von Jugendlichen, namentlich nicht konstant, der sich ohne Organisationsform, durch solche äußeren Merkmale wie langes Haar/BETA[!]-Frisur[,] westl[iche] Kleidung[,] Tätowierungen[,] Tragen von bestimmten Zeichen, wie Kanüle, Kapuzen, Kreuze[,] rowdyhafte Verhaltensweise auszeichnete.«[135]

Während »Pilzköpfe«, die hier mit der »Beat-Frisur« gemeint sind, schon länger zum Erscheinungsbild der Jugend gehörten, stellten die »Kanülenträger« für Leipzig ein Novum dar. Sie waren auch in anderen Städten zu finden. So berichtete der Rat des Bezirkes Dresden im Januar 1968, »daß einige Schüler diese Kanülen ganz bewußt tragen, um damit zum Ausdruck zu bringen, daß sie gegen den Sozialismus sind.«[136] Ob sie sich tatsächlich in einer »Bande zusammenfinden, deren Kennzeichen Kanülen sind«, um den Hals getragene Spritzen, wie ein Bericht an die Leipziger SED-Stadtleitung vermuten lässt,

---

132 MfS, HA IX, Bericht, 3.11.1966, BStU, HA IX 1038, Bl. 21; vgl. RdB Dresden, Abt. Volksbildung, Vorkommnisse, 24.1.1968, SAPMO-BArch, DY/30/IV A 2/9.05/33, in: Geißler u.a. (Hg.): Schule, Dok. 315, S. 523.
133 VPKA Leipzig, Jahreseinschätzung 1966, 21.1.1967, SächsStAL, BDVP, 24/1/817, Bl. 162; vgl. o. Verf., Parteiinformation, Leipzig 21.3.1966, SächsStAL, SED, IV A-5/01/194, S. 1.
134 O. Verf., Beantragte Neuausschreibungen von Personalausweisen aufgrund von »Beatle-Frisuren«, o. D. [März 1966?], SAPMO-BArch, DC/4/978.
135 VPKA Leipzig, Jahreseinschätzung 1966, 21.1.1967, SächsStAL, BDVP, 24/1/817, Bl. 161.
136 RdB Dresden, Abt. Volksbildung, Vorkommnisse, 24.1.1968, SAPMO-BArch, DY/30/IV A 2/9.05/33, zit. Geißler u.a. (Hg.): Schule, Dok. 315, S. 523.

ist nicht mehr nachzuweisen.[137] Waren schon die »Capitolmeute« und die »Friedhofsbande« lose Gruppierungen, so handelte es sich bei den »Kanülenträgern« möglicherweise nur um Jugendliche, die einem modischen Trend nachhingen und sich an bestimmten Orten trafen. An größeren Gruppen registrierte die Leipziger SED-Bezirksleitung im Sommer 1966 sieben allein in Leipzig und Markkleeberg, einem südlichen Vorort. Die Größe dieser Gruppen variierte extrem – zwischen 15 und »ca. 80 Personen«.[138] Allerdings bestimmten nonkonforme Jugendliche weiterhin in einem gewissen Maße das Jugendleben in Leipzig, das sich nach der »Beat-Demo« wieder beruhigt hatte.[139] Dennoch vergrößerten permanente Observation und anhaltende Repressalien die Distanz vieler Jugendlicher aus solchen Gruppen zum sozialistischen Staat. Ihre Diskriminierung provozierte eine Politisierung ihres Selbstverständnisses, die sich oft in der Abgrenzung gegenüber der DDR und ihrem Gesellschaftssystem erschöpfte.[140] Auch Jugendliche, die keine konfrontativen Erfahrungen mit Sicherheitskräften gemacht hatten, gingen angesichts des jugendpolitischen Kahlschlags gegenüber dem sozialistischen Staat auf Distanz. So erinnert sich Sabine Ulmer, dass sie das Verbot verschiedener Bands außerordentlich enttäuscht habe:

»[…] da durften wir schon tanzen gehen, auch mal etwas weiter weg […], es war ja noch alles richtig Live-Musik, das war toll und das war für uns einfach schade und das war's. Schade: jetzt spielen die nicht mehr.«[141]

Trotz dieser Enttäuschung konnten Jugendliche bald wieder in Leipzig ihre jeweiligen Stile pflegen. Einzelne Cliquen blieben in einigen Jugendklubs tonangebend, wobei die Vorliebe für populäre Musik nach westlichen Vorbildern nicht nur von ihnen bestimmt, sondern von einer breiteren Masse unter der Jugend geteilt wurde. Drei der zehn Jugendklubs in Leipzig gaben diesen Neigungen auch nach dem »Kahlschlag-Plenum« nach.[142]

»Dadurch erfolgt ein reger Zustrom von Beat-Anhängern aus allen Stadtteilen von Leipzig«, beklagte sich die Sicherheitskommission des Stadt- und des Landkreises Leipzig im Frühjahr 1966 und berichtete über »Schlägereien« und »Saufgelage« in den Klubhäusern. Es sei nicht zu übersehen, »daß in den Klubhäusern keine grundlegenden Veränderungen geschaffen wurden«. Allerdings würden entsprechende Bemühungen durch die verordnete »Plansollerhöhung in den Klubgaststätten« konterkariert, so dass alternative Angebote kaum eine Chance hätten. In dem selben Bericht warnte die Kommission vor der Etablierung »wilder Klubräume«, die seit Ende 1965 entstanden seien. Of-

---

137 O. Verf., Parteiinformation, Leipzig 21.3.1966, SächsStAL, SED, IV A-5/01/194, S. 2.
138 SED-BL Leipzig, Komm. f. Jugend u. Sport, Informationsbericht, 12.8.1966, SächsStAL, SED, IV A-5/01/270, S. 18.
139 VPKA Leipzig, Jahreseinschätzung 1966, 21.1.1967, SächsStAL, BDVP, 24/1/817, Bl. 161.
140 Manfred Ulmer, Interview, Leipzig 22.8.2000.
141 Sabine Ulmer, Interview, Leipzig 22.8.2000.
142 Vgl. RdB Leipzig, Abt. Kultur, Analyse, 9.2.1966, SächsStAL, SED, IV A-2/16/453, Bl. 411.

fenbar hatten sich etliche Jugendliche und junge Erwachsene seit dem rigiden jugendpolitischen Kurs in der Messestadt aus dem öffentlichen Leben zurückgezogen und in »alten Läden und Kellerräumen« ihre eigene Heimstatt aufgeschlagen, wo sie unberührt vom Wüten der Kulturbürokratie überwintern konnten.[143] – Nach dem Schulungsmaterial der Staatssicherheit war diese Entwicklung seit längerem zu beobachten, schließlich hatte das MfS darin schon vor dem Kahlschlag kriminelle »Rowdygruppen« von so genannten »Partygruppen« unterschieden.[144] In Leipzig allerdings verstärkte sich nicht nur der Trend, sich diesen »Partygruppen« anzuschließen, sondern es verdichteten sich im selben Zusammenhang Anzeichen einer »zweiten Kultur«. Die Anfänge einer alternativen Kulturszene seien nach dem Bericht der Sicherheitskommission beispielsweise darin zu erkennen, dass sich Künstler in verlassenen Häusern niederließen: »in verworfenen Wohnungen entstehen Ateliers«.[145]

Diese Beobachtung entsprach den Entwicklungen, die von Bildungsabteilungen des Staats- und Parteiapparats registriert wurden. So hätten nach einem Bericht der Schul- und Hochschulabteilung der Bezirksparteileitung Lehrkörper und Studierende an den künstlerischen Hochschulen in Leipzig dem neuen kulturpolitischen Kurs nur widerstrebend Folge geleistet. Die Ausführungen zur Kulturpolitik seien allseits auf »Vorbehalte« gestoßen, und die »dogmatische Linie in der Kulturpolitik« sei Gegenstand intensiver Debatten an allen Leipziger Hochschulen.[146] Dies war keineswegs nur in Leipzig so, wie Berichte aus der gesamten DDR belegen. Einhellig würde in den Diskussionen an den ostdeutschen Hochschulen »befürchtet, dass ›Gängelei‹ die Oberhand gewinnt, die schöpferische Freiheit der Künstler und das Aufgreifen neuer komplizierter Fragen eingeengt wird und ein ›harter Kurs‹ in der Kulturpolitik bevorsteht«.[147]

Es war kaum verwunderlich, dass an den Hochschulen so intensiv über das Plenum diskutiert wurde, hatte der SED-Chefideologe Kurt Hager doch in dessen Umfeld die Universitäten wegen angeblicher Mängel in der politisch-ideologischen Erziehung hart angegriffen. In ähnlicher Weise hatte die Wissenschaftsabteilung des SED-Zentralkomitees die indifferente Haltung sowohl von Studierenden als auch von Dozenten kritisiert und dabei selbst die Gesellschaftswissenschaften nicht verschont. Sie hätten sich an Debatten beteiligt, die man nicht hätte zulassen dürfen, öffneten sie doch angeblich feindli-

---

143 Sicherheitskomm., Bericht, Leipzig 28.3.1966, SächsStAL, SED, IV A-5/01/270, S. 1–3. Vgl. SED-KL Belzig, Bericht, Nov. 1967, Matthias-Domaschk-Archiv Berlin, in: Rauhut: Rok, S. 44.
144 Oltn. Eberhard Hübner, Die Wirksamkeit bisheriger politisch-operativer Maßnahmen der Sicherheitsorgane gegen negative Gruppierungen Jugendlicher, 6.8.1965, BStU, MfS-JHS-MF 234, S. 1.
145 Sicherheitskomm., Bericht, Leipzig 28.3.1966, SächsStAL, SED, IV A-5/01/270, S. 4.
146 SED-BL Leipzig, Abt. Schulen, Fach- u. Hochschulen, Informationsbericht, 25.1.1966, SächsStAL, SED, IV A-2/5/215, Bl. 18 u. 20. Das Folgende ebd., Bl. 21.
147 SED-ZK, Abt. Wiss., Einschätzung, Berlin 11.1.1966, SAPMO-BArch, DY/30/IV A 2/9.04/10, S. 6.

chen Einflüssen Tor und Tür. Im Material zur Vorbereitung einer Rede Hagers hieß es dazu:

> »Alles Geschwätz von Liberalisierung und Entstalinisierung erweist sich als das, was es ist und was es sein soll: ideologische Diversion zur Vorbereitung der Konterrevolution.«[148]

Die Kritik an den ostdeutschen Hochschulen hielt bis in den Sommer 1966 an. Sie war ein Zeichen dafür, dass die Umsetzung des Kahlschlags hier auf Widerstände stieß. Wiederum spielten die künstlerischen Hochschulen in Leipzig dabei eine besondere Rolle, wurde hier doch nach Meinung der Partei nach wie vor »Skeptizismus« verbreitet und der »Lust an der Perversität« gefrönt.[149]

Dem Skeptizismus dienlich waren nach Meinung des FDJ-Zentralrats auch »Erscheinungen [...] der ideologischen Koexistenz, des Revisionismus, der Vergreisung, des Einflusses der Dekadenz, wie sie z.T. in der Lyrik der Studenten Wolf Biermann, R[a]iner Kirsch und Volker Braun zum Ausdruck kamen«. Ihnen sei mit aller Konsequenz zu begegnen.[150] Diese Mahnung folgte der Linie, die der FDJ-Zentralrat am 21. Dezember 1965 vorgegeben hatte. In seinem Beschluss, der unmittelbar nach dem 11. Plenum des SED-Zentralkomitees gefällt worden war, hatte der Vorstand des Jugendverbandes intensive Selbstkritik geübt. Der Zentralrat hatte sich darin bezichtigt, er habe »kleinbürgerlichen, unmarxistischen Auffassungen« Raum gegeben, was sich erheblich auf die FDJ-Arbeit ausgewirkt habe. Dies habe sich gezeigt:

> »[...] in einer unkämpferischen Haltung gegenüber feindlichen Provokationen; im Schweigen gegenüber der Verbreitung imperialistischer Ideologie und faschistischen Gedankengutes; [...] in spießbürgerlichem Skeptizismus, prinzipienloser Nörgelei und Kritikasterei von Funktionären und Mitgliedern unserer Organisation an der Politik der SED und der FDJ [, ...] in liberalem Verhalten von Mitgliedern der FDJ zu feindlichen, antimarxistischen Auffassungen, Loyalität und Duldung gegenüber denen, die der Hetze der Todfeinde des Sozialismus, insbesondere deren Rundfunk- und Fernsehsendungen, das Ohr leihen, [...] in Erscheinungen sittlicher Unreife, der Unmoral in den Internaten, flegelhaftem Verhalten in der Öffentlichkeit, unsauberen Beziehungen zum anderen Geschlecht, übermäßigem Alkoholgenuß u. a.«[151]

---

148 SED-ZK, Abt. Wiss., Information, Berlin 31.12.1965, ebd., S. 2; SED-ZK, Abt. Wiss., Material, Berlin 18.1.1966, ebd., S. 11.
149 SED-BL Leipzig, Abt. Schulen, Fach- u. Hochschulen, Information, 14.7.1966, SächsStAL, SED, IV A-2/16/356, Bl. 219; vgl. SED-ZK, Abt. Wiss., Bericht, Berlin 1.6.1966, SAPMO-BArch, DY/30/IV A 2/9.04/10, S. 5.
150 O. Verf. [FDJ-ZR], Zur politisch-ideologischen Lage der Studenten, o. D. [Ende April/Anf. Mai 1966], SAPMO-BArch, DY/30/IV A 2/9.04/418, S. 13. Vgl. die Analyse des MfS bereits zwei Jahre zuvor: Hptm. Jeschke, Studienmaterial zur Lage der Studenten [...], Okt. 1963, BStU, MfS-JHS-MF-ZTgb. 720/63, Bl. 15 f. u. 54 f.
151 FDJ-ZR, Beschluss, Berlin 21.12.1965, SAPMO-BArch, DY/30/IV A 2/9.04/418, S. 2–5. Das Folgende ebd.

Der Schluss dieser Mängelliste, deren Leitmotiv moralische Defizite war, ließ erkennen, welche Schwerpunkte der Zentralrat der FDJ in Zukunft zu setzen gedachte: Er hielt die Grundorganisationen an, zu einer kompromisslosen Linie in der politisch-ideologischen Arbeit zurückzukehren und »die Auseinandersetzungen mit kleinbürgerlichen, spießerhaften und feindlichen Auffassungen bei Mitgliedern der FDJ konsequent zu führen […].«

In der Kulturpolitik sollte die FDJ fortan die »Entstellungen der Jugendpolitik der SED« bekämpfen, die sie angeblich verursacht hatte, wie es Ende Januar 1966 in einer Beschlussvorlage hieß. Neben einer neuen Rezeption der Beat-Musik sollte der Jugendverband künftig die Programmgestaltung des Jugendradios *DT 64* stärker beeinflussen und den »gefährlichen Einfluß von DEFA- und Fernseherzeugnissen« eindämmen helfen. Wiederholte der Zentralrat in dieser Vorlage an das SED-Politbüro ansonsten die vorgestanzten Formeln des ZK-Plenums vom Vormonat, so demonstrierten die unmittelbar geplanten Maßnahmen die Hilflosigkeit und die absurd anmutende Situation, in der sich der Jugendverband nun befand:

»Nächste Schritte sind: Eine Beratung mit Schriftstellern und Lyrikern; Aufträge an 10 Komponisten zur Schaffung neuer Jugendlieder; […] Aufträge an junge Lyriker zur Schaffung erzieherisch wertvoller Gedichte.«[152]

Anstatt die Jugendkultur in pragmatischer Weise zu kanalisieren und gegebenenfalls sogar für die eigenen Zwecke zu instrumentalisieren, sollten ihre wilden Ströme zugeschüttet und entsprechend der Kulturdoktrin der SED überbaut werden. Auf dieser Linie lag auch die Kampagne gegen Frank Beyers Film »Spur der Steine« mit Manfred Krug in der Hauptrolle des randalierenden, nonkonformistischen Brigadiers Balla. Der Film lief im Juli 1966 an, wurde von der SED umgehend in den Katalog »konterrevolutionärer Machwerke« aufgenommen und nach einer heftigen Kampagne der FDJ abgesetzt. Diese Maßnahme provozierte heftigen Widerspruch – nicht nur bei zahlreichen Schülerinnen und Schülern, sondern selbst bei Parteimitgliedern, wie die Leipziger SED-Bezirksleitung berichtete.[153]

Mit dieser spröden Strategie hätte der Jugendverband erheblich an Substanz eingebüßt, wäre seine Position nicht durch das Bildungsgesetz an den Einrichtungen ausgebaut worden, an denen über den Bildungsweg von Jugendlichen und damit über ihre Lebensplanung entschieden wurde. Obwohl der Konformitätsdruck im Bildungswesen verhinderte, dass sich der radikale Kurswechsel in der Mitgliederstatistik der FDJ negativ niederschlug, waren einige seiner Funktionäre damit überfordert, die Kehrtwende nachzuvollziehen. Zwar sah die SED-Bezirksleitung Leipzig im Sommer 1966 verheißungsvolle An-

---

152 FDJ-ZR, Vorlage f. SED-PB, 27.1.1966, SAPMO-BArch, DY/24/1.617, S.13. Vgl. Schuster: Mut, S.193f.
153 SED-BL Leipzig, Abt. Parteiorgane, Information, 6.7.1966, SächsStAL, SED, IV A-2/5/225, Bl.9–12. Vgl. Merkel: Arbeiter, S.541; Dies.: Die Nackten, S.92.

sätze einer gewendeten FDJ-Arbeit, stellte aber zugleich fest, »daß die gesellschaftliche Aktivität [...] geringer ist als nach der Veröffentlichung des Jugendkommuniqués«. Zudem würden die verantwortlichen FDJ-Funktionäre von den zuständigen Stellen bei Staat und Partei allein gelassen:

> »Die übergeordneten Leitungen kontrollieren in dieser Beziehung zu wenig; gleichzeitig fehlt die konkrete Anleitung und Hilfe.«[154]

Der Grund dafür liege in der Konzeptionslosigkeit einiger örtlicher Parteidienststellen und in »Vorbehalten gegenüber der Jugend«, mit denen ein »Teil der Mitglieder unserer Partei [...] behaftet« sei. Dies führe häufig zu einer Vernachlässigung der meisten Jugendlichen und ihrer Bedürfnisse sowie stattdessen zu einer Konzentration jugendpolitischer Maßnahmen auf den »Teil der Jugend, der negativ in Erscheinung tritt«. Zudem stoße die Jugendpolitik der SED in den eigenen Reihen vereinzelt auf »Unverständnis«. Aus welchem Grund die Jugendpolitik der Partei für Verwirrung sorgte, wird hier verschwiegen. Typisch ist zudem, dass die Verantwortung für Schwierigkeiten im Umgang mit der Jugend nachgeordneten Funktionsebenen zugeschoben wurde, die politische Linie der übergeordneten Entscheidungsträger hingegen nicht zur Debatte stand. Dabei attackierten die Verfasser des Berichts vor allem Funktionäre und »Leitungen der Grundorganisationen« der FDJ.

Eine solche negative Bestandsaufnahme wog insofern schwer, als erst im Frühjahr die Maßnahmen für den Umgang mit nonkonformen Jugendlichen präzisiert worden waren. Grundlage für den neuen Kurs der Jugendpolitik war der Beschluss des SED-Politbüros »Probleme der Jugendarbeit nach der 11. Tagung des Zentralkomitees« vom 3. Mai 1966. Diese Verlautbarung blieb allerdings relativ abstrakt und wiederholte erneut die Bedeutung der politisch-ideologischen Erziehung für die Jugendpolitik. Gerade für Oberschüler und Studierende müssten diesbezüglich strengere Normen gelten. Daneben bereiteten vor allem Fragen der Jugendkultur dem Politbüro Sorgen, wenn es feststellte:

> »Ein Teil der Jugend erweist sich als ungenügend befähigt, ihre Freizeit sinnvoll zu gestalten.«[155]

Dabei wurden wieder einmal die Cliquen als ein besonderes Übel georten, dem nun »besondere Aufmerksamkeit zu widmen« wäre. – Tatsächlich wurden nun auch andere Abteilungen des Staatsapparates aktiv. Das Ministerium für Staatssicherheit erließ wenige Tage später die Dienstanweisung 4/66 und den Befehl 11/66, dessen Ziel »die Sicherung und der Schutz der Jugend in der DDR

---

154 SED-BL Leipzig, Abt. Parteiorgane, Informationsbericht, 11.8.1966, SächsStAL, SED, IV A-2/5/216, Bl. 55 f. Das Folgende ebd.
155 SED-PB, Beschluss, 3.5.1966, SAPMO-BArch, DY/30/J IV 2/2/1056, Bl. 19 f.; das Folgende ebd., Bl. 21.

vor feindlichen Einflüssen« war.[156] Die Dienstanweisung, die fortan den Umgang der Staatssicherheit mit der DDR-Jugend bestimmte, markierte zugleich eine neue Qualität beim Ausbau des MfS: Erstmals hatte das Ministerium eine detaillierte Strategie gegenüber einer ganzen Bevölkerungsgruppe vorgelegt. Entsprechende Maßnahmepläne folgten in den nächsten Jahren für andere Bereiche. Sie bildeten den Grundstock für die so genannte »Linie XX«, die im Umfeld des Prager Frühlings 1968 zur Ermittlung und Bekämpfung politischer Gegner ausgebaut wurde. Die »Linie XX« bildete das strategische Gerüst der Arbeit der Hauptabteilung XX des MfS, das für den Kampf gegen »politisch-ideologische Diversion (PiD)« und »politische Untergrundtätigkeit (PUT)« – so die Stasi-Termini – zuständig war.[157] – Das Ministerium für Staatssicherheit sah in den beiden Verfügungen vor, die Beobachtung der Jugend auszuweiten, die Jugendarbeit kontinuierlich zu analysieren und Konzeptionen für den Umgang mit der Jugend zu erarbeiten. Die Dienstanweisung 4/66 präzisierte in einer illustren Aufzählung die Personengruppen, unter denen das MfS aktiv werden sollte:

»Schwerpunktmäßig fallen insbesondere solche Personen an wie: Vorbestrafte, Haftentlassene, Rückkehrer [aus der BRD], Neuzuziehende, Arbeitsscheue bzw. Arbeitsbummelanten, Oberschüler, Lehrlinge, Studenten, Jugendliche aus gestörten familiären Verhältnissen, Jugendliche mit ungenügenden fachlichen und schulischen Leistungen.«[158]

Sie alle seien Opfer einer Kooperation verschiedener »Zentren der ideologischen Diversion«, zu denen neben »Agentenzentralen«, »westlichen Jugendorganisationen«, »Rundfunk, Presse und Fernsehen« die »kirschlichen [!] Institutionen« zählten, und stellten im »System der psychologischen Kriegsführung einen besonderen Angriffspunkt dar«. Bei der Observation und »Bearbeitung« Jugendlicher sei zu berücksichtigen, dass der Gegner entwicklungspsychologische Faktoren nutze, »wie mangelnde Lebenserfahrung, Unkenntnis des kapitalistischen Systems, Abenteuerlust, leichte Beeinflußbarkeit, übersteigertes Selbstbewußtsein u. a.« Da auf dieser Basis westliche Literatur, Zeitschriften, Schallplatten und Kleidung »Erscheinungsformen westlicher Dekadenz« unter der Jugend verstärkten, sollte künftig die Einfuhr solcher Waren sowohl durch

---

156 MfS, Befehl Nr. 11/66, 15.5.1966, BStU, Neiber 871, Bl.1. Vgl. MfS, Durchführungsanweisung Nr. 1 zur DA Nr. 4/66, ebd., Bl.42–60. Vgl. Geißler/Wiegmann: Pädagogik, S.177–182 passim.
157 Vgl. Pingel-Schliemann, Sandra: Zersetzen. Strategie einer Diktatur. Berlin 2002, S.126–151; Tantzscher, Monika: »Maßnahme Donau und Einsatz Genesung«. Die Niederschlagung des Prager Frühlings 1968/69 im Spiegel der MfS-Akten. Berlin 1994, S.10–14; Henke, Klaus-Dietmar u.a. (Hg.): Anatomie der Staatssicherheit. Geschichte, Struktur, Methoden. Berlin 1995, S.323f. u. 408–410.
158 MfS, Dienstanweisung Nr. 4/66, 15.5.1966, BStU, Neiber 871, Bl. 22 passim. Das Folgende ebd. – Vgl. Rauhut, Michael: Ohr an Masse. Rockmusik im Fadenkreuz der Stasi, in: Wicke/Müller: Rockmusik, S.29f.; Geißler/Wiegmann: Pädagogik, S.209–231; Gieseke: Mielke-Konzern, S.110–114.

Besucher aus der Bundesrepublik als auch auf dem Postwege stärker kontrolliert und reglementiert werden. Innerhalb der DDR seien Provokationen durch die umfassende Kontrolle von Großveranstaltungen sportlicher, kultureller und politischer Art zu verhindern wie auch durch die systematische Observation von Jugendgruppen und deren Treffpunkten. Zu diesem Zwecke sollten unter Jugendlichen verstärkt »Inoffizielle Mitarbeiter« (IM) für Spitzeldienste gewonnen und eingesetzt werden. So sei beispielsweise laut Dienstanweisung 4/66 durch »zielgerichtete Werbungen unter Mitgliedern der westlich orientierten Musikgruppen und ihrer Anhängerschaft [...] eine ständige operative Kontrolle zu sichern«.

Obwohl die summarischen Verdächtigungen und Schuldzuweisungen zum Teil Indizien einer systemimmanenten Paranoia waren und politischen Feindbildern entsprachen, beruhten die Maßnahmepläne des MfS auf einem konkreten Ermittlungshintergrund. Sowohl die örtlichen Schwerpunkte als auch die Einschätzung jugendlicher Aktivitäten entsprachen Beobachtungen des Ministeriums aus den letzten Jahren. So gab es Anhaltspunkte dafür, dass einige ostdeutsche Jugendliche einer besonderen Provokation frönten, indem sie faschistische Symbole, Lieder und Parolen nutzten. Im Herbst 1965 hatten sich entsprechende Hinweise verdichtet und waren im folgenden Jahr deutlicher geworden. So waren im Kreis Bitterfeld zwei Jungen zu mehrmonatigen Gefängnisstrafen verurteilt worden, die in Kutten durch ihr Dorf gelaufen waren, die denen des Ku-Klux-Klan nachempfunden waren. Ihr Motiv sei gewesen, dass in ihrem Ort »nichts los sei und sie auf diese Weise für Abwechslung sorgen wollten«.[159]

Ob die Jungen für (neo-)nazistische Gedanken anfällig waren, wird kaum zu klären sein. Möglicherweise wurde ihre Aktion durch Berichte über die neofaschistische NPD und deren westdeutsche Wahlerfolge begünstigt. Sowohl das Medieninteresse in der BRD als auch die Propaganda der DDR könnten Jugendliche motiviert haben, mit faschistischer Symbolik und Rhetorik zu provozieren. Diesen Verdacht legen Unterlagen des FDGB-Bundesvorstandes aus dem Jahre 1969 nahe, in denen im Umfeld der Bundestagswahl wiederholt über Graffiti mit Hakenkreuzen und dem Schriftzug »Sieg heil« berichtet wird.[160] Zur gleichen Zeit wurden in der DDR wiederholt Gruppierungen Jugendlicher aufgedeckt, die einen faschistischen Habitus pflegten. Im Frühjahr 1967 terrorisierte eine »Hakenkreuzbande« in Leipzig jüngere Schülerinnen und Schüler.[161] Ähnliche Gruppen waren im Vorjahr in Berlin aufgeflogen. Die Mitglieder eines »Bundes Deutscher Jugend (BDJ)«, alle Kinder höherer NVA-Offiziere im Alter von 16 Jahren, hatten sich Namen früherer NS-Grö-

---

159 MfS, HA IX/8, Information, 8.11.1965, BStU, HA IX 1038, Bl. 11.
160 Fulbrook: Anatomy, S. 160.
161 SED-SL Leipzig, Information, 19.5.1967, SächsStAL, SED, IV A-5/01/194.

ßen zugelegt.[162] Im Herbst 1968 geriet eine Gruppe Berliner Lehrlinge ins Visier der Staatssicherheit, die nach deren Angaben zum größten Teil »fortschrittlichen Elternhäusern entstammen«. Sie seien sich mit dem Hitler-Gruß begegnet, hätten sich mit Dienstgraden der SS angeredet und Mitschüler in der Berufsschule attackiert mit Worten wie: »Du Judensau wirst auch noch verbrannt.«[163] In ähnlicher Weise hatten sich zwei Jahre zuvor in Berlin junge Arbeiter produziert, die »zur Verherrlichung des Faschismus und zu hetzerischen Äußerungen antisemitischen Charakters« neigten.[164] Im Sommer 1968 wiederum wurde im mecklenburgischen Dömitz eine Gruppe zerschlagen, die sich »Rolling Stones Club« nannte und deren Kopf sich mit »Sturmbannführer Hacker« anreden ließ.[165] Und im selben Jahr hatten die Schulbehörden des Bezirkes Dresden berichtet, dass sich zahlreiche Schüler mit dem »faschistischen Gruß« begegneten.[166] An ähnlich »dumme faschistische Anwandlungen, dass also Kinder mal beispielsweise [den] Hitler-Gruß gemacht haben«, unter Mitschülern erinnert sich auch Günter Fritzsch.[167]

Den Hitler-Gruß hatten auch dreizehn Jugendliche in Hohenprießnitz bei Eilenburg entboten, als sie im April 1967 aus einer Gaststätte geworfen worden waren. Bevorzugte Opfer dieser Gruppe, die seit einem halben Jahr den ganzen Ort terrorisierte, waren Mädchen gewesen, die wiederholt belästigt worden waren, sowie Studierende des Instituts für Heimerziehung Hohenprießnitz. Einige von diesen wurden an diesem Tag von den Jugendlichen tätlich angegriffen, die sie als »Kommunisten- und Judenschweine« beschimpften und »Sieg Heil« skandierten.[168] Der Fall ist deswegen so interessant, weil die anhaltende Randale der Jugendlichen und ihr faschistischer Habitus von der Dorfbevölkerung lange Zeit widerspruchslos hingenommen worden waren, während Staat und Partei tatenlos zugeschaut hatten. Die SED-Bezirksleitung griff die Hohenprießnitzer in einer Kampagne an, die auch auf die eigenen Genossen zielte:

> »150 Parteimitglieder gibt es hier. Die ganze Öffentlichkeit wußte, daß Hohenprießnitz unter dem Treiben dieser Bande litt! […] Es ist höchste Zeit, daß die gesellschaftlichen Kräfte dieses Ortes sich ihrer vollen Verantwortung bewußt werden, damit solche jungen Menschen nicht erst vor Gericht gestellt werden müssen.«[169]

---

162 MfS, HA IX/2, Information, 11.11.1966, BStU, HA IX 1038, Bl. 28–34.
163 MfS-BV Groß-Berlin, Untersuchungsabt., Information, 14.12. 1968, BStU, AS 641/70, Bl. 31 u. 36.
164 MfS-BV Groß-Berlin, Abt. IX, Information, 11.11.1966, HA IX 1038, Bl. 45.
165 SED-ZK, Abt. Jugend, Übersicht, 30.9.1968, SAPMO-BArch, DY/30/IV A 2/16/170, zit. Mählert/Stephan: Blaue Hemden, S. 179.
166 RdB Dresden, Abt. Volksbildung, Vorkommnisse, 24.1.1968, SAPMO-BArch, DY/30/IV A 2/9.05/33, in: Geißler u. a. (Hg.): Schule, Dok. 315, S. 523.
167 Günter Fritzsch, Interview, Frankfurt a. M. 26.10.2000.
168 MfS, Einzel-Information, 6.4.1967, BStU, ZAIG 1348, Bl. 1–3; SED-KL Eilenburg, Schreiben an Fröhlich, 5.4.1967, SächsStAL, SED, IV A-2/9.02/353, Bl. 208.
169 Hohenprießnitz ist schuldig, LVZ, 9.4.1967.

Mit diesen deutlichen Worten kommentierte die *Leipziger Volkszeitung* unter der Schlagzeile »Hohenprießnitz ist schuldig« die Vorgänge. Solche Schuldzuweisungen entsprachen zwar dem gängigen Schema, die Verantwortung an die unteren Funktionsebenen zu delegieren, lieferten aber keine Erklärungen zu Hintergründen des jugendlichen Gebarens und zur Passivität der Bevölkerung. Der Hohenprießnitzer Zwischenfall dokumentierte einen äußerst fragwürdigen Umgang aller Beteiligten mit der nationalsozialistischen Vergangenheit. Zudem offenbarte er eine gewisse Intellektuellenfeindlichkeit – sowohl bei den Jugendlichen als auch bei der Bevölkerung des Ortes, waren doch neben den sexuell belästigten Mädchen Studierende die Opfer. Auch deren Diffamierung als »Kommunisten- und Judenschweine« ist in dieser Hinsicht zu deuten, suggerierte sie doch einerseits eine unmittelbare Nähe der Studierenden zum herrschenden System, während sie andererseits die Konsistenz rassistischer Vorurteile demonstrierte.

Motiviert wurden Jugendliche zu ähnlichen, meist aber deutlich harmloseren Provokationen oft durch besondere Anlässe. In Leipzig nutzten beispielsweise im Juli 1966 einige Dutzend junger Leute die Niederlage der sowjetischen Fußballmannschaft im Halbfinale der Weltmeisterschaft gegen das Team der Bundesrepublik »zu antisowjetischem Auftreten« und zogen lauthals durch die Hainstraße im Stadtzentrum, wo sie »den Sieg der Westdeutschen feierten«.[170] Dies scheint kein Einzelfall gewesen zu sein, denn an latente Russenfeindlichkeit erinnern sich etliche Zeitzeugen:

»[…] das war oft in der Schule, dass [das] alles so negativ gesehen wurde. Der Westen war das Goldene, das, was verboten war. […] Und alles andere, was weiter östlich ist, war schlechter oder […] hatte einen negativen Anstrich, alles.«[171]

Vor diesem Hintergrund erließ im August 1966 der Minister für Staatssicherheit eine Dienstanweisung, worin er forderte: »Sympathiebekundungen, die in ihrer Tendenz auf eine Verherrlichung des Westens hinauslaufen, sind durch variable Maßnahmen unwirksam zu machen […]«.[172]

Eine Flut von Provokationen löste ein Vierteljahr später die Erinnerung an die »Beat-Demo« aus, wobei die Kombination von jugendlichem Nonkonformismus und der Brüskierung durch Nutzung und Beschmutzung des antifaschistischen Wertehimmels nicht zu übersehen war. Flugblätter, die zum öffentlichen Gedenken an die Auseinandersetzungen vom Vorjahr aufriefen, verbanden den Frust auf die Jugendpolitik mit der Lust zu reizen. Die Sicherheitskräfte reagierten empfindlich darauf und verhafteten mehrere Jugendliche, u. a. Mitglieder der »Capitolmeute« und der »Friedhofsbande«. Nach einem Bericht des MfS hatten die Verhafteten (fünf Lehrlinge, ein Arbeitsloser,

---

170 O. Verf., Parteiinformation, Leipzig 27.7.1966, SächsStAL, SED, IV A-5/01/194.
171 Monika Mayerhofer, Interview, Leipzig 12.9.2000. Ähnlich Gernot Grünspecht*, Interview, Berlin 16.11.1999; Thomas Tauer, Interview, Leipzig 24.8.2000.
172 MfS, Dienstanweisung Nr. 5/66, 10.8.1966, BStU, BdL/Dok., 002459, Bl. 2.

ein Hilfs- und zwei Facharbeiter) das Andenken der »Opfer des Faschismus« verhöhnt, als sie in Anlehnung an die offizielle Formel dazu aufforderten, der »Opfer des 31.10.1965« zu gedenken. Zudem seien auf Flugblättern Parolen aufgetaucht wie:

> »Es lebe der Beat-Aufstand vom 31.10.1965 – Wir kommen wieder ... (dazwischen ein Hakenkreuz) Heil Hitler.«[173]

Dass es dabei nicht um Langeweile, sondern um bewusste politische Provokation ging, verdeutlicht ein anderer Informationsbericht, wonach dieser »Beatle-Tag« auf den Staatsfeiertag vorverlegt werden sollte. Danach hätten verschiedene Schüler gegenüber FDJ-Funktionären behauptet: »Wir werden am 7. Oktober auf dem Karl-Marx-Platz sein. Da werden wir was losmachen.«[174]

Die Selbststilisierung der DDR-Spitzen zu Bewahrern des antifaschistischen Vermächtnisses verfing bei der Jugend offenbar nicht mehr. Die permanente Konfrontation mit dem Opfer kommunistischer Antifaschisten machte Jugendliche der antifaschistischen Propaganda überdrüssig, wie sich Thomas Tauer erinnert: »[...] denen stand's bis hier, die waren überfüttert von dieser Propaganda [...].«[175] Die Legitimation der Politik der SED mit ihrer antifaschistischen Tradition aber reizte zu Widerspruch und Normenverstoß. Die antifaschistische Doktrin wurde im Gefolge dauerhafter Instrumentalisierung gegen ihre Verfechter gewendet, die damit gewissermaßen in eine »Antifaschismus-Falle« tappten.[176] So lag im Fall des erwähnten »Bundes Deutscher Jugend« aus Berlin der Verdacht nahe, dass die Jugendlichen den beruflichen »Militarismus« ihrer Väter mit einem faschistoiden, militaristischen Weltbild beantworteten. Der andere Fall Berliner Lehrlinge hingegen ließ eine solche Deutung nicht zu. In seiner Untersuchung hatte das Ministerium für Staatssicherheit keine Hinweise auf faschistische und damit auf westdeutsche Einflüsse, was oft synonym bezeichnet wurde, rekonstruieren können. In dem Bericht heißt es vielmehr:

> »Auch konnte nicht festgestellt werden, daß es unter den Beschuldigten zu ausführlichen Diskussionen über faschistische Auffassungen beziehungsweise einer systematischen und zusammenhängenden Propagierung derselben gekommen war, sondern überwiegend handelt es sich hierbei um spontane Äußerungen verschiedener Beteiligter.
> Den Anlaß für diese Äußerungen bildete überwiegend das Nachahmen faschistischer Führer im Zusammenhang mit zuvor gesehenen Fernsehfilmen über den antifaschistischen Widerstandskampf oder der Behandlung im Geschichtsun-

---

173 SED-SL Leipzig, Abt. Parteiorgane, Information, 13.10.1966, SächsStAL, SED, IV A-5/01/194. Vgl. MfS, HA IX, Bericht, 3.11.1966, BStU, HA IX 1038, Bl. 15f., 18.
174 SED-SL Leipzig, Abt. Parteiorgane, Information, 6.10.1966, SächsStAL, SED, IV A-5/01/194, S. 3.
175 Thomas Tauer, Interview, Leipzig 24.8.2000.
176 Engler: Die Ostdeutschen, S. 125.

terricht, wobei sie sich teilweise auch durch eine allgemeine Fehlentwicklung bedingt die negativen Rollen zum Vorbild nahmen, obwohl sie sich dabei des verleumderischen Charakters ihrer Äußerungen bewußt waren.«[177]

Im Jahre 1967 versuchte die FDJ angesichts solcher kontraproduktiven Ergebnisse bei der historischen Aufklärung schließlich, die Auseinandersetzung mit dem Nationalsozialismus anschaulicher zu gestalten. Zwar beschränkte sich die von ihr initiierte »Bewegung zur lebendigen Bewahrung der revolutionären Traditionen der deutschen und internationalen Arbeiterbewegung« auf den kommunistischen antifaschistischen Widerstand, doch sollte dieser durch Begegnung mit Zeitzeugen und historische Erkundungen vor Ort lebensnah erfahren werden. Bei einigen Jugendlichen stießen solche Initiativen durchaus auf fruchtbaren Boden. So erinnert sich Monika Hahn an ein Gespräch ihrer Klasse mit dem Autor des Buchenwald-Romans »Nackt unter Wölfen«, Bruno Apitz:

»Den haben wir persönlich da gehabt. Und hatten dort ein wunderbares, herzliches Gespräch. Und das war wirklich, wir haben richtig gemerkt, [...] hier ist Echtheit.«[178]

Die Authentizität Apitz' habe in einem wohltuenden Kontrast gegenüber der Selbststilisierung der ostdeutschen Spitzenpolitiker gestanden, die sie nur als »Schauspiel« empfunden habe. Dessen ungeachtet seien auch Personen wie Apitz und seine Romangestalten oft »mit üblen Witzen und sonstwas bedacht« worden, wie sich Ingrid Göcke erinnert.[179] – Überhaupt ließen sich nach einem Bericht des FDJ-Zentralrats nur wenige Jugendliche für das Projekt zur »Bewegung zur lebendigen Bewahrung der revolutionären Traditionen der deutschen und internationalen Arbeiterbewegung« begeistern. Dies sei auch dem Umstand geschuldet – so der Zentralrat –, dass die Grundorganisationen des Jugendverbandes zu sehr in den hergebrachten Mustern propagandistischer Arbeit befangen seien: »In der Bewegung selbst bleibt es dann bei einer bloßen Ehrung des revolutionären Kämpfers.«[180] Damit konnte die FDJ kaum Respekt vor dem Leben der Antifaschisten erzeugen, zumal viele Jugendliche auch sonst gegenüber Elementen der antifaschistischen Tradition kaum Schamgrenzen kannten. Deutlich wurde dies, wenn zum Beispiel Liedgut aus der Tradition der Arbeiterbewegung entfremdet wurde. Bei solchen Parodien spielte der Sinngehalt bzw. die Sinnleere des Textes kaum eine Rolle.[181]

---

177 MfS-BV Groß-Berlin, Untersuchungsabt., Information, 14.12.1968, BStU, AS 641/70, Bl. 36f.
178 Monika Hahn, Interview, Leipzig 23.8.2000.
179 Ingrid Göcke, Interview, Freising 23.10.2000.
180 FDJ-ZR, Abt. Schuljugend, Einschätzung, 4.10.1967, SAPMO-BArch, DY/24/8.515, S. 8 u. 4.
181 Z.B. wurde dem Lied »Brüder, zur Sonne, zur Freiheit« als Text unterlegt: »Brüder, verlaßt eure Eltern, / Treibt euch im Wirtshaus herum, / Klaut die Kartoffeln von den Feldern, / Bringt eure Mitarbeiter um.« – SED-SL Leipzig, Abt. Parteiorgane, Information, 26.10.1967, SächsStAL, SED, IV A-5/01/194. Vgl. MfS, HA IX/2, Bericht, 11.10.1965, BStU, HA IX 1038, Bl. 8 f.

Dass einige Jugendliche die »tragische Selbstthematisierung« der ostdeutschen Kader als ehrenhafte, asketische Kämpfer[182] einer langen Tradition leid waren, ging aus den rüden Verbalattacken hervor, denen FDJ-Funktionäre bei Gelegenheit ausgesetzt waren. Sofern nicht sachlich argumentiert werden konnte, entweder weil die dogmatische Haltung der Funktionsträger dies verhinderte oder weil die Jugendlichen nicht willens oder nicht dazu in der Lage waren, wurden Vertreter des Jugendverbandes oder anderer Organisationen oft schlicht angepöbelt. Bot sich zwei Jahre später, nach dem Einmarsch Warschauer Pakt-Truppen in die Tschechoslowakei, der Vergleich mit der Wehrmacht Nazi-Deutschlands geradezu an, so kehrten sich 1966 die Kampagnen der Freien Deutschen Jugend wie zum Beispiel Solidaritätsaktionen mit den Vietcong gegen ihre Repräsentanten. So wurde an einer Leipziger Schule ein FDJler von einer Schülerin angefahren:

»Was willst Du überhaupt hier. Mach Dich doch nach Vietnam, dort werden sowieso alle Kommunisten erhängt.«[183]

Wie wenig Respekt einige Jugendliche vor Symbolen der Kommunisten hatten, belegen etliche Berichte. Der Gipfel der Provokation wurde erreicht, wenn sakrale Räume zerstört wurden wie die Thälmann-Gedenkstätte an einer Leipziger Schule im Dezember 1964 oder sich die Zwischenfälle zu besonderen Anlässen häuften.[184] Zum 50. Jahrestag der russischen Oktoberrevolution hatten zum Beispiel sieben Jugendliche in Borna, einer Kleinstadt südlich von Leipzig, zahlreiche Transparente abgerissen. Und im Frühjahr 1967 wurde der Tod Adenauers unmittelbar vor dem VII. Parteitag der SED provozierend instrumentalisiert: Fahnen wurden nachts an verschiedenen Leipziger Schulen auf Halbmast gesetzt, weniger um in vorgeblicher Trauer Sympathie für die westdeutsche Politik zu bekunden, als sich von der ostdeutschen abzugrenzen.[185]

Diese Gegenüberstellung von Ost und West war ein typisches Muster. Ein solches Konfliktmuster stand auch hinter den Provokationen Leipziger Schüler, die bei verschiedenen Vorführungen eines Kriegsfilms 1963 über die toten Sowjetsoldaten gelästert und beim Erscheinen amerikanischer GIs applaudiert hatten. Sie hatten damit anwesende SED-Genossen derart gereizt, dass eine dieser Veranstaltungen in eine Schlägerei ausgeartet war.[186]

---

182 Bude, Heinz: Das Ende einer tragischen Gesellschaft, in: Joas, Hans; Kohli, Martin (Hg.): Der Zusammenbruch der DDR. Soziologische Analysen. Frankfurt a. M. 1993, S. 270–273.
183 O. Verf. Parteiinformation, Leipzig 21.3.1966, SächsStAL, SED, IV A-5/01/194, S. 1.
184 SED-SL Leipzig, Sekretariat, Informationsbericht, 8.1.1965, SächsStAL, SED, IV A-5/01/231.
185 SED-BL Leipzig, Abt. Parteiorgane, Information, 6.11.1967, SächsStAL, SED, IV A-2/5/228, Bl. 154; Dies., 21.4, 25.4., 28.4., 3.5. u. 19.5.1967, SächsStAL, SED, IV A-2/5/227, Bl. 54 passim.
186 SED-SL Leipzig, Ideol. Komm., Zur Information, 22.5.1963, SächsStAL, SED, IV A-5/01/231; vgl. SED-SL Leipzig, Ideol. Komm., Information, 30.5.1963, ebd.

All diese Zwischenfälle belegen einen Traditionsabbruch zwischen den älteren Generationen, die in den politischen Kämpfen der Weimarer Republik sozialisiert worden waren, und den Jugendlichen, denen die Kämpfe aus ihrer »Vorzeit« als lehrreiche Beispiele dargeboten wurden. Die Generation ihrer Eltern hingegen fiel in diesem Diskurs aus, hatte sie doch ihre Jugend weitgehend in der Hitlerjugend verbracht. Die »HJ-Generation« aber verdankte ihren sozialen Aufstieg den alten Kämpfern der kommunistischen Bewegung, die nun die DDR beherrschten, und waren insofern vorbelastet.[187] So wurde die Tradierungskrise durch generationelle Abgrenzungsmechanismen verschärft, wie die Anfälligkeit von Kindern aus SED- und NVA-Elternhäusern für faschistische Rhetorik und Symbolik vermuten lässt. Begünstigt wurden solche nonkonformistischen Demonstrationen auch durch einige entwicklungspsychologische Faktoren, die sich in politischen Provokationen niederschlugen.

Zudem taugten sowohl »Faschismus« als auch »Antifaschismus« angesichts der Herrschaftspraxis in der DDR nicht zur politischen Auseinandersetzung. Sie diskreditierte den Antifaschismus an sich erheblich, diente er hier doch in erster Linie zur Abgrenzung der Herrschenden gegenüber politischen Gegnern und deren Diffamierung als »Faschisten«. Diese Praxis konterkarierte zugleich die Selbststilisierung der kommunistischen Führer zu politischen Vorbildern. Hingegen konnten Führungsgestalten kommunistischer Bewegungen aus Ländern der so genannten »Dritten Welt« Jugendliche in der DDR durchaus faszinieren, wie Zeitzeugen mit Blick auf Fidel Castro und Ernesto Che Guevara bekräftigten. Während die kommunistischen Führer außerhalb Europas sich oft in legerer Kleidung, volksnah und vor allem als charismatische Persönlichkeiten präsentierten, weckten die steifen Spitzenpolitiker der DDR eher Langeweile: »Also gegenüber Castro waren's blasse Gestalten.«[188] Das galt auch für die leitenden FDJ-Funktionäre, die keinerlei Begeisterung zu wecken vermochten. Während Thomas Tauer sie einfach uninteressant fand, erklärt Gernot Grünspecht:

> »[…] aus meiner Wahrnehmung waren die doof, die waren unerträglich. Der Schumann war in seiner Rhetorik und […] Günther Jahn genauso […] furchtbar, übelst. ›Wir werden die Sumpfbrühe des Imperialismus austrocknen‹, und lauter so einen also absolut unterm Strich liegenden rhetorischen Müll. Also, der Jahn galt ja als der lachende Mann, der hat ja immer gegrinst, zu jedem Blödsinn. […] und ich könnte niemanden nennen, der sich durch die hat begeistern lassen, die waren negativ besetzt.«[189]

---

187 Niethammer: Erfahrungen, S. 107f.
188 Manfred Ulmer, Interview, Leipzig 22.8.2000; vgl. Wolfgang Schröder, Interview, Leipzig 23.8.2000.
189 Gernot Grünspecht*, Interview, Berlin 16.11.1999; Thomas Tauer, Interview, Leipzig 24.8.2000.

Seit dem Tod Wilhelm Piecks, des zur Vaterfigur stilisierten und von manchen als solcher erinnerten Staatspräsidenten,[190] hatten ostdeutsche Politiker kein vergleichbares Interesse für sich wecken können. Im Gegenteil: Der Personenkult um Ulbricht wirkte aufgesetzt, zumal der Staats- und Parteichef schon wegen seiner Sprache zur Zielscheibe vieler Witze in der DDR wurde. So erinnern sich auch alle befragten Zeitzeugen Ulbrichts als einer verhassten, lächerlichen Gestalt. In den Interviews wurde Ulbricht meist dargestellt als »poltriger Typ mit schrecklichem Akzent und [...] mit einer ziemlich trivialen Sprache«, die zur Imitation einlud:[191]

>»Der war verhasst, schon [...] durch seine sächsische Sprache. [...] Ulbricht war verhasst, [...] den konnte man nicht leiden. Auch im Zusammenhang mit dem 17. Juni [...].«[192]

Für die Spitzen der SED galt vor diesem Hintergrund, was die Schriftstellerin Inge von Wangenheim am Anfang der achtziger Jahre wie folgt beschreiben sollte:

>»Die Faszination durch ein Avantgarde-Bewußtsein, das außerordentliche Kräfte und Potenzen freizusetzen vermag, höchsten Einsatzwillen und die intensive Teilnahme am revolutionären Prozeß in jeder seiner Erscheinungsformen hervorruft, will sich plötzlich nicht mehr in gewohnter Weise einstellen.
>Sagen wir es rundheraus: Die Weitergabe der Fackel, ohne die es keine Kontinuität der kommunistischen Bewegung, keine Kontinuität des sozialistischen Humanismus [...] gibt, ist den Großvätern auf historische Weise gelungen. Die zweite Generation stand bereit, die Fackel anzunehmen. Sie an die dritte Generation, die Enkel, so weiterzugeben, wie sie diese einst empfangen, ist ihr bis heute nicht gelungen.«[193]

Doch nicht nur die antifaschistische Tradition begann Mitte der sechziger Jahre abzubrechen, ähnliche Brüche ließen sich auch im Bereich der klassischen Bildung feststellen. Auch hier wurde die Vermittlung in erheblichem Maße durch eine bürokratisch-propagandistische Sprache und Terminologie blockiert, wie auch durch eine schematische Unterordnung aller Bildungsinhalte unter die politisch-ideologisch determinierten Erziehungsziele. Bereits auf dem VII. Parteitag der SED im April 1967 hatte der Staats- und Parteichef

---

190 Monika Hahn, Interview, Leipzig 23.8.2000: »Da muss ja eine Persönlichkeit hinter gesteckt haben, wenn man als Kind so fasziniert ist.«; Thomas Tauer, Interview, Leipzig 24.8.2000: »Das einzige Vorbild, [...] das war hier Wilhelm Pieck.« – Vgl. Wierling: Geboren, S. 106f.
191 Harald Fritzsch, Interview, Berlin 9.2.2000; Wolfgang Schröder, Interview, Leipzig 23.8.2000. Monika Hahn, Interview, Leipzig 23.8.2000: »[Ulbricht] war für mich lächerlich, schon alleine durch die Sprache.«
192 Gernot Grünspecht*, Interview, Berlin 16.11.1999.
193 Wangenheim: Genosse Jemand, S. 35 passim, und schon vor der Bildungsreform: Herbert Wolfgram, Die Sprache ist die Wirklichkeit des Gedankens, Forum, 24/1963, S. 16f.

Ulbricht eingestanden, »daß das kulturelle Bildungsniveau der 14- bis 18jährigen Mädchen und Jungen gegenwärtig nicht genügt«.[194] Während Ulbricht hierbei auch die anhaltende Begeisterung für moderne Formen der Jugendkultur kritisierte, beklagte Wangenheim ein Jahrzehnt später, dass die einseitige Konzentration der Schulbildung auf die Naturwissenschaften zur Vernachlässigung humanistischer Unterrichtsinhalte geführt habe. Kategorisch erklärte sie: »Wir erzeugen Halbbildung.«[195]

Die permanente Politisierung nicht genuin politischer Inhalte und Ausdrucksformen erzeugte im Bildungswesen ebenso wie in der Jugendkultur ein wachsendes privates Interesse daran, während der wachsende Druck nach außen eine spürbare Zurückhaltung der Jugendlichen in politischen Fragen provozierte. Nachdem die kurzfristige Liberalisierung in diesem Bereich seit 1963 Ansätze zur Vertrauensbildung zwischen SED-Staat und DDR-Jugend, zwischen Individuum und Gesellschaft geboten hatte, zerschlug die Partei auf ihrem 11. ZK-Plenum im Dezember 1965 die Hoffnung auf eine Harmonisierung der divergierenden Interessen. So paarte sich ein Jahr später die brüske Absage an eine Differenzierung und Flexibilisierung der Jugendpolitik, wie sie das Amt für Jugendfragen zu dieser Zeit anregte, mit der neuerlichen Behauptung, dass »die Jugend keine gesonderten Ziele als die Arbeiterklasse hat«.[196]

Möglicherweise stützte sich das SED-Zentralkomitee für diese Einschätzung auf den hohen Mitgliederzuwachs der FDJ und die nach wie vor steigenden Jugendweihe-Zahlen. Die aber beruhten vor allem auf der Formalisierung dieser politischen Bekenntnisakte, die sie gerade ihres konfessionellen Wertes beraubte. – Dass von einer Interessenkongruenz trotz anderslautender Verlautbarungen keine Rede sein konnte, bewies nachhaltig der Fortbestand einer nonkonformen Jugendszene.

---

194 Walter Ulbricht, Die gesellschaftliche Entwicklung in der Deutschen Demokratischen Republik bis zur Vollendung des Sozialismus, Referat, Berlin 17.4.1967, zit. Ders.: An die Jugend. 2. Aufl., Berlin 1968, S. 406.
195 Wangenheim: Genosse Jemand, S. 49.
196 SED-ZK, Abt. Jugend, Stellungnahme, Berlin 30.9.1966, SAPMO-BArch, DY/30/IV A 2/16/21, S. 2.

3. Kalter Frühling

»Keinen Krach machen«: Die Verinselung der Jugendkultur

>»[…] in dem Frühjahr da, '68, da war das vergleichsweise liberal dann auch in der DDR. Und das war eigentlich eine sehr interessante Zeit. Also, wenn ich sage, was waren die interessantesten fünf, sechs Monate überhaupt in meinem Leben, dann würde ich wohl sagen, das war die Zeit zwischen Februar 1968 und meiner Flucht [im August].«[1]

Harald Fritzsch beschreibt hier Empfindungen, die zahlreiche Ostdeutsche mit ihm teilen würden: Zwei Jahre nach dem 11. ZK-Plenum vom Dezember 1965 schien sich die DDR-Gesellschaft wieder zu öffnen, obwohl der Kahlschlag mit einer größeren Perspektive in Angriff genommen worden war. Noch im April 1967 wiesen Reden Walter Ulbrichts in eine Zukunft, in der die Früchte des erzieherischen Rigorismus der späten sechziger Jahre geerntet würden:

>»Von der Entwicklung der jungen Menschen, von der vollen Entfaltung ihrer Fähigkeiten, von ihrem sozialistischen Bewußtsein wird das Tempo der Entwicklung der Gegenwart wesentlich beeinflußt und die Zukunft des Sozialismus in Deutschland bestimmt. […]
>Die jungen Mädchen und Frauen, die jungen Männer bereiten sich jetzt im Prozeß der Erfüllung der Aufgaben der entwickelten sozialistischen Gesellschaft zugleich auf die Meisterung der Aufgaben vor, die sie 1980 und 1990 zu lösen haben.«[2]

In diesem Sinne hatte der Staatsrat der DDR einen Monat zuvor den Beschluss »Jugend und Sozialismus« gefasst, der umgehend Gesetzeskraft erlangte. Stärker als in anderen Verlautbarungen dieser Art trat hier das Motiv des »proletarischen Internationalismus« hervor, ein Indiz für die gewandelten Verhältnisse innerhalb des sozialistischen Lagers. Schon das 11. ZK-Plenum hatte unter diesem Zeichen gestanden. Die wirtschaftspolitischen Themen, denen die Tagung eigentlich gewidmet war, waren auf die Tagesordnung gesetzt worden, weil der neue Kreml-Chef, Leonid Breschnew, ökonomischen Alleingängen der sowjetischen Satellitenstaaten eine Absage erteilt hatte. Damit wur-

---

1 Harald Fritzsch, Interview, Berlin 9.2.2000.
2 Walter Ulbricht, Die gesellschaftliche Entwicklung in der Deutschen Demokratischen Republik bis zur Vollendung des Sozialismus, Referat, Berlin 17.4.1967, zit. Ders.: An die Jugend, S. 405 f.

den die wirtschaftlichen Reformen, die zur Umsetzung des NÖSPL notwendig waren, in empfindlichem Maße gebremst. Ulbrichts Position innerhalb des Ostblocks, die er der relativen ökonomischen Stärke der DDR verdankte, war dadurch erschüttert worden.[3] Das überschwängliche Bekenntnis zur Paktdisziplin, wie es der Jugend in dem Staatsratsbeschluss vom März 1967 auferlegt wurde, war insofern als Eingeständnis der Schwäche zu werten, verlangte es doch künftigen Generationen den unbedingten Gehorsam gegenüber der östlichen Führungsmacht ab:

>»Sozialistische Jugendpolitik heißt heute: Erziehung und Selbsterziehung der Jugend so zu gestalten, daß sie selbständiges Denken und schöpferisches Arbeiten für den Sozialismus mit der Liebe zu ihrem sozialistischen Vaterland vereint, unsere souveräne sozialistische Deutsche Demokratische Republik stärkt und verteidigt, sich mit Herz und Verstand zur Freundschaft mit der Sowjetunion und zum proletarischen Internationalismus bekennt.«[4]

Dieses Bekenntnis sollte in den folgenden Monaten auf eine harte Probe gestellt werden, da sich im Ostblock Entwicklungen anbahnten, die das sozialistische Lager erheblich beunruhigten.

Hinter den Formulierungen des Staatsrates war zugleich das Konzept einer eigenen Identitätsstiftung zu erkennen, wie sie bereits in verschiedenen Verlautbarungen der Partei in den Jahren zuvor sichtbar geworden war. Seit dem Mauerbau war in Ostdeutschland zunehmend versucht worden, das Selbstverständnis der nachwachsenden Generationen als Deutsche durch eine Identifikation mit der Deutschen Demokratischen Republik zu ersetzen. Mit dem Konzept einer spezifischen DDR-Kultur, wie sie etwa in dem Konstrukt einer »sozialistischen Unterhaltungskunst« zum Ausdruck kam, wurde das Argument der eigenständigen, sozialistischen Kulturnation vorbereitet, wie es im Gefolge der Verfassungsänderung von 1974 vorgetragen werden sollte. Mitte der siebziger Jahre waren schließlich alle Bezüge auf die deutsche Nation aus der DDR-Verfassung gestrichen, und sogar die Nationalhymne durfte nicht mehr gesungen werden, weil in dem Text von Johannes R. Becher ein »Deutschland, einig Vaterland« gefordert wurde. Die Annahme einer vorübergehenden Teilung Deutschlands wich in den sechziger Jahren einer stärkeren Abgrenzung gegenüber der Bundesrepublik, in der sich zu dieser Zeit Veränderungen in der Ostpolitik andeuteten. Egon Bahrs Konzept »Wandel durch Annäherung«, mit dem die so genannte »Neue Ostpolitik« der späteren sozial-liberalen Koalition vorbereitet wurde, erwiderte Ost-Berlin mit dem Rückzug aus dem Verband einer deutschen Kulturnation.[5]

---

3 Kaiser: Machtwechsel, S. 77–80 u. 94–96; Prieß, Lutz u.a.: Die SED und der »Prager Frühling« 1968: Politik gegen einen »Sozialismus mit menschlichem Antlitz«. Berlin 1996, S. 39 f.
4 Staatsrat, Beschluss »Jugend und Sozialismus«, 31.3.1967, GBl. 1967/I, Nr. 4.
5 Vgl. Meuschel: Legitimation, S. 273–284.

Vor diesem Hintergrund erscheint die relativ lange Eiszeit in der Kultur- und Jugendpolitik, die offiziell erst im Umfeld des Machtwechsels von Ulbricht zu Honecker einem neuen Tauwetter wich, als konsequenter Versuch, in diesen Bereichen Verselbstständigungstendenzen voranzutreiben. Ziel dieses Prozesses war die Emanzipation gegenüber der Bundesrepublik und damit ein umfassender Souveränitätsgewinn der ostdeutschen Führung in Verbindung mit einer eigenen DDR-Identität, die es im Bewusstsein der ostdeutschen Bevölkerung zu verankern galt. Vorerst gelang dies nur bedingt, wie aus einer Bewusstseinsanalyse der Leipziger SED-Bezirksleitung hervorgeht. Danach stieß die Deutschlandpolitik der DDR weiterhin auf Unverständnis weiter Bevölkerungskreise – vor allem der jüngeren Generation:

»Bei vielen Jugendlichen, auch bei FDJ-Funktionären, ist die Meinung ›die DDR ist mein Staat, aber mein Vaterland ist Deutschland‹, ein Faktor, der der weiteren Herausbildung des sozialistischen Nationalbewußtseins noch hemmend im Wege steht.«[6]

Noch bevor mit einer neuen Verfassung 1968 der rechtliche Rahmen für die Konstruktion einer ostdeutschen Nation geschaffen wurde, legte Ost-Berlin mit einer eigenen DDR-Staatsbürgerschaft den Grundstock dazu. Mit dem Staatsbürgerschaftsgesetz vom 20. Februar 1967 versuchte die DDR-Führung einerseits, dem Alleinvertretungsanspruch der Bonner Regierung zu begegnen, die in allen Deutschen legitime Bürger der Bundesrepublik Deutschland sah. Andererseits legte sie damit den Grundstein für die beschriebene Loslösung Ostdeutschlands aus dem Zusammenhang *einer* deutschen Nation. Bereits einen Monat zuvor hatte sich diese Linie recht schroff in einem Beschluss des Politbüros abgezeichnet, der der politisch-ideologischen Arbeit an den Hochschulen der DDR gewidmet war:

»Mit dem Märchen von einer einheitlichen deutschen Wissenschaft und Kultur muß Schluß gemacht werden, es gehört auf den Kehrichthaufen.«[7]

In diesem Kontext war es nur folgerichtig, wenn sich die Ost-Berliner Kulturbürokratie nicht nur gegen exzessive Ausdrucksformen, sondern auch gegen Anglizismen in der Jugendkultur wehrte. Den Musikgruppen, die nach dem Kahlschlag (wieder) zugelassen wurden, wurde es deswegen verwehrt, sich englische Namen zuzulegen.[8] *The Butlers* nannten sich deshalb fortan *Renft* und wurden unter diesem Namen neben den *Puhdys* zur bekanntesten Band der jungen Rockmusik-Szene der DDR. Selbst die Band von Thomas Natschinski, zu der auch der spätere Begründer des *Oktoberklubs*, Hartmut

---

6 SED-BL, Abt. Propaganda/Agitation, Teileinschätzung, Leipzig 24.1.1967, SächsStAL, SED, IV A-2/9.02/342, Bl. 3.
7 SED-PB, Beschluss, Berlin 10.1.1967, SAPMO-BArch, DY/30/J IV 2/2/1093, Bl. 26.
8 Vgl. o. Verf., Konzeption, Berlin 29.11.1967, SAPMO-BArch, DY/30/IV A 2/16/5, S. 3.

König, gehörte, musste fortan auf den Namen *Team 4* verzichten, obwohl ihr eine gewisse Vorzeigefunktion zukam.[9] *Team 4* bzw. *Thomas Natschinski & Gruppe*, wie die Kapelle nun hieß, verzichteten bewusst auf spektakuläre Showeinlagen, wie sie bei anderen Bands üblich waren und denen das Publikum oft frenetisch applaudierte. Natschinski lehnte jeden ekstatischen Gestus ab, wie er in einem Interview des *neues lebens* erklärte:

»So wie wir uns auf der Bühne verhalten, so verhält sich auch das Publikum. Das wissen wir, keine Sorge! Und es hat sich auch herumgesprochen, daß wir keinen Krach machen – manche kommen deshalb gar nicht zu uns!«[10]

Versuchte Natschinski fortan den Spagat zwischen individueller musikalischer Kreativität und politischer Vereinnahmung als kulturelles Vorbild auszuhalten, so mussten die SED-Kulturpolitiker einräumen, dass die Beat-Szene nicht zu zerschlagen war. Bereits im Frühsommer 1966 hatte das Amt für Jugendfragen die Fruchtlosigkeit des repressiven Kurses einräumen müssen. Zwar betonte das Amt, dass insgesamt positive Entwicklungen im Bewusstseinsstand der Jugend zu verzeichnen seien, schränkte diese Einschätzung aber umgehend ein:

»Ein kleiner Teil der Jugend, der jedoch in der Öffentlichkeit besonders auffällt, weiß mit der Freizeit noch nichts Vernünftiges und Sinnvolles anzufangen. Das sind oftmals auch jene Jungen und Mädchen, die ziel- und planlos an den Ecken herumstehen und sich ungebührlich benehmen, die sich in Gruppierungen zusammenschließen und in bestimmten Fällen sogar die öffentliche Ordnung und Sicherheit gefährden.
Beeinflußt wird dieser Teil der Jugend durch die kapitalistische Unkultur des westdeutschen Rundfunks und Fernsehens, aber in den vergangenen Jahren auch durch die Propagierung ähnlicher Erzeugnisse durch kulturelle Institutionen der DDR, wie sie im Dezember 1965 die 11. Plenartagung des Zentralkomitees der SED scharf kritisiert hat.«[11]

Nachdem die scharfen Repressionen kurzfristig nicht die erhoffte Wirkung gezeigt hatten, bediente man sich anderer Mittel, um die Jugendkulturszene zu kontrollieren. Die Zulassung von Musikgruppen wurde an Auflagen gebunden, wie sie bereits im Vorfeld des Plenums verabschiedet worden waren, wozu u. a. der Nachweis künstlerischer Befähigung gehörte. Dieser musste an Musikschulen erworben werden, was einer der Gründe dafür war, dass ostdeutsche Bands zu relativ artifizieller Musik tendierten. Schon das Verbot englischer Texte förderte die eigenständige Entwicklung der ostdeutschen Rockmusik. Die künstlerische Schulung der Musiker begünstigte in der DDR unbeabsichtigt die Übernahme psychedelischer Elemente der Rockmusik, die

---

9 Vgl. Rauhut: Beat, S. 189–191.
10 nl, 6/1966, S. 50.
11 Amt f. Jugendfragen, Die Lage der Jugend, Juni 1966, BArch, DC/4/863, Bl. 4 u. 30.

in der westlichen Hippie-Szene en vogue waren. Anders als beim westlichen »Deutschrock« waren geradlinige Arrangements in der ostdeutschen Rockmusik lange Zeit kaum zu finden.[12]

Die »Qualifizierungsmöglichkeiten vor allem für die Leiter von Laientanzkapellen« sollten nun quantitativ und qualitativ ausgebaut werden. Diese Maßnahme gehörte zu einem ganzen Katalog, der im Oktober 1967 erstellt worden war. Gemeinsam mit dem Zentralrat der FDJ hatte das Ministerium für Kultur eine Liste von Aufgaben vorgelegt, deren Ziel es war,

> »das Tanzmusikschaffen in der DDR in seiner Qualität, in seiner Vielfalt und in seiner Quantität zu erhöhen, die Entwicklung einer niveauvollen Tanzmusik zu fördern, die unserem Lebensgefühl entspricht, die ein eigenes Profil hat und die sich deutlich von dem durch die amerikanische und westdeutsche Schlagerindustrie gelenkten Modestrom abgrenzt«.[13]

Diese Grundsatzerklärung zeigte, wie widersprüchlich in sich das Unterfangen einer eigenen »sozialistischen Unterhaltungskunst« war. Wurde einerseits mit der Einrichtung einer »Zentralen Kommission Tanzmusik«, wie sie der Plan vorsah und die sich zwei Jahre später, am 19. September 1969, endlich konstituierte, ein Gremium geschaffen, in dem eine sachliche Diskussion möglich gewesen wäre, so stellte andererseits gerade diese Kommission ein weiteres bürokratisches Hindernis für die freie Entfaltung der ostdeutschen Musikszene dar. Zwar sollte das »Tanzmusikschaffen« in der DDR internationalen Einflüssen offen gegenüberstehen, aber nur Trends des sozialistischen Auslands rezipieren. Diese Linie hatten das Kulturministerium und der FDJ-Zentralrat in ihrem Maßnahmenplan vorgegeben:

> »Die Erziehungsarbeit der FDJ ist generell so zu entwickeln, daß das sozialistisch-realistische Musikschaffen, unsere neuen Lieder an die Jugend herangetragen werden und diese den Wesensunterschied zwischen unserer Kunst und westlicher Unkultur erkennen und verstehen lern[t].«

Insgesamt erinnerte der Tonfall des Plans an die Akzente, die das Zentralkomitee der SED auf seinem 11. Plenum im Dezember 1965 gesetzt hatte. So verlangten Kulturministerium und FDJ-Zentralrat in ihrem Papier »weiterhin eine konsequente administrative Kontrolle der Einhaltung bestehender Normative«. Dem entsprachen die folgenden Festlegungen, die sich auf die einschlägigen gesetzlichen Bestimmungen bezogen:

> »Bei Verstößen ist von strengen Disziplinarmaßnahmen Gebrauch zu machen. […] Über auftretende Erscheinungen westlicher Unkultur und die getroffenen Maßnahmen ist sofort zu informieren.«

---

12 Vgl. Rauhut: Beat, S. 165–178 u. 240–247.
13 Min. f. Kultur/FDJ-ZR, Maßnahmen, Berlin 23.10.1967, SAPMO-BArch, DY/30/IV A 2/16/5, S. 1 f. u. 3–5. Das Folgende ebd. Vgl. Rauhut: Beat, S. 221 f u. 224 f.

Hintergrund dieser Forderungen waren Berichte des Innenministeriums, das im Verlauf des Jahres 1967 »im Zusammenhang mit dem Auftreten von Beat-Kapellen 32 ernsthafte Vorkommnisse (Randalieren, Prophezieren [!] von Schlägereien, Sachbeschädigungen, Landfriedensbruch, Widerstand, Staatsverleumdung, Hetze und staatsgefährdende Gewaltakte)« registriert hatte. Obwohl diese Zahl für einen Zeitraum von neun Monaten gering anmutete, sahen sich die Verantwortlichen veranlasst, an ihrer restriktiven Linie gegenüber der Beatmusik-Szene festzuhalten. So fand sich an der ersten Stelle ihres Kataloges die Forderung, »für das sozialistische Musikleben charakteristische neue Erscheinungen, wie die Entwicklung der Singeklubs und ihre neuen Lieder, kontinuierlich und zielgerichtet zu popularisieren [...].«[14] Gleichwohl gestanden die Kulturbürokraten des Ministeriums und der FDJ durch ihre intensive und detaillierte Beschäftigung mit dem Komplex der Jugendtanzmusik ein, dass die Entwicklung einer aktiven Jugendmusik-Szene nicht zu revidieren war.

Die Singebewegung, deren bekannteste Gruppe der *Oktoberklub* um Hartmut König mit seiner Hymne »Sag mir, wo du stehst« wurde, war nicht nur ein vorübergehend relativ erfolgreicher Versuch, eine sozialistische Lyrik im Bereich der Jugendmusikkultur zu etablieren. Sie kam durch die Integration moderner Rhythmik und internationaler folkloristischer Elemente dem Bedürfnis der Jugend nach einer eigenen Musikkultur ein Stück weit entgegen. Damit schien sie die Kluft zwischen den Geschmäckern der alten Kommunisten der SED-Spitze und der jungen Generation überbrücken zu können. Die Singebewegung stellte also einen Kompromiss zwischen dem Bedürfnis der Ost-Berliner Führung nach einem Mindestmaß kultureller Autarkie und der Internationalisierung der Jugendkultur dar. Im November 1967 gab sich die Jugendkommission des Politbüros denn auch äußerst optimistisch, damit endlich eine Lösung für die Probleme mit der Beatmusik-Szene gefunden zu haben:

> »Wir haben zweifellos mit der sich breit entwickelnden Singebewegung einen positiven Kontrapunkt gegenüber dem Beat gesetzt. Aber damit wurde natürlich noch nicht der Beat selbst in der DDR abgeschafft. Wir halten solche Überlegungen für richtig, solche Kapellen stärker in die Arbeit der Singeklubs einzubeziehen. Dabei darf jedoch nicht übersehen werden, daß es sich hierbei in erster Linie um Jugend-*Tanz*-Kapellen handelt.«[15]

Bei genauerer Betrachtung stellte sich allerdings heraus, dass die Ost-Rocker diese Strategie durchschaut hatten und die Förderung der Singebewegung auf ihre Weise zu nutzen verstanden. Wer in den Genuss der Förderung kommen wollte, kam den offiziellen Trends ein Stück entgegen und entsprach damit zunächst den Ansprüchen an die Singebewegung. Damit förderte diese wie-

---

14 O. Verf., [Konzeption], Berlin 29.11.1967, SAPMO-BArch, DY/30/IV A 2/16/5, S. 3 u. 1.
15 Ebd., S. 2. Zum Folgenden vgl. Rauhut: Beat, S. 206–208.

derum indirekt artifizielle Tendenzen in der ostdeutschen Beat-Szene, die später zu einem typischen Merkmal der DDR-Rockmusik werden sollten. Dabei bot die einseitige Protektion der Singebewegung durchaus literarischen und musikalischen Talenten eine Aufstiegsmöglichkeit. Zugleich aber barg die gewünschte Politisierung der Texte in der Singebewegung ein gewisses Risikopotenzial. Einerseits integrierte sie tradierte Agit-Prop-Elemente der kommunistischen Arbeiterkultur, andererseits eröffnete sie die Möglichkeit, untergründig konstruktive Kritik an der sozialistischen Gegenwart zu äußern. So brachte die Singebewegung auf lange Sicht auch kritische Liedermacherinnen und Liedermacher wie Bettina Wegner und Gerulf Pannach hervor, dessen Texte später u. a. von *Renft* vertont wurden. Pannach hatte offenbar vor, über die Singebewegung die Beat-Musik zu rehabilitieren. Zumindest erinnert sich Thomas Tauer an entsprechende Äußerungen, als er und seine Band zufällig mit Pannach zusammentrafen:

»[...] da setzte sich mit einem Mal ein Typ hin [...]: ›Jungs [...], wir müssen das anders machen. Wir müssen die links überholen.‹ Und da hab' ich ihn gefragt, sag mal, wer bist'n du? Und da stellte der sich vor als Gerulf Pannach. Und seine Idee damals war, über die Singebewegung die Beatmusik aufzubauen.«[16]

Allerdings war der Spielraum für Kritik innerhalb der Singebewegung von Anfang an so stark eingegrenzt, dass einmal verstoßene Künstler (wie Wolf Biermann sowie später Wegner und Pannach) keine Chance hatten, rehabilitiert zu werden.

Obwohl die Singebewegung am Ende der sechziger Jahre zunächst einen beachtlichen Boom erlebte, blieb ihr oft überschwänglicher sozialistischer Optimismus den meisten Jugendlichen fremd. Dies wurde im September 1969 auf einer Tagung des SED-Zentralkomitees auch eingestanden.[17] Zwar sprach die relativ flotte Rhythmik vieler Lieder durchaus an, sie eignete sich aber ebenso wenig zum Tanz, wie ihre Lyrik kaum für jugendliche Romanzen taugte. Mit ihren lyrischen Erträgen schwamm die Singebewegung auf einer allgemeinen Welle in der DDR-Literatur, die als generationeller Aufbruch gewertet werden kann. Dem Aufbruch am Anfang der sechziger Jahre, der mit Namen wie Volker Braun und Wolf Biermann verbunden war, folgte nun eine neue Lyrikwelle, die durch Diskussionen über Gedichte von Braun, Heinz Czechowski und Reiner Kunze im *Forum* verstärkt wurde.[18] Mit dieser Lyrikwelle verabschiedete sich eine neue Generation von den künstlerischen Idealen von Politbürokraten wie Alfred Kurella, der auf dem Kahlschlag-Plenum noch gegen jede Abweichung vom so genannten »Bitterfelder Weg« einer so-

---

16 Thomas Tauer, Interview, Leipzig 24.8.2000.
17 Ernst-Hermann Meyer, Diskussionsbeitrag, 29.9.1969, SAPMO-BArch, DY/30/IV 2/1/395, Bl. 182. Vgl. Rauhut: Beat, S. 207f.
18 Vgl. FDJ-ZR, Abt. Verbandsorgane, Konzeption, o. D. [1968], SAPMO-BArch, DY/24/8.877, Bl. 34f.

zialistischen Arbeiterkultur gewettert hatte.[19] Zugleich eröffnete sie den Einstieg in die Sphären einer Subkultur, die sich nun am Ende der sechziger Jahre in den kulturellen Zentren, in Berlin, Dresden und Leipzig, zu etablieren begann.[20]

An den künstlerischen Hochschulen entfalteten sich nonkonformistische Strömungen. In Leipzig galt deshalb das Literaturinstitut den Machthabern ebenso als Zentrum der Subversion wie die Hochschule für Grafik und Buchkunst.[21] Die intime Atmosphäre, bedingt durch die geringe Zahl von Studierenden, und ihre Exklusivität wären ideale Voraussetzungen für die offene Diskussion abweichender Meinungen, wie es in einem Bericht an das SED-Zentralkomitee hieß:

»Besonders schädlich wirkt sich die Enge vieler literaturwissenschaftlicher, musikwissenschaftlicher und kunsthistorischer Institute aus, an denen, wie z. B. in Jena, Leipzig und Rostock Tendenzen ideologischer Koexistenz auftreten.«[22]

Dieser Eindruck wird aus einer anderen Perspektive durch Ingrid Göcke bestätigt, die damals an der Leipziger Universität Kunstgeschichte studierte und sich an das relativ freizügige Klima am Kunsthistorischen Institut erinnert:

»[...] bei den Kunsthistorikern war ein vollkommen anderes Klima, da ging es natürlich anders zu. [...] da wurde schon sehr viel und offen diskutiert. Und es gab auch, muss ich sagen, vonseiten des Lehrkörpers einige, [...] die deutlich machten, dass sie es anders wissen und dass das vielleicht sogar der wahrere Gehalt ist. Also das kam schon oft durch.«[23]

In ihrer negativen Einschätzung dieser geistigen Freiräume sahen sich die Genossen vor allem dann bestätigt, wenn Studierende es wagten, die Kulturdoktrin der SED in Frage zu stellen. Unmittelbar nach dem Kahlschlag-Plenum waren Lehrende und Studierende der Leipziger Hochschule für Grafik und Buchkunst mit grundlegenden Zweifeln an der SED-Kulturpolitik aufgefallen – einer Haltung, die sofort als »Skeptizismus« gerügt wurde. Solche politisch-ideologischen Abweichungen witterten die Kulturbürokraten auch, wenn die ideologische Kategorisierung von Musik kritisiert wurde. An der Musikhochschule, dem traditionsreichen Leipziger Konservatorium, warnte die Parteileitung deswegen die Studierenden vor einer zunehmenden »Zersetzung« durch den westdeutschen Rundfunk und stieß damit auf Widerspruch:

19 Vgl. Agde, Günter: Eine Rekonstruktion, in: Ders. (Hg.): Kahlschlag, S. 182f.
20 Grundmann, Uta u. a.: Die Einübung der Außenspur. Die andere Kultur in Leipzig 1971–1990. Leipzig 1996, S. 126; Michael, Klaus: Zweite Kultur oder Gegenkultur? Die Subkulturen und künstlerischen Szenen der DDR und ihr Verhältnis zur politischen Opposition, in: Pollack, Detlef; Rink, Dieter (Hg.): Zwischen Verweigerung und Opposition. Politischer Protest in der DDR 1970–1989. Frankfurt a. M., New York 1997, S. 112f.
21 Grundmann u. a.: Die Einübung, S. 12f.; vgl. ebd., S. 47–49 u. 125–137.
22 O. Verf., Zur politisch-ideologischen Lage, o. D. [1966], SAPMO-BArch, DY/30/IV A 2/9.04/418, S. 13.
23 Ingrid Göcke, Interview, Freising 23.10.2000.

»In der sich daraus entwickelnden Polemik meinte ein [...] Student empört, daß eine Musikinterpretation klassenindifferent und unabhängig von der Gesellschaftsordnung sei.«[24]

Die Kritik des Studenten wurde von verschiedenen Studierenden unterstützt. Ihnen erschien die Abschließung der DDR gegen neuere musikalische Einflüsse – nicht nur auf die populäre Musik – geradezu als anachronistisch. Die zitierte Kritik zielte allerdings in erster Linie nicht auf die Unterhaltungskunst, sondern auf andere Richtungen, die gemeinhin unter »E-Musik« (›ernsthafte Musik‹) gefasst wurden.

Der Zugang zur klassischen Musik aber blieb einem Großteil der Jugend verschlossen, da sie ihr fremd war. Mit einem resignativen Unterton musste deswegen die Jugendkommission der Leipziger SED-Stadtleitung feststellen, dass die Nachfrage nach einem »Arbeiter-Jugend-Konzert«, einem Sonderkonzert mit klassischem Repertoire Mitte Dezember 1968, »nicht befriedigen« könne. Zwar gäben arbeitende Jugendliche meist vor, »daß sie regelmäßig ins Theater oder ins Konzert gehen«, dies entspräche aber nicht der Wahrheit:

»Viele junge Arbeiter zeigen [...] keine Bereitschaft zum Konzertbesuch. Die wesentlichsten Argumente bzw. Auffassungen sind:
›Die schwere Musik liegt uns nicht‹
›Dafür haben wir kein Interesse – wir hören lieber Schlager‹
›Wir müssen Überstunden machen, damit der Plan erfüllt wird, da können wir nicht ins Konzert gehen‹.«[25]

Das Konzept einer ganzheitlichen sozialistischen Kultur, die Unterhaltung, Bildung und nicht zuletzt politische Erziehung integrierte, verfing also bei Jugendlichen kaum bis gar nicht. Besonders bitter musste den ostdeutschen Kulturfunktionären aufstoßen, dass gerade der Nachwuchs der Arbeiterklasse diesbezüglich wenig Interesse zeigte.

Gerade die Arbeiterjugend hing unvermindert der Beat-Musik an, fand aber in den Städten nur wenig Raum dafür. Dies führte dazu, dass die offiziell diskreditierte Szene auf das Land auswich. Hier schien die Kontrolle der Kulturbürokratie weniger rigoros zu sein, vor allem aber erwies sich der private Gastronomiesektor im Umland der großen Städte aus wirtschaftlichem Interesse als Partner derjenigen Teile der Jugendkultur, die aus den urbanen Zentren in den ländlichen Raum auswanderten. Hier stellte »die Gaststätte mit ihren zugehörigen Räumen« nahezu das einzige »Zentrum des geistig-kulturellen Lebens« dar, wie es in einer Analyse für die Jugendkommission des Politbüros

---

24 SED-BL Leipzig, Abt. Schulen, Fach- u. Hochschulen, Information, 5.12.1967, SächsStAL, SED, IV A-2/16/356, Bl. 173f.
25 SED-SL Leipzig, Komm. f. Jugend u. Sport, Vorbereitung, 6.12.1968, SächsStAL, SED, IV B-5/01/186, S. 2.

hieß.[26] Meist noch in Privatbesitz, waren die ländlichen Gastwirtschaften für die emigrierende Jugendkultur attraktiv, weil sie weniger der staatlichen Kontrolle unterlagen und weil einige Gastronomen in den Jugendveranstaltungen ein Geschäft witterten. Das Gleiche galt für einige private Lokale in den Städten. Deshalb stellte 1967 die Jugendkommission des Politbüros verärgert fest:

»Die Zahl der Leiter von Gaststätten ist nicht gering, die solche Veranstaltungen dulden und in gewisser Beziehung fördern.«[27]

Auf diese Weise animiert, zogen auch Leipziger Jugendliche in der zweiten Hälfte der sechziger Jahre zunehmend in Gasthäuser des Umlands mit ihren großen Tanzdielen. Hier feierten ihre Idole oft spektakuläre Auftritte vor einem großen Publikum, wie sich Wolfgang Schröder erinnert:

»Na ja, [...] zu großen Konzerten [später in Berlin] sind wir eigentlich nicht hingefahren, also nur was jetzt hier in Leipzig und Umgebung da ist. Solche Sachen wie in Gaschwitz dann. [...] dort hat man sich besser verstanden, [...] hat mehr Leute getroffen. [...] Gaschwitz war ja eigentlich schon weit draußen von Leipzig für uns damals und [...] so ein bisschen mehr Freiheit gewesen und nicht das Eingeengte von der Stadt.«[28]

Bei anderen scheiterten die Fahrten zu Konzerten auf das Land am fehlenden motorisierten Untersatz. So erinnert sich Gernot Grünspecht zwar daran, dass zahlreiche Leipziger Jugendliche am Wochenende zu Konzerten ins Umland fuhren. Er selbst sei aber nicht dabei gewesen, weil er keine Lust gehabt hätte, mit dem Fahrrad oder mit dem Zug zu fahren.[29] Thomas Buchfink erinnert sich daran, dass der Exodus der alternativen Jugendkultur bald nach der so genannten »Beat-Demo«, also im Umfeld des 11. ZK-Plenums von 1965 einsetzte:

»Da war auch irgendwann mal hier 'ne Sache in der Stadt, 'ne große Demonstration, da wurde die ganze Sache noch weiter auf die Dörfer hinaus, die ganzen Tanzveranstaltungen praktisch aus der Stadt raus genommen und auf die Dörfer ringsum verteilt und [... zuerst waren] die Wege für uns zu weit, um da hinzukommen. [...] wir sind dann Sonntag immer 'naus auf die Dörfer gefahren, also praktisch immer der Musik hinterhergerannt.«[30]

Im Juni 1966 hatte offenbar in dieser Hinsicht noch kein Anlass zur Sorge bestanden – im Gegenteil: In einem umfangreichen Dossier war das Amt für Ju-

---

26 O. Verf. [SED-ZK], Analyse, o. D. [Feb./März 1968], SAPMO-BArch, DY/30/IV A 2/16/5, S. 9.
27 O. Verf., [Konzeption], Berlin 29.11.1967, ebd., S. 3.
28 Wolfgang Schröder, Interview, Leipzig 23.8.2000. – Gaschwitz wurde 1974 in einem umfangreichen Bericht des MfS als eines der ländlichen Zentren der Szene genannt, siehe MfS, Information, 23.7.1974, BStU, ZAIG 2411, Bl. 3; vgl. Rauhut: Rock, S. 68.
29 Gernot Grünspecht*, Interview, Berlin 16.11.1999.
30 Thomas Buchfink*, ADG, Satznr. 898, S. 2f. – Vgl. Rauhut, Beat, S. 237f.

gendfragen auch auf das Leben der Landjugend eingegangen und hatte ein tendenziell negatives Fazit gezogen. Es gäbe weder ausreichend »Veranstaltungen, in denen Jugendlichen die Perspektive der sozialistischen Landwirtschaft erläutert wird«, noch reiche das Angebot an Kulturveranstaltungen auf dem Lande aus. Dazu zählte das Amt auch Tanzabende.[31] Ein Jahr später wurde die Jugendkommission des SED-Politbüros mehrfach gewarnt vor einer Ausdehnung der jugendpolitischen Probleme auf ländliche Regionen, die bislang von den entsprechenden Auseinandersetzungen weitgehend verschont geblieben waren. Die Besorgnis der zuständigen Stellen von Staat und Partei wurde durch die Beobachtung vergrößert, »daß sich Anhänger des Beat über die Grenzen der Kreise und Bezirke hinaus organisieren, zusammenschließen bzw. treffen.«[32] Auch der Bezirk Leipzig war von dieser Entwicklung betroffen. Hier berichtete beispielsweise im Mai 1967 ein besorgter Parteisekretär,

»daß sich in der Gemeinde Seegeritz Kr[ei]s Leipzig eine Konzentration von Beatanhängern und Gammlern entwickelt hat.

So waren an einer Tanzveranstaltung während der Osterfeiertage in der Konsum-Gaststätte Seegeritz ca. 200 solche Jugendliche aus Leipzig und anderen Orten aus der Umgebung unserer Stadt anwesend. Zum Teil hätten Jugendliche in Scheunen der LPG übernachtet und wären erst am nächsten Tag nach Hause gefahren.

Er [der Parteisekretär] bezeichnete das Verhalten vieler Jugendlicher während der Tanzveranstaltung und die Kapelle als unvereinbar mit unserer Lebensauffassung und [als] Gefährdung der Landjugend. Er selbst sei von einigen Rowdies als Aufpasser und Spitzel bezeichnet worden.«[33]

Die scheinbare Staatsferne im ländlichen Raum provozierte stellenweise Exzesse, begünstigt durch die traditionell üppige Feierkultur auf dem Lande.

Oft benötigten Jugendliche solche Ausweichplätze gar nicht mehr. Über das Fernsehen konnten sie nun auch visuell teilhaben an der westlichen Jugendkultur. Der »Beat-Club« wurde im Osten wie im Westen zu einem der Spitzenreiter jugendlichen Fernsehkonsums, und sein bewusst provokatives Image machte ihn für Jugendliche noch eine Spur interessanter. So erinnert sich Daniela Dahn, damals Gerstner: »Das Größte war damals: Man musste ›Beat-Club‹ sehen.«[34]

Und im selben Kontext erklärt Annette Simon, Tochter der Schriftstellerin Christa Wolf, dass in ihrem Freundeskreis Rockmusik ein integraler Bestandteil des allgemeinen, umfassenden kulturellen Interesses gewesen sei. Das Fernsehen ermögliche nun – je mehr sich die Haushalte damit ausstatteten –

---

31 Amt f. Jugendfragen, Die Lage der Jugend, Juni 1966, BArch, DC/4/863, Bl. 4.
32 Min. f. Kultur/FDJ-ZR, Maßnahmen, Berlin 23.10.1967, SAPMO-BArch, DY/30/IV A 2/16/5, S. 4.
33 SED-SL Leipzig, Abt. Parteiorgane, Information, 2.5.1967, SächsStAL, SED, IV A-5/01/194.
34 Daniela Dahn (Jg. 1950), zit. Kalter Frühling in Kleinmachnow, 0:05. Ähnlich Thomas Tauer, Interview, Leipzig 24.8.2000; vgl. Siegfried: Vom Teenager, S. 608f. u. 617–622.

immer stärker die Pflege dieses Interesses in den eigenen vier Wänden.[35] Auch die Jugendkultur verlagerte sich mancherorts in den privaten Raum, auch Jugendliche traten den Rückzug in die private Nische an. Obwohl generationelle Auseinandersetzungen das Leben in manchen Familien prägten, stellte das Zuhause für Jugendliche oft ein »exterritoriales Gebiet der DDR« dar, wie sich Karin Frucht erinnert.[36]

Durch den Rückzug der Jugendkultur in ländliche Regionen konnte einerseits die vorschnelle Konfrontation mit der Ordnungsmacht vermieden werden, andererseits wurden dadurch auch Räume mit generationellen und politischen Konflikten berührt, die von den Auseinandersetzungen um die Jugendkultur weitgehend verschont geblieben waren.

So jungfräulich, wie es der zitierte Bericht über Seegeritz suggeriert, war das Land hinsichtlich generationeller Konflikte keineswegs. Schon im August 1965 hatte das Jugendmagazin *neues leben* mit dem Aufmacher zu einer Diskussion über das mangelhafte Engagement lokaler Kulturbürokraten und FDJ-Leitungen für die Belange Jugendlicher demonstriert, dass zwischen Stadt und Land ein extremes kulturelles Gefälle zu verzeichnen war.[37] Im Bezirk Leipzig hatte zwei Jahre später der Hohenprießnitzer Zwischenfall diese Differenz auf schmerzliche und erschreckende Weise in das öffentliche Bewusstsein gehoben.

»Kein hervorstechender Westdrall mehr«: Der Wandel jugendlichen Konsumverhaltens

Begünstigt wurde der Exodus der Jugendkultur aus den Städten durch die gestiegene Mobilität der Jugend. Etliche Jugendliche – voran die Jungen – besaßen am Ende der sechziger Jahre bereits Mopeds oder Motorräder oder hatten gelegentlich die Möglichkeit, das Auto ihrer Eltern für Ausflüge auf das Land zu nutzen. So verfügten 1968 14 Prozent der DDR-Haushalte über einen privaten PKW, 40 Prozent hielten ein Motorrad.[38] Ein Jahr später besaßen nach einer Erhebung des Zentralinstituts für Jugendforschung zwei Prozent der 8 536 befragten Jugendlichen ein Auto und fast 30 Prozent ein Moped oder Motorrad. Wie oft die Jugendlichen auf die Fahrzeuge ihrer Eltern, die zu 26 Prozent über ein Auto verfügten, zurückgreifen konnten, ist damals leider nicht erfragt worden.[39] Auch Thomas Buchfink besaß im Alter von 18 Jahren bereits ein Motorrad der Marke *MZ* und schloss sich einer Bikergang an.

---

35 Annette Simon, zit. Kalter Frühling in Kleinmachnow, 0:10.
36 Karin Frucht, zit. Elternhaus und Schule, 0:02.
37 nl, 8/1965, S. 10–15. Vgl. nl, 9/1965, S. 10–15.
38 Jahresendbestand ausgewählter Konsumgüter, in: Kleßmann: Zwei Staaten, Tab. 19, S. 335. Drei Jahre zuvor hatte der Anteil noch bei acht bzw. 33 Prozent gelegen, in der BRD lag er 1969 bei 47 bzw. sieben Prozent; vgl. Ruppert, Wolfgang: Zur Konsumwelt der 60er Jahre, in: Schildt (Hg.): Dynamische Zeiten, S. 758.
39 Freizeit 69, ZA, 6036.

Und Wolfgang Schröder erinnert sich, dass er mit seinen Freunden viel Zeit damit verbracht hätte, an den Motorrädern zu »schrauben«: »[…] das war damals die 150er MZ, die die meist hatten. Und da war es dann eben langweilig, das Gerät so zu lassen wie es ist.«[40]

Die Motorisierung begünstigte nicht nur die Emigration großer Teile der städtischen Beat-Szene an den Wochenenden. Jugendliche, die auf dem Lande lebten, konnten wiederum zunehmend urbane Kulturangebote nutzen und wurden auf diese Weise mit Problemen des Jugendlebens in den Städten vertraut.[41]

Wie in anderen Bereichen auch machte sich mit der wachsenden Motorisierung ein tiefgreifender Wandel bemerkbar, der durch veränderte Konsummöglichkeiten forciert wurde. Er hatte nicht nur auf das Freizeitverhalten der ostdeutschen Bevölkerung bedeutenden Einfluss, sondern sollte langfristig zu einem tief greifenden Mentalitätswandel führen – und zwar in mehrfacher Hinsicht.

Einerseits stellte der Konsum für die Staats- und Parteiführung ein wichtiges Mittel zur Beruhigung der Ostdeutschen dar. Mit der Befriedigung materieller Wünsche der Bevölkerung konnten Widerspruchspotenziale verringert werden. Dies war umso bedeutsamer, je stärker elementare Krisen des ostdeutschen Systems mit Versorgungsschwierigkeiten verbunden waren. Insofern war die Konsumpolitik ein wichtiges Instrument des Loyalitätsgewinns und damit der Legitimationsstrategie der SED. – Andererseits sicherte der wachsende materielle Wohlstand nicht nur eine zunehmende Zufriedenheit der Bevölkerung mit dem System, er stellte zugleich eine eminente Gefährdung dieser Systemzufriedenheit dar. Je stärker die Zufriedenheit an Wohlstandsversprechen gebunden wurde, desto größer wurde die Gefahr, dass sich daraus individualistische Tendenzen entwickelten, da der persönliche Status nun mit dem des gesellschaftlichen Umfeldes konkurrierte. Die Befriedigung von Konsumbedürfnissen der Bevölkerung kollidierte wegen ihrer individualistischen Implikationen mit den egalisierenden Bestrebungen eines kommunistischen Gesellschaftsumbaus.[42]

Insgesamt barg eine intensive Konsumpolitik die Gefahr, dass sich die geweckten Erwartungen verselbstständigten. Sollten sie nicht (mehr) erfüllt werden können, konnten sie einen Loyalitätsentzug provozieren und damit letztlich kontraproduktiv wirken. Dennoch hatte gerade das NÖSPL dazu dienen sollen, auch den Markt an Konsumwaren besser zu bestücken.[43] Probleme, die dabei weiterhin zu beobachten waren, rührten zum Teil aus der Konzen-

---

40 Wolfgang Schröder, Interview, Leipzig 23.8.2000; Thomas Buchfink*, ADG, Satznr. 898, S. 3.
41 Vgl. o. Verf., Analyse, o. D. [Feb./März 1968], SAPMO-BArch, DY/30/IV A 2/16/5, S. 4.
42 Vgl. Meuschel: Legitimation, S. 184–192; Steiner: Von »Hauptaufgabe«, S. 240–245, sowie kritisch dazu Merkel, Ina: Utopie und Bedürfnis. Die Geschichte der Konsumkultur in der DDR. Köln u. a. 2000, S. 18; Mühlberg, D.: Überlegungen, S. 70.
43 Steiner: Von »Hauptaufgabe«, S. 233.

tration der Wirtschaftsplanung auf die Schwerindustrie her, wodurch andere Bereiche der Industrie erheblich benachteiligt wurden. Dies betraf u. a. die Textilindustrie, weshalb es auch im Jugendmode-Angebot zu erheblichen Engpässen kam. Das Kulturministerium und der FDJ-Zentralrat forderten deshalb im Oktober 1967:

> »Das Jugendmodeprogramm des Ministeriums für Handel und Versorgung sollte durch Beauftragung einiger Textilbetriebe schneller realisiert werden. Dabei ist der Maßstab so zu setzen, daß tatsächlich drei Millionen Jugendliche durch das Jugendmodeprogramm vom Handel versorgt werden können.«[44]

Allerdings rangierten die jugendlichen Konsumbedürfnisse auf dem letzten Platz des Maßnahmenkatalogs. Die Kürze der entsprechenden Ausführungen demonstrierte zudem, wie nachrangig dieses Thema war.

Im Bereich der Unterhaltungselektronik stand die SED-Wirtschaftspolitik vor einem weiteren Dilemma, verstärkte doch die Befriedigung der Konsumwünsche der Bevölkerung die mediale Rückkopplung aus dem Westen. So war der Besitz eines Fernsehers nicht nur ein Zeichen eines gewissen Wohlstands, der sich seit Mitte der sechziger Jahre auch in der DDR anbahnte.[45] Er beeinflusste das Freizeitverhalten in beiden deutschen Staaten nachhaltig. Unterhaltung fand nun oft vor dem Fernsehgerät bzw. durch das Fernsehen statt. Vor allem aber eröffnete das Fernsehen über die westdeutschen Sender der DDR-Bevölkerung Blicke in die Welt, die bislang nur abstrakt auf der Basis von Informationen aus dem Hörfunk zu gewinnen waren. Das galt auch für Informationen über die DDR selbst, die durch die einheimische Presse nicht zu bekommen waren. Die »Tagesschau« wurde deswegen in vielen ostdeutschen Familien zum festen Bestandteil der Abendgestaltung. Sie beeinflusste nachhaltig die Meinung vieler Ostdeutscher. So berichtete die Leipzigerin Annette Taube über Probleme in der Schule, weil die Meinung der Lehrer sich oft nicht mit ihrer persönlichen deckten. Dabei beruhte ein großer Teil ihrer Weltsicht auf Informationen aus westlichen Nachrichtensendungen. Taube erinnerte sich an den Konflikt mit einem Lehrer:

> »[...] der war sehr überzeugt, [mit dem] hatte ich auch immer ein bisserl meine Probleme, muß ich sagen, denn ich bin von zu Hause – na ja eben bürgerlich mehr erzogen, Westfernsehen war ja in Leipzig möglich. Das hatten wir natürlich alle, ja. [...] Und um 20 Uhr, da wurde eben die Tagesschau angestellt. Man hatte schon irgendwie seine Meinung sich gebildet.«[46]

[44] Min. f. Kultur/FDJ-ZR, Maßnahmen, Berlin 23.10.1967, SAPMO-BArch, DY/30/IV A 2/16/5, S. 6.
[45] Jahresendbestand ausgewählter Konsumgüter, in: Kleßmann: Zwei Staaten, Tab. 19, S. 335. Hatten 1960 nur 17 Prozent aller DDR-Haushalte ein Fernsehgerät besessen, so waren es 1965 bereits 49 und 1968 66 Prozent, in der BRD 1969 waren es 73 Prozent. – Vgl. Ruppert: Zur Konsumwelt, S. 754–762; Steiner: Von »Hauptaufgabe«, S. 240–245.
[46] Annette Taube*, Interview, Leipzig 2.6.1992, ADG, Satznr. 732, S. 3.

In den Bildern des »Westfernsehens« widerspiegelten sich gesellschaftliche Entwicklungen der DDR, die wiederum über diesen Umweg in Maßen beeinflusst wurden. Insofern konnten westdeutsche Berichte über die DDR die Ostdeutschen im Extremfall entweder zu oppositionellem Denken und Handeln anregen oder aber im Gegenteil vor dem Hintergrund einer überzogenen propagandistischen Schwarzweißmalerei zu einer Identifikation mit der DDR führen. Zugleich verstärkte die im »Westfernsehen« demonstrierte Freizeit- und Konsumkultur die Westorientierung sowohl der Konsumbedürfnisse als auch der Konsumpolitik im Osten.[47]

Zwar eignete sich das relativ junge Medium des Fernsehens zum Transport politischer Botschaften wie auch zum Transfer kultureller Trends. Eine agitatorische Nutzung der Jugendkultur im Propagandakrieg des Westens gegen den Osten aber war kaum möglich, hatten doch auch die westlichen Medien zunächst in die verbalen Angriffe gegen die neue Musik und die neuen Moden eingestimmt.[48]

In kaum einem anderen Bereich war die Konkurrenz der beiden deutschen Staaten miteinander und der gegenseitige Bezug aufeinander so augenscheinlich wie in den Massenmedien Rundfunk und Fernsehen. Dies schlug sich sogar in Papieren der Jugendkommission des SED-Politbüros nieder. So verlautete aus den Reihen der Jugendkommission, der jugendpolitische Kurs müsse »vor allem vom Standpunkt seiner politischen Bedeutung [aus] gesehen« werden. Darunter verstand der unbekannte Verfasser, dass alle jugendpolitischen Maßnahmen unter der Prämisse der politisch-ideologischen Festigung der Jugend zu treffen seien:

»Einen unfreiwilligen Beitrag [zum Beleg dieser These] lieferte das westdeutsche erste Fernsehen am 26.10.1967 mit der speziell dem Beat in der DDR gewidmeten Sendung ›Es führt kein Beat nach Bitterfeld‹. [Darin hieß es:]
– ›… die Zukunft des Jazz und der Pop-Musik in der DDR schlechthin hängt davon ab, ob die jungen Pragmatiker die Stalinisten [in Staats- und Parteiführung] ablösen …‹
– [dass,] ›… solange drüben dieses System herrscht, kaum eine echte Chance für Beat oder Jazz oder wie jeweils die aktuelle Musikmode heißt, gegeben ist.‹
– ›Sie wollen drüben das System ihrer eigenen Unterhaltung etablieren …‹
Genau um den letzten Gedanken geht es.«[49]

---

47 Vgl. Hanke, Helmut: Macht und Ohnmacht des Mediums. Wandel und Gebrauch des DDR-Fernsehens, in: ZSE, Beih. 1/1990, S. 144 f.; Tippach-Schneider, Simone: Blick in die Ferne. Über das Fernsehgerät in der DDR in vergleichender Perspektive, in: Ruppert, Wolfgang (Hg.): Um 1968. Die Repäsentation der Dinge. Marburg 1998, S. 109–114.
48 Schildt: Zwei Staaten, S. 69, 60–62.
49 O. Verf., [Konzeption], Berlin 29.11.1967, SAPMO-BArch, DY/30/IV A 2/16/5, S. 1.

Die DDR-Unterhaltungskunst wies – zumindest im Fernsehen – zu dieser Zeit noch starke Parallelen zum Westfernsehen auf, orientierte man sich doch in beiden deutschen Staaten ausschließlich an den Wünschen der Erwachsenen und nicht an denen der Jugend. Während die Propagandamagazine der ost- und der westdeutschen Fernsehsender noch in »quasi ›reaktiver Mechanik‹« agierten,[50] konnten sich in den sechziger Jahren ihre Unterhaltungsprogramme durchaus aneinander messen lassen. Die Fernsehshow »Ein Kessel Buntes« beispielsweise stand hinter »Musik ist Trumpf« nicht zurück. Obwohl in diesem Bereich in der DDR bewusst eigene Wege beschritten wurden, unterschieden sich diese nicht so sehr von denen im »Westfernsehen«. Sie widerspiegelten vielmehr gesellschaftliche Trends, deren Parallelen zu denen in Westdeutschland damit offensichtlich wurden.[51]

Diese lassen sich gerade im Bereich des Jugendlebens demonstrieren. Nicht nur die Bundesrepublik, sondern auch die DDR erlebte im Verlauf der sechziger Jahre einen Aufbruch gesellschaftlicher Konventionen. Besonders deutlich wurde dieser Wandel in einem veränderten Verhältnis zur Sexualität und der Geschlechter zueinander. Jugendliche spielten dabei in mehrfacher Hinsicht eine wichtige Rolle. Passiv kamen sie in den Genuss einer sukzessiv ausgeweiteten sexuellen Aufklärung, die ein Novum in den deutschen Gesellschaften darstellte. Aktiv trieb sie zudem mit der vorsichtigen Auslotung sexueller Freiheiten und Grenzen den Wandel der Geschlechterrollen und der Sexualität voran, indem sie libertäre Ideale rezipierte, die sich gerade auch in der Intimsphäre niederschlagen sollten.[52]

Gerade in diesem Bereich der Jugendpolitik aber war die Reduktion auf ein mechanistisches Politikverständnis wenig hilfreich. So wenig, wie kurzfristige Trends der Jugendkultur zu prognostizieren waren, ließen sich die Verhaltensmuster Jugendlicher in ein vereinfachendes Schema pressen, das auf politische Kategorien wie »fortschrittlich« und »reaktionär«, wie »Anpassung« und »Opposition« oder Handlungsoptionen wie »Opportunismus« oder »Rebellion« verengt war. Vielmehr waren die Übergänge zwischen diesen Möglichkeiten fließend: Was als Dissidenz, also politische Abweichung, erschien, konnte auch nur Devianz im Sinne nonkonformen Verhaltens ohne politischen Anspruch bedeuten.

Ein solcher Fall beschäftigte im Herbst 1967 erneut die Leipziger SED-Bezirksleitung, nachdem sich bereits im Vorjahr ähnliche Zwischenfälle ereignet hatten. Beim Pfingsttreffen der FDJ in Leipzig waren damals verschiedene

---

50 Schildt: Zwei Staaten, S. 59.
51 Dussel, Konrad: Vom Radio- zum Fernsehzeitalter. Medienumbrüche in sozialgeschichtlicher Perspektive, in: Schildt u.a. (Hg.): Dynamische Zeiten, S. 691f.
52 Vgl. Mühlberg, Dietrich: Sexualität und ostdeutscher Alltag, in: MKF, Nr. 36/1995, S. 8–39; Ders.: Sexuelle Orientierungen und Verhaltensweisen in der DDR, in: SOWI 24 (1995), S. 49–57.

Programmpunkte gestört worden. Kulturveranstaltungen hatten Leipziger Jugendliche in Tanzpartys umfunktioniert. Während sich die Bezirksparteileitung darüber empörte, »daß von den Jugendlichen überwiegend Tanzveranstaltungen gefordert« wurden und dass dieser Forderung sichtbar Nachdruck verliehen worden war, kritisierte sie zugleich das Desinteresse zahlreicher Delegierter. Ein Drittel von ihnen hätte beispielsweise die Eröffnungskundgebung vorzeitig verlassen.[53] – Im Oktober des folgenden Jahres hatte die Messestadt das so genannte »Fest der Freundschaft« auszurichten. Auf diesen Festen trafen sich ausgewählte Mitglieder der FDJ mit Delegierten des sowjetischen Jugendverbandes, des Komsomol. Wie bei solchen propagandistischen Veranstaltungen üblich, vermischten sich schon in der Planung politische Demonstration und Unterhaltung, wurde versucht, die Propagandaschau mit Volksfestelementen zu kaschieren. Aus Sicht der Veranstalter sollten die Unterhaltungselemente lediglich die Zufriedenheit und damit die Übereinstimmung der Bevölkerung mit der Politik ausdrücken, aus Sicht des Publikums stellten sie oft die einzigen Attraktionen politischer Festivals dar. Die Auswahl attraktiver Angebote gestaltete sich bei Jugendfestivals zu dieser Zeit insofern schwierig, als die kulturellen Präferenzen der Politik und die der Jugend erheblich divergierten. So erfreute sich das Fest der Freundschaft 1967 nur eines mäßigen Interesses.[54]

Offenbar hatte das Programm keinen besonderen Reiz auf die Leipziger Jugend ausüben können. Schon im Vorfeld hatte die SED eine gewisse Kampagnenmüdigkeit festgestellt, die Jugendliche wie Erwachsene gleichermaßen befallen hätte.[55] Wohl auch mit einem Blick darauf war das Angebot an Jugendveranstaltungen kurzfristig ausgeweitet worden. So konnten Jugendliche während des Festes erheblich mehr Veranstaltungsorte besuchen, als dies sonst der Fall war. Dennoch betrachteten verschiedene Jugendliche das Fest der Freundschaft vorrangig als Möglichkeit, Veranstaltungen im Rahmen des Festivalprogramms in ihrem eigenen Sinne zu nutzen – wie dies schon beim Pfingsttreffen von 1966 der Fall gewesen war. Ihnen lag offensichtlich mehr daran, die zur Verfügung stehenden Räume nach ihrem Geschmack auszufüllen, als sie der FDJ und ihren Gästen aus der Sowjetunion (SU) zu überlassen, an denen sie ohnehin kaum ein Interesse hatten. In einigen Fällen konnten sich die Veranstalter gegenüber den Jugendlichen nicht behaupten, wie beispielsweise bei einer Jugendtanzveranstaltung in einer Schule im Leipziger Norden, »wo die SU-Delegation vorzeitig wegging, weil man Beat gemacht hat«.[56]

---

53 SED-BL Leipzig, Abt. Parteiorgane, Informationsbericht, SächsStAL, SED, IV A-2/5/224, Bl.219f.
54 SED-BL Leipzig, Abt. Parteiorgane, Information, 13.10.1967, SächsStAL, SED, IV A-2/5/228, Bl. 103.
55 SED-BL Leipzig, Information, 29.9.1967, ebd., Bl.62.
56 SED-BL Leipzig, Abt. Parteiorgane, Bemerkungen, 16.10.1967, ebd., Bl.124.

Der Eindruck der sowjetischen Gäste wurde vollends getrübt, wenn selbst die propagandistischen Demonstrationen von Leipziger Jugendlichen gestört, Festivaldelegierte angepöbelt und Transparente abgerissen oder zerstört wurden.[57] Bei solchen Störungen stand wohl eher die Lust an der Provokation, eventuell auch eine diffuse Abneigung gegenüber den Sowjets bzw. den »Russen« im Vordergrund als die ernsthafte Demonstration politischen Nonkonformismus. Der nonkonformistischen Demonstration ließ sich gerade in diesem Kontext leicht frönen, weil man mit den zur Schau getragenen Werten der beiden Jugendverbände ohnehin kaum etwas verband. Jugendliche nahmen die Propagandaveranstaltungen hin. Zur Unterstützung solcher Aktionen waren sie nur bereit, sofern sie keinen besonderen Einsatz erforderten – was selten der Fall war. Für einige Jugendliche boten Festivals wie die Pfingsttreffen gleichwohl die willkommene Gelegenheit, andere Städte in der DDR zu besuchen. Dafür nahmen sie auch in Kauf, mehrere Tage die Uniform der FDJ zu tragen. So erinnert sich Gernot Grünspecht, dass er beispielsweise im Mai 1964 sehr gern zum Deutschlandtreffen gefahren sei, »weil man da Mädchen […] kennen lernen konnte und weil man da […] das erste Mal für mich und für viele Klassenkameraden überhaupt, und dann noch, ohne zu bezahlen, nach Berlin fahren konnte«.[58]

Einer weitreichenden Gleichgültigkeit hatte die Ernüchterung nach dem Kahlschlag also ein bis anderthalb Jahre später Platz gemacht. Allerdings gab es auch Anzeichen eines vorsichtigen Wandels in der Jugendpolitik. Wurde hinter den Kulissen bereits über ein neues Verhältnis der staatlichen Jugendpolitik zur Beat-Musik diskutiert, so begann die Jugendkommission des SED-Politbüros auch in anderen Bereichen eine Trendwende vorzubereiten.

Auf der Grundlage von Berichten über Ausschreitungen bei Beat-Konzerten sowie der Mitteilung der Generalstaatsanwaltschaft der DDR, »daß vom 1. April – 25. Oktober 1967 10 Strafverfahren gegen 30 Personen im Zusammenhang mit Beat-Veranstaltungen eingeleitet werden müssen«,[59] hatte das Innenministerium nach Angaben der Jugendkommission eine Weisung entworfen für »Polizeiliche Maßnahmen gegen jugendliche Personen, die durch ihre äußere Erscheinung und Verhaltensweise die staatliche Ordnung stören«. Obwohl die Jugendkommission das Anliegen grundsätzlich für legitim erachtete, verlangte sie in einer Stellungnahme eine gründliche Auseinandersetzung mit dem Entwurf:

> »Die Notwendigkeit der Diskussion des vorliegenden Entwurfs ergibt sich u. a. [durch] die Orientierung auf ›*äußere* Erscheinungen‹, die nicht eindeutig faßbar sind.

---

57 SED-BL Leipzig, Abt. Parteiorgane, Information, 13.10.1967, ebd., Bl. 105.
58 Gernot Grünspecht*, Interview, Berlin 16.11.1999.
59 O. Verf., [Konzeption], Berlin 29.11.1967, SAPMO-BArch, DY/30/IV A 2/16/5, S. 3.

Aber das ist eine grundsätzliche Frage. Im Vordergrund muß u. E. unbedingt [die] *gegen die staatliche Ordnung gerichtete Verhaltensweise* stehen.«[60]

Zwar sollten äußerliche Normenverstöße – wie lange Haare und Jeans – keineswegs geduldet werden, die staatlichen Maßnahmen aber dürften die Jugendlichen nicht provozieren. Die Jugendkommission sah also durchaus die Gefahr, dass eine Kriminalisierung der Jugendszene kontraproduktiv wirken könnte. Damit gestand sie indirekt ein, dass die Diskriminierung jugendlicher Subkulturen oder auch nur ästhetisch nonkonformer Elemente der Jugendkultur in der Vergangenheit zu Auseinandersetzungen geführt hätte, die durchaus eine politische Dimension besaßen. Eine Entkriminalisierung des Outfits hingegen würde jugendlichem Nonkonformismus den provokatorischen Reiz nehmen und sein rebellisches Potenzial verringern. Der Konflikt um äußerliche Normen konnte nach Meinung der Jugendkommission des Politbüros zwar nicht gänzlich gelöst, aber deutlich entschärft und damit zugleich entpolitisiert werden:

»Es geht uns vor allem auch darum, keine Kampagne zu führen. Dafür gibt es gegenwärtig keinen Grund. Vielmehr muß unser Anliegen sein, solche Erscheinungen unter Teilen der Jugend ständig unter Kontrolle zu halten, d. h. vor allem vorbeugend zu wirken, bestimmten Anfängen zu wehren und solche Verhaltensformen systematisch weiter einzuschränken.«

Die knappe positive Beurteilung der politisch-ideologischen Lage unter der Jugend entsprach zu dieser Zeit einem generellen Trend. In derselben Sitzung, in der die Jugendkommission Stellung zu der Weisung des Innenministeriums nahm, ortete sie Signale, die auf eine eigene Entwicklung der ostdeutschen Jugendkultur schließen ließen. Obwohl es in ihren (überlieferten) Unterlagen keinerlei Anzeichen für eine derart optimistische Einschätzung gab, kam sie zu dem Schluss: »Der Westdrall ist kein hervorstechendes Merkmal mehr.«[61]

Es kann nur spekuliert werden, auf welcher Grundlage die Jugendkommission hier fälschlicherweise eine Ablösung der ostdeutschen Jugendkultur von westlichen Trends diagnostizierte. Sicher gehörte zu den Fakten, die eine solche Annahme rechtfertigten, die beginnende Entfaltung einer spezifisch ostdeutschen Jugendmusik-Szene. Möglicherweise spielte auch die Berücksichtigung jugendlicher Konsumbedürfnisse durch die DDR-Wirtschaft eine Rolle. Am ehesten aber erklärt sich die Überwindung des »Westdralls« dadurch, dass nun Jugendliche heranwuchsen, die den Westen nur noch medial vermittelt bekamen. Der innerdeutsche Austausch innerhalb derselben Generation gestaltete sich zunehmend schwierig, sofern er überhaupt noch zustande kam. Die Berücksichtigung jugendlicher Bedürfnisse in der Konsumgüterproduk-

---

60 Vgl. Jugendkommission, Bemerkungen, Berlin 14.12.1967, ebd., auch das Folgende.
61 Jugendkommission, Protokoll, Berlin 14.12.1967, SAPMO-BArch, DY/30/IV A 2/16/5, S. 3.

tion trug sicherlich dazu bei, dass derartige Kontakte an Bedeutung verloren, wenngleich sie ihren Wert durchaus behielten. Schließlich waren die Originale aus dem Westen immer noch reiz- und wertvoller als irgendwelche Lizenzprodukte aus der DDR oder anderen Ostblockländern. So erinnert sich Thomas Tauer an eine Konstante seiner Jugendzeit:

»Damals [waren wir] total nach dem Westen orientiert, mit Glockenjeans, und [dann] gab's die spitzen Schuhe hier mit Absätzen und bunte Tücher und knallbunte Hemden [...].«[62]

Und schließlich behielten Begegnungen mit westdeutschen Jugendlichen auch aus anderen, immateriellen Gründen ihren besonderen Wert.

Die Diagnose eines nachlassenden »Westdralls« muss folglich relativiert werden. Reizte das Konsumangebot des Westens ostdeutsche Jugendliche nach wie vor zur Nachahmung, so bot die – oft nur oberflächliche – Orientierung am Westen eine Möglichkeit, abweichende Meinungen zur Schau zu stellen. Dabei spielte weniger die Kongruenz mit entsprechenden Meinungen der westdeutschen Politik oder Öffentlichkeit eine Rolle als der Akt nonkonformistischer Demonstration. Eine solche lag etwa vor, wenn im Leipziger »Capitol« bei der Ankündigung eines westdeutschen Kriminalfilms »von ca. der Hälfte des anwesenden, vorwiegend jugendlichen Publikums spontan Beifall geklatscht« wurde.[63]

Wie zweifelhaft somit die optimistische Einschätzung der Jugendkommission des Politbüros war, geht auch aus der bereits zitierten Analyse der Leipziger Bezirksparteileitung hervor, wonach von der »Herausbildung des sozialistischen Nationalbewußtsein« bei vielen Jugendlichen noch keine Rede sein könne.[64] Allerdings beschränkten sich die Leipziger Genossen auf Analysen, während sich die Mitglieder der Jugendkommission beim Politbüro zu dieser Zeit auf praktische Fragen der Jugendpolitik konzentrierten. Ihre Mahnung, sich im Bezug auf Äußerlichkeiten zurückzuhalten, entsprach der relativ sachlichen Arbeit, derer sich die Jugendkommission zu dieser Zeit befleißigte. Ihre nüchternen Einschätzungen begünstigten eine sachliche Auseinandersetzung mit den Problemen der ostdeutschen Jugendpolitik. Die Jugendkommission leitete damit eine Trendwende ein, die im Umfeld des Machtwechsels von Ulbricht zu Honecker abgeschlossen wurde.

Zu den ersten Anzeichen dieser Trendwende gehört nicht nur die Warnung vor dem Rigorismus des Innenministeriums, sondern auch eine grundlegende Diskussion über die Arbeit in den Jugendklubs. Eine Analyse im Auftrag der Kommission beurteilte die Situation der Jugendklubs in der DDR am Anfang

---

62 Thomas Tauer, Interview, Leipzig 24.8.2000.– Vgl. Kaminsky: »Nieder mit den Aluchips«, S. 757.
63 SED-BL Leipzig, Abt. Parteiorgane, Information, Leipzig 13.11.1967, SächsStAL, SED, IV A-2/5/228, Bl. 165.
64 SED-BL Leipzig, Abt. Propaganda/Agitation, Teileinschätzung, 24.1.1967, SächsStAL, SED, IV A-2/9.02/342, Bl. 3.

des Jahres 1968 zwar insgesamt positiv, zeichnete aber ein durchaus differenziertes Bild:

»Die Untersuchungen haben [...] auch gezeigt, daß in allen Jugendklubeinrichtungen nur ein kleiner Teil unserer Jugend erfaßt wird.«[65]

Die positive Gesamteinschätzung wurde vor allem in Fragen der Kultur relativiert. Hier entdeckten die Verfasser des Berichtes starke Defizite, ließen aber auch erkennen, dass die hergebrachten Prämissen weiterhin gelten sollten. So führten sie aus:

»Der Hauptmangel der Jugendklubarbeit besteht darin, daß zu wenig differenzierte Veranstaltungen mit einer hohen ideologischen Aussage für die verschiedenen Altersstufen, besonders aber für Lehrlinge und junge Arbeiter durchgeführt werden. Die Mehrzahl der Klubs und Kulturhäuser trägt ungenügend dazu bei, die jungen Staatsbürger zu einem offensiven Kampf gegen alle Einflüsse westlicher Ideologie, wie sie z. B. zur Zeit auf dem Gebiet der Tanzmusik vorgetragen werden, zu befähigen.«

Nicht nur die politische Erziehungsarbeit wurde in dem Bericht kritisiert. Seine Verfasser rügten auch die Unfähigkeit der meisten Klubhausleitungen, die entweder nur auf bürokratische Vorgaben starrten oder ausschließlich nach geschäftlichen Kriterien arbeiteten. Allerdings würden sie oft durch die desolate technische Ausstattung demotiviert, die den Ansprüchen in keiner Weise genüge. Dies gelte für die Verfassung der Klubs insgesamt, die Jugendliche selten anspreche:

»Der bauliche Zustand der Mehrzahl der 212 Jugendklubhäuser und der Räume, die von den Jugendklubs in den Wohngebieten genutzt werden, ist unbefriedigend. Von wenigen Ausnahmen abgesehen, besteht ein Gegensatz zwischen der Wohnkultur vieler Jugendlicher und den veralteten Einrichtungen der Jugendklubs und -kulturhäuser. [...] In vielen Jugendklubhäusern werden Räume als Büro-, Wohnräume usw. zweckentfremdet.«[66]

Obwohl sich in der DDR die Zahl der Jugendklubhäuser erhöht habe, sei die Entwicklung insgesamt hinter den Erwartungen zurückgeblieben. Vielerorts hätte man Rückschläge hinnehmen müssen – etwa im Bezirk Leipzig, wo die Zahl der Jugendklubhäuser bis 1965 konstant bei zwanzig gelegen habe, in den letzten beiden Jahren aber zwei Einrichtungen geschlossen worden seien. Auch in den Bezirken Potsdam, Dresden und Erfurt war die Zahl der Jugendklubhäuser deutlich zurückgegangen. Um sie sowohl quantitativ als auch qualitativ auszubauen, forderten die Verfasser des Berichts, dass die finanzielle Ausstattung der Einrichtungen verbessert und ihre Leitungen geschult wer-

---

65 O. Verf., Analyse, o. D. [Feb./März 1968], SAPMO-BArch, DY/30/IV A 2/16/5, S. 1 f. Das folgende Zitat ebd.
66 Ebd., S. 4 f., siehe auch Anlage 3, S. 11–13.

den müssten. Dabei sollte auf Eigeninitiativen derjenigen Jugendlichen gesetzt werden, die sich in den Klubs engagierten. Deren Motivation könnte durch einen Wettbewerb gefördert werden, den das Kulturministerium und der Zentralrat der FDJ zusammen mit dem Jugendradio *DT 64* im September 1968 ausschreiben sollten.

Diese Vorschläge übernahm das Amt für Jugendfragen, das im April 1968 die jugendpolitische Trendwende umzusetzen begann. Dabei erinnerten einige der getroffenen Maßnahmen an die Zeit zwischen dem Jugendkommuniqué von 1963 und dem Kahlschlag-Plenum von 1965. So wurde den Betrieben erneut aufgetragen, sich intensiv um die Arbeiterjugend zu kümmern und die Arbeit der Jugendbrigaden angemessen zu honorieren.[67]

Missstände in Bezug auf die Freizeitgestaltung versuchte man dadurch zu beheben, dass spezielle Arbeitsgruppen alle ministeriellen Entscheidungen im Zusammenhang mit Jugendfragen koordinieren und dabei die Vorschläge des FDJ-Zentralrats wie auch des Amtes für Jugendfragen berücksichtigen sollten. Damit wurde den Belangen der Jugend erstmals ein außerordentliches Gewicht in allen politischen Entscheidungszusammenhängen zugemessen, was sich nach einer ersten Einschätzung durch das Amt positiv bemerkbar machte.[68]

Ungeachtet der Warnung durch die Jugendabteilung des SED-Zentralkomitees, dass sich erneut die »Jugendarbeit verselbstständigen« könnte,[69] kam nun wieder Bewegung in die ostdeutsche Jugendpolitik. Eine Voraussetzung dafür war eine weitgehende Beruhigung der Jugendkultur-Szene insgesamt. Dafür breitete sich zur gleichen Zeit unter der Intelligenz und unter den Studierenden eine gewisse Unruhe aus. Der Grund dafür waren diffuse Hoffnungen, die im Kontext des NÖSPL geweckt worden waren und die nun durch die Ankündigung einer Hochschulreform neue Nahrung erhalten hatten.

»Züge von Lebensfremdheit und Abstraktheit«: Der Beginn der 3. Hochschulreform

Die Hochschulreform hatte zwei Ausgangspunkte, die miteinander korrelierten: die Bildungsreform und das Neue Ökonomische System. Analog dem »Gesetz über das einheitliche sozialistische Bildungssystem« von 1965 hatte das SED-Politbüro eine Reform des Wissenschaftsbetriebes beschlossen, um den Anforderungen des neuen wirtschaftspolitischen Kurses gerecht zu wer-

---

67 Amt f. Jugendfragen, Probleme, Berlin 17.4.1968, SAPMO-BArch, DY/30/IV A 2/16/5, S. 7 u. 13.
68 Ebd., S. 2.
69 Vgl. o. Verf. [SED-ZK, Abt. Jugend], Bemerkungen, o. D., SAPMO-BArch, DY/30/IV A 2/16/5, S. 3.

den.[70] Diese Hochschulreform (die dritte seit 1945)[71] war von der 11. Tagung des SED-Zentralkomitees im Dezember 1965 in ihren Grundzügen bestätigt worden.

Bei der 3. Hochschulreform schloss die SED an die Vorgaben des Bildungsgesetzes an und erklärte sowohl die Aneignung fachlicher Kenntnisse als auch die Entwicklung eines sozialistischen Bewusstseins zu den Zielen jedes Studiums. Wie schon im »Gesetz über das einheitliche sozialistische Bildungssystem« ging die Partei auch hier davon aus, dass (Aus-)Bildung und Erziehung nicht voneinander zu trennen seien. Walter Ulbricht persönlich hatte in einer Rede an der Technischen Universität Dresden im November 1966 die »Einheit von Lehre, Forschung und Erziehung« betont:

»Wir brauchen für unsere sozialistische Gesellschaft einen Absolventen, der

1. den Marxismus-Leninismus zutiefst begriffen hat, eine klassenmäßige Position in unserem nationalen Kampf einnimmt und die Zusammenhänge von Politik, Ökonomie, Ideologie und Wissenschaft versteht;
2. über ein breites Spektrum von Kenntnissen seines Fachgebietes verfügt […];
3. über spezielle, moderne Kenntnisse seines Fachgebietes verfügt […];
4. sich die Schätze der deutschen und der internationalen Kultur angeeignet hat.«[72]

Bezeichnend an Ulbrichts Aufzählung war die Reihenfolge: Die Priorität im Studium war der politisch-ideologischen Erziehung einzuräumen, während Fachwissen und Allgemeinbildung dahinter zurückzustehen hatten.[73] Tatsächlich widerspiegelte sich dies in den grundlegenden Konzeptionen zur Hochschulreform, beginnend bei dem Beschluss des Politbüros vom Dezember 1965 bis zur Entschließung der IV. Hochschulkonferenz 1967. Diese bestätigte die »Prinzipien zur weiteren Entwicklung der Lehre und Forschung an den Hochschulen der Deutschen Demokratischen Republik«, die das Sekretariat für Hoch- und Fachschulwesen im Oktober 1966 vorgelegt hatte.[74] So wurde der Anteil des »gesellschaftswissenschaftlichen Grundlagenstudiums«, wie die marxistisch-leninistische Unterweisung der Studierenden offiziell hieß, erheblich vergrößert und integraler Bestandteil jedes Studienganges. Forschung und Lehre wurden fortan dauerhaft durch die kommunistische Ideologie überformt, während bis zur Mitte der sechziger Jahre »schockartige Politisierungswel-

---

70 SED-PB, Beschluss, Berlin 11.12.1965, SAPMO-BArch, DY/30/IV A 2/9.04/10.
71 Vgl. Krönig/Müller: Anpassung, S. 44–56.
72 Walter Ulbricht, Unsere Hochschulpolitik im Interesse der Wissenschaft, des gesellschaftlichen Fortschritts und im Dienste des Volkes, Rede, Dresden 4.11.1966, zit. Ders.: An die Jugend, S. 387f.
73 Middell: 1968, S. 132–144; vgl. Führ/Furck (Hg.): Handbuch, Bd. VI/2, S. 211–223.
74 SHF, Prinzipien zur weiteren Entwicklung der Forschung und Lehre an den Hochschulen der DDR, Okt. 1966, in: Baske (Hg.): Bildungspolitik, Nr. 13, S. 141–150. Vgl. SED-ZK, Abt. Wiss., Konzeption, Berlin 3.5.1967, SAPMO-BArch, DY/30/IV A 2/9.04/5, S. 14–21.

len« nur vorübergehend den wissenschaftlichen Alltag an vielen Instituten und Seminaren ideologisch überschwemmt hatten.[75]

Dem diente der umfassende Ausbau von Instituten für Marxismus-Leninismus bzw. für Gesellschaftswissenschaften, die die politisch-ideologische Erziehung zu sichern hatten. Zugleich wurden die gesellschaftswissenschaftlichen Fächer umstrukturiert und einer Hierarchie unterworfen, die politischen Prämissen folgte. An der Spitze des gesellschaftswissenschaftlichen Fächerkanons standen der »Wissenschaftliche Kommunismus« und andere philosophisch orientierte Disziplinen, denen die Deutungshoheit für die gesamten Wissenschaften zustand.[76]

Verwiesen diese Elemente der Hochschulreform auf antimodernistische Tendenzen, die den politisch-ideologischen Ansprüchen an die Wissenschaft geschuldet waren, so standen diesem Trend durchaus Regelungen gegenüber, die den Erfordernissen an einen modernen Wissenschaftsbetrieb entsprachen. Dies galt im Besonderen für die fachliche Organisation des Studiums, dessen reguläre Dauer auf acht Semester beschränkt wurde, wobei dem Grundstudium eine Spezialisierungsphase folgte, die sich nach den wirtschaftlichen Erfordernissen richten sollte. Für Praktika, vor allem aber für die ökonomische Nutzung universitärer Forschung wurden den Instituten Industriebetriebe zugewiesen, mit denen sie zu kooperieren hatten.[77] Durch die enge Zusammenarbeit von Wirtschaft und Wissenschaft sollte nicht nur eine praxisorientierte Ausbildung der Studierenden gewährleistet, sondern auch die »wissenschaftlich-technische Revolution« vorangetrieben werden. Insofern entsprach die Hochschulreform den Vorgaben des Neuen Ökonomischen Systems, wie die ZK-Abteilung Wissenschaften in einer Konzeption im Mai 1967 feststellte:

»Die inhaltliche Hauptaufgabe für die Ausarbeitung und Durchführung des gesamten ökonomischen Systems des Sozialismus ist die Gestaltung der effektivsten Struktur der Volkswirtschaft. Dieser Hauptaufgabe müssen alle Entscheidungen und Maßnahmen, die wir im Hoch- und Fachschulwesen herbeizuführen haben[,] entsprechen.«[78]

Während die Studienstukturreform also durchaus Modernisierungstendenzen aufwies, wirkte sich die Abhängigkeit der wissenschaftlichen Entwicklung von ideologischen und ökonomischen Kriterien langfristig nachteilig aus. Sie behinderte experimentelle Forschungszweige, vor allem die Grundlagenfor-

---

75 Middell: 1968, S.137. – Zum Folgenden vgl. ebd., S.137–140.
76 SED-ZK, Abt. Wiss., Auswertung, Berlin 17.5.1967, SAPMO-BArch, DY/30/IV A 2/9.04/5, S.25; vgl. MHF, Information, o. D. [28.5.1974], SAPMO-BArch, DY/30/IV B 2/9.04/126, S.1.
77 Middell: 1968, S.136 f.
78 SED-ZK, Abt. Wiss., Konzeption, Berlin 3.5.1967, SAPMO-BArch, DY/30/IV A 2/9.04/5, S.14. Vgl. Jessen, Ralph: Diktatorischer Elitenwechsel und universitäre Milieus. Hochschullehrer in der SBZ/DDR, in: GG 24 (1998), S.47–50; Meuschel: Legitimation, S.183–211.

schung, und hemmte kreative Potenziale in anderen Bereichen, die sich nun den Planungsvorgaben der Staats- und Parteiführung unterzuordnen hatten. Auch die Umwandlung der Fakultäten in Sektionen und die Neuordnung der Fächer innerhalb der Hochschulen entsprachen diesem Trend. Obwohl damit verkrustete Strukturen an den Hochschulen aufgebrochen wurden, verlor diese Maßnahme ihr innovatives Potenzial dadurch, dass in ihrem Gefolge die akademische Selbstverwaltung erheblich eingeschränkt wurde. Die Hochschulleitungen wurden noch stärker als zuvor den Weisungen der Abteilung Wissenschaften beim Zentralkomitee der SED und dem Ministerium für Hoch- und Fachschulwesen unterworfen. Hochschulintern standen sie unter dem wachsenden Einfluss der Universitätsparteileitungen, die in den Status von SED-Kreisleitungen befördert wurden. Über »Gesellschaftliche Räte«, die nun an den Hochschulen installiert wurden, sicherte die Partei sich, dem FDGB und der FDJ den Einfluss auf alle hochschulpolitischen Belange.[79]

Insofern überwogen antimodernistische Trends bei der Hochschulreform. War die Hochschulreform bereits von Anfang an in den Widersprüchen von modernistischen und antimodernistischen Tendenzen befangen, so barg sie auch hinsichtlich der gesellschaftlichen Entwicklung ein gewisses Risikopotenzial. Obwohl sich langfristig die enge Anbindung des Hochschulbetriebes an die Wirtschaft eher nachteilig auswirken sollte, schien sie die Wissenschaft in erheblichem Maße aufzuwerten. Der nahezu ungebremste Fortschrittsoptimismus der Staats- und Parteiführung, der damals noch von den Gesellschaften in Ost und West geteilt wurde, korrelierte mit einer ungebrochenen Wissenschaftsgläubigkeit, wie sie im Jugendweihe-Buch »Weltall Erde Mensch« zu erkennen war oder wie sie sich in Reportagen des Jugendmagazins *neues leben* über die Möglichkeiten der Kybernetik und der Chemie sowie die Erwartungen an die Naturwissenschaften im Allgemeinen niedergeschlagen hatte.[80] Die Aufwertung der Wissenschaften insgesamt wurde dadurch unterstrichen, dass das Staatssekretariat für Hoch- und Fachschulwesen im Juli 1967 zu einem Ministerium erhoben wurde.

Der neue Respekt vor den Wissenschaften weckte in Teilen der Intelligenz Hoffnungen auf einen Statusgewinn ihrer Gesellschaftsschicht, die lange unter dem Verdikt des »Bürgerlichen« gelitten hatte. Diese Hoffnungen wurden außerdem genährt durch den Aufstieg jüngerer technokratischer Kader in den Hierarchien von Staat und Partei, der seit der Einführung des NÖSPL begon-

---

79 Vgl. KMU, Statut des Gesellschaftlichen Rates (Entwurf), Leipzig o. D. [1967/68], Sächs-StAL, SED; IV B-5/01/208, S. 4 f. Vgl. Zwahr: Den Maulkorb festgezurrt, S. 14; Führ/Furck (Hg.): Handbuch, Bd. VI/2, S. 214.
80 Vgl. Rolf Dörge: Die Eroberung des Atoms, in: Weltall Erde Mensch, 16. Aufl. 1968, S. 32 f. passim, Otto Reinhold, Gerhard Schulz, Die wissenschaftlich-technische Revolution in der sozialistischen Gesellschaft, ebd., S. 415–433, sowie u. a. nl, 2/1963, 5/1963, 7/1963. Vgl. SED-ZK, Abt. Wiss., Programm (Entwurf), Berlin 15.9.1967, SAPMO-BArch, DY/30/IV A 2/9.04/5, S. 4–7 passim.

nen hatte.[81] Damit öffneten sich für fachlich qualifiziertes Personal, das nun weitgehend unterbürgerlichen Schichten entstammte, neue Karrieremöglichkeiten. Sie wurden dadurch begünstigt, dass für den Umbau des Hochschulwesens zusätzliche Kräfte das akademische Stellenangebot ausgeweitet werden musste.

Die Entwicklung des Hochschulwesens in der DDR entsprach damit internationalen Trends, die seit Mitte der sechziger Jahre im Osten wie im Westen eine massive Bildungsexpansion erkennen ließen. Die Reibungen, die dabei aufgrund des Strukturwandels an den Hochschulen entstanden, führten vielerorts zu bedeutenden studentischen Unruhen – nicht nur im Westen, sondern auch im Osten. So wurden im März 1968 Demonstrationen Studierender in Warschau mit der gleichen Brutalität niedergeschlagen wie ein halbes Jahr vorher die Proteste von Prager Studierenden. In Prag hatten die Studierenden unter dem gewollt mehrdeutigen Motto »Mehr Licht!« gegen die politische Repression demonstriert. Mit ihren Demonstrationen hatten die tschechoslowakischen Studierenden den letzten Anstoß zu tief greifenden Reformen gegeben und damit dem so genannten »Prager Frühling« zum Durchbruch verholfen.[82]

Der Blick ins sozialistische Ausland – gerade in die Tschechoslowakei – weckte in der DDR »Spekulationen über die ›führende Rolle der Intelligenz‹«, wie das Ministerium für Staatssicherheit im Frühjahr 1968 feststellte.[83] In der ČSSR hatte die kommunistische Partei mit ersten Wirtschaftsreformen begonnen. Wie in der DDR setzte man im südlichen Nachbarland auf die Potenziale der Wissenschaft, wobei auch hier den Gesellschaftswissenschaften, voran der Ökonomie, eine Schlüsselrolle zukam. Die wirtschaftlichen Reformen in der ČSSR gingen einher mit einer Öffnung in der Kulturpolitik. Anders als in der DDR gingen letztere jedoch ersteren voraus und hatten bereits 1963 mit der Neubewertung Franz Kafkas auf einer Konferenz im tschechischen Liblice einen ersten Höhepunkt erreicht. Symbolisierten Liblice und seine Exponenten, Pavel Kohout und Václav Havel, den kulturpolitischen Wandel in der Tschechoslowakei, so standen der Ökonom Ota Šik und der Politikwissenschaftler Zdeněk Mlynář mit ihrem Aufstieg ins Zentralkomitee der tschechoslowakischen Kommunisten, der KPČ, für den wachsenden Einfluss der Intelligenz auf Wirtschaft und Politik in der ČSSR.[84]

---

81 Ludz, Peter-Christian: Die DDR zwischen Ost und West. Politische Analysen 1961 bis 1976. München 1977, S. 47–52; vgl. Connelly, John: Stalinismus und Hochschulpolitik in Ostmitteleuropa nach 1945, in: GG 24 (1998), S. 13–17.
82 Vgl. Prieß u. a.: Die SED, S. 35.
83 MfS, ZAIG, Information, Berlin 22.3.1968, BStU, ZAIG 1466, zit. Wolle, Stefan: Die DDR-Bevölkerung und der Prager Frühling, in: APuZ, B 36/92, S. 37. Vgl. SED-ZK, AG an der KMU, Abschlussbericht, SAPMO-BArch, DY/30/IV A2/2.024/27, Bl. 198.
84 Vgl. SED-ZK, Abt. Kultur, Zu einigen Problemen, Berlin 5.9.1967, SAPMO-BArch, DY/30/IV A 2/9.04/21, S. 1–13 u. 17. Prieß u. a., SED, S. 13–15, 25–37; Burens, Peter-Claus: Die DDR und der »Prager Frühling«: Bedeutung und Auswirkungen der tschechoslowaki-

In der DDR hingegen blieben die fachlichen Experten in den neu eingerichteten Büros des SED-Zentralkomitees, wie die spezialisierten Fachabteilungen der Parteispitze hießen, ohne Machtbefugnisse, sondern nahmen nur beratende Funktionen wahr. Anstatt die Steuerungsinstrumente den Spezialisten anzuvertrauen, behielt sie die Partei selbst in der Hand. Sie erwartete von den wissenschaftlichen Kadern in erster Linie Konformität.[85] Anders als in der Tschechoslowakei warnte das Politbüro der SED frühzeitig davor, der Intelligenz Anlass für eine Überbewertung ihrer Rolle zu geben. In einem Beschluss zur Vorbereitung des VII. SED-Parteitages 1967 hieß es:

> »Wissenschaftler und Studenten der DDR sollen sich durch einen klaren Standpunkt auszeichnen. Das heißt: Liebe zu unserem sozialistischen Vaterland, Treue und Ergebenheit zum ersten deutschen Arbeiter- und Bauern-Staat und die Bereitschaft, alles zu tun, um unsere Republik weiter zu stärken, zu schützen und zu verteidigen. Das heißt, zu erkennen, daß die Arbeiterklasse die führende Kraft der sozialistischen Gesellschaft und die Hauptkraft im Kampf für Frieden und gegen Imperialismus ist.«[86]

Dies entsprach den ideologischen Prämissen der 3. Hochschulreform, die die ideologische Homogenisierung unter den Lehrenden wie unter den Studierenden vorantrieb. Die ideologische Überformung des Hochschulwesens schlug sich zunächst darin nieder, dass der FDJ-Zentralrat die beginnende Hochschulreform sowie die Diskussion um die Verfassungsnovelle im Frühjahr 1968 zum Anlass nahm, das marxistisch-leninistische Grundlagenstudium zum FDJ-Auftrag »Nr. 1« für die Studierenden zu erklären. Das SED-Zentralkomitee wertete dieses Vorhaben überschwänglich als »eindrucksvolles Bekenntnis der Einheit von Partei und Regierung mit den Angehörigen des Hochschulwesens, der vertrauensvollen Zusammenarbeit der Jugend mit den staatlichen Leitungen und mit ihren Hochschullehrern«.[87]

Ihren besonderen Verpflichtungen gegenüber dem Staat hatten Studierende gesellschaftlich besonders relevanter Fächer zudem dadurch gerecht zu werden, dass sie sich von ihren verwandtschaftlichen Bindungen nach Westdeutschland lösten, um westliche Einflüsse auf ihre Meinungsbildung zu unterbinden. So sollte die Schwester von Sabine Ulmer den Kontakt zu ihrem Vater aufgeben, als sie sich um einen Studienplatz für Pädagogik bewarb:

> »Meine Schwester, als sie nachher ihr Studium antreten konnte in Halle, die musste sich von unserm Vater lossagen, dass sie keine Kontakte mehr zu ihm

---

schen Erneuerungsbewegung für die Innenpolitik der DDR im Jahr 1968. Berlin (W.) 1981, S. 32f.
85 Kaiser: Machtwechsel, S. 41–46; Ludz: Die DDR, S. 51f.; Middell: 1968; S. 143f. – Vgl. Burens: Die DDR, S. 62–66.
86 SED-PB, Beschluss, Berlin 10.1.1967, SAPMO-BArch, DY/30/J IV 2/2/1093, Bl. 27.
87 SED-ZK, Abt. Wiss./Jugend, Information, 22.4.1968, SAPMO-BArch, NY/4182/1177, Bl. 10.

hat, sonst hätte sie ihr Studium nicht antreten können, [...] und sie hat's getan. Die hatt[e] die ganzen Jahre während des Studiums keinen Kontakt zu ihrem Vater [...].«[88]

Da sich ihr Vater ebenfalls nach Westdeutschland abgesetzt hatte, wurde auch Monika Hahn ein Studienplatz verweigert. Aus dem gleichen Grunde hatte sie bereits kein Abitur machen sollen, wogegen ihre Mutter erbittert und erfolgreich gekämpft hatte. Nun jedoch endete endgültig ihr Traum, Theaterwissenschaften zu studieren.[89]

Während die Hochschulreform wegen der Neustrukturierung der Institute, Seminare und Fakultäten bzw. Sektionen unter den Lehrenden intensive Diskussionen auslöste, beschränkten sich die Gespräche darüber unter den Studierenden offenbar auf Seminare und FDJ-Versammlungen. Von den befragten Zeitzeugen erinnerte sich jedenfalls niemand an irgendwelche Debatten über die 3. Hochschulreform. Unabhängig von der Hochschulreform war die Anpassungsbereitschaft der meisten Jugendlichen, die studierten oder die Absicht hatten zu studieren, so groß geworden, dass derartige administrative Maßnahmen keinen Anlass zu tiefgreifenden Debatten mehr boten. Tatsächlich stimmten Mitarbeiter der Abteilung Wissenschaften beim SED-Zentralkomitee jetzt in Klagen ein, die das *Forum* bereits 1963 erhoben hatte. Die Wissenschaftspolitiker beklagten, dass mit der Ausweitung des marxistisch-leninistischen Grundlagenstudiums die Vermittlung des gesellschaftswissenschaftlichen Stoffes formalisiert würde. Dem ZK wurde auf seiner Tagung Mitte 1968 berichtet, man beobachte in diesem Zusammenhang verstärkt »Züge von Lebensfremdheit und Abstraktheit, von vereinfachten Darstellungen politischer Fragen, gepaart mit einem praxisfremden Akademismus in theoretischen Einzelproblemen«.[90] In den Diskussionen fielen den Dozenten deswegen vorrangig die Studierenden auf, deren Argumente von der Lehrmeinung abwichen. Dabei stellten die Lehrenden oft fest, dass deren Meinung keineswegs nur auf solchen Argumentationsmustern beruhte, die sich auf westliche Einflüsse zurückführen ließen. Insgesamt ließ sich zahlreichen Studierenden, die eine sachliche Auseinandersetzung suchten, nicht der Wille zur Opposition oder auch nur zur Provokation unterstellen. Gerade an Instituten, die bei Partei- und Staatsorganen als dauerhafte Unruheherde verschrieen waren, wie zum Beispiel die Hochschule für Grafik und Buchkunst, mahnten die Leitungen deswegen zur Zurückhaltung bei der politisch-ideologischen Erziehung. Die Hochschulleitung stellte fest,

---

88 Sabine Ulmer, Interview, Leipzig 22.8.2000.
89 Monika Hahn, Interview, Leipzig 23.8.2000.
90 Hans Neugebauer, [Diskussionsbeitrag,] 6.6.1968, SAPMO-BArch, DY/30/IV 2/1/376, Bl. 173.

»daß die aktivsten Verfechter unserer Sache gerade jene Studenten waren, die im Unterricht und [in] Gesprächen oft recht ›unbequem‹ sind, weil sie kritische Meinungen äußern und um ein eigenes Urteil ringen. [...] Sie opponieren gegen ein ›Abschirmen‹, weil sie darin eine Unterschätzung ihrer geistigen Fähigkeiten und mangelndes Vertrauen in ihre Gesinnung sehen. Ihr Vorbringen ist subjektiv ehrlich, auch wenn zuweilen die Urteilsfähigkeit noch geringer entwickelt ist, als das Informationsbedürfnis. Eine wichtige Aufgabe der Erziehung bleibt es deshalb, nicht zu ›verbieten‹, was auch sehr wenig Zweck hätte, sondern die Studenten zu selbständigen Auseinandersetzungen mit bürgerlich-idealistischen oder auch vulgärmaterialistischen [A]uffassungen reif zu machen.«[91]

Insgesamt ließen die Studierenden in der DDR die Hochschulreform über sich ergehen. Sie hielten sich seit langem mit politischen Meinungsäußerungen zurück und versuchten, »gesellschaftlicher Arbeit aus dem Wege zu gehen« – so ein Bericht aus dem Jahre 1966.[92] Anders als ihre Kommilitonen in Westeuropa, in Polen und der Tschechoslowakei suchten die ostdeutschen Studierenden kaum die politische Auseinandersetzung oder stritten für Verbesserungen der Situation an den Hochschulen. Während dort – im Westen wie im Osten – die Kontroversen um die Hochschulpolitik durch andere Ereignisse zusätzlich aufgeladen wurden, sei es durch den Vietnam-Krieg oder durch den Prager Frühling, und dadurch oft genug in Konfrontationen ausarteten, blieb es an den Hochschulen der DDR ruhig.

Insofern ist die Rezeption der Ereignisse in Ost und West durch ostdeutsche Studierende nur schwer nachzuvollziehen, zumal Reminiszenzen an »1968« oft retrospektiv bedingt sind.[93] Gleichwohl hat es Kontakte einzelner Studierender gegeben, sowohl zu den westdeutschen Studentenbewegten als auch zu den tschechoslowakischen Reformern. Zum Teil liefen solche Kontakte über politisch interessierte Kreise wie die Studentengemeinden, zum Teil über persönliche Bekanntschaften. So erinnert sich Harald Fritzsch an gute Freundschaften in die ČSSR:

---

91 Hochschule f. Grafik u. Buchkunst, Einschätzung, Leipzig o. D. [Ende 1967], ebd., Bl. 229f.
92 Amt f. Jugendfragen, Die Lage der Jugend, Juni 1966, BArch, DC/4/863, Bl. 39. – Vgl. Wenig Interesse am politischen Gespräch, SBZ-Archiv 17 (1966), S. 259.
93 Vgl. Findeis, Hagen u. a. (Hg.): Die Entzauberung des Politischen: Was ist aus den politisch alternativen Gruppen in der DDR geworden. Leipzig, Berlin 1994: Hier gaben fünf der neun befragten Dissidenten an, von »1968« beeinflusst worden zu sein. Aktiv waren damals nur zwei von ihnen – Ludwig Mehlhorn (Jg. 1950) und Gerd Poppe (Jg. 1941), der auch Kontakt zu Rudi Dutschke hatte: ebd., S. 154f. u. 177f.; vgl. S. 68 (Edgar Dusdal, Jg. 1960), 102 (Werner Fischer, Jg. 1950), 116 (Wolfgang Herdzin, Jg. 1955) u. 128f. (Jochen Läßig, Jg. 1964). Vgl. die Erinnerungen von Kleinert, Burkhard: 68er in der DDR, in: crosspoint, 16.5.1998, S. 8 oder in ausführlicher Fassung: Mein Achtundsechzig, in: Sklavenaufstand, 51/1998 – Vgl. Wierling: Geboren, S. 303–305.

»[...] zusammen mit den Freunden und Bekannten, die ich hatte, da haben wir regelmäßige Kontakte nach Prag gehabt: Goldstücker zum Beispiel. [Mein Freund Lothar] Hehl und ich liefen [...] bei der Mai-Demonstration '68 mit Dubček mehr oder weniger zusammen durch die Straßen von Prag.«[94]

Konnte Fritzsch in Prag wenigstens seine Verbundenheit mit den Reformkräften dadurch demonstrieren, dass er an der offiziellen Mai-Kundgebung teilnahm, der der tschechoslowakische KP-Chef Alexander Dubček beiwohnte, so äußerte sich das Interesse an den Vorgängen in der Bundesrepublik eher indirekt. Wie weit hier die politische Sympathie reichte, ist weniger festzustellen als der Umstand der Wahrnehmung überhaupt. Die »Faszination, die von der westlichen Jugend- und Protestkultur ausging«, an die sich der Berliner Burkhard Kleinert erinnert,[95] wurde offensichtlich, wenn Aktionsformen der westdeutschen Studentenbewegung in der DDR imitiert werden sollten. Zu entsprechenden Äußerungen kam es im Jahre 1968 an der Leipziger Karl-Marx-Universität in mehreren Fällen. Beispielsweise hatte ein Student während einer Diskussion seiner Seminargruppe Sympathien für die Streitkultur der westdeutschen Studierenden erkennen lassen und zugleich auf das widersprüchliche Verhältnis der ostdeutschen Politik zur Studentenbewegung in der Bundesrepublik hingewiesen:

»Wir messen mit verschiedenen Maßstäben. Die Studentenbewegung in Westdeutschland begrüßen wir. Wenn aber die Studenten bei uns ihre Meinung sagen wollen, die von der Parteilinie abweicht, dann wird das verboten und unterdrückt.«[96]

Ost-Berlin hatte sich gegenüber der westdeutschen Studentenbewegung auffällig zurückgehalten, begrüßte es doch einerseits die Destabilisierung der westdeutschen Gesellschaft durch die Studentenunruhen, während ihr andererseits die Sozialismusrezeption und die gesellschaftlichen Ideale der westdeutschen Studentenführer suspekt sein mussten, da sie doch in der DDR als »sektiererisch« und »vulgärmarxistisch« gegolten hätten. – Nicht nur ihre Streitkultur, sondern auch der Aktionismus der westdeutschen Studierenden reizte zur Nachahmung, wie sich zum Beispiel während einer Diskussion über die Hochschulreform in Leipzig zeigte. So hätten verschiedene Studierende die Veränderungen der Studienordnungen abgelehnt, einer von ihnen habe

---

94 Harald Fritzsch, Interview, Berlin 9.2.2000: Eduard Goldstücker unterstützte als Literaturwissenschaftler den kulturellen Aufbruch in der ČSSR. – Vgl. MfS, HA IX/2, Major Liebewirth, Hptm. Eschberger, Hptm. Wunderlich, Thesen »Zur gegnerischen Kontaktarbeit und deren Erscheinungsformen im Bereich der studentischen Jugend [...]«, Berlin März 1970, BStU, HA IX 4987, Bl. 54; Linke, Dietmar: Theologiestudenten der Humboldt-Universität. Zwischen Hörsaal und Anklagebank. Neukirchen-Vluyn 1994, S. 212 f. passim.
95 Kleinert: 68er in der DDR, S. 8. (siehe FN 93 auf S. 167)
96 SED-BL Leipzig, Abt. Parteiorgane, Information, 27.5.1968, SächsStAL, SED, IV/B-2/5/302, Bl. 116.

schließlich vorgeschlagen, »daß man ja auch einmal sein Institut besetzen könne«.[97] Aus dem gleichen Grunde hatten in einem anderen Fall zahlreiche Studierende kurz vor Weihnachten eine wirtschaftswissenschaftliche Vorlesung geschwänzt. In der folgenden Auseinandersetzung hätte sich nach Angaben der Universitätsparteileitung zwar gezeigt, dass die studentische Aktion keineswegs als politisches Statement zu verstehen sei, zugleich aber wäre deutlich geworden, dass die Studierenden Probleme mit den neuen Strukturen und mit verschiedenen Professoren der Universität hätten:

> »Eine sofortige Beratung des Dekans und des Sekretärs der FPL [Fakultätsparteileitung] mit den Partei- und FDJ-Aktiv[en] des Studienjahres zeigte, daß
> – die Mehrzahl der Stud[e]nten zunächst nicht erkannten, daß ihre Haltung eine Form des Boykotts und eine politisch nicht zu verantwortende Reaktion ist,
> – die Zusammenarbeit zwischen Lehrkörper und Studienjahr nicht genügend gefestigt ist, kein Vertrauensverhältnis zwischen Lehrkörper und Studenten besteht, um eine Opposition gegen den Lehrkörper auszuschließen […].«[98]

Noch deutlicher war der Zusammenhang, als zwei Monate später, im Februar 1969, ein Student in einer Veranstaltung der Universität die 3. Hochschulreform auf die Studentenunruhen in aller Welt zurückzuführen versuchte:

> »In einer Diskussion stellt der Student Habicht die Frage, ob die Hochschulreform in der DDR nicht auch deshalb durchgeführt wird, um die Studenten von einer Oppositionsorganisation abzubringen. Er verwies dazu im Zusammenhang auf die in Europa zur Zeit laufenden Studentenunruhen und führte auch das Beispiel in der VR Polen an.«[99]

Zwar bot sich ein solcher Konnex an, er bestand aber tatsächlich nicht. Die Hochschulreform war bereits zu einem Zeitpunkt konzipiert worden, als sich zwar der gesellschaftliche Wandel im internationalen Maßstab ankündigte, aber noch nicht abzusehen war, dass diese Veränderungen von eruptiven Konflikten begleitet würden. Und während sich in anderen Ländern einige dieser heftigen Konfrontationen an der Debatte um Reformen im Hochschulbereich entzündeten, nahmen die ostdeutschen Studierenden die Hochschulreform nicht zum Anlass für Auseinandersetzungen mit Staat und Gesellschaft.

Dies war sicher keine Folge der disziplinierenden Maßnahmen, die die Hochschulreform in weiten Teilen kennzeichnete. Vielmehr war dies die Frucht eines länger anhaltenden Regulierungsprozesses gerade im Hochschulwesen, der durch relativ strenge Auswahlmechanismen ein hohes Maß an Anpassungsbereitschaft hervorgebracht hatte. Dieser Prozess wurde zwar durch die Hoch-

---

97 SED-KL KMU, Information, Leipzig 25.10.1968, SächsStAL, SED, IV B-4/14/070, S. 4.
98 SED-KL KMU, Information, Leipzig 18.12.1968, ebd., S. 3.
99 SED-SL Leipzig, Information, 14.2.1969, SächsStAL, SED, IV B-5/01/208, S. 3 (Name des Studenten anonymisiert – d. Verf.).

schulreform forciert, war aber keinesfalls durch irgendwelchen Nonkonformismus unter den ostdeutschen Studierenden provoziert worden.

Die Hochschulstrukturreform stellte tatsächlich den Teil der Reform dar, um den am zähesten gerungen wurde. Die Debatten um diese Frage verzögerten erheblich die Umsetzung der 3. Hochschulreform, die außerdem durch einzelne Korrekturen hinausgeschoben wurde. Einige dieser Nachbesserungen erweckten den Eindruck, das Reformkonzept wäre in sich nicht stimmig gewesen. Dieser Eindruck wurde in Leipzig dadurch verstärkt, dass einzelne Reformschritte nur äußerst zögerlich umgesetzt wurden. Dabei stand gerade die Karl-Marx-Universität unter besonderem Druck, sollte sie doch in einigen Bereichen als Musteruniversität fungieren – beispielsweise in der Theologie.[100] Die Abteilung Wissenschaften beim ZK der SED legte schließlich dem zuständigen Sekretär, Kurt Hager, im November 1968 einen Bericht vor, in dem »entscheidende Mängel in der politisch-ideologischen Arbeit« und eine fehlerhafte »wissenschaftlich-politische und organisatorische Gesamtkonzeption für die Durchsetzung der Hochschulreform« dafür verantwortlich gemacht wurden, dass die Leipziger Universität die Reformvorgaben nur schleppend umsetzte.[101] – Auch an anderen Universitäten gab es Defizite beim Fortgang der Hochschulreform, die schon frühzeitig kritisiert worden waren. Bereits im April hatten FDJ-Funktionäre erklärt, »daß ihnen das bisher eingeschlagene Tempo und das Niveau in der Durchführung der Hochschulreform nicht genügen«.[102]

Neben einzelnen Hochschulen geriet auch die ZK-Abteilung Wissenschaften ins Visier der Eiferer. Der Bericht über die Reformdefizite an der Leipziger Universität, der sich Ulbricht wegen seiner Herkunft aus der Messestadt besonders verbunden fühlte, veranlasste den Staats- und Parteichef zu einem scharfen Angriff auf den Abteilungsleiter Kurt Hager. In einem äußerst knappen Kommentar zu dem Bericht über die stockenden Reformen an der Leipziger Universität bezichtigte ihn Ulbricht der persönlichen Unfähigkeit: »Ich bezweifle, daß man so eine Hochschulreform leiten kann. Ulbricht.«[103]

Ulbrichts scharfe Reaktion war sicherlich auch dem Umstand geschuldet, dass hinter ihm ein Jahr voller Turbulenzen lag. Zwar war die Deutsche Demokratische Republik 1968 von schwereren Unruhen verschont geblieben, wie sie in der Tschechoslowakei, in Polen, Frankreich, Italien und in der Bundesrepublik zu beobachten gewesen waren. Der Ostblock aber hatte in diesem

---

100 Vgl. SED-ZK, Abt. Kirchenfragen, Aktenvermerk, 20.9.1968, SAPMO-BArch, DY/30/IV A 2/14/43, Bl.58f.; MHF, Information, o. D. [28.5.1974], SAPMO-BArch, DY/30/IV B 2/9.04/126, S.1.
101 SED-ZK, Abt. Wiss., Bericht, Berlin 27.11.1968, SAPMO-BArch, DY/30/IV A 2/2.024/4, S.1.
102 SED-ZK, Abt. Wiss./Jugend, Information, 22.4.1968, SAPMO-BArch, NY/4182/1177, Bl.11.
103 Ulbricht, Schreiben an Hager, Berlin 9.12.1968, SAPMO-BArch, DY/30/IV A 2/2.024/4.

Jahr vor einer Bewährungsprobe gestanden, die er auf seine Art gemeistert hatte: den Prager Frühling. Die DDR hatte sich hierbei in besonderer Form zu bewähren – nicht nur im Umgang mit den tschechoslowakischen Reformkräften, sondern auch vor dem Hintergrund von Veränderungen im eigenen Land.

»Verfassungsrummel«: Die Novellierung der DDR-Verfassung 1968

Am deutlichsten wurden diese Veränderungen durch die neue Verfassung der Deutschen Demokratischen Republik, die am 6. April 1968 per Volksentscheid verabschiedet wurde. Dem Volksentscheid, der letzten Abstimmung in der DDR, die die Alternative, »Nein« zu sagen, zumindest formal vorsah, war eine Diskussion vorausgegangen, die sich über mehrere Monate hingezogen hatte. Begonnen hatte sie mit dem VII. Parteitag der SED im April 1967, auf dem Walter Ulbricht die Verfassungsnovelle angekündigt und ihre Notwendigkeit mit dem erreichten gesellschaftlichen Fortschritt in der DDR begründet hatte:

> »Seit einiger Zeit ist sichtbar, daß die gegenwärtige Verfassung der DDR offenbar nicht mehr den Verhältnissen der sozialistischen Ordnung und dem gegenwärtigen Stand der historischen Entwicklung entspricht. In der Tat ist unsere gegenwärtige Verfassung in der Zeit der antifaschistisch-demokratischen Ordnung entstanden, über die wir bekanntlich weit hinausgewachsen sind.«[104]

Der Staats- und Parteichef gestand damit ein, dass sich Verfassungstext und Verfassungswirklichkeit erheblich voneinander entfernt hatten. Bislang hatte die Ost-Berliner Führung diese Divergenzen mit ihrem »dynamischen Verfassungsverständnis« ignorieren können.[105] Es diffamierte die Unterordnung der Rechtspraxis unter den Rechtstext als »Rechtsformalismus«, der bürgerlichen Gesellschaften eigen sei, während die sozialistische Gesellschaft durch gesellschaftspolitische Ideen wie der marxistisch-leninistischen Ideologie normiert würde. Daraus erwuchs der staatliche Anspruch, dass »nicht mehr nur einseitig Rechte des Bürgers an die Gemeinschaft geschützt werden, sondern auch umgekehrt Rechte der Gemeinschaft auf ein bestimmtes positives Verhalten des Bürgers«.[106] Hatten bislang vor allem administrative Maßnahmen

---

104 Walter Ulbricht, Die gesellschaftliche Entwicklung in der Deutschen Demokratischen Republik bis zur Vollendung des Sozialismus, Referat, Berlin 17.4.1967, zit. Ders.: An die Jugend, S. 409.
105 Meuschel: Legitimation, S. 90–100, 207f.; Roggemann, Herwig: Die DDR-Verfassungen. Einführung in das Verfassungsrecht der DDR. 4. Aufl., Berlin (W.) 1989, S. 58. Vgl. zur Verfassungsgeschichte der DDR bis zum Frühjahr 1989 ebd., S. 56–295.
106 Alfons Steiniger, Zwei Verfassungsentwürfe, Neue Justiz, 1949, S. 50, zit. Meuschel: Legitimation, S. 95. Vgl. Werkentin, Falco: Die Reichweite politischer Justiz in der Ära Ulbricht, in: Im Namen des Volkes? Über die Justiz im Staat der SED. Leipzig 1994, S. 181–187.

das Wohlverhalten der DDR-Bürger erzwungen und gesichert, so sollte nun das juristische Gesamtwerk endlich in einen passenden Rahmen eingefügt werden.

Die neue Verfassung schloss eine umfassende Rechtsreform ab, die Mitte der sechziger Jahre mit einem neuen Familienrecht und dem »Gesetz über das einheitliche sozialistische Bildungssystem« begonnen worden war. Mit der Novellierung des Strafrechts erreichte sie ihren Höhepunkt. Die Reform des Strafrechts trug in weiten Teilen die Handschrift des Generalstaatsanwalts Josef Streit und beseitigte die letzten Reste der deutschen Rechtseinheit. Wie andere gesellschaftspolitische Reformvorhaben war auch dieses in sich widersprüchlich. Die liberalen Vorschriften des Kodex zur allgemeinen Kriminalität, wonach die Zuchthausstrafe abgeschafft, die Resozialisierung aufgewertet und das Sexualstrafrecht in Bezug auf Homosexualität gelockert wurde, standen in deutlichem Kontrast zu den erheblich verschärften politischen Straftatbeständen, den Bestimmungen zu »Verbrechen gegen die Deutsche Demokratische Republik« (§§ 96 –111) und zu »Straftaten gegen die staatliche Ordnung« (§§ 210 –224). Insofern war das neue Strafgesetzbuch kaum als Ausdruck einer prinzipiellen Liberalisierung der ostdeutschen Rechtsordnung zu verstehen. Es beschränkte vielmehr mit Rücksicht auf die internationale Reputation der DDR den »bekennenden Justizterror« zugunsten der »Zersetzung« politischer Gegner, deren Methoden das Ministerium für Staatssicherheit inzwischen erheblich verfeinert hatte.[107]

Auch das Jugendstrafrecht trug nur wenige liberale Züge. Zwar hatte sich das Ministerium für Volksbildung dafür eingesetzt, Jugendlichen ein Mindestmaß an Rechtssicherheit zuzugestehen. Damit konnten sich Jugendliche vor Willkürmaßnahmen (wie der Einweisung in Arbeitslager) vorübergehend sicher wähnen. Der große Wurf aber blieb im Jugendstrafrecht aus, da sich die Ministerin Margot Honecker weigerte, den Jugendstrafvollzug ganz auf die Jugendfürsorge zu übertragen. Diese sollte nur dann eingreifen, »wenn sich in den Handlungen des Jugendlichen eine soziale Fehlentwicklung im Zusammenhang mit dem Familienversagen zeigt«.[108] Die Jugendfürsorge blieb damit »auf den Aspekt der Krisenintervention beschränkt«. Präventive Aufgaben, die der Jugendkriminalität hätten vorbeugen können, standen ihr nicht zu.[109]

Endete mit dem neuen Strafgesetzbuch von 1968 endgültig die deutsche Rechtseinheit, so unterstrich in der Verfassungsnovelle bereits die Präambel die Zweistaatlichkeit Deutschlands und fixierte zugleich den Führungsanspruch der Sozialistischen Einheitspartei:

---

107 Ebd., S. 298 f. Vgl. Meuschel: Legitimation, S. 207 f.; Fricke: Opposition, S. 15; Kleßmann: Zwei Staaten, S. 368 –370; Staritz: Geschichte, S. 241 f.
108 MfV, Stellungnahme, Berlin 7.3.1967, SAPMO-BArch, DY/30/IV A 2/2.024/20, Bl. 11.
109 Jörns: Jugendhilfe, S. 33 u. 52 –56.

»Die Deutsche Demokratische Republik ist ein sozialistischer Staat deutscher Nation. Sie ist die politische Organisation der Werktätigen in Stadt und Land, die gemeinsam unter Führung der Arbeiterklasse und ihrer marxistisch-leninistischen Partei den Sozialismus verwirklichen.«[110]

Nach diesem Grundsatz schien die Relativierung aller Grundrechte in der neuen Verfassung nur konsequent zu sein. Sie entsprach der angeblichen Überwindung der Klassengegensätze in der sozialistischen Gesellschaftsordnung der DDR, wie sie Ulbricht in seiner Ankündigung der Verfassungsnovelle beschrieben hatte. Nach Artikel 29 der Verfassung blieb die »Wahrnehmung« der Grundrechte zwar formal gewährleistet, wurde aber zielgerichtet eingeschränkt:

»Die Bürger der Deutschen Demokratischen Republik haben das Recht [...,] ihre Interessen in Übereinstimmung mit den Grundsätzen und Zielen der Verfassung zu verwirklichen.«

Was bislang faktische Leitlinie der ostdeutschen Politik war, der Anspruch auf den gesamten Menschen einschließlich seiner Privatsphäre, wurde nun auch formal zum Grundsatz des Staatswesens in der DDR. In einem Kommentar zur neuen Verfassung wurde dieser juristische Zugriff auf das Leben der DDR-Bürger ausdrücklich begrüßt:

»Die Verfassungskonzeption wendet sich entschieden gegen die verlogene bürgerliche Fiktion von einer angeblich staatsfreien Sphäre, die durch Bürgerrecht gesichert sein soll. Der sozialistische Staat ist das Machtinstrument der Werktätigen; sie brauchen nicht vor der Macht geschützt werden, die sie selbst revolutionär geschaffen haben und nach ihrem Willen und Interesse ausüben. [...] Eine wesentliche Erkenntnis, die sich im Entwurf der Verfassung durchgängig widerspiegelt, besteht darin, daß die sozialistischen Grundrechte aus den gesellschaftlichen Verhältnissen des Sozialismus selbst erwachsen, keine bloße Weitergabe bürgerlicher Grundrechte sind. [...] Einschränkungen, die es bei einigen von ihnen gibt, liegen im objektiv begründeten Interesse der Gemeinschaft und der Bürger selbst.«[111]

Am deutlichsten wurden diese Einschränkungen dort, wo entsprechende Rechte nicht in die Verfassungsnovelle aufgenommen oder erheblich revidiert worden waren. Neben dem Streikrecht, das durch ein »Recht auf Arbeit und die Pflicht zur Arbeit« ersetzt worden war, und der Religionsfreiheit, deren

---

110 Verfassung 1968, Art. 1 u. für das Folgende Art. 29. Vgl. Verfassung 1949, Art. 6-18, 41 u. 49 (Grundrechte); Roggemann: Die DDR-Verfassungen, S. 119–123 passim.
111 Eberhard Poppe, Der Verfassungsentwurf und die Grundrechte und Grundpflichten der Bürger, Staat und Recht 17 (1968), zit. Judt, Matthias (Hg.): DDR-Geschichte in Dokumenten. Beschlüsse, Berichte, interne Materialien und Alltagszeugnisse. Berlin 1998, Dok. P 40, S. 80.

Ausübung auf die »Übereinstimmung mit der Verfassung und den gesetzlichen Bestimmungen der Deutschen Demokratischen Republik« beschränkt worden war, wurde dies besonders deutlich im Artikel zum Schutz von »Ehe, Familie und Mutterschaft«. Dieser Artikel legte politisch-ideologische Normen für diese privaten Bereiche fest und gab die Erziehungsziele vor:

> »Es ist das Recht und die vornehmste Pflicht der Eltern, ihre Kinder zu gesunden und lebensfrohen, tüchtigen und allseitig gebildeten Menschen, zu staatsbewußten Bürgern zu erziehen.«[112]

Die Festlegung der Erziehungsziele, die Abschaffung des Streikrechts und die Einschränkung der Kultusfreiheit wurden in der Bevölkerung am intensivsten diskutiert. Die Frequenz der Eingaben an die Verfassungskommission der Volkskammer widerspiegelte deutlich den Klärungsbedarf der Ostdeutschen in diesen Fragen. Von 14364 Zuschriften an die Kommission insgesamt thematisierte die Hälfte die Religionsartikel des Verfassungsentwurfs, gefolgt von denen zur Bildung (596 Zuschriften), während die Zahl der Eingaben zum Streikrecht (370) noch hinter denen zur Freizügigkeit (479), zu Familienfragen (448) und zu den Volksvertretungen (419) lag.[113] Dabei ist die auffällige Dominanz der Zuschriften zu den Religionsartikeln sowohl auf Einsprüche kirchlicher Institutionen als auch auf das relativ starke gesellschaftspolitische Interesse und den hohen Bildungsstand der kirchlich gebundenen Bevölkerungsgruppen zurückzuführen. Auch ermunterten die Kirchen ihre Mitglieder ausdrücklich, sich in der Verfassungsdiskussion zu Wort zu melden. Kirchenpolitiker deuteten dies insgesamt als positives Zeichen, dass sich die Kirchen nun der gesellschaftlichen Realität des Sozialismus gefügt hätten.[114]

Die Diskussion ostdeutscher Christen über die Verfassung wurde durch die Neuregelung der Feiertage angeheizt, die mit dem Beginn des Schuljahres 1967/68 in Kraft getreten war. Die Reduzierung der Arbeitszeit durch die Einführung der Fünf-Tage-Woche wurde durch die Streichung der kirchlichen Feiertage Ostermontag, Christi Himmelfahrt, des Reformationsfestes (31. Oktober) sowie des Buß- und Bettages kompensiert. Zugleich wurden die Osterferien abgeschafft und die Sommerferien entsprechend verlängert. Die Akzeptanz der Feiertagsregelung war bereits Jahre zuvor an einzelnen Schulen getestet worden, als Eltern vor die Wahl gestellt worden waren, ihre Kinder am Himmelfahrts- oder am Kindertag (1. Juni) zum Unterricht zu schicken. Die meisten Eltern hatten sich bei diesem Probelauf dafür entschieden, ihren Kindern am 1. Juni unterrichtsfrei zu geben, zumal der Kindertag mit Schul-

---

112 Verfassung 1968, Art. 24, 39 (2) u. Art. 38 (4). Vgl. Besier: Der SED-Staat [Bd. 1], S. 645–662; Pollack: Kirche, S. 214–217.
113 Verfassungskommission, Sachverständigengruppe, Bericht, Berlin o.D. [28.3.1968], SAPMO-BArch, NL/182/1107, in: Hartweg (Hg.): SED, Bd. 2, Dok. 4, S. 46f.; vgl. ebd., S. 37–47.
114 SED-Stadtbezirksleitung [Leipzig] Süd-Ost, Mitteilung an 1. Sekretär der SED-SL, 4.3.1968, SächsStAL, SED, IV B-5/01/254.

festen und ähnlichen Feierlichkeiten begangen wurde.[115] Nach der Neuregelung des ostdeutschen Festtagskalenders kam es nur vereinzelt zu Auseinandersetzungen zwischen Schulbehörden und Eltern, die ihre Kinder an kirchlichen Feiertagen nicht in den Unterricht schickten. So berichtete die Leipziger SED-Bezirksleitung 1967, dass in der Messestadt etliche Kinder mit Wissen ihrer Eltern am Reformationstag dem Unterricht unentschuldigt fern geblieben wären, nachdem ihnen die Schulleitungen eine Freistellung verweigert hätten.[116]

An den Schulen wurde nun einerseits sicher auch unter diesen Eindrücken, andererseits vor allem auf der Grundlage der verordneten Kampagne intensiv über die Verfassung diskutiert. Dabei erörterten Schüler, Lehrer und Eltern in erster Linie die oben genannten Probleme. Nach einer Information des Ministeriums für Volksbildung stimmten zwar alle Beteiligten »dem Grundanliegen des Verfassungsentwurfes« zu, würfen aber in der Diskussion Fragen auf, die Defizite in der politisch-ideologischen Arbeit der Schulen erkennen ließen.

»Zu ihnen gehören:
– Klassencharakter der beiden deutschen Staaten;
– Rolle der Arbeiterklasse;
– Wesen der Nation (Sind wir noch eine Nation?);
– Vertieft die Verfassung nicht die Spaltung? […]
– Freiheit, Freizügigkeit, Auswanderung;
– Realis[ierun]g der 10jährigen Schulpflicht;
– Pflich[t zur] Erlernung eines Berufes;
– Pflicht [der] Eltern zur Erziehung ihrer Kinder […]«.[117]

Neben der nationalen Identität spielten also gerade jene Verfassungsvorschriften eine Rolle, die die individuellen Freiheiten begrenzen sollten. Sowohl die Frage nach Reisefreiheit und Freizügigkeit als auch die Vorschriften zur Bildung und Erziehung standen dabei im Mittelpunkt der Debatten. Dass diese Fragen an den Schulen aufgeworfen wurden, lässt vermuten, dass sie auch an den Arbeitsplätzen der Eltern thematisiert wurden. Liegen (zumindest für den Bezirk Leipzig) weder aus berufsbildenden Schulen noch aus Betrieben entsprechende Informationsberichte vor, so belegen Dossiers aus der ganzen Republik, dass an den Hochschulen genau dieselben Fragen wie an den Schulen diskutiert wurden.

---

115 Gemeindekirchenrat Reinkenhagen, Schreiben an Kirchenleitung Greifswald, 2.6.1962, EZA, 104/647. Vgl. Margot Honecker, Schreiben an Stoph, Berlin 23.03.1967, SAPMO-BArch, DY/30/IV A 2/2.024/20, Bl. 17–20.
116 SED-BL Leipzig, Abt. Parteiorgane, Information, 13.11.1967, SächsStAL, SED, IV A-2/5/228, Bl. 165. Vgl. EKD-Kirchenkanzlei DDR, Vermerk, o. D. [7.12.1967], EZA, 102/468.
117 MfV, Zusammenfassung, Berlin 18.3.1968, SAPMO-BArch, DY/30/IV A 2/2.024/6, Bl. 258 f.

Das Ministerium für Hoch- und Fachschulwesen hatte eigens eine Arbeitsgruppe gebildet, die die Diskussion an den Hochschulen koordinieren sollte.[118] Das war insofern verständlich, als hier über die Verfassung unter dem Eindruck der anlaufenden 3. Hochschulreform debattiert wurde. Studierende argumentierten in diesem Zusammenhang allerdings gerade auf der Grundlage der Prinzipien der 3. Hochschulreform und hinterfragten den Widerspruch zwischen der Dominanz wirtschaftlicher Kriterien bei der Gestaltung der Hochschule und der Rolle der Wissenschaft bei der Gestaltung der sozialistischen Gesellschaft. So erörterten Physiker in Leipzig die Fragen:

»Warum kann in der wissenschaftlich-technischen Revolution von der führenden Rolle der Arbeiterklasse gesprochen werden? […] Wenn die Wissenschaft immer mehr zur Produktivkraft wird, was ist dann mit dem Wissenschaftler?«[119]

Neben diesen Fragen nach dem Status der Intelligenz in der sozialistischen Gesellschaft kritisierten Studierende die Auswahlkriterien für den Hochschulzugang, die die fachliche Eignung der Bewerberinnen und Bewerber in den Hintergrund zu drängen drohten und im Artikel 26 der neuen Verfassung fixiert wurden:

»Der Staat sichert die Möglichkeit des Übergangs zur nächsthöheren Bildungsstufe bis zu den höchsten Bildungsstätten, den Universitäten und Hochschulen, entsprechend dem Leistungsprinzip, den gesellschaftlichen Erfordernissen und unter Berücksichtigung der sozialen Struktur der Bevölkerung.«[120]

Mit dieser Regelung sollte offenbar versucht werden, den Rückgang des Anteils von Arbeiterkindern unter den Studierenden zu bremsen. Er hatte 1968 mit 37,6 Prozent einen Tiefpunkt erreicht, nachdem er von 1954 bis 1958 von 47,5 auf 52,7 Prozent gestiegen war. Seither war er kontinuierlich gesunken, während der Anteil von Kindern der Intelligenz stetig zugenommen hatte – von 12,0 Prozent im Jahr 1954 auf 20,6 vierzehn Jahre später (siehe die Tabelle auf Seite 177).

Dass darüber an den Hochschulen gestritten wurde, werteten Staat und Partei weniger als konstruktiven Beitrag zur Verfassungsdiskussion oder zur Hochschulreformdebatte, sondern als Affront gegen ihre Gesellschaftspolitik im Allgemeinen sowie ihre Bildungspolitik im Besonderen. So unterstrich das Ministerium für Hoch- und Fachschulwesen in einem Bericht: »Faktisch richtet sich diese Diskussion gegen die Förderung der Arbeiter- und Bauernkinder.«[121]

---

118 Vgl. MHF, AG Verfassungsdiskussion, Informationsbericht, Berlin 15.2.1968, SAPMO-BArch, DY/30/IV A 2/9.04/391 passim.
119 MHF, Informationsbericht, Berlin 8.3.1968, ebd., S.5f. Vgl. SED-ZK, Abt. Wiss., Information, Berlin 20.4.1968, SAPMO-BArch, DY/30/IV A 2/9.04/392, S.7.
120 Verfassung 1968, Art. 26 (1).
121 MHF, Informationsbericht, Berlin 1.3.1968, SAPMO-BArch, DY/30/IV A 2/9.04/392, S.4.

Tab. 2: Soziale Herkunft der Studierenden im Direktstudium an Universitäten und Hochschulen, 1954–1974 (Angaben in Prozent).[122]

	Arbeiter	LPG-/PGH-Mitglieder	Angestellte	Intelligenz	Sonstige
1954	47,5	5,7	23,8	12,0	11,0
1956	50,4	5,6	21,0	13,6	9,4
1958	52,7	5,5	19,2	13,8	8,8
1960	50,3	4,2	19,2	15,6	10,7
1962	48,7	5,5	20,5	15,9	9,4
1964	42,2	6,3	23,1	18,5	9,9
1966	39,1	7,2	23,5	19,7	10,5
1968	37,7	8,6	23,5	20,6	9,6
1970	39,6	9,4	22,7	19,8	8,5
1972	45,6	9,3	19,6	18,5	7,0
1974	45,6	9,7	17,2	20,4	7,1

Die Kritik der Studierenden ging jedoch über diesen sozialen Horizont hinaus. Sie richtete sich vielmehr gegen den ideologischen Primat in der Hochschulpolitik. Es war kaum zu vermitteln, warum sich die SED als selbst ernannte führende Kraft der Arbeiterklasse gerade in der Wissenschaftspolitik die bestimmende Rolle anmaßte, während wissenschaftsimmanente Faktoren weniger Einfluss auf die gesellschaftliche Entwicklung ausüben sollten.

Nach dem zitierten und anderen Berichten bildeten auch unter den Studierenden die Religionsartikel des Verfassungsentwurfes einen besonderen Schwerpunkt der Diskussion. Das dürfte keineswegs auf ein außerordentliches Interesse der Studierenden an religiösen oder kirchenpolitischen Fragen zurückgehen, sondern darauf, dass in den Diskussionsveranstaltungen der Hochschulen Studierende auffielen, die von den vorgegebenen Meinungen abwichen. Diese aber waren häufig gerade solche Studierenden, die ihre persönlichen Überzeugungen und ihr christliches Bekenntnis nicht verschwiegen. Obwohl sie die Debatten oft in eine unerwünschte Richtung lenkten, schätzte die Leipziger Universitätsparteileitung solche Studierenden »als aufgeschlossen, offen und diskussionsfreudig und nicht reaktionär ein, aber mit einem Drang zur ›objektiven Wahrheit‹ und zur ›reinen Demokratie‹.«[123] Die Parteiorgane widmeten ihre Aufmerksamkeit allerdings von vornherein Studierenden, bei denen eine christliche Bindung nachgewiesen oder zu vermuten war, so dass von einer Gewichtung der Berichte a priori auszugehen ist.

Kritisiert wurde der Verfassungsentwurf von Theologie- und Medizinstudierenden, nach deren Meinung im Verlauf des Gesetzgebungsverfahrens »›Gummiparagraphen‹ entstanden seien«. Unter Kommilitonen der Philologischen und sogar der Juristischen Fakultät registrierte die Leipziger Univer-

---

122 Schulze/Noack (Hg.): DDR-Jugend, Tab. 63, S. 115.
123 SED-KL KMU, Information, Leipzig 17.1.1969, SAPMO-BArch, DY/30/IV A 2/9.04/408. S. 1.

sitätsparteileitung »Missfallensäusserungen[,] als erläutert wurde, dass sich ein Streikrecht im Sozialismus erübrige [...].«[124]

Die massive Indoktrination an den Hochschulen ermüdete langfristig den akademischen Nachwuchs der DDR. Schon Anfang März 1968, als das Ende der Kampagne noch gar nicht abzusehen war, stellte das Ministerium für Hoch- und Fachschulwesen (MHF) in einer Information an das SED-Zentralkomitee fest, dass sich zunehmend Gleichgültigkeit unter den Studierenden ausbreite und »daß bei einigen Studenten die Tendenz feststellbar ist, die neue Verfassung als etwas Selbstverständliches hinzunehmen«. Der Eindruck, dass die Verfassungsdiskussion ohnehin nur als Kampagne zu verstehen sei und individuelle Gestaltungsvorschläge nicht berücksichtigt würden, dürfte in diesem Zusammenhang am meisten zur Ermüdung der Studierenden beigetragen haben. Gleichwohl behauptete das MHF, dies sei vor allem auf »die gegnerische Propaganda« zurückzuführen. Offenbar trug die Informationspolitik bzw. die Propaganda der DDR selbst dazu bei, dass die Studierenden die Verfassungsdiskussion leid wurden, wie das Ministerium einräumte: »Es wird von ›Verfassungsrummel‹ und ›Überdruss‹ in Bezug auf Presse, Rundfunk und Fernsehen gesprochen.«[125]

Neuen Schub erhielt die Verfassungsdiskussion durch Ereignisse in den sozialistischen Nachbarländern.[126] Während in Polen Studierende gegen die repressive Politik der Regierung unter Władysław Gomułka protestierten und deswegen mit unbarmherziger Brutalität verfolgt wurden, waren in der Tschechoslowakei die ersten Knospen des »Prager Frühlings« zu erkennen. Die Überlegungen der tschechoslowakischen Reformkommunisten, in ihrem Land einen »Sozialismus mit menschlichem Antlitz« zu etablieren und damit die Gesellschaft zu liberalisieren und zu demokratisieren, wurden in der DDR von allen Seiten aufmerksam registriert.[127]

Wer jedoch gehofft hatte, dass der tschechoslowakische Impuls auch von der politischen Spitze der DDR aufgenommen würde, sah sich umgehend enttäuscht. Im März 1968 polemisierte der ideologische Kopf des SED-Politbüros, Kurt Hager, auf einem Philosophiekongress in Prag gegen die Staats- und Parteiführung in der ČSSR. Er stellte damit klar, dass die DDR den Prager Reformkurs nicht zu tolerieren und schon gar nicht zu kopieren beabsichtige. Hagers Äußerungen wurden vor allem an den Hochschulen der DDR zum Teil massiv kritisiert. Parteidienststellen in der ganzen Republik registrierten eine Welle von Unmutsbekundungen, die in der Forderung gipfelten, Hager solle seinen Lehrstuhl für Philosophie an der Berliner Humboldt-Universität und

---

124 SED-KL KMU, Informationsbericht, Leipzig 31.3.1968, SächsStAL, IV B-4/14/070, S. 5 f. Vgl. SED-KL KMU, Sonderinformation, Leipzig 1.2.1968, ebd., S. 1 f.
125 MHF, Informationsbericht, Berlin 1.3.1968, SAPMO-BArch, DY/30/IV A 2/9.04/392, S. 1.
126 Vgl. u. a. MfS, ZAIG, Information, Berlin 22.3.1968, in: Wolle: Die DDR-Bevölkerung, S. 37; SED-KL KMU, Informationsbericht, Leipzig 20.3.1968, SAPMO-BArch, DY/30/IV A 2/9.04/392; SED-KL KMU, Bericht, Leipzig 26.3.1968, ebd.
127 Vgl. SED-ZK, Abt. Wiss., Information, Berlin 20.4.1968, ebd., S. 5.

seinen Sitz in deren Senat abgeben. An der Leipziger Universität kursierten Flugblätter »An alle Kommilitonen«, die diese Forderungen aufnahmen:

»Bekennt euch offen zu den Prinzipien des demokratischen Sozialismus. Fordert in Stellungnahmen an den Senat der Humboldt-Universität und an das ZK der SED die Verurteilung der überheblichen Äußerungen in Prof. Hagers Rede am 25.3. über die ČSSR und seine Abberufung von allen Funktionen!

Mit seiner doktrinären Kritik an der Weiterentwicklung des Sozialismus, die das tschechische Volk mit Recht als Beleidigung empfindet, hat Hager nicht nur das Ansehen unseres Staates, sondern die freundschaftlichen Beziehungen der ČSSR zur DDR überhaupt geschädigt.

Was die ČSSR siegreich verwirklicht, ist in vielem identisch mit der prognostischen Forderung Prof. Havemanns [von] 1964!

Kommilitonen, die Gegenwart fordert auch von uns aktive Parteinahme für den Fortschritt.

Es war der gleiche Hager, der damals Havemanns Ideen verketzert hat.

Wir fordern: Doktrinäre in den Ruhestand! – Rehabilitierung für Prof. Havemann!«[128]

Wer auch immer dieses Flugblatt verfasst hatte, rezipierte ideologische Auseinandersetzungen – auch innerhalb der SED selbst. Dies entsprach einem allgemeinen Trend an den Hochschulen, wo auf der Basis der offiziellen Ideologie über alternative Gesellschaftskonzepte und ihre Träger diskutiert wurde. So meldete die Leipziger Universitätsparteileitung, Studierende hätten sehr engagiert und offenbar unter den Eindrücken der ersten Veränderungen in der Tschechoslowakei über »Triebkräfte im Sozialismus« gestritten.[129] Sie entsprachen damit auf recht eigenwillige Weise einer Forderung des FDJ-Zentralrates, wonach in der laufenden Diskussion betont werden müsse, »daß Verfassungsfragen Machtfragen sind […]«.[130]

Dieser Prämisse folgte auch die Partei- und Staatsführung. Nachdem die Spitze der KPČ um Alexander Dubček auf einer Tagung der Warschauer Pakt-Staaten am 23. März in Dresden erklärt hatte, nicht von ihrem Reformkurs abweichen, sondern bereits am 5. April ein entsprechendes Aktionsprogramm verabschieden zu wollen, sah sich Ost-Berlin offenbar veranlasst, die Verfassungsdiskussion umgehend zu beenden. Drei Tage nach dem Dresdener Treffen wurde die Verfassungsdiskussion abrupt beendet und der Volksentscheid plötzlich für

---

128 SED-BL Leipzig, Bericht, 2.4.1968, SächsStAL, SED, IV/B-2/5/302, Bl. 81. Vgl. SED-ZK, Abt. Wiss., Informationsbericht, Berlin 15.3.1968, SAPMO-BArch, DY/30/IV A 2/9.04/392, S. 2f. Vgl. SED-KL KMU, Information, Leipzig 21.4.1968, SächsStAL, SED, IV B-4/14/048. – Vgl. Burens, DDR, S. 56–70; Prieß u. a., SED, S. 85–90; Wolle: Die DDR-Bevölkerung, S. 36f.
129 SED-KL KMU, Informationsbericht, Leipzig 13.3.1968, SAPMO-BArch, DY/30/IV A 2/9.04/392.
130 SED-SL Leipzig, Einschätzung, 16.1.1968, SächsStAL, SED, IV B-5/01/186, S. 2.

den 7. April 1968 anberaumt. Dieser Termin wurde dadurch ermöglicht, dass Dubček das Aktionsprogramm der KPČ erst am 8. April veröffentlichen lassen wollte.[131]

In einer generalstabsmäßig organisierten Aktion wurde die Kampagne nun auf den Volksentscheid umgestellt, wurden Verpflichtungserklärungen verlangt, dem überarbeiteten Entwurf zuzustimmen. Das Ministerium für Hoch- und Fachschulwesen etwa erarbeitete umgehend eine detaillierte Konzeption für die Agitation im Vorfeld der Abstimmung sowie für die Kontrolle des Abstimmungsverhaltens. Auf dieser Basis hatten die Hochschulleitungen eigene Konzepte vorzulegen, schossen jedoch in einigen Fällen über das vorgegebene Ziel hinaus, indem sie die Abstimmungskontingente detailliert festlegten. Solche Richtlinien konnten durch das Ministerium gerade noch »rechtzeitig korrigiert« werden.[132]

War bislang den offiziellen Berichten zufolge meist relativ sachlich über die neue Verfassung diskutiert worden, so änderten sich nun der Ton und die Form der Auseinandersetzung. So wurde den Diskussionsleitern an der Leipziger Karl-Marx-Universität unverblümt entgegengehalten: »wir machen nur Volksentscheid wegen der Ereignisse in der ČSSR«.[133] An verschiedenen Orten tauchten Graffiti auf, die dazu aufriefen, sich bei der Volksabstimmung bewusst zu entscheiden. Auch beobachteten die Sicherheitsorgane der DDR, dass mancherorts Transparente und Wandzeitungen zur Verfassungskampagne sinnentfremdend umgestaltet wurden. In der Vorhalle der Leipziger Universitätsbibliothek beispielsweise wurden Buchstaben der Losung »Dein Ja zur neuen sozialistischen Verfassung der DDR« vertauscht: »Die gegnerische Losung lautete dann: ›Nein zur neuen sozialistischen Verfassu(n)g der DDR.‹«[134]

In einem anderen Fall war auf ein Transparent mit einem ersten Buchstaben ergänzt worden, so dass nun zu lesen war: »*K*eine Verfassung für die Werktätigen«. An zahlreichen Orten wurden Flugblätter registriert, die zur Ablehnung der Verfassung aufforderten.[135] Einen außergewöhnlichen Aktionismus bei der Verbreitung solcher Handzettel hatte ein Arbeitskreis entwickelt, in dem sich Theologiestudierende aus der ganzen DDR am Ende des Herbstsemesters 1967 zusammengefunden hatten. Gegründet zur Diskussion über den Status der Theologie in der ostdeutschen Hochschullandschaft vor dem Hintergrund der 3. Hochschulreform, entwickelte sich die Gruppe im Kontext der Verfassungsdiskussion zu einem Forum allgemeiner politischer Gespräche und

---

131 Burens, Die DDR, S. 102.
132 SED-ZK, Abt. Wiss., Information, Berlin 20.4.1968, SAPMO-BArch, DY/30/IV A 2/9.04/392, S. 2.
133 SED-ZK, Abt. Wiss., Information, Berlin 20.4.1968, ebd., S. 5.
134 SED-KL KMU, Informationsbericht, Leipzig 4.4.1968, SächsStAL, SED, IV B-4/14/070, S. 5.
135 SED-BL Leipzig, Bericht, 2.4.1968, SächsStAL, SED, IV/B-2/5/302, Bl. 81 (Hervorhebung – d. Verf.); SED-KL KMU, Informationsbericht, Leipzig 4.4.1968, SächsStAL, SED, IV B-4/14/070, S. 7.

Aktionen. Die Debatten und Aktivitäten des Arbeitskreises gingen hierbei von der Kritik der Religionsartikel der neuen Verfassung aus, zielten aber vor allem auf »die Durchsetzung sogenannter Liberalisierungsvorstellungen im Bereich des Hochschulwesens der DDR«, wie das Ministerium für Staatssicherheit notierte.[136] Mitglieder des Arbeitskreises verbreiteten im Vorfeld des Volksentscheides Flugschriften, die zur Ablehnung der neuen Verfassung ermunterten. Möglicherweise stammten auch einige der Flugblätter, die in Leipzig gefunden wurden, aus den Händen des Arbeitskreises. Diese Vermutung legen Akten der Bezirksparteileitung nahe, wonach sich Theologiestudenten an der »Hetzschriftenverbreitung« im Kontext des Volksentscheides beteiligt hätten.[137] Zumindest hatten Studierende aus dem Umfeld der Katholischen Studentengemeinde (KSG) Leipzig Flugblätter zum Volksentscheid verteilt, wie sich Ingrid Göcke erinnert:

> »[…] einer, der in dem Kreis mitgemacht hat, […] der hat mir die ganze Nacht erzählt, wie die das gemacht haben, wie er das gemacht hat mit einem Mädchen zusammen, was sie für Todesängste ausgestanden haben. Ich kann nur sagen, meine Hochachtung, die fünf waren so verschwiegen. Der Text war *so* gut, die Sache ist *nicht* aufgedeckt worden […].«[138]

Die Akteure des Arbeitskreises hingegen waren der Staatssicherheit längst bekannt. Gleichwohl wurden sie erst im Dezember 1968 verhaftet, als die ostdeutschen Proteste gegen die Niederschlagung des Prager Frühlings abgeklungen waren.[139]

Der Volksentscheid über die neue Verfassung von 1968 war die letzte freie Abstimmung in der Geschichte der DDR. Zwar wurde auch hier, wie die administrativen Maßnahmen an den Hochschulen belegen, mit sozialem und politischem Druck das Abstimmungsverhalten beeinflusst, aber immerhin konnten sich die Wähler noch alternativ entscheiden. Und tatsächlich ließ sich das Ergebnis der Volksabstimmung über die Verfassung im Vergleich mit den strikt reglementierten Wahlen zu den Volksvertretungen in der DDR kaum als »Vertrauensbeweis« lesen, wie es die *Junge Welt* dennoch pathetisch tat:

> »Als ich gestern früh Zeitung las und als ich dann auf einer Parkbank in der Sonne einen Mann beim Zeitungslesen oder das Mädchen mir gegenüber früh in der Straßenbahn mit der Jungen Welt, den Vater abends im Sessel mit dem ND – wie sie alle ein wenig in Ehrfurcht die Millionenzahlen unseres Volksentscheids studierten –, da habe ich einige der wenigen Minuten erlebt, in

---

136 MfS, HA IX/2, Bericht, 19.3.1968, BStU, AIM 7176/70, Bd. 2, Bl. 118, zit. Linke: Theologiestudenten, S. 204.
137 SED-SL Leipzig, Einschätzung, 2.7.1968, SächsStAL, SED, IV B-5/01/254, S. 9.
138 Ingrid Göcke, Interview, Freising 23.10.2000.
139 Vgl. Linke: Theologiestudenten, S. 197–207 passim; Neubert: Geschichte, S. 183.

denen wir andächtig und erstaunt Hochachtung bezeugen – unserer eigenen Kraft.«[140]

Der Verfasser dieses Kommentars ignorierte, dass Kraft vor allem diejenigen Ostdeutschen bewiesen hatten, die der Abstimmung ferngeblieben waren (fast zwei Prozent der Wahlberechtigten) oder die den Verfassungsentwurf abgelehnt hatten. Welche Überwindung dies kostete, illustrieren die Erinnerungen von Günter Fritzsch und Ingrid Göcke. So erzählt Fritzsch, dass seiner Frau wegen ihres Abstimmungsverhaltens eine akademische Laufbahn verweigert worden sei:

»[...] das wurde kontrolliert, ich weiß es von meiner Frau. Die hat mal sich der Stimme enthalten, [...] ist nur in die Kabine gegangen, und das In-die-Kabine-Gehen wurde weitergemeldet und sie hat dadurch [...] das Recht verwirkt, an ihrem Konservatorium, wo sie war, eine Aspirantur zu bekommen. [...] Das war der Grund, dass sie nicht weiter an dieser Universität studieren durfte: nur das Betreten der Wahlkabine.«[141]

Die vorbereiteten Schikanen konnten dazu führen, dass Personen, deren Entschluss vorher bereits festgestanden hatte, im letzten Moment der Mut verließ, wie sich Ingrid Göcke erinnert:

»[...] nun war das ja bei diesen Wahlen immer alles sehr kleinteilig aufgebaut, Kabine irgendwo, [so] dass man über knarrende Dielen laufen musste, und erkannt war [man] sowieso. Und dann die Leute, die das Material austeilten, die waren allen bekannt, waren oft die Etagennachbarn [...]. Und das Unglück hat es gewollt, [...] vor Aufregung, ich habe derart gezittert am ganzen Leib, [...] dass mir der Stift, der Bleistift aus der Hand gefallen ist [...]. Und: ich hätte fast geheult. Und dann habe ich irgendwie den Zettel abgegeben. [...] Und mein Bekannter, der hat gesagt, weißt du, was mit solchen Zetteln passiert? Das ist ein glattes Ja. Das ist kein Ungültig, was du gemacht hast, das ist ein Ja. Und das war wirklich etwas, wo ich gedacht habe, ich kann nicht mehr.«[142]

Günter Fritzsch hingegen erinnert sich vor allem daran, welch überwältigendes Gefühl es für ihn gewesen sei, bei dem Volksentscheid über die neue Verfassung – anders als bei den Wahlen zur Einheitsliste der Nationalen Front – alternativ abstimmen zu können:

»[...] das Überraschende war dann die Wahl, [...] da konnte man plötzlich Kreuzchen machen oder musste sogar eins machen, [...] und das war ja das Interessante [...] 1968, dass man plötzlich sich entscheiden konnte. Na, also natürlich sollte man öffentlich das Kreuzchen machen, man konnte aber ein Kreuz-

---

140 Dieter Langguth, Frühling in unserem Land, JW, 10.4.1968, S. 1.
141 Günter Fritzsch, Interview, Frankfurt a. M. 26.10.2000.
142 Ingrid Göcke, Interview, Freising 23.10.2000.

chen machen. Es war aber nicht gewünscht [...], mit Bleistift und die Kabine weit weg, und es haben *erstaunlich* viel Leute gegengestimmt, eigentlich gar nicht so sehr, weil sie gegen die [Verfassungs-]Reform waren, sondern weil sie die Chance hatten. Ich hab mein Kreuz offen dagegen gemacht, [...] das hat mich völlig überrascht, dass ich den Bleistift in die Hand gedrückt bekam, ich war zum Glück allein da und die guckten, ich hatte mein Kreuz links unten statt rechts oben gemacht und dann zusammengefaltet und reingeworfen, habe also dagegen gestimmt, und es gab schon viele Gegenstimmen.«[143]

Zählt man die Wahlenthaltungen als Gegenstimmen, dann waren es tatsächlich mehr als fünf Prozent. In der gesamten Republik hatten fast acht Prozent der Verfassung ihre Zustimmung verweigert, galt in der DDR doch bereits das Fernbleiben von einer Abstimmung als Ablehnung. Die niedrigste Wahlbeteiligung und die niedrigste Zustimmung wurden in der Hauptstadt Berlin verzeichnet (96,88 bzw. 90,96 Prozent), gefolgt von den Bezirken Cottbus (97,22 bzw. 93,45 Prozent) und Leipzig (97,81 bzw. 93,98 Prozent). Über dem Durchschnitt lagen vor allem die drei Nordbezirke Rostock, Schwerin und Neubrandenburg, wo mehr als 96 Prozent der Verfassung zugestimmt hatten.[144]

Wie Jugendliche abgestimmt haben, lässt sich nur für die Studierenden ungefähr rekonstruieren. Diese sollten ihre Stimme an ihren Fakultäten abgeben, während Internatsschüler und Lehrlinge meist zu Hause abstimmten. So konnten sich Studierende dem Votum nur entziehen, indem sie beantragten, an ihrem Heimatort ihr Wahlrecht wahrzunehmen. Ansonsten schlug sich die Ablehnung durch das Fernbleiben oder durch eine Nein-Stimme im Abstimmungsergebnis ihrer Fakultäten nieder. Die Abteilung Wissenschaften des SED-Zentralkomitees fertigte ein umfangreiches Dossier über die Abstimmungsergebnisse aller ostdeutschen Hoch- und Fachschulen an, das einen detaillierten Einblick in das Abstimmungsverhalten eröffnet:

»Die Beteiligung am Volksentscheid schwankt zwischen 100 % (meist Fachschulen) und 93 % (Martin-Luther-Universität Halle). Der Anteil der Ja-Stimmen liegt zwischen 100 % (Ingenieurschule Dippoldiswalde) und 89,73 % (TH Magdeburg) [...].«[145]

Die Leipziger Universität hatte eine Abstimmungsbeteiligung von 99,7 und eine Zustimmung in Höhe von 94,7 Prozent gemeldet, wobei überdurchschnittlich viele Studierende sich nicht nur der Stimme enthalten, sondern

---

143 Günter Fritzsch, Interview, Frankfurt a. M. 26.10.2000.
144 JW, 10.4.1968, S.3 u. 7. Vgl. Weber: Geschichte, S.262.
145 SED-ZK, Abt. Wiss., Information, Berlin 20.4.1968, SAPMO-BArch, DY/30/IV A 2/9.04/392, S.3, Anlage 1, S.4; das Folgende Anlage 2, S.1. – Die Ablehnung an den übrigen Fakultäten lag bei 2,0 (Wirtschaftswissenschaften), 2,7 (Philologie) und 5,8 Prozent (Medizin): ebd. – Derart detaillierte Angaben liegen nur für die Leipziger Universität vor, so dass kein Vergleich mit anderen Hochschulen möglich ist, wo sich allerdings die Stimmen in ähnlichem Maße verteilt haben dürften.

mit Nein gestimmt hatten. Das geschah in Einzelfällen auch ganz demonstrativ:

> »[...] eine Theologie-Studentin stimmte offen mit ›Nein‹. Sie begründete es damit, daß der Artikel 39 nicht entsprechend den Wünschen der Bischöfe geändert worden sei. Dieses Argument trat auch an anderen Theolog[ischen] Fak[ultäten] auf.«

Ansonsten habe nach dem Bericht vor allem die Entwicklung in der Tschechoslowakei das Abstimmungsverhalten beeinflusst. Die Nein-Stimmen verteilten sich gerade auf die Hochschulen und Fakultäten, an denen besonders intensiv über den Prager Frühling diskutiert würde. So hätten in Leipzig an der Hochschule für Bauwesen neun und an der Karl-Marx-Universität fast fünf Prozent die neue Verfassung abgelehnt, an der Philosophischen Fakultät 10,2 und an der Mathematisch-Naturwissenschaftlichen sogar 14,7 Prozent. Das schlechte Ergebnis der Philosophischen Fakultät war darauf zurückzuführen, dass hier auch die Theologen abstimmen mussten. Ihr Abstimmungsverhalten kann deshalb nicht näher bestimmt werden. Wie viele von ihnen die Verfassung abgelehnt hatten, lässt sich aber erahnen, wenn man berücksichtigt, dass die Theologiestudierenden nicht mehr als ein Drittel der Abstimmungsberechtigten an der Philosophischen Fakultät stellten, während Studierende der philosophischen Fächer (darunter »Wissenschaftlicher Kommunismus«) als besonders angepasst galten. Nach dieser Schätzung könnten mehr als 30 Prozent der Theologiestudierenden die Verfassungsnovelle abgelehnt haben. Dieses negative Votum fiel besonders im Vergleich mit anderen Fakultät ins Auge, hatten doch an der Journalistischen Fakultät (dem so genannten »Roten Kloster«) in Leipzig nur 0,6 Prozent mit »Nein« gestimmt, an der Veterinärmedizinischen ebenfalls 0,6 Prozent und an der Landwirtschaftlichen Fakultät 1,1 Prozent. Hingegen hatten immerhin 1,6 Prozent der Juristen die neue Verfassung abgelehnt.

Diese Ergebnisse mussten bei Staats- und Parteiorganen Besorgnis auslösen, stellten die Studierenden doch die künftige Elite dar, die bereits strenge Ausleseverfahren durchlaufen hatte. Das insgesamt zwar niedrige, aber angesichts der Auswahlkriterien deutliche Negativvotum der Jurastudierenden gab der ostdeutschen Führung durchaus Anlass zur Sorge. Ob die Loyalität selbst staatsnaher wissenschaftlicher Disziplinen durch den Prager Frühling in Frage gestellt wurde, musste die weitere Entwicklung des Jahres 1968 zeigen.

»Strampelversuche in Demokratie«: Der Prager Frühling

Im Frühling 1968 stand die Ost-Berliner Führung unter erheblicher Anspannung. Zwar waren die Studentenunruhen im östlichen Nachbarland Polen schnell niedergeschlagen worden, aber sowohl die Entwicklung in der Tschechoslowakei, wo das Zentralkomitee der Kommunistischen Partei unter Alexander Dubček unmittelbar nach dem Volksentscheid in der DDR sein Aktionsprogramm vorlegte, als auch der neue außenpolitische Kurs der SPD unter Willy Brandt, setzten die SED erheblich unter Druck. Das Aktionsprogramm der KPČ blieb zwar dem staatssozialistischen System sowjetischer Art verhaftet und lehnte sich in einzelnen Fragen wie der Wirtschaftspolitik sogar an die DDR an, unterschied sich aber durch das propagierte Ziel einer umfassenden Demokratisierung von Politik, Wirtschaft, Wissenschaft und Presse deutlich von den Prinzipien der sowjetischen Politik und der ihrer Bündnispartner. Das Zentralkomitee der KPČ räumte ein, in der Vergangenheit schwere Fehler begangen zu haben, und lehnte fortan die Bevormundung der tschechoslowakischen Bevölkerung ab:

»Der Sozialismus kann sich nur dadurch entwickeln, daß er Raum schafft, in dem die verschiedenen Interessen der Menschen zur Geltung kommen und auf dieser Grundlage eine Einheit aller Werktätigen bildet. Das ist die Hauptquelle einer freien gesellschaftlichen Aktivität und der Entfaltung der sozialistischen Ordnung.«[146]

Schon angesichts solcher grundsätzlichen Differenzen gegenüber dem Gesellschaftsentwurf der SED musste diese das Aktionsprogramm der tschechoslowakischen Reformkommunisten verwerfen:

»Das Programm ist in seinem Inhalt äußerst widersprüchlich, trägt einen eklektizistischen und revisionistischen Charakter. Es stellt einen Kompromiß mit den reaktionären Kräften dar, der auf der Unterschätzung des nationalen und internationalen Klassenkampfes beruht und in der Außenpolitik und in den Außenbeziehungen nationalistischen Akzenten Raum gibt.«[147]

Hinter dieser scharfen Kritik stand der Vorwurf, die Reformpolitik der KPČ gefährde die Einheit und damit den Bestand des sozialistischen Lagers. So hatten die Prager Reformkommunisten erkennen lassen, dass sie ihre Beziehungen zur Bundesrepublik zwar mit Rücksicht auf Ost-Berlin gestalten würden, dass sie dabei aber nicht bereit seien, zugunsten ostdeutscher Empfindlichkeiten auf wirtschaftliche Vorteile zu verzichten. Die KPČ um Dubček hatte damit indirekt auf die beginnende »Neue Ostpolitik« des sozialdemo-

---

146 KPČ, Aktionsprogramm, Prag 5.4.1968, zit. Czismas, Michael (Hg.): Prag 1968. Dokumente. Bern 1968, S. 54. Vgl. Prieß u. a.: SED, S. 96–98.
147 SED-ZK, Information, Berlin 22.4.1968, SAPMO-BArch, DY/30/IV A 2/20/1017, zit. ebd., S. 103.

kratischen Außenministers der Bonner Großen Koalition, Willy Brandt, reagiert. Das Aktionsprogramm der KPČ ließ die Ost-Berliner Führung um Ulbricht befürchten, dass Prag diplomatische Beziehungen zu Bonn aufnehmen könnte. Dadurch hätte die DDR im Ostblock isoliert und ihre Forderung nach einer umfassenden völkerrechtlichen Anerkennung durch die Bundesrepublik torpediert werden können.[148] Auch innenpolitisch setzte das Prager Aktionsprogramm die Ost-Berliner Führung unter Druck. Das Ziel einer Demokratisierung des gesellschaftlichen Lebens bedrohte das politische Monopol der Kommunisten in weiten Bereichen. Die Aufwertung fachlicher Kriterien in politischen Entscheidungsprozessen wäre nicht nur den Gestaltungsansprüchen der wissenschaftlichen Elite entgegengekommen, wie sie in der DDR durch das Neue Ökonomische System und die 3. Hochschulreform geweckt worden waren. Der öffentliche Meinungsstreit hätte zudem die Funktionsweise des Systems im Sinne der SED behindert. Ulbricht sah durch eine Demokratisierung nach dem Muster des »Prager Frühlings« die Gestaltungsfreiheit der SED bedroht, wie er dem 5. Plenum des Zentralkomitees im März 1968 am Beispiel der Bildungspolitik demonstrierte:

»[...] wenn wir nicht im Zusammenhang mit dem Gesetz über das einheitliche sozialistische Bildungssystem die sozialistische Schulordnung und die Hochschulreform durchführen würden und mit Teilmaßnahmen hinterherhinken würden, in welcher Lage wären wir da? [...] indem wir die Initiative in der Hochschul- und Universitätsreform haben, geben wir doch den Professoren und Jugendlichen die Möglichkeit, ihre schöpferischen Kräfte zu entwickeln. Die Jugendlichen haben schöpferische Aufgaben und können zeigen, was sie können. Wenn sie das nicht können, dann müssen sie Krawall machen. [...] Es hat gar keinen Zweck, sich darüber aufzuregen, daß die Jugendlichen in Prag Krawall machen, bei *der* Leitung des Hochschulwesens ist das kein Wunder, sondern ganz normal.«[149]

Viele Jugendliche in der DDR sahen aber gerade angesichts der Entwicklung in Prag, wie beschränkt ihre schöpferischen Entfaltungsmöglichkeiten waren. In Kleinmachnow, einem von Intellektuellen geprägten Vorort von Berlin, sahen vier Jugendliche im Aktionsprogramm der KPČ eine tragfähige Basis, um über die Entwicklung der sozialistischen Gesellschaft in der DDR zu diskutieren. Die vier Jugendlichen, Daniela Gerstner und Annette Wolf, Gunther Begenau und Klaus-Dieter Schmidt, erarbeiteten für ihre EOS eine Wandzeitung, an der sie das Aktionsprogramm mit der soeben verabschiedeten DDR-Verfassung kontrastierten. Zwar sammelten sich sofort Schüler und Lehrer um die Wandzeitung, die angeregte Diskussion aber blieb aus. Die Wandzeitung

---

148 Vgl. ebd., S. 18–20; Staadt, Jochen: Die geheime Westpolitik der SED 1960–1970. Von der gesamtdeutschen Orientierung zur sozialistischen Nation. Berlin 1993, S. 230–233.
149 Walter Ulbricht, [freie] Rede, Berlin 21.3.1968, SAPMO-BArch, DY/30/IV 2/1/212, zit. Prieß u. a.: Die SED, S. 70f.

wurde umgehend abgenommen, und die Jugendlichen entgingen nur knapp einer Relegation von der Schule. Allerdings bekamen sie noch lange Zeit die Folgen ihres Handelns zu spüren: Während Annette Wolf in den verbleibenden zwei Jahren an der EOS von einigen Lehrern permanent gedemütigt wurde, wurde Begenau noch im Herbst zur NVA eingezogen und Schmidt verlor später auf Betreiben eines Lehrers den Studienplatz in Dresden.[150]

Obwohl die Schüler sich ausdrücklich zu den Prinzipien eines sozialistischen Gesellschaftssystems bekannt hatten, verstieß die Akzeptanz reformkommunistischer Ideen gegen das verordnete Sozialismusbild. Ähnlich wie die Jugendlichen aus Kleinmachnow begeisterten sich auch andere für das Aktionsprogramm der KPČ, fanden sie doch in den Zielen der Prager Reformkommunisten eigene Vorstellungen wieder. So erinnert sich Gernot Grünspecht, dass er sich mit seinem Bruder intensiv mit dem Prager Frühling befasst hätte:

»[…] er war, wie teilweise auch ich natürlich, ein starker Anhänger dann '68 […] dieser Dubček-Geschichte und eines reformierten demokratischen Sozialismus, wie man damals sagte, mit dem sich viele Hoffnungen verbanden. Also Sozialismus mit der Garantie, auch diesen sozialen Garantien und vielleicht auch der Hoffnung, […] dass das wirtschaftlich auch sich entwickeln kann und Demokratie dazu. Also, dass man als Mitträger […] dieses demokratischen Sozialismus natürlich auch das Recht hat, drüber zu diskutieren, und zwar kritisch zu diskutieren, wie kann man denn das besser machen. […] Ich wollte nicht in diesen Kapitalismus geworfen werden, aber ich wollte auch keinen Breschnew-Sozialismus […].«[151]

Obwohl Grünspecht skeptisch war, was die Entwicklung in der Tschechoslowakei betraf, hoffte er auf einen Erfolg der Reformen dort. Vielen Jugendlichen war diese Euphorie aber fremd. Sie hatten sich damit abgefunden, in einer sozialistischen Gesellschaft zu leben, an deren Wandlungsfähigkeit sie kaum glaubten. Zum Teil interessierten sich Jugendliche weniger für die politische Entwicklung, sondern genossen einfach das relativ freie gesellschaftliche Klima in der Tschechoslowakei, das sie manchmal auch nach Polen zog. Harald Fritzsch erklärt, die ČSSR habe damals für ihn schon »fast westliches Ausland« dargestellt. Und Wolfram, damals 22 Jahre alt, erinnert sich:

»Warschau und Prag waren eigentlich so die beiden Städte, in die man fuhr, um sich an dem zu erfreuen, was man brauchte. Also das ist Rock-'n'-Roll-Musik und schwarzes Bier, um einfach ein bißchen, um einfach ein bißchen Spaß zu haben.«[152]

---

150 Kalter Frühling in Kleinmachnow, 0:22 passim. Vgl. SED-BL Potsdam, Abt. Schulen, Kultur, Information, 11.9.1968, Landeshauptarchiv Brandenburg Potsdam, Rep. 401/5597, in: Geißler u. a. (Hg.): Schule, Dok. 318, S. 525 f.
151 Gernot Grünspecht*, Interview, Berlin 16.11.1999. – Das Folgende auch von Thomas Tauer, Interview, Leipzig 24.8.2000.
152 Wolfram (Jg. 1946), zit. Zoll (Hg.): Ostdeutsche Biographien, S. 378 f.

Gleichwohl habe er sich nicht den gesellschaftspolitischen Gesprächen, die in Prag den öffentlichen Raum beherrschten, entziehen können und »viele, viele Diskussionen mit Tschechen über, über Sozialismus, über Entwicklung, über Freiheit« geführt. Intensiv diskutiert wurden die Ideen der tschechoslowakischen Reformer vor allem in studentischen Kreisen. In einer privaten Gesprächsrunde, die sich in Leipzig auf Initiative des Physikstudenten Stefan Welzk um den Biophysiker Günter Fritzsch gesammelt hatte, wurden die Chancen eines demokratischen Sozialismus ausgiebig thematisiert, so Harald Fritzsch:

> »Das waren, [...] ich würde sagen zwischen zehn und dreißig so im Schnitt, denk ich mal, vielleicht waren da hin und wieder auch mal fünfzig Leute da. [...] die Themen gingen quer durch [...] einen großen Bereich [...] und zum Teil auch bis hinein in den Marxismus, wo kritische Kommentare dazu gemacht wurden. [...] Na, zu konkret konnte man ja gar nicht werden, das wurd' ja gefährlich. [...] Das hat man auch realisiert. Man musste mehr im Abstrakten bleiben, und das blieb es dann im Grunde auch. Es war jetzt nicht so, dass man brisante Themen wie: Wie könnten wir [...] jetzt die DDR umgestalten? usw. – Als jetzt [...] die Dubček-Sache aufkam in der Tschechoslowakei, ging's allerdings schon ein bissel in die Richtung, ja: könnten wir hier nicht auch so was usw.? Und wer könnte das machen? Und wie könnte das gehen?«[153]

Das Aktionsprogramm der tschechoslowakischen Reformkommunisten bot diesbezüglich erstmals konkrete Anhaltspunkte, und die wurden dann auch diskutiert:

> »Dubček war ja nun ein Fall für uns, so ein richtiges Vorbild. [...] viele Leute auch in dieser Studentenorganisation [der ESG] in Leipzig, zu der ich ja fast eher oberflächliche Kontakte hatte, die waren eben ja der Meinung, dass [...] das System des Sozialismus letztlich gar nicht mal so schlecht ist. Man wollte also nicht das westliche System völlig übernehmen, [sondern] etwa so, wie das der Havemann auch gesagt hat.«

Trotz der neuen Verfassung hatten viele Ostdeutsche und gerade Jugendliche offenbar den Eindruck gewonnen, dass auch die DDR angesichts der Veränderungen im Ostblock und angesichts der Entspannung, die sich international anzubahnen begann, Veränderungen durchlaufen würde. Selbst Harald Fritzsch, der sozialistischen Ideen recht reserviert gegenüberstand, hatte – wie das Zitat am Anfang dieses Kapitels demonstriert – das Gefühl, einem historischen Wandel beizuwohnen, der auch die DDR ergriffen habe.

Christoph Wonneberger, später Pfarrer in Dresden und Leipzig, betont die Eindrücke, die das Engagement tschechoslowakischer Studierender bei ihm

---

153 Harald Fritzsch, Interview, Berlin 9.2.2000. Das Folgende ebd. – Vgl. Fritzsch, H.: Flucht, S. 50–55; Günter Fritzsch, Interview, Frankfurt a. M. 26.10.2000.

hinterlassen hätten.[154] Auch andere Leute versuchten, Kontakte zu tschechoslowakischen Politikern, Wissenschaftlern oder Künstlern zu knüpfen. Während ältere Intellektuelle dabei zum Teil Verbindungen auffrischen konnten, die sich im Gefolge des wissenschaftlichen und kulturellen Austausches ergeben hatten, der Mitte der sechziger Jahre zwischen der DDR und der ČSSR intensiviert worden war, waren die meisten DDR-Bürger auf die Gastfreundschaft der Tschechen und Slowaken angewiesen.[155] Besonders bedeutsam war der Umstand, dass die deutsche Minderheit in der ČSSR über eine eigene Presse informiert wurde. Die Prager *Volkszeitung* wurde zu einer wichtigen Informationsquelle für alle Ostdeutschen, die in das Nachbarland fuhren, da trotz langjährigen Russisch-Unterrichts die wenigsten in einer slawischen Sprache kommunizieren konnten.[156] *Radio Prag* hingegen konnten nur die Ostdeutschen zur Information nutzen, die den Sender in den südlichen DDR-Bezirken empfangen konnten und die außerdem eine slawische Sprache beherrschten.[157]

Bereits unmittelbar nach dem Dresdener Treffen der Warschauer Paktstaaten, am 27. März 1968, hatte das *Reisebüro*, der einzige Touristikanbieter der DDR, alle Kurzreisen in die Tschechoslowakei storniert. Sechs Tage zuvor hatte die DDR-Führung auf dem 5. Plenum des SED-Zentralkomitees begonnen, sich öffentlich gegenüber der ČSSR abzugrenzen. Seit Anfang Mai führte die ostdeutsche Presse eine aggressive Kampagne gegen die tschechoslowakischen Reformkommunisten. Die einseitige Informationspolitik der SED wurde in politischen Diskussionen immer wieder heftig kritisiert, zumal sie in zunehmend scharfem Kontrast zur Liberalisierung der Presse in der Tschechoslowakei stand. Dies nährte den Verdacht, dass die SED Reformen ihrer Gesellschaftspolitik grundsätzlich ablehne. Die ostdeutsche Führung hingegen verteidigte ihre Position mit Argumenten, wie sie der CDU-Chef Gerald Götting in einer Diskussion an der Leipziger Theologischen Fakultät vorbrachte:

»Er sagte, man müsse die Veröffentlichungen [in der DDR] im Zusammenhang mit den Aggressionsabsichten Westdeutschlands sehen, man könne z. B. falsche

---

154 Wonneberger, Christoph u. a.: Opposition in Sachsen. Drei Zeitzeugenberichte, in: Kuhrt, Eberhard u. a. (Hg.): Opposition in der DDR von den 70er Jahren bis zum Zusammenbruch der SED-Herrschaft. Opladen 1999, S. 240 f.
155 Vgl. z. B. die Erinnerung von Pollack, Detlef: Über die 68er, ihr Verhältnis zur DDR – und wie man das Ausbleiben einer revolutionären Bewegung als Mangel an revolutionärem Geist mißverstehen kann. Vortrag Bielefeld 1998 (unveröff. Ms.), S. 9; MHF, Information, Berlin 26.7.1968, SAPMO-BArch, DY/30/IV A 2/9.04/21, S. 1. – Vgl. Burens: Die DDR, S. 62–68.
156 Zollverwaltung, Information, o. O. 4.7.1968, SAPMO-BArch, DY/30/IV A 2/9.04/21. Vgl. Wenzke, Rüdiger: Die NVA und der Prager Frühling. Die Rolle Ulbrichts und der DDR-Streitkräfte bei der Niederschlagung der tschechoslowakischen Reformbewegung. Berlin 1995, S. 70–78; Wolle: Die versäumte Revolution, S. 44 f.
157 Vgl. Zwahr: Nur noch Pausenzeichen, S. 89–98. Vgl. Ders.: Rok, S. 113–117. Das Folgende ebd., S. 115.

Auffassungen, wie die Bildung einer kirchlichen Opposition in der ČSSR, nicht kommentarlos veröffentlichen, sondern müsse damit eine kritische Auseinandersetzung führen. Das führt aber zu einer Schwächung des sozialistischen Lagers gegen den Imperialismus, [...] der mit aller Macht versucht, Schwächen und Unstimmigkeiten auszunutzen [...].«[158]

Trotz der massiven Kampagnen gegen den Prager Frühling – möglicherweise auch gerade ihretwegen – wuchs das Interesse der Ostdeutschen an dem Modell eines »Sozialismus mit menschlichem Antlitz«, der in der Tschechoslowakei umgesetzt werden sollte. Seit dem Beginn der Sommerferien Anfang Juli 1968 strömten die Ostdeutschen in das südliche Nachbarland, obwohl so viele Visa wie noch nie von den DDR-Behörden verweigert wurden. Unter den Antragstellern befanden sich überproportional viele Menschen, die jünger als 35 Jahre waren. Die 2,6 Millionen Besucher, die 1967/68 aus der DDR in die ČSSR kamen, stellten ebenso wie die 1,1 Millionen Tschechen und Slowaken, die im selben Zeitraum in die DDR reisten, wichtige Multiplikatoren von Meinungen und Ideen dar, die auf der Grundlage der ostdeutschen Informationspolitik nicht zu entwickeln waren. Die Tschechoslowakei registrierte 1968 einen ungeheuren Zuwachs an Touristen aus nahezu allen Ostblockländern (um mehr als eine Million Besucher gegenüber dem Vorjahr), wobei die ostdeutschen Nachbarn an der Spitze lagen. Touristen aus der DDR, denen die Volkspolizei ein Visum für die Tschechoslowakei verweigert hatte, versuchten oft – selten erfolgreich –, über ein Transitvisum nach Ungarn in das Nachbarland zu gelangen.[159]

Die Rückkehrenden ließen zu Hause Ausgaben der Prager *Volkszeitung* kursieren und verbreiteten im Freundeskreis und in ihren Betrieben Pamphlete tschechoslowakischer Reformkommunisten, obwohl dies häufig Sanktionen nach sich zog.[160] Besonders großer Nachfrage erfreuten sich die »2000 Worte« des Schriftstellers Ludvík Vaculík, die am 27. Juni 1968 (am 19. Juli erstmals in deutscher Sprache) erschienen. Vaculík hatte in seiner Streitschrift die Fortschritte des Reformprozesses als ungenügend kritisiert und davor gewarnt,

---

158 KMU, Prorektorat f. Studienangelegenh., Bericht, Leipzig 25.4.1968, SächsStAL, SED, IV B-4/14/098; vgl. MfS, ZAIG, Information, Berlin 22.3.1968, BStU, ZAIG 1466, in: Wolle: Die DDR-Bevölkerung, S. 37.
159 VPKA Leipzig, Sachgeb. Erlaubniswesen, Information, 5.7.1968, SächsStAL, SED, IV B-5/01/254. Vgl. MfS, ZAIG, Informationsbericht, 30.3.1968, BStU, ZAIG 1467, in: Wolle: Die DDR-Bevölkerung, S. 38; KMU, Prorektorat f. Studienangelegenh., Bericht, Leipzig 25.4.1968, SächsStAL, SED, IV B-4/14/098; Zwahr: Aufzeichnung, 21.8.1968, in: Ders.: Nur noch Pausenzeichen, S. 91. – Vgl. Burens: Die DDR, S. 68 f.; Bollow u. a.: Lernziel Völkerfreundschaft, S. 295; Zwahr: Rok, S. 115 f.
160 Vgl. den Fall eines Studenten, SED-Mitglied, 4. Studienjahr, der wegen Einführung von »Beat-Musik-Schallplatten«, Büchern und der Volkszeitung belangt werden sollte: KMU, Phil. Fakultät, Antrag auf Eröffnung eines Disziplinarverfahrens, Leipzig 14.7.1968, BArch, DR/3/2. Sch./B1136.

dass die wachsende Enttäuschung unter der Bevölkerung in Aggressionen umschlagen könnte. Am Ende seiner ernüchternden Bestandsaufnahme des Prager Frühlings forderte Vaculík, dass die KPČ es nicht bei kosmetischen Operationen belassen dürfe, sondern sich zu radikalen Schnitten durchringen müsse.[161] Die »2 000 Worte« entfachten in der Tschechoslowakei selbst, aber auch in der DDR eine intensive Diskussion über Ziele, Chancen und Probleme des kommunistischen Reformversuches. Bereits in der Frühphase des Prager Frühlings, nach der Veröffentlichung des Aktionsprogramms der KPČ, hatte sich eine leichte Euphorie zahlreicher Ostdeutscher bemächtigt. Tatsächlich überrascht in der Retrospektive »das ungebrochene, im Hinblick auf die künftigen Ereignisse fast naiv zu nennende Selbstbewußtsein«, das viele Ostdeutsche in den Diskussionen demonstrierten.[162] So verlangten FDGB-Mitglieder der Leipziger Universität eine Diskussion über den Prager Frühling. Auch Genossen der SED wurden von dieser Euphorie erfasst. In politischen Diskussionen, selbst in politisch-ideologischen Schulungsveranstaltungen wurde das tschechoslowakische Reformvorhaben von Teilnehmern als Vorbild begriffen, an dem sich die DDR orientieren sollte. So brachten einige Diskussionsteilnehmer nach Berichten der SED »in Einzeläußerungen zum Ausdruck, daß die Entwicklung in der ČSSR ›beispielgebend‹ sei«.[163]

Angesichts der offensichtlichen Ablehnung des Prager Frühlings durch Ost-Berlin, machte sich seit dem Frühsommer zunehmend Ernüchterung breit. Wolfram etwa, der Prag wegen seiner freien Atmosphäre schätzte, musste im Frühsommer 1968 erfahren, dass der Prager Frühling in der DDR keine Knospen treiben ließ. Hier herrschte nach wie vor ein eisiges Klima, das jene zu spüren bekamen, die irgendwie von der Norm abwichen. Wolfram gehörte mit seinen langen Haaren dazu:

>»Wir [...] wollten etwas essen gehen, und dann kam der Abschnittsbevollmächtigte der Volkspolizei, [...] der hat dann den Gaststättenbetreibern verboten, uns was zu essen zu verkaufen. Dann sind wir also in unserem jugendlichen Elan da rüber und wollten über Demokratie mit denen diskutieren und die haben grinsend sich unsere Strampelversuche angeschaut.«[164]

So wich die anfängliche Euphorie bald der Erkenntnis, dass eine Kopie der tschechoslowakischen Reformen in der DDR kaum denkbar schien und dass die Reformkräfte innerhalb des Ostblocks zunehmend in Bedrängnis gerieten. Vaculíks »2 000 Worte« sorgten mit der Feststellung, dass eine Reform des Sozialismus sowjetischer Spielart nicht ohne Schwierigkeiten möglich sei, für eine weitere Desillusionierung. Die Ernüchterung nahm zu, als Mitte Juli erst-

---

161 Ludvík Vaculík, 2000 Worte, 27.6.1968, zit. Czismas (Hg.): Prag 1968, S. 149.
162 Fritzsch, H.: Flucht, S. 52.
163 SED-KL KMU, Informationsbericht, Leipzig 14.6.1968, SächsStAL, SED, IV B-4/14/070, S. 2; Dass., Leipzig 16.5.1968, ebd., S. 2. Vgl. Dass., Leipzig 28.5.1968, ebd., S. 6.
164 Wolfram, zit. Zoll (Hg.): Ostdeutsche Biographien, S. 395.

mals der Politisch Beratende Ausschuss des Warschauer Paktes in einem Brief an das Zentralkomitee der tschechoslowakischen Kommunisten vor einer Eskalation der Entwicklung in der ČSSR warnte und an die Notwendigkeit eiserner Blockdisziplin erinnerte. Dieses Schreiben legte alle sozialistischen Staaten auf die Linie der sowjetischen Kommunistischen Partei fest und fixierte damit die so genannte »Breschnew-Doktrin«.[165]

Dessen ungeachtet wurde Vaculíks Pamphlet die begehrteste Schrift dieses Sommers. Mit ihrer Einführung in die DDR riskierten Studierende den Verlust ihres Studienplatzes, wie Klaus-Dieter Schmidt aus Kleinmachnow, den die Technische Universität Dresden umgehend exmatrikulierte.[166] Dennoch brachten sogar einige FDJ-Funktionäre den Mut auf, in Versammlungen des Jugendverbandes die »2000 Worte« diskutieren zu lassen. Auf ihre Gründe angesprochen, erwiderten die Beschuldigten meist, dass sie die Aufklärung durch tschechoslowakische Originalquellen für notwendig hielten, »da man durch die Presse nicht umfassend und richtig informiert werde«.[167] Dem entsprach die Einschätzung, dass die Kampagne des Jugendverbandes ins Leere liefe, die sich unter dem Titel »Dringender denn je: Unser System festigen« gegen die Prager Reformkräfte wandte. Die politisch-ideologische Diversion, die von der Liberalisierung in der Tschechoslowakei ausginge, zwinge zu einer intensiveren politischen Auseinandersetzung auch in der DDR, wie die *Junge Welt* erklärte:

> »Angesichts der Verschärfung des Kampfes zwischen Sozialismus und Imperialismus erhöht sich die Notwendigkeit der allseitigen politischen, ökonomischen, kulturellen und militärischen Stärkung des sozialistischen Staates deutscher Nation.«[168]

Allerdings vermochten offenbar selbst zahlreiche FDJ-Funktionäre nicht der Logik zu folgen, dass sozialistische Reformen unter der Führung einer kommunistischen Partei einen aggressiven Akt des Klassenfeindes darstellen sollten. Die Leipziger SED-Stadtleitung beispielsweise musste feststellen, dass ihre Argumentation Vertretern des Jugendverbandes auf einer Schulungskonferenz nicht zu vermitteln gewesen wäre:

---

165 Polit. Beratender Ausschuss d. Warschauer Vertragsstaaten, Brief an KPČ-ZK, Warschau 15.7.1968, in: Gasteyger, Curt (Hg.): Europa zwischen Spaltung und Einigung 1945 bis 1993. Darstellung und Dokumentation. Bonn 1994, Dok. D 62, S. 265. Vgl. SED-KL KMU, Informationsbericht, Leipzig 28.5.1968, SächsStAL, SED, IV B-4/14/070, S. 6; Dass., Leipzig 19.7.1968, ebd., S. 3. – Vgl. Prieß u. a.: Die SED, S. 18 f.
166 Kalter Frühling in Kleinmachnow, 0:22. Die Initiative dazu kam von einem ehemaligen Lehrer Schmidts.
167 SED-KL KMU, Informationsbericht, Leipzig 30.7.1968, SächsStAL, SED, IV B-4/14/070, S. 2; vgl. Dass., Leipzig 1.8.1968, ebd., S. 2 u. 5.
168 JW, 20./21.7.1968, S. 1.

»Einem nicht geringen Teil der Freunde fiel es aufgrund ihrer Vorkenntnisse schwer, den in der Argumentation konzentriert dargelegten Problemen zu folgen, sie zu verstehen und sie für die eigene FDJ-Arbeit zu verarbeiten. So sagten Verbandsaktivisten aus den Stadtbezirken Nordost, Südost und Südwest: ›Wir wollten auf der Konferenz wissen und erfahren, wie man in der Grundorganisation argumentieren soll und da hat uns das verlesene Material wenig geholfen.‹ Ein Freund aus der FDJ-Grundorganisation des VEB Intron erklärte: ›Diese Argumentation paßt in eine Parteiversammlung, aber für uns Jugendliche ist es zu hoch.‹«[169]

Wenn schon Funktionäre des Jugendverbandes der offiziellen Argumentation nicht folgen konnten, dann würde auch dessen Basis dies kaum tun. Tatsächlich musste auch die SED feststellen, dass junge Arbeiter äußerst reserviert auf ihre Kampagne gegen die tschechoslowakischen Reformkommunisten reagierten. Sie nährte unter ihnen eine grundsätzliche Skepsis gegenüber der Wandlungsfähigkeit des sozialistischen Systems, so dass die Mitgliederwerbung deutlich hinter den Erwartungen zurückblieb.[170]

Angesichts solcher Rückschläge in der propagandistischen Arbeit war es nur konsequent, wenn FDJler zur Selbsthilfe schritten und die Entwicklung in der ČSSR auf der Grundlage der »2000 Worte« diskutierten. Schließlich vermittelte Vaculíks Pamphlet authentisch, wie ambivalent die Entwicklung in der Tschechoslowakei war. Seine Angriffe auf die Kommunistische Partei demonstrierten, dass der Erneuerungsprozess letztlich das Gestaltungs- und Meinungsmonopol der KPČ und damit ihre politische Macht insgesamt in Frage stellen müsse. Und es war jedem nüchtern denkenden Menschen, der unter ähnlichen Bedingungen lebte, nur zu klar, dass die Sowjetunion und ihre Bündnispartner dies kaum tolerieren könnten. So erklärt Gernot Grünspecht rückblickend auf die Niederschlagung des Prager Frühlings und vorausschauend auf den Zusammenbruch der DDR im Herbst 1989:

»Von daher steht dann die Frage, die man nur oder gar nicht beantworten kann, entweder [geht] dieser Sozialismus auf diese Art weg oder man erhält ihn mit Panzern, und was ist er dann wert. Aber Entweder-Oder – diesen Dritten Weg, diesen Sozialismus, wie gewinnt man den. Und da war eigentlich überhaupt nichts […] zu sehen.«[171]

So breitete sich in der DDR zunehmend Angst vor einem bewaffneten Konflikt im Ostblock aus. Aus der Erinnerung an die Ereignisse in der DDR im Juni 1953 und in Ungarn 1956 wurde nach Angaben der SED »oft die Besorg-

---

169 SED-SL Leipzig, Komm. f. Jugend u. Sport, Einschätzung, 29.7.1968, SächsStAL, SED, IV B-5/01/186, S. 2.
170 Hofmann, Michael: Das Ende des Eigen-Sinns: Leipziger Metallarbeiter und die Ereignisse des Jahres 1968, in: François u.a. (Hg.): 1968, S. 91 f. Vgl. Hübner: Von unten gesehen, S. 257 f.
171 Gernot Grünspecht*, Interview, Berlin 16.11.1999.

nis abgeleitet, daß es im Zusammenhang mit der ČSSR zu einem Krieg kommen könne«. Diese Furcht wurde durch den aggressiven Ton genährt, den die ostdeutsche Presse gegenüber den tschechoslowakischen Reformkräften anschlug. Die wachsende Angst vor einem neuen Krieg motivierte einzelne Studierende in den Sommerlagern für Zivilverteidigung, nicht an den obligatorischen Schießübungen teilzunehmen.[172] Trauten sich schon Studierende, den Gehorsam in den Reihen der GST zu verweigern, so dürften Lehrlinge und junge Arbeiter, die keinen entsprechenden politisch-ideologischen Auswahlmechanismus zu durchlaufen hatten, genauso oder stärker auf die wachsenden Spannungen innerhalb des Ostblocks reagiert haben.

»Keinen Dubček, keinen Ulbricht«: Reaktionen auf die Niederschlagung des Prager Frühlings

Diese Spannungen entluden sich schließlich am Morgen des 21. August 1968, als Truppen des Warschauer Paktes die Tschechoslowakei besetzten. Ost-Berlin legte ausgesprochenen Wert darauf, an der Invasion in die ČSSR unmittelbar beteiligt zu sein. Spätestens seit dem Beginn der Sommerferien, als die Sympathien der ostdeutschen Bevölkerung mit den tschechoslowakischen Reformkräften deutlich wuchsen, hatte sich Ulbricht Forderungen nach einer Militäraktion des Warschauer Paktes angeschlossen, da sie ihm mit Blick auf die innere Sicherheit der DDR angemessen zu sein schien. Er bewegte sich damit auf dem Boden der neuen Verfassung, worin die Außenpolitik nach »den Prinzipien des sozialistischen Internationalismus« ausgerichtet worden war.[173] Die DDR hatte sich damit der eisernen Blockdisziplin, der Breschnew-Doktrin, unterworfen.

Wie schon bei anderen bedeutsamen Ereignissen, versuchte die DDR-Führung, sich durch Kampagnen der Zustimmung der Bevölkerung zu versichern. Der offiziellen Erklärung der Interventen, veröffentlicht von der sowjetischen Nachrichtenagentur TASS, folgte eine Mitteilung der Staats- und Parteiführung der DDR, wonach die Bürger der DDR »aufgeatmet« hätten, weil »die dem Sozialismus feindlichen Kräfte in der ČSSR zurückgedrängt werden und ihnen die gebührende Niederlage bereitet wird«.[174] Diese Einschätzung sollte

---

172 SED-KL KMU, Informationsbericht, Leipzig 24.7.1968, SächsStAL, SED, IV B-4/14/070, S. 3. Vgl. SED-ZK, Abt. Wiss., Information, Berlin 26.7.1968, SAPMO-BArch, DY/30/IV A 2/9.04/21, S. 3; SED-BL Leipzig, Abt. Parteiorgane, Information, 19.8.1968 [hds. korr.: 19.9.1968], ebd.
173 Verfassung 1968, Art. 6 (2). Vgl. Roggemann, DDR-Verfassungen, S. 76f.; Kleßmann: Zwei Staaten, S. 433f.; Prieß u.a.: Die SED, S. 186–191, 216f. – Vgl. ebd., S. 259, 276–283; SED-PB, Bericht, Berlin 23.8.1968, SAPMO-BArch, DY/30/IV 2/1/219, in: Wenzke: Die NVA, Dok. 25, S. 260f. Zur Dramatik der Invasion vgl. die Aufzeichnungen von Zwahr: Nur noch Pausenzeichen, S. 91–95.
174 SED-ZK, Staatsrat u. Ministerrat, Erklärung, Berlin 21.8.1968, zit. Kleßmann: Zwei Staaten, S. 586f.

in den folgenden Tagen durch entsprechende Resolutionen unterstützt werden, die allen Ostdeutschen an ihren Ausbildungs- und Arbeitsplätzen abverlangt wurden. Die Resolutionen folgten einem einheitlichen Aufbau, den der Leipziger Historiker Hartmut Zwahr dargestellt hat. Der typische »Dreischritt« beginne mit »Zustimmung und Unterstützung« der ergriffenen Maßnahmen (in diesem Fall der Invasion) und führe über eine »Danksagung« für das entschlossene Handeln (das rigorose Vorgehen der Warschauer Pakt-Armeen) sowie die »Inanspruchnahme« der Öffentlichkeit zur Verpflichtung, die Maßnahmen durch eifrige sozialistische Arbeit zu unterstützen.[175] Die Inanspruchnahme der Öffentlichkeit war nach Zwahrs Darstellung kaum gerechtfertigt. Er stützt sich dabei auf private Aufzeichnungen, in denen am Beispiel eines Betriebes geschildert wird, wie solche Resolutionen zustande kamen:

»Wir sind 42 Mann, 20 Mann haben nichts gesagt, die waren dagegen. 20 haben Vorbehalte geäußert, die waren auch dagegen. Einer hat gesprochen, von dem weiß ich, daß er dagegen ist. Und du, fragte X: Ich habe die Resolution verfaßt und bin auch dagegen. Als er die Resolution abgibt, liest sie der BGL-Vorsitzende [Chef der Betriebsgewerkschaftsleitung] durch und fragt: Und was sagen die Kollegen wirklich? Die sind alle dagegen. Er: So können wir das nicht abschicken. Er streicht die mühsam eingebauten Vorbehalte heraus.«[176]

Nach diesem Vorfall wurde die Resolution von den Arbeitern offenbar nicht noch einmal thematisiert. Ihre Gegenwehr wurde also einerseits von der politischen Leitung und ihrer Ignoranz erstickt, andererseits scheiterte sie an der mangelnden Konsequenz der Arbeiter selbst – zumindest dieses Kollektivs. Gegner der Invasion waren fortan auf sich allein gestellt, kontroverse Standpunkte mussten individuell vertreten werden.

Dies war durchaus typisch, wie ein Rapport an den FDGB-Bundesvorstand Mitte September zeigte.[177] Das gleiche Muster durchzieht den Bericht über ein GST-Lager, wo sich Studierende der Leipziger Universität den obligatorischen paramilitärischen Übungen zu unterziehen hatten. Hatten hier einzelne Studierende ihre Ablehnung gegenüber der Intervention dadurch demonstriert, indem sie die Schießübungen verweigerten, so berichtete die Universitätsparteileitung, dass auch die Verabschiedung von Sympathiebekundungen gegenüber den Interventen keine Formsache gewesen sei:

»So gab es [...] erhebliche, aber nicht offen ausgesprochene Unklarheiten [...], die sich darin äußerten, daß zunächst eine größere Gruppe eine Erklärung, in der die Hilfsmaßnahmen für die ČSSR begrüßt wurden, nicht unterschreiben

---

175 Zwahr: Rok, S. 119.
176 Hartmut Zwahr, eigene Aufzeichnungen, zit. ebd., S. 120. Vgl. Ders., Aufzeichnungen, 21.8.1968, in: Zwahr: Nur noch Pausenzeichen, S. 96–98.
177 FDGB-Bundesvorstand, Beschluss, 16.9.1968, in: Fulbrook: Anatomy, S. 194f. Vgl. ebd., S. 194–199; Hofmann: Das Ende, S. 92f.

wollte, später [...] unterschrieb, weil die Studenten Angst um ihren Studienplatz haben. Auffällig äußerte sich nach langer Diskussion, in denen es um die Unterzeichnung eines Briefes an die in der ČSSR befindlichen Truppenteile der NVA ging, eine Theologiestudentin, indem sie erklärte: ›Ich habe noch viele Argumente, aber ich habe es einfach satt, mit euch zu diskutieren.‹«[178]

Die abschließende Äußerung der Studentin kann als typisch gelten, entsprachen doch ihre Vorbehalte wie auch der Umstand, dass sie letztlich widerwillig nachgab, dem Handeln der zuvor beschriebenen Arbeiter. Sie waren aber möglicherweise auch (nur) auf emotionale Empörung oder Resignation zurückzuführen. Auch dies wäre gleichwohl charakteristisch für die Befindlichkeit zahlreicher Ostdeutscher gewesen.

Allerdings gaben diese nicht in jedem Fall dem Begehren ihrer Leitungen nach. Im Leipziger Fernmeldewerk weigerten sich zunächst zehn Lehrlinge, die ihnen vorgelegte Resolution zu unterschreiben; zwei von ihnen blieben auch nach Einzelgesprächen mit der Schulleitung standhaft und verweigerten weiterhin ihre Unterschrift unter das Papier. An den Universitätskliniken widersetzte sich die Hälfte aller Schwestern und an der Leipziger Ingenieurschule für Maschinenbau bis zu fünfzehn Prozent der Studierenden den Forderungen, entsprechende Resolutionen zu unterschreiben. Und an der Musikhochschule beobachtete die SED sogar unter FDJ-Sekretären die »Tendenz, daß einige Studenten persönlichen Stellungnahmen ausweichen oder sich ihrer Veröffentlichung widersetzen«.[179] Zumindest in den Betrieben und an den Hochschulen war also ein freudiges Bekenntnis zur Invasion, wie es die *Junge Welt* fordernd vorweg genommen hatte, nicht zu vernehmen. Die zitierten Berichte widersprechen sehr deutlich dem Kommentar der FDJ-Tageszeitung vom 22. August, worin es hieß:

»Fest steht für uns: Wir, die Jugend der DDR, die wir [...] Hunderte Male deutlich gesagt haben: ›Nichts verbindet uns mit dem imperialistischen System‹, stehen geschlossen wie eh und je kampfentschlossen an der Seite unserer tschechischen und slowakischen Brüder, getreu der Erklärung von Bratislava, wonach die Unterstützung, die Festigung und der Schutz der sozialistischen Errungenschaften der Völker die gemeinsame internationale Pflicht aller sozialistischen Länder ist.«[180]

---

178 SED-KL KMU, Informationsbericht, Leipzig 30.9.1968, SächsStAL, SED, IV B-4/14/070, S. 2. Vgl. SED-BL Leipzig, Abt. Parteiorgane, Information, 19.9.1968, SächsStAL, SED, IV B-4/14/070.
179 SED-Stadtbezirksleitung Leipzig-Süd, Informationsbericht, 23.9.1968, SächsStAL, SED, IV B-5/01/208, S. 4; SED-BL Leipzig, Abt. Schulen, Fach- u. Hochschulen, Information, 11.9.1968, SächsStAL, SED, IV A-2/9/02/577, Bl. 53f.; MHF, Informationsbericht, 3.9.1968, SAPMO-BArch, DY/30/IV A 2/9.04/21, S. 3. – Vgl. Wierling: Geboren, S. 295–300.
180 Dieter Langguth, Treu unserer Pflicht, JW, 22.8.1968, S. 6. In Bratislava (2./3.8.1968, u. a., in: DA 1 [1968], S. 638–641) hatte sich die KPČ zu einer Drosselung des Reformtempos

Von einer derartigen Entschlossenheit war auch an den Schulen wenig zu spüren. Hier stellten die Behörden ähnliche Probleme wie an den Hochschulen und in den Betrieben fest. Während einzelne Schüler aufbegehrten, entsprachen die Lehrkräfte in ihrem Verhalten der Bevölkerungsmehrheit. Traten die einen vorbehalt- und oft auch rücksichtslos für die Invasion ein, so ließen viele andere unter der Hand Sympathien für den passiven Widerstand in der Tschechoslowakei erkennen. Nur wenige bekannten sich offen zu ihrer Meinung und opponierten gegen die Maßnahmen des Warschauer Paktes. Zu diesen gehörte neben der Schwester des späteren Pfarrers und Oppositionellen Rainer Eppelmann u. a. der Berliner Lehrer Gustav Schwalbe, der sich hartnäckig weigerte, eine Solidaritätsadresse an die Nationale Volksarmee zu unterzeichnen, und der deshalb aus dem Schuldienst entlassen wurde.[181] Zur offenen Rebellion veranlasst sah er sich durch die heftige Kritik einzelner Schüler an der Invasion, denen zu widersprechen ihm nicht gelang. Mit seinen Schülern hatte Schwalbe auf der Jugendweihefahrt nach Prag im April 1968 hautnah erleben können, wie sehr sich tschechische Lehrer und Schüler für den Prager Frühling engagierten, und so ein eigenes Bild von der Entwicklung in der Tschechoslowakei entwickelt. – Der gleiche Erfahrungshintergrund hatte auch die Kleinmachnower Jugendlichen zu ihrer Wandzeitung motiviert und den Oberschüler Markus Meckel bewegt, sich in einer Diskussion über die Invasion in die ČSSR nicht der Propagandameinung anzuschließen. Wegen seiner unnachgiebigen Haltung musste er am Ende des Schuljahres 1968/69 die EOS verlassen. Während der Kleinmachnower Schülerin Annette Wolf die Relegation zwar erspart blieb, musste sie aber zur »Demütigung« einen Vortrag über Sinn und Zweck der Invasion halten.[182]

Vor dem Hintergrund ähnlicher Erfahrungen hatten sich sowohl zahlreiche Arbeiter in Leipziger Betrieben als auch etliche Studierende und Angestellte an den hiesigen Hochschulen geweigert, über die Intervention auch nur zu diskutieren. Dabei waren vor allem natur- und ingenieurwissenschaftliche Einrichtungen aufgefallen, die der SED aufgrund der fachlichen Ideologieferne ohnehin als »reaktionär« galten.[183] Wenn darüber in Seminaren, in Gewerkschafts- oder FDJ-Versammlungen diskutiert wurde, kritisierten viele der Teil-

bereit erklärt, während die späteren Interventen vorerst auf einschneidende Maßnahmen gegenüber der ČSSR verzichtet hatten. Vgl. Prieß u. a.: Die SED, S. 210–213.
181 Gustav Schwalbe* (Jg. 1931) war bereits 1956 erstmals aufgefallen, als er – wahrscheinlich wegen der Invasion in Ungarn – aus der FDJ ausgetreten war: Interview, Berlin 26.5.1993, ADG, Satznr. 1084. Vgl. Kalter Frühling in Kleinmachnow, 0:14 u. 0:18; MfV, Information, Berlin 5.9.1968, SAPMO-BArch, DY/24/8.516, S. 2. – Eppelmanns Schwester wurde damals ebenfalls aus dem Schuldienst entlassen: Rainer Eppelmann, Interview von Philipsen, Dirk: We Were The People. Voices From East Germany's Revolutionary Autumn of 1989. Durham, London 1993, S. 61.
182 Meckel: Geborgenheit, S. 105; Kalter Frühling in Kleinmachnow, 0:24.
183 SED-KL KMU, Informationsbericht, Leipzig 20.9.1968, SAPMO-BArch, DY/30/IV A 2/9.04/22, S. 1; Dies., Leipzig 22.8.1968, SächsStAL, SED, IV B-4/14/070. Vgl. Hofmann: Das Ende, S. 93.

nehmer den Einmarsch in die Tschechoslowakei. Typisch waren dabei folgende Fragen und Meinungen:

> »Welche völkerrechtlichen Grundlagen gibt es für das Eingreifen der Warschauer Vertragsstaaten? [...] Handelt es sich bei dem Hilfeersuchen progressiver Kräfte [der KPČ] um eine Finte? [...] Inwieweit handelt es sich bei den eingeleiteten Maßnahmen um eine Einmischung [in] eine innere Angelegenheit der ČSSR? [...]
> Zahlreiche Fragen gibt es zur Rolle von Dubček, die erkennen lassen, daß seine Rolle immer noch positiv eingeschätzt wird. [...]
> Vergleich zu den Ereignissen in Ungarn 1956. [...] So hat es 1938 schon einmal angefangen [...].«[184]

Bemerkenswert an dieser Auflistung ist nicht nur der Versuch, die Politik des Ostblocks an völkerrechtlichen Maßstäben zu messen und damit Argumente gegen den Vietnamkrieg auf die Situation in der ČSSR anzuwenden, sondern vor allem die Parallelisierung mit den blutigen Ereignissen in Ungarn 1956 sowie analog, wenngleich unausgesprochen, mit dem Volksaufstand am 17. Juni 1953 in der DDR und dem deutschen Einmarsch in die Tschechoslowakei im Jahre 1938. Dadurch, dass dreißig Jahre später erneut deutsche Soldaten in das Nachbarland marschiert waren, boten sich die Ereignisse zur Provokation geradezu an, lagen Angriffe auf das antifaschistische Selbstverständnis der SED geradezu auf der Hand. In diese Richtung zielte die Beleidigung von Parteigenossen der SED, die wegen ihres Abzeichens am Revers als Nationalsozialisten beschimpft wurden, wie die Universitätsparteileitung Leipzig berichtete:

> »Gen[osse] Dr. Gimpel (Historiker) wurde am 26.8. gegen 8.30 Uhr beim Überqueren des Wilhelm-Leuschner-Platzes von einem Passanten mit den Worten provoziert: ›Wieder einer mit einem Naziabzeichen.‹«[185]

»Auch so ein Nazi! sagt ein Jugendlicher, der Haberstrohs Parteiabzeichen anstarrt«, notierte Hartmut Zwahr zwei Tage später in seinem Tagebuch.[186] Berichte an die Leipziger SED-Bezirksleitung vermerkten, dass in mehreren Fällen Jugendliche auf offener Straße »Mitglieder unserer Partei belästigen«. In anderen Städten wurden Parteimitglieder von Jugendlichen in der Öffentlichkeit nicht nur beschimpft, sondern auch geschlagen und zum Teil ver-

---

184 SED-KL KMU, Informationsbericht, Leipzig 22.8.1968, SächsStAL, SED, IV B-4/14/070, S.3f.; vgl. SED-ZK, Abt. Wiss., Information, Berlin 20.9.1968, SAPMO-BArch, DY/30/IV A 2/9.04/21, S.4; FDGB-Bundesvorstand, Situationsanalyse, Berlin 6.9.1968, in: Fulbrook: Anatomy, S.195 (vgl. ebd., S.194–199); FDJ-ZR, Information, Berlin 3.9.1968, SAPMO-BArch, DY/24/E 6039, in: Mählert/Stephan: Blaue Hemden, S.178f.
185 SED-KL KMU, Informationsbericht, Leipzig 26.8.1968, SächsStAL, SED, IV B-4/14/070 (Name anonymisiert – d. Verf.).
186 Zwahr, Rok, S.122.

letzt.[187] Dabei wurden die Genossen nicht allein auf den Vergleich mit den deutschen Interventen vor dreißig Jahren reduziert, sondern zur Zielscheibe einer umfassenden, aufgestauten Kritik am sozialistischen Gesellschaftssystem. Diese wurde häufig mit einer Sympathieerklärung für die tschechoslowakischen Reformkräfte verbunden, wie sie eine anonyme Anruferin bei der Universitätsparteileitung abgab – durchaus kein Einzelfall –, als sie ins Telefon rief: »Ihr Parteileute seid alle Verbrecher wie Ulbricht, hoch lebe Dubček«.[188]

Wurden die Mitglieder der SED zur Zielscheibe für die Kritik an der Partei und ihrer Politik insgesamt, so wurden Tschechen und Slowaken in vielen Fällen mit Beweisen der Sympathie überhäuft. Einige Ostdeutsche überreichten ihnen Rosen, obwohl sie die Empfänger nicht persönlich kannten.[189] Unpersönlicher, aber nicht weniger eindeutig waren Bekundungen wie die Manfred Ulmers, der sich nach der Invasion ein Button (»so'n Tschechen-Abzeichen, eine kleine Fahne – aus Papier, selber geknaupelt«) gebastelt hatte und es am Revers trug. Der Theologiestudent Ulrich Schacht präsentierte sich mit einem Abzeichen, das die tschechoslowakische Fahne im Trauerflor zeigte, vor dem Gebäude der MfS-Bezirksverwaltung Schwerin. Während Ulmers und Schachts Sympathiebekundungen ohne unmittelbare Folgen blieben, wurde Christoph Wonneberger bei seiner Rückkehr aus der ČSSR Ende August 1968 vom MfS inhaftiert, weil er einen Sticker mit der Aufschrift »Dubček – Svoboda« am Revers trug.[190]

Stellten solche Bekenntisakte schon eine offene Provokation dar, so war das Vorgehen einiger Jugendlicher im Nordwesten Leipzigs geradezu lebensgefährlich:

»Am 25.8. gegen 3 Uhr versuchten 3 Jugendliche in angetrunkenem Zustand in Taucha/[Kreis]Leipzig-Land, in Höhe der Autobahn, sowjetische Militärkolonnen aufzuhalten. Dabei wurde ein Jugendlicher verletzt.«[191]

---

187 SED-BL Leipzig, Information, 26.8.1968, SächsStAL, SED, IV/B-2/5/302, Bl. 317; o. Verf. [Generalstaatsanwalt], Bericht, o.D. [Anf. Okt. 1968], BStU, HA IX 2670, Bl. 135; SED-ZK, Abt. Jugend, Übersicht, Berlin 30.9.1968, SAPMO-BArch, DY/30/IV A 2/16/170, zit. Mählert/Stephan: Blaue Hemden, S. 179f.
188 SED-KL KMU, Informationsbericht, Leipzig 24.8.1968, SächsStAL, SED, IV B-4/14X/070, S. 6. Vgl. MdI, Bericht, 29.8.1968, SAPMO-BArch, DY/30/IV A 2/12/25, in: Wenzke: NVA, S. 264. – Zum Folgenden vgl. Hofmann: Das Ende, S. 93.
189 SED-KL KMU, Informationsberichte, Leipzig 29.8.–31.8.1968, SächsStAL, SED, IV B-4/14/070.
190 Manfred Ulmer, Interview, Leipzig 22.8.2000; Schacht, Ulrich: Versteinerte »Quellen«. Fragmente zu einer politischen Fossilienkunde im Fundhorizont des Elbe-Oder-Gebietes, in: Schädlich, Hans-Joachim (Hg.): Aktenkundig. Berlin 1992, S. 212; Wonneberger u.a.: Opposition, S. 241. Vgl. Wierling: Die Jugend, S. 414f.
191 SED-BL Leipzig, Information, 24.8.1968, SächsStAL, SED, IV/B-2/5/302, Bl. 308. Vgl. SED-BL Leipzig, Abt. Parteiorgane, Information, 14.11.1968, SächsStAL, SED, IV B-2/16/698, Bl. 50.

Zwar zeigten die drei Jugendlichen mit ihrem Handeln Konsequenz, aber ebenso Leichtsinn und Übermut, der durch ihren Alkoholpegel bedingt war. Sowjetische Soldaten (»Die fuhren nur mit 'nem Panzer 'rum«, wie Gernot Grünspecht den Eindruck vieler Ostdeutscher im August 1968 wiedergab)[192] waren auch andernorts Ziel der Kritik – etwa im brandenburgischen Rathenow:

»Eine Gruppe von 15–20 Jugendlichen verübte eine antisowjetische Provokation vor sowjetischen Wohnobjekten. Neben Tätlichkeiten an einem sowjetischen Posten wurden sowjetische Armeeangehörige mit hetzerischen Losungen beschimpft. 11 Jugendliche wurden festgenommen.«[193]

Die Losung »Russen raus!« gehörte in diesem Zusammenhang zum Standardrepertoire und erschien vergleichsweise milde, betrachtete man den zweiten Teil einer Losung, die Unbekannte Ende August an einem Leipziger Universitätsgebäude anbrachten: »Dubček und KPČ hoch, SU entspricht Nazi«.[194]

Weder die Sowjetarmee noch die SED samt ihren Sicherheitsorganen hatten sich durch die Invasion Sympathien erwerben können. Im Gegenteil: Die Intervention in der Tschechoslowakei zerstörte Hoffnungen, die der Prager Frühling bei einigen Jugendlichen auch hinsichtlich der DDR geweckt hatte, andere bestätigte der Einmarsch in ihrer bereits geprägten Meinung sowohl in Bezug auf die Sowjets als auch gegenüber der SED-Führung.

Enttäuscht waren vorrangig Intellektuelle wie die junge Schriftstellerin Brigitte Reimann und der junge Historiker Hartmut Zwahr. Bezeichnete Reimann den Einmarsch als »Schock«, der sämtliche Hoffnungen »auf das ›Modell‹ ČSSR« zerschlagen habe, so bezeichnete Zwahr den 21. August ironisch als »Festtag für unser Politbüro«.[195] Viele junge Intellektuelle hatten die politische Entwicklung zunächst vor dem Hintergrund der Verfassungsdiskussion im eigenen Land sowie im Kontext des Neuen Ökonomischen Systems verfolgt und vereinzelt auf die Marxismus-Rezeption im Westen geschaut. Die Hoffnung auf eine sozialistische Gesellschaftspolitik, die auf demokratischen Prinzipien beruhte, hatte zahlreiche ostdeutsche Intellektuelle bewegt.

---

192 Gernot Grünspecht*, Gesprächsnotiz, Berlin 1.12.2000.
193 SED-ZK, Abt. Jugend, Übersicht, Berlin 30.9.1968, SAPMO-BArch, DY/30/IV A 2/16/170, zit. Mählert/Stephan: Blaue Hemden, S. 179; o. Verf. [Generalstaatsanwalt], Bericht, o. D. [Anf. Okt. 1968], BStU, HA IX 2670, Bl. 132; vgl. einen ähnlichen Fall aus Leipzig: MfS, HA IX/4, Aufstellung, o. D. [7.11.1968], BStU, AS 629/70, Bd. 4 b, Bl. 50. Vgl. Kowalczuk/Wolle: Roter Stern, S. 198–201.
194 SED-KL KMU, Informationsbericht, Leipzig 29.8.1968, SAPMO-BArch, DY/30/IV A 2/9.04/22, S. 7. Vgl. o. Verf. [MfS], Zusammenfassung, o. D. [4.9.1968], BStU, AS 629/70, Bd. 6 a, Bl. 20f. Vgl. Kowalczuk: »Wer sich nicht in Gefahr ...«, S. 427; Fulbrook: Anatomy, S. 160.
195 Reimann, Tagebucheintrag, Hoyerswerda 21.8.1968, zit. Dies.: Alles, S. 214; Zwahr, Aufzeichnung, 21.8.1968, zit. Ders.: Nur noch Pausenzeichen, S. 91.

Sie hatte auch Kreise erfasst, die dem System der DDR relativ skeptisch gegenüberstanden – wie die Gesprächsrunde um Günter Fritzsch in Leipzig oder den Berliner Studentenkreis im Evangelischen Jungmännerwerk. Der Prager Frühling hatte diese Kreise zu einer intellektuellen Auseinandersetzung mit der sozialistischen Gesellschaft und dem Marxismus-Leninismus ermutigt. Sie hatten gehofft, dass die Erfolge der tschechoslowakischen Reformkommunisten eine »Fehlerdiskussion« in der SED auslösen und Reformen in der DDR provozieren würden.[196] Robert Havemann, einer der wenigen ostdeutschen Intellektuellen, die sich auch nach der Invasion vom 21. August zu Wort meldeten,[197] war eine ihrer Symbolfiguren gewesen. Schon die Diskussionen um den SED-Chefideologen Kurt Hager, nach dessen Angriffen auf die Prager Reformer im März 1968, hatten die Person Havemanns ins Spiel gebracht, war er doch Hagers prominentestes Opfer. In einer Untersuchung über »Ursachen und Bedingungen des Entstehens von Gruppen Jugendlicher und junger Erwachsener mit staatsfeindlichen Tendenzen und ihre operative Bekämpfung« befassten sich 1970 zwei Stasi-Offiziere mit den Ereignissen von 1968 und stellten bei jungen Intellektuellen fest, »daß sich die einzelnen Jugendlichen stark an im Widerspruch zum Sozialismus stehende[n] Ideologien, Moral- und Kulturauffassungen orientierten«. In »philosophisch-weltanschaulichen Grundfragen« hätten sich die jungen Intellektuellen »an sogenannten kritischen Theorien westlicher Modephilosophen (z. B. Marcuse, Dahrendorf u. a.), den Machwerken revisionistischer Kräfte, wie Ernst Fischer und Robert Havemann, und Programmen konterrevolutionärer Kräfte der ČSSR vor dem 21.8.1968, der ›Psychoanalyse‹ Freuds u. ä. feindlichen und fehlerhaften Auffassungen« orientiert.[198]

Tatsächlich verstärkte die Invasion in die ČSSR die Debatten über einen demokratischen Sozialismus, rückten Theorien wie die des österreichischen Kommunisten Ernst Fischer, der von der SED als »Renegat« betrachtet wurde, ebenso in den Blickpunkt wie jene Theorien, die in den westlichen Studentenbewegungen diskutiert wurden. In Anlehnung an Fischer wurde die Bindung der osteuropäischen Kommunisten an die KPdSU kritisiert, und in Veranstaltungen der Leipziger Universität wurden exemplarisch folgende Fragen aufgeworfen:

»Ist der demokratische Sozialismus nicht begrüßenswert?;
Ist der Marxismus nicht vielleicht doch revisionsbedürftig?;

---

196 Vgl. MfS, BV Berlin, Einzel-Information, 24.7.1968, Stadtarchiv Berlin, Rep. BV Berlin, A 1140/2, in: Wolle: Die DDR-Bevölkerung, S. 39.
197 Havemann, Robert: Beziehungen zur ČSSR, in: DA 1 (1968), S. 328–330. Vgl. Fricke: Opposition, S. 177f.; Prieß u. a.: Die SED, S. 139–142.
198 Siegfried Greif, Hans Zielske, Ursachen und Bedingungen des Entstehens von Gruppen Jugendlicher und junger Erwachsener mit staatsfeindlichen Tendenzen und ihre operative Bekämpfung. Diplomarb., Berlin Juni 1970, BStU, MfS-JHS-MF-VVS 160-109/70, S. 13f. Vgl. MfS, HA IX, Einschätzung, Berlin 27.11.1968, BStU, HA IX, 1599, in: Tantzscher: »Maßnahme Donau«, Dok. 19, S. 127f. – Vgl. Burens: Die DDR, S. 58–61.

Muß man nicht auch bei uns an Reformen denken, damit es nicht wie in der ČSSR wird?;
Welche Partei, welches Land macht eigentlich die richtige Politik [...]?«[199]
Und an der Berliner Akademie der Wissenschaften forderten unbekannte Verfasser auf einem Flugblatt dazu auf, sich gerade wegen der sozialistischen Utopie zu den tschechoslowakischen Reformkräften zu bekennen:

»Bürger, Genossen! Fremde Panzer in der ČSSR dienen nur dem Klassenfeind. Denkt an das Ansehen des Sozialismus in der Welt. Fordert endlich wahrheitsgetreue Informationen. Niemand ist zu dumm, selbst zu denken!«[200]

Gerade die einseitige Informationspolitik wurde in Veranstaltungen der Hochschulen wiederholt kritisiert, die grundsätzliche Kritik am Verhalten der DDR-Führung gegenüber den Prager Reformkommunisten aber fiel verhaltener aus. So konstatierte die Abteilung Wissenschaften des SED-Zentralkomitees schon einen Tag nach der Invasion bei den meisten Hochschulangehörigen eine »ruhige, sachliche, aber gleichzeitig abwartende und zurückhaltende Position«.[201] Insgesamt hielten sich die ostdeutschen Intellektuellen mit Stellungnahmen zurück – und dies nicht erst seit der Invasion. So groß vorher die Hoffnungen auf den Prager Frühling gewesen sein mochten, so wenig hatten sich ostdeutsche Intellektuelle dazu bekannt. Nachdem verschiedene tschechische und slowakische Intellektuelle ostdeutsche Studierende und Dozenten vergeblich zur Opposition in der DDR aufgefordert hatten, schwand ihr Interesse an den Intellektuellen aus der DDR.[202] – Gleichwohl entsprach die Zurückhaltung der Akademiker weder den Erwartungen des Ministers für Staatssicherheit, der gerade für die Hochschulen eine verstärkte Observation angeordnet hatte, noch der ZK-Abteilung Wissenschaften. Diese hatte unmittelbar nach der Invasion die Hochschulen um Vorschläge »von Wissenschaftlern, die von Rundfunk, Presse und Fernsehen zwecks Abgabe von Stellungnahmen angesprochen werden können,« ersucht. Wie viele der vorgeschlagenen Wissenschaftler, darunter der Historiker Walter Markov, der Germanist Günter Wagner und der Physiker Arthur Lösche aus Leipzig, tatsächlich angesprochen worden und solchen Anfragen nachgekommen sind, muss offen bleiben.[203] In den Akten der Be-

---

199 SED-KL KMU, Informationsbericht, Leipzig 24.8.1968, SächsStAL, SED, IV B-4/14/070, S. 4; Dies., Leipzig 5.10.1968, SächsStAL, SED, IV B-4/14/105, S. 5.
200 SED-ZK, Abt. Wiss., Information, Berlin 23.8.1968, SAPMO-BArch, DY/30/IV A 2/9.04/21, S. 4. – Wegen verschiedener Flugblätter bemühte sich das MfS, von Angestellten der Leipziger Universität studentische Hausarbeiten für Handschriftenproben zu erhalten: Hans Bach, Brief an den Verf., Leipzig 10.8.1998.
201 SED-ZK, Abt. Wiss., Information, Berlin 22.8.1968, SAPMO-BArch, DY/30/IV A 2/9.04/21, S. 1. Vgl. Dass., Berlin 30.8.1968, ebd., S. 1.
202 MHF, Information, Berlin 5.9.1968, SAPMO-BArch, DY/30/IV A 2/9.04/21, S. 2 f.; SED-KL KMU, Informationsbericht, Leipzig 14.6.1968, SächsStAL, SED, IV B-4/14/098. Vgl. Thomas Gärtig, Bericht aus Prag, Forum, 17/1968, S. 2–4.
203 SED-ZK, Abt. Wiss., Vorschläge, Berlin o. D. [23.8.1968], SAPMO-BArch, DY/30/IV A 2/9.04/21; MfS, Rundverfügung des Ministers, 2.9.1968, BStU, BdL/Dok 001087, Bl. 2 f.

hörden findet sich lediglich eine Stellungnahme des renommierten Historikers Jürgen Kuczynski, der sich vehement weigerte, eine öffentliche Stellungnahme zur Lage in der Tschechoslowakei abzugeben, und auf eine Reise in die USA verzichtete.[204] Andere Intellektuelle, darunter auch Christa Wolf, der Literaturhistoriker Wolfgang Kießling und einer der bekanntesten ostdeutschen Historiker, Leo Stern aus Halle, ließen Solidaritätsadressen an die Interventen im *Neuen Deutschland* veröffentlichen, während in der FDJ-Studentenzeitschrift *Forum* neben anderen der Philosoph Gerd Irrlitz, der später selbst in Ungnade fiel, gegen Ernst Fischer wetterte.[205]

Sehr deutlich äußerten sich die Kinder von Prominenten in der DDR. Am bekanntesten wurde der Fall der Havemann-Söhne Florian und Frank, die mit anderen Jugendlichen, darunter die Tochter des Direktors des Institutes für Marxismus-Leninismus, Erika Berthold, und der Sohn des stellvertretenden Kulturministers, Thomas Brasch, bereits in der Nacht nach der Invasion bei der Verteilung von »Hetzflugblättern« verhaftet wurden.[206] Anton Krahl, Sohn des Wirtschaftsredakteurs der SED-Zeitung *Neuen Deutschland* und später Frontmann der Rockgruppe *City*, damals Schüler der 12. Klasse, hatte zu den Reformversuchen in der ČSSR seine »erste Liebe von Frühling bis August« entwickelt, wie es später in dem Song »Z. B. Susann« hieß.[207] Nach der Invasion hatte er deswegen sowohl telefonisch als auch schriftlich (wie andere auch) der tschechoslowakischen Botschaft seinen Protest gegen die Invasion mitgeteilt und dort Material der Prager Reformkommunisten erhalten. Krahl plante schließlich eine Protestdemonstration vor der sowjetischen Vertretung, wofür er nach Angaben der Staatssicherheit »zirka 80 Jugendliche zur Teilnahme aufforderte«.[208]

Mit ihrer Flugblattaktion standen die Havemann-Söhne und ihre Freunde keineswegs allein. Aus allen Gebieten der DDR liegen Berichte über die Verteilung und Versendung von Flugschriften vor, deren Auflage trotz der primitiven Vervielfältigungsmöglichkeiten (Stempelkästen, Schreibmaschinen) überraschend hoch war. Die Auflagenhöhen, die ein Bericht an die ZK-Abteilung Jugend Ende September 1968 aufführt, schwankte zwischen 200 und »ca. 800 Flugblättern«; in einer Studentenwohnung in Dresden seien bei ei-

---

204 Jürgen Kuczynski, Brief an Honecker, o. O. 27.8.1968, SAPMO-BArch, DY/30/IV A 2/9.04/21.
205 Gerd Irrlitz, Geistiger Partisan auf der anderen Seite, Forum, 18/1968, S. 6 f.; Lothar Parade, Fischerelend, Forum, 15/1968, S. 2 u. 7. Vgl. Kowalczuk: »Wer sich nicht in Gefahr ...«, S. 426.
206 SED-ZK, Abt. Jugend, Übersicht, 30.9.1968, SAPMO-BArch, DY/30/IV A 2/16/170, zit. Mählert/Stephan: Blaue Hemden, S. 179 f. Vgl. MfS, HA IX/2, Major Liebewirth, Hptm. Eschberger, Hptm. Wunderlich, Thesen »Zur gegnerischen Kontaktarbeit und deren Erscheinungsformen im Bereich der studentischen Jugend [...]«, Berlin März 1970, BStU, HA IX 4987, Bl. 35 f. passim; Simon: »Kluge Kinder«, S. 42; Wierling: Geboren. S. 308 f.
207 City, Z. B. Susann, 1984.
208 MfS, Bericht, Berlin 6.11.1968, BStU, AS 641/70, Bl. 54. Vgl. Rainer Eppelmann, Interview von Philipsen, Dirk: We Were The People. Voices From East Germany's Revolutionary Autumn of 1989. Durham, London 1993, S. 61 f.

ner Hausdurchsuchung »über 1.800 Exemplare Abzugspapier« gefunden worden.[209] Das inhaltliche Spektrum der Flugblätter reichte von schlichten Sympathiebekundungen mit den Opfern der Invasion bis hin zu Aufrufen, sich öffentlich zum Prager Frühling zu bekennen bzw. dessen Niederschlagung zu verurteilen.

Verfasser waren nach den vorliegenden Berichten keineswegs nur Kinder und Jugendliche aus intellektuellen Elternhäusern. Der zitierte Bericht an die Jugendabteilung beim ZK der SED nennt neben der Havemann-Gruppe Studenten der TU Dresden, einen Rundfunkmechaniker und einen Druckereiarbeiter.[210] Überhaupt dominierten nicht die jungen Intellektuellen, sondern Schüler, Lehrlinge und junge Arbeiter die 1968er Proteststatistiken der ostdeutschen Sicherheitsorgane. Sie äußerten ihren Protest nicht nur auf Flugblättern, sondern auch indem sie »Hetzlosungen« an Brücken oder Häuserwände malten, anonyme Briefe an Dienststellen der ostdeutschen Sicherheitsorgane oder der Parteien verschickten oder bei denselben Adressaten Anrufe mit »Drohungen und staatsverleumderischen Äußerungen« tätigten.[211] Obgleich es dem ideologischen Schema der SED entsprochen hätte, irritiert es, dass die Leipziger Bezirksparteileitung im November 1968 feststellte: »Der Grad der Bewußtheit war am stärksten bei der Arbeiterjugend ausgeprägt.«[212]

Die statistischen Erhebungen des Innenministeriums und des Ministeriums für Staatssicherheit widersprechen dieser Behauptung. Das Innenministerium hatte eine Woche nach der Invasion den »Anfall von Hetze und Staatsverleumdung« regional aufgeschlüsselt. Danach lagen Berlin mit 28 Fällen sowie die Bezirke Leipzig mit 23 und Karl-Marx-Stadt mit 22 Fällen an der Spitze, gefolgt von den Bezirken Dresden und Magdeburg, wo »handgemalte Hetzlosungen« und »selbstgefertigte Hetzschriften« besonders verbreitet waren.[213] Von den 176 registrierten Taten wurden »48 aufgeklärt und 25 Täter auf frischer Tat gestellt«:

»Die ermittelten Täter sind in der Mehrzahl im Alter von 18 bis 25 Jahren, und zwar

---

209 SED-ZK, Abt. Jugend, Übersicht, 30.9.1968, SAPMO-BArch, DY/30/IV A 2/16/170, zit. Mählert/Stephan: Blaue Hemden, S.179f. Vgl. Kowalczuk: »Wer sich nicht in Gefahr ...«, S.427f.
210 SED-ZK, Abt. Jugend, Übersicht, 30.9.1968, SAPMO-BArch, DY/30/IV A 2/16/170, zit. Mählert/Stephan: Blaue Hemden, S.180. – Vgl. dazu insgesamt Wierling: Geboren, S.307–316.
211 MdI, Bericht, 29.8.1968, SAPMO-BArch, DY/30/IV A 2/12/25, zit. Wenzke: Die NVA, S.264–266. Vgl. MfS, HA IX, Einschätzung, Berlin 27.11.1968, BStU, HA IX, 1599, in: Tantzscher: »Maßnahme Donau«, Dok. 19, S.122–129. Dies waren die typischen Protestformen in der DDR, wie aus dem Kontext der Biermann-Ausbürgerung zu erkennen ist: MfS, [Information,] 22.12.1976, BStU Gera, BdL 2261, Bl.4.
212 SED-BL Leipzig, Abt. Parteiorgane, Information, 14.11.1968, SächsStAL, SED, IV B-2/16/698, Bl.47.
213 MfS, HA IX/4, Bericht, Berlin 9.1.1969, BStU, AS 629/70, Bd.4 a, Bl.8–13; MdI, Bericht, 29.8.1968, SAPMO-BArch, DY/30/IV A 2/12/25, zit. Wenzke: Die NVA, S.264.

61 Arbeiter, Angestellte und Lehrlinge
9 Studenten und Intellektuelle
7 ohne Beschäftigung.«[214]

Diese Tendenz bestätigte eine abschließende Einschätzung des Ministeriums für Staatssicherheit. Danach hatte das MfS zwischen August 1968 und Januar 1969 in der gesamten DDR 315 Personen wegen staatsfeindlicher Hetze inhaftiert. Davon waren 121 jünger als 18 Jahre, 165 im Alter von 18 bis 20 Jahren, 21 zwischen 20 und 25 Jahre alt und nur acht älter als 25 Jahre. 90 bis 96 Prozent der Inhaftierten waren also Jugendliche. Nach einer Übersicht der Staatssicherheit vom Dezember 1968 waren die meisten Ermittlungsverfahren (59,7 Prozent aller Fälle) wegen »Staatsverleumdung« (§ 220 StGB) eingeleitet worden. Gegen ein Drittel der 1290 Beschuldigten wurde wegen »staatsfeindlicher Hetze« (§ 190 StGB) und gegen 7,4 Prozent wegen »sonst[iger] Delikte« ermittelt, wohinter sich andere Tatbestände aus dem Kanon der »Straftaten gegen die staatliche Ordnung« des neuen Strafgesetzbuches verbargen.[215]

Das Ministerium für Staatssicherheit hatte frühzeitig eine flexible Anwendung der politischen Straftatbestände empfohlen und darauf insistiert, es müsse »eine straffe Kontrolle der ergangenen Entscheidungen organisiert werden«.[216] Dies bedeutete konkret, dass die sanktionierte Handlung nicht eindeutig einem Straftatbestand zugeordnet werden musste, um rigoros verfolgt zu werden:

»In den Fällen, in denen keine Staatsverbrechen vorliegen, ist die Anwendung der §§ 220 (Staatsverleumdung), 140 (Beleidigung wegen Zugehörigkeit zu einer anderen Nation oder Rasse), 214 (Beeinträchtigung staatlicher oder gesellschaftlicher Tätigkeit), 217 (Zusammenrottung) usw. zu prüfen.«[217]

Insofern belegt die zitierte Statistik nur bedingt, mit welchen Mitteln die Personen, gegen die das MfS ermittelte, gegen die Intervention der Warschauer Paktarmeen protestiert hatten. Auch die Schwere ihrer Tat ist kaum zu rekonstruieren, hatte doch die Stasi verfügt, es sollten sämtliche Gründe ausgeschlossen werden, die für eine Strafmilderung sprächen: »Bei notwendigen Inhaftierungen sind die in § 122 StPO [Strafprozessordnung] genannten vielfältigen Möglichkeiten [Fluchtgefahr etc.] voll auszuschöpfen.« Mit ähnlichen Mitteln sollte erreicht werden, dass bei der Haftprüfung nur in unvermeidbaren Fällen Entlassungen vorgenommen würden, während zugleich die Vertei-

---

214 Ebd., S. 264 f. – Vgl. dazu insgesamt Tantzscher: »Maßnahme Donau«.
215 MfS, HA IX, Statistische Übersicht, Berlin 2.12.1968, BStU, HA IX 2670, Bl. 143–145. Vgl. BDVP Leipzig, Abt. Kriminalpolizei, Aufstellung, 12.9.1968, BStU, AS 629/70, Bd. 4 a, Bl. 340; MfS, HA IX/4, Bericht, Berlin 9.1.1969, ebd., Bl. 2 f.
216 MfS, Information, 10.9.1968, BStU, AS 629/70, Bd. 4 b, Bl. 203.
217 MfS, Information, o. D. [Ende Aug./Anf. Sept. 1968], ebd., Bl. 206.

digung durch Verweigerung der Akteneinsicht und eingeschränkte Kontakte der Anwälte zu ihren Mandanten behindert werden sollte.[218]

Mit diesen harten Vorschriften versuchte das MfS offenbar, einerseits der unerwartet hohen Anzahl von Protesten zu begegnen und andererseits gerade jugendliche Delinquenten zu maßregeln und Nachahmer abzuschrecken. Offenbar hatten Jugendliche und Arbeiter zu dem Personenkreis gehört, der von der Staatssicherheit von vornherein besonderer Aktivitäten verdächtigt wurde. Dies legt eine Anweisung vom 22. August 1968 nahe, wonach bei »der Erarbeitung der Informationsberichte [...] besonderer Wert zu legen« sei auf »Diskussionen unter Bevölkerung (unterteilt nach Personenkreisen wie Jugendliche, Arbeiter, ehem[alige] SP[D]-Mitglieder, Kirchenkreise usw.)«.[219] Nachdem aber gerade Studierende und Angehörige der Intelligenz zunächst stark mit dem Prager Frühling sympathisiert hatten, musste ihr geringer Anteil unter den vom MfS verfolgten Personen verwundern. Nur 4,9 Prozent von ihnen studierten oder galten als »Intellektuelle«.[220] Allerdings stand dieser »Täterkreis« nach Angaben der Stasi »im Widerspruch zur Politik der Partei, stellte sich zustimmend hinter die Liberalisierungstendenzen und die Versuche der Zurückdrängung der führenden Rolle der Partei in der ČSSR und betrachtete die Maßnahmen vom 21. August 1968 als ein Hindernis für die von ihm erhoffte Ausbreitung ähnlicher antisozialistischer Theorien und Praktiken in der DDR«.[221]

Im öffentlichen Raum aber agierten andere und auf andere Weise. Unter Jugendlichen, voran Schüler, Lehrlinge und Arbeiter (nach der zitierten Statistik 5,7, 13,2 bzw. 70,3 Prozent der Delinquenten),[222] stellten die Sicherheitsorgane eine offene Feindseligkeit fest. Besonders provokant hätten sich nach einem Bericht der Leipziger SED-Bezirksleitung junge Arbeiter aus mittelständischen Unternehmen verhalten, in »halbstaatlichen und privaten Klein- und Mittelbetrieben, PGH [Produktionsgenossenschaften des Handwerks] und Handwerksbetrieben, wo die Erziehung der Lehrlinge und jungen Facharbeiter im starken Maße von der Position des Handwerksmeisters bzw. des Betriebsinhabers abhängt«.[223] Jugendliche aus diesem Umfeld hätten vor allem »spontan (re-)agiert«, seien also nur in den ersten Tagen nach der Invasion straffällig geworden, wie die Generalstaatsanwaltschaft feststellte:

---

218 MfS, Information, o. D. [Aug./Sept. 1968], ebd., Bl. 213; vgl. Dass., 10.9.1968, ebd., Bl. 202.
219 MfS, BV Berlin, AIG, Schreiben, 22.8.1968, BStU, zit. Wolle: Die DDR-Bevölkerung, S. 41.
220 MfS, HA IX, Statistische Übersicht, Berlin 2.12.1968, BStU, HA IX 2670, Bl. 144.
221 MfS, HA IX, Einschätzung, 27.11.1968, BStU, HA IX 1599, zit. Tantzscher: »Maßnahme Donau«, Dok. 19, S. 127.
222 MfS, HA IX, Statistische Übersicht, Berlin 2.12.1968, BStU, HA IX 2670, Bl. 144.
223 SED-BL Leipzig, Abt. Parteiorg., Information, 14.11.1968, SächsStAL, SED, IV B-2/16/698, Bl. 47.

»Wesentlich langsamer war der Rückgang bei den älteren Tätern. Nach dem 31.8.1968 wurden nur noch 10% der jugendlichen Täter, jedoch fast 20% der Täter über 25 Jahre straffällig. Diese unterschiedliche Entwicklung läßt im Verein mit den anderen Feststellungen den Schluß zu, daß
– ein erheblicher Teil der Straftaten junger Menschen darin begründet war, daß sie – überwiegend unter anhaltendem negativem Einfluß stehend – sich anfänglich mit der komplizierten Situation nicht zurecht fanden. [...]
– negative Einstellungen bei jungen Tätern nicht in dem Maße verfestigt sind, wie das bei den meisten älteren Tätern der Fall war.«[224]

Wie Lehrlinge und junge Arbeiter hatten auch Schüler meist spontan gehandelt. Sie können insofern als Mittelglied zwischen der arbeitenden Jugend und jungen Intellektuellen gelten, als sie dem institutionellen Rahmen des Bildungswesens entsprechend versuchten, in Diskussionen eine weniger einseitige Information einzufordern, und auf diese Weise ihren divergierenden Standpunkt verdeutlichten.[225] Gerade unter den Schülern hatte das Ministerium für Staatssicherheit in abschließenden Analysen einen Hang zur Gruppenbildung beobachtet, der einerseits eine altersgemäße Erscheinung und insofern nicht nur für »staatsfeindliche Zusammenschlüsse« typisch sei, andererseits auf das starke Diskussionsbedürfnis der entsprechenden Klientel zurückgehe. Die Intensität der Gespräche in den Gruppen, die von der Stasi untersucht worden waren, dürfte wesentlich auf das Fehlen einer öffentlichen, ungelenkten Diskussion zurückzuführen sein, wie die Klagen über die einseitige Informationspolitik der DDR belegen. Altersspezifisch hingegen – und deswegen vergleichbar mit Gruppenbildungen im Westen – war die generationelle Abgrenzung sowohl gegenüber den eigenen Elternhäusern als auch gegenüber der als »(klein-)bürgerlich« verstandenen Gesellschaft insgesamt. Wie es in der zitierten Analyse zweier Stasi-Offiziere hieß, betrachteten Jugendliche die Bildung von Gruppen als eine Möglichkeit, »die Kritik der Gesellschaft an ihren, den Anforderungen an junge Sozialisten widersprechenden Verhaltensweisen zu kompensieren«. Diese Kompensationsmöglichkeit führe schließlich zur »Verfestigung staatsfeindlicher Tendenzen«. Zunächst sei bei den meisten Mitgliedern solcher Gruppen kein »Tatentschluß« nachzuweisen, vielmehr hätten sich die Aktivitäten der Gruppen aus der spontanen Aktionsbereitschaft einzelner Mitglieder ergeben. Dabei habe sich aus dem engen diskursiven Zusammenhang eine »ausgeprägte Reaktionsbereitschaft« entwickelt. Der spontane Aktionismus der untersuchten Gruppen habe die Ermittlungen des MfS

---

224 O. Verf. [Generalstaatsanwalt], Bericht, o. D. [Anf. Okt. 1968], BStU, HA IX 2670, Bl. 139.
225 SED-BL Leipzig, Abt. Parteiorgane, Information, 14.11.1968, SächsStAL, SED, IV B-2/16/698, Bl. 47. Vgl. MfV, Information, Berlin 5.9.1968, SAPMO-BArch, DY/24/8.516, S. 1.

insofern erheblich erleichtert, als bei ihnen »keine Anzeichen für eine Abschirmung nach außen« zu erkennen gewesen seien.[226]

Während sowohl der diskursive, weltanschauliche Hintergrund als auch die längerfristige Entwicklung bei anderen Gruppenbildungen Jugendlicher im Kontext der Proteste gegen die Invasion vom 21. August 1968 fehlte, stimmten alle Gruppen sowohl in der Reaktions- und Risikobereitschaft als auch in ihrem spontanen Aktionismus überein. Gerade die Spontaneität überraschte offenbar die Sicherheitsorgane. Dies würde die unnachgiebige Härte erklären, die die Anweisungen des Ministeriums für Staatssicherheit vom August und September 1968 erkennen lassen. Zugleich begünstigte der spontane Charakter der Aktionen die Beteiligung Jugendlicher an den eruptiven Protesten. Mit deren Möglichkeit hatte die Stasi zwar gerechnet, ihr Ausmaß veranlasste sie aber zu einer hysterisch anmutenden Rundverfügung, wenn darin u. a. die Aufmerksamkeit der Observanten auf den Umgang Jugendlicher mit »Chemikalien zur Sprengmittelherstellung« gelenkt wurde.[227]

Bei den spontanen Protesten Jugendlicher in der Öffentlichkeit verbanden sich angestauter Unmut gegenüber dem System, Übermut sowie die Lust an der Provokation miteinander.[228] Verhaltensmuster, die also nicht unbedingt politisch determiniert waren, entluden sich vor dem politischen Hintergrund des Prager Frühlings bzw. seiner Niederschlagung in Aktionen, die möglicherweise gar nicht politisch intendiert waren. Sie wurden aber als solche begriffen. Dies erklärt das große Ausmaß der Proteste, zu denen sich nach einer Übersicht der Jugendabteilung beim ZK der SED auf dem Erfurter Anger am 21. August »150 junge Menschen«, einen Tag später in Mühlhausen 60 Jugendliche, am 25. August in Gotha 15 Jugendliche und am 14. und 15. September in Kyritz (Brandenburg) und Arnstadt jeweils mindestens 150 Jugendliche zusammenfanden. Allerdings gingen dezidiert politische Massenproteste schon nach ein bis zwei Wochen deutlich zurück.[229] Die Massenansammlungen in Kyritz und Arnstadt hingegen waren ebenso wie die Versammlungen Jugendlicher in Schwerin, zu denen vom 1. bis zum 3. September 1968 nach dem zitierten Bericht der ZK-Abteilung Jugend »50, 70 und am 3. Tag 200 Jugendliche« auf den zentralen Leninplatz geströmt waren, nicht durch die Niederschlagung des Prager Frühlings ausgelöst worden. In Arnstadt entstand die Auseinandersetzung »im Ergebnis einer Schlägerei zwischen 2 kongolesischen Staatsbürgern und Arnstädter Jugendlichen«, in Kyritz entwickelte

---

226 Siegfried Greif, Hans Zielske, Ursachen und Bedingungen des Entstehens von Gruppen Jugendlicher [...] mit staatsfeindlichen Tendenzen [...], Berlin Juni 1970, BStU, MfS-JHS-MF-VVS 160-109/70, S. 13 passim. – Vgl. Simon: »Kluge Kinder«, S. 42; Bude: Das Altern, S. 35.
227 MfS, Rundverfügung des Ministers, 2.9.1968, BStU, MfS, BdL/Dok, 001087, Bl. 3.
228 Vgl. Siegfried: Vom Teenager, S. 608 f.; Michalzik: »An der Seite ...«, S. 85–89.
229 SED-ZK, Abt. Jugend, Übersicht, 30.9.1968, SAPMO-BArch, DY/30/IV A 2/16/170, zit. Mählert/Stephan: Blaue Hemden, S. 179; vgl. MfS, HA IX, Einschätzung, 27.11.1968, BStU, HA IX, 1599, in: Tantzscher: »Maßnahme Donau«, Dok. 19, S. 126.

sich der Konflikt zwischen Jugendlichen und der Polizei aus der Räumung einer Tanzgaststätte, ebenfalls nach einer Schlägerei:»Diese Situation der vorzeitigen Beendigung der Tanzveranstaltung nutzten einige Jugendliche zu politischen Losungen ›Es lebe Dubček‹, ›Polizeibullen‹ usw. aus.«[230] Dieser Vorgang war durchaus typisch, wie der Bericht der Leipziger Bezirksparteileitung über einen Zwischenfall in einem Leipziger Vorort belegt:

»Der Jugendliche [...] provozierte einen ABV [Abschnittsbevollmächtigten der Volkspolizei], als er durch ihn aus der Tanz-Gaststätte in Böhlitz-Ehrenberg/ [Kreis] Leipzig-Land wegen schlechten Benehmens verwiesen wurde, mit den Worten: ›Hoch lebe Dubček‹.«[231]

Wie hier firmieren auch die Auseinandersetzungen in Schwerin unter Protesten gegen die Invasion vom 21. August. Sie waren sicher durch Gerüchte oder Berichte über Ausschreitungen an anderen Orten begünstigt worden, wobei wegen fehlender Informationen die Teilnehmerzahlen oft zu gigantischen Dimensionen aufgebläht wurden: Zu den Protesten in Erfurt beispielsweise sollten einem Gerücht zufolge »3000 Jugendliche aufmarschiert« sein.[232] – Bei den Auseinandersetzungen in Schwerin handelte es sich wohl tatsächlich um Demonstrationen von allgemeinem jugendlichen Nonkonformismus, wie der Bericht erkennen lässt. Als Mitglieder von SED und FDJ mit den Jugendlichen sprachen, äußerten diese vorrangig »teilweise ernste Kritik an ungenügenden Freizeitmöglichkeiten in der Stadt«. Möglicherweise entzogen sich aber die Jugendlichen mit dieser Behauptung auch nur einer politischen und damit strafrechtlich relevanten Auseinandersetzung. Während die Jugendabteilung von einer Verständigung mit den Demonstranten spricht, berichtet das Ministerium für Staatssicherheit, dass der Platz am 3. September durch Polizei, FDJ-Ordnungsgruppen und Betriebskampfgruppen geräumt worden sei. Allerdings kam auch die Stasi zu dem Schluss:»Hinweise auf direkte Feindtätigkeit gibt es bisher nicht.«[233]

All diese Zusammenstöße Jugendlicher mit Sicherheitskräften lassen erkennen, dass sich hier ein allgemeiner politischer Unmut Bahn brach. In den meisten Fällen entlud sich ein genereller Frust auf das System der DDR, der mit den Visionen eines reformierten sozialistischen Gesellschaftsmodells nichts gemein hatte. Zwar bot sich die Niederschlagung des Prager Frühlings als konkreter Anlass für die Proteste ebenso an wie die Artikulation des Unmuts gegenüber der eigenen politischen Elite in Verbindung mit Sympathie-

---

230 SED-ZK, Abt. Jugend, Übersicht, 30.9.1968, SAPMO-BArch, DY/30/IV A 2/16/170, zit. Mählert/Stephan: Blaue Hemden, S. 179; vgl. o. Verf. [Generalstaatsanwalt], Bericht, o. D. [Anf. Okt. 1968], BStU, HA IX 2670, Bl. 132–135.
231 SED-BL Leipzig, Information, 24.8.1968, SächsStAL, SED, IV/B-2/5/302, Bl. 308.
232 SED-BL Leipzig, Information, 26.8.1968, ebd., Bl. 317.
233 MfS, ZAIG, Einzel-Information, 5.9.1968, BStU, ZAIG 1559, Bl. 3; SED-ZK, Abt. Jugend, Übersicht, 30.9.1968, SAPMO-BArch, DY/30/IV A 2/16/170, zit. Mählert/Stephan: Blaue Hemden, S. 179.

bekundungen für die gestürzte tschechoslowakische Führung, mit einer Sympathie für den sozialistischen Gesellschaftsentwurf ist sie jedoch im Allgemeinen nicht gleichzusetzen. Am deutlichsten wurde dies bei einem Zwischenfall in Leipzig:

> »In Leipzig rotteten sich in der Nacht zum Sonnabend 30 Jugendliche (Lehrlinge und junge Arbeit[er]) in der Straßenbahn zusammen, die in Richtung [B]öhlitz-Ehrenberg fuhr. Sie riefen Losungen wie: Wir wollen keinen Dubček – wir wollen keinen Ulbricht.«[234]

Während Teile der Studierenden und der Schüler durchaus Sympathien für die tschechoslowakischen Reformkräfte sowie ihr Vorhaben entwickelt hatten und einige von ihnen diese über Flugblätter zu artikulieren suchten, waren junge Arbeiter offenbar der politischen Feinheiten überdrüssig. Der Versuch vier junger Arbeiter aus den Buna-Werken bei Halle, »einen ›Club‹ oder eine ›Partei‹ zu gründen«, die als »Neue Kommunistische Partei« firmieren und sich »auf demokratischem Wege« für den Kommunismus und ein »geeinigtes demokratisches Deutschland« engagieren sollte, stellte eine Ausnahme dar. Er entsprach jedoch in gewisser Weise den Überlegungen Gernot Grünspechts, sich zwar für eine sozialistische Utopie, aber außerhalb der in der DDR vorgegebenen Bahnen, also in den Reihen der SED oder einer Blockpartei, zu engagieren.[235] Anders als die Studierenden hatten sich die jungen Arbeiter in der sozialen Ordnung der DDR bereits etabliert, verfügten über ein Einkommen, manchmal auch über eine eigene Familie und eine eigene Wohnung, während die künftigen Angehörigen der Intelligenz sich noch auf dem Bildungsweg befanden und dementsprechend Rücksicht auf die Auswahlmechanismen des sozialistischen Systems nehmen mussten. Das rigorose Durchgreifen der ostdeutschen Sicherheitskräfte gerade gegenüber jugendlichen Protestierenden musste sie in ihrer Zurückhaltung bestärken.[236] So wagten sich nur junge Menschen, die mit dem politischen System der DDR abgeschlossen hatten, an wirklich spektakuläre Protestformen. Einen solchen Zwischenfall hatte die Ost-Berliner Führung im Frühsommer 1968 in Leipzig provoziert, als sie die hiesige Universitätskirche sprengen ließ.

---

234 MfV, Information, Berlin 5.9.1968, SAPMO-BArch, DY/24/8.516, S.3.
235 MfS, Einzel-Information, o. D. [Anf. Dez. 1968], BStU, ZAIG 1619, Bl. 1–8. Der Fall interessierte Erich Honecker derart, dass er verlangte, »umgehend das Material zu besorgen«: SED-ZK, Hausmitteilung, 9.12.1968, ebd., Bl. 9. Gernot Grünspecht*, Interview, Berlin 16.11.1999. – Vgl. Kowalczuk, »Wer sich in Gefahr …«, S. 431 f.; Wierling: Die Jugend, S. 415 f.; Wolle: Die DDR-Bevölkerung, S. 44 f.
236 Vgl. auch die Besorgnis der Kirchenleitungen über die zahlreichen »Verhaftungen wegen Äußerungen über die Ereignisse am 21.8.68 in der ČSSR«: KKL, Niederschrift, Berlin 10.12.1968, EZA 102/15, S. 1.

»Ein kulturelles Verbrechen«: Die Sprengung der Leipziger Universitätskirche

Die spätgotische Universitätskirche St. Pauli hatte die Bombenangriffe des Zweiten Weltkrieges ohne größere Schäden überstanden und gehörte damit zu den wenigen intakten Innenstadtkirchen Leipzigs. Dennoch überlegte die SED-Führung seit Anfang der sechziger Jahre, die Paulinerkirche abzureißen.[237] Dabei dürften auch personelle Fragen eine Rolle gespielt haben, kam doch Ulbricht aus Leipzig. Er soll bereits bei der Eröffnung des Opernhauses, das von der Universitätskirche überragt wurde, geäußert haben: »Das Ding kommt weg!«[238]

Mit dieser Überlegung kam Ulbricht dem Leipziger Bezirksparteisekretär entgegen, der als gnadenloser Altstalinist galt. Wie die moderne Jugendkultur stellten die Kirchen für Paul Fröhlich eine besondere Zumutung auf dem Weg in eine sozialistische Gesellschaft dar und hatten folglich im Bezirk Leipzig einen schweren Stand. Dass Fröhlich die Sprengung der Universitätskirche persönlich forcierte, erhellt ein Schreiben an Ulbricht vom April 1968, worin er unterstrich, dass er den einzigen Entwurf, der eine Integration der Universitätskirche in den Neubau vorsah, nicht zum Wettbewerb zugelassen habe.[239] Bereits zwei Monate vorher hatte der SED-Bezirkschef gegenüber dem katholischen Bischof Otto Spülbeck erklärt, im Rahmen eines Universitätsneubaus müsse »des einheitlichen Projektes wegen die Universitätskirche abgerissen werden«.[240]

Mit seinen Ansichten reihte sich Fröhlich in die Front derer ein, die meinten, auf alten Mauern ließe sich keine neue Gesellschaft bauen. Der Gestaltung der Bezirksstädte als neue Metropolen war deswegen in den Bauprogrammen, die seit dem VII. SED-Parteitag von 1967 deutlich ausgeweitet wurden, ein besonderer Stellenwert eingeräumt worden. Dabei galt es nach Ulbrichts Worten, bei der »Umgestaltung der durch den Krieg zerstörten Zentren von Berlin, Dresden, Leipzig, Magdeburg und Karl-Marx-Stadt [...] solche Lösungen zu finden, die unsere sozialistische Lebensweise fördern«.[241] – Dass dazu nicht gerade Kirchen gehörten, lag auf der Hand und wurde demonstriert durch den Abriss der Johannis-, Markus- und der Universitätskir-

---

237 Zur Geschichte der Sprengung vgl. die detaillierte Darstellung von Winter, Christian: Gewalt gegen Geschichte. Der Weg zur Sprengung der Universitätskirche Leipzig. Leipzig 1998, sowie die Dokumentation von Studierenden aus der Leipziger KSG, die 1968 angefertigt und 1992 erstmals veröffentlicht wurde von Rosner, Clemens (Hg.): Die Universitätskirche zu Leipzig. Dokumente einer Zerstörung. Leipzig 1992.
238 Winter: Gewalt, S. 51.
239 SED-BL Leipzig, Scheiben an Ulbricht, 1.4.1968, SAPMO-BArch, NY/4182/918, Bl. 73 f.
240 Spülbeck, Aktenbericht, Bautzen 16.2.1968, BAEF, ROO, H VI. – Die evangelische Universitätskirche wurde von den Leipziger Katholiken als Ersatz für ihre zerstörte Propsteikirche (mit-)genutzt.
241 Ulbricht, Rede vor dem VII. SED-Parteitag, SAPMO-BArch, DY/30/IV 1/VII/8, Bl. 123 f., zit. Winter: Gewalt, S. 145.

che in Leipzig sowie der Potsdamer Garnisonkirche im Laufe der sechziger Jahre und der Rostocker Christuskirche 1971. Der kirchenfeindliche Symbolgehalt der ostdeutschen Baupolitik war offensichtlich, wie sich Manfred Ulmer erinnert: »Kirchen, die passten nicht so ins Konzept.«[242]

Obwohl er kirchlich nicht gebunden war, erschrak Ulmer vor der Ignoranz der SED-Führung gegenüber historischen Werten, der im Abriss der Paulinerkirche zum Ausdruck kam. »Ein kulturelles Verbrechen« sei das gewesen, meint Gernot Grünspecht, wie Ulmer kirchlichen Bindungen abhold. Beide erbosten sich über das Vorhaben, die Universitätskirche rücksichtslos sprengen zu lassen, auch aufgrund ihres (kultur-)historischen Interesses. Andere empfanden es wie Monika Hahn einfach als »ungerecht«. Allerdings räumte Grünspecht ein, die Diskussion um die Universitätskirche wäre »wieder mal ein Punkt [gewesen], wo man sich auch, scheinbar jenseits politischer Argumente, sachgebunden (Erhaltung des Denkmals, Baudenkmals) kritisch gegen die DDR artikulieren konnte«.[243] Ulmers Frau verstand grundsätzlich nicht den Sinn einer Neugestaltung des Karl-Marx-Platzes, der als Augustusplatz zu den schönsten Plätzen Europas gezählt hatte und der bis 1968 diese Schönheit trotz der Kriegsschäden noch erahnen ließ.[244]

Kulturhistorisches Interesse und kirchliche Bindung (bzw. eines von beiden) waren die Voraussetzungen für eine Auseinandersetzung mit dem geplanten Abriss der Universitätskirche. Letzten Endes zwar erfolglos, aber in großem Maße hatte vor allem die evangelische Kirche ihre Mitglieder mobilisiert, um den Abriss der Paulinerkirche zu verhindern. Während die ältere, weitgehend bildungsbürgerliche Klientel in »240 Schreiben als Eingaben an den Rat der Stadt Leipzig und andere staatliche Organe« gegen die Abrisspläne protestiert hatte, überlegten kirchennahe Jugendliche, wie der Protest anderweitig unterstützt werden könnte. So legten Studierende der Theologischen Fakultät dem verantwortlichen Architekten eine Unterschriftensammlung vor, zu der sie die Fakultätsleitung zwar nicht aufgefordert hatte, die diese aber durchaus gutgeheißen haben dürfte. Schließlich hatte der Fakultätsrat sogar dem FDJ-Sekretär der Theologischen Fakultät empfohlen, »[…] sich an die Spitze einer Bewegung für die Erhaltung der Universitätskirche zu stellen. Mit einer solchen Haltung könne er der FDJ zu großer Popularität verhelfen.«[245] Eine

---

242 Manfred Ulmer, Interview, Leipzig 22.8.2000.
243 Gernot Grünspecht*, Interview, Berlin 16.11.1999; Monika Hahn, Interview, Leipzig 23.2.2000.
244 Sabine Ulmer, Interview, Leipzig 22.8.2000 (S.330). Vgl. Behrends, Rainer: Nachwort zu Rosner (Hg.): Die Universitätskirche, S.109f.
245 SED-SL Leipzig, Einschätzung, 2.7.1968, SächsStAL, SED, IV B-5/01/254, S.1; MfS, ZAIG, Einzel-Information, Berlin 28.5.1968, BStU, ZAIG 1503, zit. Winter: Gewalt, Dok. 19, S.321; Theologiestudierende d. KMU, Schreiben an Horst Siegel, Leipzig 27.3.1968, SächsStAL, SED, IV B-2/6/409, ebd., Dok. 8, S.303. Rat d. Stadt Leipzig, Ref. Kirchenfragen, Information, 28.3.1968, SächsStAL, SED, IV B-5/01/254. – Vgl. Winter: Gewalt, S.181–188, sowie die Protestnoten der Theologischen Fakultät der KMU von 1960, 1967 und 1968, ebd., Dok. 3, 7 u. 9, S.296 u. 302–304.

Dokumentation zur Geschichte der Universitätskirche und zur Diskussion über ihre Beseitigung fertigten Mitglieder der Katholischen Studentengemeinde an.[246] An mehreren Stellen der Messestadt tauchten Flugblätter auf, deren Abfassung Jugendlichen zugeschrieben wurde, und nach Angaben der SED-Bezirksleitung debattierten Jugendliche in verschiedenen Jungen Gemeinden über »Aufforderungen zur geschlossenen Demonstration [...] zum Karl-Marx-Platz«. Auch an verschiedenen Leipziger Schulen (»EOS und POS«) wurde über die Abbruch- und Baupläne für das Stadtzentrum diskutiert, oft hatten hier nach Angaben des Volksbildungsministeriums »einzelne Lehrkräfte negative Diskussionen« angeregt.[247] Die Diskussion erfasste auch kirchlich gebundene Jugendliche in der Provinz, wie die Verhaftung von drei katholischen Oberschülern in Schirgiswalde in der Oberlausitz belegt. Sie hatten Plakate gegen die Sprengung aufgehängt und wurden deswegen von der Schirgiswalder EOS relegiert.[248] – Ähnlich rigoros gingen auch in Leipzig einige Lehrkräfte vor, wenn sie entsprechende Diskussionen unterbanden, wie sich Annette Taube erinnert. An ihrer Schule sei den Schülerinnen und Schülern untersagt worden, sich für den Erhalt der Universitätskirche zu engagieren:

»Also da sind wir ziemlich massiv unter Druck gesetzt worden von unseren Lehrern, ja [nicht] dahin zu gehen. Es hat ja auch Demonstrationen so in [der Innenstadt gegeben] – na ja, man kann das natürlich nicht so mit diesen späteren Demonstrationen vergleichen, aber, also, wir wurden da ernsthaft [gewarnt] – also wer hingeht, der fliegt von der Schule und kann sein Abitur nicht machen. Also, es ist dann auch wirklich keiner gegangen.«[249]

Die Demonstrationen, von denen Annette Taube hier spricht, waren eher Menschenansammlungen, die durch Ort und Zeit ihres Zusammentreffens ihr Anliegen erraten ließen: ein weitgehend stummer Protest, geboren aus der »Notwehr des Geistes«, wie es am 19. Mai 1968 in einem Jugendgottesdienst in der Leipziger Nikolaikirche hieß, an dem nach Angaben der SED-Stadtleitung »ca. 750 Jugendliche« teilnahmen.[250] Am 24. Mai kam es zum ersten »Versuch zur Kraftprobe [...], in der wir uns jedoch von unserer Macht her nichts bieten lassen würden«, wie ein Genosse der Universitätsparteileitung berichtete: In der Leipziger Innenstadt hatten »30–40 Studenten« hinter der abgeriegelten Universitätskirche ein Plakat mit der Aufschrift präsentiert: »Wir gratulieren«.[251]

---

246 Rosner (Hg.): Universitätskirche, S. 21–106. Darin auch hervorragendes Bildmaterial.
247 SED-SL Leipzig, Einschätzung, 2.7.1968, SächsStAL, SED, IV B-5/01/254, S. 1; MfV, Abt. Hauptschulinspektion, Zusammenstellung, 25.6.1968, BArch, DR/2/A 7343, zit. Geißler u. a. (Hg.): Schule, Dok. 316, S. 524.
248 Kath. Pfarramt Schirgiswalde, Bericht, 11.6.1968, BAEF, ROO, H VI.
249 Annette Taube*, Interview, Leipzig 2.6.1992, ADG, Satznr. 732.
250 SED-SL Leipzig, Abt. Parteiorgane, Information, 20.5.1968, SächsStAL, SED, IV B-5/01/254, S. 2.
251 Gerhard Wolter, Bericht, Leipzig 24.5.1968, SächsStAL, SED, IV B-4/14/070.

Anlass der Gratulation war die Stadtverordnetenversammlung, die am Vortag, Christi Himmelfahrt (erstmals kein Feiertag mehr), beschlossen hatte, die Universitätskirche sprengen zu lassen. Sie war damit einem Beschluss des SED-Politbüros vom 7. Mai nachgekommen. Unmittelbar nach der Stadtverordnetenversammlung hatten Sicherheitskräfte das Gelände um die Universität »hermetisch abgesperrt«. Während Bauarbeiter umgehend mit den Vorbereitungen für die Sprengung begannen, griffen die Sicherheitskräfte gewaltsam ein, sobald sich Menschentrauben in der Nähe der Universität bildeten. Zusammenfassend berichtete das Ministerium für Staatssicherheit von einer »Personenansammlung kirchlich gebundener Studenten bis zu 200 Personen am 23. und 24.5.1968 vor der Universitätskirche und in kleinerem Umfang vor dem Neuen Rathaus«, wo die endgültige Entscheidung für den Abbruch der Kirche fiel. Je näher der Termin der Sprengung rückte, desto stärker wurde der Zulauf zum Karl-Marx-Platz, wie der Stasi-Bericht schildert:

»Am 27.5.1968 legten ca. 50 Angehörige der ›Jungen Gemeinde‹ demonstrativ Blumen am Abbruchgelände ab.

Am Abend kam es in diesem Gebiet zu einer Konzentration von ca. 300–400 vorwiegend jugendlichen Personen, die zu einem Teil der Aufforderung der VP, den Platz zu räumen, nicht Folge leisteten und erst durch den Einsatz von Polizeikräften zerstreut werden konnten. 37 Personen – davon 5 Studenten –, die sich stets von neuem zusammenfanden, laut protestierten und passiven Widerstand leisteten, wurden von der VP zugeführt.«[252]

Für eine Verhaftung genügte bereits der Umstand, die Absperrmaßnahmen oder die Sicherheitskräfte zu fotografieren. Deren hartes Durchgreifen war auch darauf zurückzuführen, dass Paul Fröhlich und andere leitende Funktionäre befürchteten, die Auseinandersetzungen um die Paulinerkirche könnte sich zu Protesten ausweiten, die den studentischen Unruhen in Warschau, Prag und Westeuropa nicht nachstünden.[253] Die Dramatik der Ereignisse um die Universitätskirche, die am 30. Mai 1968 gegen 10 Uhr gesprengt wurde, hat Erich Loest in seinem Roman »Völkerschlachtdenkmal« festgehalten.[254]

---

252 MfS, ZAIG, Einzel-Information, Berlin 28.5.1968, BStU, ZAIG 1503, zit. Winter: Gewalt, Dok. 19, S. 321; Rat d. Stadt Leipzig, Vorlage für SED-PB, Mai 1968, SächsStAL, SED, IV B-2/6/408, ebd., Dok. 10, S. 304. SED-SL Leipzig, Einschätzung, 2.7.1968, SächsStAL, SED, IV B-5/01/254, S. 1. Vgl. zur Stadtverordnetenversammlung am 23. Mai 1968 ebd., S. 195–201. Vgl. SED-ZK, AG Kirchenfragen, Information, 29.5.1968, SAPMO-BArch, DY/30/IV 2/14/2, zit. Hartweg (Hg.): SED. Bd. 2, Neukirchen-Vluyn 1995, Dok. 5, S. 48. Vgl. die Fotoserie von Dietrich Koch: Das Verhör, Dok. 53–57.
253 Vgl. entsprechende Äußerungen Fröhlichs und des Chefs der Leipziger SED-SL, in: Winter: Gewalt, S. 204–206; SED-KL KMU, Information, Leipzig 31.5.1968, SächsStAL, SED, IV B-4/14/098, S. 1 f.
254 Loest, Erich: Völkerschlachtdenkmal. Frankfurt a. M. u. a. 1984, S. 236–256; vgl. Fritzsch, H.: Flucht, S. 58–67; Koch: Das Verhör, S. 29–35. Die bekannteste, illegal angefertigte Fotoserie der Sprengung stammt von Karin Wieckhorst: u. a. in: Grundmann u. a.: Die Einübung, S. 132 f.

Einen Monat später fand die spektakulärste Protestaktion in Leipzig statt. Die Anregung dazu hatte der Physikstudent Stefan Welzk von Günter Fritzsch und dessen Cousin Harald bekommen, der angesichts des drohenden Abbruchs der Universitätskirche und der stark empfundenen Ohnmacht gegenüber den staatlichen Stellen gemeint hatte: »wenn die das wirklich machen, dann müssen wir doch endlich mal was dagegen tun«.[255] Welzk brachte Witz und Kühnheit in das Unterfangen mit, wie er am Tag der Sprengung bewies, als er an der Thomaskirche ein Plakat mit der ironischen Forderung befestigte: »Auch sprengen!« Der junge Physiker »brauchte noch einen Kick am Ende«, wie Harald Fritzsch meint, um mit der DDR endgültig abzuschließen.[256] Er fertigte gemeinsam mit Rudolf Treumann aus Potsdam und Harald Fritzsch ein Transparent sowie einen Auslösemechanismus an und montierte beides vor dem Preisträgerkonzert des Bach-Wettbewerbs auf dem Schnürboden der Leipziger Kongresshalle. Das Ergebnis seiner Arbeit, das viele Konzertbesucher mit stehenden Ovationen begrüßten, schilderte die SED-Stadtleitung wie folgt:

»Als besonderer Ausdruck gegnerischer Tätigkeit ist die am 20.06.68 in der Leipziger Kongreßhalle während der Abschlußveranstaltung und Auszeichnung der Preisträger des Internationalen Bach-Wettbewerbes 1968 durchgeführte Provokation zu bezeichnen.
Gegen 19.55 Uhr entrollte [sich] aus der Bühnendekoration, durch einen Wecker ausgelöst, ein Transparent aus gelbem Stoff in der Größe 145 × 275 cm mit der Beschriftung
›1968[‹, …] Umrisse der ehem[aligen] Univ[ersitäts]-Kirche ca. 100 × 100 cm und in großen Druckbuchstaben ›Wir fordern Wiederaufbau‹[.]
An der Veranstaltung nahmen ca. 1 800 Personen, darunter in- und ausländische Teilnehmer und Gäste des Bach-Wettbewerbes teil.«[257]

Die Initiatoren dieser Protestaktion, Welzk und Fritzsch, flohen im August 1968 über das Schwarze Meer und die Türkei in die Bundesrepublik. Dietrich Koch, der nur am Rande mit der Vorbereitung befasst war, wurde wegen eines misslungenen Fluchthilfeversuchs 1970 inhaftiert und schließlich der Ur-

---

255 Harald Fritzsch, Interview, Berlin 9.2.2000; vgl. Ders., Flucht, S. 69–96. Fritzschs Darstellung wird im Wesentlichen bestätigt von Welzk: Die Sprengung, und Ders., Universitätskirchensprengung, S. 29, sowie Günter Fritzsch: Interview, Frankfurt a. M. 26.10.2000 (S. 41 f.); vgl. Ders.: Gesicht, S. 77–83. Sie kollidiert hinsichtlich Tatbeteiligung, -vorbereitung und -ablauf sowie Mitwisserschaft und des späteren Verrats der Aktion mit den singulären Erinnerungen von Koch: Das Verhör, S. 38–42 passim. Die darin herausgehobene Rolle Kochs, die wohl nur an der Konstruktion des Auslösemechanismus beteiligt war, wird von den anderen Beteiligten energisch bestritten.
256 Harald Fritzsch, Interview, Berlin 9.2.2000; vgl. Günter Fritzsch, Interview, Frankfurt a. M. 26.10.2000; Fritzsch, H.: Flucht, S. 67; Welzk: Die Sprengung.
257 SED-SL Leipzig, Einschätzung, 2.7.1968, SächsStAL, SED, IV B-5/01/254, S. 8 f. Vgl. Fritzsch, G.: Gesicht, S. 80 f. Günter Fritzsch, der an der Aktion selbst nicht beteiligt war, wohnte mit seiner Frau dem Konzert bei. – Bilder des Plakats und der Aktion in der Kongresshalle, BStU Leipzig, AU 431/72 u. AOP 516/73, in: Koch: Das Verhör, Dok. 4 f.

heberschaft der spektakulären Aktion bezichtigt.[258] Mit Koch konnte der Staatssicherheitsdienst, dem es zwei Jahre lang nicht gelungen war, die Urheber der Protestaktion zu ermitteln, endlich einen Schuldigen präsentieren.

Durch Härte zeichneten sich die Sicherheitskräfte auch bei weniger spektakulären Handlungen aus, die mit dem Abriss der Universitätskirche zusammenhingen. An der Veterinärmedizinischen Fakultät zog die Vervielfältigung von Fotos der Sprengung disziplinarische Maßnahmen durch die Universität nach sich. Die Theologische Fakultät wurde zusammen mit dem kirchlichen Theologischen Seminar Gegenstand einer Untersuchung.[259] Anlass dazu hatten sowohl der Widerstand der Fakultätsleitung gegen die Sprengung als auch das große Engagement vieler Theologiestudierender für den Erhalt der Kirche gegeben. Die fadenscheinige Argumentation der Verantwortlichen für die Sprengung, die harten Sicherungsmaßnahmen im Umfeld der Kirchensprengung und das brutale Vorgehen der Polizei hatten hier die Unzufriedenheit verstärkt, die bereits im Verlauf der Verfassungsdiskussion angestaut worden war. Das Untersuchungsverfahren gegen die Theologische Fakultät und das Theologische Seminar übertraf alle anderen administrativen Maßnahmen, einschließlich einer Kampagne, mit der die *Leipziger Volkszeitung* die Gegner der Sprengung diffamiert hatte.[260] Schließlich wurden durch das Untersuchungsverfahren eine ganze Disziplin und diejenigen, die sich mit ihr befassten, öffentlich zu Sündenböcken für die Unruhe in Leipzig gestempelt. Der Bericht der Kommission, die aus Mitgliedern der Stadtverordnetenversammlung und des Senats der Universität gebildet worden war, kritisierte in scharfer Form die politische Meinung der Studierenden und der »Herren« Dozenten beider Institutionen. Besonders verwerflich erschien der Kommission, dass die Studierenden sich grundsätzlich jedes gesellschaftlichen Engagements im Sinne der Kommission enthielten, da sie »den Sozialismus in der DDR als gegeben betrachteten, sich damit abfinden«. – Hatte die Theologische Fakultät vor der Untersuchung gewarnt, um künftig »im Vergleich zu anderen Theologischen Fakultäten in der DDR nicht als ›rote Fakultät‹ zu erscheinen«,[261] so ließ sich der Imageschaden gleichwohl nicht abwenden. Verschreckt durch die Kampagnen gegen die Fakultät, wanderten viele Studierende ab an die örtliche

---

258 Koch: Das Verhör, S. 616–621.
259 Winter: Gewalt, S. 233–237. – Vgl. SED-ZK, Abt. Wiss., Information, Berlin 11.10.1968, SAPMO-BArch, DY/30/IV A 2/9.04/21, S. 3; Manfred Ulmer, Interview, Leipzig 22.8.2000.
260 SED-KL KMU, Information, Leipzig 29.5.1968, SächsStAL, SED, IV B-4/14/070, S. 1. Vgl. o. Verf. [KMU, Rektorat?], Entwurf, Jan. 1964, UAL, Rektorat 445, Bl. 1–9, in: Winter: Gewalt, Dok. 5, S. 298–301; SED-KL KMU, Tonbandprotokoll, Mai 1968, SächsStAL, SED, IV B-4/14/098, ebd., Dok. 11, S. 307–310; Rosner (Hg.): Die Universitätskirche, S. 37–51.
261 Zeitw. Kommission, Zusammenf. Bericht, Leipzig 26.6.1968, SAPMO-BArch, DY/30/IV A 2/14/43, Bl. 60 passim.

kirchliche Hochschule, das Theologische Seminar, wo sie größere Freiräume für ihre Entfaltung erwarteten.[262] Verbittert reagierten auch Kreise außerhalb der beiden theologischen Studieneinrichtungen auf den Abriss der Universitätskirche. Während sich die Blockparteien mit Kritik in der Öffentlichkeit zurückhielten, intern aber große Enttäuschung erkennen ließen,[263] kritisierten sogar SED-Mitglieder wie der junge Historiker Hartmut Zwahr die Sprengung. Mit Blick auf die neuen Programmschriften der SED erklärte Zwahr: »Solange ich nicht sagen kann, ich bin Genosse, aber den Kirchenabriß lehne ich aus diesen und diesen Gründen ab, ist das Statut nichts wert.«[264]

Insgesamt verliefen die Fronten in der Auseinandersetzung um die Universitätskirche ganz anders als wenige Monate später nach der Invasion um die Tschechoslowakei. Während sich etliche Studierende und Schüler für den Erhalt der Kirche engagiert hatten, hatten Arbeiter nur vereinzelt gedroht, anlässlich der Sprengung zu streiken.[265] Insgesamt ist davon auszugehen, dass die Arbeiterschaft diesen Konflikt kaum, das bildungsbürgerliche Milieu ihn aber wegen seiner traditionell stärkeren kirchlichen Bindung desto mehr wahrnahm. Auch von den Zeitzeugen, die im Rahmen dieses Projektes interviewt wurden, erinnerten sich nur diejenigen, die eine höhere Schulbildung genossen oder ein ausgeprägtes kulturhistorisches Interesse hatten, an die Auseinandersetzungen um die Paulinerkirche. Aufgrund dieser und ähnlicher Erfahrungen, die fortan ihr politisches Handeln bestimmen sollten, betrachteten sich einzelne Intellektuelle wie der spätere Leipziger Regierungspräsident Walter Christian Steinbach als »68er der DDR«. Insgesamt jedoch prägte dieses Ereignis nur einen äußerst kleinen Kreis innerhalb der DDR-Jugend.[266]

Tatsächlich gelang es der SED-Führung, die Erinnerung an die Leipziger Universitätskirche bzw. an das gesamte »bourgeoise Ensemble« des ehemaligen Augustusplatzes nahezu total auszulöschen.[267] Ihre Bilder und ihre Geschichte wurden aus allen schriftlichen Darstellungen getilgt und verschwanden bis 1989/90 auch aus dem Gedächtnis der meisten Leipziger. Die offiziösen Elogen auf den Universitätsneubau, der erst 1973 in modifizierter Form ein-

---

262 SED-ZK, Abt. Kirchenfragen, Aktenvermerk, 20.9.1968, SAPMO-BArch, DY/30/IV A 2/14/43, Bl. 58 f. Vgl. MHF, Information, o. D. [28.5.1974], SAPMO-BArch, DY/30/IV B 2/9.04/126, S. 1.
263 O. Verf., Notizen, Leipzig 11.6.1968, SächsStAL, SED, IV B-2/14/669, S. 2 f. Vgl. Winter: Gewalt, S. 256–258.
264 Zwahr, Aufzeichnung, 16.8.1968, zit. Ders.: Nur noch Pausenzeichen, S. 90.
265 SED-SL Leipzig, Einschätzung, 2.7.1968, SächsStAL, SED, IV B-5/01/254, S. 3–6.
266 Grunenberg, Nina: Ein 68er der DDR. Der umtriebige Leipziger Regierungspräsident macht Politik als Kommunikation, in: Die Zeit, Nr. 36/1996, S. 31; etwa auch Günter und Harald Fritzsch, Ingrid Göcke, Gernot Grünspecht*, Manfred und (mit Einschränkungen) Sabine Ulmer; vgl. Hofmann: Das Ende, S. 91; dagegen Monika Hahn, Interview, Leipzig 23.8.2000; Thomas Tauer, Interview, Leipzig 24.8.2000.
267 Behrends, Rainer: Nachwort zu Rosner (Hg.): Die Universitätskirche, S. 110.

geweiht wurde, verschwiegen, auf welchen Fundamenten er errichtet worden war. So befand der spätere Kulturminister Dietmar Keller in seinem Abriss über die Nachkriegsgeschichte der Leipziger Universität 1978:

»Die große Fürsorge von Partei und Arbeiterklasse für die Entwicklung der Wissenschaft fand am 23. Mai 1968 im Beschluß der Leipziger Stadtverordnetenversammlung über die Errichtung eines zentralen Neubaukomplexes der Karl-Marx-Universität einen sichtbaren Ausdruck.«[268]

Hat »1968« in der DDR nicht stattgefunden?

Der Aktionismus intellektueller Jugendlicher im Umfeld der Leipziger Kirchensprengung, der Verfassungsdiskussion und während des Prager Frühlings kontrastierte mit ihrer Zurückhaltung nach dessen Niederschlagung. Obwohl die Diskussion über die reformsozialistischen Ideen des tschechoslowakischen Erneuerungsversuches wesentlich vom wissenschaftlichen Nachwuchs der DDR diskutiert wurden, gelang es ihm nicht, die ostdeutschen Hochschulen für den Wertehorizont eines demokratischen Sozialismus zu öffnen.[269] Anders als im Westen, wo solche Ideen durch die Studentenbewegung zumindest an den Universitäten gesellschaftsfähig wurden, wurde dies in der DDR verhindert einerseits durch die Stabilisierung der Machtstrukturen mit der 3. Hochschulreform, der Verfassungsnovelle und der Intervention in der ČSSR 1968, andererseits durch die desillusionierende Realität des sozialistischen Gesellschaftsumbaus in Ostdeutschland. Obwohl die Rezeption der marxistischen Klassiker hier deswegen möglicherweise realitätsnaher, »diesseitiger« war als im Westen,[270] blockierte gerade die Politik, die sich auf marxistisch-leninistische Dogmen berief, die Etablierung reformsozialistischer Ideen in weiten Kreisen der DDR-Bevölkerung – voran der Jugend.

Ihre Proteste entbehrten 1968 gerade deswegen weitgehend ideologischer Intentionen. Sie wurden vielmehr von zahlreichen anderen Implikationen aufgeladen. Sowohl in den aktionistischen Protest proletarischer Jugendlicher als auch in den nonkonformistischen Diskurs von Schülern und Studierenden mischten sich vielfach (sub-)kulturelle Elemente. Durch Provokationen grenzten sich beide Gruppen von den älteren Generationen ab und verwarfen deren kulturelle Normen und politisch-ideologische Wertesysteme. Anders als in Polen und der Tschechoslowakei im Osten, anders auch als im Westen trieb in der DDR die junge Arbeiterschaft statt der jungen Intelligenz die Auseinandersetzungen mit dem »Establishment« voran. Möglicherweise ist hierbei der

---

268 Keller, Dietmar: Karl-Marx-Universität 1945–1976. Ein historischer Abriß, in: Wiss. Zeitschrift d. KMU, Gesellschafts- u. Sprachwiss. Reihe, 27 (1978), Nr. 1, S. 143.
269 Vgl. Middell: 1968, S. 144 f.
270 Engler: Konträr, S. 107 f.

»Normenverstoß als pars pro toto« zu verstehen,[271] ist der vielseitige Protest der Arbeiterjugend – anders als der nonkonforme Diskurs des wissenschaftlichen Nachwuchses – als generelle Absage an das sozialistische System und als Rückzug daraus zu interpretieren. Statt gesellschaftlichen Engagements im Sinne der Freien Deutschen Jugend frönte sie den Reizen der allmählich auch im Osten prosperierenden Konsumkultur, die allerdings ebenfalls aus den urbanen Zentren der Gesellschaft abwanderte.

Trotz verschiedener Impulse aus Ost und West, die sowohl dem reformsozialistischen Diskurs als auch der subversiven Jugendkultur innewohnten, brachen in der DDR keine generationellen Konflikte in der Tragweite auf, wie sie vor allem in Westeuropa, vorübergehend auch in der ČSSR und in Polen zu beobachten waren. Der angestaute Druck in Ostdeutschland entlud sich spontan, heftig und kurzfristig. Das impulsive Aufbegehren der jungen Generation aber konnte mit Hilfe effektiver Disziplinierungs- und Repressionsmechanismen innerhalb der etablierten Machtstrukturen reguliert werden. Der vorübergehende Autoritätsverlust der Staats- und Parteiführung wurde durch erprobte Strategien der Konfliktvermeidung und -neutralisation von beiden Seiten aufgefangen und mündete in eine Art »Konsens-Diktatur«,[272] deren Stabilität sich allerdings erst noch erweisen musste. Die Eruptionen von 1968 aber waren vorerst verpufft, »1968« schien in der DDR nicht stattgefunden zu haben.

---

271 Vgl. Terray, Emmanuel: 1968 – Glanz und Elend der Intellektuellen; in: François u. a. (Hg.): 1968, S. 39 f.; Engler: Konträr, S. 108; Middell: 1968, S. 145; Zwahr: Den Maulkorb, S. 14.
272 Middell: 1968, S. 145; vgl. Engler: Konträr, S. 106.

4. Im Spannungsfeld der Weltanschauungen – zwischen Staat und Kirche

»Eine Ghetto-Existenz«: Kirchliche Jugend in der Minderheit

Der lebhafte Protest gegen die Zerstörung der Leipziger Universitätskirche 1968 konnte darüber hinwegtäuschen, dass die Kirchen in der DDR in den sechziger Jahren zunehmend an Bedeutung verloren hatten. Die Einschätzung der Sicherheitsorgane, vor allem die kirchlich gebundene Jugend habe hinter den Protesten gestanden, mochte zwar zutreffen, war aber mit Vorsicht zu betrachten. Der Eindruck der staatlichen Ordnungsmacht beruhte vorwiegend auf gefestigten Vorurteilen. Diese fanden sich auch in der bereits zitierten Dienstanweisung Nr. 4/66 »zur politisch-operativen Bekämpfung der politisch-ideologischen Diversion und Untergrundtätigkeit unter jugendlichen Personenkreisen in der DDR«, worin die Staatssicherheit den Kirchen einen besonderen Stellenwert zumaß. Die Dienstanweisung zählte nicht nur kirchliche Einrichtungen in einem Atemzug mit »westlichen Agentenzentralen« auf, sondern führte unter »Erscheinungen der ideologischen Zersetzung« aus:

> »Konkret zeigen sich derartige Auswirkungen z.B. in [...] Verstärkung der kirchlichen Aktivität auf dem Gebiet der Jugend, Aktivierung kirchlicher Jugendgruppen, Ablehnung des Wehrdienstes usw.«[1]

Die intensive Beobachtung der Kirchen durch die Staatssicherheit ist in erster Linie als Indiz dafür zu werten, dass die christliche Minderheit in der DDR und ihre Institutionen von Partei und Staat permanent als potenzielle politische Gegner wahrgenommen wurden. Der Grund dafür ist darin zu sehen, dass die beiden großen Konfessionen über die einzigen unabhängigen intermediären Organisationen in der ostdeutschen Gesellschaft verfügten. Das große Interesse der Staatsorgane an den Kirchen kaschiert indes den fortschreitenden Bedeutungsverlust, dem die Kirchen seit den fünfziger Jahren innerhalb der DDR ausgesetzt waren. Dieser Bedeutungsverlust ist zudem 1989/90 dadurch überdeckt worden, dass den Kirchen eine besondere Rolle beim Zusammenbruch des SED-Staates zugekommen und angetragen worden war.[2]

Während die Katholiken schon vor 1945 auf dem Gebiet der späteren DDR eine Minderheit gewesen waren, hatten die evangelischen Landeskirchen seit-

---

1 MfS, Dienstanweisung Nr. 4/66, BStU, Neiber, 871, Bl. 17 u. 19.
2 Vgl. kritisch dazu den Sammelband von Rendtorff, Trutz (Hg.): Protestantische Revolution? Kirche und Theologie in der DDR. Göttingen 1993; Pollack: Kirche, S. 446–455.

her in extremer Weise ihren Status als »Volkskirche« eingebüßt.[3] Hatten 1949 noch 80,5 Prozent der Gesamtbevölkerung den evangelischen Kirchen angehört und sich 11 Prozent zum Katholizismus bekannt, so war bis zur Volkszählung 1964 der Anteil der Protestanten auf 60, der der Katholiken auf 8 Prozent zurückgegangen, während der der Konfessionslosen von 7 auf 32 Prozent gestiegen war.[4] Die kirchlichen Strukturen waren dabei keineswegs homogen. Es gab einzelne Regionen und Orte, wo weite Kreise der Bevölkerung eine relativ starke kirchliche Bindung behielten, und andere, wo die Kirchen trotz starker Säkularisierung institutionell relativ präsent waren.

Dazu gehörte Leipzig, befanden sich hier doch viele kirchliche und theologische Einrichtungen, u. a. die Theologische Fakultät der Karl-Marx-Universität, eine kirchliche Hochschule (das Theologische Seminar) und das Predigerseminar St. Pauli. Eine Besonderheit stellte die Thomasschule dar, griffen doch an dieser Erweiterten Oberschule in der Ausbildung der Thomaner sozialistische Bildung und Erziehung mit der Pflege kirchenmusikalischer Traditionen ineinander. Vor diesem Hintergrund betrachteten Staat und Partei die sächsische Metropole als besonderes Exerzierfeld der Kirchenpolitik, als »ideologischen Schwerpunkt der staatlichen Arbeit auf diesem Gebiet«.[5]

Dem Ringen um die Jugend kam dabei von Anfang eine besondere Bedeutung zu: Die heftigsten Fehden des »Kirchenkampfes« der fünfziger Jahre wurden um die Jugend ausgetragen. Kirchliche Jugendgruppen waren ständigen Attacken seitens der Staatsorgane und der Freien Deutschen Jugend ausgesetzt. Den Höhepunkt erreichten diese Auseinandersetzungen, in denen Junge Gemeinden wie Studentengemeinden der Diversion im Auftrag der westdeutschen Kirchen und der NATO beschuldigt wurden, 1953.[6] Im Umfeld der Ungarnkrise von 1956 eskalierte die Kirchenpolitik der SED erneut mit der Verhaftung des Leipziger Studentenpfarrers Siegfried Schmutzler wegen antisozialistischer Propaganda, so genannter »Boykotthetze«.[7] Schmutzler avan-

---

3 Vgl. ebd., S. 373–424; Pollack, Detlef: Von der Volkskirche zur Minderheitskirche, in: Kaelble u. a. (Hg.): Sozialgeschichte, S. 271–294. – Allerdings verschleiert der Begriff »Volkskirche« die Intensität kirchlicher Bindungen verschiedener Bevölkerungsgruppen und die tatsächliche Bedeutung der Kirchen gerade für die unterbürgerlichen Schichten.
4 Pollack: Kirche, S. 373 f., insb. Tab. 1. In den folgenden zwanzig Jahren sanken diese Anteile auf ca. 25 bzw. 5 Prozent, die Zahl der Konfessionslosen wuchs hingegen um fast 40 Punkte auf fast 70 Prozent.
5 Rat d. Stadt Leipzig, Ref. Kirchenfragen, Konzeption, 10.4.1970, SächsStAL, SED, IV B-5/01/254, S. 1.
6 Vgl. Besier: Der SED-Staat [Bd. 1], S. 106–139; Pollack: Kirche, S. 115–123 passim; Skyba: Vom Hoffnungsträger, S. 208–233. – Die umfassendste Arbeit zur Geschichte der KSGn stammt von Straube, Peter-Paul: Katholische Studentengemeinde in der DDR als Ort eines außeruniversitären Studium generale, Leipzig 1996, zur Geschichte der ESGn von Noack, Axel: Die evangelischen Studentengemeinden in der DDR: Ihr Weg in Kirche und Gesellschaft 1945–1985, Merseburg 1984 (unveröff. Ms.); vgl. Ders.: Feindobjekt: Evangelische Studentengemeinde, in: Vollnhals, Clemens (Hg.): Die Kirchenpolitik von SED und Staatssicherheit. Eine Zwischenbilanz. Berlin 1996, S. 298–328.
7 Vgl. insb. die Autobiografie von Schmutzler, Siegfried: Gegen den Strom. Erlebtes unter Hitler und der Stasi. Göttingen 1992, sowie Jostmeier, Friedhelm: Die Evangelische Studen-

cierte damit zur Symbolfigur antikirchlicher Repression, die sich vorrangig im Umgang mit christlichen Jugendlichen äußerte.

Die Kontroversen wurden oft gar nicht institutionell ausgetragen, sondern in den individuellen Bereich verlagert. Deswegen stellte nicht nur das Leben der Jungen Gemeinden, der Studentengemeinden oder anderer Einrichtungen der kirchlichen Jugendarbeit einen Gradmesser für das kirchenpolitische Klima in der DDR dar. Häufig bekamen Jugendliche und ihre Familien hautnah die verschiedenen Wetterlagen zu fühlen. Schlugen sich einerseits kirchenpolitische Auseinandersetzungen oft im Privatleben und in der gesellschaftlichen Entwicklung insgesamt nieder, widerspiegelten die kirchenpolitischen Entwicklungen andererseits auch immer den gesellschaftlichen Wandel der DDR.

Waren die Jungen Gemeinden, also die Jugendkreise der einzelnen Kirchengemeinden, und die Studentengemeinden beider Konfessionen als angebliche Organisationen ein bevorzugter Angriffspunkt der Herrschenden, so bildete die Sammlung christlicher Kinder und Jugendlicher an Wochenenden und in den Ferien zu so genannten »Rüstzeiten« oder »Freizeiten« ein kirchliches Arbeitsfeld, das ebenfalls permanenten Attacken ausgesetzt war.[8] Zu einem neuen Konfliktfeld entwickelte sich seit den sechziger Jahren die so genannte »offene Jugendarbeit« der Kirchen. Die Kirchen ihrerseits betrachten vor allem die Bildungspolitik als Ort, an dem ihre Kritik gefordert war, wobei neben der Frage nach dem Zugang zu höheren Bildungseinrichtungen die Verankerung der Jugendweihe und die Ausweitung der vormilitärischen Ausbildung im Mittelpunkt standen.

Grundsätzlich rangen Staat und Kirchen in all diesen Auseinandersetzungen darum, sich den Einfluss auf die nachwachsenden Generationen zu sichern. Deshalb ist auch das rege staatliche Interesse an der kirchlichen Jugendarbeit unter den genannten Prämissen zu betrachten: Es ist ein Indiz für die Bedeutung, die die Herrschenden dem Feld der Jugendpolitik zuschrieben, nicht aber für den Wirkungsgrad kirchlicher Jugendarbeit. So ist etwa das Verbot vom Oktober 1967, im staatlichen Einzelhandel Kreuze und andere »der sozialistischen Erziehung der Jugend fremde oder ihr widersprechende Embleme, Anhänger, Ketten u. ä.« zu vertreiben,[9] kaum als Beleg für eine plötzliche Christianisierungswelle unter den ostdeutschen Jugendlichen zu werten. Dagegen spricht schon die Aussage von Jugendlichen, dass sie mit den Kreu-

---

tengemeinde Leipzig (1950 bis 1963). »Insel des Individualismus« oder »Hort der Reaktion«?, in: Dähn, Horst; Gotschlich, Helga (Hg.): »Und führe uns nicht in Versuchung …«. Jugend im Spannungsfeld von Staat und Kirche in der SBZ/DDR 1945 bis 1989. Berlin 1998, S. 140–146. – Zur gleichen Zeit wurde der Weimarer Studentenpfarrer Martin Giersch – wie bereits 1949 der kath. Studentenseelsorger Hermann Jansen, Rostock, und 1953 der Studentenpfarrer Johannes Hamel, Halle, – verhaftet. Vgl. Neubert: Geschichte, S. 75 f. u. 124 f.; Pollack: Kirche, S. 115–123 u. 146 f.; Straube: Katholische Studentengemeinde, S. 79 f.

8 Ueberschär, Ellen: Der lange Atem der kirchlichen Jugendarbeit. Repression von Freizeiten und Rüstzeiten, in: Dähn/Gotschlich (Hg.): »Und führe uns …«, S. 174–181.

9 FDJ-ZR/Min. f. Kultur, Maßnahmeplan, Berlin 23.10.1967, SAPMO-BArch, DY/30/IV A 2/16/5, S. 6.

zen, die sie um den Hals trugen, »dokumentieren wollen, daß sie ›wie Christus am Kreuz leiden müssen‹.«[10] Religiöse Symbole dienten der weitgehend entkirchlichten Jugend meist zur Demonstration von Nonkonformismus.

Für die Annahme einer expandierenden Religiosität unter der ostdeutschen Jugend in den sechziger Jahren fehlte bereits die zahlenmäßige Grundlage, wurde sie doch schon nicht mehr von der radikalen Säkularisierung der jungen DDR erfasst. Die Jugend der sechziger Jahre erbte nicht mehr die volkskirchlichen Traditionen, die die Generation ihrer Eltern zwar noch übernommen, dann aber mit ihnen gebrochen hatte. So war im kirchlichen Bereich bereits zur Zeit des Mauerbaus eine massive Tradierungskrise zu beobachten. Jugendliche erlebten religiöse Praktiken wie Gebete, Lieder oder Gottesdienst- bzw. Messbesuche in der eigenen Familie – wenn überhaupt – oft nur noch bei den Großeltern. So erinnert sich Gernot Grünspecht:

»[…] meine Großmutter, die mütterliche Linie, meine Mutter ausgenommen, […] also die Frauen waren schon religiös, ohne jetzt aktive Kirchgänger gewesen zu sein. Mein Vater war nie in der Kirche, soweit ich mich besinnen kann, und mein Großvater war eben nur, wenn die Oma gehen wollte, mit […] in der Kirche. Also so eine religiöse Erziehung habe ich im Elternhaus nicht erfahren. Ich habe, das war einfach damals in den fünfziger Jahren noch […] Tradition, […] vielleicht so bis '57 die Christenlehre, die noch im Rahmen der Schule angeboten wurde, besucht. Aber das war mir, ich weiß nicht warum, […] einfach zu albern. Also ich habe mich dann irgendwie lustig gemacht über diese Geschichten, habe dann den Religionsunterricht auch nicht mehr besucht.«[11]

Die Ablösung von kirchlichen Traditionen konnte auch durch Freunde oft nicht korrigiert werden. So wie religiöse Praktiken in der Welt der Großeltern lokalisiert wurden, konnte der Eindruck, Kirchen gehörten zu einer Welt von gestern, dadurch verstärkt werden, dass einige kirchlich gebundene Familien gesellschaftspolitisch unnahbar oder nahezu unantastbar zu bleiben schienen. Das Beharren in politischen Fragen auf einem eigenen, oft kontroversen Standpunkt ließ christliche Familien als eine Spezies erscheinen, die von gesellschaftlichen Evolutionsprozessen weitgehend unberührt blieb. Das galt manchmal nicht nur in politischer Hinsicht, wie Erinnerungen von Sabine Ulmer und Monika Hahn an Kinder in ihren Schulklassen zeigen:

»[…] die waren sehr christlich, und die armen Kinder, […] die waren furchtbar angezogen für unsere Verhältnisse, wirklich furchtbar angezogen, die mussten immer mit ihrer Trompete zu allen möglichen Anlässen vor der Kirche stehen und blasen.«

---

10 RdB Dresden, Abt. Volksbildung, Vorkommnisse, 24.1.1968, zit. Geißler u.a. (Hg.): Schule, Dok. 315, S. 523.
11 Gernot Grünspecht*, Interview, Berlin 16.11.1999.

»Wir hatten Zwillingsschwestern mit drin. Die waren unmöglich angezogen, die waren vom Elternhaus wahrscheinlich schon so. Es war aber wohl auch ein katholischer Haushalt. Das waren bildschöne Mädchen und sahen aus wie in Asche und Sack, wirklich wahr.«[12]

Ungeachtet des Erscheinungsbildes dieser Kinder zeigt ihre Einbindung in eine bestimmte kulturelle Tradition, dass sie in einem besonderen Wertesystem verortet wurden. Das aber war den meisten Kindern und Jugendlichen dieser Zeit bereits fremd.

Gegenüber der radikalen Säkularisierung der fünfziger Jahre stabilisierten sich die kirchlichen Strukturen seit dem Mauerbau – wenngleich auf einem sehr niedrigen Niveau. So stagnierte seit Anfang der sechziger Jahre der Anteil religiös gebundener Jugendlicher bei 12 bis 15 Prozent, während der Anteil überzeugter Atheisten seit Mitte des Jahrzehnts wieder zurückging. Lag er 1962 noch bei 53 und 1964 bei 51 Prozent, so sank er bis 1967 auf 47 und bis 1969 auf 43 Prozent. Die ohnehin lockere Bindung an die Kirchen ging gerade in der jungen Arbeiterschaft schnell verloren. Während 1969/70 der Anteil religiös gebundener Jugendlicher an den Schulen um 15 Prozent lag, betrug er unter Lehrlingen nur 6 Prozent; allerdings bekannten sich auch nur 9 Prozent der Studierenden zu einer Religion.[13] Nach einer Umfrage des Leipziger Zentralinstituts für Jugendforschung lagen 1969 die entsprechenden Werte um jeweils 3 bis 4 Prozentpunkte höher. Zudem gaben hier 6,8 Prozent der jungen Arbeiter in der Industrie und 8,0 Prozent in der Landwirtschaft an, sie seien »überzeugt von Religion«.[14] Diese Ergebnisse bestätigen eine Einschätzung der Leipziger SED-Bezirksleitung, wonach die ländliche Bevölkerung, einschließlich der Jugend, stärker kirchlich gebunden sei als die in den Städten.[15]

Die Kirchen selbst versuchten während der gesamten sechziger Jahre, u. a. mit methodischen Neuerungen in der Jugendarbeit auch bislang kirchenferne Kreise für sich zu gewinnen. Allerdings verbuchten sie kaum Erfolge bei ihren Bemühungen, mit ihren Angeboten die Arbeiterjugend anzusprechen. Unter Jugendlichen aus bürgerlichen Schichten hingegen erfreuten sich diese Angebote einer anhaltenden, wenngleich schwankenden Nachfrage.[16]

12 Sabine Ulmer, Interview, Leipzig 22.8.2000; Monika Hahn, Interview, Leipzig 23.8.2000; vgl. Kleßmann: Kinder, S. 16.
13 Friedrich, Walter: Weltanschauliche Positionen der Jugend, in: Ders. u. a. (Hg.): Das Zentralinstitut, Tab. 1, S. 185, sowie Tab. 2 u. 3, S. 186 u. 188.
14 Freizeit 69, ZA, 6036.
15 O. Verf., Analyse, Leipzig 3.3.1967, SächsStAL, SED, IV A-2/9.02/342, Bl. 24f. Diese Einschätzung beruht auf Untersuchungen aller SED-KL im Bezirk Leipzig, in SächsStAL, SED, IV A-2/9.02/343.
16 Vgl. Rat d. Stadt Leipzig, Stellv. f. Inneres, Informationsbericht, Leipzig 3.2.1972, SächsStAL, SED, IV C-5/01/274, Bl. 5; Ders., Einschätzung, 6.10.1966, SächsStAL, SED, IV A-5/01/231.

Tatsächlich wurden christliche Traditionen vorrangig im bürgerlichen Milieu bewahrt, voran der Intelligenz. Aber selbst in diesen Kreisen war die rasante Entkirchlichung zu beobachten und zum Teil auf den gravierenden Umbau der intellektuellen Elite seit den fünfziger Jahren zurückzuführen. So hatten auch die meisten Jugendlichen aus bürgerlichen Familien keine oder nur noch lockere Bindungen zur Kirche. Der Unternehmersohn Harald Fritzsch zum Beispiel wuchs in einer Familie auf, in der das christliche Bekenntnis nicht hinterfragt wurde. Es gehörte ebenso wie Literatur oder klassische Musik zur typischen Sozialisation. Ohne sich für theologische Fragen zu interessieren, entwickelte Fritzsch ein spezifisches Interesse am kirchlichen Leben, das vorwiegend politischen Fragen entsprang. So hätte ihn beispielsweise die Evangelische Studentengemeinde in erster Linie als politischer Freiraum interessiert: »Ich hab das mehr als 'nen Hort der Opposition gesehen, mehr [als] 'ne politische Veranstaltung als eine kirchliche.«[17]

Fritzsch stand mit dieser Wahrnehmung keineswegs allein. Nicht nur staatliche Stellen unterstellten kirchlichen Kreisen, sie würden als politische Opposition aktiv. Auch große Teile der Öffentlichkeit nahmen (nicht zuletzt auf Grund der massiven Kampagnen gegen die Studentengemeinden und die kirchliche Jugendarbeit insgesamt) diese als oppositionelle Kräfte wahr.[18] Geradezu typisch war insofern die oben zitierte Gegenüberstellung von FDJ-Mitgliedschaft und Christentum, die Jugendliche allerdings auch verschrecken konnte. So war dem jungen Gernot Grünspecht die Auseinandersetzung kirchlicher Jugendgruppen mit dem Marxismus zu einseitig, weshalb er fortan die Junge Gemeinde der Leipziger Thomaskirche mied:

»[…] Junge Gemeinde war ich auch mal, also da war ich schon älter, ich denke mal siebentes Schuljahr. Und, was Marxismus ist und so, das wollte ich schon wissen, also war ja nun wirklich nicht ohne rationalen Kern. Und [...] jedenfalls, das kann auch eine Fehlwahrnehmung oder ein unglücklicher Tag gewesen sein, [...] ich hatte den Eindruck mit dieser Jungen Gemeinde am Thomaskirchhof gewonnen, dass die den Marx [...] runterputzen, da stimmt überhaupt nichts, und gar lächerlich machen, und das war mir nun auch keine Auseinandersetzung, nicht wahr. Wie gesagt, kann falsch gewesen sein, [...] und das war das letzte Mal, dass ich selber noch suchend oder durch Bekanntschaft vermittelt mit Kirche in Berührung gekommen bin [...].«[19]

Der Eindruck permanenter Konfrontation mit dem SED-Staat wurde nicht nur durch solche – möglicherweise typischen – Erfahrungen genährt, sondern vor allem durch den Umstand, dass die Kirchen als einzige Institutionen in der sozialistischen Gesellschaft der DDR nicht nur Freizeitangebote für Jugend-

---

17 Harald Fritzsch, Interview, Berlin 9.2.2000. Vgl. Kleßmann: Relikte, S. 271–294; Skyba: Vom Hoffnungsträger, S. 218f.
18 [Verf. unleserl.,] Informationsbericht, 9.12.1966, SächsStAL, SED, IV A-4/14/89.
19 Gernot Grünspecht*, Interview, Berlin 16.11.1999. Vgl. Kap. 1, S. 43.

liche bereit hielten. Sie betrieben sogar eigene Ausbildungsstätten. Diese galten als Horte relativer Freizügigkeit, obwohl zumindest die berufsbildenden Einrichtungen, wie Krankenpflegeschulen, weitgehend staatlichen Richtlinien unterlagen. Deutlich freier gestaltete sich der Lehrbetrieb an den kirchlichen Hochschulen, darunter dem Theologischen Seminar Leipzig, und an ihren Vorausbildungsstätten, den so genannten Proseminaren in Potsdam-Hermannswerder, Naumburg und Moritzburg. All diese Einrichtungen waren den staatlichen Stellen ein Dorn im Auge, beobachteten sie hier doch eine »Konzentration klassenfeindlicher Elemente«.[20] Sie witterten in den kirchlichen Ausbildungsstätten Keimzellen oppositioneller Bewegungen, da die Einrichtungen den Kirchen zur »Schaffung ihres zuverlässigen reaktionären Nachwuchses« dienten. Nach einem Bericht aus dem Jahre 1967 bedrohte das ernsthafte kirchliche Engagement für die eigenen Lehrstätten die Ausgestaltung des sozialistischen Bildungssystems und die Durchsetzung des Erziehungsprinzips der sozialistischen Persönlichkeit:

> »[E]s wurde der Versuch offensichtlich, die kirchlichen Ausbildungsstätten zu Konkurrenzstätten [zu] der verfassungsmäßig verankerten Ausbildung der Jugend in den staatlichen Einrichtungen zu entwickeln, um einen Teil Jugendlicher von einer positiven Beeinflussung in den staatlichen Oberschulen, Universitäten und Fachschulen fernzuhalten.«[21]

Der kritische Geist an den kirchlichen Ausbildungsstätten war in hohem Maße auf die bildungspolitische Praxis der DDR selbst zurückzuführen. Als »Sammelpunkte unruhiger Geister« konnten sie sich auch deswegen qualifizieren, weil sie Jugendlichen die Möglichkeit einer Ausbildung oder eines Studiums boten, die ihnen vom Staat verweigert worden waren.[22] So verzeichneten die kirchlichen Ausbildungsstätten gerade am Anfang der siebziger Jahre einen wachsenden Zulauf, als etliche Studierende die staatlichen Hochschulen verließen, um der Verpflichtung zur militärischen Ausbildung zu entgehen.[23] Vor diesem Hintergrund erschienen die kirchlichen Ausbildungsstätten als kleine Enklaven mit einer relativ offenen Atmosphäre in der ideologisch überformten Bildungslandschaft der DDR.

Das Gleiche galt für die Jungen Gemeinden und die Studentengemeinden. Durch die Orientierung an Werten, die nicht den Idealen von Staat und Partei entsprachen, wurden kirchliche Jugendkreise von vornherein zu Resistenzbe-

---

20 RdB Leipzig, Ref. Kirchenfragen, Material, o. D. [Okt. 1968], SächsStAL, SED, IV B-4/14/669.
21 SED-ZK, Abt. Kirchenfragen, Einschätzung, Berlin 15.2.1967, SAPMO, BArch, DY/30/IV A 2/14/43, Bl.1f. Vgl. BDVP Leipzig, Abt. Schutzpolizei, Kurzeinschätzung, 3.3.1971, SächsStAL, SED, IV/B-2/14/668, S.3 passim.
22 Kähler, Christoph: Kirchliche Hochschulen in der DDR, in: Pasternack, Peer (Hg.): Hochschule & Kirche. Theologie & Politik. Berlin 1996, S.246; vgl. ebd., S.241–250; Linke: Theologiestudenten, S.11–30; Kleßmann: Kinder, S.13–15.
23 Vgl. SED-ZK, Abt. Wiss., Aktennotiz, Berlin 6.1.1972, SAPMO-BArch, DY/30/IV B 2/9.04/126; MHF, Information, Berlin o.D. [28.5.1974], ebd., S.2f.

reichen innerhalb der DDR-Gesellschaft. Die Studentengemeinden galten bis in die sechziger Jahre hinein und oft darüber hinaus als »die einzige Studentengemeinschaft, wo man seine Meinung ungestraft frei äußern und seinen Kommilitonen vertrauen konnte«.[24] Andere hielten zur Jungen Gemeinde, »weil sich dort ein Potenzial versammelte, dem ich woanders wirklich nicht begegnete«, so Ingrid Göcke.[25] Vor diesem Hintergrund betrachtete und behandelte die SED die kirchlichen Gruppen permanent als oppositionelle Organisationen, obwohl sich in der kirchlichen Jugendarbeit insgesamt keine zielgerichteten oppositionellen Aktivitäten nachweisen ließen.

Unter dem Eindruck relativer Freiheit in kirchlichen Gruppen und Einrichtungen entwickelte sich in einigen Kreisen der ostdeutschen Gesellschaft ein Anspruch an die Kirchen, gesellschaftspolitisch besonders offensiv zu agieren. Dieses Anspruchsdenken ignorierte, dass die Kirchen selbst aus der Sicht der Herrschenden ein politisches Problem darstellten. Die Kirchen waren deswegen zeitweilig zu taktischen Überlegungen gezwungen, die notwendig waren, um die erhaltenen oder hinzugewonnenen Autonomiespielräume nicht zu gefährden.[26] Folglich konnten die Kirchen diesem Anspruchsdenken nicht immer gerecht werden und wollten dies zum Teil auch gar nicht. Die Kirchenleitungen der beiden großen Konfessionen registrierten außerdem, dass ihre Verlautbarungen zu gesellschaftlichen, insbesondere ethischen Problemen auf sehr verschiedene Resonanz stießen:

»Dabei ist interessant festzustellen, daß ein Bischofswort dort gefordert wird, wo es den Emotionen entgegenkommt, dort aber abgelehnt wird, wo es unmittelbar vor eine persönliche Entscheidung mit allen ihren Konsequenzen stellt, obgleich es seinerzeit, ebenfalls aus emotionalen Erwägungen heraus begrüßt wurde.«[27]

Die Kirchen waren also als politische Kraft durchaus gefragt. Deshalb stand gerade die katholische Kirche wegen ihrer politischen Zurückhaltung vor einem großen Problem. Die Kriterien für die öffentlichen Stellungnahmen katholischer Bischöfe waren für Laien kaum zu erkennen, was zunehmend Unbehagen auslöste. Auf Missfallen stießen auch einzelne Lehrmeinungen, die – etwa auf dem Gebiet der Sexualethik – nicht mehr zeitgemäß zu sein schienen. Dabei kollidierten die katholische wie die protestantische Ethik nicht selten mit gesellschaftspolitischen Entscheidungen der DDR-Führung. Die rigo-

---

24 Zeitzeuge (Jg. 1927), Erhebungsnr. 1228, in: Krönig/Müller: Anpassung, S. 351. Vgl. Hptm. Jeschke, Studienmaterial zur Lage der Studenten […], Okt. 1963, BStU, MfS-JHS-MF-ZTgb. 720/63, Bl. 52.
25 Ingrid Göcke, Interview, Freising 23.10.2000. Vgl. Henkys, Reinhard: Die Opposition der »Jungen Gemeinde«, in: Henke u. a. (Hg.): Widerstand, S. 155–161.
26 Vgl. Pollack: Kirche, S. 190–200; Schäfer: Staat, S. 234–326.
27 AG Studentenseelsorge, Fragen des Weltdienstes in der heutigen Welt und in unserer Situation, Berlin 5.12.1967, BAEF, ROO, A II 19, S. 4. – Vgl. zum Folgenden Schäfer: Staat, S. 236.

rose Ablehnung von Maßnahmen, wie etwa der Liberalisierung des Schwangerschaftsabbruchs im März 1972, durch den katholischen Episkopat schien zwar konsequenter zu sein als die abwägende Haltung der evangelischen Kirchenleitungen; aber deren ausgewogene Argumentation, die ebenfalls auf eine Ablehnung der so genannten »Fristenlösung« hinauslief, war gesellschaftsfähiger. Sie war der Öffentlichkeit wegen der sachlichen Abwägung von Vor- und Nachteilen eher zu vermitteln als der Standpunkt der katholischen Bischöfe.[28]

Wegen ihrer unerschütterlichen Position zu Fragen der Sexualmoral erregte die katholische Kirche selbst unter Jugendlichen aus den eigenen Reihen häufig Befremden. Noch Ende der sechziger Jahre kamen katholische Jugendseelsorger zu dem Schluss, dass verschiedene gesellschaftliche Aktivitäten für Jugendliche nicht nur aus politischen Gründen problematisch seien, sondern weil vielerorts »unpädagogische Kräfte« und »sexual-moralische Gefahren« lauerten. Deswegen seien etwa vor dem Eintritt in einen Sportverein folgende Überlegungen anzustellen, wobei für eine Mitgliedschaft folgendes spreche:

»Sport zu treiben ist auch für Christen gut. Besonders der Christ sollte seinen Körper und seinen Willen nicht verweichlichen (oft wird uns das ja nachgesagt). [...] Dagegen spricht, daß bewußt die Sportveranstaltungen auf den Sonntag gelegt werden, damit der Christ vom Gottesdienst abgelenkt wird. [...] Dagegen spricht, daß die Sportgemeinschaft meist geschlossen zum Deutschen Turn- und Sportfest fahren und unsere Jungen und Mädchen dabei oft in ein Milieu kommen, dem sie sittlich nicht gewachsen sind, soweit sie noch in der Entwicklung stehen.«[29]

Auch konnte Jugendlichen nur schwer vermittelt werden, warum die katholische Jugendarbeit an der Geschlechtertrennung festhielt, während selbst die prüde sozialistische Moral sukzessive gelockert wurde. Gerade diese Lockerung von ethischen und moralischen Konventionen aber wurde in kirchlichen Kreisen zum Teil mit großer Skepsis verfolgt. Zwar stellten einige katholische Jugendseelsorger 1969 mit Beruhigung fest, dass die Auflösung gesellschaftlicher Konventionen in der DDR noch nicht so weit vorangeschritten sei wie in der Bundesrepublik. Sie warnten aber zugleich vor zu viel Optimismus, da das gesellschaftliche Klima hier eine offene Auseinandersetzung mit dem sittlich-moralischen Wandel verhindere:

»Der Konsumfall ist in der DDR anders geartet [als in der BRD], und das Bild der modernen Konsumgesellschaft ist hier noch nicht so ausgeprägt. [...] Die straffe gesellschaftliche Zucht des Sozialismus schafft eine relativ stabile sittliche ›Ordnung‹. Wenigstens was das öffentliche Erscheinungsbild angeht. Sittliche Miß-

---

28 Vgl. Bischöfe u. Bischöfl. Kommissare i. d. DDR, Erklärung, Berlin 3.1.1972, in: Lange u. a. (Hg.): Katholische Kirche, Bd. 1, Nr. 72, S. 247f.
29 AG Jugendseelsorge, Thesenpapier, o. D. [1967?], BAEF, AG Jug. o. Sign., S. 1 u. 3f.

stände werden dadurch verdeckt und bleiben in ihrer Gefährlichkeit unerkannt.«[30]

Paradoxerweise »einte« die ablehnende Haltung westlicher Formen der Jugendkultur vorübergehend Teile der Kirchenhierarchie sowie des Kirchenvolkes mit der politischen Führung der DDR.[31] So erinnert sich die Ärztin Monika Mayerhofer zusammen mit ihrer Mutter, ihre Eltern hätten sich aus zweierlei Gründen entschieden, in der DDR zu bleiben. Obwohl ihr Vater als bekennender Christ in seiner Arbeit als Kinderarzt zunehmend behindert wurde, habe er zum einen aus religiös begründeter Verantwortung dem wachsenden Druck standhalten wollen. Zum anderen aber habe er seine Familie vor den moralischen Anfechtungen der Moderne bewahren wollen, was in der DDR leichter gewesen wäre als in der Bundesrepublik:

> »[…] auch bei meinem Vater – […] er war Assistenzarzt hier in Leipzig – und praktisch hatten sie auch meinen Vater von der Uni weggeschickt und [… er musste] an ein kleines Landkrankenhäuschen einfach aus politischen Gründen. Und das hatte ihm selbst schon persönlich die Überzeugung gegeben. Alle anderen haben zu ihm gesagt, geht mit euren Familien […] in den Westen. Aber er wollte eigentlich – […], also mit der Mutter zusammen, haben sie eben überlegt und richtig gefunden, dass der Ort des Christseins, des christlichen Lebens, hier sein muss und, auch wenn man nicht viel reden kann, das Zeugnis geben für die anderen. Auch wenn es um die eigenen Nachteile geht.«[32]

Und ihre Mutter führte aus:

> »Als mein Mann und ich praktisch überlegten, ob wir nach dem Westen gehen oder nicht, ganz am Anfang, als wir erst ein Kind hatten oder zwei Kinder hatten, da war das kurz vor der Mauer, da haben wir gesagt, wir wollen hier das Christentum. Also es muss hier auch christliche Zeugen geben. Das war ein Grund hier zu bleiben. Aber der andere Grund war auch, wir haben damals gesagt, wir glauben, wir können unsere Kinder hier besser erziehen als im Westen, als Christen. Weil […] damals war ja die Mauer noch offen, wir kriegten Zeitschriften und alles mögliche aus dem Westen, und ich habe zu meinem Mann gesagt, das Gift ist so schleichend in diesen West-Zeitschriften. Das merkt man nicht, wo das anfängt, und das geht ganz schnell, da sind die Kinder in der falschen Richtung. Hier ist die Front klar, bis wohin man geht und wo es nicht weitergeht.«[33]

Was in dieser Leipziger Familie konsequent gelebt wurde, mochte Außenstehenden befremdlich erscheinen. Oft standen aber nicht nur kirchenferne Jugendliche einer solchen Auffassung zurückhaltend bis ablehnend gegenüber.

---

30 AG Jugendseelsorge, Anmerkungen, 12.3.1969, BAEF, ROO, A II 22, S. 2.
31 Vgl. die Erinnerungen von Christoph Dieckmann: Äpfel, S. 58 f.; Poiger: Jazz, S. 205; Siegfried: Vom Teenager, S. 612 f.
32 Monika Mayerhofer, Interview, Leipzig 12.9.2000.
33 Frau Mayerhofer sen., ebd.

Sie führte nach einem Bericht der Arbeitsgemeinschaft Jugendseelsorge zur Abkoppelung etlicher Jugendlicher von der Kirche, was jedoch nicht mit einer prinzipiellen Abkehr von ihr gleichzusetzen sei:

»Die Auflösungstendenz der herkömmlichen Pfarrjugendgruppen (formelle Gruppen mit selbständigen Helfern-Jungführern, organisiert nach Alter und Geschlecht) hat im (Berichts-)Jahr 1967 auch in den konservativen Diözesanbezirken spürbar zugenommen. Für die Altersstufe der 14–17jährigen Jungen und Mädchen zeichnet sich vor allem in den Städten [...] die informelle Weise für alle Angebote und Jugendveranstaltungen ab.«[34]

So sahen sich die katholische wie auch die evangelische Kirche gefordert, in der Jugendarbeit nach neuen Wegen zu suchen. Diese Suche artete zeitweilig in eine Gratwanderung aus, der das Kirchenvolk nicht in jedem Falle folgen wollte oder konnte. So nahmen seit Mitte der sechziger Jahre die Versuche verschiedener kirchlicher Kreise zu, die neue Situation nach dem Mauerbau für eine realistische Standortbestimmung der Kirchen und der Christen zu nutzen. Schließlich – so schrieben Vertreter der katholischen Studentengemeinden – habe der Mauerbau etliche Illusionen zerstört:

»Wir [...] haben erkannt, daß in der Vergangenheit Stellung und Möglichkeiten des Christen in dieser Gesellschaft, in diesem Staat von uns unterschätzt wurden, weil wir uns im Status eines ›Bundesbürgers in voto‹ wähnten. Das Ergebnis war: eine Ghetto-Existenz, vergebliche Träume von christlicher und bürgerlicher Aktivität – anderswo, falsche Hoffnung und falsche Abneigung.«[35]

Welche Möglichkeiten christliche Jugendliche in der DDR hätten, blieb in dem Schreiben leider offen. Gleichwohl mehrten sich im Laufe der sechziger Jahre kirchliche Stimmen, die forderten, den eigenen Standort in der sozialistischen, säkularisierten Gesellschaft neu zu bestimmen. Diese Standortbestimmung wurde forciert durch einen Generationenwechsel, der zunehmend die Reihen der kirchlichen Mitarbeiter erfasste. Auch die evangelischen Kirchenleitungen waren davon betroffen. Innerhalb weniger Jahre traten mehrere ältere Bischöfe in den Ruhestand und wurden durch relativ junge, als liberal geltende Theologen ersetzt. In Sachsen etwa wählten 1971 die Synodalen den ehemaligen Leipziger Studentenpfarrer Johannes Hempel als Nachfolger Gottfried Noths zu ihrem Bischof. In dieser Wahl wie auch in den Wechseln an der Spitze der Mecklenburgischen Landeskirche im selben Jahr sowie der Landeskirchen Anhalts und Thüringens im Jahr zuvor sahen die staatlichen Kulturpolitiker eine Bestätigung dafür, dass die Kirchen auf eine generationelle Erneuerung sichtlich Wert legten. So kam der Rat der Stadt Leipzig 1972 zu

---

34 Claus Herold, Bericht, Magdeburg 1.11.1967, zit. Höllen: Loyale Distanz?, Bd. 3/1, Nr. 629, S. 86.
35 Vertreter d. KSGn, Vorschläge, o. D. [1965/66], BAEF, ROO, A II 19, S. 1. Vgl. Noack: Die evangelischen Studentengemeinden, S. 101 f. u. 108.

dem Schluss, dass nicht nur die innerkirchliche Diskussion über Methoden und Inhalte der Jugendarbeit neue Akzente im kirchlichen Engagement setzte: »Die jüngsten Bischofswahlen in 4 Landeskirchen […] zeigen ebenfalls deutlich die Hinwendung der Kirchen zu jüngeren Leuten.«[36]
Die vermuteten Veränderungen waren auch am Wandel kirchlicher Positionen zu beobachten, die bislang nahezu unangefochten zu sein schienen. Am deutlichsten wurde dies im Ringen um die Jugendweihe, wo die Kirchen schon früh eine scheinbar unerschütterliche Stellung bezogen hatten. Die Frage war allerdings, ob sich auch das Kirchenvolk in dieser Stellung halten ließe.

»Des Druckes müde«: Der Kampf um die Jugendweihe

In der Frage der Jugendweihe verbissen sich die Kirchen aus verständlichen Gründen in einen »Weltanschauungskampf«, wurden damit doch theologische Inhalte – vor allem die Frage nach dem Gehorsam gegenüber Gott sowie nach dem religiösen Bekenntnis – unmittelbar berührt. Die Kritik der Kirchen an der Jugendweihe musste deswegen authentisch und nicht als vordergründige politische Taktik erscheinen. Die Auseinandersetzung trug darum einen »Stellvertretungscharakter«, der als Ringen um das Deutungsmonopol von Weltanschauungen das Verhältnis zwischen Staat und Kirchen grundsätzlich betraf. Entsprechend rücksichtslos konnte sie geführt werden.[37]

Gleichwohl wurde die kirchliche Position zur Jugendweihe bereits am Ende der fünfziger Jahre von weiten Teilen des Kirchenvolkes nicht mehr mitgetragen. Auch hier war – wie schon beim überwiegenden Teil der Bevölkerung – eine zunehmende Zurückhaltung und ein Pragmatismus zu registrieren, der letztlich den politischen Gehalt des Rituals ignorierte und seine materiellen und immateriellen Vorteile bereitwillig akzeptierte. Begünstigt wurde diese Anpassung durch die Zurückhaltung, die die Jugendweihe-Ausschüsse seit Anfang der sechziger Jahre in weltanschaulichen Fragen übten. Die unverhohlene Feindschaft gegenüber jedem religiösen Bekenntnis, wie sie noch im Grundsatzbeitrag Robert Havemanns zu dem Buch »Weltall Erde Mensch«, das allen Jugendweihe-Teilnehmern als Geschenk überreicht wurde, zu erkennen war, wich zunehmend einer eher integrativen Propaganda.[38] Statt christliche Jugendliche aus der Gesellschaftspräsentation der Jugendstunden aus-

---

36 Rat d. Stadt Leipzig, Stellv. f. Inneres, Informationsbericht, 3.2.1972, SächsStAL, SED, IV C-5/01/274, Bl. 4. Vgl. Engelbrecht, Sebastian: Kirchenleitung in der DDR. Eine Studie zur politischen Kommunikation in der Evangelisch-Lutherischen Landeskirche Sachsen 1971–1989. Leipzig 2000, S. 88–98, 162–168.
37 Schäfer: Staat, S. 113. Vgl. Diederich u. a.: Jugendweihe, S. 69–73; Kudella u. a.: Die Politisierung, S. 141–184.
38 Robert Havemann: Die Einheitlichkeit der Materie, in: Weltall Erde Mensch. Berlin 1954, S. 7–18. Der Beitrag ist in den folgenden Jahren deutlich verschärft worden: vgl. ebd., 8. Aufl. 1959, S. 11–22, insb. S. 14 f. – Fischer: Wir haben Euer Gelöbnis, S. 137 f.

zugrenzen, sollte nun das harmonisierende Bild einer »sozialistischen Menschengemeinschaft« vermittelt werden.
Tatsächlich ging diese Strategie auf. Viele Eltern sahen die Jugendweihe nicht mehr im Widerspruch zu ihrer privaten Glaubensüberzeugung und ließen sich schließlich darauf ein. Zum Teil waren sie auch des permanenten Druckes überdrüssig, der am Arbeitsplatz oder seitens der Schulen auf sie ausgeübt wurde. Manche Kinder bewiesen hier ein größeres Beharrungsvermögen, standen aber in ihrer Jugend auch erst am Anfang solcher Auseinandersetzungen. Wie differenziert das Problem betrachtet werden musste, verdeutlicht ein Bericht aus dem Bistum Meißen, zu dem die katholischen Gemeinden in und um Leipzig gehörten:

> »Von 17 Seelsorgestellen wird hervorgehoben, dass Eltern die Teilnahme an der J[ugend]w[eihe] nicht als Glaubensverleugnung einsehen und anerkennen wollen und sagen, sie seien sich keiner Schuld bewusst. […] Die meisten Eltern der Jugendweihlinge haben aber ihr Einverständnis erklärt entweder, weil sie selbst schon völlig abständig geworden sind […, oder] aber um materieller Gründe willen […]. Vielfach sind die Eltern dem ständigen Druck gegenüber müde geworden und verängstigt […]. Im Allgemeinen wird gesagt, dass die Eltern der Erfahrung nach viel leichter geneig[t] sind, nachzugeben, als die Jugendlichen selbst.«[39]

Bei der Durchsetzung der Jugendweihe kam den Schulen bzw. den Lehrern eine wichtige Rolle zu. Im Gefolge der Bildungsreform, mit der seit 1965 das Gewicht der schulischen Ausbildung zu Gunsten der politisch-ideologischen Erziehung verlagert wurde, war die Werbung für die Jugendweihe regulär in den Unterricht integriert worden. Damit konnte das weltanschauliche Bekenntnis der Jugendlichen bzw. das ihrer Eltern zum entscheidenden Kriterium für Bildungs- und Aufstiegsmöglichkeiten werden. Tatsächlich beklagten sich die Kirchen seit Mitte der sechziger Jahre wiederholt über die zunehmende Diskriminierung von christlichen Kindern und Jugendlichen im Bildungswesen. 1966 beschwerte sich der sächsische Landesbischof Gottfried Noth zusammen mit seinem Greifswalder Amtsbruder Friedrich-Wilhelm Krummacher beim Vorsitzenden des Ministerrates, Willi Stoph,

> »daß christliche Kinder um ihres Glaubens willen benachteiligt werden. Sie werden damit einer ständigen seelischen Belastung ausgesetzt.
> Wir weisen besonders auf folgendes hin:
> Das für alle geltende Recht auf Bildung wird für Christen durch die Forderung nach einem Bekenntnis zur marxistischen Weltanschauung eingeschränkt. Christliche Schüler mit besten Leistungen werden sehr oft nicht zur [E]rweiterten Oberschule zugelassen, weil sie sich mit ihren Eltern der atheistischen Erziehung versagen.

---

39 Bistum Meißen, Statistik und Erfahrungsbericht […] 1961, o. D., BAEF, ROO, A I 29, S. 4.

Der junge Christ soll sich zum Haß gegen den Feind erziehen lassen.
Bei der Jugendweihe wird der proklamierte Grundsatz der Freiwilligkeit praktisch aufgegeben.«[40]

Ähnlich klangen die Vorwürfe, die fast zur selben Zeit der Vorsitzende der katholischen Berliner Ordinarienkonferenz, Alfred Bengsch, in einem ausgesprochen scharfen Ton Stoph vorlegte. Bengsch äußerte den Verdacht, dass die DDR als »atheistischer Weltanschauungstaat« zwangsläufig »den Vertreter einer anderen Weltanschauung als politischen Gegner, zumindest als politisch unzuverlässiges Element, betrachten« müsse.[41]

Trotz dieser deutlichen Kritik hielten Partei und Staat unbeirrt an ihrer Linie fest. 1970 wurde die Vorbereitung auf die Jugendweihe zum regulären Bestandteil der staatsbürgerlichen Erziehung erklärt. Während sich damit der schulische Alltag für die Schüler nur geringfügig veränderte, wurde den Lehrern nun erheblich mehr Anpassung abverlangt. Von ihrem Engagement bei der Werbung und bei der Durchführung der Jugendstunden hing fortan der Erfolg der Jugendweihe-Vorbereitung wesentlich ab, wie das entsprechende Schulungsmaterial erklärte:

»Folglich haben neben dem Klassenleiter, der in vielen Fällen gleichzeitig Leiter der Jugendstunden ist, auch alle Fachlehrer die Pflicht, durch ihre Unterrichtsarbeit die Effektivität der Jugendstunden und der Feier selbst zu erhöhen.«[42]

Damit erhöhte sich nochmals der soziale Druck auf die christlichen Schülerinnen und Schüler, wurde doch das Bekenntnis zur Politik und zur Ideologie des SED-Staates ein integraler Bestandteil des Unterrichtsstoffes. Stellte dies auch für christliche Familien eine Zumutung dar, so gaben sie gleichwohl dem Druck oft nach. Dem hielten nur noch wenige stand, während die meisten die Jugendweihe als säkularisierten Passageritus duldeten und als Familienfest nutzten.

Schließlich mussten die beiden großen Konfessionen eingestehen, dass sie den Kampf gegen die Jugendweihe verloren hatten. Die Maßnahmen der Kirchenzucht, denen Jugendliche und ihre Eltern zum Teil unterworfen wurden (Verschiebung der Konfirmation um ein Jahr oder öffentliche Distanzierung von der Jugendweihe vor der Gemeinde unter der Androhung, von den Sakramenten ausgeschlossen zu werden), wurden oft als Zumutung empfunden und wirkten insofern eher kontraproduktiv. Der katholische Episkopat musste dies im Laufe der sechziger Jahre akzeptieren und überlegte Anfang der siebziger Jahre, wie die Kirchenzucht so modifiziert werden könnte, dass durch die Zu-

---

40 Krummacher/Noth, Schreiben an Stoph, 26.9.1966, EZA 102/468.
41 Bengsch, Brief an Stoph, 31.10.1966, in Höllen: Loyale Distanz?, Bd.3/1, Nr. 594, S.37.
42 Jugendweihe. Zeitschrift für Mitarbeiter und Helfer, 8/1970, S.7, zit. Fischer: Wir haben Euer Gelöbnis, S.198.

mutungen an die Jugendlichen und ihre Eltern trotz gewisser Härten ihre kirchliche Verankerung nicht gelöst würde.[43] Dass die Bereitschaft zur Buße bei den Eltern und Jugendlichen nicht sonderlich ausgeprägt wäre, wurde auch von evangelischer Seite betont. Zugleich räumten die Protestanten ein, dass man die volkskirchliche Verankerung der ostdeutschen Bevölkerung erheblich überschätzt habe. Deswegen forderte 1968 der Meininger Oberkirchenrat Ernst Köhler:

> »[E]s müßte hier ein Widerstand, bei dem die Eltern restlos versagt haben, aufgegeben werden.
>
> Unser damaliger Aufruf war auch kein echtes Bekenntnis, sondern kam aus der Meinung, daß die Konfirmation so stark im Volksleben verwurzelt [sei], daß die J[ugend-]W[eihe] schon von da her nicht zum Zuge komme. Als die innere Brüchigkeit der Konfirmation deutlich wurde, mußte man Stück um Stück zurückgehen.«[44]

»Politisch unzuverlässige Elemente«: Christliche Kinder auf dem Bildungsweg

Konsequenter konnten die Kirchen ihre Positionen zu Fragen der Bildung und der Erziehung vertreten. Die Auseinandersetzungen in diesem Bereich konnten auch deshalb mit unverminderter Schärfe geführt werden, weil sich die Positionen der beiden großen Konfessionen hier in nahezu allen Fragen deckten. Die Linie, die sie in dieser Debatte vertraten, war bereits in der Diskussion über das Jugendgesetz von 1964 vorgezeichnet. Beide Kirchen wehrten sich vor allem gegen die gesetzliche Fixierung der marxistisch-leninistischen Weltanschauung als gesellschaftlicher Grundposition und sahen darin einen Angriff auf die Gewissensfreiheit der Jugend. Christliche Jugendliche selbst sahen sich mit der Möglichkeit konfrontiert, nach dem Gesetz als imperialistische Agenten und Reaktionäre diskriminiert zu werden. So schrieb neben anderen ein junger Christ aus Leipzig-Schleußig an den FDJ-Zentralrat:

> »Als christlicher Staatsbürger unserer Republik und Jugendlicher habe ich mich eingehend mit dem Entwurf des neuen Jugendgesetzes befaßt. Die darin enthal-

---

43 BOK, Überlegungen zur [...] Jugendweihe, Schwerin 10.11.1972, BAEF, ROO, A VIII 8. Vgl. die zunehmend moderaten Formulierungen des LKA Sachsens, Handreichung, Dresden 10.6.1968 u. 25.9.1969, EZA, 104/656, sowie in den Hirtenbriefen der BOK, Berlin 4.9.1967 u. 3.3.1972: Lange u.a. (Hg.): Katholische Kirche, Bd. 1, Nr. 65 u. 73, S. 219–226 u. 249–253. – Vgl. Engelbrecht: Kirchenleitung, S. 244–255; Kudella u.a.: Die Politisierung, S. 156.
44 Ernst Köhler, Niederschrift, Meiningen 17.6.1968, EZA, 104/656. Vgl. BEK, Ausschuß f. Theologie, Stellungnahme, 1.2.1973, in: Demke, Christoph u.a. (Hg.): Zwischen Anpassung und Verweigerung. Dokumente aus der Arbeit des Bundes der Evangelischen Kirchen in der DDR. Leipzig 1994, S. 94–106.

tenen Begriffe ›sozialistisches Lebensgefühl‹ (§ 19,4), ›Verhaltensnormen, die der sozialistischen Lebensweise entsprechen‹ (§ 27,1), und ›imperialistische Ideologien und überlebte Gewohnheiten‹ (§ 29,2) bedürfen meines Erachtens im Gesetzestext einer näheren Erläuterung. Insbesondere lege ich Wert auf eine Erklärung, ob unter ›überlebte Gewohnheiten‹ auch der Besuch von Gottesdiensten, Christenlehre und Konfirmandenunterricht verstanden wird. [...] Ferner bitte ich, die Formulierung in der Präambel zu überprüfen ›Unsere Jugend hat den Sinn und Inhalt ihres Lebens in den Idealen des Sozialismus gefunden‹. Kann man dies wirklich mit gutem Gewissen bereits von unserer Jugend behaupten?«[45]

Der hier angesprochene Gewissensdruck fand sich wieder in der Einschränkung der Elternrechte, die bereits im »Gesetz über das einheitliche sozialistische Bildungssystem« angedeutet und mit dem Familiengesetz vom Dezember 1965 fixiert wurde, sowie in den Verpflichtungserklärungen, die Studienanwärter mit ihren Immatrikulationsanträgen abzugeben hatten. Auch diese Explikationen betrafen in erster Linie konfessionell gebundene Jugendliche, dürfte ihnen doch nicht nur das Treuebekenntnis zum sozialistischen, atheistischen Staat schwerer gefallen sein als ihren konfessionslosen Altersgenossen. Zudem war in ihren Reihen der Anteil der Wehrdienstverweigerer und Bausoldaten besonders hoch.

Die Kirchen konzentrierten sich in ihrer Kritik an den genannten Gesetzen auf grundsätzliche Fragen, versuchten aber darüber hinaus, in konkreten Fällen als Fürsprecherinnen der benachteiligten Jugendlichen einzutreten. Moniert wurde von ihnen vor allem die einseitige weltanschauliche Ausrichtung des gesamten Bildungswesens. Intern äußerten sich die Kirchen oft in harscheren Tönen als gegenüber Vertretern von Staat und Partei. So erklärte die Leitung der sächsischen Landeskirche in einem Rundbrief zum Bildungsgesetz:

»Die w[el]tanschauliche Ausrichtung der schulischen und außerschulischen Erziehung stellt christliche Eltern und Kinder in eine ständige Konfliktsituation. Der Charakter der Schulen als Instrument zur Durchsetzung der atheistischen materialistischen Weltanschauung wird in steigendem Maße gesetzlich untermauert.
[...] Den Eltern ist damit jede eigenständige Aufgabe innerhalb des Erziehungsprozesses ihrer Kinder genommen. Erziehungseinfluß wird ihnen nur insoweit zugestanden, als er mit dem der anderen Erziehungsträger konform geht. Sie werden damit zu Zubringern für die soz[ialistische] Erziehung entwürdigt.«[46]

---

45 Christoph Rabe*, Schreiben an FDJ-ZR, Leipzig 13.11.1963, SAPMO-BArch, DY/24/3.949.
46 LKA Sachsens, Rundschreiben, Dresden, 17.9.1964, SAPMO-BArch, NY/4182/929, Bl. 25; das Folgende Bl. 27.

Die sächsische Landeskirche forderte deswegen ihre Pfarrer auf, sich für Änderungen des Bildungsgesetzes zu verwenden und dabei folgenden Grundsatz zu betonen:

»Erziehung muß Erziehung bleiben und darf nicht in Beeinflussung, Manipulation und Gewissensverletzung ausarten. Sie kann nur in Wahrhaftigkeit und Freiheit geschehen.«

Im Alltag aber würden Kinder und Jugendliche immer wieder in Gewissensnöte gebracht, die einer freien Entfaltung ihrer Persönlichkeit im Wege stünden. Exemplarisch waren hierfür Konflikte um den Unterrichtsstoff, dessen Wiedergabe einem ideologischen Bekenntnis gleichgesetzt wurde. Deswegen verweigerten einige Schüler beispielsweise die Rezitation der »Internationale« oder des Heine-Gedichtes »Die schlesischen Weber«, da in beiden Stücken göttliches Wirken bestritten bzw. verflucht wurde.[47]

Am deutlichsten wurde der Zwang zum weltanschaulichen Bekenntnis darin, dass die »gesellschaftliche Mitarbeit«, worunter man gemeinhin die Mitgliedschaft in der FDJ und anderen Massenorganisationen verstand, zum Auswahlkriterium für höhere Bildungseinrichtungen wurde. Hier spielten sich die gleichen Auseinandersetzungen ab wie im Kampf um die Jugendweihe: Auch hier wurde erheblicher Druck auf die Jugendlichen ausgeübt, wurde Loyalität mit einem Treuebekenntnis zur marxistisch-leninistischen Ideologie gleichgesetzt. Dieses Bekenntnis wiederum wurde zu einer grundlegenden Voraussetzung für den weiteren Bildungsweg.

Mitte der sechziger und Anfang der siebziger Jahre häuften sich die Fälle verweigerter Bildungschancen in besonderem Maße. 1966 ließen die evangelischen Kirchenleitungen ein Dossier erarbeiten, worin zahlreiche Fälle zunehmender Diskriminierung christlicher Kinder und Jugendlicher aufgeführt wurden.[48] Zur gleichen Zeit beschwerte sich der Berliner Kardinal Bengsch als Vorsitzender der ostdeutschen Ordinarienkonferenz über die diskriminierende Praxis im Bildungswesen. Bengsch verband seine Klage (wie oben zitiert) mit einem prinzipiellen Angriff auf die Gesellschaftspolitik der SED. Im Charakter der DDR als »atheistischer Weltanschauungsstaat« sah der Kardinal »die Quelle aller Spannungen zwischen Staat und Kirche und aller nach wie vor festzustellenden Zurücksetzungen christlicher Bürger«. Bengsch fuhr fort:

»Obwohl der Herr Staatssekretär für Kirchenfragen kürzlich erklärte, die sozialistische Schule sei keine atheistische Bekenntnisschule, werden aus der Schulpraxis immer und immer wieder Fälle gemeldet, die mit dieser Erklärung nicht

---

47 MfV, Abt. Hauptschulinspektion, Bericht, 6.3.1968, BArch, DR/2/D1694, in: Geißler u. a. (Hg.): Schule, Dok. 278, S. 469; RdB Dresden, Abt. Volksbildung, Vorkommnisse, 24.1.1968, ebd., Dok. 315, S. 523.
48 [Anonymisierte] Materialsammlung, 1966, EZA, 104/648. Vgl. Reiher, Dieter: Konfliktfeld Kirche – Schule in der DDR 1969 bis 1989, in: Dähn/Gotschlich (Hg.): »Und führe uns …«, S. 130f.

übereinstimmen. Dabei handelt es sich nicht nur um Einzelfälle, etwa um die Nichtzulassung eines christlichen Schülers mit sehr gutem Zensurendurchschnitt zur Oberschule, sondern um überall praktizierte Richtlinien, nach welchen die Erziehung zu wissenschaftlichem Denken, sozialistischem Denken und Handeln und entsprechender gesellschaftlicher Tätigkeit führen soll, was aber eindeutig in Theorie und Praxis Erziehung nach den Grundsätzen des marxistisch-leninistischen Atheismus bedeutet.«[49]

Um die Säkularisierung zu forcieren, nutzte der Staat in den Bildungseinrichtungen die Fortschritte aus, die er auf diesem Gebiet bereits erzielt hatte. Dabei spielte es offenbar keine Rolle, dass gerade Kinder und Jugendliche Opfer dieser Schikanen wurden und dass dadurch der Trend zu Schubladendenken und Doppelzüngigkeit verstärkt wurde. Davor warnten auch kirchliche Vertreter – unter ihnen Bengsch, der gegenüber dem Staatssekretär für Kirchenfragen, Hans Seigewasser, kompromittierende Praktiken in den Schulen und anderen Ausbildungsstätten rügte:

»Dabei seien immer wieder die Kinder zu persönlichen Stellungnahmen aufgefordert, und bald hätten die Kinder heraus, dass sie um der guten Note willen das sagen, was der Lehrer hören möchte. Hieraus erwachse f[ü]r den Staat großer Schaden, denn eins sei ganz sicher, verantwortungsbewusste Staatsbürger würden hier nicht erzogen, sondern es werde eine Generation von Heuchlern entstehen. [...] Er könne nur sagen, wenn diese Methode weiter gefördert werde, dann werde es ihnen nachher auf allen Gebieten an wirklich verantwortungsbewussten Arbeitern fehlen, denn jeder werde nur sehen, wo er seinen Vorteil erhalten könne.«[50]

Im folgenden Jahr trat der Berliner Oberhirte erneut mit einer Klage über derartige Vorkommnisse an staatliche Stellen heran. In seiner Antwort erklärte Seigewasser, dass die diskriminierende Praxis im Bildungswesen eine Reaktion darauf sei, dass die Kirchen angeblich die politisch-ideologische Erziehung in den Schulen behinderten. Damit räumte er allerdings ein, dass die Behinderungen im Bildungswesen System hätten:

»Wenn, so antwortete Seigewasser [auf Bengschs Vorhaltungen], die Kirche sich gegen die gesellschaftliche Betätigung wie Junge Pioniere etc. stelle, werde natürlich die Entscheidung immer ›Nein‹ sein, wenn es sich um die Zulassung zur erweiterten Oberschule handelt.«[51]

Mit dieser klaren Aussage strafte der Staatssekretär jene Funktionäre Lügen, die sich in Gesprächen mit kirchlichen Vertretern darauf zurückzogen, »daß

---

49 Bengsch, Brief an Stoph, 31.10.1966, zit. Höllen: Loyale Distanz?, Bd. 3/1, Nr. 594, S. 37.
50 O. Verf., Protokoll, Berlin 4.2.1965, BAEF, ROO, A VIII 6, S. 14f.
51 Aktennotiz, Berlin 21.2.1967, BAEF, ROO, A VIII 6, S. 5.

es Heißsporne auf beiden Seiten gäbe und man solche Fälle überprüfen werde, wenn sie gemeldet würden«, wie es Angestellte des Leipziger Rates des Bezirkes ausdrückten.[52]

Der Bezirk Leipzig schien ohnehin von Diskriminierungen im Bildungswesen in besonderer Weise betroffen zu sein – möglicherweise in einer Reaktion auf die intensive Propaganda der Kirchen gegen die Jugendweihe und auf die Modernisierung der kirchlichen Jugendarbeit, die gerade in Sachsen früh begonnen wurde. Vielleicht zeichneten sich die sächsische Landeskirche und das katholische Bistum Meißen auch nur dadurch aus, dass sie gesellschaftliche Entwicklungen sehr genau beobachteten und schnell zu beeinflussen suchten. So zeigen Akten der Landeskirche Sachsens zuerst, dass seit dem Ende der sechziger Jahre die Konflikte im Bildungswesen erneut dramatisch zunahmen. In dem Bericht der sächsischen Landessynode von 1971 wurde deutlich, dass die dargestellten Vorkommnisse keine Einzelfälle darstellten. Es wurde darin berichtet, dass verschiedene Lehrkräfte nicht davor zurückschreckten, Schüler offen zu diskriminieren. Beispielsweise sei vor verschiedenen Klassen die Aufnahme christlicher Jugendlicher in höhere Bildungsstätten in Frage gestellt worden, sollten sie nicht an der Jugendweihe teilnehmen oder in die FDJ eintreten.[53] Anderswo schreckten Funktionäre nicht einmal vor der Androhung von Gewalt zurück, wie ein Student über den 1. Sekretär der SED-Kreisleitung Wismar zu berichten wusste:

»Er sagt brutal: Jeder, der mit der Kirche zu tun hat, hat an unseren Bildungseinrichtungen nichts zu suchen. […] Man sollte einige von uns verdreschen, um zu sehen wieweit unsere Solidarität geht.«[54]

Es drängte sich deswegen (nicht nur) bei christlichen Jugendlichen in der DDR geradezu der Eindruck auf, dass sie Schüler und Studierende zweiter Klasse seien, als gälte das Recht auf gleiche Bildungschancen praktisch nur noch für die Polytechnischen Oberschulen, also nur bis zur 10. Klasse.[55]

Ein klassischer Fall war der von Monika Mayerhofer aus Böhlitz-Ehrenberg, einem Leipziger Vorort. Ihr Vater wandte sich mit Eingaben bis an den Staatsrat (dem einzig möglichen Verfahren in der DDR, um Entscheidungen der Schulbehörden anzufechten),[56] um dagegen zu protestieren, dass seiner Tochter die Aufnahme in die EOS verweigert wurde. Die Kommission hätte dies damit begründet,»daß die Persönlichkeitsentwicklung der Schüler und damit auch ihre aktive Teilnahme am gesellschaftlichen Leben in Betracht ge-

---

52 Generalvikar Hölzel, Aktennotiz, Bautzen 14.1.1968, BAEF, ROO, A VIII 3, S. 2.
53 Landessynode Sachsens, Bericht, 27.10.1971, BAEF, ROO, A VIII 9, S. 3f. Vgl. MfS, ZAIG, Einzelinformation, 23.7.1968, BStU, ZAIG 1526, Bl. 1–7. Vgl. Reiher: Konfliktfeld, S. 130f.
54 [Unbek. Student,] Schreiben (Auszug), Wismar 10.11.1971, EZA, 101/1825.
55 Vgl. Norddeutscher Rundfunk, Kirchliche Nachrichten, 28.11.1971, BAEF, ROO, A VIII 8.
56 Führ/Furck (Hg.): Handbuch, Bd. VI/2, S. 28. Zur Eingabepraxis vgl. Mühlberg, Felix: Eingaben als Instrument informeller Konfliktbewältigung, in: Badstübner, E. (Hg.): Befremdlich anders, S. 233–240.

zogen werden müssen. Unter diesem Gesichtspunkt mußte anderen Schülern der Vorrang eingeräumt werden.« Mayerhofer hingegen betonte einerseits die guten Beurteilungen seiner Tochter durch alle Lehrkräfte ihrer Schule und verband andererseits seine Loyalitätsbekundung mit dem Verweis auf seine verfassungsmäßig garantierten Rechte:

»Alle zugelassenen Schüler sind mit einer Ausnahme leistungsschwächer als Monika. Der einzige Unterschied zu ihnen besteht darin, daß Monika nicht an der Jugendweihe teilnimmt und nicht Mitglied der FDJ ist. Ich muß deshalb annehmen, daß dieses die eigentlichen Gründe der Ablehnung sind. Wir haben beides einzig und allein auf Grund unserer christlichen Glaubensüberzeugung nicht getan. Wir sind durchaus bereit, uns für den Sozialismus einzusetzen, können aber den darin enthaltenen Atheismus nicht zu unserer Lebensgrundlage machen. Da sowohl bei der Teilnahme an der Jugendweihe wie auch bei der Mitgliedschaft der FDJ die Freiwilligkeit betont wird, hat meine Tochter von dieser Entscheidungsfreiheit Gebrauch gemacht.«[57]

Monika Mayerhofer selbst erinnert sich an den Moment, als ihr der Zugang zur EOS verweigert wurde:

»[…] Jugendweihe: Nein, […] das war mir so klar, also da wurde gar nicht diskutiert. Und deswegen, ich habe es nie als Nachteil empfunden. Das war eben eine klare Sache. Und in der Schule nach all den Jahren und mit allen Geschwistern, die ich hatte, hätten die das auch gar nicht anders erwartet, im Innern. Natürlich hat das niemand gesagt […], also aus unserer Klasse waren acht auserwählt, die eventuell zu dieser Oberschule gehen konnten. Und eines schönen Tages, es war im Mai, kam der Direktor mitten in der Stunde in die Klasse rein und hat sieben Schüler aufgerufen, sie sollten mit ihm gehen [… m]ein Name fiel nicht. Und meine Nachbarin sagte, na Monika, du auch, das ist für die EOS jetzt. Weil es genau die eben waren, wir wussten ja, wer es war. Da sage ich, nee, er hat mich nicht aufgerufen. Naja, und in dem Moment wusste ich, jetzt kriegen sie ihr Ja gesagt für diese Schule. Und, und so war das dann auch. Aber, in dem Moment als ich eben sitzen blieb, wusste ich, […] jetzt kriegst du dein Nein gesagt. Und das hieß ja damals, […] du kannst nicht das Abitur machen, du kannst nicht studieren. So, die Wege sind erst einmal zu […]. Und die Studien- und Zukunftspläne, alles […], als ob alles ins Wasser fiel, in dem Moment.«[58]

Auch unter den Lehrern ihrer Schule löste die Entscheidung der Schulbehörden Verwunderung und Enttäuschung aus. Obwohl der Fall wegen Mayerhofers außergewöhnlich guter schulischer Leistungen eindeutig politisch gelagert war, wies die zuständige Bezirksschulrätin den Vorwurf politischer Diskriminierung scharf zurück:

---

57 Alfred Mayerhofer, Eingabe (Abschrift), Böhlitz-Ehrenberg 31.3.1972, BAEF, ROO, A VI 18, S. 1. – Zu Eingabenstrategien vgl. Mühlberg, F.: Eingaben, S. 246–268.
58 Monika Mayerhofer, Interview, Leipzig 12.9.2000.

»Ihre Annahme, daß die eigentlichen Gründe der Ablehnung andere sind, ist rein spekulativ. [...] Ich muß deshalb eine solche Unterstellung mit allem Nachdruck zurückweisen.«[59]

Allerdings sah sie sich genötigt, weitere Argumente ins Feld zu führen, die bislang keine Rolle gespielt hatten und die deshalb die Ablehnung noch unglaubwürdiger erscheinen ließen:

»Gleichzeitig bestand [...] die Notwendigkeit, das Mißverhältnis der Bewerbungen von Mädchen zu Jungen zugunsten der Jungen zu korrigieren und die stark von der Bevölkerungsstruktur des Kreises abweichende soziale Zusammensetzung der Bewerber entsprechend den Erfordernissen zu verändern. Daß dabei nicht formal vorgegangen wurde, beweist die Tatsache, daß mehr als 20% der aufgenommen Schüler Kinder von Angehörigen der Intelligenz sind.«

Damit ließ sich die Bezirksschulrätin auf eine Argumentation ein, die von den staatlichen Stellen oft bemüht wurde, weil die Arbeiterklasse das Ideal gleicher Bildungschancen kaum goutierte. So rangen die Schulbehörden seit Jahren damit, dass die angebotenen Aufstiegschancen von Arbeiterkindern kaum oder nur zögernd genutzt wurden. Erst 1972 konnte der Leipziger Stadtschulrat endlich melden, es sei »erstmalig in der Stadt Leipzig [die] Delegierung von 50% [der] Produktionsarbeiterkinder in die Vorbereitungsklassen der EOS« gelungen.[60]

Die bevorzugte Auswahl von Arbeiterkindern musste zu einer Benachteiligung christlicher Kinder und Jugendlicher führen, stammten diese doch überwiegend aus intellektuellen und anderen bürgerlichen Kreisen. Geradezu kränkend musste zudem – wie im Fall Mayerhofer – der Umstand wirken, dass schulische Leistungen nicht das vorrangige Kriterium für den Zugang zu höheren Bildungseinrichtungen darstellten. Gleichwohl hat sich die besondere Förderung von Arbeiterkindern als Argument in die Erinnerung einiger Ostdeutscher eingeprägt und wird oft mit einem Verweis auf entsprechende Statistiken untermauert.[61] Obwohl der Anteil von Kindern aus der Intelligenz und damit oft aus kirchennahen Kreisen an den Oberschulen tatsächlich überdurchschnittlich hoch war, wurden Kinder kirchlicher Mitarbeiter stark benachteiligt. So waren 1971 im Bezirk Leipzig 2069 Schülerinnen und Schüler zur EOS zugelassen worden, davon nur vier Pfarrerskinder, abgelehnt hingegen zwölf Pfarrerskinder gegenüber 256 Kindern anderer Professionen. Die Zulassungsquote im Leipziger Raum lag damit deutlich hinter den Zahlen ande-

---

59 RdB Leipzig, Abt. Volksbildung, Schreiben an Mayerhofer, 9.6.1972, BAEF, ROO, A VI 18, S. 2f. Das Folgende ebd.
60 SED-SL Leipzig, Abt. Schulen/Kultur, Zu [...] Ergebnissen seit dem VIII. Parteitag, o. D. [Jan./Feb. 1972], SächsStAL, SED, IV C-5/01/241, S. 1. – Vgl. Geißler: Volksbildung, S. 33.
61 So wurde dem Verf. vorgeworfen, ihm sei wohl nicht bekannt, »daß der Prozentsatz der Christen in den Klassen der EOS über dem Prozentsatz der Christen in der Bevölkerung lag?«. (Elisabeth Kuckuck*, Schreiben an den Verf., Leipzig 10.4.2000).

rer Bezirke. Der Abteilung Kirchenfragen beim ZK der SED wurde am Ende desselben Jahres berichtet, dass hier die Anträge kirchlicher Amtsträger, ihre Kinder zur EOS zuzulassen, nur zu 25 Prozent positiv entschieden worden seien. Demgegenüber erreichten die Bezirke Erfurt, Gera und Halle Quoten von über 60 Prozent. Zwei Jahre später wurden in der gesamten DDR 56 von 156 Kindern von »geistlichen Würdenträgern« und Kirchenangestellten in die EOS aufgenommen.[62]

Veränderungen der Zulassungspraxis waren in den nächsten Jahren nicht zu erkennen. Stattdessen häuften sich seit Anfang der siebziger Jahre auch noch Fälle, in denen Studienanwärtern und Studierenden aufgrund ihres christlichen Bekenntnisses der Studienplatz verweigert oder entzogen wurde. In einer Akte des Bundes der Evangelischen Kirchen in der DDR (BEK), der 1969 gegründet worden war, finden sich etliche solcher Fälle. So wurde Gerold Beo mitgeteilt, er könne das bereits genehmigte Studium an der Technischen Hochschule Ilmenau aus folgenden Gründen doch nicht antreten:

»Die aktive Mitwirkung [Beos] an der aktiven Mitgestaltung der sozialistischen Gesellschaft ist sehr einseitig orientiert. [...] Diese Haltung wird sicherlich damit fundiert, daß der Bewerber eine idealistische Weltanschauung vertritt (wie das in der Bewerbung zum Ausdruck kommt). Eine solche Haltung kann jedoch von uns nicht akzeptiert werden und steht im Widerspruch zu den Anforderungen an einen Bewerber einer sozialistischen Hochschule. [...]
Die Zulassungskommission empfiehlt Ihnen, sich erst längere Zeit in der praktischen Tätigkeit politisch-ideologisch zu festigen, um zu einem späteren Zeitpunkt mit einer klaren politisch-ideologischen Haltung das Studium an einer sozialistischen Hochschule aufzunehmen.«[63]

Die Kirchen intensivierten angesichts der Häufung solcher Fälle ihre Vorstöße gegenüber staatlichen Stellen. Diese wurden von ihren Gesprächspartnern wiederholt zurückgewiesen. So bestätigte der Staatssekretär für Kirchenfragen, Hans Seigewasser, gegenüber dem Thüringer Landesbischof Ingo Braecklein die Linie, die er bereits 1966 gegenüber Bengsch vertreten hatte. In dem Gespräch, das 1971 unmittelbar vor der Bundessynode der evangelischen Kirchen in Eisenach stattfand, erklärte Seigewasser:

»Hier sei offenbar von der Kirche geplant, Material zusammenzutragen mit dem Trend, Christen als ›Bürger zweiter Klasse‹ auszuweisen. Dabei sei man kirchli-

---

62 SED-BL Leipzig, Abt. Schulen, Fach- u. Hochschulen, Grundpositionen der Schulpolitik, 7.11.1971, SächsStAL, SED, IV/B-2/9/02/584, Bl. 202; vgl. o. Verf., Information, 3.12.1971, SAPMO-BArch, DY/30/IV A 2/14/43, Bl. 74. Der Bericht weist für die Bezirke Erfurt 69,5 Prozent, Gera 64, Halle 60 und für den Bezirk Magdeburg noch 56,5 Prozent aus. Vgl. MfV, Abt. Hauptschulinspektion, Aufnahmen in die EOS, 26.6.1973, BArch, DR/2/D.1696, zit. Geißler (Hg.): Schule, Dok. 287, S. 481 f.
63 TH Ilmenau, Stellungnahme, 3.4.1973, EZA, 101/1825. Die Stellungnahme wurde erst Ende August d. J. versandt, so dass ein Einspruch Beos* vor Beginn des Studienjahres nicht mehr verhandelt werden konnte: TH Ilmenau, Schreiben an Beo*, 20.8.1973, ebd.

cherseits von einer falschen Interpretation ausgegangen. [...] ›Kommt es zu einem Hochspielen der Volksbildungsfragen, dann können Sie nicht damit rechnen, daß irgendwelche wichtigen Probleme zwischen Staat und Kirche geklärt werden können. Der Schaden würde allein im kirchlichen Bereich angerichtet werden. [...] Die sozialistische Schule arbeitet und entscheidet nach Klassengrundsätzen. Der Staat muß Menschen heranbilden, die absolut treu zum Staat und zur Klasse eingestellt sind. Es ist also nicht nur das Schulwissen das entscheidende Kriterium, sondern ganz besonders auch das gesellschaftliche Verhalten, das beurteilt werden muß. Es wird in der Kirche vergessen, daß die Partei der Arbeiterklasse die führende Rolle hat. [...] Wir werden es niemals zulassen, daß sich Entwicklungen wie in der ČSSR ergeben, in der jeder glaubte alles sagen zu können und in der dieses Denken zu einem konterrevolutionären Denken geführt hat.‹
[...] Auch die jungen Christen haben alle Möglichkeiten, sich als gleichberechtigte und gleichverpflichtete Bürger in vollem Umfang in Schule, Pionier[organisation] und FDJ zu integrieren.«[64]

Vom VIII. Parteitag der SED, der im Juni 1971 unmittelbar vor der Eisenacher Bundessynode stattgefunden hatte und der später gemeinhin als Zeichen des Aufbruchs unter dem neuen Staats- und Parteichef Erich Honecker empfunden wurde, waren zu Fragen der Bildungspolitik keine hoffnungsvollen Signale ausgegangen. Tatsächlich registrierte am Ende des Jahres ein Bericht des SED-Zentralkomitees, es häuften sich die Fälle, in »denen Lehrkräfte, Schulfunktionäre und Volksbildungsorgane beschuldigt werden, Kinder und Jugendliche wegen kirchlicher Bindungen zu benachteiligen und gegen die Gewissensfreiheit zu verstoßen«. Dabei werde gelegentlich »unterstellt, daß die ›Verschärfung‹, die ›neue Phase‹ in der Behandlung christlich erzogener Kinder ursächlich mit dem VIII. Parteitag in Verbindung stünde«. Nach dem Bericht beklagten sich Eltern betroffener Schüler sowie kirchliche Vertreter vor allem über folgende Vorkommnisse:

»1.[die] Benachteiligung von Schülern wegen kirchlicher Bindungen, wie Teilnahme am Religionsunterricht, an der Konfirmation, oder Nichtteilnahme an der Jugendweihe [...].
2. Angebliche Handlungen und Äußerungen von Lehrkräften, durch die kirchliche Bindungen diffamiert und religiöse Gefühle verletzt worden wären.
3. Einschränkungen der gesellschaftlichen Mitarbeit von kirchlich gebundenen Kindern im Jugendverband. [...]
Bei einer Reihe beanstandeter Äußerungen handelt es sich um Standpunkte und Argumente, die unvermeidbar im Prozeß der weltanschaulichen Erziehung der Schüler auftreten.

---

64 Ingo Braecklein, Niederschrift, Eisenach 18.6.1971, EZA, 101/346, S. 2f.

In einigen Fällen wurde festgestellt, daß im Bemühen, den höheren Maßstäben der Bewußtseinsentwicklung gerecht zu werden, oder kirchliche Einflüsse zurückzudrängen oder auch Anmaßungen von Kirchenvertretern zurückzuweisen, verschiedentlich zu sektiererischen Argumenten gegriffen wird.«[65]

Insgesamt rechtfertigte der Bericht also die diskriminierende Praxis im Bildungswesen. Dem Primat der Erziehung zur sozialistischen Persönlichkeit hätte die Volksbildung zu folgen, was zwangsläufig zu einer Benachteiligung christlicher Kinder und Jugendlicher führen musste. Gleichwohl warnte der Verfasser dieses Dossiers davor, den Bogen zu überspannen. Gerade in der Zulassungspraxis der Erweiterten Oberschulen und der Hochschulen sei Zurückhaltung nötig:

»Dabei muß berücksichtigt werden, daß der Drang zum Besuch der EOS und zum Studium aus diesen Kreisen ungleich stärker ist, als der aus der werktätigen Bevölkerung.«

Staat und Partei hielten jedoch unbeirrt an ihrer harten Linie fest und setzten sie noch einige Jahre ohne Rücksicht auf die betroffenen Kinder und Jugendlichen fort. Mit einem resignativen Unterton stellte deshalb 1973 die Bundessynode der evangelischen Kirchen in Schwerin fest:

»Nachrichten von der Nichtaufnahme christlicher Kinder in die [...] EOS, von Zurückweisungen vom Hochschulstudium, von der Zurücknahme schon ausgesprochener Zulassungen gehören leider weiterhin zum ›täglichen Brot‹ der Kirchenleitungen.«[66]

»Ein eigenes Friedenszeugnis«: Gegen die Militarisierung der Gesellschaft

Ein »tägliches Brot« der Kirchenleitungen war bis zu diesem Zeitpunkt auch die Auseinandersetzung mit Wehrdienstfragen geworden. Obwohl ein ziviler Ersatzdienst bis zum Herbst 1989 nicht möglich war, hatten die evangelischen Kirchen Anfang der sechziger Jahre einen beachtlichen Erfolg auf diesem Gebiet erzielt: den waffenlosen Dienst der Bausoldaten.

Unmittelbar nach der Einführung der allgemeinen Wehrpflicht hatten die evangelischen Kirchenleitungen einen Problemkatalog erstellen lassen, den sie mit staatlichen Stellen zu verhandeln gedachten. Dazu gehörten neben der

---

65 O. Verf., Information, 3.12.1971, SAPMO-BArch, DY/30/IV A 2/14/43, Bl. 70f. u. das Folgende Bl. 73f. Vgl. BEK, Bischofskonvent, Schreiben, 24.11.1971, in: Demke u. a. (Hg.): Zwischen Anpassung, S. 358–361.
66 KKL, Bericht, Schwerin 26.5.1973, zit. Dähn: Konfrontation, S. 123; vgl. Staatssekr. f. Kirchenfragen, Aktenvermerk, 18./19.9.1973, BArch, DR/2/A.4487, in: Geißler (Hg.): Schule, Dok. 286, S. 480f. Vgl. Pollack: Kirche, S. 258–262.

Militärseelsorge »Glaubens- und Gewissensfreiheit für Christen in der Volksarmee, Schutz der Kriegsdienstverweigerer aus Gewissensgründen, Fahneneid, Wehrdienst für Theologen«.[67] Vor allem auf Drängen der protestantischen Kirchen führte die DDR – anders als alle anderen Ostblockstaaten – 1963, ein Jahr nach dem Gesetz über die allgemeine Wehrpflicht, einen waffenlosen Ersatzdienst ein, den die »Bausoldaten« innerhalb der Nationalen Volksarmee (NVA) zu leisten hatten.[68] Trotz dieses Erfolges sahen sich die evangelischen Kirchenleitungen heftiger Kritik aus den eigenen Reihen ausgesetzt. Verschiedene Jugendliche und junge Pfarrer kritisierten die demonstrative Selbstzufriedenheit der evangelischen Kirchenleitungen vor dem Hintergrund des Bausoldaten-Kompromisses und forderten ein weitergehendes Engagement zu Gunsten der Totalverweigerer:

> »Während Kirchenpolitiker sich – etwas zu laut und öffentlich – mit dem erlangten Teilerfolg in Wehrdienstfragen zufrieden geben, geht die Anfechtung junger Gemeindeglieder weiter und nimmt an Bitterkeit zu, je vernehmlicher jener Teilsieg gegen ihre Unruhe ins Feld geführt wird.«[69]

In einigen Kreisen der Kirchenleitungen wurde diese Auffassung geteilt. So kam eine Arbeitsgruppe unter der Leitung des Magdeburger Bischofs Johannes Jänicke im Juli 1965 zu dem Schluss,

> »daß sich die Kirche stärker mit der Entscheidung für die Wehrdienstverweigerung verbinden müsse[,] als sie es bisher getan hat. Das Minimum eines theologischen Consensus könnte in folgender Formulierung möglich sein: Die Wehrdienstverweigerung ist heute *eine* Konkretion des allen Christen aufgetragenen Friedensdienstes.«[70]

Die evangelischen Kirchen reagierten recht aufgeschlossen auf diese Kritik. Noch im selben Jahr legten sie die Handreichung »Zum Friedensdienst der Kirche« vor, die der genannte Arbeitskreis erarbeitet hatte und die als Denkschrift gegen die gesellschaftliche Militarisierung und den Waffendienst im Allgemeinen gedacht war. Wegen anhaltender, heftiger Angriffe seitens staatlicher Stellen revidierten die Kirchen noch vor der Veröffentlichung der Schrift ihre Position. Die Handreichung sollte nur noch »zum innerkirchlichen Dienstgebrauch«, also als internes Arbeitsmaterial, zur Verfügung stehen. Sie sollte in erster Linie den Gemeinden und den Gemeindegliedern »zu einem christlichen Friedenszeugnis helfen« und nicht als politische Positionsbestimmung verstanden werden.[71] Obwohl die Schrift insgesamt nicht zurückgezogen

---

67 OKR Behm, Aktenvermerk, Berlin 10.2.1962, EZA, 104/630, Bd. 1.
68 Vgl. Eisenfeld, Kriegsdienstverweigerung, S. 61–70; Wenzke: Nationale Volksarmee, S. 442–445.
69 Helmut Hildebrandt, Gedanken zum Wehrersatzdienst, Berlin 2.11.1964, EZA, 104/632, S. 1.
70 KKL, Niederschrift, Berlin 1.7.1965, EZA, 102/11, S. 2.
71 KKL, Sitzung, Niederschrift, Berlin 1.4.1966, EZA, 102/11, S. 2 f.; vgl. Zum Friedensdienst der Kirche: Eine Handreichung für Seelsorge an Wehrpflichtigen, 6.11.1965, EZA, 104/632;

wurde, signalisierten die evangelischen Kirchenleitungen mit diesem Rückzug aus der Öffentlichkeit, dass man nicht willens war, die eigene schwierige Position im sozialistischen Staat ohne weiteres zu gefährden. Zwar wollte man sich für eine Minderheit von Jugendlichen und jungen Erwachsenen engagieren, aber deren Konsequenz nicht bis ins letzte Detail mittragen.

Dieses Lavierens überdrüssig, wandten sich 1966 christliche Bausoldaten an die kirchliche Öffentlichkeit und forderten von den ostdeutschen Christen eine klare Positionierung. In Prenzlau konstituierte sich ein Bruderkreis christlicher Bausoldaten und appellierte, es nicht bei Lippenbekenntnissen bewenden zu lassen, sondern durch praktische Zeugnisse der Militarisierung der Gesellschaft zu begegnen. Der Bruderkreis rief Erwachsene dazu auf, kein Kriegsspielzeug zu kaufen, und wandte sich in Fragen der militärischen Ausbildung nicht nur an die Männer:

> »Wir bitten euch Frauen: Wenn ihr eine Ausbildung beim Roten Kreuz mitmacht, verweigert Schieß- und sonstige militärische Übungen [...]
> Wir bitten euch Wehrpflichtige: Überlegt euch, ob ihr als junge Christen den Dienst in der Armee leisten könnt. Wie ihr euch entscheidet, ihr müßt es im Glauben mit gutem Gewissen tun können, damit dem Frieden zu dienen [...].
> Wir bitten euch Schüler und Studenten: Bedenkt, ob ihr – vielleicht aus falscher Angst um eure beruflichen Entwicklung – freiwillig an der vormilitärischen Ausbildung teilnehmen könnt.«[72]

Während also unter den Protestanten die Wehrdienstproblematik engagiert diskutiert wurde, hielt sich die katholische Kirche auffällig zurück. Auch hier schlug ihr Selbstverständnis durch, »von Hause aus unpolitische Institution« zu sein.[73] Deshalb schlossen Bengsch und mit ihm die Berliner Ordinarienkonferenz 1962 hinsichtlich der Wehrdienstfrage eine Zusammenarbeit mit den Protestanten ausdrücklich aus:

> »Wir müßten als Sprecher für Anliegen auftreten, die nicht durchzusetzen sind (Kriegsdienstverweigerung), und es hinnehmen, daß durch den fruchtlosen Versuch, solche Anliegen durchzusetzen, die gesamte Lage unnötig verschlechtert wird.«[74]

Bestätigt sahen sich die katholischen Bischöfe durch die heftigen Attacken auf die Kirchen, denen die Herrschenden einen falschen Pazifismus vorwarfen. Dabei verwiesen sie nach wie vor auf die gesamtdeutschen Strukturen der

---

Besier: Der SED-Staat [Bd. 1], S. 596–600; Pollack: Kirche, S. 196–198; Wenzke, Rüdiger: Die Nationale Volksarmee, in: Diedrich u. a. (Hg.): Im Dienste der Partei, S. 444f.

72 Bruderkreis Prenzlauer Bausoldaten, Aufruf, 2.3.1966, zit. Eisenfeld: Kriegsdienstverweigerung, Dok. 16. – Vgl. ebd., S. 105–112; Neubert: Geschichte, S. 191–197.
73 Bengsch, Brief an Stoph, 31.10.1966, zit. Höllen: Loyale Distanz?, Bd. 3/1, Nr. 594, S. 37. Vgl. Schäfer: Staat, S. 19f. u. 29; zur BOK vor der Wehrdienstfrage ebd., S. 237–240.
74 Bengsch, Rede vor der BOK, 10./11.4.1962, zit. Höllen: Loyale Distanz?, Bd. 2, Nr. 497, S. 324. Vgl. BOK, Erklärung, 6.2.1962, ebd., Nr. 496, S. 322.

Kirchen, die auch den Mauerbau vorerst noch überstanden hatten. Den ostdeutschen Kirchenleitungen wurde eine Abhängigkeit von den westdeutschen unterstellt, die ihrerseits angeblich von der NATO gesteuert würden. Diese Argumentation hatte schon das Vorgehen der staatlichen Stellen im Fall des Leipziger Studentenpfarrers Schmutzler bestimmt und setzte sich seither fort. Während der sechziger Jahre und darüber hinaus blieben die Kirchen, voran die Studentengemeinden, dem Vorwurf ausgesetzt, der von ihnen vertretene Pazifismus sei politisch und ideologisch einseitig sowie ausschließlich gegen das sozialistische Bündnissystem gerichtet.[75]

Zwar war vor diesem Hintergrund eine gewisse Zurückhaltung beider Kirchen in der Wehrdienstfrage verständlich, gleichwohl wurden die Unterschiede zwischen den Konfessionen deutlich. Dass die katholischen Bischöfe sich zu dieser Frage öffentlich überhaupt nicht äußerten, wurde von jungen Katholiken und einigen Jugendseelsorgern kritisiert. In einem Schreiben an Bengsch forderte 1967 Wolfgang Trilling, der bedeutendste katholische Theologe der DDR, der bis zum Vorjahr Studentenseelsorger in Leipzig gewesen war, mit einem Blick auf die Totalverweigerer den Episkopat in der DDR auf, »[…] im Kontakt mit den evangelischen Kirchen Wege zu überlegen, auf denen es möglich wird, dieses Zeugnis junger Menschen als der Kirche eigenes Friedenszeugnis anzunehmen und dafür einzutreten«.[76]

Trillings Aufruf ging jedoch ins Leere. Nicht von den Bischöfen wurde das erste Dokument des ostdeutschen Katholizismus zur Wehrdienstfrage verfasst, sondern von der Berliner Studentengemeinde.[77] Eine offizielle Verlautbarung der Bischöfe blieb aus. Hintergrund dieser Enthaltsamkeit war einerseits der beschriebene Standpunkt, sich gesellschaftspolitisch nicht über Gebühr exponieren zu wollen, um dem Staat keine kirchenpolitischen Angriffsflächen zu bieten; andererseits sah sich der katholische Episkopat nur bedingt gefordert. Da katholische Jugendliche ohnehin eine verschwindende Minderheit in der DDR waren, hielt sich die Zahl derjenigen, die den regulären Wehrdienst verweigerten, in überschaubaren Grenzen. So stellte der Leipziger Studentenseelsorger Clemens Rosner, Trillings Nachfolger, fest, dass im katholischen Bereich »das Problem der Wehrdienstverweigerung längst nicht so bekannt ist, wie etwa im evangelischen, und da die katholischen Bausoldaten nur eine kleine Schar sind, sich oft von ihrer Kirche mißverstanden und alleingelassen fühlen«.[78]

75 Vgl. [Verf. unleserl.,] Kurzinformation, Leipzig 3.12.1965, SächsStAL, SED, IV A-2/14/89; RdB Leipzig, Stellv. f. Inneres, Dossier, 13.3.1971, SächsStAL, SED, IV B-2/14/668. – Vgl. Schmutzler: Gegen den Strom, S. 198–228; Besier: Der SED-Staat [Bd. 1], S. 233, 236–239; Pollack: Kirche, S. 147.
76 Trilling, Schreiben an Bengsch, Leipzig 21.12.1967, BAEF, ROO, A VIII 2, S. 1.
77 KSG Berlin, Gedanken zum Friedensdienst der Christen in der DDR, o. D. [1966], BAEF, AG Stud. 3; BStU, HA XX/4-36, in: Straube: Katholische Studentengemeinde, Dok. 47, S. 333–336.
78 Kath. Studentenseelsorge Leipzig, Schreiben an [unbekannten] Mitbruder, 10.12.1969, BAEF, AG Stud. 14. – Vgl. Peter Stosiek, Thesenpapier: »Gespräch der Christen über die Wehrpflicht«, Schwerin/M. o. D. [1968/69], in: Höllen: Loyale Distanz?, Bd. 2, Nr. 497 a, S. 324.

Unmittelbar gefordert sahen sich die Bischöfe offenbar nur dann, wenn der katholische Priesternachwuchs zur NVA einberufen wurde.[79] Insgesamt konzentrierte sich die Ordinarienkonferenz im Zusammenhang mit der Wehrdienstfrage staatlichen Stellen gegenüber auf das Problem der vor- und paramilitärischen Ausbildung im Bildungswesen. Wiederholt kritisierten die Ordinarien wie auch die evangelischen Kirchenleitungen die fortschreitende Militarisierung des Schulunterrichts. Als im Gefolge der Bildungsreform sowie des doktrinären Kurses in der Jugendpolitik nach dem Kahlschlag-Plenum vom Dezember 1965 die Wehrerziehung in den Bildungseinrichtungen erheblich ausgedehnt wurde, reagierten beide Konfessionen mit scharfer Kritik. Sie sahen dadurch die freie Persönlichkeitsentwicklung der Kinder und Jugendlichen ernsthaft bedroht. So betonte die Konferenz der evangelischen Kirchenleitungen auf ihrer Sitzung im Oktober 1966:

»Mit Ernst muß festgestellt werden, daß bei der vormilitärischen Ausbildung im Rahmen der Schulen die Gefahr einer Gewissensbedrängung für diejenigen besteht, die aus Glaubensgründen einen Waffendienst ablehnen.«[80]

Bereits im Frühjahr waren Mitarbeiter der evangelischen Jugendarbeit in dieser Angelegenheit aktiv geworden – möglicherweise angeregt durch den zitierten Appell Prenzlauer Bausoldaten. Einem Aufruf von Mitarbeitern der Görlitzer Landeskirche schloss sich im August 1966 der Arbeitskreis der Jungmännerwerke in der DDR an und forderte, die fortschreitende Militarisierung der Gesellschaft insgesamt nicht weiter hinzunehmen:

»In letzter Zeit verstärkt sich in Presse, Rundfunk und Fernsehen der Aufruf zum Haß. Wir werden genötigt, Menschen, die unter dem Einfluß eines anderen Staates stehen, als Feinde zu sehen und sie zu hassen. Die Erziehung zum Haß ist auch Bestandteil der Wehrerziehung und der Erziehung in der Schule geworden. [...] Wir bitten, gemeinsam mit uns zu überprüfen, welche Wege beschritten werden können, die die Ausbreitung des Hasses verhindern.
Eltern sollten Gespräche mit den Lehrern suchen, wenn ihre Kinder zum Haß erzogen werden.
Kinder sollten vor der Beeinflussung durch Rundfunk- und Fernsehsendungen zurückgehalten werden, die den Haß wecken.
In Betrieben sollten keine Resolutionen unterzeichnet werden, die den Haß fordern.
Durch unsere Wachsamkeit und unser konsequentes Eintreten für die Liebe und die Verständigung, können wir als Christen der Welt Gewissen sein und einen Beitrag für den Frieden in der Welt leisten.«[81]

---

79 Vgl. entsprechende Schriftwechsel in: BAEF, ROO, A VIII 2/7.
80 KKL, Sitzung, Niederschrift, 1.4.1966, EZA, 102/11, S.3f. – Vgl. Bengsch, Lagebericht, Okt. 1966, zit. Höllen: Loyale Distanz?, Bd.3/1, Nr. 589, S.27f.
81 Arbeitskreis d. Jungmännerwerke, Die Christen – das Gewissen der Welt, Mansfeld Aug. 1966 [urspr. Görlitzer Jungmännerwerk, Memorandum, Ostern d. J.], EZA, 102/239.

Auf der Grundlage einer solchen Argumentation, die die christliche Verantwortung für die gesellschaftliche Entwicklung betonte und von Christen selbst ebenso wie von den Kirchen ein entsprechendes Engagement einforderte, wurde fortan die vormilitärische Ausbildung in und von den Kirchen intensiv diskutiert. Dafür gab es mehrere Gründe. Erstens lehnten nach wie vor überproportional viele christliche Jugendliche sowohl die vormilitärische Ausbildung als auch den regulären Wehrdienst ab. Umfragen vom Ende der sechziger und Anfang der siebziger Jahre belegen dies. So erklärten in der Erhebung »Freizeit 69«, die das ZIJ Leipzig unter Schülern, Lehrlingen und jungen Arbeitern durchgeführt hatte, 37,0 Prozent der Befragten, dass sie eine vormilitärische Ausbildung für überflüssig oder kaum erforderlich hielten. Unter denen, die angaben, »überzeugt von Religion« zu sein, lag der Anteil deutlich höher – bei 54,3 Prozent.[82] Ähnliche Ergebnisse brachten die ersten Wellen der Schüler-Intervallstudie IS I in den Jahren 1971–1973. Und selbst unter Studienanfängern war diese Tendenz zu beobachten, wenn 5,0 Prozent aller Befragten erklärte, nicht oder nur bedingt militärischen Gehorsam leisten zu wollen, der Anteil religiöser Studenten daran mit 27,7 Prozent aber deutlich über ihrem Gesamtanteil (8,2 Prozent) an den Befragten lag.[83] Schließlich befanden sich unter den Bausoldaten der ersten sechs Durchgänge 66 Prozent Protestanten, 21 Prozent Freikirchliche, vier Prozent Katholiken sowie zwei Prozent Zeugen Jehovas, während nur sieben Prozent keiner Konfession angehörten.[84] – Zweitens hatten die evangelischen Kirchen seit 1967 die Gründung regionaler »Facharbeitskreise Friedensdienst« zugelassen. Diese Arbeitskreise, denen vorwiegend ehemalige Bausoldaten angehörten, forderten unablässig einen zivilen Ersatzdienst und ermunterten die Kirchen, mehr »Mut zur Kritik an der Regierung der DDR [zu] haben«, wie es in einem Stasi-Bericht heißt.[85] Vor allem betrieben die Arbeitskreise in Zusammenarbeit mit den Jugendpfarrämtern Beratungsstellen für junge Wehrpflichtige. – Und drittens sorgten Staat und Partei selbst durch verschiedene Maßnahmen dafür, dass das Thema aktuell blieb.

So erlebten die Auseinandersetzungen um Wehrdienstfragen am Anfang der siebziger Jahre einen neuen Höhepunkt, als im Zuge der 3. Hochschulreform eine Erklärung zur militärischen Dienstpflicht allen Studierenden gesetzlich vorgeschrieben wurde. Studienanwärtern, die eine solche Verpflichtung zum Wehrdienst bzw. zur Katastrophenschutzausbildung ablehnten, wurde die Immatrikulation verweigert. Oft wurde die Zuweisung von Studienplätzen zurückgezogen, wie im Falle einer Berliner Studentin. Christine Meise verlor ihren Studienplatz, weil sie zwar die geforderte Erklärung unterschrieben, aber

---

82 Freizeit 69, ZA, 6036.
83 SIS 0, ZA, 6172. Vgl. IS I, ZA, 6152–6154.
84 Eisenfeld: Kriegsdienstverweigerung, S. 79.
85 MfS, Information, 10.12.1970, BStU, ZAIG 1874, Bl. 6. Zum Folgenden vgl. ebd., Bl. 7, sowie Eisenfeld, Bernd: Wehrdienstverweigerung als Opposition, in: Henke u. a. (Hg.): Widerstand, S. 252–254; Neubert: Geschichte, S. 195 f.; Pollack: Politischer Protest, S. 66–68.

eine Passage darin verändert hatte: Anstatt »alle Aufgaben wahrzunehmen, die der Stärkung *der Verteidigungsbereitschaft* der Deutschen Demokratischen Republik dienen«, hatte Meise sich nur bereit erklärt, »Aufgaben wahrzunehmen, die der Stärkung der Deutschen Demokratischen Republik dienen«.[86] Studierende bzw. Studienanwärter, die ihren Wehrdienst als Bausoldaten ableisten wollten, wurden seit 1970 wiederholt exmatrikuliert bzw. wurde ihnen der Hochschulzugang verweigert. Die evangelischen Kirchen reagierten darauf mit scharfer Kritik und verdeutlichten in Verhandlungen mit staatlichen Stellen, dass es ihnen keineswegs genügen würde, »wenn lediglich für Theologen Sonderregelungen geschaffen würden«.[87] Die Verhandlungsführer des Staates wiederum befürchteten angesichts der zugespitzten Lage, die Kirchen könnten sich mit einer Denkschrift an die Öffentlichkeit wenden, und warnten im Vorfeld der Eisenacher Bundessynode im Juni 1971 vor einem solchen Schritt. Am Vorabend der Synode erklärte der Staatssekretär für Kirchenfragen, Seigewasser, in dem bereits erwähnten Gespräch mit dem Thüringer Bischof Braecklein:

»Die Kirche solle sich überlegen, was sie tue. Man habe im Staat den Eindruck, daß sich die Kirche nur um Wehrdienstverweigerer kümmere, während die vielen Gemeindeglieder, die treu und loyal ihren Wehrdienst erfüllten und ihre Treue zum Staat bezeugten, für die Kirche nicht existierten.«[88]

Die Kirchen ihrerseits äußerten sich zwar nicht in einer Form, die der Handreichung »Zum Friedensdienst der Kirchen« von 1965 entsprochen hätte, ließen aber nicht ab, die Wehrdienstfrage zu diskutieren und gegenüber Staat und Partei anzusprechen. Die unnachgiebige Haltung, die der Staat in dieser Frage demonstrierte, wie auch die zunehmende Diskriminierung im Bildungswesen führte zu einer Abkühlung des Verhältnisses zwischen Staat und Kirche.

Die internationale Verankerung letzterer in der ökumenischen Bewegung beunruhigte allerdings die Außenpolitiker der DDR. Vor dem Hintergrund der internationalen Anerkennung der DDR, der weltweiten Entspannung und der erwarteten Aufnahme in die Organisation der Vereinten Nationen, befürchteten sie, dass in den ökumenischen Gremien über die Entwicklung der DDR »nach der Formel ›Außenpolitische Öffnung – innenpolitischer Terror‹ diskutiert werden würde«.[89] Obwohl die Kirchen relativ zurückhaltend agierten, ließen sie in ihrer Kritik sowohl intern als auch staatlichen Stellen gegenüber

---

86 Ingenieurschule f. Maschinenbau u. Elektrotechnik Berlin, Erklärung, 30.6.1970, EZA, 101/1825 (Hervorhebung – d. Verf.). Vgl. Christine Meise*, Persönliche Erklärung, Berlin 4.7.1970, ebd. Die weitere Entwicklung dieses Falles konnte leider nicht rekonstruiert werden.
87 Manfred Stolpe, Vermerk, Berlin 17.11.1970, EZA, 353.
88 Ingo Braecklein, Niederschrift, Eisenach 18.6.1971, EZA, 101/346, S. 3 f.
89 Manfred Stolpe, Vermerk, Berlin 29.3.1972, ebd. – Zum Folgenden vgl. SED-ZK, Abt. Jugend, Information, 17.10.1973, SAPMO-BArch, DY/30/vorl. 14300.

nicht nach. Auch das Jugendgesetz von 1973 bot diesbezüglich einigen Stoff zur Diskussion und wurde von den Kirchen entsprechend attackiert.[90]

Den wohl stärksten Behinderungen im kirchlichen Bereich war während der sechziger und siebziger Jahre die *Aktion Sühnezeichen* ausgesetzt. Gegründet 1958 auf die Initiative ihres langjährigen Leiters, des Juristen Lothar Kreyssig, sollte sie durch aktive Aufbauarbeit diejenigen Völker um Vergebung und Versöhnung bitten, an denen Deutsche unter dem Banner des Nationalsozialismus Verbrechen begangen hatten. Die von der Aktion hergerichteten Bauten und Siedlungen sollten »Sühnezeichen« Deutscher sein.[91]

Unter dem Vorbehalt, die Aktionsformen von Sühnezeichen, ihre Arbeit in verschiedenen Lagern und Gemeinschaften entsprächen einem westlichen »Denken in Gruppen«, das in der DDR längst überwunden sei, versuchte Ost-Berlin, die Arbeit Sühnezeichens auf jede erdenkliche Art zu behindern. Tatsächlich aber hatte dies andere Gründe, die Kreyssig aussprach:

»Der leidenschaftliche Widerstand richtet sich in Wahrheit gegen das Glaubensanliegen der Aktion, der Herkunft ihres Auftrages aus Vergebung und Versöhnung. Diesem Element des Friedens, wie Christen ihn verstehen, soll öffentlich gerade nicht Raum gegeben werden.«[92]

Der pazifistische Ansatz praktischer Vergangenheitsarbeit mit dem Ziel der Versöhnung kollidierte mit der antifaschistischen Doktrin der SED und deren Vorstellung einer sozialistischen Internationale im Zeichen des antifaschistisch-antiimperialistischen Kampfes. Dies gaben Mitarbeiter des Staatssekretariats für Kirchenfragen unumwunden zu. In einem Gespräch mit kirchlichen Vertretern forderten sie im März 1965 eine Unterordnung der Aktion unter die ideologischen Prämissen des sozialistischen Friedenskampfes und behaupteten:

»20 Jahre nach 1945 seien in der DDR die Fragen der Sühne gegenstandslos geworden.
Wenn die AS [Aktion Sühnezeichen] beanspruche, zur Frage der n.s. [nationalsozialistischen] Untaten Stellung zu nehmen, so müsse man von ihr auch eine Äusserung zum Wiederaufleben von n.s. Gedankengängen in der BR[D] erwarten [...]. Die AS könne zwar innerkirchlich in der DDR ungehindert arbeiten [...], aber die Staatsorgane müßten Verhandlungen mit der AS ablehnen.«[93]

Ein weiterer Grund für die massiven Behinderungen der Aktion Sühnezeichen war darin zu sehen, dass sich vor allem junge Leute für die Versöhnungsar-

---

90 Vgl. KKL, Brief an Ministerrat u. FDJ-ZR, 9.10.1973, in: Demke u.a. (Hg.): Zwischen Anpassung, S. 361–363.
91 Zum Gründungsaufruf vgl. Neubert: Geschichte, S. 198f.
92 Lothar Kreyssig, Vermerk, Berlin 10.3.1965, EZA, 102/329, S. 2.
93 Pabst, Aktenvermerk, Berlin 4.3.1965, EZA, 102/373. Vgl. Staatssekr. f. Kirchenfragen, Information, 3.12.1968, BArch, DR/2/D1695, in: Geißler (Hg.): Schule, Dok. 279, S. 472.

beit begeistern ließen. Für viele von ihnen war nicht nur der Versöhnungsgedanke der Aktion interessant. Die Arbeit ohne die antifaschistische Geschichtsdoktrin war ein Politikum. Die Auseinandersetzung mit der Vergangenheit zwang zur Diskussion der Gegenwart. Zudem boten die Sühnezeichen-Lager Kontakte mit Gleichaltrigen, auch mit ausländischen Altersgenossen.

Sühnezeichen beschränkte sein Engagement nicht auf den kirchlichen Raum, sondern arbeitete auch am Erhalt jüdischer Friedhöfe und diakonischer Einrichtungen. Nachdem 1965 erstmals Aktivisten aus England auf dem Boden der DDR, am Wiederaufbau des Dresdener Diakonissenhauses, arbeiten konnten, versuchte Sühnezeichen verstärkt, selbst im Ausland aktiv zu werden. Seit Mitte der sechziger Jahre bot die Aktion in Polen und in der Tschechoslowakei Lager an. Die Arbeit in Auschwitz, Majdanek, Lidice und anderswo versuchten staatliche Stellen von vornherein zu blockieren. Das Spektrum der Maßnahmen reichte von einem Lieferstopp für die benötigten Materialien über die Verweigerung der Ausreisevisa bis hin zur Verfügung von Geldstrafen wegen angeblicher Verstöße gegen das Pressegesetz. Gleichwohl entschieden sich die Mitarbeiter von Sühnezeichen, die Lager-Aktionen beizubehalten, gerade weil sie von den Gastgebern in Polen und der ČSSR »positiv bewertet« worden seien.[94] Dessen ungeachtet galt die internationale Zusammenarbeit Sühnezeichens den Sicherheitsorganen als Element »gegnerischer Kontaktpolitik« und die Aktion selbst damit als Einfallstor westlicher Einflüsse, die es einzudämmen gelte.[95]

Wegen der staatlichen Ächtung von Sühnezeichen hielt sich auch die katholische Kirche mit einer Unterstützung der Aktion zurück. Auf eine entsprechende Anfrage bei der Ordinarienkonferenz erhielt der Magdeburger Katholik Günter Särchen, seit 1965 Stellvertreter Kreyssigs, einen abschlägigen Bescheid. Darin äußerten die katholischen Bischöfe zwar Verständnis für das Anliegen der Aktion, sahen aber auch die Gefahr politischer Instrumentalisierung und zogen sich deswegen auf die Unterstützung ihrer eigenen Hilfswerke für Osteuropa zurück:

> »Die Konferenz ist sich darüber einig, daß Auslandsaktionen ohne politische Akzente nicht möglich sind. Auch in der DDR ist eine Teilnahme von Katholiken an Unternehmungen der Aktion Sühnezeichen nur von Fall [zu Fall] zu klären, da sehr leicht ein politischer Mißbrauch solcher Aktionen unvermeidlich wird. [...] Die gut angelaufenen privaten Hilfeleistungen nach Polen sollen nicht durch politisch bedenkliche Organisationsformen gestört werden.«[96]

Diese Haltung wurde von dem Magdeburger Diözesanseelsorger Claus Herold indirekt, aber in äußerst scharfer Form kritisiert. In seinem Bericht über

---

94 Vermerke, 10.12.1963 u. 28.6.1967, EZA, 104/618; Hamann, Vermerk, 8.12.1970, EZA, 101/713.
95 MfS, HA IX/2, Major Liebewirth, Hptm. Eschberger, Hptm. Wunderlich, Thesen »Zur gegnerischen Kontaktarbeit [...] im Bereich der studentischen Jugend«, Berlin März 1970, BStU, HA IX 4987, Bl.49.
96 BOK, Beschluss, 30./31.3.1965, zit. Höllen: Loyale Distanz?, Bd.2, Nr. 549, S.419–421.

die katholische Jugendarbeit von 1967 warf Herold dem Episkopat vor, er liefere mit seiner unpolitischen Haltung jede kirchliche Aktion mit dezidiert politischem Anspruch schutzlos staatlichen Zugriffen aus.[97]

Da Ost-Berlin aber den tschechoslowakischen und den polnischen Behörden kaum Vorschriften hinsichtlich der Sühnezeichen-Aktionen machen konnte, versuchte man über die genannten Maßnahmen die Aktion zu behindern. Das Bewusstsein, ständig der staatlichen Willkür ausgesetzt zu sein, mochte allerdings den Zusammenhalt unter den Aktiven eher gestärkt haben. So entstanden innerhalb oder im Umfeld von Sühnezeichen informelle Zusammenhänge, die einen familienähnlichen Charakter trugen. Davon zeugen vor allem die monatlichen Rundbriefe, die Kreyssig oder sein katholischer Stellvertreter Särchen an den Freundeskreis der Aktion versandten.[98]

»Kritisches Bewusstsein wachhalten«: Die Studentengemeinden

Solche netzwerkähnlichen Zusammenhänge konnten sich auch in anderen Bereichen der kirchlichen Jugendarbeit herausbilden, obwohl oder möglicherweise gerade, weil sie anhaltenden Attacken seitens staatlicher Stellen ausgesetzt war. Obwohl die Freie Deutsche Jugend in den sechziger Jahren keine gewalttätigen Übergriffe auf kirchliche Jugendkreise mehr unternahm, sahen sich Jugendliche weiterhin mit dem Vorwurf der Mitgliedschaft in einer subversiven Organisation konfrontiert, sofern sie sich in Jungscharen, Jugendkreisen, Jungen Gemeinden oder Studentengemeinden versammelten. Gerade letztere standen wegen ihrer Arbeit für und mit künftigen Eliten der sozialistischen Gesellschaft »unter einer ganz besonders skeptischen Aufmerksamkeit unserer Sicherheitsorgane«, wie es in einem Brief an den Leipziger evangelischen Studentenpfarrer Konrad Hüttel von Heidenfeld hieß.[99] Grundlage für die intensive Observation der Studentengemeinden etwa durch das Ministerium für Staatssicherheit war eine Verordnung aus dem Jahre 1957, mit der das SED-Politbüro die Tätigkeit der katholischen und evangelischen Studentengemeinden (KSG und ESG) an den ostdeutschen Hochschulen faktisch verboten hatte. In dieser Verordnung klang erneut der Vorwurf an, die Studentengemeinden seien als subversive Organisationen tätig:

»Die Einrichtung der sogenannten Studentenpfarrer und sogenannter Studentengemeinden ist keine innere Angelegenheit der Kirchen […], da deren Tätig-

---

97 Claus Herold, Bericht, Magdeburg 1.11.1967, zit. Höllen: Loyale Distanz?, Bd. 3/1, Nr. 629, S. 88.
98 Zahlreiche Rundbriefe der Aktion Sühnezeichen in: EZA, 101/713.
99 O. Verf. [ESG-Geschäftsstelle], Brief an Hüttel von Heidenfeld, Berlin 7.2.1968, ESG/BRD, Ost-West-Euro.-Ref., S. 1. Vgl. VPKA Leipzig, Information, 6.12.1967, SächsStAL, SED, IV B-5/01/254, S. 1–3.

keit in den staatlichen Bereich, in das Leben und die Ordnung der Universitäten […] eingreift. […]
Die Angehörigen der Universitäten, Hoch- und Fachschulen, die sich in sogenannten Studentengemeinden […] betätigen, verstoßen gegen die Statuten bzw. die Ordnung der Universitäten, Hoch- und Fachschulen.«[100]

Den Vorwurf einer Organisation im Sinne eines Vereins sahen die Sicherheitsorgane der DDR durch die Struktur der Studentengemeinden bestätigt, an deren Spitze neben den Studentenpfarrern die Vertrauensräte der Studierenden standen, die die Arbeit der Hauskreise, die sich in den Wohngegenden der Studierenden bildeten, und der thematisch arbeitenden Kleinkreise koordinierten.[101] Auf dieser Grundlage versuchten staatliche Stellen seit dem Ende der fünfziger Jahre, die Arbeit der Studentengemeinden an den Hochschulen systematisch zu behindern – vor allem ihre Öffentlichkeitsarbeit. Aus diesem Grunde waren dem Vorgänger Hüttels, Johannes Hempel, Repressalien angedroht worden. Hempel hatte versucht, die ESG für ausländische Studierende zu öffnen und sie zu einem Ort internationalen Austauschs zu machen.[102]

Dieser Versuch, die Studentengemeinde zu öffnen, war insofern bemerkenswert, als schon unter den deutschen Gemeindegliedern ein recht begrenzter Fächerkanon festzustellen war. Die meisten stammten aus naturwissenschaftlichen Fächern, wie erstaunlich genaue Berichte über die Leipziger ESG feststellten:

»Als Schwerpunkte der Arbeit der ESG erscheinen […] die folgenden Fakultäten oder Fachrichtungen: Medizin, Pharmazie, Physik, Mathematik, Germanistik, Musikwissenschaft und Theologie.«[103]

1964 studierten von 244 ESG-Gliedern (im Vorjahr: 223) 79 Medizin (1963: 74), 18 Pharmazie (23), 14 Physik (19), eins Mathematik (7), elf Germanistik (9), zwei Musikwissenschaft (3), 63 Theologie (50) und 49 (38) andere Fächer, sieben kamen von anderen Hochschulen. Oberflächlich betrachtet, entsprachen diese Zahlen den Verhältnissen in der Leipziger KSG, der

---

100 SED-PB, Protokoll, Anlage Nr. 7, 18.12.1957, SAPMO-BArch, DY/30/J IV 2/2/572, zit. Hartweg (Hg.): SED, Bd. 1, Dok. 47, S.259f. Vgl. SHF, Erläuterungen, o. D. [1959], SAPMO-BArch, DY/30/IV 2/9.04.581, Bl.91–111, in: Straube: Katholische Studentengemeinde, Dok. 23, S.222–239.
101 Vgl. Günter Ehrhardt, Die gesellschaftswidrigen Zusammenschlüsse von Studenten auf negativer politisch-ideologischer Basis […] (Diplomarb.), 15.1.1967, BStU, MfS-JHS-MF-D 271, S.12–18. Vgl. Erich Mielke, Rede, 30.11.1966, in: Besier/Wolf (Hg.):»Pfarrer«, Dok. 48, S.270f.; KSG Leipzig, Statut, Archiv KSG Leipzig, in: Straube: Katholische Studentengemeinde, Dok. 43, S.317–320.
102 Hempel, Schreiben an den Rat der Stadt Leipzig, Leipzig 19.6.1967, SächsStAL, SED, IV A-4/14/422.
103 SED-PL KMU, Material, o. D. [4.4.1963], SächsStAL, SED, IV A-4/14/89, Bl.11; für die folgenden Angaben: o. Verf., Bericht, Leipzig 14.11.1964, SächsStAL, SED, IV A-4/14/89, Bl.27–30. Vgl. SED-ZK, AG Kirchenfragen, Einschätzung, Berlin 8.1.1973, SAPMO-BArch, DY 30/IV B 2/9.04/126, S. 1.

»vorwiegend Mediziner und Physiker« angehörten.[104] Diese Fächerverteilung war kaum erstaunlich, da Medizin und Naturwissenschaften neben der Theologie zu den wenigen ideologiefernen Disziplinen gehörten. Zugleich verband sich mit den naturwissenschaftlichen Fächern ein hoher theoretischer Anspruch, der erklärt, warum die Studentengemeinden für Zentren der »politisch-ideologischen Diversion« und der antimarxistischen Theoriebildung gehalten wurden.[105] Diese scheinbar genauen Statistiken ignorierten freilich die starke Fluktuation in den Gemeinden und verzerrten insofern die Gemeindewirklichkeit, die meist mit deutlich weniger Aktiven auskommen musste. So ist auch eine Information des Ministeriums für Hoch- und Fachschulwesen mit Vorsicht zu betrachten, wenn darin von 5 000 Mitgliedern in den evangelischen und 1 000 in den katholischen Studentengemeinden berichtet wird.[106]

Für den intellektuellen Austausch in den Studentengemeinden spielten die Kontakte zu Partnergemeinden in Westdeutschland eine wichtige Rolle – voran die regelmäßigen Treffen in Berlin. Analog der Aktion Sühnezeichen sahen die Sicherheitsorgane in der »Patenschaftsarbeit [...], die jetzt als ›Partnerschaftsarbeit‹ bezeichnet wird«, ein Element feindlicher »Kontaktpolitik«.[107]

Ungeachtet der Bedeutung der Kontakte in die Bundesrepublik für die Studierenden aus der DDR, war zunehmend eine gewisse Entfremdung zwischen Ost- und Westdeutschen festzustellen. Der gesellschaftliche Wandel in der Bundesrepublik seit Mitte der sechziger Jahre erfasste sukzessive die Studentengemeinden und schlug sich (wie an den westdeutschen Hochschulen allgemein) in einem wachsenden Interesse für sozialistische Theorien nieder. Dies führte zu mancher Verstimmung bei den Partnerschaftstreffen der Studentengemeinden, wie ein Bericht von einem Treffen Hallenser ESG-Mitglieder mit ihrer Göttinger Partnergemeinde im November 1968 zeigt. Danach gab es eine »heftige Diskussion über Marxismus«:

---

104 MfS, ZAIG, Information, Mai 1963, BStU, ZAIG 793, in: Höllen: Loyale Distanz?, Bd. 2, Nr. 518, S. 366; AG Studentenseelsorge, Aufgaben der Studentengemeinden, Dez. 1967, BAEF, AG Stud. 8.
105 Vgl. Günter Erhardt, Die gesellschaftswidrigen Zusammenschlüsse von Studenten auf negativer politisch-ideologischer Basis [...] (Diplomarb.), 15.1.1967, BStU, MfS-JHS-MF-D 271, S. 12–22.
106 SED-ZK, Abt. Kirchenfragen, Zur Tätigkeit der ESG und KSG, o. D. [8.1.1973], SAPMO-BArch, DY/30/IV B 2/9.04/126, S. 1; SED-ZK, AG Kirchenfragen, Einschätzung o. D. [8.1.1973], ebd., S. 1. – Vgl. die höhere Schätzung von Straube: Katholische Studentengemeinde, S. 101, sowie die unkritische Übernahme staatlicher Angaben durch Jostmeier: Die Evangelische Studentengemeinde, S. 139.
107 MfS, HA IX/2, Major Liebewirth, Hptm. Eschberger, Hptm. Wunderlich, Thesen »Zur gegnerischen Kontaktarbeit [...] im Bereich der studentischen Jugend«, Berlin März 1970, BStU, HA IX 4987, Bl. 50; SHF, Erläuterungen, o. D. [1959], SAPMO-BArch, DY/30/IV 2/9.04.581, Bl. 91–111, in: Straube: Katholische Studentengemeinde, Dok. 23, S. 229 f. Vgl. Noack: Feindobjekt, S. 317–320.

»[…] wd. [westdeutsche] Partner meinten, daß bei uns [ein] pervertierter Marxismus verwirklicht wird. Unsere Stud[ierenden] widersprachen, weil sie glaubten, daß Wd. gar nicht viel mitreden könnten.«[108]

Auch die Leipziger ESG blieb von derartigen Meinungsverschiedenheiten nicht verschont. Waren andere Studentengemeinden in der Partnerschaftsarbeit auf Berlin oder sogar das sozialistische Ausland angewiesen, wohin die Mitglieder der Partnergemeinden einfacher einreisen konnten, so profitierte die Leipziger ESG von der Messe, die zwei Mal jährlich eine unkomplizierte Einreise der Westdeutschen zuließ. Auch auf diesen so genannten »Messe-Freizeiten« waren im Kontext von »1968« zunehmende Missverständnisse zwischen den ost- und den westdeutschen ESG-Mitgliedern zu beobachten, wie sich der Biophysiker Günter Fritzsch erinnert, der lange Jahre Vertrauensstudent der Leipziger ESG war:

»[…] das war für uns natürlich einfach wichtig, […] zu sehen, wie denken die Leute dort, die sich gerade in dieser Zeit sehr von der DDR, von unsrem Denken […] entfernt haben oder wir von denen. Das breitete sich in den sechziger Jahren aus. Ich weiß noch, als ich anfing zu studieren, '61, waren wir der gleichen Meinung. Dann kam im Westen so bis '68 die starke Entwicklung Richtung APO [Außerparlamentarische Opposition], und […] das hatte in der DDR keine Parallele gefunden. In der DDR gab's also keinerlei Entwicklung in Richtung […] Marxismus, wie das im Westen war […], ganz im Gegenteil. Und '68 war also auch zwischen einigen Bekannten und mir fast […] ein Bruch da, […] weil ich deren Denkweise nicht mehr nachvollziehen konnte, vor allem in Bezug auf die Einschätzung der DDR-Politik, die dort so positiv und freundlich dargestellt wurden, obwohl die das in Leipzig gesehen haben, was los war, […] und es gab also dann wirklich, so '68, Brüche auch in Bekanntschaften, da sind einige zu Bruch gegangen, weil wir uns gegenseitig nicht mehr verstanden haben.«[109]

Obwohl solche Differenzen nicht zu vermeiden waren, nutzten viele Studierende aus den Gemeinden die privaten Kontakte zu den westdeutschen Partnern. Außerdem trafen einzelne Studierende Verabredungen mit westdeutschen und ausländischen Studierenden in Ost-Berlin, wo sich die Einreise mit Hilfe eines Tagesvisums weitgehend unproblematisch gestaltete. Dabei erhielten die Ostdeutschen nicht nur interessante Informationen, sondern oft auch Literatur, die ihnen in der DDR nicht zugänglich war. Ein solches Treffen beschrieb Harald Fritzsch:

»[…] wir kannten auch so US-amerikanische Studenten – da waren damals halt noch viele Amerikaner, die in West-Berlin studiert haben, und die haben […] Kontakt gesucht zu Studenten aus dem Osten. Und da kannte ich auch welche.

---

108 Protokoll V-Sitzung, 25.11.1968, ESG Halle, Vertrauenskreisprotokolle, Herbstsem. 1968.
109 Günter Fritzsch, Interview, Frankfurt a.M. 26.10.2000.

Die haben uns immer regelmäßig Literatur gebracht. Ich fuhr dann immer mit dem Zug zum Bahnhof Friedrichstraße, und [...] nach einer Viertelstunde Gespräch usw. haben die uns dann irgendwelche Taschen überlassen, die ich dann übernommen habe. Und da waren dann Spiegel drin oder Zeit-Magazin und auch Bücher, die alle auf dem Index waren.«[110]

Aber nicht nur die – sehr begrenzte – »Verbreitung« verbotener Schriften durch Studierende aus dem Umfeld der ESG war der Leipziger Universitätsleitung ein Dorn im Auge. Nach Berichten ihrer Informanten wurden studentische Gemeindeglieder periodisch an der Hochschule aktiv, indem sie – wie etwa 1963 geschehen – alternative Kandidaten für die FDJ-Wahlen aufstellten. Zudem diskutierten sie innerhalb und außerhalb der Studentengemeinde rege über philosophische und damit ideologische Probleme, beispielsweise über die Frage »Wir und der Atheismus«, und luden häufig Experten, Wissenschaftler, Schriftsteller, Künstler, ein. Besonderen Interesses erfreuten sich dabei regimekritische oder verfemte Personen wie der Schriftsteller Stefan Heym, der 1965 in der Leipziger ESG las.[111]

Die Studentengemeinden waren für viele Studierende – so Günter Fritzsch – einfach »ein Forum, wo man politisch frei reden konnte, wo man andere Leute getroffen hat und wo man [...] über das eigene Institut hinaus Leute kennen gelernt hat«.[112] Dabei habe man auch die politischen Entwicklungen an anderen Fakultäten verfolgen und sich gegebenenfalls auf zu erwartende Auseinandersetzungen vorbereiten können. Aufgrund ähnlicher Interessen verwoben sich manchmal verschiedene Gruppen wie der private Gesprächskreis um Günter Fritzsch und die ESG miteinander.[113] Neben philosophischen Themen spielten kulturelle und kulturpolitische Fragen eine bedeutende Rolle im Leben der Gemeinde und ihr nahe stehender Gruppen. Lange Zeit befassten sich die Studierenden in der ESG mit dem drohenden Abriss der Universitätskirche und versuchten, Kommilitonen dagegen zu mobilisieren.[114]

Auch die Katholische Studentengemeinde in Leipzig – eine der aktivsten in der DDR[115] – war in dieser Angelegenheit tätig. Hier gründeten Studierende einen Arbeitskreis, der Material über die Universitätskirche, ihre Ausstattung und Geschichte sammelte, um mit sachlicher Aufklärungsarbeit de-

---

110 Harald Fritzsch, Interview, Berlin 9.2.2000; vgl. SHF, Erläuterungen, o. D. [1959], SAPMO-BArch, DY/30/IV 2/9.04.581, Bl. 91–111, in: Straube: Katholische Studentengemeinde, Dok. 23, S. 228–233. Vgl. Noack: Feindobjekt, S. 312f. u. 317–320.
111 [Verf. unleserl., div.] Informationen, 1963–1966, SächsStAL, SED, IV A-4/14/89. Ingrid Göcke, Interview, Freising 23.10.2000.
112 Günter Fritzsch, Interview, Frankfurt a. M. 26.10.2000.
113 Harald Fritzsch, Interview, Berlin 9.2.2000; vgl. Fritzsch, G.: Gesicht, S. 22–25.
114 O. Verf., Information an UPL, Leipzig o. D. [Frühj. 1964], SächsStAL, SED, IV A-4/14/89.
115 MfS, ZAIG, Information, Mai 1963, BStU, ZAIG 793, in: Höllen: Loyale Distanz?, Bd. 2, Nr. 518, S. 366. Vgl. KSG Leipzig, Statut, Archiv KSG Leipzig, in: Straube: Katholische Studentengemeinde, Dok. 43, S. 317.

ren Sprengung zu verhindern.[116] Ingrid Göcke, die damals in Leipzig Kunstgeschichte studierte, war an dieser Arbeit beteiligt:

»Also es ging natürlich ganz stark über das Kunsthistorische [hinaus], wo man jetzt auch sich ein bisschen [...] verstecken konnte hinter kunstgeschichtlichen Argumentationen. Also ich gehöre nicht zu denen, die so freimütig denen ins Gesicht gesagt haben, dass sie Arschlöcher sind. Das musste eingepackt werden [...], als wir dann vorgesprochen haben und intervenierten, und dass [wir] die Sprechstunden ausnutzen wollen, die ein Bürgermeister anbietet oder ein Stadtrat für Kultur, und dass die uns nicht zu dritt angehört haben, sondern [... sagten], das ist eine Einzelsprechstunde, einer oder keiner [...]. Ich bin dann gegangen. Und ich habe mich nicht einschüchtern lassen. [...] Der hat die Sekretärin mit hereingenommen, die nahm alle Personalien von mir auf und dann hat er demonstrativ alles aufgenommen, der Stadtrat Ritter, das war der für Inneres zuständige Stadtrat. [...] Und dann war mir alles klar [...], dass ich damit natürlich geliefert war. Aber das, was ich da vorgetragen hatte, das war auch schon schriftlich alles eingereicht worden mit Namen und Adresse, und insofern war das nichts Neues.«[117]

Im Umfeld der studentischen Unruhen in ganz Europa wie auch unter dem Eindruck der beginnenden 3. Hochschulreform stieg das Interesse christlicher Studierender an gesellschaftskritischen Themen deutlich an. Seit Mitte der sechziger Jahre hatten viele von ihnen ein verstärktes Engagement gerade auch der Kirchen in der Gesellschaft wie in der Welt allgemein gefordert, das nun im Umfeld des Prager Frühlings ganz neue Möglichkeiten zu bieten schien.[118]

So forderten die Katholischen Studentengemeinden im Herbst 1967 mit einem Gutachten des Leipziger Theologen und Studentenseelsorgers Wolfgang Trilling zu »Fragen des Weltdienstes in der heutigen Welt und in unserer Situation« von ihren Bischöfen ein verstärktes gesellschaftliches und damit ein politisches Engagement, was diese aber ablehnten.[119] Einen ähnlichen Appell fanden die katholischen Bischöfe im selben Jahr am Ende des Berichtes der Studentenseelsorger. Darin wurde sehr genau die Situation an den ostdeutschen Hochschulen analysiert, wobei der politisch-ideologischen Lage besondere Aufmerksamkeit gewidmet worden war. Der permanente Druck etwa im marxistisch-leninistischen Grundlagenstudium sei für die meisten Studierenden ein »Anlaß zum Lavieren, zum Lippenbekenntnis, zur stotternden Kapitulation, zum Tagesopportunismus«. Deswegen sei auch die Mitgliedschaft in der FDJ »kein Kriterium für [die] Bewußtseinslage. Nichtzugehörigkeit ist oft

---

116 Vgl. Rosner (Hg.): Universitätskirche, S.7f. Darin die Materialsammlung der KSG.
117 Ingrid Göcke, Interview, Freising 23.10.2000.
118 Vgl. Noack: Die evangelischen Studentengemeinden, S.66–69 u. 74–77; Ders.: Feindobjekt, S.319.
119 Schäfer: Staat, S.281.

zufällig bzw. nicht eindeutig motiviert.« Christliche Studierende unterschieden sich in dieser Hinsicht kaum von anderen. Sie seien weitgehend ebenso opportunistisch wie die meisten ihrer Kommilitonen:

> »Die meisten Studenten bleiben als Christen inkognito; nur bei bestimmten Konfliktsituationen wird ›kirchliche Gebundenheit‹ thematisiert und diskutiert (Wehrdienst, Vietnam-Spende, Schwangerschaftsunterbrechung, Messbesuch beim Ernteeinsatz etc.).«[120]

Um sie zu ermutigen und sie zu konstruktiver Kritik an Gesellschaft und politischer Praxis zu befähigen, sei eine intensive Beschäftigung mit den theoretischen Grundlagen der sozialistischen Gesellschaft notwendig. Dazu gehöre eine aufrichtige Auseinandersetzung mit der marxistisch-leninistischen Ideologie:

> »Hier wäre es u. a. die Aufgabe der Stud[enten]-Gem[einden], die Glieder zu ermahnen, auch den Marxismus ernsthaft zu studieren, auch wenn dabei viel Redundanz und Ungereimtheit in Kauf genommen werden muß, selbst wenn sich Seminarleiter oder Prüfer oft auch schon mit tönernem Erz zufriedengeben: Wir sind nur redlich, wenn wir uns um Sachkenntnis (der ideologischen Hintergründe) bemühen. Wenn wir die uns gebotenen Chance[n] zum Studium des Marxismus wahrnehmen, wird es auch für manchen Ideologen schwieriger sein, einzelne Studenten wortgewandt zu übertölpeln, zögernden Kommilitonen verhüllte Bekundungen abzulisten oder Fragesteller mit Scheinargumenten abzuspeisen. […]
> Wenn die Stud[enten]-Gem[einden] auch kein hochschulpolitischer Faktor sein können und sein wollen, so haben sie doch die Möglichkeiten,
> – den Konformismus als politische Gegenleistung in Frage zu stellen
> – Gesprächsraum für die Korrektur der gängigen Philosophien zu schaffen und kritisches Bewußtsein wachzuhalten
> – die Flucht in den Opportunismus zu entlarven und die Resignation zu überwinden
> – den Glauben einzuüben, daß die Welt nicht erst durch ein eschatologisches Wunder verändert wird, sondern auch unserer Sorge zugewiesen ist.«

Ähnliche Überlegungen wurden zur gleichen Zeit in den Evangelischen Studentengemeinden angestellt. Wie ihre katholischen Kommilitonen sahen sich evangelische Studierende im Zwiespalt zwischen der Entwicklung eigener gesellschaftspolitischer Vorstellungen, die möglicherweise marxistische Topoi integrierten, und dem gesellschaftlichen Hintergrund der DDR, deren Staatspartei das Deutungsmonopol eben dieser Topoi für sich beanspruchte. Dies

---

120 AG Studentenseelsorge, Bericht, Dez. 1967, BAEF, AG Stud. 8, S. 3–5. Das Folgende ebd. – Auszüge in: Studentenschaft und Hochschulgemeinde in der DDR, Herder-Korrespondenz 22 (1968), S. 312–315. Vgl. KSG-Regionalkreis Ost, Thesen, 1969/70, Archiv KSG Halle, in: Straube: Katholische Studentengemeinde, Dok. 46, S. 328–330.

galt in gleicher Weise für das Verhältnis der ESG-Mitglieder zum ostdeutschen Staat, wie der Vertrauensrat der Evangelischen Studentengemeinden in der DDR 1969 in einem umfangreichen Bericht feststellte:

»Für einen Teil der Studentengemeinden in der DDR ist die ›Anerkennung der DDR‹ unlösbar mit einer totalen Anerkennung der bestehenden Form des Sozialismus verbunden, der gegenüber erhebliche Vorbehalte bestehen – auch bei einem Teil der recht kleineren Gruppe, die trotz negativer Erfahrungen nicht resigniert.«[121]

Christliche Studierende gehörten neben jüngeren Pfarrern zu denen, die besonders intensiv über eine eigene, konsistente Position in der sozialistischen Gesellschaft nachdachten. So suchten auch Glieder der Evangelischen Studentengemeinde in Leipzig im Frühjahr 1968 den direkten Austausch mit tschechoslowakischen Studierenden und diskutierten in öffentlichen Veranstaltungen über den Verfassungsentwurf. Staatliche Beobachter kamen dabei zu dem Urteil, dass die politischen Auseinandersetzungen nur einem einzigen Zweck dienten:

»Bei allen Diskussionsbeiträgen wurde unverkennbar deutlich, daß nach einer Begründung für oppositionelle Haltungen gesucht wurde, wobei eine gewisse Aggressivität nicht zu verkennen ist.«[122]

Sicher spielte die offensive Konfrontation mit der ostdeutschen Politik für viele Aktive und etliche Besucher der ESG eine Rolle – etwa für Harald Fritzsch, dessen Interesse an der Studentengemeinde als »Hort der Opposition« oben bereits angedeutet wurde. Fritzsch und andere hatten intensive Kontakte in die Tschechoslowakei – u. a. zu Prager Reformkommunisten.[123] Fritzschs persönliches Interesse an den Vorgängen in der ČSSR entsprach gleichwohl dem der Leipziger ESG insgesamt, zu der er selbst nur sporadische Kontakte pflegte. So wurde für das Sommersemester 1968 der Philosoph Milan Opočenský nach Leipzig eingeladen, die Einladung aber bald aus Opportunitätsgründen zurückgezogen. In Halle hingegen sprach auf Einladung der dortigen ESG der Philosoph und Theologe Milan Machovec »vor Hunderten von Studenten«.[124] Das rege Interesse an den Vorgängen in der Tschechoslowakei musste deswegen in herbe Enttäuschung umschlagen, als der Prager Frühling niedergeworfen wurde.

Vor diesem ernüchternden Hintergrund setzte 1969 eine Diskussion ein, die von der Geschäftsstelle der ESG in der DDR sowie der Arbeitsgruppe der ka-

---

121 ESG-Vertrauensrat, Bericht, Mai 1969, zit. Godel, Erika: Theologische Standortbestimmung der Studentengemeinden in der DDR. Berlin (W.) 1973 (unveröff. Ms.), Nr. 30, S. 90.
122 O. Verf., Bericht, 19.4.1968, SächsStAL, SED, IV B-4/14/669, S. 2; das Folgende ebd., S. 3.
123 Harald Fritzsch, Interview, Berlin 9.2.2000.
124 Rudolf Schulze [ehem. Studentenpfarrer in Halle/S.], Brief an den Verf., Berlin 3.9.1996; o. Verf. [ESG-Geschäftsstelle], Brief an Hüttel von Heidenfeld, Berlin 7.2.1968, ESG-Geschäftsstelle Ost, S. 1.

tholischen Studentenseelsorge forciert und in deren Verlauf von christlichen Jugendlichen, im Besonderen von christlichen Studierenden, ein intensives gesellschaftliches Engagement gefordert wurde. Inwieweit die Debatte auf Bundesebene in den Gemeinden selbst verfolgt worden ist, ist allerdings kaum zu rekonstruieren. Diesen Eindruck vermittelt zumindest das Periodikum *kontakt*, das die Geschäftsführung der ESGn unter Udo Skladny seit November 1969 regelmäßig herausgab. In *kontakt* wurden im Sommer 1970 »Ergebnisse der Arbeit am Thema ›Christliches Selbstverständnis in einer sozialistischen Umwelt‹« veröffentlicht. Nach diesem Text wurde ein gesellschaftspolitisches Engagement von den ostdeutschen Studentengemeinden ebenso bejaht wie die Nähe zum Marxismus. Beides resultierte in erster Linie aus der intensiven Beschäftigung mit der lateinamerikanischen Befreiungstheologie und ihrer marxistisch geprägten Gesellschaftsanalyse, wie die Konzentration des Textes auf globale Probleme – voran die der »Dritten Welt« – erkennen lässt:

»Und wenn die Ursachen des Elends gesellschaftlicher Natur sind, wie es der Marxismus unserer Ansicht nach zurecht feststellt, dann kann eine theologische Selbstbesinnung nur zu einer *politischen Theologie* führen.«[125]

Obwohl die Forderung nach einem gesellschaftlichen Engagement der ostdeutschen Christen vielfach begrüßt wurde, stieß die ESG-Geschäftsstelle mit ihren sozialistischen Präferenzen keineswegs auf einhellige Zustimmung. Besonders heftig wurde ihre Position von der Gruppe »Kritische Gemeinde« angefochten, die sich in der Schweriner ESG um den Theologiestudenten und Literaten Ulrich Schacht sammelte. Die Gruppe warnte angesichts der gesellschaftlichen Realität vor einer unreflektierten Akzeptanz sozialistischer Ideen als Maßstab kirchlicher Arbeit in der DDR. Sie verwarf das »Konzept einer ›Kirche im Sozialismus‹ […] als feigen heillosen Verrat am Kern der Botschaft des Mannes aus Nazareth«, wie sich Schacht erinnert.[126] Wurde die »Kritische Gemeinde« 1973 vom MfS zerschlagen und Schacht inhaftiert, so weckte auch die Position der Geschäftsstelle die Besorgnis der Sicherheitsorgane der DDR. Seit dem Machtwechsel von Ulbricht zu Honecker stellten sie zunehmend fest, die Studentengemeinden entwickelten »eine große Aktivität, wobei die Linie der ›kritischen Mitarbeit‹ bezogen wird und man die Mitglieder auffordert, aktiv auf allen Ebenen mitzuarbeiten«.[127] Die Sorge der staatlichen Stellen, dadurch könnten konvergenztheoretische Vorstellungen in die Hochschule getragen werden, galt keineswegs nur den Protestanten, denn Ansätze politischer Theologie wurden auch von katholischen Studierenden dis-

---

125 Ergebnisse zum Thema »Christliches Selbstverständnis in einer sozialistischen Umwelt«, kontakt, Juli/Aug. 1970, zit. Godel: Theologische Standortbestimmung, Nr. 36, S. 104.
126 Schacht: Versteinerte »Quellen«, S. 208. Vgl. (auch zum Folgenden) ebd., S. 207–209; Neubert: Geschichte, S. 312.
127 SED-BL Leipzig, AG Staat und Recht, Schreiben an 1. Sekr. d. SED-BL, 30.3.1973, SächsStAL, SED, IV C-5/01/274, Bl. 6. Vgl. SED-ZK, AG Kirchenfragen, Einschätzung, Berlin 8.1.1973, SAPMO-BArch, DY/30/IV B 2/9.04/126, S. 1 f.

kutiert. Auch in den katholischen Studentengemeinden nahm die Arbeit zu Fragen der Entwicklungspolitik einen breiten Raum ein. Im Mittelpunkt dieser Arbeit stand die Befreiungstheologie als Frucht des II. Vatikanischen Konzils, das Mitte der sechziger Jahre einen großen Reformschub im Katholizismus ausgelöst hatte, der aber wegen des überwiegend konservativen Episkopats an den ostdeutschen Diözesen weitgehend vorüberging. Die Beschäftigung mit befreiungstheologischen Problemen hatte deshalb unter katholischen Studierenden noch einen ganz anderen Stellenwert, hinterfragten sie doch auch die eigene Konfession.[128]

Seit Anfang der siebziger Jahre wandten sich die Studierenden in den Gemeinden jedoch immer mehr Fragen ihrer konkreten Lebensgestaltung zu, rückten Probleme des Studiums und der Tätigkeit danach in den Mittelpunkt ihres Interesses. Die Studentenseelsorger stellten fest, dass das gesellschaftliche Engagement erheblich an Bedeutung verloren hätte:

»So begrüßenswert die Überwindung des gesellschafts-politischen Extrem[s] erscheint, so bedenklich stimmt die jetzige Entwicklung, die sich ausschließlich auf den Raum der Innerlichkeit und des Individualismus richten kann.«[129]

Dieser Wandel der Interessenlage spricht für die anhaltende Minorisierung christlicher Studierender an den Fach- und Hochschulen, von der katholische Studierende noch stärker betroffen waren als ihre evangelischen Kommilitonen. Das starke Interesse für den weiteren Weg älterer Absolventen ist zudem ein deutliches Indiz für die Angst der Studierenden vor der fortschreitenden Disziplinierung an den Hochschulen.

Diese Entwicklung entsprach wiederum der in den evangelischen Gemeinden, wenngleich die Einschätzung der Situation dort ein wenig differenzierter ausfiel. Allerdings lösten sich dabei die Erfolgsmeldungen Udo Skladnys, Geschäftsführers der ESG/DDR seit 1969, als Trugbilder auf:[130] Als er 1973 sein Amt abgab, war von einem stetigen Mitgliederzuwachs der ESGn plötzlich keine Rede mehr. Die Geschäftsstelle verwies in ihrem nüchternen und ernüchternden Bericht über die Arbeit des Jahres 1972/73 aber nicht nur auf den Mitgliederschwund in den Studentengemeinden. Als noch tiefgreifender erachtete sie den Wandel des Diskussionsverhaltens der Studierenden, das die inhaltliche Arbeit zunehmend erschwere:

---

128 Vgl. AG Studentenseelsorge, Bericht [...] 1968, Jan. 1969, BAEF, AG Stud. 8; KSG-Regionalkreis Ost, Vorschläge, 1.2.1970, ebd., in: Straube: Katholische Studentengemeinde, Dok. 36, S. 280–292; Schäfer: Staat, S. 266f. u. 286f. – Vgl. Fritzsch, G.: Gesicht, S. 23.
129 AG Studentenseelsorge, Jahresbericht 1972, Dresden 28.1.1973, BAEF, AG Stud. 8, S. 1. Vgl. AG Studentenseelsorge, Jahresbericht 1973, o. D. [Jan. 1974], ebd.
130 Udo Skladny, Schreiben an OKR Pabst, Berlin 18.4.1972, 20.2. u. 26.3.1973, EZA, 101/1865.

»Wie aus den neuesten Angaben der Studentengemeinden hervorgeht, hat sich die Zahl der ESG-Glieder seit 1969 um etwa 40% verringert. In den großen Gemeinden ist dabei ein Rückgang um die Hälfte zu verzeichnen [...]. Die Verkleinerung der ESGen bedeutet jedoch weder eine ›Qualitätsverbesserung‹ noch eine größere Verbindlichkeit. Die schon öfter festgestellte Tendenz zur Mittelmäßigkeit hält vielmehr an – bei gleichzeitig wachsendem ›Elitebewußtsein‹ und trotz einer gewissen Zunahme von Absolventen in den ESGen. Anstelle engagierter sachlicher Auseinandersetzung in der Gemeinde macht sich mehr und mehr das Bedürfnis nach sicheren, eindeutigen Antworten bemerkbar. [...] Die von Studenten und Studentenpfarrern immer wieder geäußerte Behauptung, gesellschaftliche Fragestellungen seien überstrapaziert und dadurch unattraktiv geworden, steht in gewissem Widerspruch zu den Erfahrungen der Geschäftsstelle bei Gemeindebesuchen und zentralen Tagungen, bei denen gerade die gesellschaftlichen Probleme als Herausforderung zum Gespräch und zum eigenen Nachdenken auf starkes Interesse stoßen.«[131]

Diese Einschätzungen lassen darauf schließen, dass die Studentengemeinden trotz ihrer Marginalisierung attraktiv blieben, weil man einerseits dort ein kritisches gesellschaftliches Engagement erwartete, dass sie andererseits für Studierende als privater Ort eine Rolle spielten, wo Religion gelebt und diskutiert werden konnte. Vor diesem Hintergrund wurden sie für die gesellschaftliche Entwicklung in der DDR insgesamt interessant. Die Orientierung auf eine bestimmte Gruppe begünstigte einen relativ intensiven, theoretischen Austausch über gesellschaftliche, politisch-ideologische Fragen und damit eine spezifische Aneignung der theologischen wie auch der marxistisch-leninistischen Traditionen. Zugleich förderten sowohl die enge Milieuanbindung als auch der eigen-sinnige Umgang mit der sozialistischen Gesellschaftskonzeption die Verinselung der studentischen Gemeindeglieder. Diese verinselten Gruppen bildeten in der Perspektive eine der Grundlagen für jenes »protestantische Großstadtmilieu, das vor allem von jüngeren, hochgebildeten Kirchenmitgliedern repräsentiert wurde«[132] und aus dem führende Köpfe der ostdeutschen Bürgerrechtsbewegung hervorgehen sollten – u.a. Marianne Birthler, Bärbel Bohley, Ludwig Mehlhorn, Ruth und Hans Misselwitz sowie Ulrike und Gerd Poppe.

---

131 ESG/DDR, Bericht: Gesamtarbeit Okt. 1972–Sept. 1973, o. D., EZA, 101/1865.
132 Pollack: Kirche, S. 423f.

»Unsere Mitarbeit ist nicht erwünscht«: Modernisierung der kirchlichen Jugendarbeit

Als Ort, wo zur aufrichtigen Diskussion ermuntert wurde, wo Religiosität auf neue Weise erfahrbar werden sollte und wo Jugendliche zu Texten und Musik nach ihrem Geschmack ihre Seele baumeln lassen konnten, wurden die »Gottesdienste einmal anders« eingeführt. Zunächst in den protestantischen Kirchen, später auch in den katholischen Kirchen als genuine Form jugendlicher Religiosität akzeptiert, gehörten die Jugendgottesdienste unkonventioneller Art bald fest zum Repertoire kirchlicher Jugendarbeit. So berichtete der Rat des Stadtbezirkes Leipzig-Nordost 1966:

> »Einzelne Kirchengemeinden gehen in der Massenarbeit auf neue Methoden über, z. B. Kabarettveranstaltungen in der Kirche [...], moderne Kirchenmusik in Jazzform beim Jugendgottesdienst [...]. Bei den durchgeführten Kontrollen ergab sich, daß eine große Anzahl Besucher zu verzeichnen ist. So berichtete ein ehrenamtlicher Mitarbeiter [...], daß durch die moderne Wiedergabe von Kirchenliedern ein großer Zustrom von Jugendlichen zu den Gottesdiensten zu verzeichnen ist. Weiter brachte sie [!] zum Ausdruck, daß diese Art der Wiedergabe auch bei einem geringen Teil der älteren Kirchenmitglieder Anklang gefunden hat.«[133]

»Gottesdienste einmal anders« fanden erstmals 1963 in der sächsischen Landeskirche, in Karl-Marx-Stadt, statt. Sie entwickelten nicht nur durch neue liturgische Formen wie Blues- und Popmessen in den nächsten Jahren ihren besonderen Reiz. Sie versuchten außerdem, Antworten auf konkrete, meist ethische Fragen Jugendlicher zu geben. Deshalb betrachteten staatliche Stellen diese vorgeblich »als Show aufgemachte Veranstaltungen« als »Versuche, die inhaltliche Thematik kirchlicher Veranstaltungen möglichst weit zu spannen, ›weltoffen‹ zu sein, um mittels interessanter politischer, gesellschaftlicher, philosophischer, kultureller und ethischer Probleme [...] die Jugend anzusprechen und [zwar auch] diejenigen, die sich von der traditionellen Kirche bereits gelöst haben«.[134]

Mit dieser Einschätzung lagen die Kritiker der »Gottesdienste einmal anders« durchaus richtig. Ermöglicht wurde die methodische Modernisierung der kirchlichen Jugendarbeit dadurch, dass die Kirchen von einem generationellen Wandel erfasst wurden. Die ältere Generation, die stark von den Auseinandersetzungen mit dem SED-Staat in den fünfziger Jahren geprägt war, wurde abgelöst von jungen Mitarbeitern, die unter den Bedingungen der DDR sozialisiert

---

133 Rat d. Stadtbezirkes Nordost, Einschätzung, Leipzig 6.6.1966, SächsStAL, SED, IV A-5/01/258, S. 3.
134 O. Verf. [Staatssekr. f. Kirchenfragen], Information, o. D. [Feb. 1968], SächsStAL, SED, IV B-2/14/671, S. 7; MfS, ZAIG, Einzelinformation, 23.7.1968, BStU, ZAIG 1526, Bl. 1. Vgl. Rat d. Stadt Leipzig, Stellv. f. Inneres, Einschätzung, 6.10.1966, SächsStAL, SED, IV A-5/01/231, S. 3.

worden waren, hier ihre Ausbildung genossen hatten und deren Früchte nach Meinung der Herrschenden in staatsfeindlicher Weise anwandten:

»Die Kirche nutzt gegenwärtig einen Stab gut ausgebildeter junger Theologen, die zum Teil bereits die Oberschulen und Universitäten der DDR besuchten. Erfahrungen der sozialistischen Menschenführung, der Kultur, der Soziologie und der Psychologie werden von ihnen genutzt und für ihr Ziel entsprechend eingesetzt, verfälscht, umfunktioniert.«[135]

Diese jungen kirchlichen Mitarbeiter sprachen dieselbe Sprache wie die Jugend, und viele von ihnen kannten und teilten deren musikalische und modische Vorlieben. Zudem sahen sie in der Modernisierung der Jugendarbeit eine Chance für die kirchliche Tätigkeit insgesamt – eine Ansicht, die allerdings nicht von allen kirchlichen Kreisen geteilt wurde. So schrieb das Bistum Meißen 1969 einen Wettbewerb für jugendgemäße Kirchenlieder aus, während das Jugendseelsorgeamt Erfurt zur gleichen Zeit die Auslieferung von entsprechendem Tonbandmaterial an die Gemeinden blockierte.[136] Die Modernisierung – auch der Gottesdienste – setzte sich dennoch allmählich durch und wurde bald auch überregional praktiziert. Jugendtreffen der Landeskirchen bzw. der Diözesen erhielten so ihre eigene Note, die »Gottesdienste einmal anders« wurden ihr fester Bestandteil. Vor diesem Hintergrund ist die Klage einer SED-Funktionärin über die intensive kirchliche Jugendarbeit in Karl-Marx-Stadt zu verstehen, die in einem Schreiben an die Leipziger Bezirksleitung feststellte: »Leipziger Pfarrer beteiligen sich aktiv an dieser Zersetzungsarbeit.«[137]

Der generationelle Wechsel in den Reihen der kirchlichen Mitarbeiter widerspiegelte sich in der thematischen Ausrichtung der Jugendgottesdienste. Zunehmend wurden in den Jugendkreisen nicht nur praktisch-ethische Fragen, sondern auch die ideologischen Grundlagen des Systems diskutiert. Dies entsprach Mitte der sechziger Jahre offenbar dem Bedürfnis jener Jugendlichen, die überhaupt noch in die Kirchen kamen. Bedingt durch die innenpolitische Stagnation, die in einem zunehmenden Kontrast zu den Veränderungen rings um die DDR stand, suchten diese jungen Menschen die Auseinandersetzung um gesellschaftliche Fragen im weitesten Sinne. So berichtete 1966 Alfred Bengsch der Berliner Ordinarienkonferenz:

»Nach vielen Berichten ist bei der jüngeren Generation die Tendenz zum Engagement in gesellschaftlichen und politischen Leben der DDR stärker geworden.

---

135 SED-KL Leuna, Abt. Agit-Prop., Einschätzung, 13.3.1967, LA Merseburg, SED, IV/A-2/14/4, Bl.134. – Vgl. LKA Sachsens, Bericht, o. D. [9.11.1968], SächsStAL, IV/B-2/14/670, S.10, sowie Kähler: Kirchliche Hochschulen, S.244f.
136 Bistum Meißen, Ausschreibung, o. D. BAEF, AG Jug. o. Sign; Amt f. Jugendseelsorge Erfurt, Schreiben an Spülbeck, 31.3.1969, BAEF, AG Jug. III.4 b.
137 SED-BL Leipzig, Mitarbeiterin f. befreundete Parteien, Schreiben an 1. Sekretär d. SED-BL, 19.8.1966, SächsStAL, SED, IV A-2/14/422, S.1.

Während man vor fünf Jahren diese Generation zum guten Teil als Bundesbürger in voto ansehen konnte, herrscht jetzt die Absicht vor, im hiesigen gesellschaftlichen Leben die beste Position zu erringen. Zwar partizipieren die jungen Leute vor allem durch das Fernsehen am westlichen Lebensstil und orientieren danach weithin ihre Vorstellungen vom Lebensstandard und vom modernen Menschen überhaupt, aber sie erwägen ernsthaft ihre Stellung in der hiesigen Gesellschaft. Dies geschieht zum Teil aus echtem Apostolatsdrang, zum Teil deshalb, weil sie die westlichen Analysen der sozialistischen Gesellschaft nicht einfachhin akzeptieren. Ferner spielt die Hoffnung auf eine Liberalisierung eine Rolle. Die Pastoral wird das Gespräch um diese Dinge aufnehmen und die jungen Menschen zur Unterscheidung der Geister führen müssen. Diese Tendenzen zum Engagement begegnen sich mit jener Gesetzgebungsreihe, durch die in oft harmloser Formulierung eine sozialistische Gesellschaft mit einem sozialistischen Bewusstsein geformt werden soll (Familiengesetz, Bildungsgesetz, Jugendgesetz).«[138]

Deswegen wurde von verschiedenen Seiten eine intensivere Beschäftigung der Kirchen mit gesellschaftlichen Fragen angemahnt – so in dem zitierten Bericht von Bengsch selbst, der dabei ethische Probleme der »Ehe-, Familien- und Erziehungsberatung« in den Vordergrund rückte. Allerdings bestand auch in dieser Hinsicht zunehmend Klärungsbedarf, da sich die katholische Kirche auf ihre konservative Sexualethik zurückzog. Ohne diese in Frage zu stellen, forderten die Jugendseelsorger 1969 einen offeneren Umgang mit diesem (Themen-)Komplex. Dabei sei eine »kluge und positive Sexualerziehung« aber nur *ein* Element der allgemeinen »Werterschließung und Wertvermittlung« im Sinne einer »Einübung in rationale Wahl«.[139]

Insgesamt aber hielten sich die Kirchen auf gesellschaftspolitischem Gebiet gegenüber den »Kampfzeiten« der fünfziger und Anfang der sechziger Jahre deutlich zurück. Unter einigen kirchlichen Mitarbeitern stieß diese Reserviertheit jedoch zunehmend auf Kritik. So bemängelte der Magdeburger Jugendseelsorger Claus Herold in dem bereits erwähnten Bericht von 1967, dass der Episkopat zu sehr an tradierten Normen festhalte. Deswegen könnten die Bischöfe keine Antworten auf die Fragen der Jugend geben, die vor dem Hintergrund des gesellschaftlichen Wandels nach kontingenten Maßstäben suchten. Anstatt die Veränderung in der Gesellschaft kritisch und konstruktiv zu begleiten, verzichte der ostdeutsche Katholizismus aus kirchenpolitischen Erwägungen auf sämtliche Gestaltungsansprüche an die DDR:

»Das Einheitsdenken dieser Kirche ist die ebenso totalitäre Antwort einer ins Ghetto gedrängten und sich hinter der Mauer noch selbst verschanzenden Min-

---

138 Bengsch, Bericht, 3.2.1966, KfZG, WA 33, zit. Höllen: Loyale Distanz?, Bd. 3/1, Nr. 577, S. 4.
139 AG Jugendseelsorge, Anmerkung, 12.3.1969, BAEF, ROO, A II 22, S. 2.

derheit auf das totalitäre System des staatlichen Machtapparates und seiner erdrückenden Massenorganisationen.«[140]

Die zeitweilige gesellschaftspolitische Enthaltsamkeit der Kirchen – vor allem der katholischen – war u. a. bedingt durch den wachsenden Druck auf ihre gesamtdeutschen Strukturen. Demgegenüber war die Forderung nach umfassender Mitwirkung der Kirchen in der sozialistischen Gesellschaft der DDR ein Indiz für eine differenziertere Einstellung jüngerer kirchlicher Mitarbeiter gegenüber dem Gesellschaftssystem. Das Ministerium für Staatssicherheit aber bevorzugte in seinen Analysen die erste Variante, als es 1968 nach Ursachen für die weniger offensive Haltung der Kirchen suchte:

>»Aus Furcht vor staatlichen Maßnahmen bemüht man sich seit ca. Mitte des Jahres 1966 in den Predigten und Fürbittgebeten die krasse Form der Ablehnung und Verunglimpfung von Maßnahmen von Partei und Regierung zu umgehen. In versteckter Form wird seitdem versucht, die gleiche Wirkung zu erzielen. Besonders deutlich kommt das in der Haltung zu Fragen der Wehrdienstverweigerung aus Gewissensgründen, zum Vietnam-Krieg und zu politischen Maßnahmen bei innen- und außenpolitischen Ereignissen zum Ausdruck.«[141]

Am Anfang der siebziger Jahre wandten sich die ostdeutschen Kirchen gerade in der Jugendarbeit zunehmend Fragen der internationalen Politik zu. Unter dem Eindruck des Vietnam-Krieges, der afroamerikanischen Bürgerrechtsbewegung um Martin Luther King und verschiedener Unabhängigkeitsbewegungen in Staaten der so genannten »Dritten Welt« wurden in kirchlichen Kreisen über die Studentengemeinden hinaus Überlegungen zu einer gerechteren Weltordnung diskutiert. Diese Diskussionen erhielten durch das Anti-Rassismus-Programm des Ökumenischen Rates der Kirchen zusätzlichen Antrieb. Hatten Leipziger Christen 1968 in großer Zahl – einem Bericht der SED-Stadtleitung zufolge »mit 1 300 [A]nwesenden, davon ca. 50 % Jugendliche (darunter viel[e] Studenten)«[142] – in der Thomaskirche der Ermordung Martin Luther Kings gedacht, so wurde das Anti-Rassismus-Programm des Weltkirchenrates 1970 in verschiedenen kirchlichen Veranstaltungen thematisiert. Nach Angaben staatlicher Informanten war dies auf die Initiative des Leipziger Stadtjugendpfarramtes zurückzuführen:

>»Seit ca. einem Jahr konzentriert sich die Arbeit dieser Einrichtung stärker auf die Auseinandersetzung der Jugendlichen mit gesellschaftlichen Fragen. So wurde z. B. zu dem 1970 vom Ökumenischen Rat der Kirchen verabschiedeten

---

140 Claus Herold, Bericht, Magdeburg 1.11.1967, zit. Höllen: Loyale Distanz?, Bd. 3/1, Nr. 629, S. 87f.
141 MfS, ZAIG, Einzelinformation, 23.7.1968, BStU, ZAIG 1526, Bl. 1–7.
142 SED-SL Leipzig, Mitteilung, 10.4.1968, SächsStAL, SED, IV B-5/01/254.

Antirassismus-Programm Stellung genommen. Das Programm wurde von Vertretern des Jugendpfarramtes sehr begrüßt.«[143]

Die »Gottesdienste einmal anders« waren nicht nur wegen ihrer thematischen Offenheit attraktiv. Die liturgische Gestaltung mit moderner Musik, mit Beat, Blues und Pop, konterkarierte unübersehbar die staatliche Kulturpolitik. Das galt nicht nur für die Jugendgottesdienste, sondern ganz allgemein für die Jugendkreise der Kirchen. Sie wurden damit für Jugendliche ein offener Raum, wo sich auch nach dem Kahlschlag-Plenum kulturellen Vorlieben frönen ließ. Vor diesem Hintergrund sind auch Warnungen staatlicher Stellen vor einem steigenden Einfluss kirchlicher Kreise unter der Leipziger Jugend und die Beschwerden über die Jugendarbeit der Partei aus dem Jahre 1966 zu verstehen:

> »Ungenügende Massenarbeit, Vernachlässigung der weltanschaulichen Bildung und Mängel in der Jugendarbeit wirken sich an einer Anzahl Schulen dahingehend aus, daß sich in den zurückliegenden Monaten der Einfluß kirchlicher Kreise auf Jugendliche, insbesondere der 8.–10. Klassen und der Erweiterten Oberschulen, verstärken konnte.«[144]

Während die Kirchen hinsichtlich der »Gottesdienste einmal anders« auf den Schutz des Kultus beharrten, der durch die Verfassung garantiert sei, versuchten sie, die Jugendkreise als Formen der religiösen Unterweisung zu bewahren. Mit dem Schutz der religiösen Unterweisung reklamierten die Kirchen eine Verfassungsgarantie auch für ihre Arbeit mit Kindern und Jugendlichen in der Freizeit und in den Ferien. Immer schon Angriffsfläche staatlicher Politik, wurden die »Rüsten«, »Rüst-« oder »Freizeiten« der evangelischen bzw. die Exerzitien der katholischen Kirche nach einer Phase der Entspannung seit 1963 wieder massiv behindert. Im Sommer dieses Jahres entwickelte sich auf diesem Feld erneut eine »Kampfsituation«, wie es in einem kirchlichen Vermerk hieß, der damit an die schwerwiegenden Behinderungen kirchlicher Jugendarbeit in den fünfziger Jahren erinnerte.[145] Etliche Rüstzeiten wurden vorzeitig von der Polizei beendet, die zudem mehrfach versuchte, kirchlich betreute Fahrten von Kindern und Jugendlichen aus den Ballungszentren zur Erholung in freundlichere Gegenden zu verhindern. Von den Restriktionen besonders betroffen waren Veranstaltungen im Bezirk Leipzig.[146]

Grundlage für die Behinderungen der kirchlichen Rüstzeitarbeit war ein kirchenpolitisches Dossier, das Willi Stoph 1965 vorlegte und das in Teilen

---

143 Rat d. Stadt Leipzig, Stellv. f. Inneres, Informationsbericht, Leipzig 3.2.1972, SächsStAL, SED, IV C-5/01/274, Bl. 5.
144 Rat d. Stadt Leipzig, Stellv. f. Inneres, Einschätzung, 6.10.1966, SächsStAL, SED, IV A 5/01/231, S. 3; vgl. Staatssekr. f. Kirchenfr., Information, 3.12.1968, BArch, DR/2/D1695, in: Geißler u. a. (Hg.): Schule, Dok. 279, S. 470–472.
145 OKR Behm, Vermerk, Berlin 26.10.1963, EZA, 104/657. Vgl. Ueberschär: Der lange Atem, S. 174–181.
146 OKR Behm, Schreiben an Krummacher, Berlin 19.9.1962, EZA, 102/326.

Missverständnisse erkennen lässt. Diese könnten auf den Begriff der »Rüstzeit« zurückgehen, der nicht die Aufrüstung im kirchenpolitischen Kampf, sondern eine Zeit der Zurüstung für den Glauben meinte. Stoph erklärte, die Kirchen entwickelten:

> »eine umfangreiche Jugendarbeit, die über Ziel- und Zweckbestimmung der Religionsausübung hinausgeht, die sich in alle Bereiche des gesellschaftlichen Lebens einmischt und immer mehr Formen der Tätigkeit einer Jugendorganisation annimmt.
> Sie üben ihren Einfluß in 5 wesentlichen Bereichen aus:
> a) Vortragswesen zu
>   Gesellschaftliche[n] und weltanschauliche[n] Fragen
>   Marxismus-Leninismus
>   Sozialistische[r] Ethik
>   Ästhetische[n] und kulturpolitische[n] Fragen
> b) Gesellige Veranstaltungen
>   Tanz
>   Kulturabende
>   Kleinkunst
> c) [...] Ferienlager
> d) Überörtliche Veranstaltungen vielfältiger Art
> e) Sport
>   Erlernen von Motorrad- und Autofahren
>   Fußball
>   Schießen [!]
>   Aufbaulager«.[147]

Vor diesem Hintergrund wird verständlich, warum Partei- und Staatsfunktionäre »die Rüsten als eine ihnen nicht zukommende Jugendorganisationsarbeit« der Kirchen betrachteten.[148] Die zunehmenden Restriktionen stießen aber nicht nur auf den Widerstand der Kirchen, sondern verstärkten den verbreiteten Eindruck eines Gegensatzes zwischen Staat und Kirchen, der nicht zu überbrücken sei. So fragten nach einem Bericht aus SED-Kreisen bei einem Jugendtag der Leipziger Nikolaigemeinde Jugendliche, die offensichtlich nicht in engerem Kontakt zur Kirche standen,

> »warum junge Menschen zur Jungen Gemeinde kommen und nicht zur FDJ. –
> Die Antwort lautet: 1. Es gibt generell eine Ablehnung gegen Versammlungen.

---

147 Willi Stoph, Information, Berlin 23.7.1965, SAPMO-BArch, DY/30/J IV 2/2/1478, zit. Hartweg (Hg.): SED, Bd. 1, Dok. 84, S. 441.
148 Staatssekr. f. Kirchenfr., Material f. MfV, 3.1.1969, zit. Geißler u.a. (Hg.): Schule, Dok. 280, S. 473.

Das sei überhaupt ein Problem in unserem Land. 2. Weil so viel Politik gemacht wird. 3. In der Jungen Gemeinde jeder offen seine Meinung äußern könne.«[149]

Um diese inhaltliche und persönliche Offenheit wahren zu können, wehrten sich die Kirchen gegen die zunehmenden Restriktionen. Sie bestanden gegenüber staatlichen Stellen darauf, dass eine weitere Behinderung der Freizeiten »das Ende der kirchlichen Jugendarbeit bedeuten würde. Die Kirche habe die Grenzen ihrer Möglichkeiten erreicht, wolle sie nicht die ihr verfassungsmäßig garantierte Arbeit aufgeben.«[150] Mit Blick auf die Konzeptionen für das Bildungsgesetz von 1965 äußerte die Leitung der sächsischen Landeskirche sogar den Verdacht:

>»Die Grundsätze erwecken den Eindruck, daß in Zukunft die gesamte Zeit der Kinder und Jugendlichen durch staatliche gelenkte Erziehungs- und Bildungsveranstaltungen inner- und außerschulischer Art sowie einer minutiösen Planung der Feriengestaltung beschlagnahmt werden soll.«[151]

Von den vielfachen kirchlichen Klagen ließen sich Staat und Partei nicht beeindrucken. Sie verschärften einerseits die gesetzlichen Rahmenbedingungen und bauten andererseits die eigene den Schulen oder den Betrieben der Eltern angesiedelte Feriengestaltung aus.[152] Zum Ende der sechziger Jahre versuchte man schließlich, die kirchlichen Rüstzeiten gesetzlich zu untersagen.[153] Aus diesem Grunde wurde 1970 eine neue Veranstaltungsverordnung erlassen, mit deren Hilfe man nicht nur die Rüstzeiten zu unterbinden, sondern die kirchliche Arbeit mit Jugendlichen in der Freizeit insgesamt radikal einzuschränken versuchte. Nach der Verordnung wurden sämtliche Veranstaltungen genehmigungspflichtig, die nicht dezidiert kultischen Charakter trugen, auch wenn sie nicht im öffentlichen Raum stattfanden.[154] Dies betraf Rüstzeiten und Exerzitien, aber auch Kirchenkonzerte und ähnliche Veranstaltungen. Die Kirchen sahen ihre Tätigkeit durch diese Verordnung in unzumutbarer Weise eingeschränkt und wehrten sich nach Kräften gegen ihre Durchsetzung. Für die katholische Kirche kritisierte der Berliner Erzbischof Bengsch in einem Brief an den Staatssekretär für Kirchenfragen die Verordnung als einen »Katalog, dessen Auslegung in der Praxis zu immer neuen Behinderungen führen kann«.[155] Die evangelischen Kirchen wiederum riefen auf der Eisenacher Bundessynode 1971 offen zur Missachtung der Vorschrift auf:

---

149 SED-Stadtbezirksleitung. Leipzig-Mitte, [Information,] 5.5. 1967, SächsStAL, SED, IV A-5/01/258, S. 4.
150 O. Verf., Niederschrift, 23.4.1964, EZA, 102/326, S. 9.
151 LKA Sachsens, Rundschreiben, Dresden, 17.9.1964, SAPMO-BArch, NY/4182/929, Bl. 30.
152 AO über die Feriengestaltung für Schüler, GBl. 1960/I, Nr. 15, S. 151–154; 5. DB zum Gesetz über die sozialistische Entwicklung des Schulwesens, GBl. 1963/II, Nr. 45, S. 305–310.
153 SED-ZK, Abt. Kirchenfragen, Konzeption, Berlin 17.1.1969, SächsStAL, IV/B-2/14/668, S. 2.
154 VeranstaltungsVO, 26.11.1970, GBl. 1971/II, Nr. 10, S. 69–71. Vgl. Pollack: Kirche, S. 262–264.
155 Bengsch, Brief an Seigewasser, 5.1.1972, zit. Höllen: Loyale Distanz?, Bd. 3/1, Nr. 750, S. 269.

»Wenn diese Verordnung so verstanden werden sollte, daß sich der Dienst der Kirche auf den Kultus im engeren Sinne, also auf agendarischen Gottesdienst, die traditionellen Amtshandlungen und den Unterricht an Kindern zu beschränken habe, würde das eine reformatorische Kirche in unerträglicher Weise einengen. Daraus ergibt sich:
Kirchliche Veranstaltungen in kirchlichen Räumen, die Verstehenshilfe für schriftgemäßes Zeugnis des Evangeliums oder Zurüstung zu Leben und Dienst der Christen sind, unterliegen nicht der Anmeldepflicht. [...] Im Zweifelsfall ist davon auszugehen, daß durch die neue Veranstaltungsverordnung das Recht der Kirchen zur freien Ausübung ihres Dienstes im bisherigen Umfang voll gewährleistet bleibt.«[156]

Hinter diesem Aufruf zum Ungehorsam stand auch die Erfahrung der Diskriminierung christlicher Kinder und Jugendlicher in den Schulen, die gerade zu dieser Zeit erneut zunahm und den Eindruck einer systematischen Bedrängung der kirchlichen Arbeit und des Kirchenvolkes durch den sozialistischen Staat verstärkte. Obwohl die Veranstaltungsverordnung sicher nicht nur auf die kirchliche Arbeit zielte, war ihre rigorose Handhabung durch staatliche Stellen in diesem Bereich unsinnig. Zwar war die kirchliche Jugendarbeit auf Rüstzeiten und zu Exerzitien für Jugendliche attraktiv, weil sie einigen jungen Leuten aus den ostdeutschen Ballungszentren – so aus Leipzig – Ferien in ländlichen Regionen der DDR oder sogar im sozialistischen Ausland ermöglichte. Insgesamt aber gingen die Teilnehmerzahlen an den Rüstzeiten und Exerzitien seit langem zurück, so dass das aggressive Vorgehen vollends unverständlich bleibt.[157] Zugleich wird vor diesem Hintergrund die unnachgiebige Haltung der Kirchen noch verständlicher. Weil die beiden Konfessionen in dieser Frage endlich einmal am selben Strang zogen, erreichten sie schließlich, dass die Ost-Berliner Führung im Frühjahr 1973 – möglicherweise mit Blick auf die Weltfestspiele der Jugend und Studenten im Sommer desselben Jahres – einlenkte und die Verordnung entschärfte.[158]

Wurde die staatliche Praxis gegenüber der Rüstzeit- und Exerzitienarbeit schließlich gelockert, so blieb ein Zweig der kirchlichen Jugendarbeit über den Untersuchungszeitraum der vorliegenden Arbeit hinaus scharfen Angriffen ausgesetzt: die »*Offene Arbeit*«. Sie hatte sich Ende der sechziger Jahre zu entwickeln begonnen und war sicher ein Grund dafür, 1970 den gesetzlichen Rahmen kirchlicher Veranstaltungen rigoros einzuschränken.

---

156 KKL, Beschluss, Eisenach 6.7.1971, EZA, 102/326. – Über Behinderungen auf Basis der VeranstaltungsVO in Mecklenburg berichtet: OKR, Schreiben an BEK, Schwerin 10.11.1972, EZA 101/96.
157 RdB Leipzig, Stellv. f. Inneres, Einschätzung, SächsStAL, SED, IV/B/2/14/669, S. 9.
158 KKL, Protokoll, Berlin 11./12.5.1973, S. 2 f., EZA, 101/97, sowie BEK, Schreiben an Seigewasser, Berlin 12.5.1973, ebd. – Vgl. Ueberschär: Der lange Atem, S. 182 f.

Während man in studentischen christlichen Kreisen über das Problem gesellschaftlicher Aktivität diskutierte, wurden einzelne kirchliche Mitarbeiter auf ganz eigene Weise gesellschaftlich aktiv. Zunehmend konzentrierten sich junge Pfarrer nicht allein auf die Arbeit mit ihrer Jungen Gemeinde, sondern suchten Jugendliche vor Ort auf. So registrierten staatliche Stellen empört, dass Pfarrer selbst auf Tanzveranstaltungen auftauchten, um dort mit jungen Menschen ins Gespräch zu kommen. Im Leipziger Stadtbezirk Südwest geriet die Junge Gemeinde der Bethanienkirche ins Visier, weil einer der Pfarrer angeblich Kontakte zur »Capitolmeute« hatte.[159] Diese Junge Gemeinde erregte außerdem die Aufmerksamkeit staatlicher Beobachter durch die unkonventionelle Gestaltung einiger ihrer Veranstaltungen. Von einem offensichtlich arglosen Jugendlichen stammte im Februar 1967 die Information über einen Fasching im Souterrain der Schleußiger Bethanienkirche:

> »Auf die Frage, was das Treffen beinhaltet, erklärte der Jugendliche: ›Wir haben das Sandmännchen-Lied verbeatet und gesungen.‹ Dabei wurde geraucht und Bier getrunken. [...] Am Schluß erklärte der Pfarrer, wir sollten vorsichtig sein, die ›Bullen‹ (gemeint ist VP) ständen draußen.«[160]

Dass solche zwanglosen Unternehmungen auch Jugendliche anziehen konnten, die kirchlich nicht gebunden waren, lag auf der Hand. So vermerkte die Leipziger SED-Bezirksleitung ebenso wie die Volkspolizei in dem betroffenen Stadtbezirk Ende der sechziger Jahre einen steigenden Zulauf zu den Jungen Gemeinden, den sie auf die Offenheit vor allem der Schleußiger Kirchengemeinde zurückführten. Als besonders attraktiv für Jugendliche galt in Leipzig nach einem anderen Bericht von 1972 neben der Bethanienkirche und anderen protestantischen Gemeinden die katholische Liebfrauenkirche Plagwitz, wo der liberale Theologe Wolfgang Trilling arbeitete.[161] Auch die (evangelische) Versöhnungsgemeinde Gohlis im Leipziger Norden sprach über kulturelle Angebote kirchenferne Jugendliche an. So erinnert sich Thomas Tauer:

> »Wir sind da [...] in irgendwelche Kirchen mit hinein [...]. Und da haben wir unsere Beatmusik gespielt. Ich war auch 'ne Zeit lang in der Breitenfelder Straße, die gibt's ja heute noch, da war unten ein Keller. Die haben sich das da ausgebaut [...], ausgestaltet, gemalt und alles. Da sind wir auch mit hinein. [Ich] weiß, die Musik, da [...] gab's nicht groß Verbote oder irgendwie so. [...] der Pfarrer war auch relativ jung und man konnt' sich auch mit dem unterhalten, und der hat ja auch nicht auf uns eingewirkt, uns zu christianisieren oder irgendwie. Die Ju-

---

159 SED-SL Leipzig, Abt. Parteiorgane, Information, 5.5.1967, SächsStAL, SED, IV A-5/01/194; Dies., 29.3.1967, ebd.
160 O. Verf., Mitteilung, Leipzig 16.2.1967, ebd.
161 SED-BL Leipzig, Abt. Propaganda/Agitation, Bemerkungen, 26.1.1967, SED, IV A-2/9.02/342, Bl.42; FDJ-SL Leipzig, Information, 16.2.1972, SächsStAL, SED, IV C-5/01/274, Bl.17f. Vgl. BDVP Leipzig, Abt. Schutzpolizei, Kurzeinschätzung, 3.3.1971, SächsStAL, SED, IV/B-2/14/668, S.6.

gend ist eben damals in die Kirche gegangen, weil eben was los war. Und die FDJ hat's eben einfach nicht gepackt [...], irgendwas auf die Beine zu stellen.«[162]

Attraktiv wurde die kirchliche Arbeit damit in besonderem Maße für Jugendliche, die an den Rand der Gesellschaft gerieten oder dorthin gedrängt worden waren. Hier wurde die Lebensweise akzeptiert, derentwegen Staat und Partei in diversen Kampagnen gegen so genannte »Gammler« und »Asoziale« zahlreiche Jugendliche kriminalisiert und damit isoliert hatte. Auf diese Jugendlichen gingen nun die Pastoren Claus-Jürgen Wizisla in Leipzig und Walter Schilling im thüringischen Rudolstadt zu und begründeten so die »Offene Arbeit«. Offen war diese Arbeit insofern, als sie sich nicht auf die klassischen Formen kirchlicher Jugendarbeit stützte. Sie sammelte Jugendliche nicht mehr in Gruppen ihres Kirchgemeindeverbandes, sondern folgte weder in der Struktur der Gruppen noch in der inhaltlichen Arbeit einem strengen Regelwerk. Wizisla und Schilling gelang es auf diese Weise, Jugendliche anzusprechen, die nichts mit der Kirche zu tun hatten und eigentlich auch nichts mit ihr zu tun haben wollten. Beide glichen insofern eher westlichen Sozialpädagogen, zumal sie sich ganz bewusst einer Klientel zuwandten, die aus dem Rahmen staatlicher sozialer Normen herausfiel. Ziel ihrer Arbeit war keine Missionierung der Jugendlichen, sondern ihre Rückführung in die Gesellschaft – wenngleich nicht unter den diskriminierenden Prämissen der sozialistischen Erziehungspolitik. In einem Thesenpapier zur Offenen Jugendarbeit schrieb Claus-Jürgen Wizisla: »Die Sozialisation der Jugendlichen solle ›durch Integration in die altersgleiche Gruppe und durch Emanzipation von heterogenen Mächten‹ geschehen. Die ›Entfaltung der Jugendlichen‹ solle u. a. ›durch freie Meinungsäußerung und eigene Urteilsbildung‹ sowie ›durch Einüben von Kritikfähigkeit und verantwortlichem Engagement‹ ermöglicht werden. Als unbedingt notwendig erachtete Wizisla, daß ›keine Vereinnahmung der Jugendlichen in die Kirche, keine Manipulation durch repressive Verkündigung‹ stattfinden dürfe.«[163] Damit unterlief die Offene Arbeit die Strategie des Staates gegenüber randständigen Jugendlichen, die Arbeit der so genannten »Jugendfürsorge«, und geriet deshalb schon bald unter Druck. Die Offene Arbeit wurde faktisch verboten und ihren Protagonisten jede Kompetenz abgesprochen, worüber sich Wizislas Frau Renate in einem Gespräch mit dem Rat des Bezirkes Leipzig beschwerte:

> »Aus dem Mund eines Stadtrates wurde uns mitgeteilt, daß wir uns nicht um ethische Dinge und um gefährdete Jugendliche zu kümmern haben, unsere Mitarbeit wäre nicht erwünscht.«[164]

---

162 Thomas Tauer, Interview, Leipzig 24.8.2000.
163 Neubert: Geschichte, S. 185, paraphrasiert hier Wizisla, Thesen zur Begründung offener Jugendarbeit, 1972. Vgl. ebd., S. 183–187.
164 O. Verf., Niederschrift, o. O. o. D. [ca. 11.3.1969], SächsStAL, SED, IV/B-2/14/669, S. 9.

Relativ reserviert begegneten lange Zeit auch kirchliche Stellen den von Wizisla »betreuten« Jugendlichen. Distanziert blieben oft (zum Teil deswegen) diese Jugendlichen selbst der Kirche gegenüber. Gleichwohl nutzten sie den angebotenen Freiraum und prägten zunehmend Veranstaltungen der kirchlichen Jugendarbeit. Auch kirchliche Mitarbeiter reagierten deswegen mitunter so befremdet wie eine FDJ-Funktionärin, die auf Grund angeblich interner Informationen behauptete,»[…] daß in der Nikolai-Kirche bei lauter Musik ›gehascht‹ wird. Es wird dort mit dem [r]ezeptpflichtigen Medikament ›Faustan‹ gehandelt.« Haschisch war dort sicher nicht geraucht geworden, eher schon mit Fleckenwasser getränkte Zigaretten, die ebenso wie Cola in einem Cocktail mit dem erwähnten Faustan zu den selbst gemixten Drogen der ostdeutschen Szene gehörten.[165] Gleichwohl demonstriert dieser Bericht, dass nonkonformistische Elemente der Jugendkultur zunehmend auch das kirchliche Leben prägten. Aus den kirchlichen Jugendtreffen wuchsen oft Meetings der Szene,[166] die hier zwar nicht zu Hause, aber immerhin weitgehend akzeptiert war.

»Im Ganzen keine Übereinstimmung«: Harmonien und Disharmonien von Staat und Kirche

Wenig Akzeptanz unter Jugendlichen konnten hingegen solche kirchlichen Mitarbeiter erwarten, die allzu offenherzig für den Sozialismus eintraten. Die Grenzen diplomatischen Entgegenkommens sahen Jugendliche verletzt, wenn sich Personen der Kirchenleitungen politisch zu profilieren versuchten. Besonders bekannt dafür war der thüringische Bischof und Vorgänger Braeckleins Moritz Mitzenheim, der sich bei verschiedenen Gelegenheiten staatlichen Vertretern geradezu anbiederte. Als beispielsweise im Jahre 1966 der Bausoldat Werner Wedler wegen Arbeitsverweigerung inhaftiert wurde, hatte Mitzenheim den Ersatzdienst als »einmalig« gepriesen und damit die Position der anderen evangelischen Kirchenleitungen unterlaufen.[167] Auch in der Verfassungsdiskussion hatte Mitzenheim wiederholt Stellung bezogen – häufig im Widerspruch zu anderen Bischöfen der DDR. So hatte er unmittelbar vor dem Volksentscheid über die Verfassungsnovelle in einem Interview mit der CDU-Tageszeitung *Neue Zeit* erklärt:

> »Die neue Verfassung wird […] die höchste nur denkbare Legitimierung durch die Stimmen unserer wahlberechtigten Bürger erhalten, und ich erwarte, daß auch die

---

165 FDJ-SL Leipzig, Information, 16.2.1972, SächsStAL, SED, IV C-5/01/274, Bl. 18. Vgl. Generalstaatsanwalt, Schreiben an SED-ZK, Abt. Jugend, 31.3.1971, SAPMO-BArch, DY/30/IV A 2/14/124, in: Rauhut: Beat, S. 237; Ders.: Rock, S. 45 f.
166 Vgl. SED-Stadtbezirksleitung Leipzig-Mitte, [Information,] 5.5. 1967, SächsStAL, SED, IV A-5/01/258. – Vgl. Engelbrecht: Kirchenleitung, S. 285.
167 MfS, OV »Sekte«, BStU, OV Sekte, XVIII 3639/66, 14024/66, zit. Neubert: Geschichte, S. 196.

christlichen Mitbürger, die gerade aus der Überzeugung der sie persönlich besonders betreffenden Artikel erkennen müssen, wie die führenden Kräfte ihre besonderen Anliegen berücksichtigen, ihr Ja zur Verfassung unseres Staates geben.«[168]

Mitzenheims Äußerungen weckten bei Vertretern der evangelischen Jugendarbeit die Befürchtung, einzelne Landeskirchen könnten mit staatlichen Stellen »Sondervereinbarungen […] für die Durchführung von Bibelrüsten« schließen und damit den Spielraum für die kirchliche Arbeit mit Jugendlichen insgesamt verengen. Dies entsprach den Sorgen vieler christlicher Studierender, die wiederholt die »Aussprachen und Zusammenarbeit W. Ulbrichts und Bischof Mitzenheim[s]« kritisiert hatten.[169] Zudem konterkarierte Mitzenheim mit seinem Appell den kritischen Gestaltungsanspruch, den kurz zuvor die anderen evangelischen Kirchenleitungen im so genannten »Brief aus Lehnin« erhoben hatten, während sich die katholische Kirche auf eine heftige Kritik des Verfassungsentwurfs insgesamt beschränkt hatte. In ihrer Eingabe an Ulbricht hatten sich die Vertreter des ostdeutschen Protestantismus mit Blick auf den Verfassungsentwurf zwar zu der Aufgabe bekannt, »den Sozialismus als eine Gestalt gerechteren Zusammenlebens zu verwirklichen«. Mit diesem Bekenntnis hatten sie aber die Forderung verbunden, die sozialistische Gesellschaft so zu gestalten, »daß die Christen und diejenigen Mitbürger, die die Weltanschauung der führenden Partei nicht teilen, an der Verantwortung für unser Staatswesen mit unverletztem Gewissen teilhaben können«.[170]

Ein Dreivierteljahr später bekannte sich zwar in ähnlicher Weise die sächsische Landeskirche zu »der auch von uns bejahten weitestgehenden Gemeinsamkeit der Verantwortung für die Zukunft unseres ganzen Landes«, widersetzte sich aber sowohl der Abgrenzung gegenüber der Bundesrepublik (wie die zitierte Formel erkennen lässt) als auch der Vereinnahmung durch die staatliche Politik. Sie erklärte vielmehr, »daß Sachlichkeit im Umgang miteinander und gegenseitige Respektierung der ideologischen Unterschiede« die Voraussetzung für das gesellschaftliche Engagement der Kirchen und der Christen in der DDR seien.[171] Solche Verlautbarungen widersprachen harmonisierenden Statements wie dem Mitzenheims. Diese hingegen setzten Jugendliche einem erheblichen Anpassungsdruck aus, da sie statt konstruktiver Kritik nahezu bedingungslose Konformität verlangten. So boten sich derartige Äußerungen von Personen der Kirchenleitungen in der gleichgeschalteten DDR-Presse geradezu zur propagandistischen Instrumentalisierung an. Eine solche falsche Har-

---

168 Mitzenheim, Interview mit Neue Zeit, zit. JW, 2.4.1968, S. 2.
169 Jugendkammer Ost, Aktenvermerk, Berlin 2.4.1968, EZA, 104/113; SED-KL KMU, Informationsbericht, 6.3.1968, SAPMO-BArch, DY/30/IV A 2/9.04/392, S. 3.
170 KKL, Schreiben an Ulbricht, Lehnin 15.2.1968, zit. Hartweg (Hg.): SED, Bd. 2, Dok. 3, S. 35 f. Vgl. BOK, Schreiben an Ulbricht, 5.2.1968, BAEF, ROO, A VIII 4/2; Bengsch, Eingabe an Ulbricht, Berlin 26.2.1968, in: Lange u. a. (Hg.): Katholische Kirche, Bd. 1, Nr. 67, S. 234.
171 LKA Sachsens, Bericht, 9.11.1968 SächsStAL, SED, IV B-2/12/670, S. 5.

monisierung von kirchlichen Vorstellungen und staatlicher Politik kollidierte mit den eigenen Erfahrungen junger Christen, wie aus dem Schreiben eines Studenten hervorgeht:

»Ein Freund sagte: ›Ich verstehe die Kirche nicht und kann nichts davon halten, wenn die im Staat und in der Partei mitarbeitet, ein[em] System, das sie also unterdrückt. Weil [...] doch dieser Tage wieder so ein Artikel von einem Pfarrer in der Zeitung stand, der glaube ich in der Partei ist ...‹«[172]

Personen und Organisationen, deren Verlautbarungen mit denen staatlicher Stellen übereinstimmten, mussten wegen des anhaltenden Konformitätsdruckes zumindest unter christlichen Jugendlichen auf erhebliche Skepsis stoßen. So standen die Studentengemeinden, obwohl hier intensiv über das gesellschaftspolitische Engagement von Christen und Kirchen gestritten wurde, staatsnahen Vereinigungen wie der Christlichen Friedenskonferenz (CFK) reserviert gegenüber.

Auch der Berliner Diakon Dietrich Gutsch stieß mit seinen Äußerungen vielfach auf eine verwunderte bis distanzierte Reaktion. Gutsch leitete Ende der sechziger und Anfang der siebziger Jahre engagiert den Ökumenischen Jugenddienst (ÖJD) in der DDR und war daneben Chef der Jugendkommission der CFK. Der ÖJD war anfänglich wegen seiner umstrittenen Rechtsstellung relativ unbedeutend, und insofern könnte Gutsch sich über seine provokativen Äußerungen zu profilieren versucht haben. So fielen seine Attacken gegen westliche Jugendvertreter – etwa anlässlich der Vollversammlung des Ökumenischen Rates 1968 in Uppsala – ebenso auf wie die einseitige Tendenz eines Jugendleiterseminars, das unter seiner Leitung ein halbes Jahr später auf Schloss Mansfeld stattfand. Das Seminar verabschiedete ein Thesenpapier zum Auftrag der Kirchen, das diese empört zurückwiesen, weil darin der »Auftrag der Kirche auf das gesellschaftliche Engagement beschränkt« würde.[173] Vier Jahre später produzierte sich Gutsch erneut – diesmal bei den Weltfestspielen der Jugend und Studenten. Während eines Seminars für christlich-marxistischen Dialog unter der Jugend, des »Gläubigen-Forums«, plädierte er dafür, als Christ vorbehaltlos für den Sozialismus einzutreten, lehnte es aber ab, sich divergierende Meinungen westdeutscher Jugendvertreterinnen anzuhören.[174]

Ein solches Verhalten und solche Stellungnahmen, unter denen die von Gutsch nur Beispiele sind, legten den Verdacht der Vereinnahmung nahe. Unter Jugendlichen, die im Spannungsfeld der Weltanschauungen, zwischen Staat und Kirche standen, konnten sie kaum vertrauensbildend wirken. Die Harmo-

---

172 [Unbek. Student,] Schreiben (Auszug), Wismar 10.11.1971, EZA, 101/1825.
173 Pabst, Aktenvermerk, Berlin 24.4.1969, EZA, 102/239; vgl. ÖJD, Information, Nr. 1/1969, EZA, 102/239. – Zum ÖJD vgl. Bollow u.a.: Lernziel Völkerfreundschaft, S.329–338.
174 Vgl. Raabe, Felix: Positionen aus Ost und West zu den X. Weltfestspielen 1973 in Ost-Berlin, in: Ost-West-Informationsdienst d. Kath. Arbeitskreises f. Zeitgeschichte, 1997, H. 196, S.30f.; Höllen: Loyale Distanz?, Bd.3/1, S.326; Pollack: Kirche, S.270f.

nisierungsbestrebungen Gutschs, Mitzenheims und einiger anderer kirchlicher Vertreter standen in einem scharfen Kontrast zu der Linie, der die SED in ihrer Kirchenpolitik folgte. Dabei weigerte sie sich nach eigenen Angaben vom Januar 1973 »hartnäckig [...], mit den Vertretern des Christentums in einen Weltanschauungsdialog zu treten«. Damit stieß die SED zwar selbst unter ihren Mitgliedern auf Unverständnis, erklärte aber dessen ungeachtet:

> »Uns geht es darum, den Kirchen keinerlei Plattform zur Propagierung ihrer ideologischen und weltanschaulichen Positionen zu schaffen.«[175]

Gegen jede »Versöhnungsideologie«, wie das eben zitierte Dossier den Dialog über weltanschauliche Fragen nannte, hatte sich ein Jahr zuvor auch die FDJ-Tageszeitung *Junge Welt* gewandt. In der Rubrik »Unter vier Augen« hatte sie der Liebe einer jungen SED-Genossin zu einem Katholiken eine kategorische Absage erteilt und sich damit der Position ihres Vaters angeschlossen:

> »Natürlich ist es in unserem Lande so, daß auf staatlicher Ebene SED und CDU freundschaftlich zusammenarbeiten – in Fragen des Friedens, des Sozialismus – unter Führung der SED; im Ganzen der Weltanschauung kann es aber keine Übereinstimmung geben.«[176]

Auch nach dem Machtwechsel von Ulbricht zu Honecker hatte sich das Verhältnis zwischen dem SED-Staat und den Kirchen also nicht verbessert. Die Verständigungsangebote von Seiten der Kirchen wurden vielfach abgelehnt, nur harmonisierende Stellungnahmen stießen bei Staat und Partei auf positive Resonanz. – Für christliche Jugendliche hatten sich im Laufe der sechziger Jahre keine hoffnungsvollen Perspektiven eröffnet. Lediglich der Bausoldaten-Kompromiss kam den Gewissensnöten einiger von ihnen entgegen. Zugleich war der Anpassungsdruck vor allem im Bildungswesen deutlich erhöht worden. In der schulischen Praxis mehrten sich die Fälle, in denen christliche Schüler offen diskriminiert wurden. An den Hochschulen wurde weiterhin erbittert gegen die Studentengemeinden gefochten, wurden Studierende über Verpflichtungserklärungen unter Druck gesetzt.

Dies alles provozierte äußerst ambivalente Reaktionen. Während die Entkirchlichung in der DDR seit Anfang der sechziger Jahre stagnierte, beugten sich zunehmend auch christliche Familien dem anhaltenden Druck. Sowohl die Mitgliedschaft in der Freien Deutschen Jugend als auch die Teilnahme an der Jugendweihe wurden trotz ihrer atheistischen ideologischen Basis nicht mehr als unvereinbar mit der eigenen Weltanschauung betrachtet. In dieser Haltung wurden Christen in der DDR insofern bestärkt, als einerseits die überwiegende Mehrheit der Bevölkerung beide Formen des Bekenntnisses zum so-

---

175 SED-ZK, Abt Kirchenfragen, Zur Tätigkeit der ESG und KSG, o. D. [8.1.1973], SAPMO-BArch, DY/30/IV B 2/9.04/126, S. 8f.
176 Rulo Mechert, Unter vier Augen, JW, 5.1.1972, S. 5.

zialistischen Staat ihres politischen Gehalts entkleidet hatte. Andererseits setzte der Staat gerade in der Jugendweihe seit dem Ende des Jahrzehnts auf eher integrative Konzepte und räumte auf diese Weise einen Teil der Bedenken gegen den Ritus aus. Diese Praxis trug reiche Früchte, so dass sich die Kirchen um 1970 im Kampf gegen die Jugendweihe geschlagen geben mussten.

In erster Linie aber war die staatliche Politik deswegen von Erfolg gekrönt, weil die Auswahlmechanismen im Bildungswesen zunehmend gesellschaftpolitische Kriterien berücksichtigten. Das – zumindest formale – Bekenntnis zum Staat und seiner ideologischen Basis – durch FDJ-Mitgliedschaft und Jugendweihe wurde zur wesentlichen Voraussetzung für die Bildungswege *aller* Jugendlichen in der DDR. Mit Hilfe einer rigorosen Praxis versuchten Schulbehörden, Schulen und Hochschulen, ideologischen Nonkonformismus zu unterbinden und zu brechen, was ihnen größtenteils auch gelang.

Wenngleich dadurch erhebliche Nonkonformitätspotenziale verringert wurden, legte der SED-Staat mit seinem Vorgehen auch das Fundament für verschiedene Oppositionsformen in der DDR. Die Weigerung, sich in der Frage eines Wehrersatzdienstes weiter zu verständigen, führte zur Gründung der kirchlichen Arbeitskreise »Friedensdienst« und legte damit einen Grundstein der späteren Friedensbewegung in der DDR. Die Blockade in weltanschaulichen Fragen konnte nicht verhindern, dass ostdeutsche Jugendliche – in erster Linie Studierende – die ideologische Auseinandersetzung suchten. Sowohl unter den Bedingungen der abgeschlossenen DDR-Gesellschaft als auch unter dem Eindruck internationaler Entspannung, einschließlich des vorübergehenden Versuchs einer kommunistischen Erneuerung in der Tschechoslowakei, verabschiedeten sie sich von ihrer destruktiv konfrontativen Haltung älterer Generationen innerhalb der Kirche. Stattdessen setzten sich die Jüngeren konstruktiv kritisch mit der ideologischen Basis des sozialistischen Staatswesens auseinander. Die Beschäftigung mit sozialistischen Gesellschaftsentwürfen antizipierte die ideologischen Auseinandersetzungen in den Bürgerrechtsbewegungen im letzten Jahrzehnt der DDR.

Die Kirchen haben sich solchen Strömungen lange Zeit entgegengestellt. Der ostdeutsche Katholizismus verharrte sogar bis zum Ende der DDR in einer grundsätzlichen Ablehnung ihres Staatswesens, hielt sich aber zugleich mit politischen Stellungnahmen zurück und charakterisierte sich selbst als genuin unpolitische Institution. Die evangelischen Kirchen hingegen öffneten sich seit den sechziger Jahren zunehmend einer kritischen Begleitung des sozialistischen Gemeinwesens. Obwohl sie damit von Seiten des Staates leichter angreifbar wurden und leichter zu unterwandern waren, sicherte diese Positionsveränderung wichtige Spielräume der Kirchen. In ihrer »begrenzten Autonomie«[177] boten sie Räume für eine begrenzte öffentliche Auseinander-

---

177 Pollack, Detlef: Religion und gesellschaftlicher Wandel. Zur Rolle der evangelischen Kirchen im Prozeß des gesellschaftlichen Umbruchs in der DDR, in: Joas/Kohli (Hg.): Der Zusammenbruch, S. 252.

setzung mit gesellschaftlichen Problemen und konnten damit auch für Menschen interessant werden, die den Kirchen eher befremdet gegenüberstanden. Die relative Offenheit der evangelischen Kirchen für ethische und moralische, für politische und ideologische Fragen konnte gerade auch Jugendliche anziehen. Diese Attraktivität wurde dadurch erhöht, dass sich die Kirchen in den sechziger Jahren kulturellen Ausdrucksformen öffneten, die politisch noch sanktioniert waren. Für einige Jugendliche, auch für randständige junge Menschen, stellten die Kirchen deswegen einen wichtigen Freiraum in der stark homogenisierten Gesellschaft dar. Dieser Freiraum demonstrierte zugleich, dass Nonkonformismus in der DDR durchaus möglich war.

Die partielle Akzeptanz sozialistischer Gesellschaftsentwürfe schmälerte diesen Freiraum nicht, sondern stellte eine eigen-sinnige Form des Umgangs mit dem ideologischen Fundament der DDR dar. Diese Aneignung gesellschaftspolitischer Topoi begünstigte verschiedentlich die Vereinnahmung kirchlicher Vertreter und kirchlicher Positionen durch den SED-Staat. Zudem war die Formel, mit der sich die evangelischen Kirchen in offensiver Weise als »Kirche nicht gegen und nicht für, sondern im Sozialismus« verorteten, durchaus missverständlich. In ihrer verkürzten Form »Kirche im Sozialismus« führte sie zu Irritationen, die bis heute anhalten.[178] Dennoch kann man angesichts der gesellschaftlichen Spielräume, die in den Kirchen und durch die Kirchen in der DDR eröffnet wurden, nicht von einer »›Staatskirche‹ neuen Typs« sprechen, wie dies Gerhard Besier in Anlehnung an die Selbststilisierung der SED zur stalinistischen »Partei neuen Typus« getan hat.[179] Gerade vor dem Hintergrund der Konflikte um die kirchliche Jugendarbeit wird Besiers verkürzende Polemik der differenzierten Wirklichkeit in Kirchen und Gesellschaft der DDR in keiner Weise gerecht.

---

178 Vgl. ebd., S. 250 f.; Hildebrandt, Bernd: »Wir alle mußten Kompromisse schließen.« Integrationsprobleme theologischer Fakultäten an staatlichen Universitäten in der DDR, in: Rendtorff (Hg.): Protestantische Revolution?, S. 132–136; Pollack: Kirche, S. 246–249.
179 Besier: Der SED-Staat [Bd. 1], S. 18.

5. Von Ulbricht zu Honecker

»Walter schützt vor Torheit nicht«: Der Machtwechsel und seine Folgen

»Honecker als Kronprinz, [...] das [war] schon eine Hoffnung. Der hat sich ja von dem Ulbricht, obwohl Ulbricht eine gewisse Altersweisheit entwickelt hatte, die man gar nicht so wahrgenommen hat in der DDR, distanziert. Da wurde dann, als Ulbricht dran war, die Ulbricht-Marke, auf die man immer begeistert beim Festkleben mit der Faust schlagen konnte, außer Kraft gesetzt. [...] Der [Honecker] hätte doch gar nichts machen müssen. Aber einfach dadurch, dass Ulbricht, der negativ besetzt war, weg war, waren [...] Hoffnungen da [...].«[1]

Mit dem Jahr 1971 begannen die »goldenen Jahre« der Deutschen Demokratischen Republik – in der Erinnerung vieler Ostdeutscher »wirklich 'ne gute Zeit«.[2] Tatsächlich nahmen sich die ersten der siebziger Jahre in der politischen Bilanz der DDR insgesamt recht erfolgreich aus: Nach außen erreichte Ost-Berlin endlich die internationale Anerkennung, gekrönt durch die Aufnahme in die Vereinten Nationen 1973, gemeinsam mit der Bundesrepublik. Zuvor waren prinzipielle Fragen der Deutschlandpolitik im Grundlagenvertrag zwischen den beiden Staaten geklärt, einige auch nur vertagt worden. Und auch im Inneren schien die DDR endlich zur Ruhe zu kommen. Das Bild der ostdeutschen Gesellschaft veränderte sich im Gefolge des VIII. SED-Parteitags augenfällig, so dass die Mehrheit der Ostdeutschen den Machtwechsel von Ulbricht zu Honecker, der in Abstimmung mit den Moskauer Kommunisten um Leonid Breschnew am 3. Mai 1971 vollzogen wurde, mit Erleichterung aufnahm.[3]

Die Hoffnungen, die der Machtwechsel weckte, waren bei nüchterner Betrachtung kaum angebracht, sondern beruhten auf massiver Unzufriedenheit mit Honeckers Vorgänger, die trotz politischer Entspannungssignale unter der DDR-Bevölkerung anhielt. So war es Ulbricht nach der Niederschlagung des Prager Frühlings zwar gelungen, die DDR umfassend zu befrieden und auf einzelnen innenpolitischen Feldern Lockerungen herbeizuführen. In kirchen-

---

1 Gernot Grünspecht*, Interview, Berlin 16.11.1999.
2 Thomas Tauer, Interview, Leipzig 24.8.2000. Vgl. Niethammer: Erfahrungen, S. 110; Pollack: Kirche, S. 41; Schroeder: Der SED-Staat, S. 200. – Dagegen betonen Engler: Die Ostdeutschen, S. 146–151, und Fulbrook: Anatomy, S. 73–76, dass diese Wahrnehmung retrospektiv nach 1989 entstanden sei.
3 Vgl. detailliert dazu Kaiser: Machtwechsel, S. 370–454, sowie Stelkens, Jochen: Machtwechsel in Ost-Berlin, in: VfZ 45 (1997), S. 503–533.

politischen Fragen etwa deutete sich nach langem Ringen um die staatliche Anerkennung des Bundes der Evangelischen Kirchen in der DDR[4] ebenso eine Trendwende an wie in der Jugend- und der Kulturpolitik. – Dennoch überwog der Eindruck der Erstarrung. Die wirtschaftlichen Reformprogramme Ulbrichts schienen jeder Richtung und damit jedes Sinnes zu entbehren, die Hochschulreform schien zu versickern und die Ost-Berliner Führung in außenpolitischen Fragen zunehmend zu verkrampfen. Diesen Eindruck weckte nicht nur die Beteiligung der DDR an der Invasion in die ČSSR, sondern mehr noch die Stagnation aller internationalen Verhandlungen, an denen die DDR-Führung beteiligt war.[5] Auf Grund des Personenkultes um Ulbricht sowie des autokratischen Gesamteindruckes des Staatssystems konnte die politische Unbeweglichkeit der DDR leicht auf das hohe Alter und den Starrsinn des Staats- und Parteichefs reduziert werden. Ein Graffito, das 1969 in der Leipziger Karl-Marx-Universität entdeckt wurde, bündelte diesen Eindruck in dem prägnanten Satz: »Walter schützt vor Torheit nicht«.[6]

Schließlich eröffnete der gerade in internationalen, insbesondere deutschlandpolitischen Fragen wachsende Interessengegensatz zwischen Ulbricht und Breschnew im Frühjahr 1971 die Möglichkeit für Erich Honecker und seine Parteigänger, den greisen SED-Chef mit Zustimmung Moskaus abzulösen. So musste nahezu zwangsläufig der Machtwechsel Hoffnungen auf einen Aufbruch wecken. Allein die Verdrängung des »Spitzbartes«, wie Ulbricht im Volksmund zuweilen genannt wurde, vom Gipfel der Macht reichte aus, um in seinem langjährigen Kronprinzen einen Hoffnungsträger zu entdecken. Dies war insofern erstaunlich, als Honeckers Karriere kaum Anlass dazu bot: Er war als erster FDJ-Vorsitzender für die radikalen Auseinandersetzungen mit der christlichen Jugend in den fünfziger Jahren ebenso verantwortlich gewesen wie als Sicherheitschef des Politbüros für Planung und Durchführung des Mauerbaus. Mit ihren Ausfällen im Fahrwasser Ulbrichts hatten Honecker und seine Ehefrau Margot, die Ministerin für Volksbildung, auf dem Kahlschlag-Plenum die ostdeutsche Gesellschaft wieder in das Korsett kleinbürgerlicher Normen gezwängt. Insgesamt war der »unauffällige Buchhaltertyp mit der schiefsitzenden Kassenbrille« kein Sympathieträger.[7] So wirkt es im Rückblick erstaunlich, dass die widersprüchliche Zeit der frühen siebziger Jahre dennoch als »goldenes Zeitalter« der DDR in die Erinnerung einging.

Immerhin stand die geschlossene Gesellschaft der DDR nun an der Schwelle zu ihrem zweiten Jahrzehnt, stellte doch der 13. August 1961 ihren eigentlichen Gründungstag dar.[8] Man hatte sich daran gewöhnt, hinter Beton und Stacheldraht zu leben. Ein neuer Generationenwechsel zeichnete sich ab, und

---

4 Vgl. Pollack: Kirche, S. 211–232.
5 Vgl. Stelkens: Machtwechsel, S. 520–529; Kaiser: Machtwechsel, S. 325–330, sowie Staritz: Geschichte, S. 364f.
6 SED-KL KMU, Information, Leipzig 20.1.1969, SAPMO-BArch, DY/30/IV A 2/9.04.408.
7 Wolle: Die heile Welt, S. 41. – Vgl. Fuchs: Magdalena, S. 313.
8 Staritz: Geschichte, S. 196.

erstmals schien er mit keinem krisenhaften Einschnitt in die DDR-Geschichte verbunden zu sein.[9] Die herangewachsenen Jugendlichen dieser Jahre hatten zwar keine eigenen Erinnerungen an das offene Berlin. Dennoch war die Mauer nicht nur äußerlich präsent.

Die offizielle Propaganda zum 10. Jahrestag ihrer Errichtung reizte zu Provokationen, deren Frequenz einen neuen Spitzenwert seit dem Herbst 1968 erreichte. Erneut registrierte das MfS zahlreiche Flugblätter, die forderten: »Schluß mit dem Mord an der Mauer«, oder die ironisch salutierten:

»10 Jahre Schüsse an der Mauer
Friedenspolitik der DDR«[10]

Diesen Slogan hatten drei Berliner Kochlehrlinge auf »ca. 700 Hetzflugblätter« gestempelt, einer von ihnen hatte außerdem Dutzende Flugblätter ausgelegt, auf denen er (wahrscheinlich in Anlehnung an West-Berliner Linke) unter dem Pseudonym »1. Rote Zelle Ost« seine Landsleute aufzurütteln versuchte: »Arbeiter[,] wacht auf aus dem Herrschaftstraum«. Der Verfasser dieses Flugblattes stand allerdings nach dem Bericht der Staatssicherheit allein mit seiner Auffassung, »daß man etwas gegen die bestehenden gesellschaftlichen Verhältnisse in der DDR tun müsse, da die ›Arbeiter keine Macht hätten und nur Kleinbürger und Intellektuelle die Entwicklung bestimmen würden‹.« Als Motiv für ihre gemeinsamen Aktivitäten hätten die drei jungen Arbeiter angegeben, sie wollten »damit zum Ausdruck bringen, daß der 13. August kein Tag zum Feiern, sondern zum Nachdenken sei.«[11]

Kehrte der Verweis auf die Schüsse an der innerdeutschen Grenze auf zahlreichen Graffiti wieder, die vorzugsweise an Transitstrecken gemalt worden waren, so stellte das Flugblatt aus der Hand eines jungen SED-Genossen einen Einzelfall dar. Der politisch aktive Jugendliche, nach Angaben des MfS für die »Organisierung der Jugendarbeit im Betrieb verantwortlich«, hatte am 12. August 1971 im Hallenser Kraftfuttermischwerk ein Flugblatt mit dem etwas ungelenken Text verbreitet: »Morgen ist Nationaltrauertag, der Untergang der deutschen Nation wurde«.[12] Das Pathos, das hier anklingt, mochte zunächst dem Tonfall der ostdeutschen Propaganda nachempfunden sein. Es lässt aber auch erkennen, dass der Westen zunehmend in die Ferne rückte. Allerdings weckte gerade die Kontaktaufnahme zwischen Bonn und Ost-Berlin vielfach eine – oft diffuse – Sehnsucht nach dem Westen.

Nach innen jedoch war man in der DDR zur Tagesordnung übergegangen, nachdem mit dem Prager Frühling die Hoffnung auf eine umfassende Selbst-

---

9   Lindner: Sozialisation, S. 25–37, spricht deshalb für die Jahre 1970–1973 von einem »diffusen Übergang«.
10 MfS, ZAIG, Information, Berlin 13.8.1971, BStU, ZAIG 1960, Bl. 2.
11 MfS, ZAIG, Information, Berlin 15.8.1971, ebd., Bl. 8–10. Zum Folgenden vgl. MfS, ZAIG, Information, Berlin 13.8.1971, ebd., Bl. 2f.
12 MfS, ZAIG, Information, Berlin o. D. [14.8.1971?], ebd., Bl. 5f.

erneuerung des sozialistischen Systems zerschlagen worden war. Die Ostdeutschen akzeptierten zunehmend den Status quo, Staat und Gesellschaft suchten je für sich einen Modus vivendi. Zehn Jahre nach der Abschließung der DDR-Gesellschaft hatte sich der real-existierende Sozialismus weitgehend »veralltäglicht«[13] und sich möglicherweise sogar im Bewusstsein – zumindest der jüngeren Generation – verankert.

Bei der Ausgestaltung der sozialistischen Gesellschaft sollten nach dem Machtwechsel auch die Sehnsüchte der DDR-Bevölkerung nach Konsum, die zum Teil unerfüllt geblieben oder sogar unterdrückt worden waren, stärker berücksichtigt werden. Der VIII. Parteitag der SED stellte dazu im Juni 1971 die Weichen. Er proklamierte die »entwickelte sozialistische Gesellschaft« als Hauptaufgabe der ostdeutschen Politik und löste sich damit sang- und klanglos von Ulbrichts Idee eines »Entwickelten Gesellschaftlichen Systems des Sozialismus«. Was auf den ersten Blick als ein bloßer Etikettenwechsel erscheinen mochte, stellte einen tiefen Einschnitt dar. Denn hinter der proklamierten »Einheit von Wirtschafts- und Sozialpolitik« verbarg sich ein umfassendes Vorhaben zur Verbesserung der sozialen Lage in der DDR.[14] Es eröffnete den Weg zu Neuregelungen der Familienplanung und -politik, zur Liberalisierung des Schwangerschaftsabbruchs und zum Mutterschutz, zur Kinderbetreuung in Tagesstätten und Horten. Auch sollte das Angebot an Konsumartikeln vergrößert werden, wenngleich dieses nicht immer der Nachfrage entsprach. (Gerade Jugendliche konnten sich ihre modischen oder musikalischen Wünsche in der DDR oft nicht erfüllen.) Zudem beendete die »Einheit von Wirtschafts- und Sozialpolitik« die Strafbarkeit des Devisenbesitzes, führte zum Ausbau der Valutamärkte, der »Intershops«, und machte unter der Hand die westdeutsche D-Mark zum zweiten Zahlungsmittel der ostdeutschen Schattenwirtschaft. Damit aber wurde die Planwirtschaft auch den Launen eines Marktes ausgesetzt, dessen Nachfrage kurzfristig nur schwer zu befriedigen und vom Politbüro kaum zu steuern war – zumal die DDR mit der Verstaatlichung der letzten größeren mittelständischen Betriebe im Frühjahr 1972 eines bedeutsamen Wirtschaftsfaktors beraubt wurde.[15]

Obwohl die »Einheit von Wirtschafts- und Sozialpolitik« ein vorübergehend gelungener Versuch war, das Bewusstsein der DDR-Bürger durch das

---

13 Pollack: Kirche, S. 253; vgl. Fulbrook: Anatomy, S. 141–143; Niethammer: Die SED, S. 314.
14 Programm der Sozialistischen Einheitspartei Deutschlands. Berlin [DDR] 1976, S. 29–35; vgl. Staritz: Geschichte, S. 277f., 282–287; Weber: Geschichte, S. 276f. passim. Die »Einheit von Wirtschafts- und Sozialpolitik« wurde erst 1976 vom IX. SED-Parteitag offiziell zum Programm erhoben.
15 Diese Maßnahme, offiziell als »Abschluß der sozialistischen Nationalisierung« gefeiert (Badstübner, Rolf u. a.: Geschichte der Deutschen Demokratischen Republik. Berlin [DDR] 1981, S. 306f.) – betrachtet Staritz: Geschichte, S. 284f., als spezifische Variante der egalisierenden Sozialpolitik seit dem VIII. Parteitag. – Vgl. Kaminsky: »Nieder mit den Alu-Chips«. Die private Einfuhr von Westwaren in die DDR, in: DA 33 (2000), S. 757f; Merkel: Utopie, S. 243–248.

Sein bzw. dessen schönen Schein zu beeinflussen, war sie perspektivisch ein Risikofaktor. Ließen sich schon die finanziellen Folgen kaum abschätzen, so begünstigte die Konsumpolitik der siebziger Jahre zugleich Individualisierung und Redifferenzierung, die mit dem egalitären Gesellschaftsentwurf der SED kollidierten. So war das Eingeständnis, dass auch das sozialistische Gesellschaftsmodell auf die beruhigende Wirkung von Besitz und Wohlstand angewiesen war, von erheblichem materiellen und ideellen Schaden. In gewisser Weise war damit »das Projekt DDR als gesellschaftliche Utopie an sein Ende gekommen. Was blieb […], waren jene technokratischen und ökonomistischen Zukunftsversprechen, von deren Einhaltung die Anpassungsbereitschaft der späteren Erwachsenen abhängen würde.«[16] Da der DDR politische oder gar nationale Identifikationsangebote weitgehend fehlten, bedurfte sie gerade der sozialen und wirtschaftlichen Integration ihrer Bevölkerung. Diese Politik aber brachte die SED in die Gefahr, konsumptive Erwartungen zu wecken, die sie nicht befriedigen könnte, und dadurch an Loyalität einzubüßen. Dessen ungeachtet durfte die Konsumideologie des Westens nun auch offiziell Fuß im Arbeiter- und Bauern-Staat fassen. Tatsächlich wuchs mit dem Wohlstand zunächst auch die Zufriedenheit der Ostdeutschen. Diesen Schluss erlaubt ein Blick in die Eingabenstatistik der DDR, die innerhalb von zehn Jahren einen Rückgang von über 1 Million Eingaben im Jahre 1960 auf ungefähr 550 000 verzeichnet. Bis 1975 sank die Zahl nochmals auf ca. 450 000 ab und stieg fortan wieder kontinuierlich bis auf 800 000 im Jahre 1982.[17]

Vor diesem Hintergrund konnte der Eindruck entstehen, die »rabiate Rationalisierungsdiktatur der sechziger Jahre wich[e] einer kommoden Wohlfahrtsdiktatur«.[18] Diesem Eindruck entgegen steht der Umstand, dass der Observations- und Repressionsapparat im Umfeld des Prager Frühlings seine Methoden erheblich verfeinert hatte. Nicht zuletzt den Umgang mit Jugendlichen gestalteten die Sicherheitsorgane zunehmend subtiler. Dennoch blieb die MfS-Dienstanweisung 4/66, die nach den Vorgaben des Kahlschlag-Plenums von 1965 die »Bearbeitung« Jugendlicher durch die Staatssicherheit regelte, uneingeschränkt gültig. Allerdings verweist die steigende Zahl von Analysen und die angeordnete, detaillierte Erfassung nonkonformer Jugendlicher in den Akten des Staatssicherheitsdienstes darauf, dass das Ministerium eine flexiblere, aber keineswegs weniger aggressive Taktik gegenüber jugendlichen Delinquenten erstrebte.[19]

---

16 Wierling: Geboren, S: 557.
17 Mühlberg, F.: Eingaben, Diagramm 3, S. 239. Vgl. Offe, Claus: Wohlstand, Nation, Republik. Aspekte des deutschen Sonderweges vom Sozialismus zum Kapitalismus, in: Joas/ Kohli (Hg.): Der Zusammenbruch, S. 283; Merkel: Utopie, S. 335–348.
18 Engler, Wolfgang: Strafgericht über die Moderne. Das 11. Plenum im historischen Rückblick, in: Agde (Hg.): Kahlschlag, S. 16; vgl. Jarausch: Realer Sozialismus, S. 33–46.
19 Vgl. div. Schulungsmaterialien und Diplomarbeiten der Juristischen Hochschule des MfS Potsdam (BStU, MfS-JHS), insb. Oltn. Eberhard Plaumann, Die Bearbeitung Jugendlicher und Jungerwachsener in operativen Vorgängen, Diplomarb., Berlin Sept. 1971, BStU, MfS-JHS-MF-VVS 160-578/71.

Dies demonstriert eine Rundverfügung des Ministers für Staatssicherheit, Erich Mielke, die offenbar vor dem Hintergrund des deutschlandpolitischen Wandels 1971 verfasst wurde. Mielke befahl darin angesichts wachsender Differenzen zwischen Jugendlichen verschiedener politischer Meinung die »volle Ausnutzung aller IM/GMS [Informellen Mitarbeiter/Gesellschaftlichen Mitarbeiter für Sicherheit] und die Erweiterung der operativen Möglichkeiten zur Informationsbeschaffung über die Lage unter den Jugendlichen«. Dafür sollten auch Jugendliche selbst zur Mitarbeit gewonnen und persönliche Kontakte zur Beschaffung von Informationen genutzt werden. Dass dadurch Vertrauensverhältnisse missbraucht und Freundschaften zerstört werden könnten, spielte in den Erwägungen Mielkes keine Rolle. Der Zweck, die größtmögliche Kontrolle der ostdeutschen Jugend, hatte die Mittel zu heiligen:

»Dabei müssen neben einer differenzierten Neuwerbung entsprechender Personen durch alle operativen Linien und Diensteinheiten des MfS, Bezirksverwaltungen/Verwaltungen und Kreisdienststellen auch mittels Nutzung aller IM/GMS sowie der operativen Mitarbeiter, welche durch eigene Kinder und weitere Verwandte Kontakte zu schulischen und anderen im Freizeitbereich liegenden Konzentrationspunkten Jugendlicher Kontakt besitzen, die Informationsbasis des MfS verbreitert werden und die erhaltenen Informationen entsprechend den geltenden Regelungen über die Informationsbeziehungen im MfS weitergeleitet werden.«[20]

Zur Wahrung der verdeckten, konspirativen Arbeit des MfS müssten allerdings bei der Observation und »Bearbeitung« von Jugendlichen psychologische Erkenntnisse in besonderer Weise berücksichtigt werden. Mielke betonte in seiner Rundverfügung, es müsse dabei in jedem Fall kontraproduktiven Entwicklungen vorgebeugt werden. Deswegen sei zu beachten, dass

»– es im Ergebnis solcher Schritte nicht zu Fehlreaktionen der betroffenen Jugendlichen kommen kann und dem weiteren Wirken festgestellter negativer Erscheinungen und Tendenzen im betreffenden Bereich zuverlässig vorgebeugt wird; [...]
– dabei vom Prinzip der Differenzierung ausgegangen und mit aller Konsequenz die Maßnahmen durchgesetzt werden, wobei den Besonderheiten der jugendlichen Psyche Rechnung getragen werden muß.«

Die ausufernde Observation der Jugend setzte einen Trend fort, der bereits die Politik der Stasi während der sechziger Jahre gekennzeichnet hatte. Seit dem Mauerbau hatte Mielke die Gefahr gesehen, dass die DDR verstärkt zum Ziel der »politisch-ideologischen Diversion« (PID) des »Klassenfeindes« würde,

---

20 MfS, Rundverfügung, 9.6.1971, BStU, BdL/Dok, 001079, Bl.3–5. Das Folgende ebd.Vgl. Hptm. Werner Langklotz, Oltn. Horst Mau, Probleme der Auswahl, Aufklärung und Zusammenarbeit von jugendlichen IM unter Studenten, Diplomarb., April 1972, BStU, MfS-JHS-MF-VVS 160-377/71, S.7–64. – Vgl. Geißler/Wiegmann: Pädagogik, S.209–231.

da Systemgegner nicht mehr in den Westen abwandern könnten. Als bevorzugter Angriffspunkt für die Bemühungen des Gegners wurde die Jugend ausgemacht, da diese aufgrund ihrer politischen und ideologischen Labilität besonders anfällig für die PID wäre. Deswegen hatte das MfS mit tendenziösen Informationen an die SED-Führung geholfen, den »Kahlschlag« von 1965 vorzubereiten. Welche Gefahren eine innenpolitische Liberalisierung barg, hatte aus Sicht der Stasi drei Jahre später der Prager Frühling demonstriert. Diese Gefahr schien nun, im Kontext der innerdeutschen Annäherung erneut akut zu werden, weiteten doch die Erleichterungen im Reiseverkehr die Möglichkeiten für Kontakte zwischen Ost- und Westdeutschen und damit für die PID aus.

Die Staatssicherheit beanspruchte jetzt für sich die »Rolle des entscheidenden Garanten innenpolitischer Stabilität unter den Bedingungen der Entspannungspolitik«, der den ungeheuren Apparat der »Sicherheitsbürokratie« zu rechtfertigen schien. Neben jährlichen Etatzuwächsen um 15 Prozent seit 1966, hatte sich der Personalbestand des Mielke-Ministeriums seit 1961 innerhalb von zehn Jahren mehr als verdoppelt und war von 20000 auf über 45000 Mitarbeiter gewachsen. Von den »Geheimen Informanten« des MfS, die seit 1968 als »Inoffizielle Mitarbeiter« firmierten, waren zehn Prozent Jugendliche. Allerdings war der Erfolg bei der Gewinnung von IM unter Jugendlichen eher gering. Minderjährige waren unter den IM kaum vertreten. Die meisten IM im Alter bis 25 Jahren konnten erst während des Wehrdienstes oder während des Studiums gewonnen werden, weil sie ansonsten disziplinarische Maßnahmen zu befürchten hatten oder weil sie sich Karrierevorteile von ihrer Zusammenarbeit mit dem MfS versprachen.[21]

Das besondere Interesse Mielkes an der Jugend demonstriert, wie der Minister eine Flexibilisierung der Jugendpolitik zu begleiten gedachte. Die Verfeinerung der sicherheitspolitischen Maßnahmen sollte gewährleisten, dass der gesellschaftliche Wandel in der DDR stets unter Kontrolle bliebe. »Kommod« war die DDR also am Anfang der Ära Honecker diesbezüglich insofern, als der Kontrollapparat nicht mehr durch offensichtliche Repression in Erscheinung trat, hinter den Kulissen gleichwohl an Beweglichkeit gewann.

»Halbwahrheiten und allgemeine Bemerkungen«: Das Bildungswesen unter Honecker

Obwohl der Machtwechsel nicht nur reibungslos vonstatten gegangen, sondern auch ohne erkennbare Unruhe von der Bevölkerung hingenommen worden war, gab es aus deren Reihen deutliche Kritik an der als »unwürdig« empfundenen Art und Weise der Ablösung des Staats- und Parteichefs. Dieser Eindruck war dadurch begründet, dass Ulbrichts Thronfolger nach dessen

---

21 Vgl. Gieseke: Mielke-Konzern, S. 74–76 passim; Pingel-Schliemann: Zersetzen, S. 152–166.

Rücktritt nur einen einzigen Satz für ihn übrig hatte: »Mein Dank gilt in besonderem Maße Genossen Walter Ulbricht, unter dessen Leitung ich im Politbüro seit mehr als zwei Jahrzehnten gearbeitet habe.«[22]

Dem VIII. SED-Parteitag, der wenige Wochen nach seiner Ablösung stattfand, hatte Ulbricht krank und gekränkt fernbleiben müssen. Zu seinem Geburtstag hatte sich die Parteiführung unter ihrem neuen Chef, Honecker, sogar erdreistet, Ulbricht für das offizielle Foto der DDR-Nachrichtenagentur *ADN* im Morgenrock ablichten zu lassen und damit bloßzustellen.[23] Schließlich wurde auch noch der Name des langjährigen Staats- und Parteichefs in den offiziellen Geschichtsdarstellungen seiner Partei getilgt, bis zu seinem Tode 1973 wurde er faktisch totgeschwiegen. Dieser despektierliche Umgang mit Ulbricht war 1971 jedoch erst in Ansätzen zu erkennen.

Einstweilen hatte die DDR den Machtwechsel ohne Zwischenfälle überstanden, was angesichts dessen, dass dies zum ersten Mal geschah, nicht selbstverständlich war. Gleichwohl galt es, den plötzlichen Bruch mit den Ideen des alten Mannes zu kaschieren und mögliche Zweifel am Kurs seines Nachfolgers zu zerstreuen. Zudem war der politische Kurswechsel – weg von den großen Visionen des greisen Funktionärs hin zu den kleinen Träumen weiter Teile der Bevölkerung – dieser ebenso zu vermitteln wie die erneute Konzentration *aller* Kompetenzen, der politischen und der wirtschaftlichen, in der Hand der zentralen Parteiorgane. Alsbald wurde das Land deshalb von einer Propagandakampagne überrollt, deren Schlusspunkt im Herbst 1971 die so genannte »Rote Woche« an den Fach- und Hochschulen darstellte. In den obligatorischen Kursen des marxistisch-leninistischen Grundlagenstudiums, mit denen jedes Studienjahr begann, sollte den Studierenden der Kurswechsel verständlich gemacht werden. Dazu hatten sie unter der Anleitung geschulter Dozenten die »Dokumente« des VIII. Parteitages zu studieren.

Insgesamt wurde diese »Bewährungsprobe der Leitungen und Arbeitskollektive an allen Universitäten und Hoch- und Fachschulen der DDR« als gelungen eingeschätzt. Nur vereinzelt waren abweichende Meinungen verzeichnet worden, die allerdings gleich grundsätzlichen Fragen gegolten und gezeigt hatten, wie sensibel die Kursänderungen registriert wurden:

»Die führende Rolle der Arbeiterklasse und ihrer marxistisch-leninistischen Partei wird von der Mehrheit der Hochschullehrer und Studenten theoretisch anerkannt. Bei einem Teil zeigen sich jedoch Zweifel, Unsicherheiten in der Begründung der führenden Rolle der Arbeiterklasse und vereinzelt nichtmarxistische Positionen. [...] Vielfach wird die Auffassung vertreten, daß die Rolle der Intelligenz durch den VIII. Parteitag abgewertet werde.«[24]

---

22 JW, 5.5.1971, S.1. Vgl. Staritz: Geschichte, S.274f., der sich auf entsprechende Berichte des MfS stützt.
23 ADN, 30.6.1971, in: Schroeder: Der SED-Staat, S.209f.; Kaiser: Machtwechsel, Titelbild; vgl. ebd., S.439; Weber: Geschichte, S.277.
24 MHF, Bericht, 23.9.1971, BArch, DR/3/2. Sch./B1241d, S.9 u. 4.

Einzelne Studierende sahen also offenbar ihre Perspektive als Angehörige der »sozialistischen Intelligenz« bedroht, die in Ulbrichts Modell des »Entwickelten gesellschaftlichen Systems des Sozialismus« einen hohen Stellenwert besessen hatten. Allerdings hatte die Ost-Berliner Führung wiederholt darauf hinweisen müssen, dass die Aufwertung der Wissenschaften im Kontext des gesellschaftlichen Umbaus keineswegs eine Abwertung der Rolle der Arbeiterklasse bedeutete. Gerade mit Blick auf den Prager Frühling, den Intellektuelle wesentlich vorangetrieben hatten, war vor einer solchen Interpretation gewarnt worden. Im April 1969 hatte Paul Verner auf dem 10. Plenum des SED-Zentralkomitees betont, dass »die Intelligenz als soziale Schicht nicht die führende Rolle in der Gesellschaft innehaben kann.« Dieser Standpunkt war vom VIII. Parteitag nicht nur bekräftigt worden, vielmehr war hier die Arbeiterklasse wieder in den Mittelpunkt der Gesellschaftspolitik gerückt worden, zugleich hatte der neue, zentralistische Führungsstil Honeckers die Entmachtung der unteren und mittleren Eliten bestätigt.[25]

Inwiefern es im Verlauf der »Roten Woche« darüber hinaus Kritik oder Zweifel – etwa an der Lauterkeit der Motive der Honecker-Riege und an ihrer wirtschaftspolitischen Kompetenz – seitens der Studierenden gegeben hatte, geht aus dem zitierten Rapport des Ministeriums für Hoch- und Fachschulwesen nicht hervor. Der Bericht vermittelt vielmehr den Eindruck, dass das Klima an den Universitäten nicht mehr zur Diskussion reizte, sondern dass sich unter den Studierenden zunehmend Ermüdung bis Ignoranz gegenüber politisch-ideologischen Fragen ausbreitete. So gestand das Ministerium ein, dass die Seminare der »Roten Woche« oft didaktisch unzulänglich waren und dass viele Studierende ihre Meinung nicht mehr frei äußerten:

»Nur in wenigen Lehrveranstaltungen gelang es, einen lebendigen Meinungsstreit der Studenten zu entwickeln. [...] In zahlreichen Seminaren gaben sich die Seminarleiter jedoch mit oberflächlichen Antworten, mit Halbwahrheiten und allgemeinen Bemerkungen zufrieden. In diesen Seminaren wurden die Studenten auch nicht politisch und theoretisch gefordert. Die qualitative Unterforderung der Studenten ist überhaupt eine zieml[ic]h verbreitete Erscheinung.«[26]

Der bereits angesprochene Trend zum Schweigen oder zum Repetieren vorgeprägter Antworten, zum »double talk«, hatte sich also noch verstärkt und ließ sich im Bildungswesen generell beobachten.[27] Dahinter stand einerseits die Erfahrung, dass viele Studierende die Ergebnisse des sozialistischen Ge-

---

25 Paul Verner, Diskussionsbeitrag, 28.4.1969, SAPMO-BArch, DY/30/IV 2/1/395, Bl. 299. Vgl. Hertle, Hans-Hermann: Der Sturz Honeckers. Zur Rekonstruktion eines innerparteilichen Machtkampfes, in: Henke u.a. (Hg.): Widerstand, S. 330–332; Weber: Geschichte, S. 478–281.
26 MHF, Bericht, 23.9.1971, BArch, DR/3/2. Sch./B1241d, S. 7.
27 Dieser Trend korrespondierte interessanterweise mit einem Hang zur »Schönfärberei« in den Berichten z.B. der Gewerkschaften, den die britische Historikerin Mary Fulbrook für die siebziger Jahre beobachtet hat: Fulbrook: Anatomy, S. 73f.

sellschaftsumbaus nicht mehr wahrnahmen bzw. die Auseinandersetzung damit für überflüssig hielten. Auf diese »Veralltäglichung« des Sozialismus hatte bereits 1968 der Hallenser Staatsbürgerkunde-Dozent Ekkehard Sauermann in der Zeitschrift *Forum* hingewiesen: »Was die DDR anbetrifft, so werden viele Errungenschaften einfach als selbstverständlich betrachtet.« – Andererseits wurde diese Form angepassten Verhaltens dadurch verstärkt, dass mit der 3. Hochschulreform die Disziplinierung der Studierenden forciert worden war. Dieses Problem hatte auch Sauermann im *Forum* offen angesprochen, als er ein offenes Diskussionsklima an den Hochschulen einforderte und zugleich einräumte: »Die praktizierte Devise ›Nur keinen Streit und auf keinen Fall ein Risiko‹ hindert dabei natürlich. Es sollte durchaus ab und zu ›heiß‹ zugehen.«[28]

Seit 1970 war die Hochschulreform beschleunigt und der Anpassungsdruck auf die Studierenden erneut erhöht worden. Bei der Auswahl von Studierenden mussten die Hochschulen nun gesellschaftspolitische Kriterien noch stärker berücksichtigen. Darauf zielte eine Verordnung, mit der 1971 der Hochschulzugang geregelt wurde.[29] Danach war der Bewerbung um einen Studienplatz neben Beurteilungen durch die Schule, den Betrieb und gesellschaftliche Organisationen wie der FDJ eine Verpflichtungserklärung beizufügen. Mit dieser Verordnung wurde allerdings nur die gängige Praxis legalisiert und vereinheitlicht, hatten doch verschiedene Einrichtungen seit Ende der fünfziger Jahre sukzessive eine entsprechende Erklärung eingeführt. Nun wurde sie für alle Studierenden verbindlich. Sie legte die Studierenden in Gänze fest auf den bewussten Lebenswandel einer wahrhaft »sozialistischen Persönlichkeit« und auf die permanente Verteidigungsbereitschaft der »sozialistischen Errungenschaften«:

»Hiermit verpflichte ich mich, mit der Aufnahme des Studiums
– alle Forderungen der sozialistischen Gesellschaft an der Hochschule gewissenhaft und vorbildlich zu erfüllen
– um ausgezeichnete Ergebnisse zu kämpfen
– aktiv an der militärischen Ausbildung für wehrdiensttaugliche Studenten bzw. an der Ausbildung in der Zivilverteidigung für wehrdienstuntaugliche und weibliche Studierende teilzunehmen
– nach erfolgreicher Beendigung meiner Ausbildung gemäß den geltenden Rechtsvorschriften mindestens 3 Jahre ein Arbeitsrechtsverhältnis entsprechend den gesellschaftlichen Erfordernissen wahrzunehmen.«[30]

---

28 Vom »Einerseits – andererseits«: Gespräch mit Ekkehard Sauermann, Forum, 11/1968, S. 4f.
29 Anordnung über die Bewerbung, die Auswahl und die Zulassung zum Direktstudium an den Universitäten und Hochschulen (Zulassungsordnung), GBl. 1971/II, Nr. 55, S. 486–489, in: Baske (Hg.): Bildungspolitik, Nr. 50, S. 344–348. Verordnung über die Aufgaben der Universitäten […], 25.2.1970, GBl. 1970/II, S. 189–194, ebd., Nr. 38, S. 288–297.
30 Zulassungsordnung, 1.7.1971, GBl. 1971/I, zit. Baske (Hg.): Bildungspolitik, Nr. 50, S. 344. Vgl. TU Dresden, Studienordnung, 1.3.1967, in: Straube: Katholische Studentengemeinde, Dok. 34, S. 269–275, der eine Verpflichtungserklärung vorangestellt ist.

Diese Verpflichtungserklärungen entsprachen ganz den Erfordernissen der politisch-ideologischen Erziehung, wie sie für die Hochschulreform propagiert wurde. Zudem schien die militärische und paramilitärische Mobilisierung eines neuen Schubs zu bedürfen. Diesen Eindruck hatte zumindest das Jugendmagazin *neues leben* 1969 mit einer Reportage erweckt, worin über Ressentiments Jugendlicher gegenüber der Nationalen Volksarmee berichtet worden war. Danach hätten die Propagandisten der NVA, oft als »Wanderprediger« bezeichnet, aus Sicht verschiedener Jugendlicher keine überzeugenden Argumente zu bieten, sondern zögen sich in Diskussionen letzten Endes immer auf »das ideologische Schwänzchen, den Zeigefinger« zurück.[31]

Die Verpflichtung der Studierenden war somit aus Sicht der Staats- und Parteiführung konsequent, unter den Betroffenen aber nicht unumstritten. Vor allem die Passagen zur militärischen Ausbildung bzw. zu den Kursen der Zivilverteidigung stießen bei einigen Studierenden auf Widerspruch. An den theologischen Fakultäten entbrannte ein heftiger Streit um die Verpflichtungserklärung, in dessen Verlauf sich die Hochschulpolitiker der DDR zunächst unnachgiebig zeigten. Erst als die Abwanderung an die drei kirchlichen Hochschulen in Berlin, Leipzig und Naumburg so stark wurde, dass hier fast genauso viele junge Menschen Theologie studierten wie an den staatlichen Fakultäten, lenkten die staatlichen Stellen ein. Ab 1973 konnten sich auch Bausoldaten wieder zum Theologiestudium an den Universität einschreiben.[32]

Gleichwohl darf diese spezielle Auseinandersetzung nicht generalisiert werden. Die meisten Studienanwärter werden in der Unterzeichnung der Verpflichtungserklärung ohnehin nur eine weitere formale Zumutung des sozialistischen Bildungssystems gesehen und ihr als solche kein besonderes Gewicht beigemessen haben. So ließ sich auch die endgültige Verpflichtung der Studierenden zu sozialistischer Moral und permanenter Verteidigungsbereitschaft mit der Novelle des Jugendgesetzes 1973/74 ohne größere Probleme durchsetzen.

Auch an den Schulen schritt die Militarisierung voran. Seit 1967 veranstaltete die Freie Deutsche Jugend in Zusammenarbeit mit der paramilitärischen Gesellschaft für Sport und Technik (GST) für die 8. bis 10. Klassen aller Schulen die so genannten »Hans-Beimler-Wettkämpfe«. Neben militärpolitischen Informationsveranstaltungen standen dabei Geländeläufe, Orientierungsmärsche und Schießübungen auf dem Programm. In gezielten Gesprächen sollten zudem im Rahmen der »Hans-Beimler-Wettkämpfe« interessierte Jugendli-

---

31 Einberufung, nl, 8/1969, S. 49–51.
32 SED-ZK, Abt. Wiss., Aktennotiz, Berlin 6.1.1972, SAPMO-BArch, DY/30/IV B 2/9.04/126; MHF, Information, Berlin o. D. [28.5.1974], ebd., S. 2f. Vgl. Stengel, Friedemann: Die Theologischen Fakultäten in der DDR als Problem der Kirchen- und Hochschulpolitik des SED-Staates bis zu ihrer Umwandlung in Sektionen 1970/71. Leipzig 1998, S. 662–669.

che für eine militärische Laufbahn geworben werden, wobei Karrierevorteile eine wichtige Rolle spielten.[33]

Die Mitgliedschaft im Jugendverband hatte bis zum Ende der sechziger Jahre einen rein formalen Charakter angenommen. So hatte die Abteilung Schuljugend beim FDJ-Zentralrat am Ende der sechziger Jahre einräumen müssen, dass die Mitgliedschaft in der Freien Deutschen Jugend kaum Aussagen über die politische Positionierung der Jugendlichen zulasse:

»Es gibt [...] Thälmann-Pioniere, die sich über ihren Eintritt in die FDJ wenig Gedanken machen und Mitglied werden, weil es allgemein so üblich ist und sie nicht abseits stehen wollen. Ein geringer Anteil der Thälmann-Pioniere verbindet mit dem Eintritt in die FDJ in erster Linie egoistische Ziele, die die persönliche Zukunft betreffen (Berufsentscheidung, Studienwahl).«[34]

Zwar warteten die Verfasser des zitierten Berichts auf den ersten Seiten mit zahlreichen Erfolgsmeldungen zur Mitgliederwerbung auf, Randglossen eines unbekannten FDJ-Funktionärs lassen aber erhebliche Zweifel daran erkennen. Skeptisch hatte sich schon einige Monate zuvor das *Neue Deutschland* geäußert. Dabei hatte sich das SED-Zentralorgan u. a. auf Meinungen wie die einer 17 Jahre alten Technischen Zeichnerin gestützt:

»Ich bin nicht dagegen, ich bin nicht dafür. Ich bin in die FDJ eingetreten, weil alle drin sind. Ich habe nicht viel darüber nachgedacht und mache alles mit, was gesagt wird.«[35]

Mit der Formalisierung der FDJ-Mitgliedschaft einher ging eine Lähmung des Jugendverbandes, der durch die Passivität der neuen »Jugendfreunde« – so die verbandsinterne Anrede – gehemmt wurde. Die zuständige Zentralratsabteilung räumte denn auch in dem zitierten Bericht ein, dass es an den Schulen erhebliche Schwierigkeiten gäbe, eine attraktive Verbandsarbeit aufzubauen:

»Es gelingt [...] zur Zeit in den meisten FDJ-Organisationen der 8. Klassen nicht, auf der Grundlage des FDJ-Auftrages und des Jugendstundenprogramms ein interessantes FDJ-Leben [...] zu entwickeln, durch das die FDJ-Organisationen ausreichend gefestigt werden und politische Verantwortung tragen.«[36]

Die politischen Diskussionen in den FDJ-Veranstaltungen litten zu einem erheblichen Teil darunter, dass viele Schülerinnen und Schüler ihre Meinung nicht offen kundtaten. Gerade im Umfeld des Prager Frühlings war es dem Jugendverband nicht gelungen, die ablehnende Haltung Ost-Berlins gegen-

---

33 Vgl. Sachse: (Vor)militärische Ausbildung, S. 255–264; Geißler/Wiegmann: Pädagogik, S. 287f.
34 FDJ-ZR, Abt. Schuljugend, Einschätzung, o. D. [1967/68], SAPMO-BArch, DY/24/8.515, S. 3.
35 ND, 20.4.1967, zit. SBZ-Archiv 18 (1967), S. 154f.
36 FDJ-ZR, Abt. Schuljugend, Einschätzung, o. D. [1967/68], SAPMO-BArch, DY/24/8.515, S. 9.

über den tschechoslowakischen Reformkommunisten zu vermitteln. Repressalien gegen aufbegehrende Schüler oder solche, die lediglich eine offene Diskussion einforderten, hatten sich kontraproduktiv ausgewirkt. Nachdem sie mit ihrem Bemühen, gemeinsam mit drei Freunden an der Kleinmachnower EOS eine Diskussion über die DDR-Verfassung von 1968 und das Aktionsprogramm der KPČ-Reformkräfte anzustoßen, gescheitert war, hatte Annette Simon in den letzten beiden Schuljahren einige Demütigungen erfahren müssen. Beispielsweise hatte sie in einem Referat die Invasion der Warschauer Pakt-Armeen in die Tschechoslowakei zu begründen:

»Es ging eigentlich nur noch um Demütigung. [...] Die wollten [...] gar nicht das wissen, was ich denke oder so, die wollten nur, dass ich demütig bin.«[37]

Um derartigen Konflikten, die durchaus existenziell waren, künftig auszuweichen – so Simon weiter –, habe sie fortan ihre persönliche Meinung hinter Zitaten aus der einschlägigen Literatur und Presse versteckt. Ihr Verhalten entsprach einem gängigen Muster. Dieses Problem griff das Jugendmagazin *neues leben* im Mai 1972 unter der Überschrift »Die Heuchel-Eins« erneut auf, nachdem es bereits ein Jahr zuvor eine ähnliche Leserdiskussion initiiert hatte.[38] Es fragte, ob an den Schulen »ein schöpferisch-streitbares Klima im Staatsbürgerkundeunterricht« herrsche, und ließ in einem fiktiven Dialog den Schüler Ralf erklären:

»Seht ihr, man braucht bloß aufsagen, was im Lehrbuch steht, und was der [Lehrer] hören will, und schon ist man dicke da. [...] Gutes Abi. Guter Studienplatz. Guter Job. [...] Beim Abi zählen nämlich nicht meine Probleme, sondern meine Zensuren. [...] Ich bin doch nicht lebensmüde.«[39]

Der Dialog endet mit der Äußerung der Mitschülerin Jutta, der Staatsbürgerkunde (Stabü)-Lehrer fordere doch immer wieder zur Diskussion auf, worauf Ralfs Freund Klaus kontert: »Aber diskutieren wir?« – Unter den Leserbriefen finden sich sowohl Zustimmung als auch Ablehnung zu Ralfs Standpunkt. Unabhängig davon wird in einigen Briefen bestätigt, dass die Lehrmeinung die Diskussionen in der Schule bestimme, die eigene Meinung hingegen nicht gefragt sei. Zudem leide gerade der Stabü-Unterricht manchmal unter einer erschreckenden Niveaulosigkeit.[40]

Die hier kritisierte Heuchelei kontrastierte mit der gewandelten Diskussionskultur im *neuen leben* selbst, die seine Redaktion geschickt inszenierte. Nicht nur in Beiträgen der Redaktion, sondern auch in Leserbriefen klang oft ein kritischer Unterton an. Abweichende Meinungen wurden nicht mehr mit

---

37 Kalter Frühling in Kleinmachnow, 0:24. Das Folgende ebd., 0:25.
38 Die Sache mit Rolf, nl, 5/1971, S. 12–15. Vgl. die Leserbriefe, nl, 8/1971, S. 40f.
39 Eberhard Fensch, Die Heuchel-Eins, nl, 5/1972, S. 12 passim. Das Folgende ebd., S. 15.
40 Vgl. Leserbriefe v. Heidi Leist, Berlin, Norbert Kirch u. a., Magdeburg, nl, 8/1972, S. 40; Birgit Heinrich, Erfurt, u. Schuldirektor Kurt Quapp, Groitzsch, nl, 9/1972, S. 24f.

disqualifizierenden Kommentaren versehen, sondern höchstens anderen Auffassungen gegenübergestellt. Dieser Wandel erklärte auch, weshalb sich das Jugendmagazin einer ungebrochenen Nachfrage erfreute. Ein Beleg dafür ist die große Anzahl von Leserbriefen, von denen nach Angaben der ehemaligen Chefredakteurin Ingeborg Dittmann bis zu 1200 pro Heft die Redaktion erreichten. Probleme wurden hier zumindest angeschnitten, wenn sie auch sicher nicht im Sinne aller Leser ausdiskutiert werden konnten. Dabei schreckte das *neue leben* nicht vor Themen zurück, die sich zwar im Gefolge des gesellschaftlichen Wandels wachsenden Interesses erfreuten, deren öffentliche Behandlung aber noch weitgehend tabu war. Das große, dauerhafte Interesse am *neuen leben* war nach Dittmann darauf zurückzuführen, dass das Jugendmagazin »ein breitgefächertes Interessenspektrum junger Leute zwischen 13 und 26 auf unterhaltsame Weise bediente und versuchte, Orientierungs- und Lebenshilfe anzubieten (Berufsfindung, Sexualaufklärung, Konfliktlösung, Umgang mit eigenen Gefühlen)«.[41] Diese Themen zwangen nicht zur Einnahme eines doktrinären Standpunktes und konnten somit weitgehend unverstellt erörtert werden.

Unaufrichtigkeit hingegen prägte nicht nur den Unterricht, sondern oft auch die Spendensammlungen an den Bildungseinrichtungen. So genannte »Solidaritätskonten« waren mit Geldern zu versorgen, wobei der Einsatz der Mittel meist unklar blieb. Manchmal wurde die Adressaten zu solchen »Soli«-Aktionen von der Bevölkerungsmehrheit der Hilfe wert befunden, weshalb dann unerwartet hohe Spendenaufkommen zu verzeichnen waren. Als 1973 das Ende des Vietnam-Krieges in greifbare Nähe rückte, registrierte die Leipziger SED-Bezirksleitung an den Schulen und Hochschulen eine unerwartet große Spendenfreudigkeit:

»[N]ach dem Sieg des vietnamesischen Volkes hat die Solidaritätsbewegung im Bildungsbereich zugenommen. Dabei ist aber nicht in jedem Falle eine entsprechende politische Motivierung vorhanden. Caritative Beweggründe und ›unpolitisches‹ Humanitätsdenken liegen nicht selten der Spende zugrunde. Es gibt auch Tendenzen, etwas zu geben, weil andere auch geben, gewissermaßen um nicht aufzufallen, Tendenzen zur Spende als politisches Alibi.«[42]

In dem Bericht wird unterstrichen, wie vielfältig die Spenden motiviert sein konnten – ein Problem, das auch in anderen gesellschaftlichen Bereichen zu beobachten war. Die Formalisierung des politischen Handelns und der politi-

---

41 Erinnerungen an 38 Jahre Jugendmagazin, S.174.
42 SED-BL Leipzig, Abt. Schulen, Fach- u. Hochschulen, Einschätzung, 9.4.1973, SächsStAL, SED, IV C-2/9/02/667, S.2. Einen Beleg für diese Einschätzung liefern Arbeiterinnen der Leipziger Baumwollspinnerei, von denen 1969 zwar 70 eine Resolution zur Beendigung des Vietnam-Krieges unterstützten, aber nur 20 eine Protestnote gegen die Bundespräsidentenwahl in Berlin unterschrieben: Schüle, Annegret: »Die Spinne«. Die Erfahrungsgeschichte weiblicher Industriearbeit im VEB Leipziger Baumwollspinnerei. Leipzig 2001, S.257f.

schen Organisation provozierte gerade unter dem Eindruck der Disziplinierung und Gesinnungskontrolle Anpassungsmechanismen, deren Gehalt kaum noch zu überprüfen war. Die Erfolgsmeldungen einzelner Funktionäre wirken auch deswegen unglaubwürdig, eben weil sich der Minister für Staatssicherheit 1971 veranlasst sah, die Observation Jugendlicher erneut zu verstärken. Mit seiner bereits zitierten Rundverfügung reagierte Mielke auf die Beobachtung, dass Auseinandersetzungen zwischen »negativen« und »positiven« Jugendlichen vor dem Hintergrund der innerdeutschen Annäherung offenbar an Schärfe gewannen:

> »In der letzten Zeit wurden wiederholt Versuche einzelner feindlicher und anderer Kräfte bekannt, fortschrittliche Bürger – insbesondere gesellschaftlich aktive Jugendliche – von ihrer positiven Haltung abzubringen, von der gesellschaftspolitischen Arbeit abzuhalten und an der Wahrnehmung staatsbürgerlicher Pflichten zu behindern. Dabei wurden neben Versuchen der Isolierung dieser Jugendlichen innerhalb ihres Umgangskreises, der fortlaufenden Provozierung und mündlichen Diskriminierung wegen ihres fortschrittlichen Auftretens auch schwere körperliche Angriffe mit teilweise terroristischer Zielstellung verübt.«[43]

Welche Ziele bei diesen Auseinandersetzungen tatsächlich verfolgt wurden, lassen die in der Verfügung genannten Beispiele, vorwiegend aus dem Großraum Berlin, leider nicht erkennen. Die Gleichsetzung mit terroristischen Gewaltakten scheint gleichwohl übertrieben und eher der Paranoia des Staatssicherheitsministers entsprungen zu sein.[44]

»Dialektik des gegenwärtigen Klassenkampfes«: Außenpolitische Öffnung

Diese Paranoia war gewachsen, seit sich im Umfeld der DDR die Zeichen für einen politischen Wandel verstärkten. Nicht nur der Prager Frühling hatte für das DDR-System eine Bedrohung dargestellt, auch der »Wandel durch Annäherung«, den die sozialliberale Koalition in Bonn verfolgte, zielte letzten Endes auf die Destabilisierung der DDR. Außerdem weckte er die Erwartung, die DDR könne nun aus der internationalen Isolation aufbrechen. Die Ablösung Ulbrichts verstärkte diese Hoffnung und mehrte sie dadurch, dass eine internationale und innerdeutsche Entspannung auch eine moderate Innenpolitik ermöglichen könnte. – Tatsächlich kam noch *vor* dem Machtwechsel Bewegung in die Verhandlungen Ost-Berlins mit der Bonner Regierung. Nachdem die Gespräche 1969/70 einige Monate gestockt hatten, erhielten sie durch die Verhandlungen der vier Mächte über Berlin neue, entscheidende Impulse. Sie gip-

---

43 MfS, Rundverfügung, 9.6.1971, BStU, BdL/Dok, 001079, Bl. 1.
44 Vgl. Fulbrook: Anatomy, S. 22–30; Niethammer: Die SED, S. 339.

felten 1972 im Grundlagenvertrag zwischen der Bundesrepublik Deutschland und der Deutschen Demokratischen Republik.[45]

Den ersten Höhepunkt erreichte die deutsch-deutsche Annäherung mit dem Besuch von Bundeskanzler Willy Brandt in Erfurt am 19. März 1970. Wenige Tage zuvor hatte das Ministerium für Staatssicherheit die »Aktion ›Nachstoß‹« beendet, in deren Rahmen Auseinandersetzungen mit Jugendlichen anlässlich des 20. Jahrestages der DDR-Gründung 1969 verhindert werden sollten. Diese Aktion wurde nun übergangslos in die »Aktion ›Konfrontation‹« überführt – eine Bezeichnung, die unverhohlen die Assoziationen der Staatssicherheit zur so genannten »Neuen Ostpolitik« erkennen lässt. Auch die Aktion »Konfrontation« konzentrierte sich auf Jugendliche, von deren Seite am ehesten öffentliche Sympathiebekundungen gegenüber Brandt erwartet wurden.[46]

Glaubt man der *Jungen Welt*, so war diese Sorge unberechtigt. Neben einer minutiösen Chronologie des Brandt-Besuches berichtete das Blatt am Tag nach dem Treffen mit dem DDR-Ministerpräsidenten Willi Stoph von der Stimmung in Erfurt:

»Vor dem Tagungsort versammelten sich viele Erfurter Bürger, darunter junge Arbeiter, Studenten und Schüler im Blauhemd und in ihrer Arbeitskleidung. Sie bringen die Unterstützung der Bevölkerung für die Politik der Regierung der DDR zum Ausdruck.«[47]

Tatsächlich hatten zahlreiche Erfurter ihren Arbeitsplatz verlassen, um Willy Brandt, nicht Willi Stoph zu sehen. Die Sicherheitskräfte hatten die Lage auf dem Bahnhofsvorplatz, an dem auch das Tagungshotel »Erfurter Hof« lag, lange Zeit nicht unter Kontrolle, griffen aber schließlich hart durch. Auf dem Platz selbst verhafteten Volkspolizei und Staatssicherheit 32 Personen, darunter immerhin zwei Mitglieder der SED sowie 21 FDJler. Der Altersschlüssel der Inhaftierten wies fünf Jugendliche im Alter von 16 bis 18 Jahren, zehn 18- bis 21-Jährige und zwölf weitere Jugendliche im Alter bis zu 25 Jahren aus. Von den Inhaftierten waren dreizehn Arbeiter, drei Angestellte, fünf Studierende, zwei Schüler und sieben Lehrlinge. Alters- und Sozialstruktur entsprachen dem Bild derjenigen, die in Erfurt im Umfeld des Besuches festgenommen worden waren: Unter diesen 119 Personen befanden sich überwiegend Jugendliche, lediglich 20 waren älter als 25 Jahre. Der Rest verteilte sich relativ gleichmäßig auf die verschiedenen Altersgruppen Jugendlicher (32 Personen im Alter von 16 bis 18 Jahren, 28 zwischen 18 und 21 Jahren und 35 zwischen 21 und 25 Jahren alt). Inhaftiert worden waren 55 Arbeiter, 15 Angestellte, neun Studierende, sieben Schüler und 30 Lehrlinge.[48]

---

45 Vgl. Kaiser: Machtwechsel, S. 324–369; Wolle: Die heile Welt, S. 57–61.
46 MfS, Rundverfügung, 20.12.1969, BStU, BdL/Dok, 001379, Bl. 1.
47 JW, 20.3.1970, S. 7. – Vgl. dagegen Kaiser: Machtwechsel, S. 357–359.
48 MfS, HA IX, Abschlussbericht, Berlin 22.3.1970, BStU, HA IX, 12758, S. 6 u. 2.

Der große Anteil Jugendlicher unter den Inhaftierten in Erfurt deutet auf zwei verschiedene Sachverhalte. Erstens war die Arbeitsdisziplin unter den Jugendlichen offenbar schwächer ausgeprägt als unter den Erwachsenen. Allerdings konnten sie als Auszubildende an Schulen, Berufs- und Hochschulen mit ihrer Zeit oft flexibler umgehen. Und zweitens trauten sich mangels solcher Traumata, wie sie die Älteren vom 17. Juni 1953 und aus dem Umfeld des Mauerbaus von 1961 mitbrachten, Jugendliche eher, ihre politischen Sympathien öffentlich zu demonstrieren. Dies entspräche dem entwicklungspsychologischen Umstand, dass die Hemmschwelle für solche Demonstrationen bei Jugendlichen deutlich niedriger liegt als bei Erwachsenen. – Trotz dieser Einwände ist insgesamt das Faktum zu berücksichtigen, dass ostdeutsche Jugendliche dem westdeutschen Bundeskanzler starke Sympathien entgegen brachten.

Willy Brandt stand als Symbolfigur für die innerdeutsche Annäherung, hatte er doch bereits als Außenminister unter dem christdemokratischen Kanzler Kiesinger den deutschlandpolitischen Wandel vorangetrieben. Ulbricht hingegen war als Protagonist einer innerdeutschen Verständigung insofern unglaubwürdig, als sich die DDR unter seiner Ägide in deutschlandpolitischen Fragen kaum bewegt, sondern sie gerade im Laufe der sechziger Jahre zunehmend blockiert hatte. Auch Honecker konnte (oder wollte) diesen Imageschaden nicht beheben. So stellte das SED-Politbüro zwei Jahre nach den Treffen Brandts mit Stoph in Erfurt und zwei Monate später in Kassel fest, dass die ostdeutsche Zurückhaltung in den innerdeutschen und internationalen Verhandlungen aus ihrer Sicht missverstanden würde. Offenbar verfing die SED-Propaganda bei jungen Menschen nicht, wurden nicht westdeutsche, sondern ostdeutsche Politiker für Verzögerungen in der Entspannungspolitik verantwortlich gemacht:

»Besonders schwer fällt es vielen Jugendlichen, die Dialektik des gegenwärtigen Klassenkampfes, vor allem den Zusammenhang von Durchsetzung der Politik der friedlichen Koexistenz und Kampf gegen das imperialistische System, zu verstehen. Die Politik und Ideologie der Anpassung des Imperialismus an das veränderte Kräfteverhältnis haben Auswirkungen auf die Bewußtseinshaltung der Jugend. […]
Die Politik der sozialdemokratischen Führer in der BRD wird von großen Teilen der Jugend, auch der Arbeiterjugend, nicht eindeutig als eine Variante imperialistischer Politik erkannt. Die Unterzeichnung der Verträge der UdSSR und der Volksrepublik Polen mit der BRD […] werden oftmals der Verhandlungsbereitschaft der Regierung Brandt und nicht in erster Linie der Stärke und der konstruktiven Politik der sozialistischen Staaten zugeschrieben. In Brandt wird vielfach ein Politiker gesehen, der für Entspannung und Frieden eintritt und dem es die DDR nicht so schwer machten sollte.«[49]

---

49 SED-PB, Beschluss, 20.4.1972, SAPMO-BArch, DY/30/J IV 2/2/1388, Bl. 75.

Diese Analyse wird durch die Erinnerungen von Zeitzeugen bestätigt. Gernot Grünspecht beispielsweise fühlte sich von der Verehrung seines Vaters für Adenauer abgestoßen, von Brandt aber durchaus angezogen:

»Also von Brandt haben wir uns eigentlich [...] erhofft, dass der Umgang mit der DDR ja irgendwie verträglicher wird. Also man wollte, dass die sich irgendwie verstehen und zu Abkommen, wirklich zu Erleichterungen kommen und dass dieses ewige Einschlagen auf die DDR und Alles-Schlecht-Machen irgendwie [aufhörte ...]. Das konnte ich nicht ertragen. Und viele andere auch nicht. Und die SPD hatte da irgendwie einen anderen Sprachgebrauch und eine Berichterstattung, auch über die DDR. [...] Ich dachte, so kann man eine erträgliche Nachbarschaft und eine Annäherung und auch eine einigermaßen Akzeptanz zwischen den Staaten erreichen. Also auf alle Fälle konnte es da nur besser werden.«[50]

Manchmal genügte bereits der Kontrast zwischen ost- und westdeutschen Politikern, um von Brandt und anderen Bonner Größen fasziniert zu sein. So erklärt Monika Hahn:

»Wer da wahrscheinlich faszinierend war, immer, ist Schmidt und Brandt. [...] Wie in Erfurt. So etwas prägt sich dann ein. Das merkt man sich, und dass die wesentlich mehr Farbe hatten als unsere und wahrscheinlich auch eine ganz andere Kultur wie wir, das haben wir ja mitgekriegt. Unsere, die hier nun das [Papier mit ihrer Rede] vor der Nase hatten und es ging los, und wenn man dann doch mal den Wehner gesehen hat, wie das da zur Sache ging. Also das ist schon faszinierend. Wie er dort mal kurz rumgebläkt hat, und das, das war doch *undenkbar* bei uns.«[51]

Unabhängig von der Aussicht auf eine internationale Entspannung weckte die innerdeutsche Annäherung sehr persönliche Hoffnungen. Das Transitabkommen zwischen der DDR und dem (West-)Berliner Senat, das vor dem Weihnachtsfest 1971 erhebliche Erleichterungen im Besuchsverkehr zwischen West-Berlin und der Bundesrepublik sowie in die DDR und nach Ost-Berlin brachte, verstärkte die Hoffnungen ostdeutscher Jugendlicher, einmal die Besuche der Westdeutschen erwidern zu können. So erinnert sich Thomas Tauer an seine Gefühle zu den innerdeutschen Gesprächen:

»Das war ein Lichtblick. Ich meine, dass die zwei Staaten wenigstens aufeinander zugegangen [sind]. [...] Wir wollten ja auch mal nach'm Westen gucken, ohne groß [einen] Antrag zu stellen. Und das ist ja das, was wir nie richtig begriffen haben, dieses Affentheater. Ich wär gerne mal nach Paris gefahren. Ich hätte meinetwegen fünftausend, sechstausend Mark, DDR-Mark, bezahlt. Aber ich

---

50 Gernot Grünspecht*, Interview, Berlin 16.11.1999; vgl. Wolfgang Schröder, Interview, Leipzig 23.8.2000.
51 Monika Hahn, Interview, Leipzig 23.8.2000.

wär gern mal nach Paris gefahren, ohne dass ich kontrolliert [werde], ob ich fahren darf [...]. Das ist ja das Hauptübel gewesen hier, dass sie uns so eingesperrt haben.«[52]

Auch Monika Hahn hatte nicht die Absicht, die DDR dauerhaft zu verlassen. Allerdings war auch sie von einem Fernweh erfasst worden, das durch die Abgeschlossenheit der DDR verstärkt wurde:

»[...] mit fünfzehn, sechzehn hab ich gesagt, irgendwann New York sehen und sterben. [...] das sind solche Träume, die man hat. [...] Das hängt aber nicht mit politischen Hintergründen zusammen. Da sagt man sich: Was soll mir das? Das kann nicht sein.«[53]

Die Reiseerleichterungen für die Westdeutschen und die West-Berliner brachten eine materielle und ideelle Infiltration der DDR mit sich. Über die Westkontakte waren Ostdeutsche eher in der Lage, an Devisen, an westliche Konsumgüter sowie an westliche Presse und Literatur zu gelangen. Für ostdeutsche Jugendliche rückte der Besitz von Original-Jeans und Schallplatten westlicher Musiker in greifbare Nähe – nach wie vor begehrte Güter. So erinnert sich Thomas Tauer daran, dass Jeans und Platten geradezu Statussymbole waren. Ihre Besitzer – »das waren eben die Kings«.[54] Das Ministerium für Staatssicherheit hingegen sah in der Befriedigung solcher Wünsche eine gefährliche Unterwanderung der DDR-Jugend. In einem Dossier »Zur gegnerischen Kontaktarbeit und deren Erscheinungsformen im Bereich der studentischen Jugend und ihre Bekämpfung mit den Mitteln der Untersuchungsarbeit« erklärte das MfS im März 1970:

»Im Rahmen der sogenannten ›Deutschlandpolitik‹ und ›neuen Ostpolitik‹ wird der politisch-ideologischen Diversion insbesondere nach der Integration der westdeutschen Sozialdemokratie in das staatsmonopolistische Herrschaftssystem seitens der imperialistischen Kräfte eine noch größere Bedeutung beigemessen und ihre Gefährlichkeit hat sich weiter erhöht.«[55]

Der westdeutsche »Klassengegner« baue dabei auf Defiziten in der politischideologischen Entwicklung ostdeutscher Jugendlicher auf, auf »Faktoren, wie das Bestreben, neue Lösungsvarianten für die Probleme unserer Zeit zu finden, die Tendenz, Erfahrungen des bisherigen Klassenkampfes zu ignorieren, die Neigung zu ›oppositionellen‹ Verhaltensweisen und einer umfassenden in-

---

52 Thomas Tauer, Interview, Leipzig 24.8.2000. Vgl. Rother, Bernd; Windelen, Steffi: Die Folgen von Erfurt und Kassel. Tagungsbericht, in: DA 33 (2000), S. 818.
53 Monika Hahn, Interview, Leipzig 23.8.2000.
54 Thomas Tauer, Interview, Leipzig 24.8.2000.
55 MfS, HA IX/2, Major Liebewirth, Hptm. Eschberger, Hptm. Wunderlich, Thesen »Zur gegnerischen Kontaktarbeit [...] im Bereich der studentischen Jugend«, Berlin März 1970, BStU, HA IX, 4897, Bl. 10 passim. Das Folgende ebd.

ternationalen Kommunikation sowie eine teilweise vorhandene mangelnde politische, charakterliche und moralische Reife«. Besondere Bedeutung käme bei der Indoktrination der DDR-Jugend westdeutschen Sendern zu, deren Angebote das Dossier detailliert auflistete. Als besonders gefährlich galten neben den »Jugendsendungen: ›Treffpunkt‹ – ›Rias‹ II, ›s-f-beat‹ – ›SFB‹ II [...], ›Der aktuelle Plattenteller‹ – ›DLF‹ [Deutschlandfunk], ›Die Musikbox‹ – ›DLF‹, ›Treffpunkt für junge Hörer‹ – ›NDR‹ II [...], ›Beat-Club‹ – ›DF‹ I [ARD], ›Die Hit-Parade‹ – ›ZDF‹«, und den »Studentensendungen ›Hochschule und Gesellschaft‹ – ›SFB‹ II [...] Sendungen, in denen besonders Angriffe unter Ausnutzung des modernen Revisionismus, des Sozialdemokratismus und moderner bürgerlicher Ideologien vorgetragen werden: ›Radio-Kolleg‹ – ›DLF‹, ›Deutschland und die Welt‹ – ›DLF‹, ›Ost-West-Forum‹ – ›NDR/WDR‹«.

Auch stellte nach Ansicht der Stasi-Offiziere die westliche Jugendkultur weiterhin eine Gefahrenquelle für die öffentliche Ordnung in der DDR dar. Kontakte zu Westdeutschen hätten die Empfangs- und Bezugsmöglichkeiten westlicher Musik deutlich verbessert und die »Auswirkung [...] der sogenannten Beat-Musik« erhöht. Diese zeige sich »besonders an verschiedenen Exzessen, Ausschreitungen und Zusammenrottungen Jugendlicher im Zusammenhang mit dem Auftreten entsprechender Kapellen.« Vor allem aber werde von westdeutschen Besuchern in der DDR »durch die Übergabe von ›Geschenken‹, deren Skala von theologischer Literatur über Konverter [für den Rundfunk- und Fernsehempfang] bis zu Genußmitteln reicht, eine materielle Korrumpierung betrieben«. Die Verfasser des Dossiers empfahlen deshalb das Strafrecht strenger zu handhaben und westdeutsche Einflüsse, vor allem deren »Bestandteile der bürgerlichen Dekadenz und Unkultur«, durch die »Tatbestandsalternative des ›Verleitens zu einer asozialen Lebensweise‹ und damit verbundene Gefährdung der geistigen und sittlichen Entwicklung eines Kindes oder Jugendlichen« (§ 145 StGB) zu bekämpfen. Besonders müsse die »Einfuhr von Schund- und Schmutzliteratur und die damit verbundene Gefährdung von Kindern und Jugendlichen« auf der Grundlage der entsprechenden Rechtsvorschriften (§ 146 StGB) schärfer verfolgt werden.

Illusionen, die innerdeutsche Annäherung werde in naher Zukunft die Einfuhr westlicher Literatur ermöglichen, nährte auch der Grundlagenvertrag vom 21. Dezember 1972. Wie aus einem Bericht des FDJ-Zentralrats aus den Wochen vor der Vertragsunterzeichnung hervorgeht, hofften Jugendliche in diesem Zusammenhang einerseits ganz allgemein auf eine politische Annäherung der unterschiedlichen Systeme. Andererseits ersehnten sie die Möglichkeit, selbst einmal nach Westdeutschland reisen zu können oder zumindest westdeutsche Literatur lesen zu dürfen:

»Vorstellungen, daß sich beide Gesellschaftssysteme annähern, treten stärker auf. Damit im Zusammenhang wird von einer nicht zu unterschätzenden Anzahl Jugendlicher die Notwendigkeit des militärischen Schutzes der DDR und des

Wehrdienstes bezweifelt. Es gibt Spekulationen in bezug auf Reisemöglichkeiten und die Einfuhr von westdeutschen Presseerzeugnissen.«[56]

Vorerst blieben die Ostdeutschen bei deren Beschaffung auf die Ostblockländer Polen, Ungarn und die Tschechoslowakei angewiesen, wo westliche Zeitungen und Bücher im Handel erhältlich waren. Schon das zitierte Stasi-Dossier hatte auf diesen Umstand hingewiesen.[57] Erleichtert wurde die Einfuhr, als sich die DDR am Anfang des Jahres 1972 auch gegenüber dem Ostblock öffnete und zum 15. Januar die Visapflicht für Reisen nach Polen und in die Tschechoslowakei aufhob. Jungen Leuten eröffnete dies neue Möglichkeiten, die rege genutzt, und neue Horizonte, die neugierig erkundet wurden.

Aus einer kurzfristig durchgeführten Befragung des Leipziger ZIJ vom März 1972 ging hervor, dass fast alle Jugendlichen im visafreien Verkehr einen wichtigen Zugewinn an Freiheit sahen. Sie begrüßten die Möglichkeit der »Gestaltung des Urlaubs nach eigenen Interessen« und die Chance, dabei andere Menschen kennen zu lernen. Im Besonderen sahen sie sich endlich in die Lage versetzt, bei der »Befriedigung von Einkaufswünschen« ausgiebig das Angebot westlicher Konsumgüter in den beiden Nachbarländern zu nutzen:

»Bei den Einkaufswünschen dominieren Textilien (vor allem synthetische Textilien, Niethosen). Sehr häufig wird der Wunsch geäußert, kunstgewerbliche Artikel, Folklore und Souvenirs, Schallplatten (insbesondere Beat) sowie Lebens- und Genußmittel mitzubringen.«[58]

Die Hauptstädte beider Länder erschienen gegenüber der kulturpolitischen Enge in der DDR geradezu als Paradiese. Dies verdeutlicht die bereits zitierte Äußerung von Wolfram, der gern nach Warschau und Prag fuhr, nur um »ein bißchen Spaß zu haben«.[59] Für einige jugendliche Reisende artete solcher Spaß allerdings manchmal aus: »die haben sich da [...] vollaufen lassen, tagsüber«, wie sich Thomas Tauer an Mitreisende erinnert. Auch er schätzte das Konsumangebot in den Nachbarländern:

»[...] was uns dort aufgefallen ist, es gab billig zu kaufen, also für unsere Verhältnisse. [...] Da hatte ich mir damals billig 'ne Jeanshose gekauft beim Polen [...].«[60]

---

56 FDJ-ZR/SED-ZK, Abt. Jugend, Vorlage f. SED-PB, 7.12.1972, SAPMO-BArch, DY/30/ JIV 2/2/1427, Bl. 87.
57 MfS, HA IX/2, Major Liebewirth, Hptm. Eschberger, Hptm. Wunderlich, Thesen »Zur gegnerischen Kontaktarbeit [...]«, Berlin März 1970, BStU, HA IX, 4897, Bl. 55. Vgl. MfS, Hptm. Karlheinz Scheer, Zu einigen Erfahrungen des Ministeriums für Staatssicherheit bei der Erfüllung der Aufgaben zur Gewährleistung der inneren Sicherheit der DDR [...], Diplomarb., Annaberg 29.4.1974, BStU, MfS-JHS-MF-VVS 1251/74, Bl. 11.
58 ZIJ, Information, Berlin Mai 1972, SAPMO-BArch, DY/30/vorl. 14300, S. 2. Befragt wurden 2200 junge Arbeiter, Lehrlinge und Studierende aus Görlitz, Zwickau, Dresden, Leipzig, Schwerin und Saalfeld.
59 Wolfram, zit. Zoll (Hg.): Ostdeutsche Biographien, S. 378. Vgl. Wolle: Die heile Welt, S. 93 f.
60 Thomas Tauer, Interview, Leipzig 24.8.2000. Vgl. Wolfgang Schröder, Interview, Leipzig 23.8.2000.

Der Reiz des Konsum- wie auch des Kulturangebots, das Polen und die ČSSR in vielerlei Hinsicht offener handhabten als die DDR, verband sich nicht nur unter der Hand mit einem politischen Interesse an den beiden Nachbarländern. Die Information des ZIJ verrät allerdings hierzu keine Einzelheiten. Dieses Interesse genährt haben dürften die Krisen, die Prag und Warschau in den letzten Jahren durchlaufen hatten. Wirkten in der ČSSR die Erfahrungen des Prager Frühlings und seines Scheiterns noch nach, so war Polen erst vor wenigen Monaten, im Dezember 1970, vom Aufstand Danziger Werftarbeiter erschüttert worden. Dieser war zwar mit äußerster Brutalität und mit zahlreichen Opfern niedergeschlagen worden, hatte aber zur Ablösung des Parteichefs, des ehemaligen Reformkommunisten Gomułka, geführt. So war es kaum erstaunlich, wenn das ZIJ sehr allgemein feststellte: »Sehr viele jugendliche Reisende möchten sich über die politische Entwicklung in beiden Ländern informieren.«

Für die sozialistischen Bruderparteien, ihre Jugendverbände und das offizielle politische Leben brachten die meisten Jugendlichen aus der DDR gleichwohl nur wenig Interesse auf. Möglicherweise war das Angebot in Polen und in Tschechoslowakei auch nicht auf einen derartigen politischen Tourismus eingerichtet, wie das ZIJ in seiner Information suggerierte:

»Über einige Seiten des gesellschaftlichen Lebens konnten viele Jugendliche überhaupt keine Eindrücke gewinnen. Dazu zählen die Tätigkeit der Jugendorganisationen, das Leben in den Jugendklubs, die Unterstützung der Politik der DDR, die industrielle und politische Entwicklung.«[61]

Dies wird keinesfalls nur an den Sprachbarrieren gelegen haben, denn sonst kamen die Jugendlichen ja offenbar ganz gut zurecht. Das ZIJ sah sich deshalb außerstande, der ZK-Abteilung Jugend von einem »proletarischen Internationalismus« unter den ostdeutschen Heranwachsenden und ihren polnischen bzw. tschechoslowakischen Altersgefährten zu berichten. Die Befriedigung Jugendlicher aus der DDR bei Reisen in das östliche Ausland hatte eindeutig andere Wurzeln: »An der Spitze der Eindrücke steht das Warenangebot […].«

Dass die Jugendlichen offenbar trotz eines grundsätzlichen Interesses für politische Belange keine diesbezüglichen Eindrücke mitbrachten, war möglicherweise nur eine Schutzbehauptung. – Allerdings hatte die polnische Krise vom Dezember 1970 nicht in annähernd gleichem Maße auf die DDR ausgestrahlt wie der Prager Frühling. In der DDR war es ruhig geblieben, wofür auch spricht, dass (anders als zweieinhalb Jahre zuvor) das Berichtswesen der DDR keinen größeren Bestand an Sonderinformationen zu den Ereignissen in Polen und deren Rezeption hervorgebracht hat. Gleichwohl reagierte die SED hinter den Kulissen auf die Unruhen in Polen. Die Neuorientierung in der Wirt-

---

61 ZIJ, Information, Berlin Mai 1972, SAPMO-BArch, DY/30/vorl. 14300, S.2–4. Das Folgende ebd.

schaftspolitik zugunsten der Konsumgüterproduktion am Anfang der siebziger Jahre dürfte auch auf Erfahrungen aus dem Nachbarland zurückgehen, hatten hier doch ökonomische Probleme die Streiks ausgelöst.[62] – Die Gleichgültigkeit großer Teile der Jugend gegenüber den politischen Vorlieben der SED in den Beziehungen zu den östlichen Nachbarn könnte somit einerseits ein Ausdruck einer externen Desillusionierung hinsichtlich der sozialistischen Entwicklung sein. Andererseits dürfte sie vor allem auf die interne Überpolitisierung, die permanente politische Mobilisierung und auf die fortschreitende Disziplinierung von Jugendlichen etwa im Bildungswesen zurückzuführen sein. Mit Blick auf Polen spielten möglicherweise auch antipolnische Ressentiments eine Rolle, die gerade in Krisenzeiten virulent wurden. So galten die Polen verbreitet als arbeitsscheu – ein Vorurteil, das durch die Streiks bestätigt zu werden schien, sofern die Hintergründe der Arbeitsniederlegungen nicht durchdrungen wurden.[63]

»Keine Tabus«: Gesellschaftlicher Wandel

Die relative Ruhe unter der DDR-Jugend schien die veränderte Politik der SED in jeder Hinsicht zu bestätigen. Sowohl die fortgesetzte Disziplinierung der Jugendlichen durch den bildungspolitischen Kurs auf die allseitige Einbindung der »sozialistischen Persönlichkeiten« in das Gesellschaftssystem als auch die Trendwende in Fragen der Jugendkultur schienen Erfolge zu zeitigen. Der politische Wandel im Umgang mit kulturellen Belangen der Jugend zeichnete sich seit 1970, also noch vor dem Machtwechsel, ab. Offenbar hatte die SED-Spitze – anders als der Zentralrat der FDJ – erkannt, dass es mit dem sozialistischen Bewusstsein der DDR-Jugend bei genauerer Betrachtung nicht so weit her war. Die propagierte sozialistische Moral hatte sich gegenüber der angeblichen »Unmoral« des Westens unter Jugendlichen nicht durchsetzen können. Und der Versuch, eine sozialistische Nationalkultur zu entwickeln, die der westlichen »Dekadenz« und »Unkultur« überlegen wäre, blieb vorerst ohne nennenswerte Ergebnisse. Ironisch könnte man sagen, dass das Sein hier tatsächlich das Bewusstsein bestimmte: Die professionalisierte, hemmungslose Jugendkultur des Westens lag den ostdeutschen Jugendlichen offensichtlich näher als die diffuse, von kleinbürgerlichen Moralvorstellungen dominierte Kulturdoktrin der SED.

Eine Neuorientierung in der Jugendpolitik war folglich unumgänglich, wollte man die Jugend tatsächlich für sich gewinnen. Noch unter der Ägide Ulbrichts waren deswegen die starren Normen sozialistischer Alltagskultur für Jugendliche aufgeweicht worden. Hatte die SED noch 1968 Ausführungen des führenden Verfassungsrechtlers der DDR, Klaus Sorgenicht, aus des-

---

62 Steiner: Von »Hauptaufgabe«, S. 246 f.
63 Vgl. Bollow u. a.: Lernziel Völkerfreundschaft, S. 276 f.; Neubert: Geschichte, S. 385.

sen Kommentar zur Verfassungsnovelle streichen lassen, weil diese die Jugend zu Forderungen nach größeren Mitbestimmungsrechten hätte provozieren können,[64] so schien zwei Jahre später die Sorge um eine Verselbstständigung der Jugendpolitik deutlich geringer geworden zu sein. Hintergrund dieser Entwicklung dürfte vor allem die Erfahrung aus dem Jahre 1968 gewesen sein, mit Hilfe einer effektiven Sicherheitspolitik Auseinandersetzungen mit Jugendlichen kontrollieren zu können. So hatte sich die SED nun für ein Konzept repressiver Toleranz entschieden. Fortan sollten den Jugendlichen – streng kontrollierte – Freiräume eingeräumt werden. Die jugendpolitische Trendwende nahm mit der Anknüpfung an die Wirklichkeit und deren politischer Instrumentalisierung für die Entwicklung des sozialistischen Bewusstseins den Kurswechsel nach der Ablösung Ulbrichts vorweg. Ihr entsprach seit dem VIII. Parteitag die Orientierung auf einen »Konsumsozialismus«.[65]

Den Sinneswandel der SED-Führung bekam zunächst die Leitung des Jugendverbandes zu spüren. In seiner Konzeption für das IX. Parlament der Freien Deutschen Jugend 1971 hatte der Zentralrat der Jugendorganisation noch in hergebrachter Manier mit harschen Worten gegen Erscheinungen »bürgerlicher Dekadenz« gewettert:

> »Ein gewisser Teil der Jugend verbringt seine Freizeit nach westlichen Vorbildern und unterliegt Einflüssen der bürgerlichen Unmoral, besonders auf den Gebieten der Musik, der Mode und des Sexualverhaltens.«[66]

Diese Passage, die noch den moralisch rigoristischen Geist des »Kahlschlags« atmete, fiel beim SED-Politbüro durch und wurde erst nach einer grundlegenden Überarbeitung bestätigt. Statt Teile der Jugend wegen ihres Lebenswandels scharf zu verurteilen, wurde der Verband in die Pflicht genommen:

> »Durch eine lebendige und anziehende Tätigkeit der FDJ in Verbindung mit den staatlichen und gesellschaftlichen Organen sind gewisse Erscheinungen westlicher Einflüsse auf die Jugend zu überwinden.«[67]

Das Konzept bekam dadurch eine konstruktive Note, die Jugendpolitik schien plötzlich auf Integration statt auf Konfrontation zu zielen. Jugendkultur westlicher Art wurde zwar weiterhin an sich abgelehnt, aber unter der Hand für die Jugendpolitik instrumentalisiert. Wollte man die FDJ für die breite Masse der Jugendlichen attraktiv machen, so musste man zunächst in einer verständlichen Weise auf deren tatsächliche Fragen eingehen:

---

64 SED-ZK, Abt. Staat u. Recht/Jugend, Schreiben an Sorgenicht, Berlin 12.7.1968, SAPMO-BArch, DY/30/IV A 2/16/23.
65 Staritz: Geschichte, S. 281. Vgl. Meuschel: Legitimation, S. 222–225.
66 FDJ-ZR, Vorlage f. SED-PB, 20.1.1971, SAPMO-BArch, DY/30/J IV 2/2A/1498, Bl. 88.
67 SED-PB, Konzeption, 9.2.1971, SAPMO-BArch, DY/30/J IV 2/2/1324, Bl. 35–39. Das Folgende ebd.

»Es gilt deshalb, in allen Grundorganisationen der FDJ eine vielfältige, an die Probleme und die Interessen der Jugend anknüpfende, mit der Sprache der Jugend geführte lebendige politisch-ideologische Arbeit zu entwickeln.«

Diese nebulöse Wendung wurde in der Folge konkret gefüllt. Die Parteispitze vermutete zu Recht, dass Jugendliche vor allem über kulturelle Angebote für die Verbandsarbeit gewonnen werden könnten. Dabei orientierte man sich auf die tatsächlichen Freizeitbedürfnisse Jugendlicher, auf Musik und Tanz, auf Film und Fernsehen sowie auf Touristik. Gegenüber kulturellen Entscheidungsträgern wurde deshalb der FDJ der Rücken gestärkt:

»Als Interessenvertreter der Jugend stellt die FDJ ihre Forderungen und unterbreitet sie ihre Vorschläge an die Kultureinrichtungen und Kulturschaffenden. Hierzu analysiert der Jugendverband das Filmangebot der DEFA, die Programme des Deutschen Fernsehfunks, die Jugendsendungen und Schlagerprogramme des Deutschen Demokratischen Rundfunks, die Kinder- und Jugendliteratur, die Spielpläne der Theater sowie das Niveau der Tanzmusik und -veranstaltungen. Die FDJ stellt besonders zu jungen Künstlern und Schriftstellern einen engen kameradschaftlichen Kontakt her.«

Die FDJ wurde also noch unter Ulbricht verpflichtet, Jugendliche in deren Sprache und nicht nur in den propagandistischen Formeln der Partei anzusprechen und sich vor allem in kulturellen Fragen für die Jugend zu engagieren. Insofern setzte sich nach dem Machtwechsel nur das fort, was bereits unter Honeckers Vorgänger begonnen hatte. Auch für die Berücksichtigung konsumptiver Bedürfnisse von Jugendlichen waren die Grundlagen noch vor dem VIII. Parteitag der SED gelegt worden. So war 1970/71 in einer internen Stellungnahme des Ministerrats zur Kriminalitätsprävention bei Jugendlichen darauf insistiert worden,

»– daß die Versorgung der Jugend mit Waren ihres speziellen Bedarfs z. B. in der Mode, des Sports und der Freizeitbeschäftigung kontinuierlich erfolgt,
– daß die schöpferische Mitwirkung der Jugend bei des Gestaltung des gesellschaftlichen Lebens besonders gefördert wird.«[68]

In diesem Papier fällt auf, dass die konsumpolitische Befriedigung Jugendlicher noch vor ihrer gesellschaftspolitischen Einbindung rangiert. Damit wurden keineswegs die politisch-ideologischen Prämissen ausgetauscht, sondern konsumpolitische Maßnahmen in ihrer Bedeutung als Kontroll- und Steuerungsmechanismen aufgewertet.[69] Zugleich versuchte die Staats- und Parteiführung die konsumptive Westorientierung einzudämmen. Das deutlichste Indiz dafür war, dass neben der starken Förderung einer eigenen Produktion und

---

68 O. Verf. [Amt f. Jugendfragen?], Standpunkt zum Entwurf des Zivilgesetzbuches, o.D. [1970/71], BArch, DC/4/854, S. 1.
69 Vgl. dagegen Merkel: Utopie, S. 18.

eines eigenen Vertriebs von Jugendmode seit Anfang der siebziger Jahre so genannte »Gestattungsproduktionen« in das Sortiment aufgenommen wurden. Westliche Markenartikel konnten fortan auch in der DDR gefertigt und hier vertrieben werden.[70] Die besondere Rücksicht auf kosnumptive und kulturelle Belange der Jugend war also kein genuines Verdienst Honeckers und keine Frucht des VIII. SED-Parteitages. Der Kurswechsel war noch unter Ulbricht eingeleitet worden. Somit wird die Behauptung, dass Honecker im Gegensatz zu seinem Vorgänger »ein Herz für junge Leute besaß«,[71] den Tatsachen kaum gerecht. Sie belegt lediglich, dass die Trendwende ausschließlich dem neuen Parteichef zugeschrieben wurde.

Der neuen Linie folgend versuchten seit 1970 verschiedene Ministerialstellen, das Freizeitangebot für Jugendliche deutlich zu verbessern:

»In Verwirklichung der Beschlüsse des VIII. Parteitages der SED und des IX. Parlaments der FDJ sind die Leistungen des Gaststättenwesens stärker auf die Förderung und Entwicklung sozialistischer Lebensgewohnheiten und einer sinnvollen Freizeitgestaltung der Jugend zu richten. Sie haben durch niveauvolle, kontinuierlich durchzuführende Jugendveranstaltungen besser den Bedürfnissen [j]ugendlicher Gäste zu entsprechen.

Die Leiter [...] haben sich dabei auf die folgenden Aufgaben zu konzentrieren:
– Durchführung differenzierter Tanz- und Unterhaltungsveranstaltungen, verbunden mit Jugend-Modeschauen, Vorträgen und Vorführungen, die dem Bedürfnis der Jugend nach kulturellen Erlebnissen und niveauvoll gestalteter Freizeit entsprechen,
– Sicherung einer dem Charakter der Veranstaltung entsprechenden niveauvollen Raumgestaltung und sozialistischen Grundsätzen entsprechenden Tanzmusik bei Nutzung technischer Tonträger (Tonband, Plattenspieler, Diskothek u. a.),
– Entwicklung und Durchsetzung von Sortimenten, die dem Charakter der Veranstaltungen entsprechen, auf die gesunde Ernährung und ein alkoholfreies bzw. alkoholarmes Angebot orientieren,
– Einbeziehung Jugendlicher in die Organisierung und Durchführung von Veranstaltungen über die Leitungen der FDJ und die Gewerkschaftsleitungen [...].«[72]

Jugendtanzveranstaltungen wurden in weitaus größerem Maße als bisher geduldet und der gastronomische Service darauf abgestellt. Dabei gab es immer wieder größere Probleme. So erwies sich einerseits die Gastronomie als unfähig, genügend Nonalkoholika bei solchen Veranstaltungen bereitzustellen, während andererseits zahlreiche Funktionäre Schwierigkeiten hatten, Diskotheken als politikfreien Raum zu akzeptieren. Sie wiederholen laufend ihre

---

70 Kaminsky: »Nieder mit den Alu-Chips«, S. 756f. Vgl. dagegen Merkel: Utopie, S. 18.
71 Wolle: Die heile Welt, S. 43.
72 Min. f. Handel u. Versorgung, Anweisung Nr. 37/71, [1.11.1971,] BArch, DC/4/975, S. 1f.

Forderung nach einer intensiven Schulung des Personals, voran der Leitungen von Jugendklubs.[73] Das zuständige Ministerium bemühte sich deshalb – wohl nur mit mäßigem Erfolg, wie der eindringliche Ton des Maßnahmenplans nahelegt, – bei den Verantwortlichen »ideologische Vorbehalte zu beseitigen«.[74]

Befangen waren aber nicht nur greise Kader des Staats- und Parteiapparates, Vorurteile pflegten auch lokale FDJ-Funktionäre. So gab es in vielen Jugendklubs Kleidungsvorschriften, die das Jugendmagazin *neues leben* im Frühjahr 1970 zum Anlass für eine Leserdiskussion nutzte: »Sag mir, wie du tanzen gehst«. Die Anregung des Magazins, in sauberer Kleidung zum Tanz zu erscheinen, wurde zwar weitgehend begrüßt, aber in den Leserbriefen taten sich deutliche Meinungsunterschiede auf. Bevorzugten einige Jugendliche »Rock und Pullover« bzw. »Schlips oder helles Hemd, ›Rollies‹ unter [dem] Anzug oder Klubjacke«, so wiesen andere strenge Kleiderschriften strikt von sich und plädierten für »Miniröckchen«, »Hose und Weste« oder »salopp«. Ein Leser fragte offen mit Bezug auf Kleidungsvorschriften in Jugendklubs, die auch von anderen kritisiert wurden: »Ist man dort nicht etwas hinter der Zeit zurück?«[75] – Diesen Eindruck konnte man noch drei Jahre später gewinnen, als sich Leserinnen des Jugendmagazins über das Aussehen der ungarischen Rockband *Omega* beschwerten. Die Ungarn, deren Bühnenshow die Maßstäbe der ostdeutschen Rockszene sprengte, musizierten und kleideten sich nach dem Vorbild weltbekannter Bands wie *Deep Purple*. Das provozierte eine Leserin im *neuen leben* zu dem absurd anmutenden Statement: »Ich habe wirklich nichts gegen lange Haare und moderne Kleidung, aber sauber und geschmackvoll muß es schon sein.«[76]

Gleichzeitig mit der Aufforderung »Sag mir, wie du tanzen gehst«, hatte das *neue leben* offene Fragen mit einem Artikel angesprochen, der – offenbar schon unter dem Eindruck der jugendpolitischen Trendwende – auf Möglichkeiten und Hindernisse der Arbeit in den Jugendklubs zielte. Die Autorin des Aufmachers, Renate Feyl, aus deren Hand auch das Klubtagebuch stammte, das im *Forum* unmittelbar vor dem Kahlschlag-Plenum veröffentlicht worden war, schilderte die schwierige Gratwanderung zwischen dem geforderten, aus ihrer Sicht notwendigen politischen Angebot in den Klubs und der Nachfrage Jugendlicher, die meist nur Unterhaltung suchten.[77] Ihr Beitrag illustrierte, dass viele Jugendklubs weder inhaltlich noch finanziell auf Unterstützung zäh-

---

73 Vgl. u.a. Generalstaatsanwalt Streit, Schreiben an Stoph, Berlin 4.1.1971, BArch, DC/4/854, S.3.
74 Min. f. Handel u. Versorgung, Maßnahmeplan, 1.11.1971, BArch, DC/4/975, S.2.
75 Lothar Weber: Unterwellenborn, Leserbrief, nl, 6/1970, S.45. Vgl. Leserbriefe v. Uwe Jenssen, Leipzig, Egon Mittelstädt, Oschatz, Harriet Zidek, Meißen, Gina G, Possendorf, Gisela K., Dresden, u. Astrid Schenk, Colditz, ebd., S.44f.
76 Alexandra Usczek, Berlin, Leserbrief, nl, 6/1973, S.48. Vgl. Marita Röhl, Leserbrief, Ralswiek, ebd.
77 Renate Feyl, Ein Beispiel und sechs Thesen, nl, 3/1970, S.12–17.

len konnten. Feyl forderte hauptamtliche Klubleitungen bzw. eindeutige Kompetenzen in den örtlichen Leitungen der Staatsorgane. Nur wenn diese ihrer Verantwortung gerecht würden, sei ein vorbehaltloses Engagement von den Jugendlichen in den Klubs zu erwarten, das über den Wunsch nach Unterhaltung hinausgehe. – Die anschließende Leserdiskussion demonstrierte, dass die Klublandschaft in der DDR weitgehend brach lag. Zahlreiche Zuschriften beschwerten sich über den desolaten Zustand ihrer Klubs oder fragten, warum Einrichtungen geschlossen worden seien. Zwischen den Zeilen wurde dabei auch scharfe Kritik geäußert, wenn mit Blick auf die Schließung des Dresdener »Bärenzwingers«, der mit spektakulären Rockkonzerten von sich reden machte, erklärt wurde:

> »Die Gründe hierfür anzugeben bin ich nicht kompetent, aber es kursiert eine Vielzahl unschöner Gerüchte. In diesem Klub steckt die Arbeit vieler Studenten. Der jetzige Zustand ist sicher nicht im Sinne des Erfinders, hier wurde die Initiative vieler junger Menschen abgewürgt.«[78]

Die Nachfrage konnte also trotz des wachsenden Interesses von Funktionären an einer ungezwungenen Freizeitgestaltung Jugendlicher in vielen Fällen nicht befriedigt werden. Dies war zum Teil eine Folge des »Kahlschlags«, der seit Mitte der sechziger Jahre auch etliche Jugendklubs nicht verschont hatte. Mit den Jugendklubs, »die sich in allen Bezirken in den letzten Jahren zahlenmäßig immer mehr verringert« hatten,[79] hatten nicht nur viele Jugendliche die Möglichkeit einer »kulturvollen Freizeitgestaltung« verloren,[80] sondern waren zugleich die Staatsorgane der Kontrolle über wichtige Bereiche der Jugendkultur beraubt worden. Gerade Leipzig war diesbezüglich ein Problemfall:

> »Aus Leipzig wird mitgeteilt, daß es in ungenügendem Maße Jugendeinrichtungen gibt und solche zum Teil zweckentfremdet genutzt werden. In Leipzig-Nord und Leipzig-Südost wurden Klubräume auf Grund von Vorkommnissen geschlossen.«[81]

Für Studierende gab es in der Messestadt außer Klubräumen in einigen Wohnheimen kaum eigene Einrichtungen. Neben dem zentralen Klub »Kalinin« bestanden noch vier Klubräume, die verschiedenen Fakultäten zugeordnet waren und mit »ständig steigenden Besucherzahlen« aufwarten konnten.[82] Erst mit der Moritzbastei, dem letzten Rest der mittelalterlichen Stadtbefestigung, dessen verfallene Gewölbekeller seit 1973 zum größten Studentenklub Deutschlands ausgebaut wurden, erhielten die Leipziger Studierenden ange-

---

78 Günther Fischer, Dresden, Leserbrief, nl, 7/1970, S. 28. Vgl. Leserbriefe, nl, 6/1970, S. 52.
79 Generalstaatsanwalt Streit, Schreiben an Stoph, Berlin 4.1.1971, BArch, DC/4/854, S. 3.
80 Generalstaatsanwaltschaft, Information, Berlin April 1971, BArch, DC/4/854, S. 9.
81 O. Verf., Beispiele für die […] Freizeitgestaltung Jugendlicher, o. D. [1971], BArch, DC/4/854, S. 1.
82 FDJ-KL KMU, Sonderinformation, Leipzig 24.8.1970, UAL, FDJ 1007.

messene Räumlichkeiten. Allerdings hatten sich beim Ausbau Studierende gegen zahlreiche Widerstände der Universitätsleitung und der zuständigen Behörden in der Stadt und im Bezirk durchsetzen und ihr Projekt auch in den folgenden Jahren gegen die Vereinnahmung durch Universität und Stadt verteidigen müssen.[83]

Die Beteiligung Jugendlicher am Ausbau von Jugendklubs und -klubhäusern war die Grundlage dafür, dass gerade im Bezirk Leipzig am Anfang der siebziger Jahre in unbürokratischer Weise die räumlichen Voraussetzungen für Jugendtanz und -freizeit entstanden. Die Kommission für Jugend und Sport der Leipziger SED-Bezirksleitung war mit ihrer intensiven Arbeit zu diesem Komplex den Kommissionen anderer Bezirke voraus, hatte allerdings auch besonders viel aufzuholen. Sie verlangte in einer Konzeption zur »Sozialist[ischen] Freizeitgestaltung der Jugend«, die nicht weiter ins Detail geht, eine pragmatische, unbürokratische Regelung der Baufragen.[84] In anderen Bezirken wurden diese offenbar verschleppt, während die Leipziger Stadtleitung der SED am Anfang des Jahres 1972 erste Erfolge bei den »Durchführungen von Jugendveranstaltungen[, ...] z.B. Diskotheken, Konzert für junge Leute, gestaltete Tanzabende, Jugendtanz usw.«, meldete.[85] Das Projekt eines Kinder- und Jugendparks im Leipziger Südwesten blieb allerdings in den Ansätzen stecken. Zwar wurden am Stadtpark Nonne eine Sportanlage und ein Verkehrsgarten angelegt, aber weder das »Kosmodrom« noch die geplanten Ateliers wurden errichtet. Auch Freibad, Bootsausleihe, Theater, Kino und Bibliothek kamen über das Stadium der Planung nicht hinaus.[86] – Schossen hier die Planer offenbar über realistische Ziele hinaus, so lag in den meisten Orten schon die Bestandserhaltung im Argen. So kam das Amt für Jugendfragen beim Ministerrat der DDR im Rahmen seiner Arbeitsplanung 1972 insgesamt zu dem deprimierenden Ergebnis:

> »50 % der bestehenden [Jugendklubeinrichtungen] sind in einem unzumutbaren oder schlechten Zustand; diese Aufgaben fanden die geringste Aufmerksamkeit bei der Planung.«[87]

Das unbürokratische Vorgehen der Leipziger Kommission war keineswegs selbstverständlich. Auf den verschiedensten Ebenen beharrten Funktionsträger auf einer rigiden Jugendpolitik, da Zugeständnisse nur die Einflüsse westlicher Jugendkultur verstärken würden. Sie durften sich dabei eins wissen mit

---

83 Hartmut Zwahr, Brief an den Verf., Leipzig 1.3.2000, S. 3.
84 O. Verf., Niederschrift, 7.4.1972, SächsStAL, SED, IV C-2/16/750, S. 1.
85 SED-SL Leipzig, Abt. Schulen/Kultur, Zu [...] Ergebnissen seit dem VIII. Parteitag, o. D. [Jan./Feb. 1972], SächsStAL, SED, IV C-5/01/241, S. 3.
86 Vgl. o. Verf., Errichtung eines Kinder- und Jugendparkes, o. D. [1970/71], SächsStAL, SED, IV/B-2/16/698, Bl. 202–209.
87 Amt f. Jugendfragen, Vorstellungen, Berlin 6.4.1972, SAPMO-BArch, DY/30/vorl. 18032, S. 1.

großen Teilen der Bevölkerung, die den Eigenarten der Jugendkultur in modischer wie auch in musikalischer Hinsicht distanziert bis feindselig gegenüberstanden. So schrieben empörte Bürger immer wieder Eingaben an die Jugendabteilungen der Staats- und Parteiorgane, um sich über das Erscheinungsbild Jugendlicher in der Öffentlichkeit zu beschweren, oder übten »Kritik an Fotos, die in der *NBI* veröffentlicht wurden (ungepflegtes Aussehen – lange Haare)«. Der Schwerpunkt der Eingaben älterer Leute lag auf Klagen über Jugendklubs und Jugendkulturhäuser.[88] Selbst Leser des Jugendmagazins *neues leben* schlugen in dieselbe Kerbe, während sich andere Mädchen und Jungen darüber beklagten, dass sie wegen ihrer kurzen Röcke bzw. ihrer langen Haare von Lehrern oder Ausbildern diskriminiert würden. Das *neue leben* stellte sich auf ihre Seite, plädierte »für Miniröcke, und zwar bei Schülerinnen und Lehrerinnen (die ihn tragen können und möchten)« und erklärte hinsichtlich langer Haare von jungen Männern:

»Wir glauben, daß die 10 Gesetze der [sozialistischen] Moral und Ethik sich grundsätzlich Wesentlicheres zum Ziel gesetzt haben als ein paar Zentimeter Überlänge. [...] Ihr irrt, wenn Ihr eine solche Frisur [...] für unanständig und mit der sozialistischen Erziehung unvereinbar haltet.«[89]

Die Hardliner der Jugendpolitik sahen dies anders. Das unkontrollierte, angeblich zügellose Leben in den Jugendklubs sei mitverantwortlich für die Verwahrlosung einiger Jugendlicher und trage zur Jugendkriminalität bei. So gab der Generalstaatsanwalt Josef Streit in einem Brief an den Vorsitzenden des Ministerrats, Willi Stoph, 1971 zu bedenken: »Wiederholt nahmen Straftaten Jugendlicher und junger Menschen ihren Anfang während Jugend-Tanzveranstaltungen.«[90]

Dabei spielte Alkohol eine erhebliche Rolle, da er die Jugendlichen enthemmte und zu Provokationen gegen die Sicherheitsorgane reizte. Das Alkoholproblem – so Streit – werde durch die »Umsatz-Ideologie im Handel« begünstigt, der keine Rücksichten auf die einschlägigen Jugendschutzbestimmungen nehme. Dies wirke sich auch auf die Frage der »Gruppenkriminalität« Jugendlicher aus, betonte Streit in einer Information an das Amt für Jugendfragen. Das sei von erheblicher Bedeutung, da jugendliche Gruppen nicht nur gegen die kollektiven Normen der DDR verstießen, sondern sich auch gegen Maßregelungen zur Wehr setzten. Dabei ging es keinesfalls nur um Gruppen so genannter »asozialer« Jugendlicher. Streit verwies vielmehr auf den

---

88 SED-ZK, Abt. Jugend, Eingabenanalyse, Berlin 13.8.1973, SAPMO-BArch, DY/30/vorl. 27310, S. 4 u. 1 (Die NBI, Neue Berliner Illustrierte, war eine Wochenzeitschrift). – Weitere Eingabenanalysen für 1972–1980 ebd.
89 Kommentare der Redaktion zu Leserbriefen v. Angela Zießler, Jeßnitz, und Lehrlingen des VEB Landbaukombinat Neubrandenburg, nl, 1/1970, S. 42f.
90 Generalstaatsanwalt, Schreiben an Stoph, Berlin 4.1.1971, BArch, DC/4/854, S. 4. Das Folgende ebd.

seiner Meinung nach eklatanten »Widerspruch zwischen organisierter Arbeit und spontaner, oft sinnloser Freizeitgestaltung«:

>»Die Struktur der Jugendkriminalität wird [...] wesentlich durch solche Straftaten bestimmt, die von negativen, vornehmlich Freizeitgruppierungen Jugendlicher und junger Erwachsener begangen werden oder bei denen der Täter zu solchen Gruppen gehört.[...] Durch negative Gruppierungen werden vor allem rowdyhafte Delikte, Diebstahl und Sexualstraftaten begangen. Dabei zeichnet sich die Tendenz ab, daß gefährdete Jugendliche (und junge Erwachsene) sich gegen Kräfte der Sicherheitsorgane solidarisieren, sich zusammenrotten und durch demonstrative Auflehnung Ordnung und Sicherheit erheblich gefährden.«[91]

Der Generalstaatsanwalt der DDR warnte deshalb vor einer zu weichen Linie in der Jugendpolitik. Es gelte, nicht nur das materielle und das kulturelle Angebot für Jugendliche auszuweiten und ihnen damit neue Möglichkeiten der Freizeitgestaltung zu eröffnen, sondern zugleich an vermeintlich bewährten Prinzipien im Umgang mit der Jugend festzuhalten:

>»Untrennbarer Bestandteil der Jugendpolitik der DDR ist es, solche Maßnahmen zu treffen, [dass] alle Jugendlichen zu sozialistischen Persönlichkeiten erzogen werden, keiner zurückbleibt und negative Gruppierungen zerschlagen und überwunden werden.«[92]

Obwohl auch der Leiter der Pädagogischen Forschungsstelle des Uranbergbaukombinates Wismut, Hans-Heinz Paetzold, in einem Thesenpapier zur Weiterbildung von Staatsanwälten aus dem Jahre 1969 die »Neigung Jugendlicher zu außergewöhnlichen Erlebnissen mit hohem Stimmungsgehalt« zu den Faktoren zählte, die die Entstehung krimineller Handlungen begünstige, hielt er die »Gruppenbildung« für den »Normalfall sozialer Kontaktaufnahme im Jugendalter«. Einerseits erinnert Paetzolds Duktus an den Streits, wenn er mit Blick auf kriminelle Jugendgruppen vorrangig das Bedürfnis Jugendlicher entdeckt, »in ihnen primitive, kulturlose Bedürfnisse zu befriedigen«. Andererseits plädierte er, anders als der Generalstaatsanwalt in seinem undifferenzierten Statement, für ein Präventionskonzept, das sozialpädagogische Akzente setze, und erklärte:

>»Echte und freudig erlebte *Integration* der Jugendlichen in normale formelle und informelle Lebensgruppen ist [die] beste Verhütung kriminell gefährdeter Gruppierungen.«[93]

---

91 Generalstaatsanwalt, Information, April 1971, BArch, DC/4/854, S.8f. Die Größe der »kriminellen« Jugendgruppen variierte stark: »45 Gruppen bestanden aus 2–4 Jugendlichen[,] 27 Gruppen aus 5–10 Jugendlichen.«: Amt f. Jugendfragen, Analyse, o. D., BArch, DC/4/854, S.3.
92 Generalstaatsanwalt, Information, April 1971, BArch, DC/4/854, S.10.
93 Hans-Heinz Paetzold, Thesen: Ursachen und Bedingungen kriminell gefährdeter Gruppierungen Jugendlicher, 1969, BStU, HA IX, 5576, Bl.6 u. 8.

Paetzold wurde damit eher der Wirklichkeit gerecht, nahmen sich doch die schwerwiegenden Probleme der Jugendkriminalität in der Realität deutlich kleiner aus. In der Tendenz stagnierte der Anteil jugendlicher Straftäter bzw. ging sogar leicht zurück, vor allem war er »relativ klein«.[94] Umgerechnet auf die ostdeutsche Jugend insgesamt zeichnete sich allerdings seit 1968 ein kräftiger Anstieg ab, wenngleich auf 100 000 Jugendliche 1970 mit 1 564 Straftätern nur geringfügig mehr straffällige Personen im Alter von 14 bis 18 Jahren kamen als 1967.[95] Der Anteil von Delikten Jugendlicher, die aus einer Gruppe heraus begangen wurden, schwankte. 1970 stieg er nach deutlich fallender Tendenz seit mehreren Jahren erstmals wieder stark an und lag beim Straftatbestand »Rowdytum« im Bezirk Leipzig bei 80 Prozent.[96] Ausgangspunkte von Straftaten, die aus der Gruppe heraus begangen wurden, waren zwar tatsächlich oft Veranstaltungen wie Jugendtanz, Sportveranstaltungen und Rockkonzerte, dennoch machte das Ministerium für Staatssicherheit vor allem das mangelhafte Freizeitangebot für die Kriminalität Jugendlicher verantwortlich. Gerade im Bezirk Leipzig provoziere die Langeweile den »übermäßigen Alkoholgenuß« Jugendlicher, der wiederum die Hemmschwellen für Straf- und vor allem Gewalttaten senke. Mangels alternativer Freizeitangebote sammelten sich Jugendliche nach wie vor in der Öffentlichkeit, wo sie die Ordnung und Sicherheit störten.[97]

Aber nicht nur in der Stadt und im Bezirk Leipzig, sondern in der ganzen DDR wuchs die absolute Zahl der Jugendstraftaten, sie verteilte sich aber auf ganz andere Tatbestände als in den sechziger Jahren. So berichtete das Ministerium für Staatssicherheit:

»Der Kriminalstatistik des Jahres 1970 zufolge ist der Anteil Jugendlicher an den jeweils festgestellten Tätern bei folgenden Straftatengruppen besonders hoch:
– Nötigung und Mißbrauch zu sexuellen Handlungen 48,0 %
– unbefugtes Benutzen von Fahrzeugen 45,5 %
– Rowdytum 41,0 %
– Sachbeschädigung sozialistischen 40,0 %
  und persönlichen Eigentums 35,0 %
– Diebstahl persönlichen Eigentums 37,0 %
– Mißachtung staatlicher und gesellschaftlicher Symbole 31,0 %
– ungesetzlicher Grenzübertritt 24,5 %
– Raub und Vergewaltigung je 23,0 %«[98]

---

94 MfS, Information, 6.10.1971, BStU, HA IX, 5359, Bl. 2. – Vgl VPKA Leipzig, Jahresberichte 1961–1973, SächsStAL, BDVP, 24/1/817, Bl. 199–248 u. 290–311.
95 MfS, Information, 6.10.1971, BStU, HA IX, 5359, Bl. 2: Auf 100 000 Jugendliche kamen 1967 1 536, 1968 1 425 und 1969 1 502 Straftäter im angegebenen Alter.
96 MfS, HA VII, Information, Berlin 6.1.1971, BStU, HA IX, 4723, Bl. 20.
97 MfS, Information, 6.10.1971, BStU, HA IX, 5359, Bl. 5 u. 12; VPKA Leipzig, Jahresberichte 1966 u. 1971, 21.1.1967 u. 7.1.1972, SächsStAL, BDVP, 24/1/817, Bl. 161 u. 299.
98 MfS, Information, 6.10.1971, BStU, HA IX, 5359, Bl. 2f.

War der steigende Anteil Jugendlicher an Verkehrsdelikten eindeutig der zunehmenden Mobilisierung und jugendlichem Leichtsinn im Straßenverkehr geschuldet, so erschreckt nicht nur diese hohe Quote. Bedrückend erscheint auch der große Anteil an Gewaltdelikten. Allerdings war der Tatbestand des »Rowdytums« sehr weit definiert und umfasste neben eindeutigen Gewaltverbrechen Straftatbestände wie »Zusammenrottung«, »Widerstand gegen die Staatsgewalt« sowie politische Delikte. Studierende tauchten übrigens nahezu ausschließlich in dieser Deliktgruppe auf, wo sie nach Angaben einer Stasi-Diplomarbeit immerhin 30 Prozent aller Personen stellten, gegen die wegen politischer Hetze und Staatsverleumdung ermittelt wurde.[99] Dessen ungeachtet registrierten die Sicherheitsorgane besorgt eine zunehmende Hemmungslosigkeit und Brutalität.[100] – Unklar blieb in den entsprechenden Dossiers (und bleibt es), welche Ursachen der alarmierende Zuwachs an Sexualstraftaten und der hohe Anteil Jugendlicher daran hatte: Ging er zurück auf eine größere Sensibilisierung bei der Erfassung und der Verfolgung in diesem Bereich, oder war er die negative Folge eines grundsätzlichen Wandels im Sexualverhalten?

Diesen Wandel demonstriert schon die oberflächliche Betrachtung der Jahrgänge 1961–1973 des Jugendmagazins *neues leben*. Hielt es sich zunächst mit erotischen Darstellungen extrem zurück und veröffentlichte nur vereinzelt Aktfotografien, so brachte das *neue leben* ab 1967 in nahezu jeder Ausgabe ein Aktfoto. Im April-Heft 1969 erwartete die Leserinnen und Leser schließlich der erste Männerakt. Ab 1971 nahm die Frequenz von Aktfotos generell wieder ab. – Noch deutlicher wurde der Wandel der Geschlechterbeziehungen daran, wie das Magazin Fragen der Partnerschaft behandelte. Typisch war hier für den Anfang der sechziger Jahre die Serie über »Jutta und Andreas«, die schließlich mit einem Happy End in einer kleinbürgerlichen Familienidylle endete.[101] Das *neue leben* transportierte mit dieser Story Moralvorstellungen, die den gesellschaftlichen Konventionen entsprachen. Diese wurden von der Staats- und Parteiführung erbittert verteidigt. Entsprechende Äußerungen Ulbrichts auf dem »Kahlschlag«-Plenum sekundierte der FDJ-Zentralrat umgehend, indem er alle »unsauberen Beziehungen zum anderen Geschlecht« rigoros ablehnte.[102] Im Gefolge des »Kahlschlags« hielt sich das *neue leben* in Partnerschaftsfragen denn auch auffällig zurück. Erst 1968 griff es das Thema am Beispiel der zwischengeschlechtlichen Kontaktaufnahme wieder auf, ern-

---

99 Oltn. Martin Eck, Die Anforderungen an die analytische Tätigkeit [...] zur Bekämpfung feindlicher Einflüsse auf Studenten, Diplomarb., Jena 20.10.1972, BStU, MfS-JHS-MF-VVS 160-533/71.
100 MfS, Information, 6.10.1971, BStU, HA IX, 5359, Bl.5. Vgl. MfS, HA VII, Information, Berlin 6.1.1971, BStU, HA IX, 4723, Bl.20.
101 nl, 1–9/1963; vgl. insb. 8 u. 9/1963.
102 FDJ-ZR, Beschluss, Berlin 21.12.1968, SAPMO-BArch, DY/20/IV A 2/9.04/418, S.4. Vgl. Mühlberg, D.: Sexualität, S.12–14 u. 29–31, sowie Merkel: Die Nackten, S.80–102.

tete damit zwar grundsätzlich Zustimmung, sah sich aber plötzlich auch mit weitergehenden Forderungen seiner Leserinnen und Leser konfrontiert:

»Wißt Ihr, könntet Ihr nicht mal andere Jugendprobleme in die Diskussion bringen? Es gibt bestimmt noch viele derartige Probleme, beispielsweise intime Beziehungen (Sexuelle Probleme) ... usw., die uns sehr bewegen. Innerhalb der FDJ-Gruppe finden solche Gespräche so gut wie nie statt. Außerdem sind die meisten Jugendlichen etwas ›verklemmt‹ in dieser Beziehung.«[103]

Signalisierte der Abdruck dieses Briefes bereits, dass sich die Redaktion gern auf das bislang unbestellte Feld der sexuellen Aufklärung wagen wollte, so betrat das *neue leben* sechs Monate später tatsächlich mit dem Juli-Heft des Jahres 1969 dieses Terrain. Das »Problem: Du und Ich« wurde vor dem Hintergrund dessen, dass junge Frauen seit dem Vorjahr die »Pille« kostenfrei auf Rezept beziehen konnten, in einem aufklärenden Artikel über Verhütungsmethoden angeschnitten und löste eine rege Leserdebatte aus.[104] Die vorsichtige Kritik des Verfassers Rudi Benzien an der mangelnden Aufklärung durch Eltern und Schule, fokussiert an der Auseinandersetzung um die ungewollte Schwangerschaft einer EOS-Schülerin, griffen im Verlauf der Diskussion zahlreiche Leserinnen und Leser auf. Sie schlossen sich nicht nur Benziens Kritik an, sondern beschwerten sich darüber, dass ihnen Eltern und Schule überkommene Moralauffassungen zu oktroyieren versuchten.[105] Dies deckte sich mit Erfahrungen, die noch zwei Jahre später junge Frauen machen mussten, wenn sie sich (wie oben dargestellt) mit der Vorschrift konfrontiert sahen, in der Schule keine Miniröcke zu tragen. Vor solcher Prüderie waren selbst Jugendliche nicht gefeit. Dies zeigten die heftigen Auseinandersetzungen, die sich entzündeten, als das Jugendmagazin im Rahmen eines Fotowettbewerbes eine nackte Schwangere ablichtete und sich plötzlich des Vorwurfs der Pornografie erwehren musste.[106]

Sowohl in der Diskussion über das »Problem: Du und Ich« als auch in Beiträgen der folgenden Hefte stand die Frage nach Zeit und Umständen des ersten Geschlechtsverkehrs im Mittelpunkt des Interesses.[107] Unter diesem Eindruck eröffnete das *neue leben* im August 1970 die Rubrik »Prof. Dr. Rolf Borrmann antwortet«, die von Jugendlichen und Eltern in den Heften intensiv diskutiert wurde. So wandte sich der Gynäkologe Borrmann aus gutem Grunde bald auch generationellen Konfliktlinien zu und befasste sich mit Pro-

---

103 Regine Meyer, Bergfelde, Leserbrief, nl, 1/1969, S. 54. Vgl. nl, 4/1968, S. 4–9.
104 Rudi Benzien, Problem: Du und Ich, nl, 7/1969, S. 16–22. Thomas Tauer erklärte im Interview, Leipzig 24.8.2000, damals habe »Aufklärung auf der Straße« stattgefunden – durch »Ausprobieren und [so].«
105 Vgl. Leserbriefe v. Angelika Fischer, Rostock, Christa Gärtner, Oschatz, nl, 8/1969, S. 10 f.; Dieter Tischendorf, Olberndorf, Barbara Lange, Gera, nl, 10/1969, S. 10 f., u. Rainer Döll, Berlin, nl, 11/1969, S. 5. – Vgl. Mühlberg, D.: Sexuelle Orientierungen, S. 49.
106 nl, 11/1971, S. 5; nl, 3/1972, S. 40 f.
107 Vgl. Manfred Weinert, Am letzten Tag, nl, 1/1970, S. 17 f., sowie die Leserbriefe, nl, 2/1970, S. 40.

blemen der Sexualität im Alltag Jugendlicher.[108] Im Oktober 1971 griff Borrmann schließlich die bislang tabuisierte Frage auf, ob man Sex auch nur aus Spaß haben dürfe. Zwar hielt es der Aufklärer stellvertretend für die sozialistische Gesellschaft »für uns unannehmbar«, Sexualität wie die Fragestellerin nur als »ein Spiel« zu betrachten, betonte aber die Bedeutung von Lust für Partnerschaftsbeziehungen.[109] Noch deutlicher formulierte dies anderthalb Jahre später der Mediziner Gerhard Misgeld in einem Interview der Zeitschrift *Forum*, als er auf die Frage nach dem Wert von Sexualität antwortete: »Sexualität ist eine Form aktiver Erholung. Das sagt alles.« Misgeld betonte, dass die gesellschaftlichen Normen nicht freizügig genug seien. Überkommene Moralauffassungen würden zum Teil ideologisch begründet, wie er anhand der Propaganda gegen die Sexwelle in westlichen Ländern ausführte:

> »Leider glauben manche Leute, in einer Art Prüderie das beste Mittel zu haben, um gegen die kapitalistische Geschäftemacherei mit der Sexualität, mit dem Körper der Frau kämpfen zu können.«[110]

Misgeld kritisierte, dass Fragen nach der Sexualität deshalb kaum Raum in der sozialistischen Gesellschaft eingeräumt werde, weil sie materialistisch ausgerichtet sei:

> »Die Intimsphäre hatte bei uns bisher oft einen zuwenig beachteten Platz im gesellschaftlichen Leben. Sexualität, Liebe – das waren in den Köpfen mancher Leute keine Probleme. Ursache unter anderem: der vordergründige und damit garantiert überspitzte Umgang mit der Erkenntnis, daß die materielle Produktion das A und O aller menschlichen Entwicklung ist.«

Zwischen dem Gespräch des *Forums* mit Misgeld und den ersten Kolumnen Borrmanns im *neuen leben* lag eine bedeutende politische Entscheidung, die auch die Themen Borrmanns beeinflusste: Die Legalisierung des Schwangerschaftsabbruchs bis zur zwölften Graviditätswoche durch die Volkskammer am 9. März 1972 war in mehrfacher Hinsicht spektakulär. Erstens setzte sich die DDR damit von der Praxis in anderen Ostblockländern, vor allem aber vom westdeutschen Recht ab. Offenbar unter dem Eindruck der heftigen Auseinandersetzungen, zu denen es hier um den entsprechenden Paragraphen 218 StGB seit Anfang der siebziger Jahre kam, hatte sich die DDR-Führung zur Liberalisierung des Schwangerschaftsabbruches entschlossen. Zweitens wurde es den Abgeordneten der Volkskammer am 9. März 1972 erstmals freigestellt, wie sie sich entscheiden. Das Gesetz über den Schwangerschaftsabbruch passierte die

---

108 Prof. Dr. Rolf Borrmann antwortet, nl, 7/1971, S. 42 (am Beispiel einer schwangeren Minderjährigen), 1/1973, S. 18f. (vgl. Eberhard Fensch, Ärger mit den Eltern, ebd., S. 12–17), 12/1970, S. 28f.
109 Prof. Dr. Rolf Borrmann antwortet, nl, 10/1971, S. 48f. Vgl. zur Frage nach Pubertät und Sexualität Rolf Borrmann, Zwischenstation, nl, 2/1972, S. 44–47.
110 Fragezeichen Sexualität: Interview mit G. Misgeld, Forum, 2/1973, S. 1. Das Folgende ebd. S. 4.

Volkskammer bei 14 Gegenstimmen und acht Enthaltungen von CDU-Abgeordneten, die damit den Einwänden der beiden großen Konfessionen entsprachen. Damit erweckte die DDR den Anschein einer leichten Liberalisierung, was wiederum den Eindruck eines allgemeinen Aufbruchs seit dem Machtwechsel verstärkte. Und schließlich schien diese Entscheidung der Politik der Geburtenförderung zu widersprechen, der sich die DDR-Regierung verpflichtet sah, ging doch die Bevölkerungszahl trotz versperrter Fluchtalternative weiterhin zurück. Allerdings folgte die DDR mit ihrer Entscheidung der Liberalisierung des Familienrechts, die sich im reformierten Scheidungsrecht des Familiengesetzbuches von 1965 bereits angedeutet hatte. Der Blick auf die flankierenden Maßnahmen wie die Verlängerung des Mutterschutzes, die Ausweitung des Angebots an Kindertagesstätten zeigt, dass die Liberalisierung des Schwangerschaftsabbruches sehr wohl in diese Politik passte. All diese Maßnahmen vergrößerten einerseits ohne Zweifel die materielle Unabhängigkeit der ostdeutschen Frauen und boten ihnen insofern eine Möglichkeit, sich eher mit der DDR zu identifizieren.[111] Andererseits erhöhte sie die Verfügbarkeit der Frauen für die DDR-Wirtschaft und stabilisierte letzten Endes die tradierten Geschlechterrollen. Begünstigt wurde dies dadurch, dass die SED ihre emanzipative Politik auf Fragen der Reproduktivität, also der Fruchtbarkeit, und der Produktivität, der Nutzung der weiblichen Arbeitskraft, beschränkte.[112]

Der Umstand, dass die Volkskammer zum ersten (und bis 1989 auch zum letzten) Mal keine einstimmige Entscheidung getroffen hatte, mag den gesellschaftlichen Horizont in Fragen der Sexualität ein wenig erweitert haben. Diesen Eindruck erweckt zumindest Borrmanns Kolumne in *neues leben*. Gleichzeitig mit der Verabschiedung des Gesetzes plädierte der Jugendaufklärer gegen eine zwangsläufige Heirat bei anstehender Schwangerschaft und setzte sich zwei Monate später mit der Familienplanung auseinander. Mit der Frage nach Partnerschaften Deutscher mit Ausländerinnen und Ausländern griff er ebenso bislang tabuisierte Themen auf wie mit seinen Artikeln über Selbstbefriedigung und Homosexualität. Borrmanns Beiträge, die – wie im zuletzt genannten Beispiel, worin er mahnte, Homosexuelle »weder im moralischen noch einem anderen Sinne schlechter« zu bewerten als andere,[113] – nicht selten einen

---

111 Gerhard, Ute: Die staatlich institutionalisierte Lösung der Frauenfrage. Zur Geschichte der Geschlechterverhältnisse in der DDR, in: Kaelble u. a. (Hg.): Sozialgeschichte, S. 399; vgl. Dölling, Irene: Die Bedeutung von Erwerbsarbeit für weibliche Identität in der ehemaligen DDR, in: MKF, Nr. 36, 1995, S. 48–50.
112 Petzold, Gerlinde: »Freie Zeit – was nun?« Alltägliche Modernisierung in der Arbeitsgesellschaft, in: MKF, Nr. 33, 1993, S. 155f.; vgl. Merkel, Ina: Leitbilder und Lebensweisen von Frauen in der DDR, ebd., S. 373f., 377; Mühlberg, D.: Sexualität, S. 20f. Die These von Engler: Die Ostdeutschen, S. 271, von einer »hohen wechselseitigen Erfüllung« der DDR-Partnerschaften scheint auf einer beschränkten Wahrnehmung zu beruhen und ist angesichts der Konsistenz tradierter Geschlechterrollen äußerst problematisch.
113 Prof. Dr. Rolf Borrmann antwortet, nl, 3/1972, S. 51, 5/1971, S. 28–32, 6/1972, S. 7, 12/1972, S. 20f., u. 4/1973, S. 53. – Zum Folgenden vgl. »Freundschaft, Liebe, Sexualität«, nl, 5/1973ff.

appellativen Charakter trugen, mündeten im Mai 1973 in eine umfangreiche Reihe zur Sexualaufklärung, die er gemeinsam mit anderen Autoren bestritt. Im selben Jahr wurde die Partnerschaftsproblematik durch Heiner Carows Spielfilm »Die Legende von Paul und Paula« (Drehbuch: Ulrich Plenzdorf) in publikumswirksamer Form thematisiert. Der Song »Geh zu ihr«, vertont von den *Puhdys*, wurde (neben »Am Fenster« von *City*) der DDR-Hit schlechthin. Die Helden des Films, gescheitert in ihren Beziehungen, brechen aus den gesellschaftlichen Konventionen aus, indem ihre Liebe nicht auf Familien- und Besitzstand zielt: »Wir lassen es dauern, solange es dauert. Wir machen nichts dagegen und nichts dafür.«[114]

Der ungewöhnlich große Erfolg der »Legende von Paul und Paula« demonstrierte, wie relevant das Thema war. Er war ein Beleg dafür, dass Fragen der Partnerschaft und der Sexualität meist nur zu bestimmten Anlässen (hier anlässlich des Films) diskutiert wurden, ansonsten aber weitgehend auf aufklärerische Aspekte beschränkt blieben. Dass gerade Jugendliche Fragen dazu aufwarfen, war einerseits entwicklungspsychologisch bedingt, andererseits ein Bestandteil des gesamtgesellschaftlichen Wandels. Der zunehmend offene Umgang mit der Sexualität war eingebettet in eine evolutionäre »Fundamentalliberalisierung unserer alltäglichen Normalitätserwartungen«, die seit der Mitte der sechziger Jahre alle modernen Industriegesellschaften erfasst hatte.[115] Anders als in Westeuropa, wo der Prozess der sexuellen Liberalisierung von kommerziellen Überformungen begleitet wurde, blieb diese Entwicklung in der DDR weitgehend auf die Privatsphäre beschränkt. Das Thema »Sex« verblieb deswegen »weitgehend in der traditionellen Sprachlosigkeit«, obwohl die junge Generation durchaus versuchte, auch sexuell »langsam auf ihre eigenen Kosten zu kommen«.[116]

Gerade weil der gesellschaftliche Wandel, wie an diesem Thema deutlich wird, nicht gänzlich zu kontrollieren war, war der jugendpolitische Kurswechsel nicht allein in den Reihen der Sicherheitsorgane, sondern auch in der Parteiführung selbst umstritten. Die Schwierigkeiten verschiedener Ministerien bei der Umsetzung des Wandels waren nicht allein ökonomischen oder persönlichen Unzulänglichkeiten geschuldet. Die SED war vielmehr von einem kleinbürgerlichen Geist, von der Kultur der unterbürgerlichen Schichten durchzogen, die als soziale Aufsteiger, als neue Elite zunehmend das gesellschaftliche Klima der DDR dominierten. Die (Sub-)Kultur Jugendlicher, die sich währenddessen zunehmend differenzierte, stand hierzu in einem scharfen Kontrast, womit die

---

114 Plenzdorf, Ulrich: Die Legende von Paul und Paula (1972, Regie: Heiner Carow), in: Ders.: Filme 2. Rostock 1988, S. 171. »Geh zu ihr« ebd., S. 182 f. – Zum Folgenden vgl. Mühlberg, D.: Sexualität, S. 21.
115 Bude: Das Altern, S. 19; vgl. ebd., S. 63–67. Vgl. Schildt, Axel: Vor der Revolte. Die sechziger Jahre, in: APuZ, B 22–23/2001, S. 8 f.
116 Mühlberg, D.: Sexualität, S. 21 passim; Engler: Die Ostdeutschen, S. 68 f., 187–200; Jäger, Kultur, S. 144–149.

DDR und andere sozialistische Länder keinesfalls allein standen. Auch im Westen ließen sich die hartnäckigen Vorbehalte und Vorurteile Erwachsener gegenüber jugendlichem Alltagsverhalten nur schwer ausräumen.[117] Mit der formalen Akzeptanz jugendlicher Verhaltensweisen und kultureller Interessen ebnete die SED dieser Kultur dennoch – zumindest in Ansätzen – den Weg in die Gesellschaft. Vor dem Hintergrund langjähriger Diffamierung und dauerhafter Restriktionen sowie im Bewusstsein, dass Duldung und Förderung plötzlich in Maßregelung und Unterdrückung umschlagen könnte, entwickelte sich unter den »Mühen der Ebene« eine spezifisch ostdeutsche Jugendkultur.[118] Zwar glichen ostdeutsche Jugendliche in ihrem Outfit, von modischen Kleinigkeiten und Verspätungen in der Aufnahme der Trends abgesehen, ihren westlichen Altersgenossen, auch fuhren sie auf die gleichen Musikrichtungen ab. Aber anders als im Westen etablierte sich in der Isolation der DDR eine Musikszene, die ihre ganz eigenen Stile hervorbrachte. Grundsätzlich war der Ost-Rock artifizieller, stark mit Jazz-, psychedelischen und sinfonischen Elementen durchdrungen, und seine Texte waren deutsch. Er löste schließlich auch in der offiziellen Kulturpolitik die »Singebewegung« ab, die als propagandistisches Mittel beibehalten und weiterhin in bedeutendem Maße gefördert wurde. Dennoch hatte sich die »Singebewegung« nie im gleichen Maße durchsetzen können wie der Ost-Rock, obwohl sie mit dem »Festival des politischen Liedes« auf eine breitere Akzeptanz stieß. Das Festival wurde erstmals 1970 durchgeführt und entfaltete in den folgenden Jahren durch die Auftritte international renommierter Künstler wie Mikis Theodorakis durchaus eine beachtliche Anziehungskraft.[119]

Der Öffnung in der Musikszene entsprach die Öffnung im literarischen Bereich wie auch auf dem Gebiet der bildenden Künste. Werke, die bislang in den Schubladen verstaubten, erblickten nun das Licht der Öffentlichkeit und erreichten alsbald ein großes Publikum.[120] Das mit Abstand größte Echo fand die Geschichte des jugendlichen, langhaarigen Aussteigers Edgar Wibeau, »Die neuen Leiden des jungen W.« von Ulrich Plenzdorf.[121] Das Buch, als Drehbuch konzipiert und 1972 veröffentlicht, fand einen reißenden Absatz und gelangte noch im selben Jahr auf die Bühne. Das Publikum strömte in die Theater, die das Stück bald nach der Hallenser Uraufführung übernahmen. Jugendliche Zuschauer sahen in Edgar Wibeau zwar nicht unbedingt den Proto-

---

117 Zinnecker: Jugendkultur, S. 186f., 202f., 207–216. Vgl. Engler: Strafgericht, S. 34f.
118 Vgl. Loest: Es geht seinen Gang.
119 Vgl. Rauhut: Beat, S. 231–234, 207f.; Ders.: Rockmusik, S. 32–35; Wolle: Die heile Welt, S. 240f.
120 Plenzdorf betont, dass die Texte nicht erst im Gefolge der jeweiligen kulturpolitischen Trendwenden entstanden, sondern bereits zur Veröffentlichung bereit lagen: Helmut Dziuba u. a.: Diskussion, in: König/Wolf: Zwischen Bluejeans, S. 49f.
121 Erstmals veröffentlicht in Sinn und Form 24 (1972), S. 254–310 (i. Folg. zit. nach der Suhrkamp-Ausgabe, 28. Aufl., Frankfurt a. M. 1987). Die Urfassung für den Film (Ders.: Filme 1. Rostock 1986, S. 5–79) war weniger scharf ausgefallen.

typen des DDR-Jugendlichen, äußerten gleichwohl ihre Sympathie mit dem Anti-Helden und nahmen seinen Schöpfer gegen Angriffe in Schutz. Tatsächlich stünde Edgar »stellvertretend für eine große Zahl Jugendlicher« und die von Plenzdorf angesprochenen Probleme seien durchaus typisch: »Das sind alles Dinge, die uns bewegen, die Plenzdorf sehr gut erkannt hat und die er sehr geschickt darbringt.«[122] Diese Meinung wurde durch eine Umfrage zu Plenzdorfs Jugenddrama bestätigt, deren Ergebnisse das *Forum* im März 1973 veröffentlichte. Nach Angaben der Zeitschrift hatten 64 Prozent der befragten Jugendlichen die Frage bejaht, ob sie mit Edgar gern befreundet sein wollten, nur 19 Prozent hatten diese Frage verneint. Dabei stünde keinesfalls der Held als individueller Sympathieträger zur Debatte, vielmehr würde die Freundschaft »auch auf die unmittelbare gesellschaftliche Bezugsgruppe ausgedehnt«.[123] Diese Schlussfolgerung hatte bereits im August 1969 ein Interview des Jugendmagazins *neues leben* mit dem Sänger und Schauspieler Manfred Krug nahegelegt. Krug, dem nicht zuletzt auf Grund seiner Rolle als widerborstiger Brigadier Balla im Film »Spur der Steine« gemeinhin das Image eines nonkonformen, proletarischen Intellektuellen anhaftete, hatte sich darin gegen eine Kategorisierung seiner Person verwehrt. Schon gar nicht wolle er sich auf einen »positiven« Typen festlegen lassen.[124] (Krug war übrigens der einzige ostdeutsche Prominente, den Jugendliche in einer Befragung durch das *neue leben* im März 1971 als Autorität betrachteten. Ansonsten fanden sich darunter nur Personen aus dem privaten und dem schulisch-beruflichen Umfeld der befragten Jugendlichen. Als einzige politische Persönlichkeit tauchte die afroamerikanische Bürgerrechtlerin Angela Davis in dieser Umfrage auf.)[125] – Zwei Jahre später traf der Nonkonformismus Edgars aus Plenzdorfs »Leiden des jungen W.« bei den meisten Befragten auf eine ungeteilte Zustimmung, wie das *Forum* feststellte:

> »Die größte Übereinstimmung erreichte folgende Meinung: ›Bloß es stank mich immer fast gar nicht an, wenn einer gleich ein Wüstling oder Sittenstrolch sein sollte, weil er lange Haare hatte, keine Bügelfalten, nicht schon um fünf aufstand und sich nicht gleich mit Pumpenwasser kalt abseifte!‹ 87% bewerten diese Meinung als übereinstimmend mit der eigenen, Schüler und Studenten etwas häufiger als Lehrlinge.«[126]

Doppeldeutig fiel im *Forum* die Schlussfolgerung aus den eindeutigen Umfragewerten aus: In Anlehnung an ein Zitat Kurt Hagers habe Plenzdorf in seinem Stück »mit den Mitteln der Kunst zu eindeutigen Entscheidungen im Sinne

---

122 Detlev Siegel [23 J., TU Dresden], Leserbrief, Sinn und Form 25 (1973), S. 868; Madelaine Bertsch [19 J., Studentin d. Kunstwissenschaften], ebd., S. 871.
123 Dieter Wiedemann, Würden Sie mit Edgar befreundet sein wollen?, Forum, 8/1973, S. 15.
124 Constanze Pollatschek, »Weil ich ein Gaukler bin …«, nl, 8/1969, S. 32–37.
125 Welcher Mensch beeindruckt Sie so, daß Sie ihn als Autorität akzeptieren?, nl, 3/1971, S. 24–27.
126 Dieter Wiedemann, Würden Sie mit Edgar befreundet sein wollen?, Forum, 8/1973, S. 15.

unserer Politik und Ethik herausgefordert«.[127] In der Tat war Plenzdorfs bewegendes und aufregendes Jugenddrama, das auch im Westen Furore machte, das markanteste Ergebnis eines neuen kulturpolitischen Kurses. Dieser erlaubte fortan die – begrenzte – Integration alternativer Kulturvorstellungen in das künstlerische Dogma der SED und dadurch in gewissem Maße deren Neutralisation. Sanktioniert hatte den neuen Kurs im Dezember 1971 Honecker höchstpersönlich, als er vor dem 4. Plenum des SED-Zentralkomitees erklärte:

> »Wenn man von der festen Position des Sozialismus ausgeht, kann es meines Erachtens auf dem Gebiet von Kunst und Literatur keine Tabus geben. Das betrifft sowohl die Fragen der inhaltlichen Gestaltung als auch des Stils – kurz gesagt: die Fragen dessen, was man die künstlerische Meisterschaft nennt.«[128]

Gerade den sozialistischen Standpunkt aber vermissten einige Funktionäre in Plenzdorfs Drama. Während Stephan Hermlin meinte, »daß es vielleicht zum erstenmal [...] authentisch die Gedanken, die Gefühle der DDR-Arbeiterjugend zeigt«,[129] war der populäre Rechtsanwalt Friedrich Karl Kaul in seiner Kritik kaum zu bremsen. Ihn »ekelt[e] geradezu«, dass Plenzdorf einen »verwahrlosten – der Fachmann würde sagen ›verhaltensgestörten‹ – Jugendlichen« zu einem Helden der sozialistischen Literatur aufgebaut hätte.[130] – Die »Plenzdorf-Debatte«, die über »Die Leiden des jungen W.« in der kulturpolitischen Zeitschrift *Sinn und Form* 1972/73 geführt wurde, verdeutlichte, dass Honeckers zitiertes Diktum keineswegs als Freibrief für die Künstler zu verstehen war. Weiterhin blieb der richtige politische Standpunkt, der »Klassenstandpunkt«, das Maß aller Dinge. Dies unterstrich 1972 der Chefideologe der SED, Kurt Hager, auf der 6. Tagung des ZK:

> »Wenn wir uns entschieden für die Weite und Vielfalt aller Möglichkeiten des sozialistischen Realismus, für einen großen Spielraum des künstlerischen Suchens in dieser Richtung aussprechen, so schließt das jede Konzession an bürgerliche Ideologien und imperialistische Kunstauffassungen aus.«[131]

Damit beschrieb Hager das Dilemma der DDR-Kunst und -Kultur im weitesten Sinne. Eine Öffnung bzw. Erweiterung der Spielräume schien unumgänglich, durfte aber keineswegs unbeschränkt sein. Dieses Dilemma betraf in besonderer Weise auch die Jugendkultur. Einerseits war hier ein zwangloserer Umgang mit den »Marotten« Jugendlicher verlangt worden, was vor allem

---

127 Kurt Hager, Zu Fragen der Kulturpolitik der SED, zit. ebd.
128 Erich Honecker, Schlusswort, 17.12.1971, zit. Jäger: Kultur, S.140. Vgl. Grundmann u.a.: Die Einübung, S.9; Hanke, I.: Alltag, S.40f.; Pollack: Politischer Protest, S.70.
129 Stephan Hermlin, Diskussion, Sinn und Form 25 (1973), S.244.
130 Friedrich Karl Kaul, Brief an die Redaktion, ebd., S.219. – Zur Plenzdorf-Debatte (u.a. in Sinn und Form 25 (1973), S.219–252 passim) vgl. Jäger: Kultur, S.153f.
131 Kurt Hager, Rede, 6.7.1972, zit. ebd., S.140; vgl. ebd., S.139–151.

Äußerlichkeiten betraf; andererseits durfte der neue Freiraum nicht beliebig ausgefüllt werden.

So blieb die Diskriminierung bestimmter Elemente der Jugendkultur an der Tagesordnung, das Private blieb politisch. Vor dem Hintergrund anhaltender Gängelei von Trägern langer Haare wie auch von Jeans erschien es als Proklamation des Selbstverständnisses weiter Teile der jungen Generation, wenn Plenzdorfs Held Edgar feststellte: »Ich meine, Jeans sind eine Einstellung und keine Hosen.«[132]

Dies sahen auf ihre Art auch viele der Altvorderen so – mehr noch: In langen Haaren witterten sie weiterhin einen stillen Protest, ein Zeichen gefährlichen Eigensinns. Ein langhaariger Jugendlicher galt vielen der Funktionäre als »Gammler oder Halbwilder, den man mit einer Banane aus dem Busch gelockt hat«, wie es 1971 ein Leser von *neues leben* formulierte.[133] Entgegen der neuen Linie, solche Äußerlichkeiten weitgehend durchgehen zu lassen und ihnen damit den Geruch eines Politikums zu nehmen, rieben sich viele Funktionäre an ihnen – zum Teil aus kleinbürgerlichem Ekel. Ekel war auch das Motiv, weswegen SED-Funktionäre im Oktober 1969 in drei verschiedenen Orten des Bezirkes Gera, in Pößneck, Neustadt (Orla) und Triptis, gestützt auf »Beschwerden aus der Bevölkerung über das Auftreten dekadenter Jugendlicher« beschlossen hatten, »eine über die grundsätzliche Aufgabenstellung hinausgehende Aktion gegen langhaarige Jugendliche« durchzuführen, wie es in einem Bericht des Ministerium für Staatssicherheit heißt:

> »In Durchführung dieser Maßnahmen am 21. und 22.10.1969 ließen sich zwar 67 Jugendliche die Haare schneiden, im allgemeinen fand aber diese Aktion und die Art ihrer Durchführung bei Jugendlichen, auch bei solchen, die nicht davon betroffen waren, keinen Anklang.«[134]

Erhöhten die Betroffenen den Druck auf ihresgleichen dadurch, »daß derjenige, der zum Friseur geht, einen Kasten Bier zu bezahlen hat«, so kam es schließlich in Pößneck zu Tumulten. Ungefähr 200 Jugendliche protestierten gegen die Aktion und brachten ihren Unmut »mittels Trillerpfeifen bzw. Pfui- und Buh-Rufen zum Ausdruck«. Nachdem selbst FDJ-Funktionäre das Vorgehen der örtlichen SED-Leitungen für kontraproduktiv gehalten und es sogar mit »Maßnahmen des Faschismus« verglichen hatten, wurde die Aktion beendet. Zuvor waren am zweiten Tag der Proteste 39 Jugendliche vorübergehend inhaftiert worden. – Die Formulierungen des Stasi-Berichts lassen erkennen, dass das MfS zwar nicht den Zweck der Aktion, aber das Vorgehen selbst missbilligte, weil sie es für kontraproduktiv hielt.

132 Plenzdorf: Die neuen Leiden, S. 27.
133 Jörg Kurze, Berlin, Leserbrief, nl, 12/1971, S. 41.
134 MfS, ZAIG, Information, 26.10.1969, BStU, ZAIG 1760, Bl. 1; das Folgende ebd. Bl. 3–5. – Vgl. den Bericht über ähnliche Vorgänge in Rostock, die jedoch keine Jugendproteste provoziert hatten, von Johannes H., Leserbrief [unveröff.] an BZ am Abend, 17.7.1967, SAPMO-BArch, DY/30/IV A 2/16/173, in: Rauhut: Rock, S. 37.

Ähnlich äußerte sich die Zentrale Parteikontrollkommission der SED, als sie in einem Bericht monierte, dass »das parteischädigende Verhalten leitender Funktionäre zugenommen« habe. Sie klagte über »politisch blindes und falsches Verhalten«, wenn an den Berufsschulen »Disziplin und Ordnung [...] mit den Mitteln des Zwanges durchgesetzt« würden. Der Gipfel würde erreicht, wenn Lehrlingen die Facharbeiterbriefe nicht ausgehändigt würden, »weil sie zu lange Haare hatten«.[135] Der geschilderte Fall der Schweriner Postschule war durchaus kein Einzelfall. Er erinnert an ein ähnliches Vorkommnis, das sich Thomas Tauer in seiner Schulzeit eingeprägt hat:

»[...] wir hatten damals einen Sportplatz in der Sasstraße, der gehörte der 36. Oberschule. Und den hatten wir damals aufgebaut als Kinder. Und da gab's eben Auszeichnungen, und was ganz gravierend aufgefallen ist, dass sie dem einen die Auszeichnung verweigert haben, weil der eben mit langen Haaren und Westmode mitgemacht hat.«[136]

Der Bezirk Leipzig lag übrigens in dem zitierten Bericht der Zentralen Parteikontrollkommission mit 33 entsprechenden Vorkommnissen an der Spitze, gefolgt von den Bezirken Karl-Marx-Stadt mit 25 und Schwerin mit 20 derartigen Zwischenfällen.[137]
Der Umgang mit jugendlichem Eigensinn blieb also eine Gratwanderung. Er wurde dadurch erschwert, dass selbst die Demoskopie kaum eindeutige Hinweise auf das Bewusstsein der ostdeutschen Jugendlichen lieferte.

»Stolze junge Bürger«: Jugend im Spiegel der Sozialforschung

War die Sozialforschung in der DDR anfangs noch heftigen Attacken verschiedener Funktionäre ausgesetzt, so erlebte sie seit der Mitte der sechziger Jahre einen überraschenden Aufstieg. Neben der Etablierung der sozialwissenschaftlichen Disziplinen in der Sowjetunion war dafür der hohe Wert verantwortlich, den die Staats- und Parteiführung seit der Einführung des Neuen Ökonomischen Systems der Prognostik zumaß. Anders als im Westen Deutschlands, wo sich die Sozialempirie als wissenschaftliche Disziplin bereits etabliert hatte, bedurften die Jugendsoziologen im Osten der Duldung und Förderung durch die SED. Der Partei aber hatte die empirische Sozialforschung lange Zeit als Instrument der Manipulation gegolten und deswegen im Ruche bürgerlicher Klassenpolitik gestanden. Erst 1964 ebnete das Politbüro den Weg für die empirische Jugendforschung, als es erkannte, dass sich

---

135 SED-ZK, ZPKK, Auswertung, 24.4.1972, SAPMO-BArch, DY/30/vorl. 14313, S. 5 u. 7.
136 Thomas Tauer, Interview, Leipzig 24.8.2000.
137 SED-ZK, ZPKK, Auswertung, 24.4.1972, SAPMO-BArch, DY/30/vorl. 14313, Anlage, S. 1.

an der »Jugend als Querschnittsgruppe der Gesellschaft« deren Probleme fokussieren ließen. 1965 wurde mit der Eröffnung des Leipziger Zentralinstitutes für Jugendforschung (ZIJ) unter der Leitung von Walter Friedrich die Frucht dieser Entscheidung geerntet, und bereits seit 1966 forderte das Ministerium für Staatssicherheit halbjährlich Berichte des ZIJ an – ein Indiz für die Relevanz und die Brisanz der ostdeutschen Jugendforschung.[138]

Erste Arbeiten des Institutes wurden allerdings durch die Folgen des Kahlschlags behindert, zumal der geschasste Leiter der Jugendkommission Kurt Turba zu seiner Verteidigung auf die Habilitation Walter Friedrichs verwiesen hatte. Bereits diese Arbeit hatte Unmut in der SED-Spitze ausgelöst, da Friedrich in seinen Forschungsergebnissen keinen Zusammenhang zwischen dem politischen Bewusstsein und der sozialen Herkunft von Jugendlichen hatte entdecken können. Eine Erziehung »nach dem Klassenstandpunkt« hatte Friedrich deshalb für sinnlos gehalten. Dessen ungeachtet leitete er das ZIJ bis zu seiner Überführung in das Deutsche Jugendinstitut (DJI) München im Jahre 1990. Zugeordnet war das Institut dem Amt für Jugendfragen beim Ministerrat der DDR, was eine unmittelbare Einflussnahme durch den Zentralrat der FDJ und die Akademie für Gesellschaftswissenschaften beim SED-Zentralkomitee verhinderte. Dennoch geriet das ZIJ schnell unter Beschuss, erwarteten doch die Jugendpolitiker in Ost-Berlin »in erster Linie solche Aussagen und Ergebnisse [...], die ihren Wunschvorstellungen und Klischees entsprachen, diese also bestätigten und simple Erziehungsrezepte zu ›harmonischen Persönlichkeiten‹ liefern sollten«.[139] Die zuweilen vernichtende Kritik von Seiten der Staats- und Parteiführung verdeutlichte, dass das ZIJ unter ungeheurer Spannung stand. Es hatte einen Spagat auszuhalten zwischen Empirie und Prognostik, zwischen gesellschaftlicher Realität und sozialistischer Utopie. Da letztere nicht näher rückte, wurden dem ZIJ im Verlauf der siebziger Jahre Trendaussagen verboten, es hatte sich von der Prognostik zu verabschieden.

Unter der Prämisse politischer Erwartungshaltungen sind dementsprechend auch die Forschungserträge des Zentralinstituts für Jugendforschung zu betrachten – und zwar in doppelter Hinsicht. Natürlich hatten die Jugendforscher ihre Untersuchungsergebnisse sowohl der ideologischen Grundlegung als auch der ideologisierenden Terminologie der Partei anzupassen. Die Formulierung der Variablen, also die einzelnen Punkte der Fragebögen, waren deswegen dem sprachlichen und gedanklichen Kanon Jugendlicher in keiner Weise angepasst. Auf der anderen Seite ist mit einer gewissen Verzerrung der Ergebnisse dadurch zu rechnen, dass die Befragten ihrerseits die Erwartungen der Auftraggeber kannten und ihre Meinung diesen möglicherweise anglichen. So erklärte

---

138 Friedrich, Walter: Geschichte des Zentralinstituts für Jugendforschung. Anfänge der Jugendforschung in der DDR, in: Ders. u. a. (Hg.): Das Zentralinstitut, S. 15; Geißler/Wiegmann: Pädagogik, S. 177 f.
139 Friedrich: Geschichte, S. 16. Vgl. ebd., S. 19–33; Amt f. Jugendfragen, Die Lage der Jugend [...], Juni 1966, BArch, DC 4/863, Bl. 166 f.; Förster: Entwicklung, S. 72 f.; Michalzik: »An der Seite ...«, S. 144–166.

Gernot Grünspecht in einem Gespräch, er habe einmal an einer Umfrage teilgenommen und sich von der Anonymisierung der Unterlagen kaum beeindrucken lassen: »Da hat man schon immer so geguckt, was die wohl von einem erwarteten.«[140] – Nicht allein die Erwartungshaltung, sondern auch eine mögliche Indoktrination vor der Erhebung der Daten, konnte deren Ergebnisse verzerren. Dies belegt eine Umfrage, die 1963 Magdeburger Schülerinnen und Schüler mit der Frage konfrontierte: »Was verstehst Du unter Freiheit?« Niemand hatte dabei das Freiheitsverständnis der SED wiedergegeben, wonach Freiheit parteiliche »Einsicht in die Notwendigkeit« sei. Zehn Wochen später, nach einer Behandlung des Themas im Unterricht waren die Magdeburger Kinder nochmals befragt worden und hatten nun zu 92 Prozent die erwartete Antwort geliefert – allerdings hatte die zweite Befragung auch nicht mehr unter dem Schutz der Anonymität stattgefunden.[141] – Trotz dieser Einschränkungen dürften die Ergebnisse der ostdeutschen Demoskopie zumindest in ihren Tendenzen zuverlässig sein, lassen sie doch zum Teil recht gravierende Unterschiede zwischen verschiedenen Gruppen Jugendlicher erkennen.

Schwerpunkte der Untersuchungen des ZIJ bildeten das politische Bewusstsein bzw. die politische Gesinnung, Lebensentwürfe, Freizeit- und Partnerschaftsverhalten von Jugendlichen. Diese Aspekte jugendlichen Alltagslebens wurden sowohl in verschiedenen Querschnitten (beispielsweise »Freizeit 69« und »Student 69«) analysiert als auch in Längsschnittstudien (wie der »Schüler-Intervallstudie zu Entwicklungsfaktoren und Entwicklungformen von Jugendlichen 1968–1980/IS I« und der »Studenten-Intervallstudie 1970–1985/SIS«), deren zeitlicher Umfang einmalig ist.[142]

Eine Sonderrolle unter den Analysen nahmen die beiden so genannten »Pilzkopfstudien« des ZIJ ein, vergleichende Untersuchungen »zwischen Berufsschülern und langhaarigen männlichen Jugendlichen« aus dem Jahre 1968, deren kleines Sample allerdings statistisch beinahe wertlos war. Anliegen und Anlass dieser Untersuchung sind offensichtlich, ging es doch darum zu untersuchen, warum die Maßnahmen des »Kahlschlag«-Plenums erfolglos geblieben waren, und Vorurteile gegenüber so genannten »Gammlern« empirisch abzusichern.[143]

Die erste große Jugendstudie stammte noch aus dem Deutschen Pädagogischen Zentralinstitut (DPZI) Berlin, ihr Sample umfasste 3 414 Schüler der

---

140 Gernot Grünspecht*, Gesprächsnotiz d. Verf., Berlin 1.12.2000. – Vgl. zu den Ergebnissen des ZIJ die Skepsis von Wierling: Geboren, S. 213–215.
141 Was verstehen Schüler unter Freiheit, in: SBZ-Archiv 15 (1964), S. 130f.
142 Vgl. Friedrich, Walter: Zur inhaltlichen und methodischen Forschung am Zentralinstitut für Jugendforschung Leipzig, in: Brislinger u. a. (Hg.): Jugend, S. 85–101, und Müller, Harry: Die Intervallstudien des Zentralinstituts für Jugendforschung Leipzig, ebd., S. 117–123.
143 ZIJ, Information [Pilzkopfstudie I], o. D. [Nov. 1968], SächsStAL, SED, IV/B-2/16/707, Bl. 1–13; ZIJ, Pilzkopf-Studie II, Leipzig 28.11.1968, ebd., Bl. 14–50. Vgl. Amt f. Jugendfragen, Information, Berlin 3.1.1969, BArch, DC/4/854. Vgl. Rauhut: Beat, S. 212–215; Wierling: Die Jugend, S. 413; Dies.: Geboren, S. 239–242.

6. bis 12. Klassenstufen und 475 Lehrlinge aus allen Bezirken der DDR. Obwohl die Verfasser des Forschungsberichtes einräumten, angesichts überraschend starker Differenzierung ließe die Studie kaum allgemeine Urteile zu,[144] lassen sich hier schon Fakten beobachten, die in den Umfragen des ZIJ eine wichtige Rolle spielen sollten. So operierte auch das DPZI mit Variablen, die sich an ideologische Topoi anlehnten, anstatt der Terminologie der Jugendlichen zu entsprechen.

Entwicklungstendenzen sind aus den verschiedenen Studien nur bedingt abzulesen, da es sich um verschiedene Samples handelt und die Variablen nur in den Intervallstudien des ZIJ aufeinander abgestimmt worden sind. So bleibt die Entwicklung des politischen Bewusstseins wie auch der Lebensentwürfe von Jugendlichen in den sechziger Jahren weitgehend im Dunkeln.

Gleichwohl hatte schon die Untersuchung des DPZI diesbezüglich deutliche Unterschiede ergeben. So zeigten sich Schülerinnen und Schüler der EOS erheblich überzeugter von einem weltweiten Sieg des Sozialismus als die 10. Klassenstufe an den POS. Noch stärker differierte die sozialistische Siegesgewissheit der Oberschüler gegenüber der von Lehrlingen.

Tab. 3: Überzeugung vom weltweiten Sieg der sozialistischen Gesellschaftsordnung.[145]

(Angaben in Prozent)	sehr sicher	unschlüssig	zweifelhaft	nein
10. Klasse POS	40	13	4	1
12. Klasse EOS	65	7	3	–
Berufsschüler	27	27	9	2

Die Gründe für die größere sozialistische Siegeszuversicht bei den Schülern der EOS dürfte weniger in ihrer sozialen Herkunft begründet liegen (die leider in diesem Kontext nicht aufgeschlüsselt worden ist) als in der stärkeren Indoktrination an den Oberschulen. Aber selbst die lässt sich durch diese Darstellung nicht belegen, ist doch die Auswahl der Oberschüler nach politisch-ideologischen Kriterien zu berücksichtigen, die aus dieser Tabelle allerdings zweifelsfrei hervorgeht. Die Schlussfolgerung der Forschungsgruppe, Berufsschüler unterlägen deutlich stärker negativen Einflüssen, mag zwar zutreffen, sie ignoriert aber, dass der Anpassungsdruck an den Berufsschulen deutlich geringer war als an den EOS.

Sozial aufgeschlüsselt wurde im Forschungsbericht lediglich die Antwort auf die Frage, ob die Jugendlichen den Klassengegner »hassen« würden. Von den Arbeiterkindern, die die Hälfte der Probanden stellten, verneinten 58 Prozent diese Frage, von den Bauernkindern (4 Prozent der Grundgesamtheit) 4 Prozent, von den Kindern aus der Gruppe der Intelligenz (5) 7 Prozent; nur

---

144 DPZI, Sektion I, Bericht, Berlin 7.9.1963, SächsStAL, SED, IV A-2/16/461, Bl.27.
145 Ebd., Bl.11 (fehlende Prozent: keine Angabe).

unter den Angestelltenkindern lag der Anteil an der Grundgesamtheit (17 Prozent) höher als an denen, die die Frage verneint hatten (15 Prozent).[146]

In der ZIJ-Umfrage »Freizeit 69« wurde zwar nicht nach der Überzeugung gefragt, ob sich der Sozialismus weltweit durchsetze, in modifizierter Form wurde aber erneut die Ausprägung des sozialistischen Bewusstseins untersucht. Auf die Frage: »Sind Sie stolz, ein junger Bürger unseres sozialistischen Staates zu sein?«, antworteten die 8538 Jugendlichen:

Tab. 4: Staatsbürgerstolz von Jugendlichen, aufgeschlüsselt nach Tätigkeit.[147]

(Angaben in Prozent)	Ja, sehr	Ja	Etwas schon	Weder noch	Nein
Schüler 8./10. Klasse POS	31,2	41,9	20,7	4,4	1,8
Schüler 10./12. Klasse EOS	40,5	32,2	18,7	4,3	4,3
Lehrlinge	25,3	44,8	21,7	5,5	2,7
Studierende	17,3	39,7	26,2	12,1	4,7
Arbeiter (Industrie)	17,3	41,9	25,5	10,6	4,7
Arbeiter (Landwirtschaft)	35,1	37,1	18,5	6,0	3,3

Die Differenzen zwischen den einzelnen Gruppen verweisen deutlich, wenngleich nicht eindeutig auf eine stärkere Indoktrination an den höheren Bildungseinrichtungen der DDR. Der an diesen Institutionen ausgeprägte Stolz, DDR-Bürger zu sein, lässt sich analog den Ergebnisse der DPZI-Studie von 1963 auf die strenge Auslese im Bildungswesen nach gesellschaftspolitischen Kriterien zurückführen. Der starke Einbruch bei Studierenden ist möglicherweise durch aktuelle Frustrationen bzw. enttäuschte Erwartungshaltungen durch das Ende des Prager Frühlings bedingt. Dieser Schluss liegt insofern nahe, als Studierende ausschließlich an Hochschulen in Leipzig und Dresden befragt worden sind, wo sie sich wegen der geografischen Nähe zur Tschechoslowakei noch stärker für die Entwicklung dort interessiert haben könnten. Nicht zuletzt dürften aber auch entwicklungspsychologische Fragen eine Rolle spielen – etwa die fortschreitende Ausprägung einer kritischeren Auseinandersetzung mit der gesellschaftlichen Wirklichkeit bei Jugendlichen. Dafür spricht der relativ stabile Negativwert (»weder/noch« und »nein«), der lediglich bei Studierenden und Arbeitern stark ausgeprägt ist. (Der gegenläufige Trend unter der arbeitenden Landjugend könnte in der Tendenz zwar zutreffen, muss hier aber mit Vorsicht betrachtet werden, da die Stichprobe mit 151 Befragten sehr klein ausgefallen ist und nur 1,9 Prozent des Samples darstellt.)

In der Negativkategorie heben sich Jungen extrem von Mädchen ab. Nach Geschlechtern getrennt ergeben die Antworten auf die Frage nach dem Stolz, Bürger der DDR zu sein, laut »Freizeit 69« folgendes Bild:

---

146 Ebd., Bl. 11 u. 13.
147 Freizeit 69, ZA, 6306. Vgl. den Forschungsbericht ZIJ, Freizeit 69, Bl. 10–23, SächsStAL, SED, IV/B-2/16/715. – Vgl. (auch zum Folgenden) Wierling: Geboren, S. 325–328.

Tab. 5: Staatsbürgerstolz 1969 nach Geschlecht.[148]

(Angaben in Prozent)	Ja, sehr	Ja	Etwas schon	Weder noch	Nein
männlich	19,7	40,7	25,3	9,4	4,9
weiblich	28,8	44,4	20,1	4,9	1,8

Mädchen neigten nicht nur eher zu Stolz, DDR-Bürger zu sein, sie zeigten auch eine größere Entschlossenheit. Bei den Jungen hingegen fallen sowohl der schwache positive und der stärkere negative Extremwert als auch die Tendenz auf, die eigene Meinung nicht eindeutig zu äußern. Eine Interpretation dieser Werte fällt schwer und kann hier mangels aussagefähiger Daten nicht vorgenommen werden. Sie könnten aber einerseits auf eine größere Identifikationsbereitschaft weiblicher Jugendlicher mit dem sozialistischen Staat, begünstigt beispielsweise durch berufliche Perspektiven für junge Frauen, als auch auf ein größeres Konfliktpotenzial zwischen der männlichen Jugend und dem DDR-System verweisen, bedingt möglicherweise auch durch entwicklungspsychologisch oder generationell intendierte Auseinandersetzungen, wie sie sich im »Rowdytum« niederschlugen.

Nach der sozialen Herkunft aufgeschlüsselt, bestätigte das ZIJ mit der Umfrage »Freizeit 69« weitgehend die Ergebnisse des DPZI von 1963. Trotz der unterschiedlichen Fragen (das DPZI hatte nach der Bestätigung des »Klassenhasses« gefragt, das ZIJ nach der staatsbürgerlichen Identifikation) lassen sich die Ergebnisse durch eine negative Spiegelung ungefähr miteinander vergleichen. Wichen 1963 die Kinder aller Beschäftigungsgruppen, von denen der Angestellten abgesehen, überdurchschnittlich von der erhofften Antwort (uneingeschränkter »Klassenhass«) ab, so blieben sechs Jahre später die Angestelltenkinder unter dem Erwartungswert eines uneingeschränkten Staatsbürgerstolzes (13,5 Prozent bei einem Anteil von 16,2 Prozent an der Grundgesamtheit) – ebenso die Arbeiterkinder (32,7/37,3). Bauern- und Intelligenzkinder hingegen lagen mit 15,1 bzw. 8,1 Prozent derjenigen, die angegeben hatten, uneingeschränkt stolze Staatsbürger zu sein, über dem Anteil ihrer Gruppen am Sample (13,2 bzw. 6,8 Prozent).[149] Angesichts dieser Ergebnisse ist auch die Aufschlüsselung der Antworten auf die selbe Frage nach der Tätigkeit der Jugendlichen zu relativieren (Tab. 4).

Seit die Forschungsgruppe um Walter Friedrich ihre Arbeit aufgenommen hatte (noch vor der Gründung des Leipziger Zentralinstituts), war die Frage nach dem Stolz auf die DDR in das Standardrepertoire ihrer Untersuchungen aufgenommen worden. Hintergrund dieser Entscheidung war die Prämisse, dass politisch-ideologische Einstellungen als »besonders bedeutsam für andere Einstellungen, für die Leistungsmotivation und das Gesamtverhalten be-

---

148 Freizeit 69, ZA, 6306.
149 Ebd.; vgl. DPZI, Sektion I, Bericht, Berlin 7.9.1963, SächsStAL, SED, IV A-2/16/461, Bl. 27.

wertet« wurden.[150] Für die sechziger Jahre lässt sich folgende Statistik gewinnen, die Entwicklungstendenzen der Antworten auf die Frage wiedergibt: »Sind Sie stolz, ein junger Bürger unseres sozialistischen Staates zu sein?«

Tab. 6: Entwicklung des Staatsbürgerstolzes in den sechziger Jahren.

(Angaben in Prozent)	Ja, sehr	Ja	Etwas schon	Weder noch	Nein	Keine Meinung
1964	16	43	17	9	5	10
1966	17	45	20	10	4	4
1969	22	46	19	7	2	4

Interessant sind dabei deutliche regionale Abweichungen in der Umfrage von 1969: So lag die Zustimmung zu der Frage (also die ersten beiden Spalten der Tabelle, hier 68 Prozent) in Rostock bei 77, in Leipzig bei 67 und in Berlin nur bei 51 Prozent.[151] – Insgesamt lassen die Werte eine positive Grundeinstellung der Jugendlichen gegenüber der DDR erkennen. Die Differenzen zwischen den einzelnen Gruppen (Tab. 3 und 4) verweisen auf das höhere Maß an Indoktrination an den höheren Bildungseinrichtungen. Entsprechend überhöht fallen die Werte in der 10. Klasse an der Erweiterten Oberschule aus. Zum anderen entspricht die Rückläufigkeit des Staatsbürgerstolzes einem entwicklungspsychologisch bedingten, zunehmend kritischen Umgang mit der gesellschaftlichen Wirklichkeit,[152] so dass der Mittelwert in der 10. Jahrgangsstufe insgesamt unter dem der 8. liegt und der Wert sowohl in der 12. Klasse der EOS als auch in den Berufs- und sogar an den Hochschulen weiter abfällt. In der Umfrage »Freizeit 69« erstaunt vor allem der starke Rückgang des Staatsbürgerstolzes von der EOS zur Hochschule (Tab. 4): Der niedrige Wert in der höchsten Zustimmungskategorie wird auch durch die nächst niedrigere Kategorie nicht aufgefangen. – Interessant hingegen erscheint der relativ stabile Mittelwert (»etwas schon«), der sich in einem Bereich zwischen 15,8 und 25,5 bewegt. Ähnlich stabil erscheint der aus Sicht des sozialistischen Erziehungssystems negative Wert (»weder/noch« und »nein«), dessen Anstieg zum Ende des Bildungsweges und dessen Abfall danach allerdings auffallen.

Bestätigt werden diese Überlegungen durch die Ergebnisse einer Längsschnittstudie, die das ZIJ unter bis zu 1038 Schülern und gleichaltrigen Lehrlingen durchgeführt hat (IS I). Auf der Grundlage dieser und ähnlicher Umfragen kam das Amt für Jugendfragen im Juni 1971 zu dem Ergebnis:

---

150 Bathke, Gustav-Wilhelm; Starke, Kurt: Studentenforschung, in: Friedrich u. a. (Hg.): Das Zentralinstitut, S. 229. Vgl. kritisch Bathke, Gustav-Wilhelm: Soziale Reproduktion und Sozialisation von Hochschulstudenten in der DDR, in: ZSE, Beih. 1/1990, S. 115 f. u. 119; – dagegen Förster: Entwicklung, S. 78 f.
151 Ebd., Tab. 1, S. 82 f. Zur Entwicklung der Identifikation mit der DDR bis 1990 vgl. ebd., Tab. 3, S. 85: Obwohl die Umfrage von 1969 nicht repräsentativ gewesen sei, dürfte der Trend nach Försters Meinung zugetroffen haben.
152 Vgl. DPZI, Sektion I, Bericht, Berlin 7.9.1963, SächsStAL, SED, IV A-2/16/461, Bl. 27.

»Der Kreis der Jugendlichen, deren Auffassungen und Handlungen von sozialistischen Überzeugungen bestimmt sind, ist breiter geworden; der Ausprägungsgrad und die Stabilität ihrer Einstellungen hat zugenommen. Der Prozeß der Bewußtseinsentwicklung der Jugend verläuft jedoch nicht ohne Widersprüche und erfaßt nicht alle Einstellungsbereiche in gleichem Maße. Bei nicht wenigen Jugendlichen existieren neben ausgeprägten sozialistischen Grundüberzeugungen zugleich auch Auffassungen, die dem sozialistischen Standpunkt widersprechen.«[153]

Nach den Ergebnissen der IS I schwächte sich der uneingeschränkte Staatsbürgerstolz mit zunehmendem Alter ebenso ab wie die sozialistische Grundüberzeugung. Demgegenüber wuchs der Anteil derer, die weder »stolze Bürger« der DDR noch der Überzeugung waren, der Sozialismus setze sich weltweit durch. – Auffallend war hinsichtlich der ersten Frage der deutlich niedrigere Ausgangswert von 1971 gegenüber dem Vergleichswert der 8. Klassen in »Freizeit 69« (36,8 gegenüber 41,3 Prozent). Von statistischen Verzerrungen abgesehen, könnte er mit der zitierten Einschätzung des FDJ-Zentralrats korrespondieren, dass die deutschlandpolitische Entspannung bei vielen DDR-Jugendlichen Illusionen bzw. das Gefühl nationaler Zusammengehörigkeit wecke.

Tab. 7a–b: Entwicklung von Staatsbürgerstolz und sozialistischer Siegesgewissheit von Schülern im Alter von 14 bis 16 Jahren.[154]

7a: (Staatsbürgerstolz)

(Angaben in Prozent)	Ja, sehr	Ja	Etwas schon	Weder noch	Nein
1971	36,8	47,0	12,7	2,3	1,1
1972	36,9	46,8	11,6	3,6	1,1
1973	28,7	50,1	16,5	3,4	1,3

7b: (Siegesgewissheit)

(Angaben in Prozent)	Ja, sehr	Ja	Etwas schon	Weder noch	Nein
1971	36,8	47,0	12,7	2,3	1,1
1972	36,9	46,8	11,6	3,6	1,1
1973	28,7	50,1	16,5	3,4	1,3

Die dargestellten Trends entsprachen dem in der FDJ-Mitgliedschaft. Nach den Ergebnissen der Studie »Freizeit 69« fiel der Wert zum Erreichen des Ausbildungsendes sowie mit dem Ausscheiden aus dem staatlich dirigierten Bil-

---

153 Amt f. Jugendfragen, Information, Berlin 8.6.1971, BArch, DC/4/975, S. 1.
154 IS I4–6, ZA, 6152–6154. Berücksichtigt sind nur Jugendliche, die an allen drei Wellen (4–6) der IS (entspricht 8. bis 10. Schuljahr) teilnahmen.

dungswesen extrem ab. Dies ist nicht nur mit dem fortschreitenden Alter und dem damit nahenden Ausscheiden aus dem Jugendverband zu erklären, sondern vor allem mit dem Absinken des Anpassungsdruckes nach dem Abschluss der Ausbildung. Im Einzelnen ergibt sich dabei folgendes Bild:

Tab. 8: FDJ-Mitgliedschaft nach Tätigkeit der Jugendlichen.[155]

(Angaben in Prozent)	Ja	Nein
Schüler 8. Klasse POS	86,4	13,6
Schüler 10. Klasse POS	93,5	6,5
Schüler 10. Klasse EOS	96,2	3,8
Schüler 12. Klasse EOS	96,6	3,4
Lehrling (Betriebsberufsschule)	93,6	6,4
Lehrling (andere Berufsschulen)	90,0	10,0
Student	95,8	4,2
Arbeiter (Industrie)	71,3	28,7
Arbeiter (Landwirtschaft)	79,7	20,3

In der Schüler-Intervallstudie lassen sich diese Trends mit der Bereitschaft vergleichen, in eine politische Partei einzutreten, sowie mit der Motivation zum Dienst in der Nationalen Volksarmee. (Berücksichtigt sind hier nur Schülerinnen und Schüler, die an allen drei Umfragewellen teilgenommen haben, für die Wehrdienstfrage – Tab. 10 – nur Jungen.)

Tab. 9: Bereitschaft von Jugendlichen im Alter von 14 bis 16 Jahren, in eine politische Partei einzutreten.[156]

(Angaben in Prozent)	Gut vorstellbar	Vielleicht denkbar	Kaum vorstellbar	Nicht vorstellbar
1971	24,0	42,6	18,4	15,0
1972	24,3	42,4	18,1	19,9
1973	22,1	38,2	19,9	19,9

Unter den 2374 Studienanfängern, die sich im Rahmen der 1. Welle der Studenten-Intervallstudie (SIS) 1970 zu der gleichen Frage äußerten, befanden sich immerhin schon zu 15,5 Prozent Mitglieder und Kandidaten der SED. 20,2 Prozent fassten eine SED-Mitgliedschaft ernsthaft ins Auge, 40,7 hielten sie für denkbar. Nur 15,1 bzw. 8,5 Prozent der befragten Studierenden hielten sie für nicht vorstellbar oder lehnten einen SED-Beitritt ab.[157]

Die abnehmende Bereitschaft von Schülern, in eine Partei einzutreten, korrespondierte mit der Motivation zum Wehrdienst. Je näher der Wehrdienst rückte, desto ernsthafter setzten sich die Jungen offenbar mit der Entscheidung auseinander. Zwar war auch hier mit zunehmendem Alter der Schüler

---

155 Freizeit 69, ZA, 6306.
156 IS I4–6, ZA, 6152–6154.
157 SIS 0, ZA, 6172.

eine Verstärkung des Negativtrends zu verzeichnen, zugleich aber eine Zunahme des positiven Extrems. Der Zuwachs sowohl des negativen als auch des positiven Extrems lag jeweils bei 6 Prozentpunkten, während sich ansonsten nur der Anteil derer stabilisierte, die den Wehrdienst pflichtgemäß »abreißen« würden.

Tab. 10: Motivation von Schülern, in der NVA zu dienen.[158]

(Angaben in Prozent)	Will länger dienen	Leiste gern allgemeinen Dienst	Folge dem Gesetz	Würde es vermeiden
1971	15,6	44,5	26,9	10,2
1972	17,8	37,9	33,4	10,9
1973	20,3	29,9	33,0	16,8

Ähnlich stellt sich die Entwicklung des politischen Bewusstseins unter Studierenden dar, einer spezifischen Gruppe von Jugendlichen also, die bereits verschiedene Auswahlverfahren durchlaufen hatte und stärkerer Indoktrination unterlag. Nach den Ergebnissen der 1. und der 3. Welle der umfangreichen Studenten-Intervallstudie, für die 1 283 Studierende befragt worden waren, nahm auch in dieser Gruppe die Bereitschaft zum Militärdienst bzw. zum militärischen Gehorsam innerhalb von zwei Jahren ab. Gegenüber 66,7 Prozent der Studienanfänger, die 1970 eher zu einem Militäreinsatz bereit waren, während 11,8 Prozent ihn eher ablehnten, zeigten 1972 63,7 Prozent der Studenten, die sich nun im 3. Semester befanden, grundsätzliche Bereitschaft zum Militäreinsatz, während 12,5 Prozent ihm ablehnend gegenüberstanden.[159] Diese Werte belegen die Interpretation des Studentenforschers Kurt Starke, der den Studienanfängern auf der Basis der SIS-Ergebnisse zwar bescheinigt hatte, sie seien »eine im Sinne der gesellschaftlichen Forderungen sehr positive Teilpopulation der Jugend«, der aber auch mit Bezug auf die politisch-ideologische Einstellung auf »Labilisierungsphasen« während des ersten Studienjahres hingewiesen hatte.[160]

Zu berücksichtigen ist bei den analysierten Wellen der Studenten-Intervallstudie allerdings einerseits das politische Umfeld internationaler Entspannung und innerdeutscher Annäherung sowie andererseits die begrenzte Validität einer Trendaussage. Diese bedürfte der Bestätigung durch Ergebnisse späterer Untersuchungen, die für die vorliegende Arbeit nicht herangezogen wurden. Unabhängig davon wurde das Ergebnis möglicherweise dadurch beeinflusst, dass die meisten Studenten bereits den Militärdienst und die ersten paramilitärischen Schulungen während des Studiums absolviert hatten. Der negative

---

158 IS I4–6, ZA, 6152–6154.
159 SIS 0 u. 2, ZA, 6172, 6174. Berücksichtigt sind nur Teilnehmer beider Wellen.
160 Starke: Jugend, S. 76 u. 80 f.

Trend könnte somit einen gewissen Überdruss an militärischer Schulung signalisieren, der Starkes »Labilisierungsthese« begründen würde. Die politische Lage drückte sich demgegenüber in anderen Werten aus. Befragt auf ihre Zufriedenheit mit der Herrschaftspraxis in der DDR (»Die Machtausübung in der DDR erfolgt in meinem Sinne«), bekundeten die meisten Studierenden mit zunehmender Tendenz ihre Zustimmung, während der Anteil der Unzufriedenen deutlich zurückging.

Tab. 11: Zufriedenheit Studierender mit der Herrschaftspraxis in der DDR 1970–1974.

(Angaben in Prozent)	Völlig meine Meinung	Im Großen und Ganzen meine Meinung	Eingeschränkt meine Meinung	Nicht ganz meine Meinung	Kaum meine Meinung	Überhaupt nicht meine Meinung
1970	33,0	39,4	20,4	5,4	1,0	0,8
1972	33,4	40,4	20,1	4,3	1,3	0,6
1974	39,5	39,5	16,1	3,0	1,4	0,4

Dieses Ergebnis erstaunt insofern, als gleichzeitig die Verbundenheit mit der DDR unter den Studierenden deutlich abnahm. Hatten 1970 noch 82,7 Prozent der Studierende eine starke Verbundenheit mit der DDR empfunden, so sackte dieser Wert 1972 auf 78,3 und 1974 auf 76,1 Prozent ab. Schwach oder gar nicht der DDR verbunden hatten sich 1970 nur 1,7 und 1972 1,4 Prozent der Studierenden gefühlt, 1974 hingegen 2,2 Prozent. Der Anteil derer, die sich ihrer Verbundenheit mit der DDR nicht sicher waren, stieg im gleichen Zeitraum kontinuierlich an – von 15,5 über 20,2 auf 21,7 Prozent der Studierenden.[161] Das Ergebnis könnte als Indiz für Illusionen zu werten sein, die sich an die innerdeutsche Annäherung knüpften. Doch dürften andere deutschlandpolitische Faktoren das Ergebnis wesentlich beeinflusst haben. Schließlich erfolgte die Befragung zur 5. Welle der SIS im Mai 1974 – unmittelbar, nachdem Bundeskanzler Willy Brandt, Sympathieträger vieler Ostdeutscher, u. a. wegen der Enttarnung seines Referenten Günter Guillaume als Spion des MfS zurückgetreten war.

Während nach den Ergebnissen des Zentralinstituts für Jugendforschung kaum Zweifel an der Loyalität der ostdeutschen Jugendlichen angebracht waren, überraschten die Ergebnisse zu Fragen nach ihrer Bereitschaft zu gesellschaftspolitischem Engagement. So stellte das ZIJ im Bericht zu »Freizeit 69« fest, »daß zwischen den gegenwärtigen Formen der gesellschaftlichen Arbeit und der Einbeziehung Jugendlicher in die geplante Gestaltung ihres eigenen Lebens sowie der Bereitschaft dazu und vieler bisher ungenutzter Möglichkei-

---

161 SIS 0, 2 u. 4, ZA, 6172, 6174, 6176. Berücksichtigt sind nur Teilnehmer aller drei Wellen.

ten noch eine Kluft besteht«.[162] Hinter dieser Einschätzung stand, dass nur 13,6 Prozent der befragten Jugendlichen »unbedingt« bereit waren, eine gesellschaftliche Funktion zu übernehmen, während 65,4 nur bedingt und 21 Prozent gar nicht dazu bereit waren.[163] Von den Schülern der 8. Klassenstufe waren 1969 21,0 Prozent unbedingt zur Übernahme einer gesellschaftlichen Funktion bereit – ein Wert, der nahe dem Anteil der Schüler der gleichen Klassenstufe lag, die zwei Jahre später zum Eintritt in eine politische Partei bereit waren (24,0).

Die niedrige Bereitschaft, eine gesellschaftliche Funktion zu übernehmen, korreliert mit den Ergebnissen zu der Frage, ob das FDJ-Leben interessant sei. In der Umfrage »Freizeit 69« hatten nur 7,9 Prozent dieser Meinung ohne Einschränkungen zugestimmt, fast ein Viertel der Befragten hatte sie abgelehnt. Ähnliche Werte hatte die Frage nach der Freizeitgestaltung für die Jugend ergeben (»In unserem Ort wird viel dafür getan, daß die Jugend ihre Freizeit vielseitig und interessant gestalten kann«):

Tab. 12: FDJ-Leben und Freizeitgestaltung aus der Sicht Jugendlicher.[164]

	FDJ-Leben ist interessant		Es wird viel getan für die Freizeitgestaltung der Jugend
	1969	1971	1969
vollkommen meine Meinung	7,9	13,0	9,2
im Allgemeinen meine Meinung	32,1	34,0	28,6
kaum meine Meinung	32,6	37,3	29,8
absolut nicht meine Meinung	21,7	8,7	27,7
noch keine Meinung	5,7	–	4,7

Das Leben in der FDJ-Gruppe interessierte in der Schüler-Intervallstudie deutlich weniger Jugendliche als das Leben im Freundeskreis. Diese Meinung hatte sich seit dem Anfang der sechziger Jahre nicht gewandelt, blickt man auf die Ergebnisse einer Untersuchung des Soziologen Adolf Kossakowski von 1964 zurück.[165] – Mit wachsendem Alter stieg dieser Wert außerdem deutlich an. Hatten 1971 noch 64 Prozent der befragten Schüler den Freundeskreis interessanter gefunden als die FDJ-Gruppe (gegenüber nur 3,5 Prozent, deren Präferenzen entgegengesetzt waren), so wuchs ihr Anteil 1972 auf 70,9 und 1973 auf 75,1 Prozent, während sich der andere auf 3,1 und schließlich 1,8 Prozent verringerte.[166] Dies ist ein weiteres Indiz dafür, dass die FDJ keineswegs an

162 ZIJ, Freizeit 69, Bl. 10–23, SächsStAL, SED, IV/B-2/16/715, Bl. 15f.
163 Freizeit 69, ZA, 6306.
164 Ebd. IS I4, ZA, 6152 (fehlende Prozent – keine Angabe).
165 Gruppenmeinung stärker als FDJ-Einfluß, in: SBZ-Archiv 15 (1964), S. 178.
166 IS I4–6, ZA, 6152–6154.

Bedeutung für die individuelle Lebensgestaltung gewonnen hatte, sondern die Wirksamkeit des Jugendverbandes überwiegend in seiner Funktion als Auswahlkriterium und -instrument im Bildungswesen gründete. Dies war desto bedeutsamer, als die Freizeitumfrage 1969 ergeben hatte, dass immerhin 42,1 Prozent der Jugendlichen (40,2 Prozent der Mädchen und 43,5 Prozent der Jungen) die Meinung vertraten: »Das eigentliche Leben beginnt erst in der Freizeit.«[167]

Der FDJ hätte also in diesem Bereich eine besondere Bedeutung zukommen müssen. Tatsächlich aber rangierte die Arbeit im Jugendverband bei den Freizeitwünschen der Jugendlichen auf Platz 22 (knapp vor religiösen Veranstaltungen auf Platz 24), während die Liste von Musik, Baden, Freunden, Tanz, Fernsehen, Weiterbildung und Kino angeführt wurde.[168] (Schon 1964 hatte eine Umfrage unter Jugendlichen in der DDR ein ähnliches Ergebnis gebracht. Damals lagen Lesen, Sport, Kino, Musik – einschließlich Fernsehen, Radio, Platten – und Handarbeiten auf den ersten fünf Plätzen der Rangliste, während »gesellschaftliche Arbeit« auf dem vorletzten Platz vor »Sonstiges« rangierte.)[169] Das ZIJ sah ungeachtet dieses misslichen Abschneidens der FDJ durchaus Gründe zur Freude:

> »Bei den Freizeitwünschen stossen bei dem grössten Teil der jungen Facharbeiter das Nichtstun und der Besuch von religiösen Veranstaltungen auf Ablehnung. Das ist ein gutes Ergebnis, was uns zeigt, dass nur eine kleine Minderheit ausserhalb der Arbeitszeit faulenzt bzw. sich von der gesellschaftlichen Wirklichkeit durch den Glauben abwendet.«[170]

Der geringe Einfluss des Jugendverbandes auf die politische Meinung der DDR-Jugend konnte die Jugendforscher und -politiker dennoch nicht befriedigen. Laut »Freizeit 69« ließen sich die Jugendlichen am stärksten von ihren Freunden und ihren Eltern beeinflussen, gefolgt von Rundfunk, Fernsehen und Zeitungen, wobei die *Junge Welt* auch hier auf einem hinteren Listenplatz rangierte. Ebenfalls weit abgeschlagen lagen der Jugendverband und die Gewerkschaften, die den dritt- und den vorletzten Platz dieser Rangliste einnahmen.

Unter den Zeitungen und Zeitschriften an sich lagen die Blätter des Jugendverbandes ebenfalls auf hinteren Plätzen. Diese Angaben wurden 1969 durch zwei Umfragen bestätigt, die »Umfrage 69« unter 11 500 Schülern und Berufsschülern aus der ganzen DDR und »Student 69«, woran 1 198 Studierende teilgenommen hatten. Allerdings sind diese Werte insofern zu relativieren, als die Jugendlichen im Elternhaus zunächst auf die dort gelesenen Medien zurückgegriffen haben dürften. Dies würde erklären, dass die Zeitschrift *NBI* von 31 Prozent der Jugendlichen regelmäßig gelesen wurde, das Jugendma-

---

167 Freizeit 69, ZA, 6306.
168 ZIJ, Freizeit 69, Bl. 10–23, SächsStAL, SED, IV/B-2/16/715, Bl. 40–51. 169 Gottfried Kludas, Freizeit drüben: Was fängt die Jugend der Zone mit ihrer freien Zeit an?, in: SBZ-Archiv 15 (1964), S. 268.
170 ZIJ, Freizeit 69, SächsStAL, SED, IV/B-2/16/715, Bl. 12f., 52–59.

gazin *neues leben* und das naturwissenschaftlich-technisch orientierte FDJ-Periodikum *Jugend + Technik* hingegen nur von jeweils 24 Prozent. Ebenso erfreute sich die jeweilige SED-Bezirkszeitung (in Leipzig die *Leipziger Volkszeitung*) zu 61 Prozent der regelmäßigen Lektüre Jugendlicher, während die *Junge Welt* (35 Prozent) und das *Neue Deutschland* (30) weit dahinter lagen.[171] Hatten diese Werte unter Schülern und Lehrlingen tendenziell bis Anfang der siebziger Jahre Bestand (70,4 Prozent lasen 1972 täglich die *LVZ*, 43,3 die *Junge Welt* und 10,4 Prozent das *Neue Deutschland*), so hatte sich innerhalb weniger Jahre dieses Verhältnis unter den Studierenden komplett umgedreht – möglicherweise ein Indiz für die erfolgreiche Indoktrination oder auch nur für ein sinkendes Niveau der Bezirkszeitungen.[172] – Für die Lektüre der Tageszeitungen spielte sicher auch der regionale Bezug der Blätter eine Rolle, fand man doch in den überregionalen Zeitungen keine Veranstaltungs- und andere Nachrichten aus der Heimatregion.

Der mediale Einfluss des Westens war nach einer Untersuchung des ZIJ zu »Jugend und Freizeit« aus dem Jahre 1968 insgesamt deutlich zurückgegangen. Diesen Trend hatte das Institut mit der »Umfrage 69« (für diese Arbeit nicht ausgewertet) bestätigen können. Gleichwohl sahen weder das Amt für Jugendfragen im Jahre 1968 noch das Leipziger Zentralinstitut ein Jahr später einen Grund zur Entwarnung, denn »bei ideologisch positiv eingestellten Jugendlichen wächst der Einfluß von Westsendern«.[173] Die allseitige Akzeptanz westdeutscher Medien unter der Jugend in der DDR beruhte nicht nur auf musikalischen Vorlieben westlicher Provenienz, sondern vor allem auf ihrer wachsenden Unzufriedenheit mit der ostdeutschen Informationspolitik. So fühlte sich 1969 nur ein Viertel der Studierenden (26 Prozent) durch die DDR-Medien umfassend informiert, während 39 Prozent dies rigoros verneinten.[174]

Erstaunlicherweise fragten die Jugendforscher der DDR nur vereinzelt nach Lebensentwürfen und Motivationen – etwa zur Berufswahl oder zum Studium. Nach letzterem war 1965 erstmals in einer Erhebung zum »Studentenethos« an der Universität Greifswald gefragt worden. Mehr als die Hälfte der Befragten hatte sich durch »Neigung zum Beruf« motivieren lassen (54,5 Prozent), wohinter alle anderen Motivationen deutlich zurück blieben (»Wahrheitssuche« mit 9,0, materielle Gründe mit 5,0, Familientradition mit 4,2 und Ansehen des Berufs mit 3,0 Prozent). Als »Verlegenheitslösung« betrachtete ihr Fach immerhin knapp ein Fünftel (19,0 Prozent) aller Studierenden.[175]

In der 5. Welle der Schüler-Intervallstudie war 1971 ebenfalls die Frage nach Motiven für Ausbildung bzw. Berufswahl gestellt worden – allerdings

---

171 ZIJ, Abschlussbericht »Umfrage 69«, o. D., SächsStAL, SED, IV/B-2/16/710, Bl. 42f. Vgl. ZIJ, Forschungsbericht »Student 69«, Leipzig 1969, UAL, R 177, Bd. 5, Bl. 190.
172 IS I5, ZA, 6153; SIS 4, ZA, 6176.
173 ZIJ, Abschlussbericht »Umfrage 69«, o. D., SächsStAL, SED, IV/B-2/16/710, Bl. 41. Vgl. Amt f. Jugendfragen, Problemübersicht, 15.5.1968, SAPMO-BArch, NY/4182/1178, Bl. 126f.
174 ZIJ, Forschungsbericht »Student 69«, Leipzig 1969, UAL, R 177, Bd. 5, Bl. 193.
175 Studentenethos, in: SBZ-Archiv 16 (1965), S. 212.

mit der Möglichkeit von Mehrfachnennungen. Die Antworten der Schülerinnen und Schüler der 9. Klassen bzw. des ersten Berufausbildungsjahres lassen dennoch deutliche Präferenzen erkennen.

Tab. 13: Motive für die Berufswahl von Schülern und Lehrlingen 1971.[176]

(Angaben in Prozent)	sehr wichtig	wichtig	Gesamt »wichtig«	unwichtig	ganz unwichtig
Schulische Leistungen	20,6	64,6	85,2	11,4	3,4
guter Verdienst	13,6	59,5	73,1	22,5	4,4
hohes Ansehen	2,5	28,2	30,7	45,5	23,8
Wunsch der Eltern	1,5	7,7	9,2	29,3	61,5
Aufbau des Sozialismus	15,5	55,5	71,0	19,3	9,7
interessanter Beruf	62,8	34,9	97,7	1,6	0,7
Leistungswille im Beruf	43,1	45,7	88,8	9,1	2,1

Dass neben schulischen Leistungen das Interesse am Beruf dessen Wahl wesentlich beeinflusst, liegt auf der Hand. Irritierend wirkt hingegen der nahezu gleiche Motivationswert von materiellen und ideellen Interessen, von Verdienst und Aufbauwillen für den Sozialismus. Möglicherweise steckt hinter letzterem eine diffuse Motivationslage, verbergen sich hinter der ideologisch verbrämten Formel nur ganz simple Fortschrittsgedanken – etwa im Sinne eines allgemeinen gesellschaftlichen Wachstums bis hin zu konsumptiven Elementen. Dies wäre ein Indiz für eine hohe Akzeptanz der wirtschafts- und sozialpolitischen Weichenstellungen des VIII. SED-Parteitages – vorausgesetzt, dass die Befragung danach durchgeführt worden ist.

Die soziale Herkunft hingegen hat gerade diese beiden Motive nur bedingt beeinflusst.

Tab. 14: Motive der Berufswahl in Abhängigkeit von der Qualifikation des Vaters.[177]

(Angaben in Prozent)	Verdienst			Ansehen			Aufbau des Sozialismus			Wunsch der Eltern		
	Sw	Gw	Uw	Sw	Gw	Uw	Sw	Gw	Uw	Sw	Gw	Uw
– ohne Ausbildung	16,7	75,0	–	–	33,3	33,3	–	75,0	25,0	–	16,7	50,0
– Facharbeiter	12,4	74,1	6,0	2,5	29,9	21,4	15,3	74,8	12,4	1,0	7,0	63,7
– Hochschulabschluss	14,7	68,8	4,6	2,8	29,7	22,2	15,3	72,3	8,6	2,8	14,7	65,1

Auffällig ist hierbei, dass die Kinder von Hochschulabsolventen materiellen Motiven weniger Beachtung schenken würden – möglicherweise aufgrund ohnehin bereits vorhandenen Wohlstandes oder der Erfahrung, dass die intellektuelle Komponente für die Berufszufriedenheit von wesentlicher Bedeutung

---

176 IS I5, ZA, 6153: Gesamt wichtig = »sehr wichtig« + »wichtig«.
177 IS I5–6, ZA, 6153–6154: Sw = sehr wichtig, Gw = Gesamt wichtig [s. Tab. 13], Uw = ganz unwichtig

ist. Erstaunlich gleichrangig wird das Motiv, die sozialistische Gesellschaft in der DDR aufzubauen, bewertet, wobei der fehlende positive Extremwert und die hohen Negativwerte bei Kindern auffallen, deren Vater keine Ausbildung abgeschlossen hat. Dass die Eltern dieser Kinder auf eine bestimmte Berufswahl wert legen, scheint plausibel zu sein, auch wenn die Ausrichtung hier im Dunkeln bleibt.

Die soziale Herkunft ist auch mit Blick auf die Weltanschauung Jugendlicher von großem Interesse.

Tab. 15: Weltanschauung von Schülern in Abhängigkeit von der Qualifikation des Vaters.[178]

(Angaben in Prozent)	atheistisch	religiös	andere Auffassung	noch unentschieden
– ohne Ausbildung	46,7	6,7	6,7	40,0
– Facharbeiter	50,7	9,9	7,5	31,9
– Hochschulabschluss	74,1	6,3	12,5	7,1

Liegt der Anteil der religiös gebundenen Kindern in allen Berufsgruppen relativ nah beieinander, so fällt auf, dass sich überdurchschnittlich viele Kinder von Hochschulabsolventen zum Atheismus und anderen Auffassungen bekennen. Demgegenüber haben sich auffällig viele Kinder von Facharbeitern oder Vätern ohne abgeschlossene Berufsausbildung noch nicht für eine Anschauung entschieden, möglicherweise ist diese Frage für sie ohne Belang. – Ein ähnliches Bild ergab die Studenten-Intervallstudie (SIS).

Tab. 16: Weltanschauung Studierender in Abhängigkeit vom Beruf des Vaters.[179]

(Angaben in Prozent)	marxistisch-leninistisch	anders atheistisch	religiös	andere Ansicht	noch unentschieden
Arbeiter	72,2	3,5	6,8	3,0	14,6
Angestellter	73,1	4,1	8,5	2,0	13,0
Handwerker	56,3	4,2	13,0	5,0	8,8
Intelligenz	73,6	4,5	9,7	2,3	9,8

Von den Studienanfängern sind lediglich Handwerkerkinder überproportional sowohl religiös gebunden als auch keine Atheisten. Gemeinsam mit den Intelligenzler-Kindern sind sie in weltanschaulichen Fragen am ehesten entschieden. Berücksichtigt man, dass der überwiegende Teil (knapp 82 Prozent) der Studierenden meinte, die gleichen politischen Ansichten wie ihre Eltern zu vertreten,

---

178 IS I6, ZA, 6154.
179 SIS 0, ZA, 6172.

so wird deutlich, dass die Entkirchlichung der betreffenden Milieus bereits vor der Sozialisation der Jugendlichen, d. h. Ende der fünfziger Jahre, abgeschlossen war. Als relativ kirchennahes Milieu konnte am Anfang der siebziger Jahre nur noch die Handwerkerschaft, also das Kleinbürgertum, und in Teilen die Intelligenz, nämlich in den Restformationen des Bildungsbürgertums, zählen. Der niedrige Anteil von Kindern der Intelligenz unter den religiös gebundenen Studierenden stellt somit ein wichtiges Indiz für den Aufstieg einer sozialistischen Intelligenz in der Aufbaugeneration ihrer Eltern dar. Aufgrund dieser Aufstiegserfahrung konnten sie sich eher mit der DDR sowie den Leitbildern und Anschauungen der Staatspartei SED identifizieren. Und schließlich belegt dies die beginnende Selbstrekrutierung dieser neuen Intelligenz, die ihren Wurzeln, der Arbeiterschaft, und deren Kirchenferne verbunden blieb.[180]

Abschließend ein knapper Blick auf Vorbilder Jugendlicher in der DDR. Danach ist seit Anfang der siebziger Jahre nicht mehr gefragt worden. Offenbar wollte man nicht nur Peinlichkeiten vermeiden, sondern auch methodische Schwierigkeiten umgehen. So konnte die freie Nennung von Vorbildern extreme Streuungen ergeben und die Validität der Werte auf ein Minimum reduzieren, während Vorgaben den tatsächlichen Idolen der ostdeutschen Jugend gar nicht auf die Spur kamen.

Der erste Fall trat ein bei einer Erhebung aus dem Jahre 1963, als die befragten Jugendlichen insgesamt über 300 Vorbilder angaben. Von diesen überschritten lediglich drei die 10 Prozent-Marke: der Radsportler Gustav-Adolf »Täve« Schur sowie die Kosmonauten Juri Gagarin und German Titow. Nach Sparten sortiert rangierten an der Spitze der Liste mit 21 Prozent der Nennungen Sportler, gefolgt von Politikern (16), Kosmonauten (15) und Verwandten (12 Prozent). Zu Politikern waren allerdings auch historische Gestalten wie Marx und Engels, Luxemburg und Liebknecht, Lenin und Ernst Thälmann gezählt worden, so dass das Ergebnis dieser Sparte zu relativieren ist.[181]

Wohl vor dem Hintergrund dieser Erfahrungen waren in der Umfrage »Student 69« potenzielle Vorbilder bzw. Sympathieträger vorgegeben worden. Allein die Auswahl hatte sich schon skurril gestaltet, hatte doch die Leitung der Leipziger Karl-Marx-Universität, die den Großteil der Probanden stellte, verschiedene Personen aus der Liste streichen lassen – darunter Alexander Dubček, den Philosophen Karl Jaspers, den tschechoslowakischen studentischen Märtyrer Jan Palach und Mao Tse-Tung.[182]

---

180 Lemke: Ursachen, S.124–127; Geulen: Politische Sozialisation, S.123–136. Vgl. Mühlberg, D.: »Leben«, S.687f., u. Jessen: Diktatorischer Elitenwechsel, S.33–54.
181 Gottfried Kludas, Leitbilder und Idealvorstellungen: Gradmesser für die Wirksamkeit der ideologischen Erziehung, in: SBZ-Archiv 15 (1964), S.100.
182 ZIJ, Student 69: Entwurf [mit hds. Notizen der KMU-Leitung], o. D. [Feb./März 1969], SächsStAL, SED, IV B-4/14/083, S.7f. – Gestrichen wurde auch die Frage: »Wenn Studenten über eine politische Entwicklung in oder außerhalb der Universität unzufrieden sind,

An vorderster Stelle rangierte unter den übrig gebliebenen Personen sowohl hinsichtlich des Sympathiepotenzials als auch in Bezug auf den Bekanntheitsgrad Albert Schweitzer mit jeweils 98 Prozent, gefolgt von Martin Luther King, den 95 Prozent sympathisch fanden, aber 98 Prozent der Befragten kannten, und Beate Klarsfeld, die den Bundeskanzler Kurt Georg Kiesinger wegen seiner nationalsozialistischen Vergangenheit öffentlich geohrfeigt hatte (43/83). Ihr folgte der Studentenführer Rudi Dutschke, den zwar nur 35 Prozent sympathisch fanden, aber 92 Prozent der Studierenden kannten, während Che Guevara in der DDR anders als in der Bundesrepublik die Studierenden kaum zum revolutionären Handeln animierte. Er landete mit 22 Prozent Sympathie und einem Bekanntheitsgrad von 34 Prozent auf einem der hinteren Plätze.[183]

Was in der Bundesrepublik durch die Studentenbewegung und damit durch Personen wie Rudi Dutschke sowie unter dem Banner von Idolen wie Che Guevara forciert worden war, die Ausweitung gesellschaftlicher Spielräume und die Lockerung gesellschaftlicher Normen, beschleunigte sich in der DDR erst am Anfang der siebziger Jahre.

»Eine Schaufensterveranstaltung«: Die DDR im Glanze der Weltfestspiele

Im Januar 1972 entschied das Internationale Komitee für die Weltfestspiele der Jugend und Studenten, das Treffen im Sommer 1973 nach zwanzig Jahren erstmals wieder nach Ost-Berlin zu vergeben. Für die DDR und ihre politische Führung war dies eine einzigartige Herausforderung und Chance zugleich. Zum einen hatte sich die Lage in Berlin gegenüber dem III. Weltjugendtreffen von 1951 grundlegend verändert. Zwar lag die Welt des Imperialismus, gegen den die Festivaljugend demonstrieren sollte, immer noch nur einen Steinwurf weit entfernt im Westen der Stadt; sie war aber vom Osten durch die nahezu unüberwindliche Mauer, den »antifaschistischen Schutzwall«, getrennt. – Zum anderen bot sich der Staats- und Parteiführung die Möglichkeit, der Welt die verriegelte DDR tatsächlich als das offene Land zu demonstrieren, als das sie sich ausgab. Nach der Unterzeichnung des Grundlagenvertrages durch beide deutsche Staaten und angesichts ihrer bevorstehenden Aufnahme in die Organisation der Vereinten Nationen schien die Gelegenheit dazu günstiger denn je.

---

welche Verhaltensakte sollten sie dann durchführen.« – angesichts der Proteste gegen die Sprengung der Leipziger Universitätskirche und gegen die Niederschlagung des Prager Frühlings verständlich.
183 ZIJ, Forschungsbericht »Student 69«, Leipzig 1969, UAL, R 117, Bl. 76.

Diese Ambivalenz kennzeichnete die Weltfestspiele insgesamt – ihre Vorbereitung, ihr Programm, ihre Durchführung, ihr Umfeld.[184] Schon in der Planungsphase wurde deutlich, welches Konfliktpotenzial die X. Weltfestspiele bargen. So zeigten die Konzeptionen, die auf den verschiedenen Verwaltungsebenen entwickelt wurden, welche grundlegend verschiedenen Ansätze nun miteinander zu vereinbaren waren. Auf der einen Seite schlug sich in den Papieren das tradierte Verständnis von Kultur nieder, das die Partei von jeher propagiert hatte; auf der anderen Seite konnten darin endlich auch diejenigen ihre Ideen einbringen, die bislang gerade an dem Kulturdogma der Altherrenriegen gescheitert waren. Die erste Linie stand hierbei für ein Gemisch aus (bürgerlicher) Hochkultur, tradierter Volkskunst und Präsentationsformen, die eher als propagandistische Demonstrationen zu bezeichnen wären. In dieses Konzept war die zweite Linie zu integrieren – also Ideen derer, die eine Ahnung davon besaßen, wovon sich Jugendliche tatsächlich begeistern ließen.

Bereits in der ersten Planungsvorlage des Organisationskomitees für die Weltfestspiele, dem Mitglieder des FDJ-Zentralrats und der entsprechenden ZK-Abteilungen der SED angehörten, ließen sich diese verschiedenen Ansätze wiederfinden. Das Rahmenprogramm sah danach u. a. vor: Volksfeste mit einer Bühne für »Jugendblasorchester und Fanfarenzüge der FDJ«, einen »Schiffskorso der Solidarität auf den Berliner Gewässern«, ein »Chorkonzert mit 5 000 Sängern«. Daneben wurde geplant eine »Internationale Modenschau auf fahrbaren Laufstegen [und ein] Festlicher Ball im Staatsrat und in der Kongreßhalle«. Typische Jugendveranstaltungen wie Rock- und Popkonzerte finden sich in diesem Papier entweder als schlichte »Kulturprogramme« oder unter der Rubrik »Woche des politischen Liedes«. Als kulturelles Novum und Highlight des Festivals plante das Organisationskomitee eine »Tanzstraße der Jugend von der Friedrichstraße bis zum Strau[s]berger Platz«.[185] Daneben fanden sich auch propagandistische Demonstrationsveranstaltungen wie die Großkundgebung »Die Jugend der DDR grüßt die Jugend der Welt«. Dafür waren 120 000 bis 150 000 Teilnehmer, immerhin ein Viertel der ostdeutschen Delegierten, vorgesehen, die der Welt zeigen sollten, »Die Jugend der DDR [sei] aktiver Mitgestalter der sozialistischen Gesellschaft«.[186]

Wie in den jugendpolitischen Papieren der Partei üblich, standen in den Konzeptionen des Vorbereitungskomitees die Fragen der Bewusstseinsbildung an vorderster Stelle. Um unliebsame Zwischenfälle von vornherein aus-

---

184 Die ausführlichste Darstellung bietet Rossow, Ina: »Rote Ohren, roter Mohn, sommerheiße Diskussion«. Die X. Weltfestspiele der Jugend und Studenten 1973 als Möglichkeit für vielfältige Begegnungen, in: Fortschritt, Norm und Eigensinn. Erkundungen im Alltag der DDR. Hg. Dokumentationszentrum Alltagskultur der DDR. Berlin 1999, S. 256–275. Interessante Versatzstücke finden sich bei Bollow u. a.: Lernziel, S. 296f.; Höllen: Loyale Distanz?, Bd. 3/1, S. 326–329; Raabe: Positionen, S. 28–39; Wolle: Die heile Welt, S. 164–166; Schuster: Wissen, S. 283–286, u. Werkentin: Politische Strafjustiz, S. 389f.
185 Organisationskomitee, Vorlage, Berlin 26.1.1972, SAPMO-BArch, DY/30/vorl. 14329, Anl. I, S. 2–9.
186 Motto eines der vier Kundgebungsblöcke: ebd., Anl. II, S. 7–9.

zuschließen, bestand neben effektiven Sicherheitsmaßnahmen die Notwendigkeit, das Bewusstsein der ostdeutschen Jugend auf »Festivalkurs«, wie die Vorbereitungen offiziell bezeichnet wurden, zu bringen. Die Ansätze einer jugendpolitischen Wende sollten zwar verfestigt, zugleich aber genutzt werden, um die Jugend noch stärker in das sozialistische Gesellschaftssystem einzubinden, sie »einzureihen«.[187] Die kulturelle Lockerung sollte diesmal – anders als nach dem Jugendkommuniqué von 1963 – nicht der Kontrolle der Partei entgleiten.

In einer Bestandsaufnahme der Jugendpolitik seit Anfang des Jahrzehnts hatte das SED-Politbüro im April 1972 einen unverändert starken Einfluss des Westens auf das Bewusstsein der DDR-Jugend feststellen müssen:

> »Bestimmte Teile der Jugend bewundern wirtschaftliche, ökonomische und wissenschaftliche Leistungen des Imperialismus und betrachten sie als für den Sozialismus nicht erreichbar. Viele halten die Mode und Tanzmusik im Westen für besser als in den sozialistischen Ländern und nehmen sich westliche Idole zum Vorbild.«[188]

Neben dem Bundeskanzler Willy Brandt, dessen »Neue Ostpolitik« erste Erfolge zeitigte und in den angesichts der Verhandlungen über die innerdeutschen Beziehungen neue Hoffnungen gesetzt wurden, waren dies nach wie vor westliche Musikstars.[189] Dieser Umstand war zum 20. Jahrestag der DDR am 7. Oktober 1969 den ostdeutschen Funktionären wieder einmal schmerzlich ins Bewusstsein gerufen worden. Nachdem sich in der gesamten Republik Gerüchte verbreitet hatten, die *Rolling Stones* würden auf dem Hochhaus des Springer-Verlages in unmittelbarer Nachbarschaft zur Berliner Mauer spielen, waren aus allen Teilen der DDR Jugendliche angereist, um dem vermeintlichen Großereignis beizuwohnen. In einem beispiellosen Großeinsatz versuchten die Sicherheitskräfte, den Massenauflauf zu verhindern, holten anreisende »Beat-Anhänger und dekadente Jugendliche«, wie es in einem Stasi-Bericht heißt, aus den Zügen nach Berlin, schickten sie in ihre Heimatorte zurück und verhafteten auf den Berliner Bahnhöfen 238 junge Menschen. Gleichwohl versammelten sich in der Leipziger Straße und an anderen Orten in Berlin-Mitte über 2 000 Jugendliche und wurden mehrfach von der Polizei und FDJ-Ordnungsgruppen auseinandergetrieben, bis sie am frühen Abend selbst die Sicherheitskräfte angriffen. Am Ende des Tages hatte die Polizei allein in Ost-Berlin insgesamt 430 Jugendliche festgenommen, darunter 45 Schüler, 199 Arbeiter und 169 Lehrlinge.[190]

---

187 So der gängige, umgangssprachliche Ausdruck, den auch Plenzdorf: Die neuen Leiden, S. 40 f., aufgreift.
188 SED-PB, Beschluss, 20.4.1972, SAPMO-BArch, DY/30/J IV 2/2/1388, Bl. 75.
189 Vgl. Rauhut: Beat, S. 235–238.
190 MfS, ZAIG, Information, 9.10.1969, BStU, ZAIG 1757, Bl. 2–6. Vgl. Rauhut: Rock, S. 41 f.

Immerhin war das Jugendmagazin *neues leben* der musikalischen Westorientierung der meisten Jugendlichen soweit entgegen gekommen, dass es seit 1966 vereinzelt Reportagen über westliche Musiker brachte – zunächst über Joan Baez, Bob Dylan, die *Beatles* und anlässlich seines Todes 1971 auch über Jimi Hendrix. All diesen Beiträgen haftete deutlich der Geruch der klassenkämpferischen Kulturdoktrin des »Kahlschlags« an, wenn die Autorin Ilona Regner Baez und Dylan eine »Protestmasche« aus kommerziellen Gründen unterstellte und die *Beatles* als Proletarierkinder porträtierte, die zu Kapitalisten degeneriert seien.[191] Im Juli 1969 erschien schließlich auch ein Artikel über die *Rolling Stones*, die das Blatt bislang konsequent gemieden hatte, worin sich die Quintessenz der Reportagen des *neuen leben* niederschlug:

> »Die Beatles, die Rolling Stones und wie sie alle heißen, die abwechselnd die Hit-Paraden der westlichen Rundfunksender anführen, sind Räder in der Meinungsbeeinflussungsmaschinerie, denen eine ganz bestimmte Funktion zugedacht sind. Nicht ihre guten Vorsätze zählen, nicht die Ideale, die einige Beatgruppen in ihrer Anfangszeit (z.B. die Beatles) hatten und von denen sie sich schnell trennen mußten, um das große Geld zu verdienen. Sie haben eine politische Funktion, ob sie wollen oder nicht. Denn Fans, die aus dem Häuschen geraten, wenn ihre Idole hart in die Saiten greifen, die jede Zeile unbesehen verschlingen, die über sie gezielt geschrieben wird, diesen Fans ist der Blick verkleistert für die Mißstände in der Gesellschaft, in der sie leben. Dahinter steckt Absicht, das ist Methode.«[192]

Noch deutlicher hatte sich einen Monat zuvor der Exponent der Singebewegung, Hartmut König, im *neuen leben* geäußert, als er behauptet hatte, es sei »alle westliche Beatmusik mit kapitalistischer Ideologie notwendig behaftet«. In seinem Beitrag forderte König einen sozialistischen DDR-Beat, um dessen »Frische und Lebendigkeit für unsere Zwecke [zu] nutzen«:

> »Er soll ein Motor für die schöpferische musikalische Betätigung und Entwicklung der Jugendlichen sein, ein Mittel und gleichzeitig ein Verbündeter der Singebewegung, ein vernünftiger, von Exzessen und Manipulationen freier Schauplatz unseres Spaßes und Temperamentes, unserer Fähigkeiten, unserer sozialistischen Lebensgewohnheiten, der auch einen Teil der Tanzmusik ausmacht.«[193]

Königs Plädoyer stieß ebenso wenig wie die Beiträge Ilona Regners auf einhellige Zustimmung, sondern eher auf Skepsis. So fragte eine Leserin: »Ist das alles die Wahrheit, was Sie geschrieben haben?«[194] Andere Leser gaben

---

191 Protest gegen die Protestmasche, nl, 1/1969, S.48–50; Ilona Regner, Es führt kein Weg zurück nach Liverpool, nl, 3/1969, S.48–50. Vgl. Dies., Tod eines Pop-Stars, nl, 4/1971, S.10f.
192 Ilona Regner, Die Stones: Maschen und Moneten, nl, 7/1969, S.44.
193 Harmut König, Beat-Schlag, Pulsschlag, Klopfen, nl, 2/1969, S.34f.
194 Brunhilde Gniess, Radeberg, Leserbrief, nl, 4/1970, S.2.

sich nicht so naiv, sondern schrieben, wie das *neue leben* höhnte, »viel Kohl, der auf gutem Westmist gewachsen ist«, und empörten sich über die »Frechheit, die Fans so zu belügen«. Das *neue leben* druckte solche Briefe offenbar ab, um ihre Verfasser als unbelehrbare Parteigänger des Westens anzuprangern. Diese konnten in ihrer ungezügelten Empörung auch so wirken, wenn sie etwa die Beiträge des Jugendmagazins als »erstunken und erlogen« oder als »viel Mist« bezeichneten.[195]

Angesichts solchen Misstrauens und der gängigen »Auswahl und Übernahme falscher Leitbilder [und] westliche[r] Idole«, wie ein Offizier der Staatssicherheit in seiner Diplomarbeit notierte,[196] wird man einmal mehr die Erhebungen des Zentralinstituts für Jugendforschung skeptisch betrachten müssen. Auch die SED-Spitze traute offenbar den oberflächlich zufrieden stellenden Ergebnissen aus Leipzig nicht recht. So forderte das Politbüro in dem bereits zitierten Beschluss vom 20. April 1972 eine Intensivierung des »FDJ-Studienjahres«. Um die Aufnahmebereitschaft der FDJler zu erhöhen, sollten wieder einmal Alltagsfragen Jugendlicher in größerem Maße berücksichtigt werden. Vor dem Hintergrund der innerdeutschen Verhandlungen verlangte das oberste Parteigremium vor allem eine verstärkte antiwestliche Propaganda des Jugendverbandes:

»Die Genossen im Zentralrat der FDJ werden beauftragt, mit Hilfe der ›Jungen Welt‹ und anderer Verbandspublikationen offensiver Fragen der Jugend aufzugreifen und zu beantworten. Das betrifft vor allem Fragen zur Entwicklung des internationalen Kräfteverhältnisses [...], zum unverändert aggressiven und verbrecherischen Charakter des Imperialismus, besonders in der BRD, und zu den verschiedenen Spielarten der antikommunistischen Ideologie.«[197]

Gestützt auf den Politbüro-Beschluss meinten die Verantwortlichen dem Ziel der Bewusstseinsbildung am ehesten in der Form einer Kampagne näher zu kommen. Die Vorbereitungen der Weltfestspiele trugen von Anfang an diesen Charakter, was der Glaubwürdigkeit des Festivals als eines (welt-)offenen Jugendtreffens nicht unbedingt dienlich war. So wurden viele Arbeitseinsätze propagandistisch als »Subbotniks« ausgeschlachtet und finanziellen Engpässen durch die Einrichtung eines speziellen Kontos nach dem Vorbild der »Solidaritätsfonds« vorgebeugt. Ende 1972 konnte der FDJ-Zentralrat stolz vermelden: »Bisher wurden auf das ›Festivalkonto 1973‹ über 8 Millionen Mark überwiesen.«[198]

---

195 Jimmy Petsch [evtl. ein Pseudonym in Anlehnung an den Led Zeppelin-Gitarristen Jimmy Page], Karl-Marx-Stadt, Leserbrief, nl, 3/1971, S.49; Leserbriefe v. Hubert Bänsch, Großröhrsdorf, nl, 3/1969, S.54, u. Martina Kreide, Berlin, nl, 10/1971, S.21.
196 Oltn. Eberhard Plautmann, Die Bearbeitung Jugendlicher und Jungerwachsener in operativen Vorgängen, Diplomarb., Berlin Sept. 1971, BStU, MfS-JHS-MF-VVS 160-578/71, S.16.
197 SED-PB, Beschluss, 20.4.1972, SAPMO-BArch, DY/30/J IV 2/2/1388, Bl.68.
198 FDJ-ZR/SED-ZK, Abt. Jugend, Vorlage f. SED-PB, 7.12.1972, SAPMO-BArch, DY/30/J IV 2/2/1427, Bl.91.

Auch die Kommission für Jugend und Sport bei der SED-Bezirksleitung Leipzig versuchte, den politisch-ideologischen Leitvorstellungen der Parteiführung gerecht zu werden, entwickelte aber zugleich eigene Ideen. Möglicherweise sahen ihre Mitglieder in der Ausrichtung des Festivals eine Chance, lang gehegte Erwartungen gegenüber den Leitungen in Berlin und Leipzig durchsetzen zu können. So widerspiegeln die Planungsunterlagen der Leipziger Jugendkommission einerseits bis ins Detail die Vorstellungen des zentralen Vorbereitungskomitees; andererseits finden sich darin zum wiederholten Male die Schwachstellen des Angebots für Jugendliche im Bezirk, die bislang nicht abgestellt werden konnten. Das Konzept für eine neue,»Sozialist[ische] Freizeitgestaltung der Jugend«, das die Kommission im April beriet, sah eine kurzfristige Ausweitung des Freizeitangebots vor. Dazu waren vor allem die entsprechenden Baumaßnahmen einzuleiten. Begleitend sollte die Arbeit mit den Aktiven verstärkt und jugendliche Eigeninitiative nicht nur auf dem Bau, sondern auch auf kulturellem Gebiet unterstützt werden.[199] Dies geschah offenbar mit einigem Erfolg, so dass bei Beratungen auf höchster Ebene gerade aus Leipzig »Fortschritte in der jugendgemäßen Tanzmusik, in der Arbeit mit Tanzkapellen« registriert werden konnten.[200] Dies entsprach tatsächlich der Akzentuierung vor Ort: Während »Fragen des geistig-kulturellen Lebens der Jugend« von der Leipziger Kommission und den nachgeordneten Funktionären vorrangig berücksichtigt wurden, wurde die politisch-ideologische Arbeit mit der Jugend vorübergehend vernachlässigt.[201]

Partei- und FDJ-Organisationen begannen mit großem Elan, einen Teil der niedergelegten Vorstellungen umzusetzen. Dafür wurden erhebliche finanzielle und materielle Ressourcen mobilisiert. Unter diesen Voraussetzungen konnten zahlreiche Jugendliche gewonnen werden, selbst an der Umsetzung der hochtrabenden Pläne mitzuarbeiten. Das galt in ganz konkreter Weise: Ohne die zahlreichen Arbeitseinsätze, die häufig freiwillig geleistet wurden, waren die Projekte nicht zu verwirklichen. Schließlich waren die anstehenden Arbeiten kein Bestandteil langfristiger Planungen gewesen und mussten deswegen mit möglichst wenig bürokratischem wie technischem Aufwand vollbracht werden. – Dass die FDJ dies für ihre politisch-ideologische Arbeit auszunutzen versuchte, war verständlich, stieß aber nicht auf ungeteilte Zustimmung unter den Betroffenen. So kritisierten in Leipzig Jugendliche angesichts der FDJ-Kampagnen zur Vorbereitung der Weltfestspiele die Untätigkeit des Jugendverbandes bei der handfesten Arbeit, denn »bei uns ist eigentlich nichts los, alles was wir tun, könnten wir auch ohne FDJ tun«.[202] Diese Kritik ent-

---

199 O. Verf., Niederschrift, 7.4.1972, SächsStAL, SED, IV C-2/16/750, S. 1; dass., 17.5.1972, ebd.
200 SED-ZK, Abt. Jugend, Ablaufplan, 1.6.1972, SAPMO-BArch, DY/30/vorl. 18028.
201 SED-ZK, Abt. Jugend, Einschätzung, 10.10.1972, ebd.
202 O. Verf., Niederschrift, 30.10.1972, SächsStAL, SED, IV C-2/16/750, S. 1. Vgl. Rossow: »Rote Ohren ...«, S. 259f.

sprach einer Einschätzung der SED-Bezirksleitung vom Herbst 1972. Danach waren die meisten Skeptiker keine Mitglieder des Jugendverbandes. Um diesen Umstand hervorzuheben, wurden dessen Fortschritte in der Verbandsarbeit in dem Papier zugleich betont:

>»Untersuchungen machen darauf aufmerksam, daß große Teile der nicht in der FDJ organisierten Jugendlichen noch nicht mit der politischen Bedeutung der X. Weltfestspiele vertraut gemacht wurden. Zugleich wird aber auch sichtbar, daß der Einfluß der FDJ auf die gesamte Jugend, auf ihre Denk- und Verhaltensweise in der Festivalbewegung wächst.«[203]

Nicht zuletzt unter dem Eindruck der intensiveren Jugendarbeit wuchs die Bereitschaft zum Engagement in der FDJ. Der Jugendverband erfreute sich eines regen Zulaufs, die Mitgliederzahl stieg im Vorfeld der Weltfestspiele deutlich an. Waren nach offiziellen Angaben zum Jahreswechsel 1969/70 noch 1,7 Millionen Jugendliche als Mitglieder der FDJ registriert, so erreichte ihr Mitgliederbestand 1973/74 die Zwei-Millionen-Marke.

Tab. 17: Mitgliederzahl und Organisationsgrad der FDJ.[204]

	FDJ-Mitglieder (nach offiziellen Angaben)	Organisationsgrad (Anteil der aktiven FDJ-Mitglieder unter allen 14- bis 25-Jährigen, in Prozent)
01.07.1960	1 495 870	47,5
31.07.1962	1 225 691	41,6
30.06.1963	1 291 406	42,5
30.09.1964	1 291 097	k.A. (keine Angabe)
31.12.1965	1 360 000	k.A.
30.11.1966	1 408 319	k.A.
31.12.1967	1 414 035	50,0
31.12.1968	1 420 211	54,0
31.12.1969	1 677 618	57,1
31.12.1970	1 741 078	58,6
31.12.1971	1 808 415	59,4
31.12.1972	1 892 485	59,6
31.12.1973	1 974 031	60,4
31.12.1974	1 989 136	58,9

Die intensive Agitation und die Protektion der Freien Deutschen Jugend durch den Partei- und Staatsapparat hatten dergleichen in der Vergangenheit nicht vermocht. So ist der Mitgliederzuwachs nur als Ausdruck von dreierlei zu verstehen. Zum Ersten widerspiegelte er möglicherweise tatsächlich ein wach-

---

203 SED-BL Leipzig, Informationsbericht, Leipzig 20.11.1972, SächsStAL, SED, IV C2/16/751, Bl.19.
204 Zilch: Millionen, Bd.1, Tab. 1 u. 1 a, S.1 u. 14. Für 1961 liegen keine verlässlichen Angaben vor.

sendes Interesse zahlreicher Jugendlicher an der Arbeit des Jugendverbandes. Die Vorbereitungen der X. Weltfestspiele mit ihrer Ausstrahlung dürften für die Motivation Jugendlicher zur Mitarbeit in der FDJ eine nicht unbedeutende Rolle gespielt haben. Der Verlauf des Festivals trug später sein Übriges dazu bei.[205] – Zum Zweiten verhalf weiterhin vor allem die massive Protektion des Jugendverbandes durch die Leitungen von Partei und Staat der FDJ zu den meisten Mitgliedern. Solange Kinder und Jugendliche zu einem Arrangement mit bzw. in der Freien Deutschen Jugend gezwungen waren, wollten sie ihre Bildungschancen nicht aufs Spiel setzen, war eine Mitgliedschaft auf jeden Fall der einfachere Weg. Die Bildungspolitik der DDR setzte diesbezüglich (wie gezeigt) eindeutige Präferenzen, Widerstand gegen die entsprechenden Normen schien weitgehend kontraproduktiv, frucht- und deshalb sinnlos zu sein. Schließlich hatten auch die Kirchen eingestehen müssen, dass nur eine verschwindende Minderheit willens war, andere Wege als die staatlich gewiesenen zu gehen. Nur in wenigen Fällen begehrten Eltern und Jugendliche gegen Restriktionen in der Bildungspolitik auf. – Und drittens hatten nur wenige überhaupt einen Anlass dazu. Der überwiegende Teil der ostdeutschen Bevölkerung diskutierte die Forderungen der Ost-Berliner Führung nicht mehr. Mögliche Alternativen existierten entweder gar nicht mehr (wie die Flucht über das offene Berlin) oder wurden nicht mehr wahrgenommen (wie etwa die Signalwirkung eines Nonkonformismus auf breiterer Basis).

Allerdings war diese Anpassungsleistung nicht mit einem Bekenntnis zur herrschenden Gesellschaftsordnung gleichzusetzen. Der Organisationsgrad Jugendlicher in der FDJ gab (wie mehrfach dargelegt) keinerlei Auskunft über die tatsächliche Meinung oder gar Weltanschauung der Mitglieder des Jugendverbandes. Die Mitgliedschaft im Jugendverband wurde als selbstverständlich betrachtet, ohne dass seine ideologische Ausrichtung begrüßt oder sogar geteilt werden musste. Stellvertretend für viele andere erklärte Kerstin, die 1972 volljährig wurde:

»Wir waren FDJ, weil jeder drin war, sonst wären wir ja aufgefallen ..., das haben halt alle gemacht, und da haben wir das auch gemacht. Wir haben nie darüber nachgedacht, warum wir's gemacht haben.«[206]

Selbst der FDJ-Zentralrat verband die Erfolgsmeldung über den Mitgliederrekord mit ernüchternden Berichten über die politischen Vorstellungen Jugendlicher. Er wiederholte die Klagen des Politbüros vom Frühjahr über die diffusen Einstellungen zum Sozialismus und zum Kapitalismus und entdeckte mit Blick auf die bevorstehende Unterzeichnung des Grundlagenvertrages unter der DDR-Jugend eine zunehmende Akzeptanz sowohl konvergenztheoretischer Vorstellungen (also von Ideen, dass sich kapitalistisches und sozialis-

---

205 Vgl. Hübner: Die FDJ, S. 65–67.
206 Kerstin (Jg. 1954), zit. Zoll (Hg.): Ostdeutsche Biographien, S. 96.

tisches Gesellschaftssystem allmählich annäherten) als auch pazifistischen Gedankengutes.[207] Auch hier stehen die Erkenntnisse des FDJ-Zentralrats und der Jugendabteilung des SED-Zentralkomitees im Widerspruch zu Ergebnissen des Leipziger Instituts für Jugendforschung. Insgesamt aber schlug sich der dauerhafte Druck, »eingereiht« zu werden, im Verhalten der meisten Jugendlichen nieder. Selbst unter Studierenden, die vorwiegend aus dem Bürgertum oder aus bürgernahen, kirchlichen Milieus stammten, war diesbezüglich (wie oben gezeigt) ein tiefgreifender Wandel festzustellen. Gleichwohl dürften nicht wenige der engagierten Jugendlichen ernsthaft motiviert gewesen sein. Schließlich boten die Vorbereitungen der Weltfestspiele vielfältige Möglichkeiten, sich künstlerisch oder anderweitig kreativ zu betätigen.

Die Gestaltung eines ansprechenden, adäquaten Programms für das Festival war nicht zu erreichen ohne die Mitwirkung junger Künstlerinnen und Künstler – voran junger Musiker. Damit begann der kometenhafte Aufstieg einiger Gruppen, die für das Programm der Weltfestspiele ausgewählt wurden und damit eine Bühne vor großem Publikum bekamen. Auch hier gab es natürlich Unterschiede, die zum Teil mit dem Image der Bands, zum Teil mit ihrem Anhang, dem Milieu ihrer Fans und deren Erwartungen, zum größten Teil aber mit den Texten ihrer Lieder verknüpft waren.

Während ein »aufdringliches Weltverbesserungspathos« oder »das moralinsaure Auswalzen von mehr oder minder faden ›Lebensweisheiten‹« in manchen Texten ganz auf der Linie der Partei und der FDJ lagen, nutzten einige Texter – voran der Liedermacher Gerulf Pannach für *Renft* – die Gunst der Stunde, um zwischen den Zeilen Kritik zu üben.[208] Die Fans wussten mit dieser Lesart des »double talk«, der »Zweigleisigkeit« umzugehen und verstanden auf ihre Art die mehrschichtigen Botschaften. Der Gehalt von solchen »politisch zweideutigen Texten«, an die sich Bands nach Erkenntnissen des MfS seit dem Anfang der siebziger Jahre zunehmend wagten,[209] wurde von Jugendfunktionären oft nur oberflächlich und deshalb auf ganz andere Weise (miss-)verstanden. Aus diesem Grunde konnte sogar einer dieser Songs, »Ketten werden knapper«, von Pannach getextet, von *Renft* arrangiert, offiziell »gefeiert als ›antiimperialistischer‹ Appell«, zu einer der offiziellen Festivalhymnen der Weltfestspiele »befördert« werden.

»Singt für alle, die es wagen / Für die Leute in jedem Land / Die gemeinsam den Erdball tragen / Daß kein Mensch mehr noch steht am Rand // Ketten werden

---

207 FDJ-ZR/SED-ZK, Abt. Jugend, Vorlage f. SED-PB, 7.12.1972, SAPMO-BArch, DY/30/ J IV 2/2/1427, Bl.87.
208 Vgl. Rauhut: Beat, S.256–258; Ders.: Blues in Rot. Der Fall Gerulf Pannach und das Verbot der Klaus-Renft-Combo, in: DA 31 (1998), S.773–782; Dieckmann, Christoph: Wir Sowjetmenschen. Linksanarchistischer Rock'n'Roll, in: Die Zeit, Nr. 39/1999, S.16.
209 MfS, Information, 23.7.1974, BStU, ZAIG 2411, Bl.5.

knapper / Und brechen sowieso / Wie junger Rhabarber / Wie trockenes Stroh.«²¹⁰

Dass ausgerechnet dieser Titel – neben Liedern wie dem bekannten *Oktoberklub*-Song »Sag mir, wo du stehst«, der *die* Hymne der Singebewegung wurde, – in das Liederbuch der Weltfestspiele aufgenommen wurde, mutet wie eine Ironie der Geschichte an. Schließlich waren die meisten Musiker von *Renft* als *Butlers* vor dem »Kahlschlag«-Plenum heftig bekämpft worden. Auch in Zukunft sollte sich die Band politisch auffällig verhalten und schließlich verboten werden.

Damit hoben sich die Texte einzelner Bands nicht nur positiv von den relativ anspruchslosen Extrakten der Schlagerindustrie ab, die auch in der DDR das Geschäft mit populärer Musik dominierte, sondern standen mit ihrer politischen Botschaft in einem eklatanten Gegensatz zu Liedern der Singebewegung. Hier wurde oft im Sinne althergebrachter Doktrinen ein Wohlverhalten von Jugendlichen gefordert, das kaum noch Freiräume zuließ. Auch spiegelten derartige Lieder eine politische Wahlfreiheit vor, die im Alltag von den Jugendlichen nicht erlebt wurde. So etwa, wenn der *Oktoberklub* forderte: »Sag mir, wo du stehst / und welchen Weg du gehst! / Zurück oder vorwärts, du mußt dich entschließen!«²¹¹ Selbst eine gediegene Rhythmik konnte da nicht verbergen, dass diese Entscheidung für ostdeutsche Jugendliche gar nicht anstand. Gernot Grünspecht konnte sich noch dreißig Jahre später über Königs Gruppe und deren Lied aufregen:

> »[…] diesen blöden Oktoberklub konnte ich ja nun überhaupt nicht leiden, mit Hartmut König. […] also so wie ich damals politisch gestimmt war, das war mir zu DDR. Ach, das […] konnte ich überhaupt nicht verstehen, wie man ein Lied machen konnte – Hartmut König – Sag mir, wo du stehst, und welchen Weg du gehst. Also, unter den politischen Bedingungen der DDR jemanden wirklich ernsthaft fragen zu wollen, welchen Weg er geht –. […] Die Frage war doch überhaupt nicht ehrlich zu beantworten. Das war doch wie ein Verhör für mich, so ein Lied. Also da war für mich Schluss, bei dem.«²¹²

Die plötzliche Unterstützung des bislang weitgehend unterdrückten Teils der Jugendmusikszene führte zu einer Blüte der Jugendkultur, die nur mit dem kurzen Aufschwung von 1963 bis 1965 zu vergleichen war. Die Protektion von Rock und Pop durch Partei und Jugendverband war notwendig geworden, wollte man der internationalen Öffentlichkeit eine lebendige Jugendkultur in der DDR präsentieren. So gingen die Fördermaßnahmen nun deutlich über

---

210 Zit. Rauhut: Beat, S. 257. – Zum Verbot von Renft vgl. Rauhut: Blues, 773–782; Ders.: Rock, S. 85 f.
211 Text/Musik: Hartmut König, 1967.
212 Gernot Grünspecht*, Interview, Berlin 16.11.1999.

das hinaus, was seit der Lockerung der Jugendpolitik 1971 üblich geworden war.

Auch die Jugendpresse der DDR entdeckte jetzt die Rockmusik als Dauerthema. Bereits im Februar 1970 hatte das Jugendmagazin *neues leben* die Rubrik »Platten-Paule« für Musikkritiken eingeführt. »Platten-Paule« hatte fortan auch den Part des Advocatus Diaboli zu übernehmen und die Produktionspolitik des VEB Deutsche Schallplatten bzw. seines Labels für Unterhaltungsmusik, *AMIGA*, zu kritisieren. Im September 1971 stieß er eine Leserdiskussion über die Tanzmusik und Jugendkultur an, die sich regen Interesses erfreute.[213] Im Rahmen dieser Leserdiskussion kritisierten im Dezember 1971 die *Puhdys* im *neuen leben* die »Unklarheiten und Unsicherheiten der örtlichen Organe«. Dies führe zu anhaltender Diskriminierung bestimmter Bands und ihres Anhangs, dessen Auftreten oft als Argument für bürokratische Entscheidungen herhalten müsse.[214]

Tatsächlich hatten die Sicherheitskräfte der DDR am Anfang der siebziger Jahre ein neues Phänomen entdeckt, dass bei ihnen ein großes Unbehagen auslöste. Mit den Bands zogen die Fans der Gruppen aus den Städten auf das Land, und zunehmend reisten hartnäckige Fans ihren Gruppen hinterher. Hatte die Kulturabteilung des SED-Zentralkomitees bereits im Oktober 1969 auf diesen neuen Trend hingewiesen,[215] so erarbeitete das Ministerium für Staatssicherheit im Juli 1974 ein Dossier, das sich mit Konzerten zahlreicher Bands, darunter *Renft, Stern Meißen, Lift, electra, Karat* und *City*, und dem »Auftreten von Jugendlichen mit asozialen Zügen als ständiger Anhang dieser Formationen« befasste:

> »Als sogenannter Anhang der einzelnen Beat-Formationen existieren jeweils mehrere losen Gruppierungen Jugendlicher, die sich auf der Grundlage des gemeinsamen Interesses an der Art und Weise der von den einzelnen Formationen dargebotenen Beat-Musik zusammengefunden haben. [...] Die Anhängerschaft der einzelnen Gruppen, die auch überörtlich in Erscheinung tritt, bewegt sich jeweils zwischen 100–150 Jugendlichen im Alter von 16–21 Jahren. [...]
> Ihr Repertoire wird im wesentlichen von sogen. heißer Musik bestimmt und setzt sich sowohl aus übernommenen westlichen Titeln als auch nach deren Vorbild geschaffenen Titeln zusammen.
>
> Der aufreizende Rhythmus dieser Musik, der zudem unter Nutzung der modernsten elektronischen Mittel in Überlautstärke dargeboten wird, ist objektiv geeignet, dafür anfällige Jugendliche in Ekstase zu versetzen.

---

213 Platten-Paule, nl, 8/1971, S. 2 f., 9/1971, S. 12–19. Vgl. Leserbriefe, nl, 10/1971, S. 20–22; 11/1971, S: 40, u. 12/1971, S. 40 f. – Auch die Junge Welt handelte die Rockmusik vorwiegend in Diskussionsforen ab, in denen neben Leserinnen und Lesern, Funktionären und Kritikern Musiker selbst – oft erstaunlich offen – zu Wort kamen: Rauhut: Beat, S. 286.
214 Peter Meyer (Puhdys), Berlin, Leserbrief, nl, 12/1971, S. 40.
215 SED-ZK, Abt. Kultur, Einschätzung, Oktober 1969, SAPMO-BArch, DY/30/IV A 2/9.06/36, in: Rauhut: Beat, S. 237.

Dieser Effekt wird durch die Art und Weise des Auftretens der jeweiligen Beat-Formationen verstärkt. Phantasiekostüme und ein oft ganz bewußt ästhetisch abstoßend gestaltetes Aussehen, der Einsatz von Lichteffekten, Zuckungen, wilde Verrenkungen und Raserei der Akteure, Verzicht auf jede textliche Aussage oder zum Teil unangemessene Interpretation anspruchsvoller Texte, aufstachelnde Zurufe an das Publikum und ähnliche Erscheinungen sind in diesem Zusammenhang besonders typisch.«[216]

Ein umfangreicher Bildanhang illustrierte die Erkenntnisse des Staatssicherheitsdienstes, nach dessen Meinung die Reisen der Fans als Ausdruck persönlicher Unabhängigkeit aufzufassen seien. So gäben viele Jugendliche in Gesprächen »zu erkennen, daß nach ihrer Auffassung die ›persönliche Freiheit‹ in der DDR eingeschränkt sei«. Angesichts der politischen Mehrdeutigkeit verschiedener Texte der inkriminierten Bands kam das MfS zu dem Schluss:

»Das Bekenntnis zu einer bestimmten Beat-Formation ist deshalb offensichtlich als Ausdruck einer gewissen Oppositionshaltung und gestörter Beziehungen zur sozialistischen Gesellschaft überhaupt zu werten.«

Die großzügige Förderung von Rock und Pop im Vorfeld der Weltfestspiele verhinderte aber ebenso wie das breite Medienecho, dass dieser Teil der Szene nach den Weltfestspielen wieder an den Rand oder darüber hinaus gedrängt werden konnte. Dies bedeutete keineswegs, dass die Partei damit Abschied genommen hätte vom traditionellen Kulturverständnis gegenüber der Jugend. Nach wie vor hielten die Funktionäre an dem Willen fest, eine spezifisch ostdeutsche, an angeblichen Traditionen der Arbeiterbewegung orientierte Jugendkultur zu entwickeln. Deshalb blieben die Klubs der Singebewegung bevorzugte Objekte der Jugendkulturpolitik. – So widerspiegelte die offizielle Leipziger Delegation zu den Weltfestspielen eine breite Palette des Freizeitangebots der Messestadt, mutete aber im Hinblick auf den Anlass ein wenig skurril an. Der Leipziger Festivalausschuss delegierte u. a. eine große Anzahl von Sangesfreunden, deren Spektrum vom Knabenchor der Thomaner über »Singeclubs, Schüler der Musikschule, Mitglieder des DSF-Ensemble[s]« bis zu Rockbands reichte, unter denen *Renft* die Spitzenposition einnahm.[217]

Leipzig selbst sollte, wie sonst zur Messe, als internationales Schaufenster dienen, dessen Mittelpunkt nun der Neubau der Universität am Karl-Marx-Platz war. Deshalb zeigten sich die Funktionäre gegenüber internationalen Delegierten geradezu rührig besorgt, ihr Angebot so weit wie irgend möglich zu gestalten und kurzfristig noch auszuweiten.

---

216 MfS, Information, 23.7.1974, BStU, ZAIG 2411, Bl. 1–4. Das Folgende ebd. – Vgl. Rauhut: Ohr, S. 30f.
217 SED-SL Leipzig, Informationsbericht, Leipzig 3.5.1973, SächsStAL, SED, IV C/5/01/217, S. 2f.

»Individuelle Wünsche der Gäste wurden, wenn möglich, erfüllt, so wurden z. B. zwei britische Delegierte von [Zoodirektor] Dr. Seifert selbst durch den Leipziger Zoo geführt, worüber sie sich sehr freuten.«[218]

Von vornherein war das Festival ein verlockendes, aber durchaus riskantes Unterfangen. Augenscheinlich wurde dieses Risiko an zwei der wichtigsten Veranstaltungsorte in Berlin, dem Walter-Ulbricht-Stadion, das eigens für die Festspiele in »Stadion der Weltjugend« umbenannt wurde (auch hierin zeigte sich der despektierliche Umgang mit dem todkranken ehemaligen Staats- und Parteichef), und dem Friedrich-Ludwig-Jahn-Sportpark. Sie lagen unmittelbar an der Mauer zwischen den Stadtbezirken Mitte bzw. Prenzlauer Berg im Osten und Wedding im Westen. Da gerade hier die Großkundgebungen stattfinden sollten, war über die Schließung des Grenzübergangs in der Chausseestraße hinaus ein ebenso sensibles wie rigoroses Vorgehen der Sicherheitskräfte nötig. Gemeinsam mit den bewaffneten Organen wurden als Sicherheitskräfte 1 700 Mitglieder der GST und 4 000 Angehörige der FDJ-Ordnungsgruppen, die aus der gesamten Republik nach Berlin beordert wurden,[219] sowie mehr oder weniger verdeckte Sicherheitskräfte aufgeboten – vor allem aus den Reihen des Stasi-Wachregiments »Feliks Dzierzynski«:

»Wir mußten bei den Veranstaltungen zuerst da sein. Das hatte eine operative Funktion. Man sieht, wer kommt, mit wem, wo sie hingehen ... Somit konnte man schon im Vorfeld bestimmte Situationen erkennen. Und wenn einer mit 'ner Gitarre und etwas längeren Haaren als üblich kam und sich dann in ein FDJ-Hemd reingezwängt hat, um [sich] den offiziellen Anschein zu geben, dann rückten die Leute so langsam in dessen Richtung, um sich prophylaktisch in dessen Nähe aufzuhalten.«[220]

Um Störungen des Festivals von vornherein auszuschließen und seine Offenheit auf ein kontrollierbares Maß zu beschränken, wurden bereits im Vorfeld umfangreiche Maßnahmen durchgeführt. Berlin wurde weitgehend abgeriegelt, so dass Jugendliche nur als Festivaldelegierte oder mit verwandtschaftlichen Beziehungen nach Ost-Berlin, in die Hauptstadt der DDR, einreisen konnten.[221] Seit 1972 waren zudem annähernd 30 000 Personen überprüft worden und die Zahl der Arbeitslagerinsassen sprunghaft angestiegen. Die Sicherheitsorgane hatten es vor allem auf so genannte »Asoziale« abgesehen, von denen 1973 im ersten Halbjahr 6 635 und allein in der Woche vor dem Festi-

---

218 SED-KL KMU, Berichterstattung, Leipzig 3.8.1973, SächsStAL, SED, IV C-4/14/092, S. 2f.
219 Sicherheitskommission, Bericht, Berlin 1.11.1972, SAPMO-BArch, DY/30/vorl. 14329, S. 1 u. 4; FDJ-KL KMU, Bericht, Leipzig 11.12.1972, UAL, FDJ 1077.
220 Hagen K., Kulturoffizier im MfS-Wachregiment, zit. Rossow: »Rote Ohren«, S. 261.
221 Vgl. Sicherheitskommission, Bericht, Berlin 1.11.1972, SAPMO-BArch, DY/30/vorl. 14329. Vgl. Rossow: »Rote Ohren«, S. 272; vgl. Wolle: Die heile Welt, S. 164f.

val 3 671 mit einem Ermittlungsverfahren wegen Verstoßes gegen den entsprechenden § 249 StGB überzogen wurden. 604 Personen wurden in die Psychiatrie eingewiesen, fast eintausend wurden in Jugendwerkhöfen und 1 473 in Spezialkinderheimen untergebracht.[222]
Gleichwohl gelang es nicht in jedem Fall, Störungen der Weltfestspiele zu verhindern. Dabei befürchteten SED und Sicherheitskräfte weniger Aktionen konservativer Jugenddelegationen wie der westdeutschen Jungen Union, sondern eher Aktivitäten linker Gruppierungen, deren Theorien in der DDR als »sektiererisch« galten. So hatte die Jugendabteilung des SED-Zentralkomitees bereits im Juni 1972 die Euphorie zu dämpfen versucht und gemahnt:

> »Wir müssen im klaren sein, daß im Zusammenhang mit der Vorbereitung und Durchführung der Weltfestspiele die Auseinandersetzung mit ideologischen Plattformen und Auffassungen verschiedener Strömungen der Jugendbewegung in den kapitalistischen Ländern und den jungen Nationalstaaten eine Rolle spielen wird.«[223]

Die Lage hatte sich aus Sicht der Veranstalter zwar dadurch entspannt, dass die im Ostblock stigmatisierten Chinesen schließlich doch keine Delegation nach Berlin entsandt hatten und terroristische Gruppierungen wie der palästinensische *Schwarze September*, der mit dem Attentat auf die israelischen Sportler bei den Olympischen Spielen 1972 in München bekannt geworden war, von einer Anreise abgehalten werden konnte. Dennoch herrschte bei den zuständigen Stellen Beunruhigung, reisten doch allein aus der Bundesrepublik und aus West-Berlin über 800 Jugendliche an: Außer den 330 kommunistischen Delegierten 470 Delegierte von Organisationen, die sich mit den sozialdemokratischen Jugendorganisationen auf Kontingente verständigt hatten.[224]
Aktionen dieser Gruppen verpufften zwar meist, zeugten aber davon, dass nicht alle mit dem harmonisierenden Konzept der Veranstalter abzuspeisen waren. Wie erwartet, versuchten westdeutsche Jugendgruppen, voran die Delegierten »von der Jungen Union, den linksradikalen und anderen dem Festival feindlich gegenüberstehenden Kräften« mit Flugblättern auf Schattenseiten des Festivals hinzuweisen.[225] Konnten sich die jungen Christdemokraten auf dem Alexanderplatz nur bedingt entfalten, weil ihre Aktionen nach Angaben des MfS von starken Kontingenten der Staatssicherheit abgeschirmt und

---

222 Sächs. Landtag, Fraktion Bündnis 90/Die Grünen, Minderheitenvotum, Drucksache 1/4773, 20.6.1994, bei Werkentin: Politische Strafjustiz, S. 390; vgl. Wolle: Die heile Welt, S. 165 f., u. Rainer Kunzes Erzählung »Element«, in: Ders.: Die wunderbaren Jahre. Lyrik, Prosa, Dokumente, Gütersloh o. J., S. 229–232.
223 SED-ZK, Abt. Jugend, Referat [Entwurf], o.D. [vor 9.6.1972], SAPMO-BArch, DY/30/vorl. 18060. 224 SED-Parteikomm. Vorbereitung X. Weltfestspiele, Protokoll, Berlin 7.6.1973, SAPMO-BArch, DY/30/ vorl. 14329, S. 10 u. 13.
225 FDJ-ZR, Abschlussbericht Weltfestspiele, 7.8.1973: SAPMO-BArch, DY/24/A 7.705, in: Höllen: Loyale Distanz?, Bd. 3/1, Nr. 785, S. 329. Vgl. Raabe: Positionen, S. 33.

neutralisiert wurden, dürften Flugblätter trotzkistischer und maoistischer Organisationen bei ostdeutschen Jugendlichen eher Kopfschütteln hervorgerufen haben, wenn darin die Weltfestspiele als »Propagandatribüne der Arbeiterverräter« bezeichnet wurden.[226]

Im Treptower Park meldeten sich auch Oppositionelle aus der DDR selbst, die in den Berichten nicht näher verortet wurden, über Flugschriften zu Wort. Andere nutzten die Offenheit des Festivals auf eher subversive Weise, indem sie Lieder von Wolf Biermann oder Bettina Wegner sangen. Biermann selbst sang auf dem Alexanderplatz, wie sich Stefan Heym erinnerte.[227] Solcher Genuss von Freiheit war aber nur ein kurzfristiges Vergnügen:

> »Dann hat sich die Singegruppe des Wachregiments [der Staatssicherheit] druntergemischt, und kräftige Männerstimmen haben eben ein anderes Lied angestimmt. Das wurde gemacht, ohne daß die große Öffentlichkeit etwas davon mitkriegte. Das hatte mehr so den Anschein von Spontaneität.«[228]

Zu dirigieren versuchte man auch die vielen Gespräche zwischen ostdeutschen Jugendlichen und ausländischen Gästen, voran ihren westdeutschen Altersgenossen. Die Antworten auf die Frage, wie offen die Diskussionsatmosphäre insgesamt war, gingen sehr auseinander. Selbst arrivierte FDJ-Funktionäre beklagten sich über die permanente Manipulation der Gespräche:

> »Diese Sache mit der Weltoffenheit war sehr weit hergeholt, denn es war keine Weltoffenheit. Die Grenzen zu Westberlin waren ja genauso verschlossen, wie sie immer verschlossen waren. Und die Begegnung der einzelnen Nationalitäten war sehr gesteuert.«[229]

Zudem entluden sich während der Weltfestspiele vereinzelt fremdenfeindliche Ressentiments. So wurden im Laufe des Festivals mehrfach ausländische Delegierte angepöbelt und vereinzelt geschlagen. Angereichert wurden die Ressentiments durch den Eindruck, die Delegierten aus aller Welt würden sich in Berlin auf Kosten der DDR-Bevölkerung »durchfressen«.[230]

Auf der anderen Seite waren gerade die Westdeutschen begeistert von der – aus ihrer Sicht wohl unerwartet – offenen Atmosphäre in Berlin. Erstaunt registrierten sie Bekenntnisse ostdeutscher Jugendlicher zur DDR und eine Identifikation mit bestimmten »Errungenschaften« dieses Staates, wobei die mögliche Kontrolle durch Mitarbeiter der Staatssicherheit nirgendwo in Rechnung gestellt wurde. Gleichwohl waren diese Bekenntnisse keinesfalls nur der vorherigen Indoktrination geschuldet, der alle Delegierte zur »Schulung in der

---

226 KPD/ML, Flugblatt »Rote Garde«, zit. MfS, Information, 30.7.1973, BStU, ZAIG 2180, Bl.91f.; vgl. ebd., Bl.97–100.
227 Heym, Nachruf, S.889.
228 Hagen K., Kulturoffizier im MfS-Wachregiment, zit. Rossow: »Rote Ohren«, S.261.
229 Sigrid R., FDJ-Leiterin aus Pasewalk, ebd., S.265.
230 Thomas Tauer, Interview, Leipzig 24.8.2000; MfS, Information, 25.7.1973, BStU, ZAIG 2180, Bl.46f. Vgl. Dass. 6.8.1973, ebd., Bl.166f.

Argumentation« unterzogen worden waren.[231] Sie gingen vielmehr zum Teil auf Aversionen gegenüber Westdeutschen zurück, gegen deren Pauschalurteile man sich zu wehren versuchte. Dies war eine durchaus typische Reaktion. Sogar Jugendliche, die aufgrund ihrer eigenen ambivalenten Erfahrungen die DDR durchaus kritisch betrachteten, fühlten sich in Gesprächen mit westdeutschen Gleichaltrigen manchmal veranlasst, die DDR zu verteidigen. Monika Mayerhofer berichtet über eine solche Situation:

>»'72 habe ich meine zwei Cousins, die sind [...] zwei und ein Jahr älter, [...] das erste Mal gesehen. [...] Und da haben wir angefangen, uns zu erzählen. Wir haben uns noch nie vorher gesehen, höchstens die Unterschrift oder so. Und dort habe ich verstanden, dass wir völlig verschieden erzogen sind. Wir haben wie aneinander manchmal vorbeigeredet. Eben, sie hat ja sehr interessiert, was wir machen und so weiter. Dann hatten sie sofort ihre Auslegung, und [...] die haben mir mit einem Satz über den Mund gefahren [...] auch in dem, wie sie den Staat sahen zum Beispiel oder die DDR, irgendwo war es ja auch trotzdem meine Heimat.«[232]

Tendenziöse Rundfunk- und Fernsehberichte westdeutscher Sendeanstalten über Probleme (in) der DDR konnten dieses Heimatgefühl verstärken, selbst wenn am Informationswert der westdeutschen Berichterstattung insgesamt nicht gezweifelt wurde. Da sein Vater es rigoros abgelehnt habe, Sendungen des DDR-Fernsehens anzuschauen, habe er in den sechziger Jahren eine gewisse Abneigung gegen verschiedene westdeutsche Journalisten entwickelt, erzählt Gernot Grünspecht:

»[...] wenn ich konservative Medien da beobachtet habe aus der BRD und Kommentatoren, da musste ich ja in einem Dreckhaufen leben, [...]. Und das war einfach nicht das Leben, das war nicht das, bei allem Dreck, den es wirklich gab, den ich erlebt habe. Das war eine Verzeichnung und auch irgendwie eine Beleidigung für alle, die in der DDR einigermaßen redlich sich bemüht haben. Das konnte ich nicht ertragen.«[233]

Vor diesem Hintergrund dürfte der Eindruck eines westdeutschen Delegierten repräsentativ gewesen sein, wenn er die ambivalente Festivalatmosphäre beschrieb:

»Behindert worden bin ich in der oftmals sehr hitzigen Diskussion auf dem Alexanderplatz nicht; erfreulich, daß wir uns nicht nur an Einzelbeispielen aufgehalten haben, sondern auch die grundsätzlichen Positionen diskutieren konn-

---

231 Elke Ullmann, Biologiestudentin, zit. nl, 6/1973, S.5. Vgl. Sigrid R., FDJ-Leiterin aus Pasewalk, in: Rossow: »Rote Ohren«, S.259f.
232 Monika Mayerhofer, Interview, Leipzig 12.9.2000. Vgl. Geulen: Politische Sozialisation, S.180f.
233 Gernot Grünspecht*, Interview, Berlin 16.11.1999.

ten [...]. Selbst in Einzelgesprächen, in denen die in der DDR fehlende Freizügigkeit und Meinungsfreiheit von FDJ'lern beklagt und der Wunsch geäußert wurde, auch die Bundesrepublik kennenzulernen, war das Bewußtsein auf die eigene Leistung zu spüren.«[234]

Gleichwohl wurden die offiziellen Veranstaltungen der Weltfestspiele streng kontrolliert. Veranstaltungen mit kritischem Themenpotenzial wurden von »fortschrittlichen Kräften« dominiert, während divergierenden Meinungen – wenn überhaupt – nur ein marginaler Platz eingeräumt wurde. Eine Diskussion kontroverser Standpunkte war also unerwünscht, ein Dialog kam deshalb oft genug gar nicht zustande.[235]

Kritik riefen innerhalb der DDR aber weniger die Veranstaltungen des Festivals hervor als der ungeheure Aufwand dafür. In verschiedenen Informationsberichten tauchten Hinweise darauf auf, dass die Bevölkerung Angst vor Versorgungsengpässen gehabt habe. Zugleich bewunderten etliche Ostdeutsche den gigantischen Aufwand – auch dies ein Ausdruck der Ambivalenz:

»Vereinzelt werden Meinungen zur Organisation des Festivals geäußert, die von der anerkennenden Bewunderung der Vorbereitung bis zur teilweise direkt und indirekt geäußerten Sorge reichen, ob wir uns nicht übernehmen, es nicht zu teuer ist, sich die Weltfestspiele nicht negativ auf die Versorgung der Bevölkerung auswirken könnten.«[236]

Insgesamt überwog – zumindest kurzfristig – der positive Gesamteindruck. Er rührte von dem beeindruckenden Angebot an Kultur (in Ost-Berlin sorgten täglich auf 95 Bühnen Bands und Diskotheken für Stimmung), am unbefangenen Umgang mit typischen Verhaltensweisen Jugendlicher (Parks durften plötzlich ungestört als Schlafplätze genutzt werden), am ungewohnten Service einer plötzlich kundenorientierten Gastronomie (deren Sortiment nahezu unerschöpflich zu sein schien) und an der Freundlichkeit der Sicherheitskräfte, die tatsächlich einmal als »dein Freund und Helfer« auftraten.[237] Wegen dieser Unbefangenheit und wegen kleinerer Privilegien (u. a. der Befreiung von der Arbeit und der Versorgung mit Südfrüchten) habe man über Erschwernisse hinwegsehen können, die die Weltfestspiele mit sich brachten. Das erklärt Wolfgang Schröder, der als Radfahrer am sportlichen Rahmenprogramm in Leipzig mitwirkte:

---

234 Hermann Kroll-Schlüter (BDKJ, MdB-CDU), Interview mit KNA, 2.8.1973, zit. Höllen: Loyale Distanz?, Bd. 3/1, Nr. 783, S. 327. – Vgl. insgesamt dazu Raabe: Positionen, S. 33.
235 Zum Beispiel erhielten auf dem ganztägigen Gläubigen-Forum Delegierte der AEJ und des BDKJ erst nach massivem Protesten Zutritt und die BDKJ-Vorsitzende nur drei Minuten Redezeit: ebd., S. 30; vgl. Höllen: Loyale Distanz?, Bd. 3/1, S. 326.
236 SED-KL KMU, Bericht, Leipzig 25.7.1973, SächsStAL, SED, IV C-4/14/092, S. 10.
237 Bericht v. Rainer E., Polygrafielehrling aus Altenburg, in: Rossow: »Rote Ohren«, S. 272. Vgl. Rauhut: Beat, S. 286.

»[Das f]and ich eigentlich toll. [...] Also anders kann man das nicht sagen. Es [...] sind doch gigantische Sachen bewegt worden, was eigentlich heute nicht denkbar ist. Weil jeder ja so fragt: Was kriege ich dafür? Und damals war es der Idealismus. Man brauchte nicht auf Arbeit gehen, man hat einen tollen Verpflegungsbeutel gekriegt, vielleicht eine Apfelsine oder eine Banane drin.«[238]

Dieser Idealismus entsprang zumeist der offenen Atmosphäre im Umfeld der Weltfestspiele. Mit ihr schienen sich erste Hoffnungen zu erfüllen, die man in Honecker gesetzt hatte und die mit dem Grundlagenvertrag neue Nahrung erhalten hatte. Dass Ulbricht während der Weltfestspiele starb, die – angeblich seinem Willen entsprechend – ungerührt fortgesetzt wurden, musste geradezu als Zeichen verstanden werden. Doch von dieser Hoffnung blieb nach den X. Weltfestspielen kaum etwas. Schon wenige Tage nach dem Jugendfestival zog der Alltag und damit der alte Trott ein, wie sich Rainer, ein Lehrling aus Altenburg, erinnert:

»Es war einmalige Situation, und danach ging es mit dem gleichen stupiden Schwachsinn in FDJ-Manier weiter. [...] Es war, glaube ich, nie das Ziel – so wie wir damals dachten –, daß das ein Anfang zur Öffnung ist. Wir hatten vermutet, daß es auch dazu dient, diese Öffnung sicherer zu machen, indem man sie so vor der Welt demonstriert, daß man sie nicht mehr zurücknehmen kann. Ich glaube aber heute, es war nie mehr als diese Manifestation nach außen geplant. Es war eine Schaufensterveranstaltung.«[239]

»Das ist die Zukunft der Jugend«: Das Jugendgesetz von 1974

Zumindest als Schaufensterveranstaltung waren die Weltfestspiele gelungen. Dies befanden die Genossen im Politbüro, die Honecker Beifall zollten. Zugleich forderten sie, den Entwurf des neuen Jugendgesetzes als Grundlage der künftigen Jugendpolitik verstärkt zu diskutieren. Bereits im Vorfeld der Weltfestspiele war dieser als sozialistische Errungenschaft der Öffentlichkeit präsentiert worden – als neuer Höhepunkt gelungener Jugendpolitik. Der Staats- und Parteichef erklärte dabei zur Eröffnung des Festivals rückblickend auf das Paragraphenwerk von 1964, »daß die Aufgaben des gegenwärtig geltenden Gesetzes erfolgreich gelöst worden sind. Die umfassenden politischen und sozialen Rechte, die es der Jugend einräumt, sind verwirklicht.«[240]

---

238 Wolfgang Schröder, Interview, Leipzig 23.8.2000. Vgl. Thomas Tauer, Interview, Leipzig 24.8.2000.
239 Rainer E., zit. Rossow: »Rote Ohren«, S. 272f. Vgl. verschiedene Stimmen in Raabe: Positionen, S. 30f., sowie Kunze, Reiner: Nachhall, in: Ders.: Die wunderbaren Jahre, S. 233.
240 Erich Honecker, Das große Treffen der Weltjugend beginnt, Artikel, Juli 1973, in: Ders.: Reden und Aufsätze. Bd. 2, Berlin (DDR) 1977, S. 336; SED-PB, Einschätzung, 8.8.1973, SAPMO-BArch, DY/30/J IV 2/2/1462, Bl. 11f.

Indes war die Änderung des Jugendgesetzes aus ganz anderen Gründen notwendig geworden. So strotzte das alte Gesetz von 1964 nach Meinung der ZK-Abteilung Jugend von überholten ideologischen Prämissen, von »falschen politischen Orientierungen, wie das einheitliche sozialistische Deutschland, die ganze Nation, die sozialistische Menschengemeinschaft u. a.« Zudem werde es der politischen Praxis seit dem VIII. Parteitag nicht gerecht – etwa in Bezug auf »soziale Maßnahmen zur Förderung der Jugend und junger Ehen (nicht geregelt), die sozialistische Wehrerziehung der Jugend (nicht geregelt), das kulturelle Leben der Jugend (einseitig auf Kunst und ihre Aneignung [ausgerichtet])«.[241]

Sozial- und kulturpolitische Forderungen nahmen deswegen einen vorrangigen Platz in der Konzeption für das neue Jugendgesetz ein, während Disziplinierungsaspekte zunächst völlig dahinter zurücktraten. Im Vordergrund standen vielmehr die Vorhaben, junge Ehen und Familien materiell und sozial abzusichern und zu fördern sowie die Stellung der Lehrlinge zu verbessern, ihre Einkünfte zu erhöhen und ihren Urlaub zu verlängern. Zudem zielte es auf die »Förderung der lernenden Jugend [...] sowie die Befähigung der Jugend zur Wahrnehmung ihrer Verantwortung in allen Bereichen des gesellschaftlichen Lebens. Die Förderung des geistig-kulturellen Lebens der Jugend« war allerdings – wie bereits der vorstehende Satz erkennen ließ – an eine Voraussetzung gebunden: Die Unterstützung der Jugend setzte deren Einsatz für die sozialistische Gesellschaft voraus.[242] Ausgehend von der Feststellung, es komme gerade im Angesicht der internationalen Annäherung, hinter der unausgesprochen das Gespenst der Konvergenz lauerte, »niemand – ganz gleich, ob jung oder alt – um eine Parteinahme herum«,[243] hatte Honecker diese Forderung an die Jugendpolitik klar benannt:

> »Die Zeit ist herangereift, auch in diesem wichtigen Bereich der Gesellschaftspolitik die neuen Möglichkeiten und Erfordernisse rechtlich zu fixieren, die der Gestaltung des entwickelten Sozialismus und der fortschreitenden Integration unserer Republik in die sozialistische Staatengemeinschaft entsprechen. [...] Deutlicher noch als zuvor wird [im Gesetzentwurf] der Zusammenhang zwischen der Förderung der jungen Generation und den Leistungen betont, welche die Jugend selbst für die Gemeinschaft erbringt.«[244]

Die Bewusstseinsbildung, die Formung »sozialistischer Persönlichkeiten«, stand deshalb auch in diesem Kodex an erster Stelle: »Bestimmendes Anlie-

---

241 SED-ZK, Abt. Jugend, Zur politischen Wirksamkeit des [...] Jugendgesetzes, SAPMO-BArch, DY/30/ vorl. 14303, S. 2 f.
242 FDJ-ZR/SED-ZK, Vorlage f. SED-PB, 28.11.1972, SAPMO-BArch, DY/30/vorl. 14300, Anhang, S. 1.
243 Erich Honecker, Die Jugend der Deutschen Demokratischen Republik und die Aufgaben unserer Zeit, Rede, 20.10.1972, in: Ders.: Reden, Bd. 2, S. 47.
244 Honecker, Das große Treffen der Weltjugend beginnt, Juli 1973, in: Ders.: Reden, Bd. 2, S. 336. – Vgl. Michalzik: »An der Seite ...«, S. 172–174.

gen aller im Jugendgesetz festzulegenden Aufgaben ist die Erziehung klassenbewußter Sozialisten.«[245] Die herausragende Rolle dabei sollte der Jugendverband, die FDJ, spielen. Ihre Position wurde erneut ausgebaut, sie sollte fortan die alleinige Vertreterin der Jugendinteressen sein. So sollte ihr in den Volksvertretungen mehr Gewicht verliehen sowie in allen Gremien der Jugend-, Wirtschafts- und Bildungspolitik Sitz und Stimme eingeräumt werden. Der Jugendverband wurde sogar zur unmittelbaren Kontrollinstanz der Jugend: Gesellschaftliches Wohlverhalten war die Basis einer Karriere – so auch für den Hochschulzugang, über den die Freie Deutsche Jugend nun direkt mit entschied.[246]

Entscheidenden Einfluss übte der Jugendverband aber schon während des Gesetzgebungsverfahrens aus. Von Anfang an betrieb der Zentralrat der FDJ die Verschärfung der Entwürfe. Handschriftliche Korrekturen und Anmerkungen eines Sekretariatsmitglieds (eventuell des FDJ-Chefs Günther Jahn selbst) lassen eine solche Tendenz erkennen, auch wenn einschränkend vermerkt wurde, dass nicht nur der Staat, sondern auch die Jugendlichen »Vom Staat was fordern müssen«. So kritisierte der Verfasser der Notizen, das Paragraphenwerk dürfe in der »Σ [Summe] Nicht nur Förderungsgesetz« sein.

Während die Notizen aus Jahns Büro in kulturpolitischen Fragen Distanz zur Parteilinie erkennen ließen, indem auf einen kritischen Umgang damit vertraut wurde (»Geschmack der Jugend bildet«), wurde an anderen Stellen einer rigorosen Disziplinierung das Wort geredet. So verlangte der Verfasser der Notizen in der Frage des Hochschulzugangs statt des allgemeinen Rechts, sich zu bewerben, eine »persönl[iche] Verpflichtung – Schrauben anziehen«.[247] – Ein allgemeines Recht auf einen Studienplatz war in der veröffentlichten Entwurfsfassung tatsächlich nicht mehr zu finden. Stattdessen erklärte das Jugendgesetz die bislang per Verordnung geforderte Verpflichtungserklärung für obligatorisch und bezeichnete das Studium als »eine hohe gesellschaftliche Anerkennung und für jeden Studenten eine persönliche Verpflichtung gegenüber der Arbeiterklasse und dem sozialistischen Staat«.[248] – Selbst die Urlaubsregelung für Lehrlinge wurde im Sekretariat des FDJ-Chefs auf ein realistisches, der ostdeutschen Wirtschaftskraft entsprechendes Maß zurecht gestutzt: statt der vorgesehenen 30 sollten den Lehrlingen nur 24 Tage Urlaub zustehen.[249]

Konnten solche gesetzlichen Regelungen weitgehend ohne Widerstand aus der Bevölkerung getroffen werde, so bekamen dennoch die unteren administrativen Ebenen oft Gegendruck zu spüren, wenn ihre Entscheidungen auf Un-

---

245 FDJ-ZR, Vorlage f. SED-PB, 6.12.1972, SAPMO-BArch, DY/30/J IV 2/2/1426, Bl. 21.
246 Vgl. Jugendgesetz, 28.1.1974, GBl. 1974/I, Nr. 5, S. 45, insb. §§ 22(2), 52–56.
247 Jugendgesetz: Entwurf [m. hds. Notizen Jahns(?)], 19.4.1973, SAPMO-BArch, DY/24/8.297.
248 Jugendgesetz, 28.1.1974, § 22 (1).
249 Jugendgesetz: Entwurf [m. hds. Notizen Jahns (?)], 19.4.1973, SAPMO-BArch, DY/24/8.297, Anm. zu § 48 (in der Endfassung § 21).

mut stießen. In Riesa traten beispielsweise 17 meist junge Arbeiter aus dem Gewerkschaftsverband FDGB aus, nachdem ihnen entgegen anderslautender Versprechungen die Jahresendprämie für 1972 gekürzt worden war. Als die SED-Kreisleitung die Zahlung des vollen Betrages anwies, traten die Arbeiter umgehend wieder in den FDGB ein.[250]

Der Entwurf des Jugendgesetzes hatte also bereits nach seiner ersten Überarbeitung jeden Geschmack von Zuckerbrot verloren. Der FDJ-Chef schwang stattdessen die Peitsche. Hintergrund dieses harten Kurses mochte auch die anhaltende Stagnation der Verbandsarbeit sein. So hatte sich die Leipziger Stadtleitung der SED bereits am Ende der sechziger Jahre darüber beschwert, dass das Engagement vieler Jugendlicher in der FDJ nicht über die Mitgliedschaft hinausginge. Selbst die Beteiligung an der obligatorischen Mitgliederschulung bliebe hinter allen Erwartungen zurück, wenn 1969 »nur 42 % der Jugendlichen im FDJ-Studienjahr erfaßt wurden«. Dramatisch stellte sich nach dem zitierten Bericht die Lage in den Betrieben dar, wo die FDJ-Mitgliedsquote der Lehrlinge und jungen Arbeiter zwischen 25 und 65 Prozent schwanke und in einem Drittel der Jugendbrigaden kein einziges FDJ-Mitglied arbeite. Bei FDJ-Versammlungen sei in fast allen Leipziger Betrieben nur knapp die Hälfte der Mitglieder anwesend, Beiträge würden mehr als 15 Prozent der Mitglieder nicht zahlen.[251] Zwar gelang es, in einigen Leipziger Betrieben innerhalb der nächsten zwei Jahre den Anteil der FDJ-Mitglieder auf knapp die Hälfte der jungen Arbeiter zu steigern,[252] doch blieben zwei Gründe für das mangelnde Engagement bestehen. Zum einen fühlten sich nach wie vor zahlreiche Lehrlinge und Arbeiter von den Betriebsleitungen nicht ernstgenommen, und die Betriebsgewerkschaftsleitungen sowie die Jugendvertrauensleute im Besonderen erfüllten aus ihrer Sicht nicht ihre Aufgabe als Interessenvertretungen der Jugendlichen. Nach einem Bericht der Jugendkommission der Leipziger SED-Stadtleitung aus dem Jahre 1969 hätten »die Jugendlichen zum Ausdruck gebracht, daß sie ungenügend über die Lage und die Aufgaben des Betriebes informiert und in die Leitungstätigkeit einbezogen werden bzw. die Arbeit mit der Jugend noch nicht zur Angelegenheit aller Leitungen des Betriebes geworden ist«.[253] – Zum anderen hielt sich das Engagement der FDJ-Funktionäre selbst in Grenzen, wie etliche Unterlagen der Jugendkommissionen der Stadt- und der Bezirksleitung Leipzig der SED erkennen lassen. Wiederholt versuchten die Kommissionsmitglieder die Motivation der FDJler

---

250 MfS, Information, 19.3.1973, BStU, ZAIG 2154, Bl. 1–3. – Vgl. Roesler: Jugendbrigaden, S. 28; Hübner: Konsens, S. 192–210.
251 SED-SL Leipzig, Komm. Jugend u. Sport, Einige Probleme, 15.12.1969, SächsStAL, SED, IV B-5/01/186, S. 3–6. Vgl. SED-BL Leipzig, Komm. Jugend u. Sport, Arbeitsmaterial, 26.11.1968, SächsStAL, SED, IV/B-2/16/698, Bl. 59f.
252 SED-Stadtbezirksleitung Leipzig-Nord, Bericht, 15.3.1971, SächsStAL, SED, IV B-5/01/186, S. 2.
253 SED-SL Leipzig, Abt. Parteiorgane, Information, 24.5.1969, SächsStAL, SED, IV B-/01/186, S. 3. Vgl. SED-BL Leipzig, Abt. Parteiorgane, Information, 11.12.1967, SächsStAL, SED, IV A-2/5/228, Bl. 21.

zu erhöhen, was aber nur in Maßen gelang. So beklagte die Jugendkommission der Stadtleitung im Juli 1970, die meisten FDJ-Funktionäre hätten es abgelehnt, hauptamtliche Funktionen im Jugendverband zu übernehmen. Sie karikierten dies als »Entwicklung zu Berufsrevolutionären«, an der sie aus vorwiegend ökonomischen Gründen kein Interesse hätten:

»17 Genossen bzw. Freunde erklärten, daß für sie eine solche Entwicklung nicht in Frage käme, da sie bereits durch ihre jetzige Arbeitsstelle eine entsprechende fachliche Perspektive gestellt bekommen hätten, die sie nicht aufgeben möchten;
13 Genossen bzw. Freunde sagten, daß sie sich gegenwärtig im Rahmen von Fern- oder Abendstudium weiterbilden und sich ein solcher Einsatz damit zur Zeit nicht vereinbaren läßt;
6 Genossen bzw. Freunde brachten zum Ausdruck, daß sie sich persönlich noch nicht in der Lage fühlen, einer solchen verantwortungsvollen Tätigkeit gerecht zu werden;
3 Genossen bzw. Freunde begründeten ihre Ablehnung mit familiären oder gesundheitlichen Gründen;
3 Genossen bzw. Freunde kamen aus kaderpolitischen Gründen bzw. wegen nicht ausreichender Qualifizierung nicht in Frage und
2 Genossen bzw. Freunde sagten, daß sie zur Zeit einen Verdienst hätten, der weit über den Gehaltsbeträgen der FDJ liegt[,] und es sich nicht leisten könnten monatlich netto 250–350 M[ark] einzubüßen [...].«[254]

Die Aufwertung der Freien Deutschen Jugend durch das neue Jugendgesetz stellte insofern eine Konsequenz aus den beschriebenen Mängeln dar. Die Einbindung des Jugendverbandes in die Betriebs- und die Betriebsgewerkschaftsleitungen sollte ebenso wie die Vergrößerung des Anteils jugendlicher Volksvertreter die Attraktivität der FDJ steigern. Der Verband sollte auch als Interessenvertretung der DDR-Jugend interessant werden und nicht nur als Schlüssel zu bestimmten Laufbahnen dienen. Dass die FDJ weitgehend in dieser Funktion wahrgenommen wurde, belegt gerade das geringe Interesse junger Arbeiter am Jugendverband. Diese hatten mit dem Abschluss ihrer Ausbildung das Ende ihres Bildungsweges erreicht, und die Mitgliedschaft in der FDJ bot folglich für sie keine Vorteile mehr.

Die Disziplinierung der ostdeutschen Jugendlichen erhielt mit dem Jugendgesetz, das ein halbes Jahr nach den Weltfestspielen verabschiedet wurde, einen neuen gesetzlichen Rahmen. Vor allem die Beschränkungen im Bildungswesen erhielten damit einen legalistischen Anstrich. Die Stärkung der FDJ in

---

254 SED-SL Leipzig, Komm. Jugend u. Sport, Information, 30.7.1970, SächsStAL, SED, IV B-5/01/186, S.3. Vgl. SED-BL Leipzig, Komm. Jugend u. Sport, Gedanken, 21.8.1970, SächsStAL, SED, IV/B-2/16/698, Bl.174–179. – zum Folgenden vgl. Hübner: Die FDJ, S.66f.

Volksvertretungen und Betriebsleitungen war ebenfalls eher als weitere Gleichschaltung des Jugendverbandes mit der SED zu interpretieren; die geringe Chance, Ideen in die entsprechenden Gremien einzubringen und sie durchzusetzen, hätte ein außergewöhnliches Maß an Eigensinn und Durchhaltevermögen verlangt. Dass ersterer weiterhin nicht sonderlich gefragt war, bekam noch 1973 die Redaktion der Studierendenzeitschrift *Forum* zu spüren: Das *Forum* verlor im Dezember seinen stellvertretenden Chefredakteur, weil er sich Weisungen des FDJ-Zentralrats widersetzt und die Auffassung vertreten hatte, »daß das Forum die ›trockene‹ Politik der FDJ attraktiver machen müsse«.[255]

Damit lag er keineswegs falsch, denn selbst die Diskussion über den Entwurf des Jugendgesetzes ließ eher ein Desinteresse der Betroffenen an der Politik erkennen. Während die Kirchen die Entmündigung der Eltern durch das neue Jugendgesetz beklagten und kritisierten, es werde die »Zuteilung von Vollmachten an die FDJ-Leitungen in allen Bereichen leider keineswegs in der Praxis eine höhere Mitverantwortung der Jugend bedeuten [...], sondern eine noch stärkere Verfügung über Jugendliche nach dem Maßstab ihrer politisch-gesellschaftlichen und weltanschaulichen Einstellung«,[256] hielten sich Jugendliche selbst mit derartigen Einwänden zurück. Dementsprechend monierte die Jugendabteilung des ZK, dass unter den Eingaben zum Jugendgesetz nahezu ausschließlich solche von religiös gebundenen Bürgern zu finden seien. In deren Eingaben würde mit Blick auf den Gesetzentwurf verlangt,

»– die Gewissens- und Glaubensfreiheit ausdrücklich zu betonen und die Möglichkeit des Wehrersatzdienstes aufzunehmen;
– bestimmte Formulierungen werden im Hinblick auf ihre Auslegbarkeit infragegestellt (›persönlichkeitsschädliche Einflüsse‹, Verantwortung der Eltern für die sozialistische Erziehung der Jugendlichen [...]); [und es wird der Verdacht geäußert,]
– die Möglichkeiten der Kirche und ihrer Arbeit unter der Jugend sollen durch das Gesetz eingeschränkt werden.«[257]

Der Jugendverband selbst schien an einer Ausgestaltung seines politischen Spielraumes nicht sonderlich interessiert zu sein. Vermerkte schon der zitierte Informationsbericht außer den Eingaben »kirchlicher Kreise« kaum ernste Vorschläge zum neuen Jugendgesetz, so hielt sich auch die Freie Deutsche Jugend im Bezirk Leipzig mit politischen Forderungen vornehm zurück. Die FDJ-Bezirksleitung registrierte keine politischen, sondern vorrangig materielle Interessen an dem Entwurf: Gehaltsvorstellungen von Lehrlingen, Urlaubsregelungen und anderweitige Vergünstigungen. Die Wünsche der Basis blieben

---

255 SED-ZK, Abt. Jugend, Information, Dez. 1973, SAPMO-BArch, DY/30/vorl. 14300.
256 BOK, Stellungnahme, Berlin 18.10.1973, zit. Lange u. a. (Hg.): Katholische Kirche, Bd. 1, Nr. 74, S. 256. Vgl. KKL, Stellungnahme, Berlin 7./8.9.1973, EZA, 101/97; KKL, Brief an Ministerrat u. FDJ-ZR, 9.10.1973, in: Demke u. a. (Hg.): Zwischen Anpassung, S. 361–363.
257 SED-ZK, Abt. Jugend, Information, 17.10.1973, SAPMO-BArch, DY/30/vorl. 14300, S. 2 f.

in dem Bericht jedoch merkwürdig schwammig. Offenbar scheuten sich die Jugendvertreter, die übergeordneten Funktionäre mit konkreten Forderungen zu konfrontieren.[258]

Nach der Euphorie der Weltfestspiele war im Zuge der Diskussion über die Novelle des Jugendgesetzes Ernüchterung eingekehrt. Das schlug sich sogar in der Verbandsaktivität der Freien Deutschen Jugend nieder. Nach einem kontinuierlich starken Anstieg der absoluten Mitgliedszahlen seit 1970 um jährlich fast 100 000 Jugendliche, wuchs der Verband während des Jahres 1974 nur um 15 000 Mitglieder. Im Organisationsgrad seiner Mitglieder hatte der Jugendverband sogar leichte Verluste hinzunehmen. Die Zahl der tatsächlich aktiven Mitglieder unter den 14- bis 25-Jährigen sank seit Dezember 1973 innerhalb der nächsten zwölf Monate von 60,4 auf 58,9 Prozent ab. Erst 1975 stiegen Mitgliederzahl und Organisationsgrad wieder an.[259]

Das »Gesetz über die Teilnahme der Jugend der entwickelten sozialistischen Gesellschaft und über ihre allseitige Förderung in der Deutschen Demokratischen Republik«, wie das neue Jugendgesetz offiziell hieß, bildete so den Abschluss einer Phase, die – beginnend mit der Absetzung Ulbrichts – einen Aufbruch zu verheißen schien. Betrachtete man die jeweiligen Jugendgesetze der DDR als Marksteine ihrer einzelnen Entwicklungsperioden, so hatte die ostdeutsche Gesellschaft nun eine weitere Phase abgeschlossen. Sie war mit und unter Erich Honecker in der Epoche des »real-existierenden Sozialismus« (wie sie seit dem Ende der siebziger Jahre offiziell genannt werden sollte) angekommen. Die Jugend und ihre Zukunft in der DDR schien nun endgültig programmiert zu sein. Nach den Worten eines Zeitzeugen sah diese Perspektive so aus:

> »[...] der Staat hat eigentlich [...] alles so geregelt, dass wir eigentlich fertig waren mit Denken: Schule, Lehre, Armee, Arbeit. Man hat sich auch gar nicht getraut irgendwo woanders hin zu denken [...]. Der Staat ja am Ende das Leben so beeinflusst, dass man quasi fertig ist und bis zu seinem Lebensende ausgesorgt hatte [...].«[260]

Die neue Ära des »real-existierenden Sozialismus« unter Honecker schien aber eine Zeit voller Widersprüche zu werden, wie bereits die Weltfestspiele der Jugend und Studenten 1973 in Ost-Berlin gezeigt hatten. Die Ambivalenz von Gängelung und Förderung in der Jugendpolitik schlug auch auf andere Bereiche durch. Die Etablierung einer neuen, fachlich qualifizierten Elite in der Mitte der sechziger Jahre sollte seit Mitte des folgenden Jahrzehnts die Aufstiegschancen der Jugendlichen versperren, die ihren Bildungsweg in den sechziger Jahren hatten und in den siebziger abschlossen hatten. Die Aufstiegs-

---

258 FDJ-BL Leipzig, Einschätzung, 30.10.1973, SächsStAL, FDGB-BV, 8658, Anl. 1.
259 Zilch: Millionen, Bd. 1, S. 14 f., Tab. 1 a; vgl. ebd., Anm. 9.
260 Wolfgang Schröder, Interview, Leipzig 12.10.2000; vgl. Monika Hahn, Interview, Leipzig 23.8.2000.

mobilität junger Menschen wurde auch dadurch behindert, dass die alten Eliten nicht abtraten und der von der Staats- und Parteiführung erstrebte soziale Wandel der DDR-Gesellschaft nun zum Abschluss kam. Ein Indiz dafür war die beginnende Selbstreproduktion der neuen »sozialistischen Intelligenz«, die (wie dargestellt) bereits im Kontext der 3. Hochschulreform zu verzeichnen war. Dies führte zugleich zu einer Abwertung der sozialen Auswahlkriterien im Bildungswesen und damit zur Entwertung des gesellschaftlichen Entwurfs der SED insgesamt, die ungeachtet der tatsächlichen Entwicklung an den politischen Formierungsidealen und -normen zumindest formal festhielt. Insgesamt musste die Blockade der Karrieren bei der Generation, die in den sechziger Jahre sozialisiert worden war, auf lange Sicht zu einem Vertrauensverlust in das System führen und so einen Legitimitätsverfall provozieren.[261]

Ungeachtet dieser problematischen Perspektiven blickte der neue Parteichef ein Jahr nach dem Machtwechsel optimistisch voraus. Doch mutet es im Rückblick zynisch an, wenn Honecker damals behauptete:

»Dem Sozialismus [...], und nur dem Sozialismus, gehört die Zukunft. Und das ist die Zukunft der Jugend.«[262]

---

[261] Vgl. Mayer, Karl Ulrich; Solga, Heike: Mobilität und Legitimität. Zum Vergleich der Chancenstrukturen in der alten DDR und der alten BRD, in: KZfSS 46 (1994), S. 196–202; Meuschel: Legitimation, S. 242–249; Zwahr: Umbruch, S. 451f.

[262] Honecker, Die Jugend der Deutschen Demokratischen Republik und die Aufgaben unserer Zeit, 20.10.1972, in: Ders.: Reden, Bd. 2, S. 63.

Zusammenfassung

Bereits wenige Monate, nachdem er die Macht über Partei und Staat übernommen hatte, warf der neue Chef in Ost-Berlin, Erich Honecker, einen optimistischen Blick in die Zukunft. Honeckers Zuversicht gegenüber der weiteren Entwicklung der DDR gründete darin, dass sich der SED-Staat bis zum Ende der Ära seines Vorgängers Ulbricht erheblich stabilisiert hatte. Seit dem Mauerbau im August 1961 war es trotz zahlreicher Krisen gelungen, in der Wirtschaft, im Bildungswesen und in der Wissenschaft sowie in Recht und Justiz Reformen durchzuführen. Diese Umgestaltungsversuche begannen zur Zeit des Machtwechsels Früchte zu tragen.

Zwar war das Neue Ökonomische System der Planung und Leitung (NÖSPL) gescheitert und schließlich zurückgenommen worden, aber in seinem Kontext hatte man der Bevölkerung der DDR technische Innovationen zugänglich machen und ihre Konsumwünsche in höherem Maße befriedigen können als im ersten Jahrzehnt der Republik. Die Befriedigung von Konsumwünschen konnte die DDR-Bevölkerung eher zur Loyalität stimulieren, als dies repressive Maßnahmen bis dahin vermocht hatten. Zugleich trug die Staats- und Parteiführung mit ihrer Konsumpolitik, mit der stärkeren Berücksichtigung der Konsumgüterindustrie und kultureller Belange in der Wirtschaftsplanung, gesellschaftlichen Modernisierungstendenzen Rechnung. Diese schlugen sich in der Ausweitung und der Aufwertung der Freizeit nieder, wie sie für alle modernen Industriestaaten in den sechziger Jahren charakteristisch waren. In der DDR wurde dieser Weg im Sommer 1967 schließlich mit der Einführung der Fünf-Tage-Woche eingeschlagen.

Die Ausweitung der Freizeit korrelierte phasenweise mit einer Neuorientierung in kulturpolitischen Fragen, die sich im Laufe der sechziger und am Anfang der siebziger Jahre in kurzfristigen Liberalisierungsschüben niederschlug. Allerdings war in diesem Sektor noch stärker als in der Wirtschaftspolitik die Ambivalenz der politischen Modernisierung in der DDR zu beobachten: Die Liberalisierung öffnete Räume, die die Ostdeutschen, voran Jugendliche, angesichts der bislang empfundenen Enge umgehend ausfüllten. Zugleich setzten Staat und Partei dieser Liberalisierung enge Grenzen, die aber bald überschritten wurden.

Dies galt im Besonderen für den Bereich der Jugendkultur. Hier zeichnete sich noch deutlicher als anderswo ein permanenter Wechsel von Toleranz und Repression ab. So fiel der Mauerbau noch in eine Zeit, als Staat und Partei neue Musik- und Modetrends im Zeichen des Rock'n'Roll ächteten. Diese Politik wurde zwei Jahre später durch das Jugendkommuniqué vom September 1963 revidiert, das eine gewisse kulturelle Autonomie der Jugendlichen zu versprechen schien. Dies schloss eine Aufwertung des Jugendverbandes, der Freien Deutschen Jugend (FDJ), ein, der in allen jugendpolitischen Fragen anderen so genannten »Massenorganisationen«, voran den Gewerkschaften übergeordnet wurde.

Dem neuen Spielraum der Jugend waren jedoch von Anfang an enge Grenzen gesetzt, die sich in der Formel von den Jugendlichen als den »Hausherren von morgen« und dem Leitbild der »sozialistischen Persönlichkeit« niederschlugen. Das Zugeständnis geringfügiger Freiräume wurde stets an Verpflichtungen der Jugend gegenüber dem sozialistischen Staat und der Staatspartei SED gebunden. Sobald diese deren Einlösung vermisste, zog sie die Schrauben erneut an. Dabei wurde sie von der Angst getrieben, die Kontrolle über die zum Teil exzessiven Trends der Jugendkultur zu verlieren. In ihren Befürchtungen sah sich die SED schließlich bestätigt, was aber auch eine Folge ihrer hohen Sensibilität gegenüber jeglichem Normenverstoß war. Diese Sensibilität wuchs sich in Krisenzeiten geradezu zu einer Paranoia aus und führte zu schwerwiegenden politischen Entscheidungen. So retardierte seit dem »Kahlschlag« des 11. ZK-Plenums vom Dezember 1965 die ostdeutsche Jugendpolitik nicht nur, sie wurde nun zu einem wesentlichen Bestandteil der Sicherheitspolitik und zu einem der Schwerpunkte der geheimdienstlichen Aktivitäten des Ministeriums für Staatssicherheit.

Trotz verstärkter Observation und anhaltender, wenngleich sukzessive moderater gestalteter Repression gelang es Ost-Berlin nicht, die Jugendkultur vollständig unter Kontrolle zu bekommen. Zum einen provozierte der »Kahlschlag« eine Verinselung der Jugendszene, die sich seit Mitte der sechziger Jahre ohnehin stärker zu differenzieren begann. So wanderte die Beatmusik-Szene in ländliche Gegenden aus, begünstigt durch die Gastronomie, die häufig aus wirtschaftlichem Interesse die jugendpolitischen Vorgaben unterlief. Zum anderen begann sich in den kulturellen Zentren der DDR eine alternative, inoffizielle junge Kulturszene zu entwickeln: eine zum Teil subversive »Zweite Kultur«, die allerdings – anders als die nonkonformistische, proletarisch dominierte Massenkultur der Jugend – von der Öffentlichkeit kaum wahrgenommen wurde.

Obwohl also die jugendpolitische Kehrtwende vom Herbst 1965 insgesamt erfolglos blieb, hielt die Staats- und Parteiführung an ihrem Jugendideal fest und untermauerte ihre Politik im Politbüro-Beschluss »Jugend und Sozialismus« von 1967. Gleichwohl wichen die jugendpolitischen Verantwortungsträger in der Folgezeit sukzessive von dieser repressiven Linie ab. Zum Ende der sechziger Jahre zeichnete sich im Umgang mit der Jugend und der Jugendkultur eine tolerantere Linie ab, die allerdings weiterhin durch administrative Maßnahmen abgesichert wurde. Auf dieser Grundlage konnte die repressiv tolerante Jugendpolitik im Umfeld des Machtwechsels weiter flexibilisiert werden. Der zunehmende Pragmatismus in jugendpolitischen Fragen ermöglichte schließlich sogar die Einbindung und Instrumentalisierung ehemals verfemter Elemente der modernen Jugendkultur. So erreichte die SED zum Anfang der siebziger Jahre mit ihrem pragmatischen Politikverständnis zwar den überwiegenden Teil der ostdeutschen Jugend, konnte aber die Entstehung und Entfaltung neuer nonkonformistischer Jugendkulturen nicht verhindern. Mit dem Jugendgesetz von 1974 sicherte die Staats- und Parteiführung dennoch diese Linie ab. Mit der neuerlichen, konkreter gefassten Verpflichtung der DDR-Jugend auf das Gesellschaftskonstrukt des Sozialismus gab Ost-Berlin dem eröffneten Spielräumen nun jene Grenzen, an denen die SED bis zum Zusammenbruch der DDR festhalten sollte. Das Jugendgesetz von 1974 kann deshalb als Abschluss einer Ära verstanden werden, in der die fortschreitende Stabilisierung der DDR die Öffnung begrenzter Freiräume erlaubte, solange die Kontrolle über diese Sphären gesichert blieb.

Solche prinzipiellen Widersprüche von Liberalisierung und Regulierung kennzeichnen nicht erst das neue Jugendgesetz von 1974. Sie sind bereits für die gesamte Gesetzgebung am Ende der Ära Ulbricht charakteristisch. So war auch im Jugendkommuniqué von 1963 und im Jugendgesetz aus dem selben Jahr das Ideal der »sozialistischen Persönlichkeit« zur Grundlage erklärt worden, auf der die Entfaltung jugendlicher Kreativitätspotenziale möglich sein sollte. In all diesen Verfügungen hatte Ost-Berlin demonstriert, dass die Leistungsfähigkeit der Jugend in erster Linie in Form ihrer Arbeits- und ihrer Kampfkraft gefragt war.

Die Jugend in der DDR sollte zur Arbeits- und Kampfreserve der SED geformt werden – eine Forderung, die bereits in den fünfziger Jahren in der Stilisierung der FDJ zur »Kaderreserve der Partei« ihren Niederschlag gefunden hatte. Weil die Förderung der Jugend und ihrer gestalterischen Ressourcen auf diese Weise politisch stark eingeengt wurde, hemmte die Jugendpolitik der DDR auch die Entfaltung der Freien Deutschen Jugend in erheblichem Maße. Dem Jugendverband gelang es nur im Kontext propagandistischer Großveranstaltungen, die Eigeninitiative Jugendlicher zu fördern und zu nutzen. Das »Deutschlandtreffen« des Jahres 1964 und die Weltfestspiele der Jugend und Studenten neun Jahre später demonstrierten zwar ein gestiegenes Selbstbewusstsein ostdeutscher Jugendlicher, die ihre kulturellen Vorlieben auch auf diesen politischen Veranstaltungen auslebten. Aber die Möglichkeiten, die Jugendlichen im Vorfeld der beiden Festivals und in deren Verlauf geboten wurden, konnten danach kaum noch genutzt werden. Die umgehende Einengung der kurzfristig eröffneten Spielräume führte dazu, dass die Begeisterung Jugendlicher unmittelbar nach den Festivals stark abnahm. Die Hoffnungen auf eine langfristige Öffnung vor allem kultureller Freiräume wurde nach dem Ende der Veranstaltungen immer wieder enttäuscht. Die Ernüchterung der Jugendlichen schlug sich umgehend in schrumpfenden Mitgliederzahlen der FDJ nieder.

Gleichwohl zeigen gerade diese Großveranstaltungen, welche Möglichkeiten der Jugendverband besaß. Von der SED stärker als andere Massenorganisationen protegiert, konnte sie im Bedarfsfall auf große materielle, finanzielle und – sofern die Motivation vorhanden war – personelle Ressourcen zurückgreifen. Mit Duldung der Staats- und Parteiführung konnte die Freie Deutsche Jugend zahlreiche Jugendliche an sich binden, indem sie deren kulturelle Interessen adäquat ansprach und berücksichtigte. Nachdem die SED die FDJ dabei wiederholt behindert hatte, forderte sie zum Anfang der siebziger Jahre ein stärkeres und attraktiveres Engagement des Jugendverbandes in kulturellen Fragen. Das Monopol, das der FDJ nun auf diesem Gebiet zugestanden wurde, trug erheblich zur Akzeptanz des Verbandes unter ostdeutschen Jugendlichen bei.

Der starke Zuwachs an FDJ-Mitgliedern, der – von kurzfristigen Einbrüchen abgesehen – bis 1974 zu verzeichnen ist, lässt sich nicht allein auf kulturpolitische Entscheidungen zurückführen. In erster Linie liegt der Grund dafür in der institutionellen Stärkung der FDJ, der durch die Jugendgesetzgebung vom Anfang der sechziger Jahre in allen jugendpolitischen Belangen mehr Kompetenzen zugestanden wurden. Einen weiteren Grund stellt die institutionelle Verankerung des Jugendverbandes im Bildungswesen dar, wie sie durch das »Gesetz über das einheitliche sozialistische Bildungssystem« von 1965 und die 3. Hochschulreform vorgenommen wurde. Beide Gesetze propagierten die »Einheit von Bildung und Erziehung«, die als Voraussetzung für die politisch-ideologische Formung der ostdeutschen Kinder und Jugendlichen zu betrachten ist. In dieser Formel schlug sich zugleich die Unterordnung fachlicher Fragen unter politisch-ideologische Normen nieder. Sie demonstriert folglich die Widersprüchlichkeit auch der Bildungspolitik der DDR. Verlangte Bildung einerseits die Entwicklung innovativer Vorstellungen, so hemmte andererseits gerade ihre Normierung durch die politisch-ideologische Erziehung diese Potenziale. Zudem kollidierte die wachsende Differenzierung jugendlicher Erlebniswirklichkeiten (auch im Unterricht) an vielen Stellen mit der monolithischen Doktrin und der uniformen Weltsicht der SED.

Noch stärker als in der Bildungsreform von 1965 schlug sich diese Ambivalenz in der 3. Hochschulreform nieder, die 1967 begonnen und erst Anfang/Mitte der siebziger Jahre abgeschlossen wurde. Zwar trug das Reformvorhaben Anforderungen an eine Modernisierung der Hochschulausbildung durchaus Rechnung, wurde doch das Studium erheblich gestrafft und die praktische Relevanz des Studiums durch die Ausweitung der Praktika sowie die Orientierung der Studieninhalte an wirtschaftlichen Fragen vergrößert. Aber gerade die einseitige ökonomische Ausrichtung des Hochschulwesens behinderte die freie Entwicklung wissenschaftlicher Innovativität insgesamt und lähmte die Forschung in erheblichem Maße. Wirtschaftspolitische Entscheidungen, die meist auf kurzfristige Veränderungen zielten, blockierten die Entwicklung von Ideen vor allem in der Grundlagenforschung und verhinderten deren Umsetzung.

Auch der Vorrang gesellschaftspolitischer vor fachlichen Kriterien bei der Nachwuchsförderung hemmte die freie Entfaltung der Wissenschaften in der DDR. Während die SED in den fünfziger Jahren erhebliche Loyalitätsgewinne dadurch erzielen konnte, dass die soziale Auswahlpraxis in Bildung und Wissenschaft Angehörigen unterbürgerlicher Schichten einen rasanten Aufstieg ermöglichte, verlangsamte sich der Elitenaustausch seit dem Ende der sechziger Jahre. Durch die beginnende Selbstrekrutierung der neuen sozialistischen Elite, voran der Intelligenz, wurden nun die sozialen Auswahlkriterien ausgerechnet von denen unterlaufen, die einst von ihnen profitiert hatten. Die Etablierung dieser Elite und neuer technokratischer Kader im Kontext des NÖSPL blockierte schließlich auf lange Sicht die soziale Mobilität: Ab Mitte der siebziger Jahre wurde ihr weiterer Aufstieg in die Spitze von Staat und Partei durch die dort verharrenden Altkader verhindert.

Während der sechziger Jahre wurden allerdings die Aufstiegsangebote von den unterbürgerlichen Schichten kaum wahrgenommen. Dennoch wurde Kindern aus bürgerlichen Familien – von kleinbürgerlichen Handwerkern und Kleinunternehmern bis hin zum Bildungsbürgertum (ein Großbürgertum gab es in der DDR nicht mehr) – der Zugang zu höheren Bildungseinrichtungen in großer Zahl verweigert. In vielen Fällen verquickten sich dabei soziale und religiöse Gründe. Da das Bürgertum deutlich stärker kirchlich verankert war als die unterbürgerlichen Schichten von Bauern und Arbeitern, widerspiegelten die Auseinandersetzungen um die Bildungschancen bürgerlicher Kinder das Ringen um das Deutungsmonopol der marxistisch-leninistischen Weltanschauung im ostdeutschen Bildungswesen. Als Sozialisationsinstanz stellte das Bildungswesen der DDR ein wichtiges Instrument für die politische Formierung der ostdeutschen Jugend dar. Ideologische und soziale Kriterien waren bei der Auswahl von Kindern zu höheren Bildungswegen deswegen austauschbar und ergänzten einander.

Insgesamt war der Entkirchlichungsprozess in der DDR jedoch bereits am Anfang der sechziger Jahre abgeschlossen. Der Anteil religiös Gebundener lag unter Jugendlichen fortan relativ konstant bei 15 Prozent. Die Quote von Atheisten mit einer marxistisch-leninistischen Grundüberzeugung hingegen schwankte je nach politischer Großwetterlage und verhielt sich umgekehrt proportional zu der von Jugendlichen mit anderen atheistischen Anschauungen. Fortan waren Erfolge des Staates hinsichtlich der Säkularisierung der ostdeutschen Bevölkerung insgesamt lediglich auf den generationellen Wandel zurückzuführen, bedingt durch das sukzessive Ausscheiden kirchlich stärker gebundener älterer Geburtsjahrgänge aus der Bevölkerungsstatistik der DDR.

Einen Sieg auf ganzer Linie hatte der SED-Staat im Kampf um die Jugendweihe verzeichnen können. Die Jugendweihe gehörte seit der Bildungsreform endgültig zu den gesellschaftspolitischen Kriterien, die den Zugang zu höheren Bildungseinrichtungen ebneten. Dadurch gelang es der SED, die hohen Teilnehmerzahlen an der Jugendweihe zu stabilisieren. Sie hatte die Jugendweihe als den Passageritus in der DDR etablieren können. In dieser Funktion löste die Jugendweihe Konfirmation und Erstkommunion bzw. Firmung vollständig ab und blieb über den Bestand der DDR hinaus erhalten. Allerdings hatten die kirchlichen Passageriten durch die Konkurrenz der Jugendweihe ihren konfessionellen Wert weitgehend zurückgewinnen können, den sie durch die Etablierung der großen Konfessionen als Volkskirchen eingebüßt hatten. Demgegenüber verlor die Jugendweihe durch die privatisierende Aneignung seitens der Ostdeutschen ihren Wert als Bekenntnisritual: Sahen Staat und Partei in der Teilnahme an der Jugendweihe eine Geste politisch-ideologischer Konformität, so integrierte der überwiegende Teil der Bevölkerung den säkularen Ritus in ihren privaten Feierkanon, ohne seinen politischen Gehalt zwangsläufig zu reflektieren oder gar zu internalisieren.

Das Gleiche galt für die FDJ-Mitgliedschaft, deren fortschreitende Formalisierung kaum noch Aussagen über die politisch-ideologische Einstellung der Mitglieder des Jugendverbandes zuließ. Die SED lief hier wie auch in der Praxis der Jugendweihe gewissermaßen in eine Loyalitätsfalle: Ihr Ziel politischer Homogenisierung der jüngeren Generation erreichte sie durch die Ritualisierung der politischen Bekenntnisakte nur nach formalen Kriterien.

Noch deutlicher wird dies in der politischen Auseinandersetzung im institutionalisierten öffentlichen Raum, in den Einrichtungen des Bildungswesens und in den Veranstaltungen der Verbände. Auch hier wurden die politischen Diskussionen sukzessive formalisiert. Sie erschöpften sich schließlich meist im Austausch vorgeprägter Phrasen und vorgestanzter, oft inhaltsleerer Formeln. Dieser Prozess wurde dadurch forciert, dass offiziell zwar wiederholt ein offenes Diskussionsklima eingefordert wurde, einem ungezwungenen Dialog aber durch die Forderung nach einem korrekten »Klassenstandpunkt« von vornherein enge Grenzen gesetzt wurden. Diese Grenzen wurden von Jugendlichen in den wenigsten Fällen ausgelotet und noch seltener überschritten, zumal dies hart sanktioniert werden konnte. Durch das Verlangen nach permanenter Bestätigung bestätigten sich letzten Endes Staat und Partei andauernd selbst und ließen sich durch ritualisierte Bekenntnisse, zu denen auch politische Diskussionen gehörten, fortwährend darin bestätigen: Ein in sich geschlossener Kreislauf war entstanden.

Infolgedessen und angesichts der Informationspolitik der SED, die keine unabhängigen Medien duldete, bedienten sich die meisten Ostdeutschen des »double talk«, einer zweigleisigen, oft doppeldeutigen Meinungsäußerung. Durch die Uniformierung politischer Meinungen im Bildungswesen übten sich auch Kinder und Jugendliche in dieser Praxis. Der individuelle, freie Meinungsaustausch hingegen verlagerte sich in die private Sphäre, in die Residualbereiche von Familie und Freundeskreis. Offizielle Politik und gelebte politische Kultur entfernten sich zusehends voneinander, und es entwickelte sich eine »politische Doppelkultur« (Christiane Lemke).

Der private Raum, die »Nische« außerhalb der kontrollierten öffentlichen Sphäre, gewann gerade für die Heranwachsenden an Bedeutung. Auf diesen Bereich, auf die Familien und die Freundeskreise, sowie in geringfügigem

Maße auf das sozialistische Ausland blieb der Zugang zu alternativen Informationsquellen beschränkt. Der Konsum westdeutscher Radio- und Fernsehsendungen, der in den meisten Familien üblich war, konnte die skeptische oder kritische Distanz der Jugendlichen gegenüber dem sozialistischen Staat vergrößern, der durch seine einseitige Informationspolitik gerade in Krisenzeiten erheblich an Glaubwürdigkeit einbüßte.

Der weitgehende Schutz, den Jugendliche in ihren Elternhäusern vor Eingriffen des Staates genossen, konnte typische generationelle Konflikte zwar entschärfen, aber nicht grundsätzlich verhindern. So wurden Jugendliche nicht nur im öffentlichen Raum, sondern oft auch zu Hause mit tradierten gesellschaftlichen Konventionen konfrontiert, wurde auch hier der Habitus moderner Jugendkulturen häufig schroff abgelehnt. Allerdings einte das Bemühen, staatliche Eingriffe in die Privatsphäre abzuwehren, mitunter Eltern und Jugendliche, so dass generationelle Konfliktlagen politisch weniger Virulenz entfalten konnten, als dies etwa in Westdeutschland der Fall war.

In der Konfrontation mit dem Staat, die nicht immer ideologisch doktrinär begründet sein musste, sondern auch »nur« auf verschiedene konventionelle Normen- und Wertesysteme, auf den Dissens in ethisch-moralischen Fragen, zurückgehen konnte, erwiesen sich Jugendliche oft als unnachgiebiger als ihre Eltern. Dies lag vorwiegend an entwicklungspsychologischen Faktoren, vor allem einer erhöhten Risikobereitschaft, einem weniger ausgeprägten Erfahrungshintergrund und geringerer sozialer Verantwortung, der Jugendlichen. Wo ihre Eltern zu Konzessionen bereit waren, wiesen Jugendliche in einigen Fällen – etwa in der Entscheidung über die Jugendweihe und die Mitgliedschaft in der FDJ oder anderen »Massenorganisationen« – die Ansprüche des Staates zurück.

Diese ideologiegeleiteten Formierungsansprüche der SED waren umfassend und in diesem Sinne totalitär. So wurden durch die Gleichschaltung der Meinung im öffentlichen Raum nonkonforme Äußerungen und Verhaltensweisen schnell politisch aufgeladen. Gerade die Pflege von Moden der Jugendkultur wurde auf diese Weise mit politischen Gehalten befrachtet, die ihnen per se nur insofern innewohnten, als sie genuin der Abgrenzung gegenüber älteren Generationen dienten. Dies galt auch für die Rezeption moderner Jugendkulturen durch die DDR-Jugend, wobei hier das Gegenbild der »Alten« noch mehr als in westlichen Gesellschaften auch das politische Establishment sowie dessen Gestaltungsansprüche meinte. Dieses wiederum sah in der Rezeption moderner Kulturelemente eine Indoktrination der jüngeren Generation durch den Westen, woher die jeweiligen Trends stammten. Dabei berücksichtigte die politische Elite der DDR kaum entwicklungspsychologische Faktoren: So waren Cliquenbildung und provokatives Auftreten für sich betrachtet ebenso wenig wie die Pflege eines zum Teil ekstatischen Habitus ideologische Störmanöver, sondern dienten zunächst der Distinktion innerhalb der eigenen Generation. Die politische Ächtung dieser Distinktionsformen hingegen provozierte geradezu ihre »eigen-sinnige« Nutzung als Symbole und Rituale politischer Nonkonformität. Mittelfristig ließ sich die Rezeption moderner Jugendkulturen auch in der DDR nicht aufhalten. Die kurzfristige Ablösung kultureller Trends, die seit der Mitte der sechziger Jahre zu kumulieren begann und die kaum noch zu kontrollieren und noch weniger zu lenken war, erzwang die sukzessive Flexibilisierung und schließlich die Liberalisierung auf dem Gebiet der Jugendkultur. Mit der Politik repressiver Toleranz versuchte die SED fortan, die Entwicklungen in diesem Bereich soweit wie möglich unter ihrer Kontrolle zu halten und in begrenztem Umfang – beispielsweise bei den Weltfestspielen im Sommer 1973 – für sich zu nutzen.

Durch die stillschweigende Duldung ästhetisch missliebiger Formen der Jugendkultur beraubten SED und FDJ diese ihrer politischen Dimension. Dadurch konnte die ästhetische Rebellion ihres Charakters als eines nonkonformistischen Protestes entkleidet, konnten Reibungspunkte zwischen der DDR-Jugend und dem SED-Staat minimiert werden, ohne dass dieser den Jugendlichen größere Spielräume zu eröffnen brauchte. Die Einrichtung und der Ausbau des Jugendradios DT 64 demonstrierte langfristig den Erfolg einer solchen Politik. Nachdem der Versuch, eine eigene ostdeutsche »sozialistische Unterhaltungskunst« zu etablieren, gescheitert war, konnte der Sender die mediale Westbindung der ostdeutschen Jugend sukzessive lockern, wenngleich sie sich nicht komplett lösen ließ.

Die SED trug mit der fortschreitenden Flexibilisierung ihrer Jugendpolitik einem beschleunigten gesamtgesellschaftlichen Wandel Rechnung. Dieser schlug sich auch in den Geschlechterverhältnissen – zumindest in der Sexualität – nieder. Hier wurde die politische Neuorientierung im veränderten Scheidungsrecht und in der Liberalisierung des Schwangerschaftsabbruches im Jahre 1972 offensichtlich. Der Wandel hatte zunächst im privaten Bereich schon im Laufe der sechziger Jahre eingesetzt. Er ist am ehesten nachzuvollziehen, wenn man den Umgang der Jugendpresse, insbesondere des Jugendmagazins *neues leben*, mit Fragen der Sexualität betrachtet. In den Beiträgen des *neues leben* und in Leserbriefen an das Magazin finden sich zahlreiche Belege für Schwierigkeiten, die Jugendliche in der DDR mit den Konventionen der älteren Generationen sowie den Moralvorstellungen der Regimeführung hatten. Der freizügigere Umgang mit der Sexualität, in dem sich auch eine neue Selbstwahrnehmung und ein neues Selbstbewusstsein der Jugendlichen, vor allem der jungen Frauen, widerspiegelten, stellte einen permanenten Verstoß gegen die moralischen Normen der Älteren in Staat und Gesellschaft dar.

Obwohl tradierte Formen der Geschlechterverhältnisse und der Lebenspartnerschaften allmählich aufgeweicht wurden und obwohl sich die DDR mit der formalen Emanzipation der Frauen von gesellschaftlichen Leitbildern der Vorkriegszeit und des Nationalsozialismus verabschiedete, wurden in Ostdeutschland Geschlechterrollen und -klischees in hohem Maße beibehalten und tradiert. Der Grund dafür lag darin, dass die Frauen- und Familienpolitik der

SED in erster Linie auf Fragen der Produktion (die Nutzung der weiblichen Arbeitskraft) und der Reproduktion (den Ausgleich des anhaltenden Bevölkerungsrückgangs) zielte. Gleichwohl bargen die Reformen des Familienrechts und die eingeschränkte Legalisierung des Schwangerschaftsabbruchs wichtige Angebote für die Identifikation junger Frauen mit der DDR, ermöglichten sie diesen doch eine weitgehende ökonomische Selbstständigkeit. Tatsächlich ist für die sechziger und die frühen siebziger Jahre ein höheres Maß der Identifikation von Mädchen und jungen Frauen mit der DDR festzustellen. Unter Jungen und jungen Männern identifizierten sich in einem solch hohen Maße mit der DDR nur diejenigen, die sich auf einem höheren Bildungsweg befanden, also bereits Auswahlmechanismen nach dem Kriterium ihrer gesellschaftspolitischen »Eignung« durchlaufen hatten. Lehrlinge und junge Arbeiter hingegen äußerten eine größere Zurückhaltung in ihrer Einstellung dem sozialistischen Staat gegenüber und zeigten eine deutlich geringere Bereitschaft zu gesellschaftspolitischem Engagement. Dies entsprach einem starken Rückgang der FDJ-Mitgliederzahlen nach dem Ende der schulischen und vor allem der beruflichen Ausbildung. Dieser Knick in der Verbandsstatistik unterstreicht nochmals die Formalisierung der FDJ-Mitgliedschaft, die mit dem Ende des Bildungsweges ihren Wert als Förderkriterium verlor.

Allerdings wussten Lehrlinge und junge Arbeiter auch die Vorzüge des Jugendverbandes zu nutzen: Jugendbrigaden wurden zuweilen instrumentalisiert, um sich am Arbeitsplatz Freiräume gegenüber älteren Kolleginnen und Kollegen, aber auch gegenüber den Betriebsleitungen zu schaffen und diese zu verteidigen. Unterstützt wurden sie dabei weitgehend ungewollt durch die Förderung von Jugendbrigaden und -objekten von Seiten des Staates, die ein Arrangement der betrieblichen Leitungen mit den Jugendlichen verlangte. In ihrem »Eigen-Sinn« (Alf Lüdtke) schreckten diese in Einzelfällen nicht vor Arbeitsverweigerung und Demonstrationen vorübergehenden Loyalitätsentzuges zurück, um ihre Forderungen durchzusetzen.

Ein solcher Eigen-Sinn war unter Studierenden nur in Krisenzeiten zu beobachten. Als künftige Kader hatten sie nicht nur strengere Auswahlmechanismen durchlaufen, sondern standen auch unter einem deutlich höheren Konformitätsdruck. Dieser wurde in den Krisen von 1961/62, 1965/66 und 1968 jeweils erhöht.

Der Mauerbau von 1961, der die latente Versorgungskrise eindämmen und den erschreckenden Abwanderungsdruck abbauen sollte, wurde von radikalen Repressionsmaßnahmen begleitet, die in diesem Ausmaß und in dieser Weise später nicht mehr angewandt wurden. Mit ihrer Hilfe schloss sich die DDR nicht nur nach außen ab, sondern setzte auch innenpolitisch Grenzen. Zugleich schuf die Staats- und Parteiführung damit paradoxerweise die Voraussetzungen für nachfolgende Liberalisierungsschübe. Zunächst aber wurde der Eindruck innerer Einigung durch die Wehrpflicht im Januar 1962 verstärkt, mit der die Militarisierung der ostdeutschen Gesellschaft wesentlich voranschritt. Diese schlug sich in den folgenden Jahren auch im Bildungswesen nieder, wo die Rolle der paramilitärischen Gesellschaft für Sport und Technik (GST) deutlich ausgebaut wurde. Zwar konnte die GST mit technischen und sportlichen Angeboten für junge Menschen durchaus attraktiv sein, sie diente aber in erster Linie der Wehrertüchtigung und der Disziplinierung. Dies gilt für den wehrpolitischen Bereich insgesamt, wie der Ausbau des Verpflichtungswesens vor allem für Studierende in verschiedenen Wellen bis zum Anfang der siebziger Jahre demonstriert. – Der Kompromiss der Bausoldaten-Regelung stellte diesbezüglich eine Ausnahme dar, wurde aber bis zum Ende der DDR auch nicht großzügiger gestaltet.

Das 11. Plenum des SED-Zentralkomitees im Dezember 1965 markiert den Höhepunkt einer weiteren Disziplinierungswelle. Die Reglementierung des Dissidenten Robert Havemann 1963/64 war dieser Welle vorausgegangen und hatte erkennen lassen, dass die SED keine »Abweichungen« auf kulturellem und ideologischem Gebiet dulden würde. Obwohl der Kahlschlag des 11. ZK-Plenums durch Ereignisse im Zusammenhang mit der expandierenden Jugendkultur (*Stones*-Konzert in West-Berlin, »Beat-Demo« in Leipzig) veranlasst wurde, zeichnete sich bereits seit dem Sommer desselben Jahres eine härtere Gangart der Partei in jugendpolitischen Fragen ab. Die Zusammenstöße bei der Leipziger Beat-Demo im Herbst hatte die SED selbst provoziert. Mit ihrer rigiden Verbotspraxis und einer scharfen Pressekampagne gegen die Beatmusiker sowie mit Übergriffen auf Jugendliche, die nicht ihrem Moralkodex entsprachen, hatte die SED bereits im Vorfeld der genannten Ereignisse ihre Absicht demonstriert, die scheinbar verlorene Kontrolle über die Entwicklung der Jugendkultur und damit der Kultur insgesamt zurückzugewinnen.

Die im Umfeld des 11. Plenums beschlossenen Normierungsmaßnahmen führten zwar zu einer kurzfristigen Uniformierung der Jugendkultur, wie sie die protegierte Singebewegung erkennen ließ. Langfristig aber konnte sie die Nutzung der institutionalisierten Talenteförderung durch nonkonforme Strömungen der Jugendkultur nicht verhindern. So begünstigte diese Politik paradoxerweise die Entfaltung einer spezifisch ostdeutschen Musikszene. In deren deutschsprachigen Texten und in ihrer Rezeption durch die DDR-Jugend lassen sich vielfältige Belege für die Entwicklung einer spezifischen, mehrdeutigen Lesart, des »double talk«, finden. Und selbst die artifizielle, häufig mit sinfonischen und psychedelischen Elementen ausgestaltete Musik demonstrierte einen eigen-sinnigen Umgang mit den kulturpolitischen Normen der DDR.

Kontrastierte der »Kahlschlag« von 1965/66 mit der beginnenden Kommerzialisierung der modernen Jugendkulturen in Westdeutschland, so grenzte sich die DDR im Jahre 1968 deutlich gegenüber Entwicklungen in West und Ost ab. Mit der Verfassungsnovelle dieses Jahres vollendete die DDR nicht nur ihre Rechtsreform, die trotz Ansätzen zu einer Liberalisierung der ostdeutschen Rechtspraxis insgesamt als ein weiterer Disziplinierungsschub aufzufassen ist. Mit den neuen politischen Strafrechtsbeständen sowie mit der Relativierung bürgerlicher Grundrechte durch das umfassende Gestaltungsmonopol der SED schuf sich diese nun auch das rechtliche Fundament für die Reglementierung nahezu aller gesellschaftlichen Bereiche in der DDR, die sie längst praktizierte. Die relativ starke Wahlenthaltung und der verhältnismäßig hohe Anteil an Gegenstimmen beim Volksentscheid über die Verfassungsnovelle demonstrierte in einmaliger Weise, welch geringen Wert das formalisierte Bekenntnis zum sozialistischen Staat besaß. Diese Feststellung wird dadurch unterstrichen, dass selbst Studierende stark reglementierter Fächer wie Jura deutliche Vorbehalte gegenüber der neuen Verfassung erkennen ließen.

Befördert wurde diese Haltung dadurch, dass die Verfassungsdiskussion von Studentenrevolten in West- und Osteuropa und vom beginnenden Reformprozess des so genannten »Prager Frühlings« begleitet wurde. Während sich für eine Rezeption der westlichen Studentenbewegungen nur vereinzelte Anhaltspunkte finden lassen, erfreute sich der Prager Frühling eines regen Interesses gerade junger Menschen in der DDR. Obwohl Schriften der tschechoslowakischen Reformkommunisten an höheren Bildungseinrichtungen (Erweiterten Oberschulen und Hochschulen) intensiv diskutiert wurden, mobilisierte die Niederschlagung des Prager Frühlings nur wenige Studierende, sondern vor allem Schüler, Lehrlinge und junge Arbeiter. Die Invasion der Warschauer Pakt-Armeen in die ČSSR bildete den Anlass für Proteste, deren Ausmaß nur von denen des 17. Juni 1953 übertroffen wurde. Spontan fanden sich Jugendliche zu Demonstrationen ein, protestierten ansonsten aber vorrangig in anonymer Form: durch Graffiti, Flugblätter und pseudonyme Anrufe. Während der spontane und eruptive Charakter der Proteste das hohe Maß an Systemunzufriedenheit ostdeutscher Jugendlicher demonstriert, belegt die Diffusion der Parolen und das Fehlen konkreter Forderungen, dass hier die allgemeine Unzufriedenheit durch ein konkretes Ereignis politisch aufgeladen wurde. Die Invasion in die ČSSR stellte folglich zwar den Anlass für die Aktionen der Jugendlichen dar, eine umfassende Identifikation mit den Zielen der tschechoslowakischen Reformkommunisten schied jedoch als Ursache dafür aus. – Darin entsprachen die Proteste des Spätsommers 1968 übrigens der Leipziger Beat-Demo vom Herbst 1965 wie auch einzelnen nonkonformistischen Kundgebungen, wie sie beispielsweise durch das zwangsweise Haareschneiden von Jugendlichen im Jahre 1969 in Ostthüringen provoziert wurden. All diese Aktionen waren zwar im weitesten Sinne politisch intendiert, da sie durch politische Entwicklungen veranlasst wurden. Insofern konnten sie als Widerstand gegen den sozialistischen Staat bzw. das sozialistische Gesellschaftssystem betrachtet werden. Als oppositionelles Handeln können sie aber kaum gelten, fehlten ihnen doch weitgehend politische Alternativforderungen und damit eine eindeutige politische Zielsetzung.

Das galt noch mehr für nonkonformistische Demonstrationen, für die Jugendliche auf faschistische Symbolik, Rhetorik und einen faschistoiden Habitus zurückgriffen. Den Jugendlichen dürfte es in der überwiegenden Zahl solcher Fälle nicht um die propagandistische Verbreitung und schon gar nicht um die Restauration nationalsozialistischen Gedankengutes und nationalsozialistischer Vorstellungen gegangen sein. Vielmehr diente das genannte Instrumentarium dazu, vor dem Hintergrund permanenter antifaschistischer Propaganda und Indoktrination den sozialistischen Staat zu provozieren und sein antifaschistisches Selbstverständnis anzufragen. Diese Provokationen belegen, dass es den Kommunisten kaum noch gelang, ihre Ideale an die jüngere Generation weiterzugeben. Wie schon die Rezeption einer dezidiert nonkonformistischen Ästhetik durch die modernen Jugendkulturen in der DDR demonstrierte auch der gewissermaßen anti-antifaschistische Normenverstoß, der auf das kommunistische Erbe zielte, eine schwere Tradierungskrise.

Wie die genannten Handlungsmuster ist auch das zur Schau gestellte Interesse vieler Jugendlicher für »den« Westen im Allgemeinen und die Bundesrepublik im Besonderen als nonkonformistische Demonstration zu interpretieren. Zwar ließen sich Jugendliche aus dieser Richtung konsumptiv stark stimulieren – die geweckten Bedürfnisse konnten sie zum Teil in der Tschechoslowakei und in Polen (die ab 1972 visafrei bereist werden konnten) sowie in Ungarn befriedigen –, ansonsten zeigten sie aber wenig Übereinstimmung mit der westdeutschen Politik. So schwächte sich die Bindung an Westdeutschland, nicht zuletzt auch wegen der beschränkten Kontaktmöglichkeiten zu Gleichaltrigen, während der sechziger Jahre deutlich ab.

Eine Änderung dieses Trends war erst im Kontext der internationalen Entspannung, die gegen Ende des Jahrzehnts einsetzte, zu erkennen. Gefördert wurde sie vor allem durch die »Neue Ostpolitik« unter Willy Brandt. Brandt entwickelte sich deswegen zum Hoffnungsträger vieler junger Ostdeutscher, wie die großen Sympathiebekundungen vorrangig junger Menschen bei seinem Erfurter Treffen mit dem DDR-Ministerpräsidenten Willi Stoph im März 1970 eindrucksvoll bewiesen. Dabei erschien Brandt als positives Gegenbild zu den ostdeutschen Politikern, denen jedes Charisma abging und für die sich deswegen Jugendliche in der DDR nicht begeistern ließen. Zugleich illustrierte die Begeisterung ostdeutscher Jugendlicher für Brandt und seine Ostpolitik, die auf der Akzeptanz des Status quo in der internationalen Politik, einschließlich der deutschen Frage, basierte, dass eine Bevormundung der DDR durch den Westen kaum auf positive Resonanz stieß.

Dies bestätigte das Diskussionsverhalten von Jugendlichen aus der DDR gegenüber westdeutschen Altersgenossen. So förderten Missverständnisse und unterschiedliche Sichtweisen auf die DDR und deren Politik gerade unter jungen Intellektuellen die Entfremdung zwischen Ost- und Westdeutschen. Zum Teil wurde diese Entfremdung forciert durch die unterschiedliche Rezeption sozialistischer Ideen im Kontext von »1968«, die auf unterschiedlichen theoretischen Annahmen und extrem divergierenden Erfahrungshintergründen basierte. Vor allem aber bedingten sich wechselseitig die steigende Identifikation ostdeutscher Jugendlicher mit der DDR infolge des »Konsumsozialismus« seit dem Machtwechsel und das gestiegene Selbstbewusstsein der DDR-Jugend, das sich in ihrer Abgrenzung gegenüber dem Westen niederschlug. Gleichwohl war auch dieses Verhalten durchaus ambivalent, bedeutete doch die steigende Identifikation mit der DDR keineswegs eine vorbehaltlose Anerkennung von deren Politik.

Die Ambivalenzen einer konstruktiven Auseinandersetzung mit der DDR-Gesellschaft zeigten sich am deutlichsten im Wandel des Selbstverständnisses christlicher Jugendlicher in der DDR und der Selbstverortung der Kirchen, die sich ebenfalls wechselseitig bedingten. Aufbrüche in der internationalen Politik (wie der Prager Frühling sowie der Übergang beider Blöcke zu einer »Politik der friedlichen Koexistenz«) und theologische Reformbewegungen (wie das II. Vatikanische Konzil, die lateinamerikanische Befreiungstheologie mit ihrer Marxismus-Rezeption und die afroamerikanische Bürgerrechtsbewegung mit ihren spirituellen Traditionen) forcierten den Wandel des Selbstverständnisses von Christen und Kirchen in der DDR. Begünstigt wurde er durch die Abkehr der Kirchen von restriktiven Maßnahmen der Kirchenzucht im Falle der Jugendweihe sowie durch die Integration moderner kultureller Trends und die Berücksichtigung soziologischer Erkenntnisse in der kirchlichen Jugendarbeit. Die Lockerung der Kirchenzucht begann zwar bereits in der frühen Mitte der sechziger Jahre. Die restriktive Linie wurde aber erst mit der Niederlage der Kirchen im Kampf gegen die Jugendweihe aufgegeben, da ein großer Teil des Kirchenvolkes diesen Kampf längst nicht mehr mitzutragen bereit war.

Die kirchliche Jugendarbeit, die Einführung moderner Gottesdienstformen (»Gottesdienste einmal anders«) und die verstärkte Berücksichtigung ethischer, moralischer und gesellschaftspolitischer Fragen im kirchlichen Raum, in Jungen Gemeinden und auf Rüstzeiten, besaßen eine erhebliche Bedeutung als alternative Freizeitangebote für Jugendliche und konnten deswegen auch für kirchenferne Jugendliche attraktiv sein. Vor allem aber bewährte sich die kirchliche Jugendarbeit durch die Pflege anderer Werte und Normen, als sie Staat und Partei propagierten, sowie die Akzeptanz alternativer kultureller Formen als Resistenzbereich innerhalb der (ab-)geschlossenen DDR-Gesellschaft. Die Kirchen stellten die einzige Gegenöffentlichkeit in der DDR dar. Obwohl der Erfolg der kirchlichen Arbeit in traditionell kirchenfernen Milieus, den unterbürgerlichen Schichten, eher mäßig war, erkannten auch kirchenferne Bevölkerungskreise das gesellschaftspolitische Gewicht der Kirchen. Ein großer Teil der DDR-Bevölkerung leitete daraus wiederum einen besonderen politischen Anspruch an die Kirchen ab. Zum Teil stand dieser Anspruch auch hinter der Ausgestaltung und Nutzung ihrer Autonomiespielräume durch die Kirchen selbst. Staat und Partei suchten diese deswegen immer wieder einzuschränken. Um diese Spielräume zu schützen und die eigene Klientel nicht zu gefährden, mussten die Kirchen folglich immer wieder auch die Verständigung mit dem sozialistischen Staat suchen. Insgesamt aber stellte diese Verständigung nur bedingt ein Arrangement mit dem Staat als vielmehr ein Arrangement mit der gesellschaftlichen Wirklichkeit in der DDR dar. Dieses Verhalten der Kirchen wurde von Jugendlichen so lange akzeptiert, wie sich Vertreter der Kirchen nicht zu harmonisierenden Äußerungen gegenüber dem sozialistischen Staat verstiegen, zumal der eine Annäherung an die Kirchen ohnehin ablehnte.

Im kirchlichen Bereich hat sich am ehesten ein Generationsprofil herausgebildet, das sich auf die Entwicklungen im Kontext des Jahres 1968 bezog (und bezieht). Begünstigt durch die (bürgerliche) Milieuspezifik und durch die Verengung des Erfahrungszusammenhangs durch kongruente Benachteiligungen, Diskriminierungen oder auch nur durch die Partizipation an den gleichen Diskursen verdichtete sich hier die generationelle Lagerung zu einer – wenngleich äußerst kleinen – Generationseinheit. Diese Entwicklung wurde durch die ungelenkte politische Öffentlichkeit gefördert, die sich rudimentär im kirchlichen Raum entfalten konnte.

Außerhalb des kirchlichen Raums ist eine Verdichtung des generationellen Zusammenhangs in der Jugend der DDR im genannten Kontext kaum zu beobachten. Von einer umfassenden Generationseinheit, die mit den so genannten »68ern« in der Bundesrepublik vergleichbar wäre, kann in der DDR angesichts des diffundierenden Erlebnishintergrundes kaum gesprochen werden. Die Liberalisierungsphase in den letzten Monaten der Ära Ulbricht und am Anfang der Ära seines Nachfolgers Honecker überdeckte offenbar die Enttäuschung, die das Ende des Prager Frühlings ausgelöst hatte. Zudem hatte die Formalisierung und der stetige Versuch politisch-ideologischer Homogenisierung zu einer weitgehenden Entpolitisierung der DDR-Jugend beigetragen, so dass die Erfahrungen im Umfeld des Jahres 1968 nicht in alternative politische Konzepte und Aktivitäten umgesetzt werden konnten. Auch befanden sich die Brennpunkte des politischen Geschehens zu dieser Zeit in Warschau und Prag sowie im unerreichbaren Westen, nicht aber in Berlin, Leipzig oder anderen Zentren der DDR.

Vor diesem Hintergrund erscheint nicht das Jahr 1968, sondern das des Machtwechsels, 1971, als Epochenjahr der DDR-Generation, die im Gefolge des Mauerbaus sozialisiert worden war. Eine generationelle Prägekraft entfalteten also weniger spezifische Ereignisse wie der Kahlschlag Mitte der sechziger Jahre oder der Prager Frühling am Ende des Jahrzehnts als vielmehr die Stabilisierung der DDR unter Ulbricht und Honecker. Wenngleich sich die ostdeutsche Politik weiterhin wechselhaft gestaltete, gelang es der Staats- und Parteiführung doch, die DDR bis zum Ende des Untersuchungszeitraumes der vorliegenden Studie in erheblichem Maße zu stabilisieren.

Dabei besaßen externe Faktoren eine kaum zu überschätzende Bedeutung für die ostdeutsche Entwicklung. Der Mauerbau zur Abschottung der DDR auf dem Höhepunkt des Kalten Krieges wie auch der Machtwechsel im Kontext der internationalen Entspannung am Anfang der siebziger Jahre veranschaulichen dies.

Zugleich bedingten sich innergesellschaftliche Wandlungsprozesse und administrative Maßnahmen in der DDR wechselseitig. Die innenpolitische Entspannung am Anfang der Ära Honecker wird somit dem Aufbruch der gesellschaftlichen Konventionen ebenso gerecht, wie sie durch diese forciert wurde. Setzte die außenpolitische Verhandlungsbereitschaft Ost-Berlins die Festigung des Ostblocks voraus, die durch die Invasion in die Tschechoslowakei abgesichert wurde, so verlangte die innenpolitische Flexibilisierung der SED zuvor eine Stabilisierung der gesellschaftspolitischen Verhältnisse in der DDR. Die zumindest formal gelungene politisch-ideologische Homogenisierung und Disziplinierung sowie die Formalisierung der politischen Öffentlichkeit in der DDR sind einerseits die Voraussetzungen für den Aufbruch am Anfang der Ära Honecker gewesen. Andererseits verdeckten sie den tatsächlichen Gehalt des jugendlichen Bewusstseins und nivellierten nur oberflächlich Differenzierungstendenzen unter der Jugend, wie sie in den Reaktionen auf die Niederschlagung des Prager Frühlings sowie in den Ergebnissen der ostdeutschen Demoskopie zu erkennen waren.

Unter jungen Ostdeutschen entwickelte sich nach dem Mauerbau zwar keine Opposition, auch widerstanden sie kaum der weitreichenden Formierung durch den SED-Staat. Aber das Maß der Anpassung an dessen Ansprüche lässt sich gleichwohl nur bedingt ausloten. Deswegen ließe sich das Verhalten der meisten Jugendlichen in der DDR im permanenten Spannungsfeld von politischer Formierung und privater Gestaltungsfreiheit am ehesten als widerwillige Loyalität bezeichnen. Einer solchen Generalisierung steht allerdings im Wege, dass die politischen Handlungsoptionen der Jugendlichen von ihnen im Wesentlichen situativ wahrgenommen wurden und deshalb ein konstantes Handlungsmuster kaum zu erkennen ist. Die wiederholte Enttäuschung eben erst geweckter Erwartungshaltungen provozierte eine grundlegende Distanz gegenüber der sozialistischen Gesellschaftspolitik und deren Protagonistin, der SED. Gleichwohl ließ die augenscheinliche Konformität der DDR-Jugend die Staats- und Parteiführung vorerst ebenso optimistisch in die Zukunft blicken, wie die ostdeutschen Jugendlichen seit dem Machtwechsel auf eine pragmatische und liberalere Politik hoffen konnten. Es musste sich noch zeigen, ob all diese Hoffnungen berechtigt waren.

Anhang

Danksagung

»Es war von vorn bis hinten zum Kotzen, aber wir haben uns prächtig amüsiert. [...] Wir stürmten in die Zukunft, aber wir waren sowas von gestern. Mein Gott, waren wir komisch, und wir haben es nicht einmal bemerkt.« (Thomas Brussig, Am kürzeren Ende der Sonnenallee, 1999)

Dieser Eindruck begleitete oft die Arbeit an der vorliegenden Studie, voran die Archivrecherchen und die Gespräche mit Zeitzeugen, und Schwanken zwischen Kümmernissen und Amüsement gehörten zum Alltag der Promotion, die mit dieser Untersuchung begann. Ihren Abschluss verdanke ich der Unterstützung und Begleitung zahlreicher Personen.

Bernd Weisbrod steuerte nicht nur die Idee dazu, sondern neben kritischer Begleitung auch zahlreiche Kontakte zu Wissenschaftlerinnen und Wissenschaftlern bei. Anregungen und Kritik empfing ich u. a. von Bernd Faulenbach, Gert Geißler, Ralph Jessen, Dietrich Kirchhöfer, Ulrich Mählert, Dietrich Mühlberg, Ehrhart Neubert, Lutz Niethammer, Dorothee Wierling und Hartmut Zwahr. Besonders intensive Gespräche konnte ich mit Alf Lüdtke und Rudolf von Thadden führen, mit dem die Diskussion über den unmittelbaren wissenschaftlichen Kontext hinausging und in eine intensive Zusammenarbeit mündete. Dies gilt auch für Detlef Pollack, der schließlich sogar das Risiko gemeinsamer Autorenschaft mit mir nicht scheute. Die Gelegenheit, verschiedene Aspekte meiner Arbeit mit einem größeren Publikum diskutieren zu können, gaben mir u. a. Annegret Schule und Rainer Gries, Norbert Frei, Hartmut Zwahr und der inzwischen leider verstorbene Kirchenhistoriker Kurt Nowak. Das Seminar des Zentrums für Historische Sozialforschung (ZHSF) im Herbst 1999 vermittelte mir besondere Erfahrungen und intensive persönliche Kontakte.

Hier erhielt ich zudem Zugang zu einem Quellenfundus, der wohl (zu) wenig genutzt, aber vielfach kritisiert wird: Unterlagen der ostdeutschen empirischen Sozialforschung. Den Mitarbeitern des ZHSF, stellvertretend Evelyn Brislinger und Willi Schröder, habe ich ebenso zu danken wie den hilfreichen Geistern all der anderen Archive in Berlin, Leipzig und Lüdenscheid. Herr Zwicker von der »Gauck-/Birthler-Behörde« förderte mit seinen Ideen hilfreiches Material aus den unendlichen Weiten der Galaxis der Stasi-Akten zu Tage, Bernd Lindner vom Zeitgeschichtlichen Forum Leipzig half bei der Suche nach einem Titelbild und Michael Matscha vom Bistumsarchiv Erfurt steuerte neben Akten Kontakte zu Zeitzeugen bei. Die gleiche Mühe machte sich Klaus-Dieter Müller vom Hannah-Arendt-Institut Dresden.

Lebendig wurden die Schätze, die ich mit Hilfe der genannten sowie zahlreicher ungenannter Archivmitarbeiter heben konnte, vor allem durch die Zeitzeugen, die sich meinen bohrenden Fragen stellten. Für den Zugang zum ostdeutschen Alltag, den ihre Erinnerungen eröffneten, gilt ihnen mein ganz besonderer Dank.

Das Ziel eines solchen Projektes ist nicht zu erreichen ohne die vielen Freundinnen und Freunde, die sich dankbarer Weise für die Transkription der Zeitzeugengespräche durch Tonbänder quälen, das Manuskript Korrektur lesen und dem Wanderer auf dem Weg zu den Quellen ein Dach über dem Kopf, Speisen, geistige Getränke und Gespräche bieten.

Dass die Erträge der Jahre langen Arbeit nun auch ein größeres Publikum erreichen, verdanke ich der Förderung durch die Friedrich-Ebert-Stiftung als Stipendiat sowie dem Druckkostenzuschuss durch die Stiftung zur Aufarbeitung der SED-Diktatur.

Mein Weg durch und in die DDR-Geschichte wurde von Anfang an begleitet von meinen Eltern und Geschwistern, die (Grat-)Wanderung zwischen Ost und West seit einigen Jahren auch von Martina. Ihr und Jakob, meinem nach der vorliegenden Studie jüngsten Wurf, ist dieses Buch gewidmet.

Abkürzungsverzeichnis

ABV	Abschnittsbevollmächtigter (der Deutschen Volkspolizei)	DSF	(Gesellschaft für) Deutsch-Sowjetische Freundschaft
ADG	Archiv Deutsches Gedächtnis Lüdenscheid	EKD	Evangelische Kirche in Deutschland
ADN	Allgemeiner Deutscher Nachrichtendienst	EOS	Erweiterte Oberschule
		ESG	Evangelische Studentengemeinde
AfS	Archiv für Sozialgeschichte	EZA	Evangelisches Zentralarchiv Berlin
AG	Arbeitsgruppe		
APO	Außerparlamentarische Opposition	FDGB	Freier Deutscher Gewerkschaftsbund
AO	Anordnung	FDGB-BV	FDGB-Bezirksvorstand
APuZ	Aus Politik und Zeitgeschichte. Beilage zur Zeitschrift »Das Parlament«	FDJ	Freie Deutsche Jugend
		FDJ-BL	FDJ-Bezirksleitung
		FDJ-GO	FDJ-Grundorganisation
BAEF	Bistumsarchiv Erfurt	FDJ-KL	FDJ-Kreisleitung
BAEF, ROO	Bistumsarchiv Erfurt, Regionales Ordinarienarchiv Ost	FDJ-SL	FDJ-Stadtleitung
		FDJ-ZR	FDJ-Zentralrat
BArch	Bundesarchiv	FU	Freie Universität Berlin
BBK	Berliner Bischofskonferenz (bis 1976 BOK)	GBl.	Gesetzblatt der Deutschen Demokratischen Republik
BDKJ	Bund der katholischen Jugend	GG	Geschichte und Gesellschaft
BDKJ-BV	BDKJ-Bundesvorstand	GMS	Gesellschaftlicher Mitarbeiter/ Gesellschaftliche Mitarbeiterin für Sicherheit (des MfS)
BDVP	Bezirksbehörde der Deutschen Volkspolizei		
BEK	Bund der Evangelischen Kirchen in der DDR	GST	Gesellschaft für Sport und Technik
BOK	Berliner Ordinarienkonferenz (ab 1976 BBK)	GWU	Geschichte in Wissenschaft und Unterricht
BStU	Der/Die Bundesbeauftragte für die Unterlagen des Staatssicherheitsdienstes der ehemaligen DDR	HU, HUB	Humboldt-Universität Berlin
		HZ	Historische Zeitschrift
		IM	Inoffizieller Mitarbeiter, Inoffizielle Mitarbeiterin (des MfS)
CDU	Christlich-Demokratische Union Deutschlands		
		IS	Intervallstudie
ČSSR	Tschechoslowakische Sozialistische Republik	JW	Junge Welt
		KfZG	Kommission für Zeitgeschichte
DA	Deutschland Archiv (vorm. SBZ-Archiv)		
		KKL	Konferenz der Evangelischen Kirchenleitungen in der DDR
DAB	Diözesanarchiv Berlin		
DB	Durchführungsbestimmung	KMU	Karl-Marx-Universität Leipzig
DBK	Deutsche Bischofskonferenz	KNA	Katholische Nachrichtenagentur
DEFA	Deutsche Film-Aktiengesellschaft		
		KPČ	Kommunistische Partei der Tschechoslowakei
DPZI	Deutsches Pädagogisches Zentralinstitut (ab 1970 Akademie der Pädagogischen Wissenschaften)		
		KSG	Katholische Studentengemeinde

383

KZfSS	Kölner Zeitschrift für Soziologie und Sozialpsychologie	SED	Sozialistische Einheitspartei Deutschlands
LAMer	Landesarchiv Merseburg	SED-BL	SED-Bezirksleitung
LKA	Landeskirchenamt	SED-KL	SED-Kreisleitung
LPG	Landwirtschaftliche Produktionsgenossenschaft	SED-PB	SED-Politbüro
		SED-PL	SED-Parteileitung
LVZ	Leipziger Volkszeitung	SED-PO	SED-Parteiorganisation
MfS	Ministerium für Staatssicherheit	SED-SL	SED-Stadtleitung
		SED-UPL	SED-Universitätsparteileitung
MfS, AS	MfS, Allgemeine Sachablage		
MfS, BdL	MfS, Büro der Leitung	SED-ZK	SED-Zentralkomitee
MfS, BV	MfS, Bezirksverwaltung	SED, ZPKK	SED, Zentrale Parteikontrollkommission
MfS, HA	MfS, Hauptabteilung		
MfS, JHS	MfS, Juristische Hochschule	SHF	Staatssekretariat für Hoch- und Fachschulwesen
MfS, ZAIG	MfS, Zentrale Auswertungs- und Informationsgruppe		
		SIS	Studentenintervallstudie
MfV	Ministerium für Volksbildung	SOWI	Sozialwissenschaftliche Information
MHF	Ministerium für Hoch- und Fachschulwesen (bis 1967 SHF)		
		SPD	Sozialdemokratische Partei Deutschlands
MKF	Mitteilungen aus der kulturwissenschaftlichen Forschung	StGB	Strafgesetzbuch
		StPO	Strafprozessordnung
NBI	Neue Berliner Illustrierte	SU	Sowjetunion
ND	Neues Deutschland	TH	Technische Hochschule
nl	neues leben	TU	Technische Universität
NÖS, NÖSPL	Neues Ökonomisches System der Planung und Leitung	UAL	Universitätsarchiv Leipzig
		UdSSR	Union der Sozialistischen Sowjetrepubliken
NPD	Nationaldemokratische Partei Deutschlands	VEB	Volkseigener Betrieb
		VfZ	Vierteljahreshefte für Zeitgeschichte
NVA	Nationale Volksarmee		
ÖJD	Ökumenischer Jugenddienst	VO	Verordnung
OKR	Oberkirchenrat, Oberkonsistorialrat	VP	Volkspolizei
		VPKA	Volkspolizei-Kreisamt
PGH	Produktionsgenossenschaft des Handwerks	VR	Volksrepublik
		ZA	Zentralarchiv für Empirische Sozialforschung an der Universität Köln
POS	(Zehnklassige Allgemeinbildende) Polytechnische Oberschule		
		ZfG	Zeitschrift für Geschichtswissenschaft
RdB	Rat des Bezirkes		
SächsStAL	Sächsisches Staatsarchiv Leipzig	ZHSF	Zentrum für historische Sozialforschung Köln
SAPMO-BArch	Stiftung Archiv der Parteien und Massenorganisationen der DDR im Bundesarchiv	ZIJ	Zentralinstitut für Jugendforschung Leipzig
		ZSE	Zeitschrift für Sozialisationsforschung und Erziehungssoziologie
SBZ	Sowjetische Besatzungszone		

Quellenverzeichnis

Archivalische Quellen

Archiv Deutsches Gedächtnis (ADG), Lüdenscheid

Interview-Transskripte (anonymisiert, mit * gekennzeichnet) Satznr. 732, 847, 898, 960, 1084, 1309

Bistumsarchiv Erfurt (BAEF)

Bestand AG Jugendseelsorge (AG Jugend): Akten zu Plenarkonferenzen, Schriftverkehr, Studien- und Werkwoche (ohne Sign.); III.4a–b
Bestand AG Studentenseelsorge (AG Stud.): 3, 4, 8, 13, 14, III.7
ROO: Bestand Commissariat der Fuldaer Bischofskonferenz: H VI
ROO: Bestand Vorsitzender/Sekretariat der BOK/BBK: A I 18, 29; A II 19, 22, 23; A VI 18; A VIII 2–4, 6, 8–9; C 8

Bundesarchiv (BArch), Berlin

Bestand DC/4 – Ministerrat der DDR, Amt für Jugendfragen: 796, 811, 820, 854, 863, 869, 975, 978, 984, 1378, 1393, 1574, 1720, 1994
Bestand DR/2 – Ministerium für Volksbildung (MfV): A7033, A7170, A7677, A8866–A8867, A.3203, D.2271
Bestand DR/3 – Ministerium (bis 1967: Staatssekretariat) für Hoch- und Fachschulwesen (SHF/MHF): 1. Schicht [SHF] 208, 306, 3224, 3400–3401, 3651, 3656; 2. Schicht [MHF] B863–B864, B947a–c, B1076a–b, B1136, B1241d, B1415a–e

Die Bundesbeauftragte für die Unterlagen des Staatssicherheitsdienstes der ehemaligen Deutschen Demokratischen Republik (BStU), Berlin

Allgemeine Sachablage (AS): 629/70, Bde. 4 a, 4 b, 6 a, 6 b; 641/70, Bd. 1
Außenstelle Gera: BdL 2261
Büro der Leitung/Dokumentation (BdL/Dok.): 001079, 001087, 001375, 001377–001379, 002459, 004228
Hauptabteilung IX (HA IX): 1038, 2670, 4723, 4987, 5359, 12011, 12758, 14096
Juristische Hochschule des MfS, Mikrofilmstelle (MfS-JHS-MF): 336, 234; D 33, D 271; VVS 001-360/77, 160-109/70, 160-256/71, 160-377/71, 160-533/71, 160-578/71, 160-54/72, 160-217/73, 1251/74; ZTgb.-Nr. 529/61, 720/63, 151/71
Arbeitsbereich [des stellv. Ministers Gerhard] Neiber (Neiber): 871
Zentrale Aufklärungs- und Informationsgruppe (ZAIG): 755, 818, 1129, 1348, 1526, 1559, 1619, 1757, 1760, 1799, 1874, 1960, 2154, 2180, 2411

Evangelische Studentengemeinde (ESG) Halle/S.

Arbeitsunterlagen 1965 ff.; Vertrauenskreisprotokolle

Evangelisches Zentralarchiv (EZA), Berlin

Bestand 101 – Bund der Evangelischen Kirchen in der DDR (BEK): 94–97, 114–115, 346, 353, 713–714, 1813, 1825–1826, 1831–1833, 1849, 1865, 1877
Bestand 102 – Konferenz der evangelischen Kirchenleitungen in der DDR (KKL): 9–13, 15, 45–47, 57, 239–240, 325–327, 329, 332, 373–375, 394, 466–469
Bestand 104 – EKD, Kirchenkanzlei für die Gliedkirchen in der DDR: 112–114, 618–620, 630–633, 646–651, 655–657

Landesarchiv Merseburg (LAMer)

Bestand SED-Bezirksleitung Halle/S. (SED): IV/A-2/14/4, 6, 254

Sächsisches Staatsarchiv Leipzig (SächsStAL)

Bestand BDVP: 24/1/204, 226, 817, 836
Bestand FDGB-Bezirksvorstand (FDGB-BV): 2470; 2473; 8658
Bestand FDJ-Bezirksleitung (FDJ-BL): 109
Bestand SED
- SED-Bezirksleitung Leipzig: IV/2/16/683–684, 688; IV A-2/5/224–228; IV A-2/9.01/342–343; IV A-2/16/453–455, 459, 461, 464; IV/B-2/5/302, 304–306; IV/B-2/9/02/577, 579, 584, 588, 592; IV/B-2/14/668–671; IV/B-2/16/696, 698, 705–708, 710–711, 715; IV/B-4/14/048, 070, 083, 087, 089, 098; IV B-5/01/251, 254, 256; IV C-2/9/02/667, 675, 681; IV C-2/14/736; IV C-2/16/750–751
- SED-Stadtleitung Leipzig: IV A-5/01/194, 231, 258, 270, 273; IV B-5/01/186, 208, 251, 254, 256; IV C-5/01/217, 241, 274
- SED-Universitätsparteileitung bzw. SED-Kreisleitung der Karl-Marx-Universität Leipzig: IV A-4/14/071, 89; IV B-4/14/048, 070, 083, 087, 089, 098; IV C-4/14/092, 119

Stiftung Archiv der Parteien und Massenorganisationen der ehemaligen DDR im Bundesarchiv (SAPMO-BArch), Berlin

Bestand DY/24 – Freie Deutsche Jugend (FDJ), Zentralrat der FDJ: DY/24/1.167, 3.949, 5.763, 5.838, 8.005, 8.024, 8.112, 8.297, 8.515–8.516, 8.877
Bestand DY/30 – Sozialistische Einheitspartei Deutschlands (SED)
- Politbüro des ZK der SED: J IV 2/2/792, 868, 896, 899, 923, 930, 932, 1013, 1014, 1043, 1056, 1093, 1098, 1194, 1324, 1388, 1426, 1427, 1437, 1453, 1462; J IV 2/2A/853, 948, 966–969, 985, 991, 1021, 1029, 1031, 1125–1127, 1141, 1154, 1200, 1205, 1331, 1498, 1521, 1588, 1648, 1650, 1665, 1690, 1704
- ZK der SED, Tagungen des Zentralkomitees: IV 2/1/321, 323–324, 335–339, 376–377, 395
- ZK der SED, Abt. Jugend: vorl. 14300, 14303, 14313, 14329, 18024, 18028, 18030, 18032, 18060; IV A 2/16/1–8, 18, 21, 23, 56, 60, 68, 79, 95, 111, 119, 123–124, 170–171
- ZK der SED, Abt. Kirchenfragen: IV A 2/14/9–10, 43
- ZK der SED, Abt. Kultur: vorl. 18510; V A 2/9.06/159
- ZK der SED, Abt. Wissenschaften: IV A 2/9.04/5, 10, 21–22, 118, 389, 391–392, 408, 418–419; DY/30/IV B 2/9.04/126, 131
- ZK der SED, Büro Kurt Hager: IV A 2/2.024/4, 6, 18, 20, 27, 52
Bestand NY/4182: Nachlass Walter Ulbricht: 918, 929, 941, 1177, 1178

Universitätsarchiv Leipzig (UAL)

Bestand Rektorat: R 117
Bestand FDJ: FDJ 13, 349, 350, 372, 503, 620, 646, 1007; FDJ-ZM 99, 107, 150

Zentralarchiv für Empirische Sozialforschung Köln (ZA Köln)

Datensätze [ehem. Bestand des Zentralinstituts für Jugendforschung Leipzig (ZIJ)] 6036; 6152, 6153, 6154; 6172, 6174, 6176

Filme

Elternhaus und Schule. Dokumentarfilm von Alexander von Plato und Loretta Walz, 26 min., Potsdam 1995.

Kalter Frühling in Kleinmachnow: Die DDR und ihre letzte Jugend. Dokumentarfilm von Benedikt Berg-Walz, Thomas Neumann, Alexander von Plato und Loretta Walz, 29 min., Potsdam 1993.

Interviews des Verfassers

Günter Fritzsch (Jg. 1940), Frankfurt a. M.; Harald Fritzsch (Jg. 1943), München; Ingrid Göcke (Jg. 1942), Freising; Gernot Grünspecht * (anonymisiert; Jg. 1948), Berlin; Monika Hahn (Jg. 1950), Leipzig; Monika Mayerhofer (Jg. 1957), Leipzig; Wolfgang Schröder (Jg. 1954), Leipzig; Thomas Tauer (Jg. 1953), Leipzig; Sabine Ulmer (Jg. 1947) u. Manfred Ulmer (Jg. 1941), Leipzig.

Gedruckte Quellen

Autobiografische und belletristische Schriften

Dieckmann, Christoph: Äpfel schütteln, in: Kleßmann, Christoph (Hg.): Kinder der Opposition. Berichte aus Pfarrhäusern in der DDR. Gütersloh 1993, S. 48–64.

Fritzsch, Günter: Gesicht zur Wand. Willkür und Erpressung hinter Mielkes Mauern. 2. Aufl., Leipzig 1994.

Fritzsch, Harald: Flucht aus Leipzig. München, Zürich 1990.

Fuchs, Jürgen: Magdalena. MfS – Memfisblues – Stasi – Die Firma – VEB Horch & Guck. Ein Roman. Reinbek 1999.

Geißler, Gert: Landfriedensbrecher. Eine zeitweilige Festnahme am 31. Oktober 1965 in Leipzig, in: Deutsche Lehrerzeitung 44 (1997), H. 15/16, S. 10.

Heym, Stefan: Nachruf. Roman. München 1998.

Kleinert, Burkhardt: 68er in der DDR, in: Crosspoint. Hochschulzeitung, 16.5.1998, S. 8.

Koch, Dietrich: Das Verhör. Zerstörung und Widerstand. Dresden 2000.

Kunze, Reiner: Die wunderbaren Jahre. Lyrik Prosa Dokumente, Gütersloh o. J.

Loest, Erich: Es geht seinen Gang oder Mühen in unserer Ebene. 8. Aufl., München 1994.

Loest, Erich: Völkerschlachtdenkmal. Frankfurt a. M. u. a. 1984.

Meckel, Markus: Geborgenheit und Wagnis, in: Kleßmann, Christoph (Hg.): Kinder der Opposition. Berichte aus Pfarrhäusern in der DDR. Gütersloh 1993, S. 95–108.

Plenzdorf, Ulrich: Die Legende von Paul und Paula, in: Ders.: Filme 2. Rostock 1988, S. 153–203.

Plenzdorf, Ulrich: Die neuen Leiden des jungen W. 28. Aufl., Frankfurt a. M. 1987 [erstm. in: Sinn und Form 24 (1972), S. 254–310].
Plenzdorf, Ulrich: Die neuen Leiden des jungen W. (Urfassung für den Film), in: Ders.: Filme 1. Rostock 1986, S. 5–79.
Reimann, Brigitte: Alles schmeckt nach Abschied. Tagebücher 1964–1970. Berlin 1998.
Reimann, Brigitte: Ich bedaure nichts. Tagebücher 1955–1963. Berlin 1997.
Schmutzler, Georg-Siegfried: Gegen den Strom. Erlebtes aus Leipzig unter Hitler und der Stasi. Göttingen 1992.
Wangenheim, Inge von: Genosse Jemand und die Klassik. Gedanken eines Schriftstellers. 2. Aufl., Halle, Leipzig 1981.
Welzk, Stefan: Die Sprengung – der Protest!, http://www.paulinerkirche.de/inhalt11.htm.
Welzk, Stefan: Universitätskirchensprengung und Protest, in: Universität Leipzig. Journal, Nr. 6/1998, S. 29.
Wolf, Christa: Erinnerungsbericht, in: Agde, Günter (Hg.): Kahlschlag. Das 11. Plenum des ZK der SED. 2. Aufl., Berlin 2000, S. 344–354.
Wonneberger, Christoph u. a.: Opposition in Sachsen. Drei Zeugenberichte, in: Kuhrt, Eberhard u. a. (Hg.): Opposition in der DDR von den 70er Jahren bis zum Zusammenbruch der SED-Herrschaft. Opladen 1999, S. 240 f.
Zwahr, Hartmut: Nur noch Pausenzeichen von Radio Prag. Der August 1968 im Tagebuch eines Leipziger Historikers, in: Neue Rundschau 104 (1993), S. 89–98.
Zwahr, Hartmut: Rok šedesátý osmý, in: François, Etienne u. a. (Hg.): 1968 – ein europäisches Jahr? Leipzig 1997, S. 111–123.

Dokumentationen und Quelleneditionen

Anweiler, Oskar u. a. (Hg.): Bildungspolitik in Deutschland 1945–1990. Ein historisch-vergleichender Quellenband. Bonn 1992.
Badstübner, Rolf u. a.: Geschichte der Deutschen Demokratischen Republik. Berlin (DDR) 1981.
Baske, Siegfried (Hg.): Bildungspolitik in der DDR 1963–1976. Dokumente, Wiesbaden 1979.
Besier, Gerhard; Wolf, Stephan (Hg.): »Pfarrer, Christen, Katholiken«. Das Ministerium für Staatssicherheit und die Kirchen. 2. Aufl., Neukirchen-Vluyn 1992.
Czismas, Michael (Hg.): Prag 1968. Dokumente. Bern 1968.
Demke, Christoph u. a. (Hg.): Zwischen Anpassung und Verweigerung. Dokumente aus der Arbeit des Bundes der Evangelischen Kirchen in der DDR. Leipzig 1994.
Dokumente der Sozialistischen Einheitspartei Deutschlands: Beschlüsse und Erklärungen des Zentralkomitees sowie seines Politbüros und seines Sekretariats, Bd. VIII–XIII [1960–1971], Berlin (DDR) 1962–1974.
Erinnerungen an 38 Jahre Jugendmagazin: neues leben. Michael Rauhut im Gespräch mit Ingeborg Dittmann, in: Simone Barck u. a. (Hg.): Zwischen »Mosaik« und »Einheit«. Zeitschriften in der DDR. Berlin 1999, S. 173–179.
Gasteyger, Curt: Europa zwischen Spaltung und Einigung 1945 bis 1993. Darstellung und Dokumentation. Bonn 1994.
Geißler, Gert u. a. (Hg.): Schule: Streng vertraulich! Die Volksbildung der DDR in Dokumenten. Berlin 1996.
Hartweg, Frédéric (Hg.): SED und Kirche. Eine Dokumentation ihrer Beziehungen. Bd. 1: SED 1946–1967; Bd. 2: SED 1968–1989. Neukirchen-Vluyn 1995 f.
Havemann, Robert: Beziehungen zur ČSSR, in: DA 1 (1968), S. 328–330.

Havemann, Robert: Dialektik ohne Dogma. Naturwissenschaft und Weltanschauung. Reinbek 1964.
Höllen, Martin (Hg.): Loyale Distanz? Katholizismus und Kirchenpolitik in SBZ und DDR. Ein historischer Überblick in Dokumenten. Bd. 2: 1956 bis 1965; Bd. 3/1: 1966 bis 1976. Berlin 1997f.
Honecker, Erich: Reden und Aufsätze. Bd. 1 u. 2. Berlin (DDR) 1975, 1977.
Honecker, Erich: Zur Jugendpolitik der SED. Reden und Aufsätze von 1945 bis zur Gegenwart. (Hg.) Zentralrat der Freien Deutschen Jugend, Institut für Marxismus-Leninismus beim ZK der SED. Berlin (DDR) 1977.
Jahnke, K[arl] H[einz] u.a.: Geschichte der Freien Deutschen Jugend. Chronik. 2. Aufl., Berlin (DDR) 1978.
Judt, Matthias (Hg.): DDR-Geschichte in Dokumenten. Beschlüsse, Berichte, interne Materialien und Alltagszeugnisse. Berlin 1998.
Keller, Dietmar: Karl-Marx-Universität 1945–1976. Ein historischer Abriß, in: Wissenschaftliche Zeitschrift der KMU. Gesellschafts- u. Sprachwiss. Reihe, 27 (1978), Nr. 1.
Kleßmann, Christoph (Hg.): Kinder der Opposition. Berichte aus Pfarrhäusern in der DDR. Gütersloh 1993.
Lange, Gerhard u.a. (Hg.): Katholische Kirche – sozialistischer Staat DDR. Dokumente und öffentliche Äußerungen 1945–1990. 2. Aufl., Leipzig 1993.
Materialien der Enquete-Kommission »Aufarbeitung von Geschichte und Folgen der SED-Diktatur in Deutschland«. (Hg.) Deutscher Bundestag. 9 Bde. in 18 Teilbd., Baden-Baden, Frankfurt a. M. 1995.
Penzel, Rainer: Der »Fall Anklam«. Erinnerungen eines Rädelsführers, in: Herrmann, Ulrich (Hg.): Protestierende Jugend. Jugendopposition und politischer Protest in der deutschen Nachkriegsgeschichte. Weinheim, München 2002, S. 57–70.
Programm der Sozialistischen Einheitspartei Deutschlands. Berlin (DDR) 1976.
Rock im Druck: Melodie & Rhythmus. Michael Rauhut im Gespräch mit Roswitha Baumert, in: Simone Barck u.a. (Hg.): Zwischen »Mosaik« und »Einheit«. Zeitschriften in der DDR. Berlin 1999, S. 166–172.
Rosner, Clemens (Hg.): Die Universitätskirche zu Leipzig. Dokumente einer Zerstörung. Leipzig 1992.
Schacht, Ulrich: Versteinerte »Quellen«. Fragmente zu einer politischen Fossilienkunde im Fundhorizont des Elbe-Oder-Gebietes, in: Schädlich, Hans Joachim (Hg.): Aktenkundig. Berlin 1992, S. 195–220.
Schneider, Ilona Katharina: Weltanschauliche Erziehung in der DDR. Normen – Praxis – Opposition. Eine kommentierte Dokumentation. Opladen 1995.
Schuster, Ulrike: Wissen ist Macht. FDJ, Studenten und die Zeitung FORUM in der SBZ/DDR. Eine Dokumentation. Berlin 1997.
Staatliche Dokumente zur sozialistischen Jugendpolitik der Deutschen Demokratischen Republik. (Hg.) Amt für Jugendfragen beim Ministerrat der DDR. Berlin (DDR) o. J. [1971].
Studentenschaft und Hochschulgemeinde in der DDR, in: Herder-Korrespondenz 22 (1968), S. 312–315.
Ulbricht, Walter: An die Jugend. 2. Aufl., Berlin (DDR) 1968.
Verfassungen deutscher Länder und Staaten. Von 1816 bis zur Gegenwart. (Hg.) Akademie der Wissenschaften der DDR. Berlin (DDR) 1989.
Weltall Erde Mensch: Ein Sammelwerk zur Entwicklungsgeschichte von Natur und Gesellschaft. Berlin (DDR) 1954ff.
Das Wörterbuch der Staatssicherheit. Definitionen des MfS zur »politisch-operativen Arbeit«. Berlin 1993.

Zilch, Dorle: Millionen unter der blauen Fahne. Die FDJ – Zahlen – Fakten – Tendenzen. Bd. 1: Mitgliederbewegung und Strukturen in der FDJ-Mitgliedschaft von 1946 bis 1989 unter besonderer Berücksichtigung der Funktionäre, Rostock 1994.

Zeitungen und Zeitschriften

Forum: Zeitung für geistige Probleme der Jugend, Jgg. 15–27 (1961–1973).
Junge Welt: Organ des Zentralrates der Freien Deutschen Jugend, Jgg. 15–27 (1961–1973).
neues leben: Jugendmagazin, 1961–1973.
Deutschland Archiv, Jgg. 1ff. (1968ff.).
SBZ-Archiv, Jgg. 12–19 (1961–1968).

Literaturverzeichnis

Handbücher

Diedrich, Torsten u. a. (Hg.): Im Dienste der Partei. Handbuch der bewaffneten Organe der DDR. Berlin 1998.
Führ, Christoph; Furck, Carl-Ludwig (Hg.): Handbuch der deutschen Bildungsgeschichte. Bd. VI/2: Deutsche Demokratische Republik und neue Bundesländer. München 1998.
Henke, Klaus-Dietmar u. a. (Hg.): Anatomie der Staatssicherheit. Geschichte, Struktur, Methoden – MfS-Handbuch. Berlin 1995.
Markefka, Manfred; Nave-Herz, Rosemarie (Hg.): Handbuch der Familien- und Jugendforschung. Bd. 2: Jugendforschung. Neuwied, Frankfurt a. M. 1989.
Schulze, Edeltraud; Noack, Gert (Hg.): DDR-Jugend. Ein statistisches Handbuch. Berlin 1995.
Veen, Hans-Joachim u. a. (Hg.): Lexikon Opposition und Widerstand in der SED-Diktatur. Berlin, München 2000.

Aufsätze, Monografien und Sammelwerke

Agde, Günter: Eine Rekonstruktion, in: Ders. (Hg.): Kahlschlag. Das 11. Plenum des ZK der SED 1965. Studien und Dokumente. 2. Aufl., Berlin 2000, S. 181–197.
Agde, Günter (Hg.): Kahlschlag. Das 11. Plenum des ZK der SED 1965. Studien und Dokumente. 2. Aufl., Berlin 2000.
Albrecht, Erhard: Die Trommel ruft. Erfolg und Mißerfolg des FDJ-Kampfauftrages vom 28. August 1961, in: SBZ-Archiv 13 (1962), S. 37–40.
Ammer, Thomas: Die Gedanken sind frei. Widerstand an den Universitäten 1945 bis 1961, in: Poppe, Ulrike u. a. (Hg.): Zwischen Selbstbehauptung und Anpassung. Formen des Widerstands und der Opposition in der DDR. Berlin 1995, S. 142–161.
Ammer, Thomas: Widerstand an DDR-Oberschulen 1945 bis 1968, in: Henke, Klaus-Dietmar u. a. (Hg.): Widerstand und Opposition in der DDR. Köln u. a. 1999, S. 125–136.
Badstübner, Evemarie (Hg.): Befremdlich anders. Leben in der DDR. Berlin 2000.
Barck, Simone u. a. (Hg.): Zwischen »Mosaik« und »Einheit«. Zeitschriften in der DDR. Berlin 1999.
Bathke, Gustav-Wilhelm: Soziale Reproduktion und Sozialisation von Hochschulstudenten in der DDR, in: ZSE, Beih. 1/1990, S. 114–128.
Bathke, Gustav-Wilhelm: Studierende als Gegenstand der Forschung am Zentralinstitut für Jugendforschung Leipzig, in: Brislinger, Evelyn u. a. (Hg.): Jugend im Osten. Sozialwissenschaftliche Daten und Kontextwissenschaften aus der DDR und den neuen Bundesländern (1969–1995). Berlin 1997, S. 103–115.
Bathke, Gustav-Wilhelm; Starke, Kurt: Studentenforschung, in: Friedrich, Walter u. a. (Hg.): Das Zentralinstitut für Jugendforschung 1966–1990. Geschichte, Methoden, Erkenntnisse. Berlin 1999, S. 225–268.
Besier, Gerhard: Der SED-Staat und die Kirche: Der Weg in die Anpassung. München 1993.
Besier, Gerhard: Der SED-Staat und die Kirche 1969–1990. Die Vision vom Dritten Weg. Berlin, Frankfurt a. M. 1995.
Blask, Falk; Geißler, Gert (Hg.): Einweisung nach Torgau. Texte und Dokumente zur autoritären Jugendfürsorge in der DDR. Berlin 1997.
Blask, Falk; Geißler, Gert (Hg.): In Linie angetreten. Die Volksbildung der DDR in ausgewählten Kapiteln. Berlin 1996.

Blask, Falk; Geißler, Gert (Hg.): Freundschaft! Die Volksbildung der DDR in ausgewählten Kapiteln. Berlin 1996.

Bollow, Frauke u.a.: Lernziel Völkerfreundschaft, in: Blask, Falk; Geißler, Gert (Hg.): Freundschaft! Die Volksbildung der DDR in ausgewählten Kap. Berlin 1996, S. 261–368.

Breckner, Roswitha: Von den Zeitzeugen zu den Biographen: Methoden der Erhebung und Auswertung lebensgeschichtlicher Interviews, in: Alltagskultur, Subjektivität und Geschichte. Zur Theorie und Praxis von Alltagsgeschichte. (Hg.) Berliner Geschichtswerkstatt. Münster 1994, S. 199–222.

Brislinger, Evelyn u.a. (Hg.): Jugend im Osten. Sozialwissenschaftliche Daten und Kontextwissenschaften aus der DDR und den neuen Bundesländern (1969–1995). Berlin 1997.

Bude, Heinz: Das Altern einer Generation. Die Jahrgänge 1938 bis 1948. 2. Aufl., Frankfurt a. M. 1995.

Bude, Heinz: Das Ende einer tragischen Gesellschaft, in: Joas, Hans; Kohli, Martin (Hg.): Der Zusammenbruch der DDR. Soziologische Analysen. Frankfurt a. M. 1993, S. 267–281.

Burens, Peter-Claus: Die DDR und der »Prager Frühling«. Bedeutung und Auswirkungen der tschechoslowakischen Erneuerungsbewegung für die Innenpolitik der DDR im Jahre 1968. Berlin [W.] 1981.

Classen, Christoph: Zum öffentlichen Umgang mit der NS-Vergangenheit in der DDR. Das Beispiel des Radios, in: Schildt, Axel u.a. (Hg.): Dynamische Zeiten. Die 60er Jahre in den beiden deutschen Gesellschaften. Hamburg 2000, S. 166–196.

Conelly, John: Stalinismus und Hochschulpolitik in Ostmitteleuropa nach 1945, in: GG 24 (1997), S. 5–23.

Dähn, Horst; Gotschlich, Helga (Hg.): »Und führe uns nicht in Versuchung ...«. Jugend im Spannungsfeld von Staat und Kirche in der SBZ/DDR 1945 bis 1989. Berlin 1998.

Dieckmann, Christoph: Wir Sowjetmenschen. Linksanarchistischer Rock'n'Roll. In der Klaus-Renft-Combo lebt die Legende einer anderen DDR, in: Die Zeit, Nr. 39/1999, S. 16f.

Diederich, Georg u.a.: Jugendweihe in der DDR. Geschichte und politische Bedeutung aus christlicher Sicht. Schwerin 1998.

Dölling, Irene: Die Bedeutung von Erwerbsarbeit für weibliche Identität, in: MKF, Nr. 36/1995, S. 40–52.

Dussel, Konrad: Vom Radio- zum Fernsehzeitalter. Medienumbrüche in sozialgeschichtlicher Perspektive, in: Schildt, Axel u.a. (Hg.): Dynamische Zeiten. Die 60er Jahre in den beiden deutschen Gesellschaften. Hamburg 2000, S. 673–694.

Eckert, Rainer: Widerstand und Opposition in der DDR. Siebzehn Thesen, in: ZfG 44 (1996), S. 49–67.

Eichler, Wolfgang: Menschenbild und Erziehungspraxis in der DDR, in: Badstübner, Evemarie (Hg.): Befremdlich anders. Leben in der DDR. Berlin 2000, S. 552–575.

Eisenfeld, Bernd: Kriegsdienstverweigerung in der DDR – ein Friedensdienst? Genesis, Befragung, Analyse, Dokumente. Frankfurt a. M. 1978.

Eisenfeld, Bernd: Wehrdienstverweigerung als Opposition, in: Henke, Klaus-Dietmar u.a. (Hg.): Widerstand und Opposition in der DDR. Köln u.a. 1999, S. 241–346.

Engelbrecht, Sebastian: Kirchenleitung in der DDR. Eine Studie zur politischen Kommunikation in der Evangelisch-Lutherischen Landeskirche Sachsens 1971–1989. Leipzig 2000.

Engelmann, Roger: Zum Quellenwert der Unterlagen des Ministeriums für Staatssicherheit, in: Henke, Klaus-Dietmar; ders. (Hg.): Aktenlage. Die Bedeutung der Unterlagen des Staatssicherheitsdienstes für die Zeitgeschichtsforschung. Berlin 1995, S. 23–39.

Engler, Wolfgang: Die Ostdeutschen. Kunde von einem verlorenen Land. Berlin 1999.
Engler, Wolfgang: Die ungewollte Moderne. Ost-West-Passagen. Frankfurt a. M. 1995.
Engler, Wolfgang: Konträr und parallel. 1968 im Osten. Thesen, in: François, Etienne u. a. (Hg.): 1968 – ein europäisches Jahr?. Leipzig 1997, S. 105–109.
Engler, Wolfgang: Strafgericht über die Moderne. Das 11. Plenum im historischen Rückblick, in: Agde, Günter (Hg.): Kahlschlag. Das 11. Plenum des ZK der SED 1965. 2. Aufl., Berlin 2000, S. 16–36.
Ernst, Anna Sabine: Vom »Du« zum »Sie«. Die Rezeption bürgerlicher Anstandsregeln in der DDR der 1950er Jahre, in: MKF, Nr. 33/1993, S. 190–209.
Faktor, Jan: Intellektuelle Opposition und alternative Kultur in der DDR, in: APuZ, B 10/94, S. 30–37.
Faulenbach, Bernd u. a. (Hg.): Die Partei hatte immer recht. Aufarbeitung von Geschichte und Folgen der SED-Diktatur. Essen 1994.
Felber, Holm: Alltäglicher Ausstieg. Zum Gebrauch populärer Musik durch DDR-Jugendliche, in: ZSE, 1. Beih., 1990, S. 77–83.
Findeis, Hagen u. a. (Hg.): Die Entzauberung des Politischen. Was ist aus den politisch alternativen Gruppen in der DDR geworden? Interviews mit ehemals führenden Vertretern. Leipzig, Berlin 1994.
Fischer, Christian: Wir haben Euer Gelöbnis vernommen. Konfirmation und Jugendweihe im Spannungsfeld. Ein Beispiel für den Einfluß gesellschaftlicher Verhältnisse auf praktisch-theologische Argumentationen in der DDR (1949–1978). Leipzig 1998.
Förster, Peter: Die Entwicklung des politischen Bewußtseins der DDR-Jugend zwischen 1966 und 1989, in: Friedrich, Walter u. a. (Hg.): Das Zentralinstitut für Jugendforschung 1966–1990. Geschichte, Methoden, Erkenntnisse. Berlin 1999, S. 70–165.
François, Etienne: u. a. (Hg.): 1968 – ein europäisches Jahr? Leipzig 1997.
Fricke, Karl Wilhelm: FDJ-Streifendienst. Die Ordnungsgruppen der Freien Deutschen Jugend, in: SBZ-Archiv 13 (1962), S. 40f.
Fricke, Karl Wilhelm: Opposition und Widerstand in der DDR. Ein politischer Report. Köln 1984.
Friedrich, Walter: Geschichte des Zentralinstituts für Jugendforschung. Anfänge der Jugendforschung in der DDR, in: Ders. u. a. (Hg.): Das Zentralinstitut für Jugendforschung 1966–1990. Geschichte, Methoden, Erkenntnisse. Berlin 1999, S. 13–69.
Friedrich, Walter: Weltanschauliche Positionen der Jugend, in: Ders. u. a. (Hg.): Das Zentralinstitut für Jugendforschung 1966–1990. Geschichte, Methoden, Erkenntnisse. Berlin 1999, S. 184–205.
Friedrich, Walter: Zur inhaltlichen und methodischen Forschung am Zentralinstitut für Jugendforschung Leipzig, in: Brislinger, Evelyn u. a. (Hg.): Jugend im Osten. Sozialwissenschaftliche Daten und Kontextwissenschaften aus der DDR und den neuen Bundesländern (1969–1995). Berlin 1997, S. 85–101.
Fulbrook, Mary: Anatomy of a Dictatorship. Inside the GDR. 1949–1989. Oxford 1995.
Fulbrook, Mary: Methodologische Überlegungen zu einer Gesellschaftsgeschichte der DDR, in: Bessel, Richard; Jessen, Ralph (Hg.): Die Grenzen der Diktatur. Staat und Gesellschaft in der DDR. Göttingen 1996, S. 274–297.
Gebhardt, Brigitte: Der »Fall Anklam«. Schülerprotest an der EOS Anklam im September 1961, in: Herrmann, Ulrich (Hg.): Protestierende Jugend. Jugendopposition und politischer Protest in der deutschen Nachkriegsgeschichte. Weinheim u. a. 2002, S. 41–55.
Geißler, Gert: Die Volksbildung der DDR in Dokumenten, in: Ders. u. a. (Hg.): Schule: Streng vertraulich! Die Volksbildung der DDR in Dokumenten. Berlin 1996, S. 17–43.
Geißler, Gert; Wiegmann, Ulrich: Pädagogik und Herrschaft in der DDR. Die parteilichen, geheimdienstlichen und vormilitärischen Erziehungsverhältnisse. Frankfurt a. M. 1996.

Gerhard, Ute: Die staatlich institutionalisierte »Lösung« der Frauenfrage. Zur Geschichte der Geschlechterverhältnisse in der DDR, in: Kaelble, Hartmut u.a. (Hg.): Sozialgeschichte der DDR. Stuttgart 1994, 383–403.

Geulen, Dieter: Politische Sozialisation in der DDR. Autobiographische Gruppengespräche mit Angehörigen der Intelligenz. Opladen 1998.

Gibas, Monika: »Die DDR – das sozialistische Vaterland der Werktätigen!« Anmerkungen zur Identitätspolitik der SED und ihrem sozialisatorischen Erbe, in: APuZ, B 39–40/99, S. 21–30.

Gieseke, Jens: Mielke-Konzern. Die Geschichte der Stasi 1945–1990. Stuttgart u.a. 2001.

Giordano, Ralph: Die zweite Schuld oder Von der Last Deutscher zu sein. München 1990.

Godel, Erika: Theologische Standortbestimmung der Studentengemeinden in der DDR und ihre öffentliche Position in der gegenwärtigen Wirklichkeit der DDR. Berlin (W.) 1973 (unveröff. Diplomarb.).

Goeckl, Robert F.: Die evangelische Kirche und die DDR. Konflikte, Gespräche, Vereinbarungen unter Ulbricht und Honecker. Leipzig 1995.

Gotschlich, Helga (Hg.): »Links und links und Schritt gehalten ...«. Die FDJ. Konzepte – Abläufe – Grenzen. Berlin 1994.

Grele, Ronald J.: Ziellose Bewegung. Methodologische und theoretische Probleme der Oral History, in: Niethammer, Lutz (Hg.): Lebenserfahrung und soziales Gedächtnis. Die Praxis der »Oral History«. Frankfurt a. M. 1980, S. 143–161.

Grundmann, Uta u.a. (Hg.): Die Einübung der Außenspur. Die andere Kultur in Leipzig 1971–1990. Leipzig 1996.

Grunenberg, Nina: Ein 68er der DDR. Der umtriebige Leipziger Regierungspräsident macht Politik als Kommunikation, in: Die Zeit, Nr. 35/1996, S. 31.

Günther, Cordula: Jugendmode in der DDR zwischen Staatsplan und Freiraum für Selbstverwirklichung, in: ZSE, 1. Beih., 1990, S. 84–90.

Häder, Sonja: »Brechung des bürgerlichen Bildungsprivilegs«? Zur Auswahl und sozialen Struktur von Oberschülern am Beispiel Ost-Berlins (1945 bis 1955), in: Gotschlich, Helga (Hg.): »Links und links und Schritt gehalten ...«. Die FDJ. Berlin 1994, S. 170–186.

Hanke, Helmut: Macht und Ohnmacht des Mediums. Wandel in Funktion und Gebrauch des DDR-Fernsehens, in: ZSE, Beih. 1/1990, S. 143–152.

Hanke, Irma: Alltag und Politik. Zur politischen Kultur einer unpolitischen Gesellschaft. Eine Untersuchung zur erzählenden Gegenwartsliteratur der DDR in den 70er Jahren. Opladen 1987.

Heider, Paul: Die Gesellschaft für Sport und Technik (1952–1990), in: Diedrich, Torsten u.a. (Hg.): Im Dienste der Partei. Handbuch der bewaffneten Organe der DDR. Berlin 1998, S. 169–199.

Henke, Klaus-Dietmar; Engelmann, Roger (Hg.): Aktenlage. Die Bedeutung der Unterlagen des Staatssicherheitsdienstes für die Zeitgeschichtsforschung. Berlin 1995.

Henke, Klaus-Dietmar u.a.(Hg.): Widerstand und Opposition in der DDR. Köln u.a. 1999.

Henkys, Reinhard: Die Opposition der »Jungen Gemeinde«, in: Henke, Klaus-Dietmar u.a. (Hg.): Widerstand und Opposition in der DDR. Köln u.a. 1999, S. 149–162.

Herrmann, Ulrich (Hg.): Protestierende Jugend. Jugendopposition und politischer Protest in der deutschen Nachkriegsgeschichte. Weinheim, München 2002.

Hertle, Hans-Hermann: Der Sturz Honeckers. Zur Rekonstruktion eines innerparteilichen Machtkampfes, in: Henke, Klaus-Dietmar u.a. (Hg.): Widerstand und Opposition in der DDR. Köln u.a. 1999, S. 327–346.

Hildebrandt, Bernd: »Wir alle mußten Kompromisse schließen.«. Integrationsprobleme theologischer Fakultäten an staatlichen Universitäten der DDR, in: Rendtorff, Trutz (Hg.):

Protestantische Revolution? Kirche und Theologie in der DDR. Göttingen 1993, S. 121–144.
Hirschman, Albert O.: Abwanderung, Widerspruch und das Schicksal der Deutschen Demokratischen Republik. Ein Essay zur konzeptuellen Geschichte, in: Leviathan 20 (1992), S. 330–358.
Hofmann, Michael: Das Ende des Eigen-Sinns. Leipziger Metallarbeiter und die Ereignisse des Jahres 1968, in: François, Etienne u. a. (Hg.): 1968 – ein europäisches Jahr? Leipzig 1997, S. 89–94.
Hofmann, Michael; Rink, Dieter: Mütter und Töchter – Väter und Söhne. Mentalitätswandel in zwei DDR-Generationen, in: BIOS 6 (1993), S. 199–223.
Hübner, Peter: Die FDJ als politische Organisation und sozialer Raum, in: Gotschlich, Helga (Hg.): »Links und links und Schritt gehalten ...«. Die FDJ. Berlin 1994, S. 58–69.
Hübner, Peter: Das Jahr 1961 und die Kontinuität der Arbeitergeschichte in der DDR, in: Ders.; Tenfelde, Klaus (Hg.): Arbeiter in der SBZ–DDR, Essen 1999, S. 15–38.
Hübner, Peter: Konsens, Konflikt und Kompromiß. Soziale Arbeiterinteressen und Sozialpolitik in der SBZ/DDR 1945–1970. Berlin 1995.
Hübner, Peter: Von unten gesehen: Krisenwahrnehmung durch Arbeiter, in: Černý, Jochen (Hg.): Brüche, Krisen, Wendepunkte. Neubefragung von DDR-Geschichte. Leipzig u. a. 1990, S. 254–265.
Hübner, Peter; Tenfelde, Klaus (Hg.): Arbeiter in der SBZ–DDR, Essen 1999.
Huinink, Johannes: Individuum und Gesellschaft in der DDR. Theoretische Ausgangspunkte einer Rekonstruktion der DDR-Gesellschaft in den Lebensverläufen ihrer Bürger, in: Ders. u. a.: Kollektiv und Eigensinn. Lebensverläufe in der DDR und danach. Berlin 1995, S. 25–44.
Huinink, Johannes u. a.: Kollektiv und Eigensinn. Lebensverläufe in der DDR und danach. Berlin 1995.
Huinink, Johannes; Wagner, Michael: Partnerschaft, Ehe und Familie in der DDR, in: Huinink, Johannes u. a.: Kollektiv und Eigensinn. Lebensverläufe in der DDR und danach. Berlin 1995, S. 145–188.
Jäger, Manfred: Kultur und Politik in der DDR. 1945–1990. Köln 1994.
Jarausch, Konrad H.: Die gescheiterte Gegengesellschaft. Überlegungen zu einer Sozialgeschichte der DDR, in: AfS 39 (1999), S. 1–17.
Jarausch, Konrad H.: Realer Sozialismus als Fürsorgediktatur. Zur begrifflichen Einordnung der DDR, in: APuZ, B 20/98, S. 33–46.
Jessen, Ralph: Diktatorische Herrschaft und kommunikative Praxis. Überlegungen zum Zusammenhang von »Bürokratie« und Sprachnormierung in der DDR-Geschichte, in: Lüdtke, Alf; Becker, Peter (Hg.): Akten. Eingaben. Schaufenster. Die DDR und ihre Texte. Berlin 1997, S. 57–75.
Jessen, Ralph: Diktatorischer Elitenwechsel und universitäre Milieus. Hochschullehrer in der SBZ/DDR (1945–1967), in: GG 24 (1998), S. 24–54.
Jessen, Ralph: Die Gesellschaft im Staatssozialismus. Probleme einer Sozialgeschichte der DDR, in: GG 21 (1995), S. 96–110.
Jessen, Ralph: Professoren im Sozialismus. Aspekte des Strukturwandels der Hochschullehrerschaft in der Ulbricht-Ära, in: Kaelble, Hartmut u. a. (Hg.): Sozialgeschichte der DDR. Stuttgart 1994, S. 217–253.
Joas, Hans; Kohli, Martin (Hg.): Der Zusammenbruch der DDR. Soziologische Analysen. Frankfurt a. M. 1993.
Jörns, Gerhard; Geißler, Gert: Jugendhilfe in der DDR, in: Blask, Falk; Geißler, Gert (Hg.): Einweisung nach Torgau. Texte und Dokumente zur autoritären Jugendfürsorge in der DDR. Berlin 1997, S. 31–91.

Jostmeier, Friedhelm: Die Evangelische Studentengemeinde Leipzig (1950 bis 1963). »Insel des Individualismus« oder »Hort der Reaktion«, in: Dähn, Horst; Gotschlich, Helga (Hg.): »Und führe uns nicht in Versuchung ...«. Jugend im Spannungsfeld von Staat und Kirche in der SBZ/DDR 1945 bis 1989. Berlin 1998, S. 134–149.

Judt, Matthias: »Nur für den Dienstgebrauch«. Arbeiten mit Texten einer deutschen Diktatur, in: Lüdtke, Alf; Becker, Peter (Hg.): Akten. Eingaben. Schaufenster. Die DDR und ihre Texte. Berlin 1997, S. 29–38.

Kähler, Christoph: Kirchliche Hochschulen in der DDR, in: Pasternack, Peer (Hg.): Hochschule & Kirche. Theologie & Politik. Berlin 1996, S. 241–250.

Kaelble, Hartmut u. a. (Hg.): Sozialgeschichte der DDR. Stuttgart 1994.

Kaiser, Monika: Machtwechsel von Ulbricht zu Honecker. Funktionsmechanismen der SED-Diktatur in Konfliktsituationen 1962 bis 1972. Berlin 1997.

Kaiser, Gert; Frie, Ewald (Hg.): Christen, Staat und Gesellschaft in der DDR. Frankfurt a. M., New York 1996.

Kaminsky, Annette: »Mehr produzieren, gerechter verteilen, besser leben«. Konsumpolitik in der DDR, in: APuZ, B 28/99, S. 12–20.

Kaminsky, Annette: »Nieder mit den Alu-Chips«. Die private Einfuhr von Westwaren in die DDR, in: DA 33 (2000), S. 750–760.

Kleßmann, Christoph: Relikte des Bildungsbürgertums in der DDR, in: Kaelble, Hartmut u. a. (Hg.): Sozialgeschichte der DDR. Stuttgart 1994, S. 254–270.

Kleßmann, Christoph: Zur Sozialgeschichte des protestantischen Milieus in der DDR, in: GG 19 (1993), S. 29–53.

Kleßmann, Christoph: Zwei Staaten, eine Nation. Deutsche Geschichte 1955–1970. Göttingen 1988.

Klier, Freya: Lüg Vaterland. Erziehung in der DDR. 2. Aufl., München 1990.

Kocka, Jürgen: Eine durchherrschte Gesellschaft, in: Kaelble, Hartmut u. a. (Hg.): Sozialgeschichte der DDR. Stuttgart 1994, S. 547–553.

König, Ingelore u. a. (Hg.): Zwischen Bluejeans und Blauhemden. Jugendfilm in Ost und West. Berlin 1995.

Kowalczuk, Ilko-Sascha: Legitimation eines neuen Staates. Parteiarbeiter an der historischen Front. Geschichtswissenschaft in der SBZ/DDR 1945 bis 1961. Berlin 1997.

Kowalczuk, Ilko-Sascha: Von der Freiheit, Ich zu sagen. Widerständiges Verhalten in der DDR, in: Poppe, Ulrike u. a. (Hg.): Zwischen Selbstbehauptung und Anpassung. Formen des Widerstands und der Opposition in der DDR. Berlin 1995, S. 85–115.

Kowalczuk, Ilko-Sascha: »Wer sich nicht in Gefahr begibt ...«. Protestaktionen gegen die Intervention in Prag und die Folgen von 1968 für die DDR-Opposition, in: GWU 50 (1999), S. 424–437.

Kowalczuk, Ilko-Sascha; Wolle, Stefan: Roter Stern über Deutschland. Sowjetische Truppen in der DDR. Berlin 2001.

Krenzlin, Leonore: Vom Jugendkommuniqué zur Dichterschelte, in: Agde, Günter (Hg.): Kahlschlag. Das 11. Plenum des ZK der SED. 2. Aufl., Berlin 2000, S. 154–164.

Krönig, Waldemar; Müller, Klaus-Dieter: Anpassung, Widerstand, Verfolgung. Hochschule und Studenten in der SBZ und DDR 1945–1961. Köln 1994.

Kudella, Sonja u. a.: Die Politisierung des Schulalltags, in: Blask, Falk; Geißler, Gert (Hg.): In Linie angetreten. Die Volksbildung der DDR in ausgewählten Kapiteln. Berlin 1996, S. 21–209.

Kühnel, Wolfgang: Der Lebenszusammenhang DDR-Jugendlicher im Spannungsfeld von institutioneller Verregelung und alltagskultureller Modernisierung, in: ZSE, Beih. 1/1990, S. 105–113.

Kühnel, Wolfgang: Scheinbar konfliktfrei aneinander vorbei: Eine Retrospektive auf die

Generationsbeziehungen in den achtziger Jahren in der DDR, in: PROKLA 20 (1990), H. 80, S. 28–39.

Kuhn, Gerd; Ludwig, Andreas (Hg.): Alltag und soziales Gedächtnis. Die Objektkultur der DDR und ihre Musealisierung. Hamburg 1997.

Lemke, Christiane: Die Ursachen des Umbruchs 1989. Politische Sozialisation in der ehemaligen DDR. Opladen 1991.

Lindenberger, Thomas: Die Diktatur der Grenzen, in: Ders. (Hg.): Herrschaft und Eigen-Sinn in der Diktatur. Studien zur Gesellschaftsgeschichte der DDR. Köln u. a. 1999, S. 13–44.

Lindner, Bernd: Sozialisation und politische Kultur junger Ostdeutscher vor und nach der Wende – ein generationsspezifisches Analysemodell, in: Schlegel, Uta; Förster, Peter (Hg.): Ostdeutsche Jugendliche. Vom DDR-Bürger zum Bundesbürger. Opladen 1997, S. 23–37.

Linke, Dietmar: Theologiestudenten der Humboldt-Universität. Zwischen Hörsaal und Anklagebank. Darstellung der parteipolitischen Einflußnahme auf eine Theologische Fakultät anhand von Dokumenten. Neukirchen-Vluyn 1994.

Ludz, Peter Christian: Die DDR zwischen Ost und West: Politische Analysen 1961 bis 1976. München 1977.

Lübbe, Hermann: Der Nationalsozialismus im deutschen Nachkriegsbewußtsein, in: HZ 236 (1983), S. 579–599.

Lüdtke, Alf: Die DDR als Geschichte. Zur Geschichtsschreibung über die DDR, in: APuZ, B 36/98, S. 3–16.

Lüdtke, Alf: Eigen-Sinn. Fabrikalltag, Arbeitererfahrungen und Politik vom Kaiserreich bis in den Faschismus. Hamburg 1993.

Lüdtke, Alf: Geschichte und Eigensinn, in: Alltagskultur, Subjektivität und Geschichte. Zur Theorie und Praxis von Alltagsgeschichte. (Hg.) Berliner Geschichtswerkstatt. Münster 1994, S. 139–153.

Lüdtke, Alf: »Helden der Arbeit« – Mühen beim Arbeiten. Zur mißmutigen Loyalität von Industriearbeitern in der DDR, in: Kaelble, Hartmut u. a. (Hg.): Sozialgeschichte der DDR. Stuttgart 1994, S. 188–213.

Lüdtke, Alf; Becker, Peter (Hg.): Akten. Eingaben. Schaufenster. Die DDR und ihre Texte. Erkundungen zu Herrschaft und Alltag. Berlin 1997.

Lutz, Annabelle: Dissidenten und Bürgerbewegung. Ein Vergleich zwischen DDR und Tschechoslowakei. Frankfurt a. M., New York 1999.

Mählert, Ulrich; Stephan, Gerd-Rüdiger: Blaue Hemden – Rote Fahnen. Die Geschichte der Freien Deutschen Jugend. Opladen 1996.

Major, Patrick: Vor und nach dem 13. August 1961. Reaktionen der DDR-Bevölkerung auf den Bau der Berliner Mauer, in: AfS 39 (1999), S. 325–354.

Mallmann, Klaus-Michael: Paul, Gerhard: Resistenz oder loyale Widerwilligkeit. Anmerkungen zu einem umstrittenen Begriff, in: ZfG 41 (1993), S. 99–116.

Mannheim, Karl: Das Problem der Generationen, in: Ders.: Wissenssoziologie. Auswahl aus dem Werk. Berlin, Neuwied 1964, S. 509–565.

Mayer, Karl Ulrich; Diewald, Martin: Kollektiv und Eigensinn: Die Geschichte der DDR und die Lebensverläufe ihrer Bürger, in: APuZ, B 46/96, S. 8–17.

Mayer, Karl Ulrich; Solga, Heike: Mobilität und Legitimität. Zum Vergleich der Chancenstrukturen in der alten DDR und der alten BRD oder: Haben Mobilitätschancen zu Stabilität und Zusammenbruch der DDR beigetragen?, in: KZfSS, 46 (1994), S. 193–208.

Merkel, Ina: Arbeiter und Konsum im real existierenden Sozialismus, in: Hübner, Peter; Tenfelde, Klaus (Hg.): Arbeiter in der SBZ–DDR. Essen 1999, S. 527–553.

Merkel, Ina: Leitbilder und Lebensweisen von Frauen in der DDR, in: Kaelble, Hartmut u. a. (Hg.): Sozialgeschichte der DDR. Stuttgart 1994, 359–382.
Merkel, Ina: Die Nackten und die Roten. Zum Verhältnis von Nacktheit und Öffentlichkeit in der DDR, in: MKF, Nr. 36/1995, 80–108.
Merkel, Ina: Utopie und Bedürfnis. Die Geschichte der Konsumkultur in der DDR. Köln u. a. 2000.
Meuschel, Sigrid: Legitimation und Parteiherrschaft. Zum Paradox von Stabilität und Revolution in der DDR 1945–1989. Frankfurt a. M. 1992.
Michael, Klaus: Zweite Kultur oder Gegenkultur? Die Subkulturen und künstlerischen Szenen in der DDR und ihr Verhältnis zur politischen Opposition, in: Pollack, Detlef; Rink, Dieter (Hg.): Zwischen Verweigerung und Opposition. Politischer Protest in der DDR 1970–1989. Frankfurt a. M., New York 1997, S. 106–128.
Michalzik, Martin: »An der Seite der Genossen …«. Offizielles Jugendbild und politische Sozialisation im SED-Staat. Zum Scheitern der sozialistischen Erziehung in der DDR. Melle 1994.
Middell, Matthias: 1968 in der DDR. Das Beispiel der Hochschulreform, in: François, Etienne u. a. (Hg.): 1968 – ein europäisches Jahr?. Leipzig 1997, S. 125–146.
Mitterauer, Michael: Sozialgeschichte der Jugend. Frankfurt a. M. 1986.
Mleczkowski, Wolfgang: »Der Staat sind wir nicht«. Probleme der politischen Gegenkultur Jugendlicher in der DDR, in: Baske, Siegfried; Rögner-Francke, Horst (Hg.): Jugendkultur im geteilten Deutschland. Berlin 1986, S. 51–71.
Mühlberg, Dietrich: Alltag in der Medienöffentlichkeit. Illustrierte Zeitschriften und Magazine als Quellen kulturhistorischer Forschung, in: Barck, Simone u. a. (Hg.): Zwischen »Mosaik« und »Einheit«. Zeitschriften in der DDR. Berlin 1999, S. 32–47.
Mühlberg, Dietrich: »Leben in der DDR« – warum untersuchen und wie darstellen?, in: Badstübner, Evemarie (Hg.): Befremdlich anders. Leben in der DDR. Berlin 2000, S. 648–688.
Mühlberg, Dietrich: Sexualität und ostdeutscher Alltag, in: MKF, Nr. 36/1995, 8–39.
Mühlberg, Dietrich: Sexuelle Orientierungen und Verhaltensweisen in der DDR, in: SOWI 24 (1995), S. 49–57.
Mühlberg, Dietrich: Überlegungen zu einer Kulturgeschichte der DDR, in: Kaelble, Hartmut u. a. (Hg.): Sozialgeschichte der DDR. Stuttgart 1994, S. 62–94.
Mühlberg, Felix: Eingaben als Instrument informeller Konfliktbewältigung, in: Badstübner, Evemarie (Hg.): Befremdlich anders. Leben in der DDR. Berlin 2000, S. 233–270.
Münkel, Daniela: Produktionssphäre, in: Saldern, Adelheid von; Marßolek, Inge (Hg.): Zuhören und Gehörtwerden. Bd. 2: Radio in der DDR der fünfziger Jahre. Zwischen Lenkung und Ablenkung. Tübingen 1998, S. 45–170.
Naimark, Norman M.: Die Russen in Deutschland. Die Sowjetische Besatzungszone 1945 bis 1949. Berlin 1999.
Neubert, Ehrhart: Geschichte der Opposition in der DDR 1949–1989. Berlin 1997.
Niethammer, Lutz: Erfahrungen und Strukturen: Prolegomena zu einer Geschichte der Gesellschaft der DDR, in: Kaelble, Hartmut u. a. (Hg.): Sozialgeschichte der DDR. Stuttgart 1994, S. 95–115.
Niethammer, Lutz (Hg.): Der ›gesäuberte‹ Antifaschismus. Die SED und die roten Kapos von Buchenwald. Dokumente. Berlin 1994.
Niethammer, Lutz (Hg.): Lebenserfahrung und soziales Gedächtnis. Die Praxis der »Oral History«. Frankfurt a. M. 1980.
Niethammer, Lutz: Die SED und »ihre« Menschen. Versuch über das Verhältnis zwischen Partei und Bevölkerung als bestimmendem Moment innerer Staatssicherheit, in: Suckut, Siegfried; Süß, Walter (Hg.): Staatspartei und Staatssicherheit. Zum Verhältnis von SED und MfS. Berlin 1997, S. 307–340.

Niethammer, Lutz u. a.: Die volkseigene Erfahrung. Eine Archäologie des Lebens in der Industrieprovinz der DDR. 30 biographische Eröffnungen, Reinbek/Berlin 1991.

Noack, Axel: Die evangelischen Studentengemeinden in der DDR. Ihr Weg in Kirche und Gesellschaft 1945–1985. Merseburg 1984 (unveröff. Ms.).

Noack, Axel: Feindobjekt: Evangelische Studentengemeinde, in: Vollnhals, Clemens (Hg.): Die Kirchenpolitk von SED und Staatssicherheit. Eine Zwischenbilanz. Berlin 1996, S. 298–328.

Offe, Claus: Wohlstand, Nation, Republik. Aspekte des deutschen Sonderweges vom Sozialismus zum Kapitalismus, in: Joas, Hans; Kohli, Martin (Hg.): Der Zusammenbruch der DDR. Soziologische Analysen. Frankfurt a. M. 1993, S. 282–301.

Oleschinsky, Brigitte u. a.: Der Geschlossene Jugendwerkhof Torgau, in: Blask, Falk; Geißler, Gert (Hg.): Einweisung nach Torgau. Texte und Dokumente zur autoritären Jugendfürsorge in der DDR. Berlin 1997, S. 93–178.

Overesch, Manfred: Buchenwald und die DDR. Oder Die Suche nach der Selbstlegitimation. Göttingen 1995.

Pasternack, Peer (Hg.): Hochschule & Kirche. Theologie & Politik. Besichtigung eines Beziehungsgeflechts in der DDR. Berlin 1996.

Petzold, Gerlinde: »Freie Zeit – was nun?«. Alltägliche Modernisierung in der Arbeitsgesellschaft DDR, in: MKF, Nr. 33/1993, S. 153–189.

Peukert, Detlev: Volksgenossen und Gemeinschaftsfremde. Anpassung, Ausmerze und Aufbegehren unter dem Nationalsozialismus. Köln 1982.

Pingel-Schliemann, Sandra: Zersetzen. Strategie einer Diktatur. Berlin 2002.

Poiger, Uta G.: Amerikanischer Jazz und (ost)deutsche Respektabilität, in: Lüdtke, Alf; Becker, Peter (Hg.): Akten. Eingaben. Schaufenster. Die DDR und ihre Texte. Berlin 1997, S. 119–136.

Poiger, Uta G.: Jazz, Rock, and Rebels. Cold War Politics and American Culture in a Divided Germany. Berkeley u. a. 1999.

Pollack, Detlef: Kirche in der Organisationsgesellschaft. Zum Wandel der gesellschaftlichen Lage der evangelischen Kirchen in der DDR. Stuttgart u. a. 1994.

Pollack, Detlef: Die konstitutive Widersprüchlichkeit der DDR. Oder: War die DDR-Gesellschaft homogen?, in: GG 24 (1997), S. 110–131.

Pollack, Detlef: Politischer Protest: Politisch alternative Gruppen in der DDR. Opladen 2000.

Pollack, Detlef: Religion und gesellschaftlicher Wandel. Zur Rolle der evangelischen Kirche im Prozeß des gesellschaftlichen Umbruchs in der DDR, in: Joas, Hans; Kohli, Martin (Hg.): Der Zusammenbruch der DDR. Soziologische Analysen. Frankfurt a. M. 1993, S. 246–266.

Pollack, Detlef: Über die 68er, ihr Verhältnis zur DDR und wie man das Ausbleiben einer revolutionären Bewegung in der DDR als Mangel an revolutionärem Geist mißverstehen kann. Ms. (Vortrag Bielefeld) 1998.

Pollack, Detlef: Von der Volkskirche zur Minderheitskirche. Zur Entwicklung von Religiosität und Kirchlichkeit in der DDR, in: Kaelble, Hartmut u. a. (Hg.): Sozialgeschichte der DDR. Stuttgart 1994, S. 271–294.

Pollack, Detlef; Dieter Rink (Hg.): Zwischen Verweigerung und Opposition. Politischer Protest in der DDR 1970–1989. Frankfurt a. M., New York 1997.

Poppe, Ulrike: »Der Weg ist das Ziel«. Zum Selbstverständnis und der politischen Rolle oppositioneller Gruppen der achtziger Jahre, in: Dies. u. a. (Hg.): Zwischen Selbstbehauptung und Anpassung. Formen des Widerstandes und der Opposition in der DDR. Berlin 1995, S. 244–272.

Poppe, Ulrike u. a. (Hg.): Zwischen Selbstbehauptung und Anpassung. Formen des Widerstandes und der Opposition in der DDR. Berlin 1995.

Prieß, Lutz u. a.: Die SED und der »Prager Frühling« 1968. Politik gegen einen »Sozialismus mit menschlichem Antlitz«. Berlin 1996.

Raabe, Felix: Positionen aus Ost und West zu den X. Weltfestspielen 1973 in Ost-Berlin. Zwischen Distanz und Aktionseinheit, in: Ost-West-Informationsdienst d. Kath. Arbeitskreises f. Zeitgeschichte, 1997, H. 196, S. 28–39.

Rauhut, Michael: Beat in der Grauzone. DDR-Rock 1964 bis 1972 – Politik und Alltag. Berlin 1993.

Rauhut, Michael: Blues in Rot. Der Fall Gerulf Pannach und das Verbot der Klaus Renft Combo, in: DA, 31 (1998), S. 773–782.

Rauhut, Michael: DDR-Beatmusik zwischen Engagement und Repression, in: Günter Agde (Hg.): Kahlschlag: Das 11. Plenum des ZK der SED 1965. 2. Aufl. Berlin 2000, S. 122–153.

Rauhut, Michael: Ohr an Masse. Rockmusik im Fadenkreuz der Stasi, in: Wicke, Peter; Müller, Lothar (Hg.): Rockmusik und Politik. Analysen, Interviews und Dokumente. Berlin 1996, S. 28–47.

Rauhut, Michael: Rock in der DDR. 1964 bis 1989. Bonn 2002.

Rauhut, Michael: Rockmusik in der DDR. Politische Koordinaten und alltägliche Dimensionen, in: APuZ, B 28/99, S. 32–38.

Reiher, Dieter: Konfliktfeld Kirche – Schule in der DDR 1969 bis 1989, in: Dähn, Horst; Gotschlich, Helga (Hg.): »Und führe uns nicht in Versuchung ...«. Jugend im Spannungsfeld von Staat und Kirche in der SBZ/DDR 1945 bis 1989. Berlin 1998, S. 114–133.

Rendtorff, Trutz (Hg.): Protestantische Revolution? Kirche und Theologie in der DDR. Ekklesiologische Voraussetzungen, politischer Kontext, theologische und historische Kriterien. Göttingen 1993.

Roesler, Jörg: Jugendbrigaden im Fabrikalltag der DDR 1948–1989, in: APuZ, B 28/99, 21–31.

Roggemann, Herwig: Die DDR-Verfassungen. Einführung in das Verfassungsrecht der DDR – Grundlagen und neuere Entwicklung. 4. Aufl., Berlin [W.] 1989.

Rossow, Ina: »Rote Ohren, roter Mohn, sommerheiße Diskussion«. Die X. Weltfestspiele der Jugend und Studenten 1973 als Möglichkeit für vielfältige Begegnungen, in: Fortschritt, Norm und Eigensinn: Erkundungen im Alltag der DDR. (Hg.) Dokumentationszentrum Alltagskultur der DDR. Berlin 1999, S. 156–275.

Rother, Bernd; Windelen, Steffi: Die Folgen von Erfurt und Kassel. Tagungsbericht, in: DA 33 (2000), S. 817–819.

Ruppert, Wolfgang: Zur Konsumwelt der 60er Jahre, in: Schildt, Axel u. a. (Hg.): Dynamische Zeiten. Die 60er Jahre in den beiden deutschen Gesellschaften. Hamburg 2000, S. 752–767.

Sachse, Christian: (Vor)militärische Ausbildung in der DDR, in: Blask, Falk; Geißler, Gert (Hg.): In Linie angetreten: Die Volksbildung der DDR in ausgewählten Kapiteln. Berlin 1996, S. 211–314.

Schäfer, Bernd: Staat und katholische Kirche in der DDR. Köln u. a. 1998.

Schenk, Ralf: Jugendfilm in der DDR, in: König, Ingelore u. a. (Hg.): Zwischen Bluejeans und Blauhemden. Jugendfilm in Ost und West. Berlin 1995, S. 21–30.

Schildt, Axel: Zwei Staaten – eine Hörfunk- und Fernsehnation. Überlegungen zur Bedeutung der elektronischen Massenmedien in der Geschichte der Kommunikation zwischen der Bundesrepublik und der DDR, in: Bauerkämper, Arnd u. a. (Hg.): Doppelte Zeitgeschichte: Deutsch-deutsche Beziehungen 1945–1990. Bonn 1998, S. 58–71.

Schildt, Axel u. a. (Hg.): Dynamische Zeiten. Die 60er Jahre in den beiden deutschen Gesellschaften. Hamburg 2000.

Schlegelmilch, Cordia: Deutsche Lebensalter. Erkundungen in einer sächsischen Kleinstadt, in: PROKLA 23 (1993), H. 91, S. 269–295.

Schroeder, Klaus: Der SED-Staat. Geschichte und Strukturen der DDR. München 1998.
Schüle, Annegret: »Die Spinne«. Die Erfahrungsgeschichte weiblicher Industriearbeit im VEB Leipziger Baumwollspinnerei. Leipzig 2001.
Schuster, Ulrike: Mut zum eigenen Denken? DDR-Studenten und Freie Deutsche Jugend 1961–1965. Berlin 1999.
Schuster, Ulrike: Die SED-Jugendkommuniqués von 1961 und 1963. Anmerkungen zur ostdeutschen Jugendpolitik vor und nach dem Mauerbau, in: Jahrbuch f. zeitgeschichtliche Jugendforschung, 1994/95, S. 58–75.
Schuster, Ulrike: »Seine Intelligenz führte zu einer für ihn ungesunden Entwicklung.« Bemerkungen anhand einer DDR-Biographie, in: Gotschlich, Helga (Hg.): »Links und links und Schritt gehalten ...«. Die FDJ. Berlin 1994, S. 242–250.
Schuster, Ulrike: Zeitgeist im Forum. Über die Kultur des Streits zwischen 1947 und 1983, in: Barck, Simone u. a. (Hg.): Zwischen »Mosaik« und »Einheit«. Zeitschriften in der DDR. Berlin 1999, S. 297–303.
Siegfried, Detlef: Vom Teenager zur Pop-Revolution. Politisierungstendenzen in der westdeutschen Jugendkultur 1959 bis 1968, in: Schildt, Axel u. a. (Hg.): Dynamische Zeiten. Die 60er Jahre in den beiden deutschen Gesellschaften. Hamburg 2000, S. 582–623.
Simon, Annette: »Kluge Kinder sterben früh«: Die Achtundsechziger der DDR. Was verbindet, was trennt sie von jenen der Bundesrepublik?, in: Die Zeit, Nr. 24/1997, S. 42.
Skyba, Peter: Vom Hoffnungsträger zum Sicherheitsrisiko. Jugend in der DDR und Jugendpolitik der SED 1949–1961. Köln u. a. 2000.
Spittmann, Ilse: Ist die Zonenjugend kommunistisch? Die FDJ diskutiert die Ergebnisse der politischen Erziehung, in: SBZ-Archiv 14 (1963), S. 163–165.
Staadt, Jochen: Die geheime Westpolitik der SED 1960–1970. Von der gesamtdeutschen Orientierung zur sozialistischen Nation. Berlin 1993.
Staritz, Dietrich: Geschichte der DDR 1949–1990. Neuausgabe. Frankfurt a. M. 1996.
Starke, Kurt: Jugend im Studium. Zur Persönlichkeitsentwicklung von Hochschulstudenten. 2. Aufl., Berlin (DDR) 1980.
Steiner, André: Von »Hauptaufgabe« zu »Hauptaufgabe«. Zur Wirtschaftsentwicklung der langen 60er Jahre in der DDR, in: Axel Schildt, u. a. (Hg.): Dynamische Zeiten. Die 60er Jahre in den beiden deutschen Gesellschaften. Hamburg 2000, S. 218–247.
Stelkens, Jochen: Machtwechsel in Ost-Berlin. Der Sturz Walter Ulbrichts 1971, in: VfZ 45 (1997), S. 503–533.
Stengel, Friedemann: Die Theologischen Fakultäten in der DDR als Problem der Kirchen- und Hochschulpolitik des SED-Staates bis zu ihrer Umwandlung in Sektionen 1970/71. Leipzig 1998.
Straube, Peter-Paul: Katholische Studentengemeinde in der DDR als Ort eines außeruniversitären Studium generale. Leipzig 1996.
Tantzscher, Monika: »Maßnahme Donau und Einsatz Genesung«. Die Niederschlagung des Prager Frühlings 1968/69 im Spiegel der MfS-Akten. Berlin 1994.
Terray, Emmanuel: 1968 – Glanz und Elend der Intellektuellen, in: François, Etienne u. a. (Hg.): 1968 – ein europäisches Jahr?. Leipzig 1997, S. 37–41.
Tippach-Schneider, Simone: Der Blick in die Ferne. Über das Fernsehgerät in der DDR in vergleichender Perspektive, in: Ruppert, Wolfgang (Hg.): Um 1968. Die Repräsentation der Dinge, Marburg 1998, S. 94–123.
Ueberschär, Ellen: Der lange Atem der kichlichen Jugendarbeit. Repression von Freizeiten und Rüstzeiten, in: Dähn, Horst; Gotschlich, Helga (Hg.): »Und führe uns nicht in Versuchung ...«. Jugend im Spannungsfeld von Staat und Kirche in der SBZ/DDR 1945 bis 1989. Berlin 1998, S. 168–183.

Vester, Michael u. a. (Hg.): Soziale Milieus in Ostdeutschland. Gesellschaftliche Strukturen zwischen Zerfall und Neubildung. Köln 1995.
Weber, Hermann: Die Aufarbeitung der DDR-Geschichte und die Rolle der Archive, in: Faulenbach, Bernd u. a. (Hg.): Die Partei hatte immer recht. Aufarbeitung von Geschichte und Folgen der SED-Diktatur. Essen 1994, S. 42–56.
Weber, Hermann: Geschichte der DDR. Neuausgabe. München 1999.
Wenzke, Rüdiger: Die Nationale Volksarmee (1956–1990), in: Diedrich, Torsten u. a. (Hg.): Im Dienste der Partei. Handbuch der bewaffneten Organe der DDR. Berlin 1998, S. 421–535.
Wenzke, Rüdiger: Die NVA und der Prager Frühling 1968. Die Rolle Ulbrichts und der DDR-Streitkräfte bei der Niederschlagung der tschechoslowakischen Reformbewegung. Berlin 1995.
Werkentin, Falco: Politische Strafjustiz in der Ära Ulbricht. Berlin 1995.
Werkentin, Falco: Die Reichweite politischer Justiz in der Ära Ulbricht, in: Im Namen des Volkes? Über die Justiz im Staat der SED. Wiss. Begleitband. Leipzig 1994, S. 179–196.
Wicke, Peter: Zwischen Reglementierung und Förderung. Rockmusik im System der DDR-Kulturbürokratie, in: Ders., Müller, Lothar (Hg.): Rockmusik und Politik. Analysen, Interviews und Dokumente. Berlin 1996, S. 11–27.
Wicke, Peter; Müller, Lothar (Hg.): Rockmusik und Politik. Analysen, Interviews und Dokumente. Berlin 1996.
Wierling, Dorothee: Erzieher und Erzogene. Zu Generationenprofilen in der DDR der 60er Jahre, in: Schildt, Axel u. a. (Hg.): Dynamische Zeiten. Die 60er Jahre in den beiden deutschen Gesellschaften. Hamburg 2000, S. 624–641.
Wierling, Dorothee: Geboren im Jahr Eins. Der Jahrgang 1949 in der DDR. Versuch einer Kollektivbiographie. Berlin 2002.
Wierling, Dorothee: Die Jugend als innerer Feind. Konflikte in der Erziehungsdiktatur der sechziger Jahre, in: Kaelble, Hartmut u. a. (Hg.): Sozialgeschichte der DDR. Stuttgart 1994, S. 404–425.
Wierling, Dorothee: Nationalsozialismus und Krieg in den Lebens-Geschichten der ersten Nachkriegsgeneration der DDR, in: Domansky, Elisabeth; Welzer, Harald (Hg.): Eine offene Geschichte: Zur kommunikativen Tradierung der nationalsozialistischen Vergangenheit. Tübingen 1999, S. 35–56.
Wierling, Dorothee: Opposition und Generation in Nachkriegsdeutschland: Achtundsechziger in der DDR und in der Bundesrepublik, in: Kleßmann, Christoph u. a. (Hg.): Deutsche Vergangenheiten – eine gemeinsame Herausforderung: Der schwierige Umgang mit der doppelten Nachkriegsgeschichte. Berlin 1999, S. 238–252.
Wierling, Dorothee: Der Staat, die Jugend und der Westen. Texte zu Konflikten der 1960er Jahre, in: Lüdtke, Alf; Becker, Peter (Hg.): Akten. Eingaben. Schaufenster. Die DDR und ihre Texte. Berlin 1997, S. 223–240.
Wilharm, Irmgard: Tabubrüche in Ost und West. Filme der 60er Jahre in der Bundesrepublik und der DDR, in: Schildt, Axel u. a. (Hg.): Dynamische Zeiten. Die 60er Jahre in den beiden deutschen Gesellschaften. Hamburg 2000, S. 734–751.
Winter, Christian: Gewalt gegen Geschichte. Der Weg zur Sprengung der Universitätskirche Leipzig. Leipzig 1998.
Wolle, Stefan: Die DDR-Bevölkerung und der Prager Frühling, in: APuZ, B 36/92, S. 35–45.
Wolle, Stefan: Die heile Welt der Diktatur. Alltag und Herrschaft in der DDR 1971–1989. Berlin 1998.
Wolle, Stefan: Die versäumte Revolte. Die DDR und das Jahr 1968, in: APuZ, B 22–23/2001, S. 37–46.

Zilch, Dorle: Millionen unter der blauen Fahne. Die FDJ. Zahlen – Fakten – Tendenzen. Bd. 1: Mitgliederbewegung der FDJ von 1946 bis 1989. Rostock 1994.

Zilch, Dorle: »Republikflucht« von Jugendlichen als Widerstand? Ursachen und Motive. Die Sicht der obersten FDJ-Führung und von Jugendpolitikern der Partei im ZK der SED, in: Herrmann, Ulrich (Hg.): Protestierende Jugend. Jugendopposition und politischer Protest in der deutschen Nachkriegsgeschichte. Weinheim, München 2002, S. 243–271.

Zinnecker, Jürgen: Jugendkultur 1940–1985. Opladen 1987.

Zoll, Rainer (Hg.): Ostdeutsche Biographien. Lebenswelten im Umbruch. Frankfurt a. M. 1999.

Zwahr, Hartmut: Ende einer Selbstzerstörung. Leipzig und die Revolution in der DDR. Göttingen 1993.

Zwahr, Hartmut: Den Maulkorb festgezurrt. Auch die DDR hatte ihr 68er Erlebnis – der Prager Frühling weckte die Hoffnung auf Wandel, in: Die Zeit, Nr. 24/1993, S. 14.

Zwahr, Hartmut: Rok šedesátý osmý: Das Jahr 1968. Zeitgenössische Texte und Kommentar, in: François, Etienne u. a. (Hg.): 1968 – ein europäisches Jahr? Leipzig 1997, S. 111–123.

Zwahr, Hartmut: Umbruch durch Aufbruch und Ausbruch. Die DDR auf dem Höhepunkt der Staatskrise 1989. Mit Exkursen zu Ausreise und Flucht sowie einer ostdeutschen Generationenübersicht, in: Kaelble, Hartmut u. a. (Hg.): Sozialgeschichte der DDR. Stuttgart 1994, S. 426–465.

Personenregister

Bei den kursiv gesetzten Namen handelt es sich um Musikgruppen.

Abusch, Alexander 112f.
Adenauer, Konrad 44, 298
Apitz, Bruno 133

Baez, Joan 101, 342
Bahr, Egon 140
Bahro, Rudolf 94
Beatles 73, 75, 78, 101, 122, 342
Becher, Johannes R. 140
Begenau, Gunter 119, 186f.
Bengsch, Alfred 234, 237f., 242, 246f., 265f., 270
Bentzien, Hans 60, 108
Benzien, Rudi 314
Berry, Chuck 31, 77
Berthold, Erika 203
Besier, Gerhard 16, 279
Beyer, Frank 126
Biermann, Wolf 95, 125, 145, 353
Birthler, Marianne 263
Bisky, Lothar 103
Bohley, Bärbel 263
Borrmann, Rolf 314–316
Braecklein, Ingo 242, 250, 274
Brandt, Willy 30, 185f., 296–298, 332, 341, 376
Brasch, Thomas 203
Braun, Volker 125, 145
Breschnew, Leonid I. 103, 139, 192, 194, 281f.
Buchholz, Horst 77
Butlers 73, 84, 141, 349

Carow, Heiner 317
Castro, Fidel 135
Chruschtschow, Nikita S. 95f.
City 203, 317, 349
Czechowksi, Heinz 145

Dahn, Daniela (geb. Gerstner) 149, 186
Dahrendorf, Ralf 201
Davis, Angela 319
Dean, James 77
Deep Purple 307
Dickel, Friedrich 100
Dittmann, Ingeborg 294

Donovan 101
Dubček, Alexander 168, 179f., 185, 187f., 194, 199f., 209f., 338
Dutschke, Rudi 339
Dylan, Bob 101, 342

electra 349
Engels, Friedrich 338
Eppelmann, Rainer 197

Felmy, Hansjörg 62
Feyl, Renate 91, 103, 307
Fischer, Ernst 201, 203
Freud, Sigmund 201
Friedrich, Walter 22, 323, 327
Fritzsch, Günter 37, 50, 76, 130, 182, 188, 201, 215, 256f.
Fritzsch, Harald 29, 31, 37, 39, 43f., 95f., 139, 167f., 187f., 215, 226, 256, 260
Fröhlich, Paul 89, 211, 214
Frucht, Karin 150
Fuchs, Jürgen 80

Gagarin, Juri 338
Gentz, Ulrike 108
Göcke, Ingrid 29, 44, 133, 146, 181f., 228, 258
Goldstücker, Eduard 168
Gomułka, Władysław 178
Götting, Gerald 189
Guevara, Ernesto »Che« 135, 339
Guillaume, Günter 332
Gutsch, Dietrich 276f.

Hager, Kurt 124f., 170, 178f., 201, 319f.
Hahn, Monika 40, 59, 133, 166, 212, 224, 298f.
Haley, Bill 61, 77, 86
Havel, Václav 164
Havemann, Florian 203
Havemann, Frank 203
Havemann, Robert 48, 63, 94f., 179, 188, 201, 203f., 232, 374
Hehl, Lothar 168

Heine, Heinrich 237
Heise, Wolfgang 94
Hempel, Johannes 231, 254
Hendrix, Jimi 342
Hermlin, Stephan 320
Herold, Claus 252f., 266
Herzberg, Guntolf 95
Heuer, Uwe-Jens 94
Heym, Stefan 109, 257, 353
Hitler, Adolf 44, 130
Honecker, Erich 7, 17, 48, 100, 105f., 108f., 141, 158, 243, 261, 277, 281f., 287–289, 297, 305f., 320, 356, 362–365, 378
Honecker, Margot 106, 172, 282
Hüttel von Heidenfeld, Konrad 253f.

Irrlitz, Gerd 203

Jahn, Günther 135, 358
Jänicke, Johannes 245
Jaspers, Karl 338

Kafka, Franz 164
Karat 349
Kaul, Friedrich Karl 320
Keller, Dietmar 218
Kiesinger, Kurt Georg 339
Kießling, Wolfgang 203
King, Martin Luther 267, 339
Kirsch, Rainer 125
Klarsfeld, Beate 340
Kleinert, Burkhard 168
Koch, Dietrich 215f.
Köhler, Ernst 235
Kohlhaase, Wolfgang 77
Kohout, Pavel 164
König, Hartmut 141f., 144, 342, 348
Korn, Klaus 94
Kossakowski, Adolf 333
Kowalczuk, Ilko-Sascha 13
Krahl, Anton »Toni« 203
Kreyssig, Lothar 251–253
Krug, Manfred 62, 126, 319
Krummacher, Friedrich-Wilhelm 233
Kuczynski, Jürgen 203
Kunze, Reiner 145
Kurella, Alfred 145

Lange, Inge 104
Lemke, Christiane 9, 370
Lenin, Wladimir I. 338
Liebknecht, Karl 338
Lift 349
Loest, Erich 214
Lösche, Arthur 202
Lüdtke, Alf 10, 16, 373
Luxemburg, Rosa 338

Machovéc, Milan 260
Mäde, Hans-Dieter 89, 102, 106
Maetzig, Kurt 104f.
Mannheim, Karl 9
Mao Tse-Tung 338
Marcuse, Herbert 201
Markov, Walter 202
Marx, Karl 226, 338
Mastroianni, Marcello 62
Mayer, Hans 63
Mayerhofer, Monika 230, 239–241, 354
Meckel, Markus 197
Mehlhorn, Ludwig 263
Mielke, Erich 286f.
Misgeld, Gerhard 315
Misselwitz, Hans 263
Misselwitz, Ruth 263
Mitzenheim, Moritz 274f., 277
Mlynář, Zdeněk 164
Mueller-Stahl, Armin 67
Müller, Heiner 67

Natschinski, Gerd 60
Natschinski, Thomas 60, 141f.
Neutsch, Erik 63
Noth, Gottfried 231, 233

Oktoberklub 141, 144, 349
Omega 307
Opočenský, Milan 260

Paetzold, Hans-Heinz 311f.
Palach, Jan 338
Pannach, Gerulf 145, 347
Pieck, Wilhelm 136
Plenzdorf, Ulrich 317–321
Pollack, Detlef 16
Poppe, Gerd 263
Poppe, Ulrike 263

405

Presley, Elvis 58, 61, 78, 86
Puhdys 141, 317, 349

Regner, Ilona 342
Reimann, Brigitte 36, 53, 67f., 96, 109, 200
Renft, Klaus/*Renft-Combo* 141, 145, 347, 349f.
Ritter, Kurt 258
Röhl, Ernst 35
Rolling Stones 78, 97f., 101, 122, 130, 341f.
Rosner, Clemens 247

Särchen, Günter 252f.
Sauermann, Ekkehard 290
Schacht, Ulrich 199, 261
Schilling, Walter 273
Schmidt, Helmut 298
Schmidt, Klaus-Dieter 186f., 192
Schmutzler, Siegfried 222, 247
Schröder, Wolfgang 40, 48, 50, 56, 78, 96, 148, 151, 355
Schroeder, Klaus 16
Schumann, Horst 68, 99, 106, 134,
Schur, Gustav-Adolf »Täve« 338
Schütrumpf, Jörn 42, 53, 57
Schweitzer, Albert 339
Seifert, Siegfried 351
Seigewasser, Hans 238, 242
Šik, Ota 164
Simon, Annette (geb. Wolf) 149, 186f., 197, 293
Sindermann, Horst 104
Skladny, Udo 261f.
Sodann, Peter 35
Sorgenicht, Klaus 303
Spülbeck, Otto 211
Stalin, Josef W. 44
Starke, Kurt 331
Steinbach, Walter Christian 217
Stern, Leo 203
Stern Meißen 349

Stoph, Willi 7, 233f., 268, 296f., 310, 376
Streit, Josef 107, 172, 310
Svoboda, Ludvík 199

Tauer, Thomas 49f., 52, 76, 117, 132, 135, 145, 158, 272, 298f., 301, 322
Team 4 142
Thälmann, Ernst 338
Theodorakis, Mikis 318
Titow, German 338
Trilling, Wolfgang 247, 258, 272
Turba, Kurt 67, 75, 102, 108f., 323
Ulbricht, Walter 7f., 17, 27, 37, 44, 48, 64f., 78, 100, 104, 106–109, 114, 136f., 139–141, 158, 161, 170f., 173, 186, 194, 199, 210f., 261, 275, 277, 281f., 284, 287–289, 297, 303–306, 313, 356, 362, 365, 367, 378
Ulmer, Manfred 25, 31, 37, 56–61, 77, 96, 98, 199, 212
Ulmer, Sabine 31, 48, 51, 59, 123, 165, 212, 224

Vaculík, Ludvík 190–193
Verner, Paul 31, 67, 289
Verner, Waldemar 107, 111
Vogel, Frank 90, 105

Wagner, Günter 202
Wangenheim, Inge von 136f.
Wedler, Werner 274
Wegner, Bettina 145, 353
Wehner, Herbert 298
Welzk, Stefan 188, 215
Wierling, Dorothee 11
Witt, Günter 108
Wizisla, Claus-Jürgen 273f.
Wizisla, Renate 273
Wolf, Christa 63, 106, 109, 149, 203
Wonneberger, Christoph 188, 199

Zwahr, Hartmut 195, 198, 200, 217

Angaben zum Autor

MARC-DIETRICH OHSE
Jahrgang 1966, nach Ausbildung und Tätigkeit als Koch 1989–1991 Studium der Theologie am Theologischen Seminar/Kirchliche Hochschule Leipzig sowie ab 1991 der Geschichte und Ev. Religion an der Georg-August-Universität Göttingen, hier 2001 Promotion in Mittlerer und Neuerer Geschichte. Seit 2002 Wissenschaftlicher Mitarbeiter beim Hochschul-Informations-System (HIS) Hannover.

Kindheit und Jugend in der DDR

Dorothee Wierling
Geboren im Jahr Eins
Der Jahrgang 1949 in der DDR
Versuch einer Kollektivbiographie

592 S., Broschur
ISBN 3-86153-278-6
34,80 €; 58,50 sFr

Die Interviews werden überaus differenziert interpretiert und mit sozialgeschichtlichen Analysen zu Themen wie Kindheit und Jugend, Familie und Arbeitswelt verknüpft. Das Ergebnis kommt einer Kollektivbiographie jener Generation nahe, die bis 1989/90 nur das Leben in der DDR kannte.(...) Von nur wenigen Habilitationsschriften, denn um eine solche handelt es sich hier, kann man wie in diesem Falle behaupten, dass sie beim Lesen zu fesseln vermögen und man sie am Ende nur ungern aus der Hand legt. *Frankfurter Rundschau*

Wierling destilliert ihre Erkenntnisse aus 21 lebensgeschichtlichen Interviews und ordnet sie auf fast 600 Seiten in den gesellschaftsgeschichtlichen Zusammenhang ein. Man kann sich natürlich darüber streiten, ob die Studie repräsentativ ist, lesenswert ist sie allemal. Dorothee Wierling hat sich bemüht, die subjektiven Erinnerungen der Befragten in die politische Chronik der DDR einzubetten, dadurch werden ihre Rahmenbedingungen sichtbar.
Der Tagesspiegel

Mit diesem Band ist Dorothee Wierling ein großer Wurf gelungen, denn damit liegt ein zentraler Baustein zu einer Gesellschaftsgeschichte der DDR vor – aus der Sicht der ersten ebenso symbolischen wie signifikanten Nachkriegsgeneration der DDR.
DAMALS

Ch. Links Verlag, Schönhauser Allee 36, 10435 Berlin